한국 고대·중세 군사제도사

한국 고대 · 중세 군사제도사

김 종 수 지음

국학자료원

책을 내면서

이 책은 우리나라 중세 군사제도, 중세 군인들의 모습에 대하여 살펴본 것이다. 필자는 1986년에 대학원에 진학한 후 한국군제사를 전공으로 삼아 연구하기 시작하여, 1989년에 석사학위 논문으로 「17세기 군역제의 추이와 개혁론」을 제출하고, 1996년에는 박사학위 논문으로 「조선후기 훈련도감의 설립과 운영」을 제출하였다. 이 논문들은 모두 한국사의 내재적 발전론의 관점에서 조선후기 군제사를 검토한 것이다. 당시에는 연구자들 사이에서도 군제사에 대한 관심이 매우 적었고, 또 식민지근대화론이나 한국사의 정체성을 주장하는 사람들도 더러 있어 우리 역사의 발전 과정 속에서 조선후기 군제사의 흐름을 제대로 짚어내는 것이 시대적 과제라고 생각하였다.

그래서 석사학위 논문에서는 조선후기 사회경제의 발전에 조응하지 못하는 17세기 군역제의 폐단을 지적하고, 군역제 개혁론으로 농민층의 입장에 선 병농일치론과 지주층의 입장에 선 병농분리론이라는 두 가지 노선이 상호 대립하고 있었음을 밝혔다. 그리고 박사학위 논문에서는 병농분리론에 입각하여 설립한 대표적인 중앙 군사기구인 훈련도감의 전반적인 운영 상황과 문제점 등에 대하여 살펴보았다. 박사학위 논문은 후에 약간의 수정을 거쳐 『조선후기 중앙군제연구-훈련도감의 설립과 사회변동』(혜안, 2003)이라는 제목의 단행본으로 출간되었다.

박사학위 논문을 쓰면서 16세기 갑사의 소멸 이후 임진왜란 와중에 상비군으로서 훈련도감이 설립되었다는 사실을 확인하였다. 그런데 갑사가 다름 아닌 조선전기의 무사였다는 사실을 깨닫고 매우 놀라고 기뻤다. 어렸을 때『삼총사』나『대망』등과 같은 소설책을 보면서, 왜 우리나라에는 서양의 삼총사와 같은 기사가 없었는지, 그리고 왜『대망』에서 보이는 사무라이와 같은 무사가 없었는지 매우 궁금해 하였다. 이에 대해서 아무도 설명해주지 않아 그냥 가슴 속에 묻어두었는데, 박사학위 논문을 쓰면서 우리나라에도 무사가 있었다는 것을 확인할 수 있었던 것이다. 16세기 갑사의 소멸 이후 상비병으로서 훈련도감이 설립되는 것은 서양에서 중세 무사의 소멸 이후 절대 왕정 시대에 상비군이 등장한 것에 비견되는 역사 현상이었다는 것을 깨닫고는 놀라움과 기쁨에 꽤 흥분하였다. 이에 박사학위 논문을 제출하고, 대학에 자리 잡으면서 본격적으로 우리나라 중세 군제와 무사에 대한 연구에 돌입하였다. 이 책은 주로 필자가 군산대학교에 재직하면서 우리나라 중세 군제와 중세 군인인 무사들에 대하여 연구·발표한 논문을 엮은 것이다.

16세기 갑사의 소멸이 우리나라 중세 무사의 소멸을 의미한다는 것에 대해서는 이 책의 맨 끝에 수록된「12장. 16세기 갑사의 소멸과 정병 입역의 변화」에서 밝혔다. 이 논문의 일부는 박사학위 논문에도 수록되었다. 박사학위 논문 제출 이후 갑사에 대한 연구를 본격적으로 진행하여, 갑사가 어떻게 성립되었는지, 이들에 대한 국가의 대우는 어떠한지 등에 대하여 살펴보았다. 그 연구 결과가 이 책의「11장. 조선초기 갑사의 성립과 변질」이다. 이와 같이 조선초기 갑사에 대하여 살펴본 이후 필자는 다시 또 그 이전 무사의 모습이 궁금하였다. 그래서 고려시대 군제를 연구하고 고려시대의 무사는 '부병(府兵)'이라 칭하였음을 확인하였다. 부병이라는 용어는 원래는 당나라의 농민병을 지칭하는 용어였는데, 고려후기와 조선초기에는 무사 층을 부병이라고 불렀던 것이다. 이러한 용어상의 불일치로 인해 그동안 고려시대 군제사 연구는 '부병제설'이니 '군반제설'이니 혹은 '이원적 구성설'이니 하는 등 많은 혼란을 겪었다. 그러나 고려시대 부병을 무사를 지칭하는 용어로 볼 경우 고려시대 군제와 관련된 모든 사료들은 무리 없이 해석된다. 고려의 부병이 무관인 무사라는 관점에서 쓴 논문이 이 책의 「8장. 고려시기 부병제의 운영과 그 원칙」, 「9장. 고려·조선초기의 부병」, 「10장. 조선초기 부병제의 개편」이다. 한편 고려시대 부병에 대한 연구는 다시 고려초기로 이어져 「6장. 고려 태조대 6위 설치와 군제 운영」, 「7장. 고려전기의 무반과 군반」 등의 논문을 발표하였다. 이와 같이 고려시대의 군제를 연구한 이후 필자는 다시 또 삼국시대의 군제가 궁금하여졌다. 이에 고구려, 백제, 신라(상대, 중대, 하대) 군제를 연구하였는데, 그 결과로 나온 논문들이 바로 이 책의 「1장. 고구려의 군제와 그 승계」, 「2장. 백제 군제의 성립과 정비」, 「3장. 신라 상고기 군제의 성립과 개편」, 「4장. 신라 중대 군제의 구조」, 「5장. 신라 하대 군제의 변화와 그 붕괴」이다.

이와 같이 필자는 조선후기 군제를 연구한 토대 위에서 이어서 조선초기의 군제와 무사를 연구하고, 다시 고려후기 군제→고려전기 군제→삼국시대의 군제를 연구하는 방식을 취하였다. 즉 시대를 소급하여 올라가는 방법으로 우리나라 전근대 시기의 군제와 무사에 대하여 연구하였다. 그런데 군제를 단대사가 아닌 통사적으로 살펴보기 위해서는 이러한 방법이 가장 효과적이라고 생각한다. 마르크스는 "인간 해부는 원숭이의 해부에 대한 열쇠를 제공한다."고 말했다. 즉 사물의 가장 고차원적 형태를 제대로 이해하는 것이 그보다 미발전한 사물과 현상을 이해하는 지름길이라는 것이다. 필자 역시 군제의 고차원적 형태인 조선후기 군제를 이해한 토대 위에서 조선초기 군제와 무사 층을 이해하고, 이어서 고려시대 군제를 이해하고, 이어 삼국시대 군제를 이해하는 것이 효과적이라고 생각한다. 이 책은 바로 이와 같은 연구 방법에 의한 결과물이다.

16세기 갑사의 소멸이 우리나라 중세 무사의 소멸을 의미한다는 것을 파악한 이후 그 전시기의 군제와 무사에 대해 계속 소급하여 연구하다보니 삼국시대 군제까지 다다르게 되었다. 그런데 막상 삼국시대 군제에 이르러 살펴보니, 16세기의 군제나 삼국시대의 군제나 모두 동일한 구조로 이루어져 있음을 발견하였다. 즉 삼국시대 이래 16세기까지 1500년 이상 동안 우리나라 각 시기의 모든 군제는 무사와 농민병으로 구성되었던 것이다. 물론 고구려, 백제, 신라 상고기의 군제가 16세기의 군제에 비해 미발전한 형태를 띠지만 무사와 농민병으로 이루어진 기본적인 구조는 동일하였다. 이에 필자는 삼국시대부터 16세기까지의 군제를 시대구분 상 모두 중세 군제로 보았다. 삼국시대 이전의 군제는『삼국지』, 부여전에서 "적이 있으면 제가(諸加)들이 몸소 전투를 하고 하호는 양식을 져다가 음식을 만들어준다."라 하듯이 농민병이 없이 무사[諸加]만으로 이루어진 군제로 운영되었는데, 이는 고대 군제로 파악된다. 17세기 이후의 군제는 무사(갑사)가 소멸된 이후 상비병(급료병)과 농민병으로 운영되었으니 이것은 중세사회 해체기의 군제에 해당한다.

즉 한국 군제사를 시대구분할 경우, 삼국시대 이전은 고대 군제에 해당하고, 삼국시대 이후 16세기까지는 중세 군제에 해당하며, 17세기 이후의 군제는 중세사회 해체기의 군제인 것이다. 이러한 시대구분에 따라 이 책은 삼국시대부터 16세기까지의 중세시기에 등장한 여러 나라의 군제의 성립과 발전, 변화를 살펴본 것이다. 그러나 아직까지는 일반적으로 삼국시대를 고대로 보는 경향이 있기 때문에 편의상 책 제목은『한국 고대·중세 군사제도사』로 명명하였다. 그러나 군제사 시대구분상 이 책은 어디까지나 한국 중세 군사제도사를 다룬 것이다. 이후 연구가 축적되고 대중의 인식이 변하면 이 책의 제목을『한국 중세 군사제도사』로 바꾸는 바람도 가지고 있다.

여기에 실린 글들은 모두 기존에 논문으로 발표된 것들로서, 이 책을 엮으면서 본래의 글에서 한자로 쓴 것을 한글로 고치고, 한자로 제시한 인용문을 한글로 번역하는 등 약간의 수정을 가하였지만, 본래 글의 취지는 그대로 유지하였다. 그리고 각 논문의 출처는 장 끝에 제시하였다. 끝으로 항상 행복하게 연구에 전념할 수 있게 해준 주위의 모든 분들께 이 자리를 빌려 감사의 말씀을 전하며, 이 책을 출판해주신 국학자료원 정찬용 원장님, 정구형 대표님, 그리고 편집에 애써 주신 여러분께도 감사를 드린다.

2020년 1월

김종수

차 례

1장

고구려의 군제와 그 승계

1. 머리말

고구려는 우리나라 역사상 가장 강성한 나라였고, 또 당시 중국 왕조와
더불어 동아시아 국제질서를 움직여가는 중심 국가의 하나였다. 이에 지
금까지 국내외에서 고구려의 정치, 경제, 사회, 문화 각 방면에 걸쳐 많은
연구가 이루어졌다.[1] 그러나 고구려가 강성할 수 있었던 근본적인 원인
인 군제에 대한 연구는 그리 활발한 편이 아니었다. 군사 부문에 관한 연
구도 대부분 전쟁과 관련된 것으로서 군제를 직접적으로 다룬 논문은 거
의 없는 실정이다. 그런데 군제라는 것은 국가의 군사 역량을 조직·관리
하는 제도로서, 직접적으로 군대의 편제 방식, 군인의 동원과 교육, 군사
장비의 개발과 관리 등의 내용이 포함되어 있으며, 또한 국가의 정치제
도, 토지제도, 신분질서 등과 더불어 당시의 전쟁형태, 군사사상 등과도
관련되어 성립·운영되는 것이다. 즉 군제는 당시의 정치, 경제, 사회, 문화
등 모든 부문과 직·간접적으로 관련되어 운영되었다. 따라서 고구려의 정

---

1) 지금까지의 고구려사 관련 연구논저는 고구려연구재단 편, 『고구려사 연구논저 목
   록』(고구려연구재단, 2004)에 분류별로 잘 정리되어 있다. 여기에서는 2004년 말까
   지 국내외에 발표된 고구려사 관련 연구논저는 총 5,200여 종에 달한다고 보고하고
   있다.

치, 경제, 사회, 문화 등 여러 부문을 연구할 때 군제를 언급하지 않을 수 없었다. 이에 따라 지금까지 비록 군제를 본격적으로 다룬 논문은 드물더라도 고구려 군제에 대해서는 어느 정도 일정한 이해 체계가 형성되어 있는 실정이다.

오늘날 남한에서는 대체로 4세기 이후 고구려 군제에 큰 변화가 있었다고 보고 있다. 4세기 이전 고구려의 국가체제는 자치권을 갖는 나부(那部)의 연맹체제였기 때문에 군사조직에 있어서도 각 나부가 그 단위가 되었고, 나부의 지배층이나 대가들이 전사 집단을 구성하여 특권적으로 전투를 수행하였으며, 하호들은 지배층이나 대가의 사적인 예속민으로서 주로 물자 보급만 담당하였다고 한다. 그런데 4세기 이후 나부체제가 해체되고 왕권에 의한 집권력이 강화되면서 제가(諸加)들이 통솔하는 나부의 전사들도 점차 왕권 아래의 군사조직 내로 편제되었고, 아울러 대외정복활동이 확대되면서 소규모 전사 집단에 의존하는 초기 형태는 지양되고 고구려 전 주민을 대상으로 하는 국가 차원의 병력 동원 체제를 갖추게 되었다는 것이다.[2] 4세기 이후 고구려 군제에 획기적인 변화가 있었다는 이러한 인식은 오늘날 거의 통설로 굳어진 것으로 보인다.[3]

그런데 이러한 통설은 4세기 이전까지는 지방(部)에 초점을 맞춰 고구려사를 파악하다가 4세기 이후에는 다시 중앙을 중심으로 보는 시각의 전환을 통하여 형성된 것으로 보인다. 이에 통설에서는 4세기 이전까지의 중앙 정부나 왕에 대한 고려가 부족한 문제점이 나타났고, 또 고구려

---

2) 임기환, 「Ⅳ. 고구려의 정치·경제와 사회 2. 지방·군사제도」, 『한국사 5, 삼국의 정치와 사회 Ⅰ-고구려』, 국사편찬위원회, 1996, 178~180쪽.
3) 2002년 국정교과서인 국사 교과서에서도 "(고구려는 4세기에 이르러서도) 아직 부족별로 흩어져 있던 힘을 조직적으로 통합하지 못하여 전연과 백제의 침략으로 국가적 위기를 맞기도 하였다.(국사편찬위원회 1종 도서편찬위원회, 『고등학교 국사』, 교육인적자원부, 2002, 52쪽)"라고 하여 이와 비슷한 내용의 글이 실려 있었다. 오늘날 검인정교과서에서도 대체로 이러한 논조로 서술되어 있다.

를 중국에 비해 지나치게 후진적인 사회로 보는 폐단도 나타났다. 지방에 초점을 맞추고 볼 때 그 사회가 후진적으로 보이는 것은 당연하다. 또한 통설은 고구려의 역사를 고조선을 비롯한 우리 역사 전체와 관련시켜 계통적으로 파악하는 데도 문제점을 드러내었다. 이에 본 논문은 중앙을 중심에 두고 고구려의 군제를 재조명하려한다. 이를 위해 우선 고구려 군제에 대한 기존 통설과 자료를 재검토하고, 고구려 군제를 구조적인 측면에서 살펴보겠다. 그리고 이러한 고구려 군제가 후대에 어떻게 승계되는가에 대한 간략한 고찰도 곁들이려 한다. 이것은 역사의 계통적 파악과 아울러 중국의 이른바 '동북공정'에 대한 대응의 측면도 고려한 것이다.

본 논문은 『삼국사기』 고구려본기를 주 자료로 삼았다. 이것은 고구려본기가 이 시기 다른 자료보다 상대적으로 신빙성이 높을 뿐 아니라 사료 자체도 풍부하기 때문이다.[4] 그리고 본 논문은 고려·조선시기의 군제에 대한 이해를 바탕으로 고구려 군제를 이해하려는 방식을 취하였다. 이것은 근본적으로 자료의 부족에 기인하는 것이지만, 역사의 계통적 이해를 위해서는 이러한 방식이 효과적이라고 판단했기 때문이기도 하다.

2. 고구려 군제 관련 자료의 재검토

앞에서 말한 바와 같이 오늘날 남한에서는 대체로 4세기 이후에야 비로소 고구려에서 국가 차원의 병력 동원 체제를 갖출 수 있게 되었다고 보고 있다. 4세기, 구체적으로는 4세기 중·후반 이후에 이르러 "소수의 지배층들이 특권적으로 전투를 수행하고, 하호들은 그들의 사적인 예속민으로서 물자 보급만 담당하던 것과는 달리, 일반민들도 국가와 가족의 안

---

4) 余昊奎, 「1~4세기 고구려 政治體制 연구」, 서울대학교 박사학위 논문, 1997, 1쪽.

전을 지키기 위해 참전했다. 이것은 중앙집권적 지배체제의 정비 과정에서 군사제도도 노비를 제외한 모든 민들을 군역에 동원하는 개병제(皆兵制)로 바뀌었음을 보여 준다."5)라고 평가하고 있는 것이다. 고구려 군제에 대한 이러한 인식은 1960년대에 '광개토왕과 장수왕의 대외적인 정복사업이 크게 진전함에 따라서 고구려 국민의 개병(皆兵) 체제에 대한 요구가 절실6)'해져서 국민개병제가 실시되었다는 주장이 등장한 이후 여러 연구자들이 이에 거듭 동의를 표하면서 오늘날에는 거의 통설화 하였다.

그런데 고구려 군제를 이와 같이 이해할 경우 고구려 건국 이후 4세기 전반까지 진행된 각종 전쟁은 모두 일반 민은 제외하고 소수의 지배층들에 의해 치러졌다는 것인데, 과연 그러한 일이 실제 가능한 지 의문이다. 아래에서는 이러한 인식에서 나타나는 문제점을 몇 가지로 나누어 살펴보겠다.

<표 1> 고구려 건국 이후 4세기 전반까지 군사규모가 명시된 전쟁 기사

시기	내용
유리왕 14년 (B.C. 6) 11월	부여왕 대소(帶素)가 군사 5만을 거느리고 침입함.
유리왕 33년 (A.D.14) 8월	왕이 오이(烏伊)와 마리(摩離)에게 명하여 군사 2만을 거느리고 양맥(梁貊)을 치게 하여 그 나라를 멸하고 나아가서 한의 고구려현을 습취함.
태조왕 69년 (121) 봄	한나라 유주자사(幽州刺史) 풍환(馮煥) 등이 침입하자 수성(遂成)이 군사 2천으로 한나라 군대의 침입을 막고, 몰래 3천을 보내 현토·요동군을 공격함
태조왕 69년 (121) 4월	왕이 선비족 8천인과 함께 요대현(遼隊縣)을 공격하여 요동태수 채풍(蔡諷)을 전사시킴.
태조왕 69년 (121) 12월	왕이 마한(馬韓)·예맥(穢貊) 1만여 기병을 거느리고 현토성 공격. 부여(2만)와 한군의 연합군에게 패함.

5) 김현숙, 『고구려의 영역지배방식 연구』, 도서출판 모시는사람들, 2005, 166쪽.
6) 李基白, 「高句麗의 局堂-韓國 古代國家에 있어서의 未成年集會의 一遺制-」, 『歷史學報』35·36합집, 1967. (『韓國古代政治社會史研究』, 一潮閣, 1996, 99~100쪽)

산상왕 즉위년 (197)	발기(發岐)가 한의 군사 3만을 빌려 침입해오자 왕이 아우 계수(罽須)를 시켜 이를 격퇴케 함.
동천왕 12년 (238)	왕이 주부·대가에게 군사 천명을 거느리고 위나라 군대를 도와 공손연을 토벌하도록 함.
동천왕 20년 (246) 8월	위나라 유주자사(幽州刺史) 관구검(毌丘儉)이 1만 명을 거느리고 침입하자, 왕은 보병·기병 2만을 거느리고 비류수 위에서 맞아 싸움.
중천왕 12년 (259) 12월	왕이 정기(精騎) 5천을 뽑아 위의 침입군을 양맥곡(梁貊谷)에서 격파하고 8천여 명을 참수함.
미천왕 3년 (302) 9월	왕이 군사 3만을 이끌고 현토군을 침입하여 8천 명을 사로잡음.
고국원왕 12년(342) 11월	연왕(燕王) 황(皝)이 정병 4만을 거느리고 남도(南道)로 침공해 오고 장사(長史) 왕우(王寓)로 하여금 1만 5천을 거느리고 북도(北道)로 침공하게 하자, 왕은 아우 무(武)로 하여금 정병 5만을 통솔하여 북도를 막게 하고 왕 자신은 약졸(弱卒)을 거느리고 남도를 방어함.

전거 : 『三國史記』, 高句麗本紀

　　우선 첫째, 1세기~4세기의 전쟁에 동원된 군사규모 면에서 문제점이
제기된다. 위 <표 1>은 고구려 건국 이후 4세기 전반까지 『삼국사기』,
고구려본기에 군사규모가 명시된 전쟁 기사들만을 모아서 만든 표이다.
『삼국사기』에 의하면 고구려는 건국 이후 4세기 전반까지 대략 50여 회
정도의 전쟁을 치렀는데, 그 중 <표 1>과 같이 11회 정도의 전쟁 기사에
서 구체적인 군사규모를 확인할 수 있다. 그런데 <표 1>을 보면 고구려
초기부터 상당한 규모의 군사들이 전쟁에 동원되고 있는 것을 알 수 있
다. 유리왕 14년(BC 6)에 5만의 부여군이 침입해 왔고, 유리왕 33년(AD
14)에는 오이와 마리 등이 2만의 군대를 거느리고 양맥을 쳤으며 이어서
한의 고구려현(高句麗縣)까지 공격하였다. 태조왕 69년(121)에는 봄과 4
월, 12월에 걸쳐 계속적으로 한나라 군대와 전쟁을 치렀는데, 봄에는 왕
이 아우 수성(遂成)을 보내 2천 명과 3천 명의 군사를 거느리게 하는 등 도
합 5천명의 고구려 군사를 동원하였고[7], 4월에는 왕이 선비족 8천명과

---

7) 『三國史記』15, 高句麗本紀 3, 大祖大王 69年.

함께 요대현을 공격하여 태수를 전사시켰으며, 12월에는 왕이 마한·예맥 1만여 기병을 거느리고 부여(2만)와 한의 연합군과 상대하였다. 4월과 12월에 왕이 선비족 8천명과 마한·예맥 1만여 기병을 거느리고 한과 전쟁을 하였다면 이때 동원된 고구려 군의 수도 선비족이나 마한·예맥 군의 수와 비슷하거나 그 이상이었을 것이다. 전쟁을 주체적으로 수행하는 국가의 군사 규모가 이를 도우러 온 국가의 군사 규모보다 적다는 것은 상상하기 어렵다. 즉, 태조왕 69년 4월에 고구려 군 8천명 이상이 선비족 8천명을 거느리고 요대현을 공격하여 요동태수를 전사시켰을 것이며, 그해 12월에는 1만 명 이상의 고구려 군이 마한·예맥 1만여 기병을 거느리고 부여군(2만)과 한의 연합군을 상대하였을 것이다. 따라서 태조왕 69년(121) 봄에는 5천 명, 4월에는 8천 명이상, 12월에는 1만 명이상의 고구려 군이 동원되어 전쟁을 치른 것으로 추정된다. 한편 산상왕 즉위년(197)에 고구려는 3만에 이르는 한의 군대를 격퇴하였고, 동천왕 20년(246)에는 2만의 군사를 거느리고 관구검 군대와 싸웠으며, 미천왕 3년(302)에는 3만 명, 고국원왕 12년(342)에는 5만 명 이상의 군사가 전쟁에 동원되었다. 즉 고구려는 1세기부터 4세기 전반까지 한(漢), 위(魏), 전연(前燕) 등과의 대규모 전쟁에서 대략 2만~5만 명의 군사들을 동원하고 있었다. 이러한 2만~5만에 이르는 규모의 군사들이 모두 근래 통설과 같이 일반 민은 제외된 소수의 지배층(혹은 전사 집단)에 의해 구성되었다고 보는 것은 아무래도 무리인 것 같다.

둘째, 고구려에서 4세기 전반까지 시행되었다는 '일반 민을 제외한 소수의 지배층(전사 집단)에 의해서 구성되는' 군제는 중국 서주(西周: BC 1057~771년) 및 춘추시대 전기의 군제와 유사하다. 서주와 춘추시대 전기까지의 사회는 '국(國)'에 거주하며 병부(兵賦)를 부담하는 전사 집단의 '국인(國人)'층과 '비(鄙)'에 거주하며 주로 농경에 종사하는 '민(民)' 또는 '야인(野人)'으로 구성되었으며, 전자가 후자를 지배하는 이중체제를 이루었다.[8] 이때 국인층은 모두가 전쟁에 참가하는 전사로서의 공통점을 갖고 있었다고 한다. 물론 비에 거주하는 야인도 전쟁과 무관하지는 않았지만 그들의 경우는 국내 지배계급에 의해 강제로 징발되어 전사를 보조하는 천역(賤役)에 종사한 데 불과하고, 적어도 춘추 후기 신분제의 붕괴와 보병전(步兵戰)의 대두 이전까지는 야인은 전사가 될 수 없었다고 한다.[9]

이와 같은 서주 및 춘추 전기의 군제는 앞에서 통설로서 소개한 1세기~4세기 전반까지의 고구려 군제와 아주 유사하다. 대략 1000년 이상의 시차를 두고 중국 서주와 춘추 전기의 군제가 고구려에서 그대로 재현되고 있다는 것이다. 그런데 군제는 철저히 그 시기의 생산력과 무기 수준, 전쟁 형태 등을 기반으로 하여 성립하는 것이다. 즉 중국 서주와 춘추 전기의 '국인만이 군인이 되고 야인은 군인이 될 수 없는[10]' 군사 제도는 청동기 문화를 바탕으로 성립한 군사 제도이다. 청동제 무기의 생산이 제한되어 있으므로 일부 사람들만 이를 소유할 수 있고, 또 농업 생산력이 미약하여 일반 농민까지 모두 군인으로 징발할 수 없는 단계에서의 군사 제도인 것이다. 철기 문화가 발달한 1~4세기 전반까지의 고구려의 군제를 이러한 청동기 문화 단계의 서주와 춘추 전기의 군사 제도와 유사하다고 보는 것은 문제가 아닐 수 없다.

한편 중국은 춘추 시대에 들어와 철제 무기와 농기구가 보급되고 인구가 증가함에 따라 각국 간 전쟁이 격화되었고, 그에 수반하여 약소국의 멸망이 빈번하게 나타났다. 이러한 치열한 생존 경쟁 속에서 춘추시대 중기 이후 각국은 개병제, 징병제로의 군제 개혁을 단행하게 된다. 『좌전(左傳)』에 보이는 진(晋)의 작주병(作州兵: BC 645년), 노(魯)의 작구갑(作丘

---

8) 李成珪, 『中國古代帝國成立史研究』, 一潮閣, 1984, 12쪽.
9) 李成九, 「春秋戰國時代의 國家와 社會」, 『講座 中國史 I』, 지식산업사, 1989, 100~101쪽.
10) 陳恩林, 『先秦軍事制度研究』, 吉林文史出版社(中國, 長春), 1991, 4쪽. "國人當兵 野人不當兵"

甲: BC 590년), 정(鄭)의 작구부(作丘賦: BC 538년) 등의 조치는 대체로 민(民)에 대한 징병제의 실시, 수취 방식의 개혁을 그 내용으로 하고 있다. 이로써 국인 층뿐만 아니라 민들도 군인으로 징발되었다.[11] 이후 전국시대를 거쳐 진, 한 대에 이르러 중국은 중앙집권적 통일 제국을 건설하고 군현제에 입각하여 전국적으로 징병제를 시행하였으며, 또 중앙군과 지방군으로 이루어진 강력한 군사제도를 정비하였다. 그런데 후한 대에 이르면 징병제가 무너지면서 모병제(募兵制)가 등장하였고, 또 위(魏)와 후연(後燕) 등 위진 남북조 여러 국가들은 군호(軍戶)를 일반 민호(民戶)와 분리시켜 대대로 군역을 계승하게 하는 세병제(世兵制)도 시행하였다.[12] 이것 역시 사회경제적 변화 속에서 군제와 군역제의 변화를 통해 강병을 양성하여 강국을 실현하기 위한 노력이었다.

고구려는 이러한 중국의 한, 위, 후연에 맞서 일진일퇴의 공방전을 벌이면서 영토를 수호하고 국가를 발전시키고 있었다. 『삼국사기』, 고구려 본기의 사론에서도

고구려는 진·한 이후 중국의 동북 지방에 있었으나 … 조금도 겸손한 생각이 없이 중국 땅을 침범하여 원수가 되고, 또 그 군현에 들어가 거주하니 전쟁이 잇따라 거의 편안한 해가 없었다. … 그러나 상하(上下)와 중서(衆庶)가 화목할 때는 대국이라도 능히 이를 취하지 못하였다.[13]

라고 고구려의 국력을 평가하였다. 이와 같이 진·한 이래 중국 세력과 호각지세를 이루고 있던 고구려의 군제를 청동기 시대에 성립된 서주와 춘추 전기까지의 군제와 유사하다고 보는 것은 고구려의 군제를 지나치게 후

---

11) 李成九, 前揭書(1989), 108쪽.
12) 이상 중국의 군역제도의 변천에 관해서는 王曉衛 主編, 『中國軍事制度史-兵役制度卷』, 大象出版社, 1997. 참조.
13) 『三國史記』 22, 高句麗本紀 10, 寶藏王 下, 27年 史論.

진적으로 평가한 것이다. 고구려가 출현한 압록강 중류 일대에는 늦어도 기원전 3세기에는 철기 문화가 보급되었다고 한다.[14) 따라서 고구려 역시 중국과 마찬가지로 철기 문화에 걸맞은 군사체제를 갖추었을 것이다.

셋째, 한은 징병제와 모병제 등의 군역제를 시행하였는데, 이것은 한의 변방 군현이나 그들의 세력이 미치는 지역에서도 마찬가지였다.

① 영릉만(零陵蠻) 양손(羊孫)과 진탕(陳湯) 등 천여 인이 적책(赤幘)을 차고, 장군을 칭하면서 관청을 불사르고 백성을 노략질하였다. 주군에서는 선만(善蠻)을 모집하여 이들을 토벌하여 평정하였다. (『後漢書』86, 南蠻傳)
② 무위장군(武威將軍) 유상(劉尙) 등을 보내 광한(廣漢)·건위(犍爲)·촉군(蜀郡)의 인민과 주제이(朱提夷) 도합 13,000명을 징발하여 진격하였다. (『後漢書』86, 西南夷滇傳)

위의 ①은 한의 무릉군(武陵郡), ②는 익주군(益州郡)에 관한 기사로서 이들 군(郡)은 한무제 때 서남이(西南夷)의 지역에 설치한 군현이었다. ①·②에서 밑줄 친 '선만(善蠻)', '주제이(朱提夷)'는 군(郡) 내에 거주하는 원주민으로서 군(郡)의 군역에 모집·징발되고 있다. 이와 같이 한의 변방 군현에서는 징병과 모병이 이루어지고 있었다. 한사군의 하나인 낙랑군의 원주민 역시 군역 징발의 대상이 되었다고 한다.[15) 이러한 형태는 한의 세력 하에 있던 고구려인 거주 지역에서도 마찬가지였다.

왕망 초에 고구려의 군사를 징발하여 호(胡: 흉노)를 정벌하게 하였으나, (고구려가 호를 정벌하러) 가지 않으려 하여 강압적으로 보냈더니, 모두 도망하여 국경을 넘은 뒤 도적이 되어 (중국의 군현을) 노략질하였다.[16)

---

14) 余昊奎, 前揭論文(1997), 28쪽.
15) 權五重, 『樂浪郡硏究-中國 古代邊郡에 대한 事例的 檢討-』, 一潮閣, 1992, 78쪽.

위 사료는 왕망(서기 9~23년) 초년에 한의 세력 하에 있던 고구려인 거주 지역에서 병사를 징발하여 호(胡: 흉노)를 정벌하게 하였으나, 고구려인들이 이에 응하지 않으므로 왕망이 강압적으로 보냈더니, 모두 국경을 넘어 도망한 뒤 도적이 되었다는 내용이다. 이 기사는 『삼국사기』, 고구려본기, 유리왕 31년(12)조에도 동일하게 기재되어 있다. 위 사료를 통해 왕망 초 한의 변방인 고구려인 거주 지역에서는 징병제가 시행되고 있었음을 알 수 있다. 왕망이 징발했다는 고구려인 병사들의 규모가 어느 정도인지는 확인할 수 없지만, 이들이 한의 국경을 넘어 도망한 뒤 도적이 되었다는 것으로 보아 일반 농민일 가능성이 많다. 고구려인 병사들이 토지와 재산도 없는 농민이었기 때문에 위와 같이 자신의 거주지를 이탈하여 도적이 되었던 것이다. 이와 같이 중국 왕망 초(고구려 유리왕 31년)에 한의 영향력이 미치는 고구려인 거주 지역에서는 일반 농민에 대한 징병제가 실시되었는데, 바로 그 옆에 있던 고구려 국가에서 징병제를 시행하지 못하였다는 것은 한과의 국제관계상 이해하기 어렵다. 강력한 경쟁상대인 한과 국경을 접하고 있는 고구려는 한보다 인구가 적어 한에 비해 무장(武裝) 정도가 훨씬 셌을 것이다. 즉 전민 개병제(全民皆兵制)의 형식을 취했을 것이다.

넷째, 기존의 통설과 같이 4세기 중·후반 이후 어느 시기에 고구려에서 징병제가 실시되었다면, 사료에 그러한 조치를 취한 기록이 있을 터이나 현존하는 어떠한 사료에도 징병제를 실시하였다는 기록은 없다. 일반 민에 대하여 징병제를 시행하였다는 것은 아주 중요한 사건이다. 앞에서 본

---

16) 『三國志』, 東夷傳, 高句麗條. "王莽初 發高句麗兵以伐胡 不欲行 彊迫遣之 皆亡出塞爲寇盜" 이 사료에 나오는 고구려병을 일반적으로 고구려의 정규 군사로 보고 있지만, 왕망이 이들을 징발했다는 것으로 보아 한의 영역 안에 거주하고 있는 濊貊 병사로 판단하였다. 즉 이들은 句麗侯 騶의 통솔 하에 한의 영역에서 집단적으로 거주하는 고구려족 병사로 보았다.

바와 같이 기원전 7세기 중국 춘추시대에서도 '작주병(作州兵)', '작구갑 (作丘甲)' 등과 같이 징병제의 시행을 특기하고 있다. 따라서 아무리『삼국사기』, 고구려본기의 내용이 소략하다고 하더라도 4세기 중·후반 어느 시기에 징병제가 처음으로 시행되었다면 이것은 반드시 기록되었을 것이다. 실제『삼국사기』, 고구려본기에는 "백성이 굶주려 창고를 열어 곡식을 나눠주었다."[17]라거나 "국내의 남녀 15세 이상을 징발하여 궁실을 수리하게 하였다."[18] 등 민(民)과 관련된 기록들은 다른 것에 비교적 충실히 기록되어 있는 편이다. 따라서『삼국사기』, 고구려본기에 민에 대해 징병제를 시행하였다는 기록을 전혀 발견할 수 없는 것은 고구려에서는 건국 초기부터 이미 징병제가 실시되고 있었고 이러한 군역 형태는 고구려가 망할 때까지 변동이 없었음을 의미하는 것으로 해석된다.

이상에서 살펴 본 바와 같이 고구려 군제에 대하여 기존에는 대략 4세기 중후반 이후에야 비로소 일반 민에 대하여 개병제·징병제가 시행되었고, 그 이전에는 소수의 지배층에 의해 군대가 구성되었다고 보았다. 그러나 전쟁에 동원된 군사의 규모, 철기문화의 발달, 한과 대립하고 있는 국제관계, 사료상의 문제 등으로 보아 기존의 통설은 성립하기 어렵다고 본다. 고구려는 건국 이후 줄곧 민에 대하여 징병제를 시행하였던 것으로 판단된다.

3. 고구려 군제의 구조

고구려는 건국 이래 국가권력이 미치는 모든 민에 대하여 징병제를 실시하였을 것으로 보인다. 그런데 징병은 왕의 고유 권한이었다. 즉 고구

---

17)『三國史記』14, 高句麗本紀 2, 閔中王 2년 춘3월. "民饑 發倉賑給"
18)『三國史記』17, 高句麗本紀 5, 烽上王 9년 8월. "發國內男女年十五以上 修理宮室"

려의 최고 통수권자는 왕이었다. 고구려의 군대는 왕의 명령에 의해서만 동원될 수 있었고, 왕의 승인 없이 군대를 움직이는 것은 반역에 해당되었다.[19] 그래서 고구려 군대는 '왕군(王軍)'[20] 혹은 '왕당(王幢)'[21], '왕사(王師)'[22]라고도 불렀다. 고구려왕은 최고통수권자로서 국초부터 자신이 직접 군대를 통솔하여 주변국을 정벌하거나 외세를 물리쳤다. 『삼국사기』, 고구려본기에 의하면 유리명왕 11년(AD 9) 4월 왕이 친히 용기(勇騎)를 이끌고 선비족을 협공한 이래, 영양왕 9년(598) 왕이 말갈족 만여 명을 이끌고 요서를 칠 때까지 끊임없이 직접 군대를 이끌고 주변국을 정벌하거나 침략 세력을 물리쳤다. 『삼국사기』, 고구려본기에는 대략 22회에 걸쳐 왕이 직접 군대를 이끌고 출정하는 기사가 나오는데, 이와 같이 왕이 직접 군대를 이끌고 출정하는 경우는 대규모의 군대가 동원된 전쟁이거나, 국운을 건 전쟁, 혹은 왕의 위세를 드러낸 전쟁일 경우가 많다.

한편 고구려왕이 국가의 최고통수권자이지만 모든 전쟁에 왕이 직접 나설 수는 없었다. 이에 왕은 신하들에게 군대를 이끌고 가서 주변국을 정벌하거나, 반란군이나 침략 세력을 물리치도록 명령하기도 하였다. 『삼국사기』, 고구려본기에 의하면 동명성왕 6년(BC 32) 10월에 왕이 측근인 오이(烏伊)와 부분노(扶芬奴)에게 태백산 동남쪽에 있는 행인국을 정벌하라고 명령한 이래, 보장왕 20년(661) 5월 왕이 장군 뇌음신(惱音信)을 보내 말갈의 무리를 이끌고 신라 북한산성을 포위하라고 명령할 때까

---

19) 예외적으로 국가가 위급할 때 중앙군이나 지방군 등이 국왕의 명령 없이 출동하는 것은 허용되었는데, 이것은 사후 논공행상 등을 하여 승인을 받는 형식을 취하였다. (『三國史記』17, 高句麗本紀 5, 烽上王 2년 8월. "慕容廆來侵 王欲往新城避賊 行至鵠林 慕容廆知王出 引兵追之 將及 王懼 時 新城宰北部小兄高奴子 領五百騎迎王 逢賊奮擊之 廆軍敗退 王喜 加高奴子爵爲大兄 兼賜鵠林爲食邑")
20) 『三國史記』15, 高句麗本紀 3, 太祖大王 53년 정월.
21) 「廣開土王陵碑」, 14년 甲辰條 (韓國古代社會研究所 編, 『譯註 韓國古代金石文』, 제1권 13쪽)
22) 「廣開土王陵碑」, 17년 丁未條 (위 책, 14쪽)

지 대략 44회에 걸쳐 신하들에게 군대를 통솔하고 출정할 것을 명하고 있다.『삼국사기』, 고구려본기에 의하면 신하들이 군대를 통솔하는 경우가 국왕이 직접 군대를 통솔하는 것보다 2배 이상 많았다. 특히 후기로 갈수록 신하들이 군대를 통솔하는 경향이 많아진다. 그런데『삼국사기』, 고구려본기에서 신하들이 군대를 이끌고 출정하는 기사를 자세히 살펴보면, 고구려 초기에는 오이, 부분노 등 국왕의 측근 신하이거나, 왕자나 왕제(王弟)[23], 나부(那部)의 패자(沛者)[24] 등 왕족, 귀족들에게 군사를 맡기는 경우가 많았다. 그런데 4세기 미천왕 이후부터 신하들이 군대를 이끌고 출정하는 기사는 단순히 "군사를 보냈다.(遣兵)", 혹은 "장수(누구)를 보냈다.(遣將(某))"라고 표기되는 경우가 많다.[25] 이것은 후술하는 바와 같이 4세기 이후 전개된 군령 체계의 정비에 따른 결과라고 추측된다.

이와 같이 고구려왕은 최고통수권자로서 자신이 직접 군대를 이끌고 출정하거나, 아니면 측근이나 장군 등에게 군대를 이끌고 출정할 것을 명하기도 하였다. 고구려군은 왕명에 의해서만 출동할 수 있었으며, 왕명이 없이 군대가 출동할 경우, 이것은 반역에 해당되었다. 고국천왕 13년 (191) 4월에 평자(評者) 좌가려(左可慮) 등이 4연나(椽那)와 더불어 무리를 모아 왕도를 공격하였는데, 왕은 기내(畿內) 병마를 징발하여 이를 평정하고는 반란 세력들이 "우리 왕가를 경동시켰다.(動我王家)"라는 왕령(王令)을 내렸다. 즉 이들이 반역을 저질렀다는 것이다.[26] 또 고국천왕이 죽

---

23) 『三國史記』13, 高句麗本紀 1, 瑠璃明王 32년 11월. "扶餘人來侵 王使子無恤 率師 禦之" :『三國史記』15, 高句麗本紀 3. 大祖大王 69년. "王乃遣弟遂成 領兵二千餘 人 逆煥·光等"
24) 『三國史記』15, 高句麗本紀 3. 大祖大王 20년 2월. "遣貫那部沛者達賈 伐藻那 虜 其王"
25) 물론 4세기 이전에도 '遣將' 이라는 기사가 있고(慕本王 2년, 太祖大王 53년, 太祖 大王 94년, 東川王 16년), 4세기 이후에도 王弟가 군대를 통솔하는 경우가 있었다 (故國原王 12년). 이것은 단순히 경향성을 말하는 것이다.
26) 『三國史記』16, 高句麗本紀 4, 故國川王 13년 4월.

은 후 산상왕이 형수 우씨의 도움으로 왕위를 계승하자 형인 발기가 자신이 왕이 되지 못한 것에 크게 노하여 군대를 동원하여 왕궁을 포위하였다.[27] 그러나 국인(國人)이 발기를 따르지 않자 발기는 요동으로 도망갔다. 왕의 명령 없이 군대가 출동하는 것은 반역이었기 때문에 국인은 발기를 따르지 않은 것으로 짐작된다. 그런데 봉상왕 9년(300)에는 다음과 같이 왕의 명령 없이 군대가 움직인 적이 있었다.

> 이 해 9월에 왕이 후산(侯山) 북쪽으로 사냥 갈 때 국상(國相) 창조리(倉助利)가 따라갔다. (몰래) 중인(衆人)에게 이르기를 "나와 뜻을 같이하는 자는 내가 하는 대로 하라."하고 갈댓잎을 모자 위에 꽂으니 중인이 다 그렇게 하였다. 창조리는 중인의 마음이 다 일치함을 알고 드디어 왕을 폐하여 별실에 가두고 군사로 주위를 지키게 하였다.[28]

국상 창조리는 봉상왕을 폐위시키고자 하였으나 왕명 없이 군사가 움직이는 것은 반역죄에 해당하였으므로 중인들의 동의하에 군사를 움직여 왕을 폐위시켰던 것이다. 이와 같이 왕명이 없이 군사를 동원하는 것은 반역이나 왕의 폐위와 같은 특수한 상황에서나 있을 수 있는 일이었다.

그러나 고구려 말기에 이르러 왕권이 미약해짐에 따라 왕명 없이 군사를 움직이는 일이 빈번히 일어났다. 즉『구당서』의 고려전에서는

> (대대로)를 교체하는 날 혹 서로 승복하지 않으면, 각각 무력을 동원하여 서로 공격해 이긴 자가 대대로가 된다. (그때) 왕은 궁문을 닫아걸고 스스로를 지킬 뿐이며, 능히 사태를 제어하지 못한다.[29]

---

27)『三國史記』16, 高句麗本紀 4, 山上王 즉위년. "以兵圍王宮"
28)『三國史記』17, 高句麗本紀 5, 美川王 즉위년.
29)『舊唐書』, 列傳, 東夷, 高麗.

라 하여 대대로 교체 시 귀족들이 무력 대결을 벌이는데도 왕은 이러한 사태를 제어하지 못하고 있는 상황을 전하고 있다. 또『일본서기(日本書紀)』에서는 544년 안원왕(安原王)의 병세가 위중하자, 다음 왕위의 계승을 둘러싸고 세군(細群)과 추군(麤群) 사이에 무력 충돌이 일어나 패배한 세군측이 무려 2천여 명의 피살자를 낸 사건을 전하고 있다.[30] 왕의 외척 세력인 세군과 추군 모두 왕명이 없이 군사를 동원하여 무력 대결을 벌인 것이다. 심지어 연개소문은 정변을 일으켜 왕을 시해하고 왕만이 가질 수 있는 군사 통수권을 장악하였다. 이것은 모두 고구려 말 왕권이 미약해짐에 따라 나타난 특수한 상황으로서 정상적인 고구려 국정 운영의 모습은 아닌 것이다. 즉 이러한 상황을 고구려의 일반적인 상황으로 오해하면 절대로 안 되는 것이다.

반역이나 왕의 폐위, 혹은 왕권이 극도로 위축된 고구려 말기의 경우를 제외하고 고구려 국가의 모든 정상적인 군사 행동은 왕명에 의거하여 이루어졌다. 즉 고구려왕은 국가의 최고 통수권자였다. 그런데 국가의 통수권, 즉 병권은 일반적으로 발명권(發命權), 발병권(發兵權), 장병권(掌兵權) 등으로 삼분(三分)된다.[31] 발명(發命)은 군사의 동원을 명령하는 것이고, 발병(發兵)은 군사를 동원하여 장수들에게 배속시키는 것이며, 장병(掌兵)은 군사를 직접 지휘·통솔하는 것이다. 발명은 정치적인 결정에 의해 이루어지는 것으로서 최상의 병권이고, 발병은 행정적인 것으로서 그다음 단계의 병권이며, 장병은 직접 단위부대의 군사들을 이끌고 출동하는 것으로 가장 낮은 단계의 병권에 해당된다. 이와 같이 병권을 발명권, 발병권, 장병권으로 삼분할 때, 국왕은 최고통수권자로서 형식적으로는 이 3권을 모두 장악하고 있었지만 주로 발명권을 행사하였고, 발병권이나 장병권은 측근이나 장군에게 위임하였다.『삼국사기』, 고구려본기에

---

30)『日本書紀』19, 欽明 6년, 7년.
31)『定宗實錄』4, 定宗 2년 4월 辛丑, 1책, 170쪽. "古者兵法之設 有發命·發兵·掌兵之差"

서는 국왕이 측근에게 군사 통수권을 위임하는 것을 "군국의 일을 맡겼다.(委以軍國之事)" 혹은 "내외병마의 일을 맡겼다.((令)知內外兵馬事)" 등으로 표현하고 있는데, 이것은 주로 발병권을 위임하는 것으로 판단된다. 발명권, 즉 군사의 동원을 명령하는 것은 국왕이 타인에게 양도할 수 없는 고유의 권한이기 때문이다. 다음은『삼국사기』, 고구려본기에서 국왕이 측근에게 발병권을 위임한 기사들을 시대 순으로 정리한 것이다.

> (A) 유리명왕 33년(14) 정월 왕자 무휼을 태자로 세우고 군국의 일을 맡겼다. (立王子無恤爲太子 委以軍國之事)
> 대무신왕8년(25) 2월 을두지를 우보로 삼고 군국의 일을 맡겼다. (拜乙豆智爲右輔 委以軍國之事)
> 태조대왕 69년(121) 11월 왕이 수성으로 하여금 군국의 일을 통솔하게 하였다. (王以遂成統軍國事)
> (B) 신대왕 2년(166) 정월 명림답부를 국상으로 임명하고 벼슬을 더하여 패자로 삼아 내외병마의 일을 맡겼다.(拜答夫爲國相 加爵爲沛者 令知內外兵馬)
> 중천왕 3년(250) 2월 왕이 국상 명림어수로 하여금 내외병마의 일을 겸하여 관장하게 하였다.(王命相明臨於漱 兼知內外兵馬事)
> 서천왕 11년(280) 10월 왕이 달고를 안국군으로 삼구 내외병마의 일을 관장하게 하였다.(拜達賈爲安國君 知內外兵馬事)
> (C) 보장왕 25년(666) 8월 왕이 남건을 막리지로 삼아 내외병마의 일을 아울러 관장하게 하였다.(王以男建爲莫離支 兼知內外兵馬事)

『삼국사기』, 고구려본기에서 왕이 측근에게 병권을 위임한 사료는 위 7건이 전부인데, 사료(A) 즉, 유리왕부터 태조대왕까지는 병권을 위임하는 것을 "군국의 일을 맡겼다.(委以軍國之事)", "군국의 일을 통솔하게 하였다.(統軍國事)"라고 표현하였고, 사료(B) 즉, 신대왕 이후부터는 "내외병마의 일을 맡겼다.((令)知內外兵馬事)"라고 표현하고 있다. 이것은 신대왕 이전에는 고구려 군제가 내병(內兵: 중앙군)과 외병(外兵: 지방군)으로 구분되지 않은 채 운영되었기 때문에 단순히 "군국의 일을 맡겼다."라고 표현한 것이고, 신대왕 이후부터 내병과 외병으로 분리하여 운영함에 따라 "내외병마의 일을 맡겼다."라고 표현한 것으로 추측된다. 즉 고구려는 건국 이후 왕의 부(部)인 계루부의 병력을 중심으로 군제가 운영되었으나, 태조왕 대에 나부통치체제가 성립한 이후32), 신대왕 대에 이르러 계루부의 병력으로 중앙군을 형성하고 다른 나부들의 병력은 지방군으로 편성한 것으로 추측된다. 고구려 국가의 확대 발전에 따라 신대왕 이후 고구려 군제는 중앙군과 지방군으로 확대 정비되었던 것이다.

그런데 신대왕 이전 '군국지사(軍國之事)'를 위임할 때, 그 대상자는 사료(A)에서 보는 바와 같이 태자(太子), 우보(右輔), 왕제(王弟) 수성(遂成) 등 왕족이나 우보였고, 신대왕 이후 '지내외병마사(知內外兵馬事)'를 위임할 때, 그 대상자는 사료(B)에서 보는 바와 같이 국상이나 왕제였다. 특히 신대왕 이후에는 국상이 주로 발병권을 행사하였을 것으로 판단된다. 사료(B)에서 보는 바와 같이 신대왕, 중천왕 대에 '지내외병마사(知內外兵馬事)'를 위임받은 사람은 모두 국상이었고, 또 앞에서 인용한 바와 같이 봉상왕 9년(300) 국상 창조리는 왕의 명령 없이 군사를 발병하여 봉상왕을 폐위시켜 별실에 가둔 이후 미천왕을 즉위시켰다. 이것 역시 국상 개인이 발병권을 장악함에 따라 나타난 현상이었다. 이에 미천왕 이후에는 국상에 의하여 왕이 폐위되는 사태의 재발을 방지하기 위하여 국상제를 폐지한 것으로 보인다. 즉 국상 창조리를 마지막으로『삼국사기』, 고구려 본기에서 더 이상 국상은 보이지 않는다. 그러면 미천왕 이후 발병권은 누구에 의하여 행사되었을까?『한원』, 고려기에는 다음과 같은 발병 관계 기사가 있다.

---

32) 태조왕대 나부통치체제의 성립에 대해서는 金光洙,「고구려 고대집권국가의 성립에 관한 연구」, 연세대학교 박사학위논문, 1983, 56~61쪽 참조.

고려기(高麗記)에서 말한다. "그 나라는 관직을 세움에 있어 아홉 등급이 있다. 그 첫 번째는 토졸(吐捽)인데 1품에 견준다. ··· 다음은 태대형(太大兄)인데 2품에 견준다. ··· 다음은 울절(鬱折)인데 종2품에 견준다. ··· 다음은 대부사자(大夫使者)인데 정3품에 견준다. ··· 다음은 조의두대형(皂衣頭大兄)안데 종3품에 견준다. ··· 이 다섯 관직은 기밀을 관장하고(掌機密) 정사를 모의하였으며(謀政事) 발병을 관장하였다(徵發兵)."[33]

1품 토졸, 2품 태대형, 종2품 울절, 정3품 대부사자, 종3품 조의두대형 등 5개의 관등이 기밀을 관장하고, 정사를 모의하였으며, 발병을 관장하였다는 것이다. 이로써 발병권은 1품~종3품까지 제5관등 이상 고위 관리들의 협의 하에 행사되었음을 알 수 있다. 『한원』에서의 이와 같은 제도가 언제부터 시행되었는지 확인할 수 없지만, 대체로 4세기 미천왕 이후부터 시행되었을 것으로 판단된다. 앞에서 말한 바와 같이 국상 개인에 의하여 자의적으로 발병권이 행사되는 일을 방지하기 위하여 미천왕 대에 이르러 국상제를 폐지하고 이와 같이 발병권을 제5관등 이상 고위 관리들의 합좌제 형식으로 관리하게 하는 제도를 도입한 것으로 보인다.

제5관등 이상 고위 관리들이 합좌제 형식으로 발병권을 관리하는 제도는 개인이 자의적으로 발병하는 것을 사전에 예방함으로써 초기에는 정치적 안정을 가져왔고 왕권을 강화시켰을 것으로 판단된다.[34] 이와 아울러 앞에서 언급한 바와 같이『삼국사기』, 고구려본기에서는 4세기 미천왕 이후부터 신하들이 군대를 이끌고 출정하는 기사는 이전과 달리 단순히 '견병(遣兵)', 혹은 '견장(遣將) 누구(某)'라고 표기되는 경우가 많은데,

---

33)『翰苑』30, 蕃夷部, 高麗. "高麗記曰 其國建官有九等 其一曰吐捽 比一品 ··· 次曰 太大兄 比二品 ··· 次鬱折 比從二品 ··· 次大夫使者 比正三品 ··· 次皂衣頭大兄 比 從三品 ··· 以前五官 掌機密 謀政事 徵發兵"
34) 그러나 이러한 제도는 후기에는 폐단이 드러나면서 정치적 불안을 가져오고 왕권을 약화시키는 원인이 되기도 하였다.

이것 역시 발병권이 합좌제로 관리되던 체제의 반영이라고 추측된다. 발병권이 합좌제로 관리되면서 이전과 같이 왕족, 귀족 등 왕의 측근이 장병권을 가지고 출동하는 것이 아니라, 주로 군사 전문가인 장군들이 장병을 담당하게 된 것이다. 이와 같이 군령제도가 공적으로 정비됨에 따라 고구려는 4세기~5세기에 이르러 극성기를 연출하게 된다. 군사 전문가인 대모달(大模達), 말약(末若) 등의 장군이 장병(掌兵)을 전담함에 따라 왕족·귀족이 군대를 통솔하는 것보다 훨씬 효율적으로 작전을 전개할 수 있었고[35], 반란의 위험도 적었던 것이다. 그런데 7세기 말 보장왕 대에 이르러 연개소문이 병권을 장악한 이후 발병권이 합좌제로 관리되던 제도는 폐지되고 개인이 다시 발병권을 장악하는 일이 나타났다. 사료(C)에서 보는 바와 같이 보장왕 대에 "왕이 남건을 막리지로 삼아 내외병마사를 맡아보도록 하였다.(王以男建爲莫離支 兼知內外兵馬事)"라 하여 미천왕 대 이후 보이지 않던 '겸지내외병마사(兼知內外兵馬事)'라는 직함이 다시 등장하여 연개소문의 아들인 남건이 이를 차지하고 있는 것이다. 이것은 연개소문 일가의 권력이 강성하고, 왕권이 극도로 미약해짐에 따라 나타난 현상이었다.

이상에서 살펴본 바와 같이 고구려왕은 고구려 군대의 최고통수권자로서 발명권, 발병권, 장병권으로 삼분되는 국가의 병권을 모두 장악하고 있었다. 고구려 초기에는 왕이 이 3권을 모두 행사하기도 하였다. 즉 국왕 고유의 권한인 발명권의 행사 이외에도 고국천왕 13년(191) 4월에는 "기내(畿內)의 병마를 징발하였다."[36]라고 하듯이 왕이 직접 발병권을 행사하였으며, 앞에서 살펴본 바와 같이 『삼국사기』, 고구려본기에 의하면 22

---

35) 『翰苑』 30, 蕃夷部, 高麗. "高麗記曰 … 其武官曰大模達 比衛將軍 一名莫何邏繡支 一名大幢主 以皁衣頭大兄以上爲之 次末若 比中郎將 一名郡頭 以大兄以上爲之 其領千人 以下各有等級"
36) 『三國史記』 16, 高句麗本紀 4, 故國川王 13년 4월. "徵畿內兵馬"

회에 걸쳐 국왕이 직접 군대를 이끌고 출정하는 장병권을 행사하기도 하였다. 그러나 고구려 국가가 성장·발전함에 따라 차츰 고구려왕은 고유 권한인 발명권을 제외하고 발병권과 장병권은 타인에게 위임하였다. 발병권은 왕족·우보→국상→'제5관등 이상 관리들의 협의체' 순서로 위임되었고, 장병권 역시 '왕족·귀족→장군' 순서로 위임되었다. 이와 같은 군령제도의 정비 속에서 고구려는 4, 5세기에 이르러 전성기를 구가할 수 있었다.

한편 앞에서 언급한 바와 같이 고구려의 군사제도는 신대왕 이전까지는 내병(內兵)과 외병(外兵)의 구분이 없다가, 신대왕 이후 내병과 외병으로 분리 운영된 것으로 보인다. 이것은 신대왕 이전까지는 군사 업무를 '군국지사(軍國之事)'라고 표현하다가, 신대왕 이후 새로이 '내외병마사(內外兵馬事)'라고 바꿔 부른 것을 통해 짐작할 수 있다. 즉 압록강 중류 지역에서 계루부를 핵심으로 출발한 고구려는 초기에는 계루부 병력만으로 전쟁을 치렀기 때문에 내병과 외병의 구분이 없었다. 그 후 태조왕 대에 이르러 왕부(王部)인 계루부와 더불어 비류부, 연나부, 관나부, 환나부 등으로 이루어진 4나부제(那部制)가 확립되었고, 이때 다음과 같이 나부 병력을 동원하여 소국을 정벌하기도 하였다.

· 태조대왕 20년 2월 관나부 패자 달고를 보내어 조나를 쳐 그 왕을 사로잡았다.[37]

· 태조대왕 22년 10월 왕이 환나부 패자 설유를 보내어 주나를 쳐 그 왕자 을음을 사로잡아 고추가로 삼았다.[38]

---

[37]『三國史記』15, 高句麗本紀 3, 大祖大王 20년 2월. "遣貫那部沛者達賈 伐藻那 虜其王"

[38]『三國史記』15, 高句麗本紀 3, 大祖大王 22년 10월. "王遣桓那部沛者薛儒 伐朱那 虜其王子乙音 爲古鄒加"

이와 같이 태조왕 때에 이르러 계루부 병력과 나부 병력이 혼재하게 되자 신대왕 대에는 이를 내병과 외병으로 구분하고, 또 국상(國相) 직을 신설하여 내·외병을 통할하도록 하였다.[39] 그리고 앞에서 본 바와 같이 미천왕 이후에는 제5관등 이상 고위 관리들의 협의체에서 내·외병의 발병을 합좌제 형식으로 관리하게 하였다.

내병(內兵: 중앙군)과 외병(外兵: 지방군) 중 내병이 훨씬 강력한 군사력을 보유하고 있었다. 내병은 기내(畿內)에 주둔하면서 국왕의 호위와 수도의 경비·방위 등을 담당하였고, 외병은 기외(畿外)에 주둔하면서 각 지방의 경비·방위를 담당하였는데, 지방군 개개의 군사력은 중앙군에 비할 바가 못 되었다. 앞에서 언급한 바와 같이 고국천왕 13년(191) 4월에 평자 좌가려 등이 4연나와 더불어 무리를 모아 왕도를 공격하였는데 왕은 '기내 병마' 즉, 내병을 징발하여 일거에 이를 평정하였다.[40] 내병의 군사력은 4연나의 군사력을 압도하였던 것이다. 이외에도 끊임없이 일어나는 내란과 외침을 고구려는 내병을 주축으로 하여 막아내었다. 『삼국사기』, 백제본기의 근구수왕 즉위년 조에는 고구려 군대의 구성을 엿볼 수 있는 다음과 같은 구절이 있다.

고구려 국강왕(國岡王) 사유(斯由: 고국원왕)가 친히 쳐들어 왔다. 근초고왕이 태자를 보내 이를 막게 하였다. (태자가) 반걸양(半乞壤)에 이르러 장차 싸우려 하였다. 고구려사람 사기(斯紀)는 본래 백제 사람이었는데 잘못하여 국마(國馬)의 발굽을 상하게 하였다. (그는) 죄를 받을까 두려워서 고구려로 도망하였다가 이때 돌아와 태자에게 말하기를 "저쪽의 군사가 비록 많기는 하나 모두 숫자만을 채운 의병(疑兵)일 뿐입니다. 날래고 용감한 자들은 오직 적기(赤旗)의 부대뿐입니다. 만일

---

39) 『三國史記』 16, 高句麗本紀 4, 新大王 2年 정월.
40) 『三國史記』 16, 高句麗本紀 4, 故國川王 13年 4月. "[左可慮等]聚衆攻王都 王徵畿內兵馬平之"

먼저 이를 깨뜨리면 그 나머지는 치지 않아도 저절로 무너질 것입니다."라고 하였다. 태자가 그 말을 좇아 나아가 쳐서 크게 이겼다.[41]

위 글에서 백제에서 고구려로 넘어간 사기(斯紀)는 고구려 군대의 태반은 숫자만 채운 의병이요, 용감한 자들은 적기(赤旗)에만 모여 있다고 기밀을 누설하고 있다. 여기에서 적기의 부대는 내병을 주축으로 한 군사들이고, 의병은 각지 지방민들로 구성된 외병으로 추정된다.[42] 고구려는 강력한 내병(중앙군)을 중심으로 전투 병단을 구성하였던 것이다. 그런데 고구려의 중앙군은 두 가지 종류의 군인으로 구성된 것으로 보인다. 생산 노동에 종사하지 않고 전투를 직업으로 하는 무사들과 앞에서 주장한 바와 같이 생산 노동에 종사하면서 징병제에 의해 징발되는 농민군으로 구성된 것으로 추측된다.

고구려의 중앙군을 구성하는 무사층을 당시에는 주로 '국인(國人)'이라 부른 것으로 보인다. 즉 『삼국지』, 고구려전이나 『삼국사기』, 고구려본기 등의 사료에서 민(民)과 뚜렷이 구별되는 '국인'은 이러한 무사층을 지칭한 것으로 추측된다.[43] 중국 측 기록에서는 "국인들은 기력이 있고 전투에 익숙하다."[44]라거나 "국인들은 기력을 숭상하여 활·화살·칼·창을 잘 쓰고 갑옷이 있으며 전투에 익숙하다."[45]라는 등 국인이 힘이 세고 전투에 익숙한 것을 특별히 전하고 있다. 또 『삼국사기』에는 "국인들은 … 모두 나라의 일에 목숨을 바치기로 하였다."[46]라 하여 국인들의 무사다운

---

41) 『三國史記』24, 百濟本紀 2, 近仇首王 卽位年.
42) 김현숙, 앞의 책, 2005, 155쪽에서도 적기는 중앙군이고 의병은 지방군일 것이라고 추정하고 있다.
43) 『三國史記』17, 高句麗本紀 5, 烽上王 원년 3월, "國人曰 微安國君 民不能免梁貊·肅愼之難 今其死矣 其將焉託"에서 보는 바와 같이 국인과 민은 구별된다. 국인에 대해서는 최의광, 「高句麗의 '國人' 研究」, 『史叢』58, 2004, 참조.
44) 『三國志』, 東夷傳 高句麗條. "國人有氣力 習戰鬪"
45) 『梁書』, 東夷列傳, 高句麗條. "國人尙氣力 便弓矢刀矛 有鎧甲 習戰鬪"

모습을 전하고 있다. 또 앞에서 소개한 바와 같이 산상왕 즉위년(197) 발기가 산상왕의 즉위에 반대하여 자신의 군사를 이끌고 왕궁을 포위하였지만, 국인들이 따르지 않자 발기는 결국 요동으로 도망갔다. 국인은 고구려의 중앙군을 구성하는 무사층으로서 이들의 지지를 얻지 않고는 반란이 성공할 수 없기 때문이다. 국인은 이와 같이 전투를 직업으로 하는 무사로서 무력을 소유하고 있었기 때문에 종종 왕의 추대나, 국가의 중대사 등에 자신들의 의견을 표명하였다. 즉 고구려 제4대 국왕인 민중왕은 국인들의 추대에 의해 왕이 됐으며, 6대 태조대왕 역시 국인의 영립(迎立)에 의해 왕이 되었다. 그리고 또 국인들은 신대왕의 사면령에 환호하였고[47], 고국천왕 때에는 왕후 친척들의 전횡에 대하여 분노하였다.[48] 국인은 무력을 소유한 사람들이었기 때문에 이들의 지지와 여론은 이와 같이 중시되었다.

국인(國人)은 글자 그대로 '국(國)'의 '인(人)'이었다. '국(國)'에는 '나라'라는 의미와 '수도'라는 의미가 아울러 있었다. 즉 국인은 일반적으로 '나라 사람'이라는 뜻도 있지만, '수도에 있는 사람'이라는 뜻도 있었다. 그런데 고구려 당시의 국인은 주로 수도 안에 있는 사람을 지칭하는 용어였다고 한다.[49] 특히 고구려 초기의 '국(國)'은 '계루부'를 의미하기도 하였으므로[50], 고구려 초기의 국인은 주로 수도 안에 거주하는 계루부 사람들로 구성된 것으로 추측된다. 이후 고구려 국가가 성장·발전함에 따라 계루부 이외에서 무술에 능한 사람들이 고구려의 무사로 들어오고자 하였다. 유리왕 21년(A.D. 2) 9월 사물택에서 한 장부는 국왕을 만나 "왕신(王臣)이 되기를 원합니다."[51]라 하며 국인으로 들어오려 하였고, 대무신왕 4년

---

46) 『三國史記』, 14, 高句麗本紀 2, 大武神王 5년 2월. "國人…皆許殺身於國事矣"
47) 『三國史記』16, 高句麗本紀 4, 新大王 2년 정월.
48) 『三國史記』16, 高句麗本紀 4, 故國川王 12年 9月.
49) 최의광, 前揭論文(2004), 38쪽.
50) 余昊奎, 「高句麗 初期의 諸加會議와 國相」, 『한국고대사연구』 13, 1998, 48쪽.

(21) 12월 국왕이 군사를 내어 부여를 정벌하러 가는 도중에 북명인(北溟人) 괴유(怪由)와 적곡인(赤谷人) 마로(麻盧)는 종군할 것을 청하여 국왕의 허락을 받았다. 이들이 이와 같이 국인에 자원하여 종군한 것은 군대 복무와 전투가 출세의 계기가 되었기 때문이었다. 즉 괴유는 원래 북명(北溟)의 미천한 사람이었으나 부여왕 대소의 머리를 베는 전공 등으로 인하여 여러 차례 국왕의 '후은(厚恩)'을 입었고, 중병에 걸리자 국왕이 친히 문병하러 갈 정도였다.[52] 괴유로서는 전투가 출세의 계기가 된 것이다. 이와 같이 계루부원 이외에도 무술에 능한 사람을 받아들여 국인에 충원하기도 하였다.

고구려의 국인 즉, 무사들은 직역의 대가로 국가로부터 관직이나 토지, 기타 특전을 받았다. 이들은 수도에 거주하면서 관직에 올라 대가(大家)를 이루었으며, 이들과 이들의 가족은 좌식자(坐食者)라고 불렸다.『삼국지』, 고구려전의 다음 사료는 고구려의 국인과 그 가족의 생활 모습을 보여준다.

> 국중(國中) 대가들은 농사를 짓지 않으므로, 앉아서 먹는 인구(坐食者)가 만여 명이나 되는데, 하호(下戶)들이 먼 곳에서 양식·고기·소금을 운반하여 그들에게 공급한다.[53]

즉, 수도 안(國中)에 거주하고 있는 대가(大家)인 좌식자(坐食者)가 만여구(萬餘口)나 된다는 것이다. 좌식자가 만여 구라 하였으므로 1호당 4~5인으로 보면, 대가의 가호 수는 약 2천 수백호가 되고, 국인은 1호당 1인으로 상정하면 2천 수백 명이 있었다고 볼 수 있다. 즉 고구려의 중앙

---

51) 『三國史記』13, 高句麗本紀 1, 琉璃明王 21년 9월.
52) 『三國史記』14, 高句麗本紀 2, 大武神王 5년 2월, 10월.
53) 『三國志』, 高句麗傳. "其國中大家不佃作 坐食者萬餘口 下戶遠擔米糧魚鹽供給之"

군인 무사들은 대략 2천여 명에 달한 것으로 보인다. 이러한 무사 2천여 명은 당시 경제적 상황 하에서 고구려 국가가 감당할 수 있는 최대의 인원이었다. 삼국시기 각국이 수도에 양성하고 있는 무사의 수는 대체로 비슷하였다. 신라 중대 시기 무사는 2,277명이었는데 그 이전 중고 시기에도 비슷하였을 것으로 추정되고[54], 사비성에서 상주하고 있는 백제 무사의 수도 2,500명으로 추산되고 있다.[55] 즉 삼국 모두 대체로 2천여 명에 이르는 무사를 수도에 상주시키고 있었던 것이다. 삼국 간 항쟁이 그토록 오랫동안 치열하게 전개될 수 있었던 것도 삼국 간 비슷한 전력에 기인한 것으로 추측된다. 사실 무사와 같은 '좌식자' 계층은 정치 지배자들이 임의로 그 인원수를 정할 수 있는 것은 아니었다. 이들의 존재와 인원수는 그 시기의 경제력에 상응하였다. 삼국 전체의 무사는 위에서 보듯이 고구려 2천여 명, 신라 2,300여 명, 백제 2,500여 명 등 대략 7,500여 명으로 추산되는데, 이것은 삼국 당시의 경제력으로 감당할 수 있는 최대한의 인원수로 생각된다.[56] 즉 고구려 수도에 상주하고 있는 무사 2천여 명은 당시 생산력을 총동원하여 감당할 수 있는 최대의 병력이었던 것이다.

고구려의 중앙군은 2천여 명의 무사와 더불어 앞에서 살펴본 바와 같이 징병제에 따라 의무적으로 군역을 치르는 농민군으로 구성되어 있었다. 앞 장에서는 4세기 이전에 고구려에서 일반 농민들에 대하여 징병제를 실시하였으리라는 것을 몇 가지 정황을 들어 설명하였지만, 『삼국사

---

54) 拙稿, 「新羅 中代 軍制의 구조」, 『韓國史研究』 126, 2004, 20쪽.

55) 『翰苑』 30, 蕃夷部 百濟. "括地志曰 百濟王城 方一里半 … 卽五部之所也 一部有兵 五百人"

56) 참고로 고려의 중앙군으로서 전업무사에 해당하는 府兵의 수는 3,457명에 달하였고(拙稿, 「高麗·朝鮮初期의 府兵」, 『歷史教育』 69, 1999, 116쪽), 조선 전기에 長番으로 근무하는 兼司僕, 內禁衛, 親軍衛, 別侍衛, 甲士 등 양반 군인의 수도 3,500여 명에 머무르고 있었다. 한편 조선후기 서울에 상주하는 훈련도감 군인의 수는 5천여 명에 불과한데도 문반 관료들은 국가 경비의 ⅔가 훈련도감 군인을 양성하는데 들어간다고 아우성이었다.

기』에 백성이 군역을 치렀다는 증거가 아주 없는 것은 아니다. 대무신왕 5년(22) 국왕은 부여와의 전투에서 막대한 손실을 입은 데 대하여 다음과 같이 여러 신하들에게 사과하고 백성을 위로하였다.

> 왕이 나라에 돌아와 여러 신하를 모아 잔치를 베풀며 말하기를 "내가 덕이 없어서 경솔하게 부여를 정벌하여, 비록 그 왕을 죽였으나 그 나라를 아직 멸하지 못하였고, 또 우리 군사와 물자를 많이 잃었으니 이는 나의 허물이다." 하였다. 이윽고 친히 <u>죽은 자와 아픈 자를 조문하고 백성을 위로하였다.</u>[57]

위 사료의 밑줄 친 부분에서 보는 바와 같이 대무신왕이 친히 죽은 자와 아픈 자를 조문하고 백성을 위로한 것은 부여와의 전투에서 죽거나 다친 사람들이 바로 백성들이었기 때문이다. 이로써 고구려의 백성들이 전투에 동원되어 죽거나 다치는 등 군역의 의무를 지고 있었던 것을 알 수 있다. 비상시에는 '거국출전(擧國出戰)'[58]이라 하듯이 군역에 편제된 모든 백성들이 일시에 전투에 동원되었는데, 고구려 전성기에 군역에 편제된 군인의 총수는 30만에 달하였다고 한다.[59] 이러한 농민군들은 평시에는 일정한 절차에 따라 번상 근무한 것으로 보인다.

그런데 현재 고구려 농민군의 번상에 관한 구체적인 자료는 발견되지 않고 있다. 그래서 고구려에서는 번상제도가 실시되지 않았다는 주장이 제기되기도 한다. 고구려는 중앙 정권의 지방 침투가 미약하여 번상제도가 실시되지 못하였다는 것이다.[60] 그러나 이것은 오해라고 생각된

---

57)『三國史記』14, 高句麗本紀 2, 大武神王 5년 2월. "王旣至國 乃會群臣飲至曰 孤以不德 輕伐扶餘 雖殺其王 未滅其國 而又多失我軍資 此孤之過也 遂親吊死問疾 以存慰百姓"

58) 위와 같음.

59)『三國史記』37. 雜志 6, 地理 4, 高句麗. "渤海人 武藝曰 昔高麗盛時 士三十萬 抗唐爲敵 則可謂地勝而兵强 至于季末 君臣昏虐失道 大唐再出師 新羅援助 討平之"

다.『광개토왕비』의 수묘인연호조(守墓人烟戶條)를 살펴보면, 동쪽으로는 동해고(東海賈: 북부 동해안), 서쪽으로는 양곡(梁谷: 太子河 유역)이나 신성(新城: 撫順市 북방), 그리고 남쪽으로는 두노성(豆奴城: 충남 연기군), 세성(細城: 충남 목천군) 등 고구려 전 지역에서 수묘인 연호가 번상하고 있었다.[61] 고구려의 중앙 정권은 고구려의 전 영역에 그 권력을 침투시켜 수묘인을 차출하고 번상제(番上制) 형식으로 수묘역을 부담시키고 있었던 것이다. 이와 같이 수묘역이 번상제로 운영되고 있는 것으로 보아 군역도 당연히 번상제로 운영되었을 것으로 판단된다. 수묘역의 운영은 국역 체계 일반과 동일한 범주에서 이루어지고 있었기 때문이다.[62] 즉 고구려 각 지방의 농민들은 정남(丁男)이 되면 지방군에 편입되어 복무를 하고, 또 순번에 따라 수도에 가서 중앙군에 편입되어 번상 근무를 하거나, 혹은 변경 지역에 파견되어 수자리를 섰을 것으로 추정된다.

고구려 국가는 농민 중에서도 주로 부유하고 충성스러운 사람에게 군역을 부담시켰을 것으로 판단된다. 즉 고구려 백성 중에서 부유하고 건장한 사람은 군역에 충당되고, 빈약한 사람은 수묘역 등 기타 잡역에 충원되었을 것이다. 국역을 감당할 수 있는 민의 대부분이 군역에 징발되었기 때문에 수묘역 등 기타 잡역에 종사하는 사람들 중에는 역을 감당하지 못하는 사람이 많게 되었다. 이에 광개토왕은 생존 시에 다음과 같은 교언(敎言)을 내렸다.

선조(先祖) 왕들이 다만 원근에 사는 구민(舊民)들만을 데려다가 무덤을 지키며 소제를 맡게 하였는데, 나는 이들 구민들이 점점 몰락하

60) 문병우,「고구려 군사제도의 특징」,『력사과학』1988년 1호, 31쪽.
61) 수묘인 연호의 번상에 대하여는 손영종,「광개토왕릉비문에 보이는 ≪수묘인연호≫의 계급적 성격과 립역 방식에 대하여」,『력사과학』86-3 ; 임기환,「광개토왕비의 국연(國烟)과 간연(看烟)」,『역사와 현실』13, 1994 참조.
62) 임기환, 前揭書(1994) 참조.

게 될 것이 염려된다. 만일 내가 죽은 뒤 나의 무덤을 편안히 수묘하는 일에는, 내가 몸소 약취(略取)해 온 한인(韓人)과 예인(穢人)들만을 데려다가 무덤을 수호·소제하게 하라.63)

즉 광개토왕은 수묘역을 담당하는 구민들이 점점 몰락할 것이 염려되니 자신이 약취해온 한·예(韓穢)들로 하여금 무덤을 수호·소제하게 하라고 교언(敎言)을 내리고 있다. 이것은 고구려의 원 주민인 구민들 중 부유한 사람들은 모두 군역에 차출되고, 빈약한 사람들만 남아 수묘역에 차출되는 것에 반하여, 한예들은 부유한 사람들 모두가 군역에 차출되는 것은 아니기 때문에 나타난 현상이라고 이해된다. 피정복민인 한예 가운데에는 고구려에 충성하는 사람 중 아주 일부만 군역에 편제되고, 나머지 많은 사람들은 군역에 편제되지 않았을 것이다. 군역은 무기를 소지하고 무력을 행사하는 역으로서 충성이 의심스러운 사람에게 무기를 줄 수는 없기 때문이다. 광개토왕은 이와 같이 군역에 편제되지 않은 한예에게 수묘역을 부과하라고 한 것으로 짐작 된다. 즉 구민 출신의 수묘인과 한·예 출신의 수묘인은 경제적 조건이 다른 것으로 추측된다.64) 한편 광개토왕릉의 수묘인은 구민과 한예를 합쳐 국연(國烟) 30가, 간연(看烟) 300가 등 총 330가에 달하는데, 국연 3가와 간연 30가, 합계 33가가 하나의 노역 단위가 되었을 것으로 추정되고 있다. 따라서 총 330가의 광개토왕릉 수묘인은 10개의 입역노동조로 구성되었을 것이라고 추정되고 있다. 이들은 한번 차출·입역한 이후에는 10회의 순환을 지난 후에 다시 수묘역의 의무

---

63) 「廣開土王陵碑」, 守墓人烟戶條 (韓國古代社會硏究所 編, 『譯註 韓國古代金石文』, 제1권 16쪽) "祖王先王 但教取遠近舊民 守墓洒掃 吾慮 舊民轉當羸劣 若吾萬年之後 安守墓者 但取吾躬巡所略來韓穢 令備洒掃"

64) 임기환 교수는 '수묘인의 교체는 당시 구민 일반과 신래한예 일반의 경제적 조건의 차이를 고려하였던 조치'[前揭論文(1994), 196쪽]라고 주장하였으나, 구민 '일반'과 신래한예 '일반'이 아니라 구민 출신의 수묘인과 신래한예 출신의 수묘인의 경제적 조건의 차이를 고려한 것으로 추측된다.

를 졌던 것이다.[65] 이러한 수묘인의 입역 형태는 군역의 입역 형태와 유사하였으리라 생각된다. 즉 고구려의 군역도 대체로 10번으로 나뉘어 순환 징발되었을 것으로 추정된다.[66]

고구려의 중앙군이 수도에 상주하는 2천여 명의 무사들과 각 지방에서 번상 입역하는 농민군으로 구성된 반면, 지방군은 재지 농민군으로 이루어졌다. 고구려는 지방조직과 군사조직을 일체화시키고 있었다. 즉 고구려의 지방통치체제는 크고 작은 성을 단위로 편제됨으로써 지방조직이 곧 군사조직으로 기능하였다. 민정관(民政官)이자 군정관(軍政官)이었던 지방관이 성에 기거하면서 지방을 통치하다가 적이 침입하면 주변에 거주하는 주민들을 모두 성으로 들어오게 하여, 함께 공수(攻守)하는 형태로 운영하였던 것이다.[67] 그런데 고구려의 지방군은 앞에서 살펴본 바와 같이 초기에는 왕부인 계루부를 제외한 나부(那部)의 병력으로 이루어졌다. 이때에는 사자(使者), 조의(皁衣), 선인(先人) 등의 관리들도 부 내에서 자체적으로 임명하고 명단만 국왕에게 보고하였다.[68] 그러나 차츰 고구려의 중앙집권체제가 강화됨에 따라 나부가 해체되었으며 지방관들도 중앙에서 임명하게 되었다. 이후 고구려는 중앙의 5부와 지방의 176성으로 정착되었다.[69] 따라서 중앙군은 5부에 각각 분속되었고, 지방군도 176성에 나뉘어 소속되어 있었다. 그런데 고구려의 성은 욕살(褥薩)이 다스리

---

65) 임기환, 前揭論文(1994), 203쪽.

66) 참고로 조선 초기에는 세종 12년(1430) 兵曹에서 "各道侍衛牌 分爲十二番 一年一度 每朔輪番侍衛"(『世宗實錄』 48, 世宗 12년 5월 乙卯, 3책, 237쪽)라고 하듯이, 각도의 시위패들이 12番으로 나뉘어 1년에 1개월씩 번상 입역하였고, 또 『경국대전』에는 正兵들의 번상 입역을 '八番 二朔相遞'라 하여 8번으로 나뉘어 2개월씩 번상 입역하도록 규정하고 있다. 그런데 고구려는 조선에 비하여 훨씬 먼 지역에서도 번상 입역해야 하므로 1, 2개월보다는 긴 기간 동안 수도에 체류하였을 것으로 판단된다.

67) 김현숙, 前揭書(2005), 389쪽.

68) 『三國志』, 東夷傳, 高句麗條, "諸大加 亦自置使者·皁衣·先人 名皆達於王"

69) 『舊唐書』, 東夷列傳, 高麗. "高麗國 舊分爲五部 有城百七十六"

는 대성(大城)과 처려근지(處閭近支)가 다스리는 제성(諸城), 누초(婁肖)가 다스리는 성, 그리고 욕살이나 처려근지의 고위 보좌관으로 파악되고 있는 가라달(可邏達)이 다스리는 제소성(諸少城)으로 구분된다고 한다.[70] 이중 대성은 10여 개, 제성은 50여 개, 그리고 성은 100여 개에 달한다고 한다.[71] 이를 통해 평균적으로 '대성1-제성5-성10'이라는 편제를 하나의 지방통치 단위로 했음을 알 수 있다.[72] 즉 고구려의 지방군 체제는 '대성-제성-성'의 3단계로 조직되었고, 각 단계의 지방관들은 상하 통속 관계에 있었던 것으로 보인다.[73] 이러한 지방군 체제는 고려의 주진군(州鎭軍) 체제, 조선의 진관체제와 유사하였다. 즉 고구려 군제는 고구려에 그치지 않고 이후 우리 역대 왕조의 군제 편성의 기본 체계로 이어졌던 것이다.

4. 고구려 군제의 승계

고구려 군제는 중앙군과 지방군으로 나뉘었고, 중앙군은 다시 무사층과 번상 농민군으로 구분되었다. 이 가운데 고구려에서는 무사층을 특별히 '국인(國人)'이라 칭하였다. 고구려의 무사 즉, 국인들은 평상시에는 농민군을 지휘·통제하면서 국왕의 호위와 수도의 경비·방위 등을 담당하였고, 비상시 국가에서는 이들을 골간으로 지방군을 포괄하는 전투 병단을 조직하여 외적의 침입에 대처하고 대외 정벌에 나섰다. 이와 같이 국인은 평상시, 비상시를 막론하고 고구려 군대의 중추였던 것이다. 따라서 고구

---

70) 『翰苑』, 30, 蕃夷部, 高麗. "又其諸大城置褥薩 比都督 諸城置處閭區(近支) 刺史 亦謂之道使 道使治所 名之曰備 諸少城置可邏達 比長史 又城置婁肖 比縣令"
71) 노태돈, 「지방제도의 형성과 그 변천」, 『고구려사연구』, 사계절, 1999, 245쪽.
72) 예를 들어 大城이 11개이면, 諸城이 55개, 城이 110개로서 『구당서』, 고려전에서 보는 바와 같이 176개의 성이 있게 되는 것이다.
73) 김현숙, 前揭書(2005), 369쪽.

려 국가는 일정한 자격을 갖춘 사람에 한하여 국인의 입속을 허용하였는데, 후술하는 바와 같이 일반적으로 부직(父職)을 계승하는 형태를 취하였고, 여기에 선군제(選軍制) 형식을 가미하였던 것으로 보인다. 3세기에 고구려의 국인들은 대략 2천여 명에 달하였는데, 이들은 직역의 대가로 관직이나 토지 등을 받았으며 수도에 거주하면서 대가(大家)를 이루었다. 국인과 그 가족 만여 명은 '좌식자'라 일컬어졌다.[74] 이와 같이 군제에서 뿐만 아니라 고구려 사회 전체에서 무사들은 중추적 존재였다. 이러한 고구려 군제의 전통은 고려, 조선전기로 승계된다.

신라에서도 고구려와 같이 무사들이 군제에서 중추적 역할을 담당하였다. 신라 중대 시기에 무사들은 총 2,277명에 달하였다. 이들은 평상시 양인농민 출신의 의무군인들을 지휘·통제하면서 국왕의 호위와 수도의 경비·방어 등을 담당하였고, 또 유사시에는 6정·9서당·10정·5주서·3무당·계금당 등의 전시체제에 편입되어 핵심 군사력으로 활동하였다.[75] 이러한 신라 중대의 군제는 신라 상대 시기에도 마찬가지였을 것으로 판단된다. 이와 같이 무사들이 중추적 역할을 하는 고구려의 군제는 신라도 공유하고 있었고, 또 이러한 형태는 고려, 조선으로 이어지게 된다.

고려에서는 무사를 부병(府兵)이라고 불렀는데, 중앙의 중랑장, 낭장, 별장, 산원, 교위, 대정 등의 무반 관료들이 이에 해당하였다.[76] 이들의 총수는 3,457명으로서 문·무반 전체 정원의 85%에 달하였다. 이들은 2군 6위에 소속되어 수도에 상주하면서 국왕의 시위, 수도의 경비·방위, 출정(出征)과 방수(防戍), 역역 등의 군무에 종사하였고, 번상 농민병을 지휘·통제하기도 하였다.

한편 조선전기 역시 무사들이 중앙군에서 중추적 역할을 담당하였다.

---

74) 『三國志』, 東夷傳, 高句麗條. "其國中大家 不佃作 坐食者 萬餘口"
75) 拙稿, 「新羅 中代 軍制의 구조」, 『韓國史研究』 126, 2004.
76) 拙稿, 「高麗·朝鮮初期의 府兵」, 『歷史敎育』 69, 1999.

조선전기의 무사들은 겸사복(50명, 長番), 내금위(190명, 長番), 친군위(40명, 2番), 별시위(1,500명, 5番), 갑사(14,800명, 5番) 등에 소속되어 장번(長番)이나 번상 근무를 하였는데[77], 수도에 머물러 있는 군액은 대체로 3,520명 수준을 유지하였다. 이와 같이 고구려로부터 조선전기까지 근 1,500년 동안 우리나라 군제는 무사들을 중심으로 운영되고 있었다.

그런데 16세기 갑사의 소멸과 더불어 유구한 전통을 가진 우리나라의 무사들은 소멸되었고[78], 임진왜란 이후에는 주로 하층민으로 구성된 군인들에게 급료를 주는 형태로 운영되는 훈련도감이 설립되어 중앙군의 중추적 역할을 담당하였다.[79] 즉 고구려 군제의 전통은 고려, 조선전기까지 계승되었고, 임진왜란 이후에는 근대적인 군제로 개편되었던 것이다.

고구려 이후 조선전기까지 우리나라 군제의 특징은 비록 징병제가 실시되었으나 무사 중심으로 군제가 운영되었다는 점이다. 이것은 중국이나 일본의 군제와 상이하였다. 중국의 군제는 한족 왕조와 유목민족 왕조에 따라 그 형태가 다양하므로 일률적으로 말할 수는 없지만, 한족 왕조는 대체로 징병이나 모병의 형태로 불려나온 일반 병사 중심으로 군제가 운영되었고, 유목민족 왕조는 대체로 '부족병제'라 하여 부족 전체가 군인이 되는 형태로 운영되었다. 특히 중국의 한족 사회에서는 한대(漢代) 이래 "좋은 철은 못을 만들지 않고, 좋은 인간은 군인을 만들지 않는다."라는 속담이 있을 정도로 군인을 천시하였다.[80] 이러한 사회적 분위기 속에서 무사층은 형성되기 어려웠고, 주로 일반 병사 중심으로 군제가 운영되었다. 즉 중국은 대체로 '제민적(齊民的)' 군사체제를 이루고 있었다. 이에 반해 일본은 철저히 무사 중심으로 군제가 운영되었다. 일본에서도 8세

---

77) 『經國大典』, 兵典, 番次都目.
78) 拙稿, 「16세기 甲士의 消滅과 正兵立役의 變化」, 『國史館論叢』 32, 1992.
79) 拙著, 『朝鮮後期 中央軍制研究』, 혜안, 2003.
80) 雷海宗, 「中國的兵」, 『中國文化與中國的兵』, 岳麓書社, 1989, 28쪽. "好鐵不打釘 好漢不當兵"

기 율령국가가 성립함에 따라 징병제가 실시된 적은 있지만 율령체제는 곧 무너지고 징병제 역시 붕괴되었다. 그리고 11세기에 무사계급이 성립한 이래 19세기까지 철저히 무사 중심으로 군제가 운영되었다.[81]

이와 같이 한·중·일 삼국은 사회경제적 조건, 문화적 전통 등에 따라 서로 다른 군제를 운영하였다. 고구려~조선전기까지의 한국이 징병제의 기반 위에서 무사 중심으로 군제가 운영되었다면, 중국은 일반 병사 중심으로 군제가 운영되었고, 일본은 철저히 무사 중심으로 군제가 운영되었던 것이다. 이러한 군제 운영의 차이는 정치체제의 운영에서도 서로 다른 모습을 띠게 하였다. 고구려~조선전기까지 한국이 대체로 왕권과 신권이 조화된 형태로 정치가 운영되었다면, 중국은 왕권이 극도로 강화된 형태로, 그리고 일본은 신권, 즉 무사들의 권한이 극도로 강화된 형태로 정치체제가 운영되었던 것이다.

무사 중심으로 운영된 고구려 군제의 전통이 고려, 조선전기로 승계되었을 뿐만 아니라, 고구려의 무사 충원 방식도 고려, 조선전기로 승계되었다. 고구려의 무사들은 집안 대대로 무사의 업을 이어 온 것으로 보인다. 물론 온달과 같이 선군제(選軍制) 형식을 통하여 등장한 신흥 무사층도 있었겠지만, 대부분의 무사들은 가업을 계승하는 형식으로 충원되었다. 무용총 벽화의 수렵도에서 보는 바와 같이 말을 타고 질주하면서 달아나는 호랑이와 사슴에 활을 쏘아 적중하려면 아주 어린 시절부터 말을 타야한다. 성인이 되어 말을 능숙하게 다루려면 열 살 정도에 이미 말을 타고 질주할 수 있어야 하고, 그 후에도 10년 가까이 지속적인 훈련을 받아야 한다.[82] 기마(騎馬)가 생활이 되지 않고서는 정상적인 기사(騎射)를 할 수 없는 것이다. 그런데 이와 같이 기마가 생활이 되기 위해서는 무사의 집에서 태어나지 않고서는 불가능하다. 말과 마구(馬具), 활과 화살 등

---

81) 구태훈, 『일본 무사도』, 태학사, 2005, 17~29쪽. 참조.
82) 『庭訓格言』 (조너슨 스펜스, 「사냥과 원정」, 『강희제』, 이산, 2001, 58쪽에서 재인용)

을 장만하고, 농사일에 종사하지 않고 기마와 수렵을 생활화하는 것은 대가 출신이라야 가능하였다. 즉, "그 국중 대가들은 농사를 짓지 않으므로, 좌식자가 만여 명이나 된다.(其國中大家 不佃作 坐食者 萬餘口)"라는 『삼국지』, 동이전, 고구려조의 구절은 이와 같이 생산 노동에 종사하지 않고 기마와 수렵을 일삼는 무사와 무사 자제들의 생활을 묘사한 것이라 생각된다. 비록 무사들이 대를 이어 무사가 되었다는 것을 보여주는 직접적인 사료는 없으나, 『삼국사기』, 열전에 연개소문이 아버지의 대대로 직을 '당사(當嗣)'할 권리가 있었음에도 불구하고 국인의 반대로 물려받지 못하다가 여러 차례 사죄하고 애걸하여 비로소 대대로가 되었다는 구절로 보아,[83] '당사(當嗣)' 즉 부직 승습(父職承襲)이 당시의 관례였음을 알 수 있다. 이것은 연개소문 가(家)뿐 아니라 「고자묘지명(高慈墓誌銘)」에도 고자의 조(祖) 고량(高量)이 "어려서 부조(父祖) 전래의 가업을 계승하였다(少稟弓冶)"고 할 정도로 거의 모든 귀족세력에게 적용되었다고 한다.[84] 이러한 부직 승습은 무사에게도 해당되었을 것으로 판단된다. 물론 무술을 시험하는 선군(選軍) 과정을 거쳤겠지만 대체로 부직을 승계하는 형태로 무사를 충원하였을 것으로 보인다.

고려 역시 고구려와 마찬가지로 부직을 승계하는 형태로 부병의 충원을 운영하였다. 『고려사』, 식화지, 전제, 서문에 나오는 "'부병은 나이 20살이 되면 (전정을) 처음 주는데 60살이 되면 반납한다. 그리고 자손과 친척이 있으면 그 전정을 연립한다.'"[85]라는 글처럼 부병은 부자, 친척 간에 전정이 연립되는 형태로 군역이 운영되었다. 부직을 계승하는 고구려 군제의 전통이 고려로 그대로 이어졌던 것이다. 이외에도 1품~종3품에 이

---

83)『三國史記』49, 列傳 9, 蓋蘇文. "其父東部大人大對盧死 蓋蘇文當嗣 而國人以性忍暴惡之 不得立 蘇文頓首謝衆 請攝職 如有不可 雖廢無悔 衆哀之 遂許"

84) 余昊奎, 前揭論文(1997), 148쪽.

85)『高麗史』, 食貨志, 田制. "府兵 年滿二十始受 六十而還 有子孫親戚 則遞田丁"

르는 고위 관리들의 협의체가 발병권을 관장하는 고구려의 제도와 유사하게 고려에서도 정3품 이상의 추신(樞臣)들로 구성되는 중추원이 발병권을 관장하였고[86], 또 '대성-제성-성'의 3단계로 조직된 고구려의 지방군 체제와 유사하게 조선전기의 지방군 체제 역시 '주진-거진-제진'의 3단계로 조직되어 각 단계의 지방관들이 상하 통속 관계를 유지하면서 유사시 자체 방어를 수행하도록 편성·운영하였던 것이다. 이밖에 고구려의 산성 중심 방어체제도 후대 왕조로 승계되었고, 고구려 맥궁(貊弓)의 전통 역시 후대의 각궁(角弓)으로 그 맥을 이어갔다.

이와 같이 고구려 군제는 고려·조선전기 군제의 기본체계로 이어졌다. 이것은 고구려와 고려, 그리고 조선전기의 사회경제적, 민족적, 지리적, 문화적 조건이 일맥상통하기 때문에 나타난 현상이라고 생각된다. 즉 고구려와 고려, 조선전기 모두 중세 사회였고, 한민족이라는 동일한 민족을 그 구성원으로 하였으며, 한반도와 만주를 그 지리적 영역으로 하였고, 동일한 농경문화를 이루고 삶을 영위하였던 것이다.

5. 맺음말

지금까지 고구려 군제에 대한 자료를 재검토하고, 고구려 군제의 구조와 그 승계에 대하여 살펴보았다. 이를 정리하면 다음과 같다. 고구려에서는 4세기 중·후반 이후에야 비로소 일반 민에 대하여 징병제가 시행되었고, 그 이전에는 소수의 지배층에 의하여 군대가 구성되었다고 보는 것이 지금까지의 통설이었다. 그러나 첫째, 4세기 이전까지의 대규모 전쟁에서 대략 2만~4만의 군사들이 동원되었는데, 이러한 군사들을 모두 소

---

86) 『定宗實錄』 4, 定宗 2년 4월 辛丑, 1冊, 170쪽. "前朝舊制 … 中樞掌軍機 卽摠制發兵者也"

수의 지배층이라고 보는 것은 무리라는 점, 둘째, 통설은 중국 청동기시대의 군제와 유사한데 고구려는 한, 위, 후연 등과 호각지세를 이룬 철기문화의 국가로서 고구려 군제를 너무 후진적으로 보고 있는 점, 셋째, 한사군의 하나인 낙랑군에서도 징병제가 실시되었는데, 바로 그 옆에 있던 고구려에서 징병제가 시행되지 못하였다고 보는 것은 국제 관계상 이해하기 어려우며, 넷째, 현존하는 어떠한 사료에도 특정한 시기에 고구려에서 징병제를 실시하였다는 기사는 없는 점 등 네 가지 이유로 기존 통설은 성립하기 어렵다고 본다. 즉 고구려는 건국 이후 줄곧 징병제를 시행하였다고 본다.

고구려에서 최고 통수권자는 왕이었다. 고구려의 군대는 왕명에 의해서만 동원될 수 있었고, 왕의 승인 없이 군대가 움직이는 것은 반역에 해당되었다. 그런데 고구려 말기에 이르러 왕명 없이 군대가 움직이는 일이 빈번히 나타났다. 이것은 왕권이 미약해짐에 따라 나타난 특수한 상황으로서 정상적인 고구려 국정 운영의 모습은 아닌 것으로 판단된다. 한편 군사통수권, 즉 병권은 일반적으로 발명, 발병, 장병으로 삼분(三分)된다. 발명은 군사의 동원을 명령하는 것이고, 발병은 군사를 동원하여 장수에게 배속시키는 것이며, 장병은 군사를 직접 지휘·통솔하는 것이다. 고구려왕은 최고 통수권자로서 발명, 발병, 장병으로 삼분되는 국가의 병권을 모두 장악하고 있었다. 그러나 고구려 국가의 성장·발전에 따라 차츰 고구려왕은 발명권을 제외하고 발병권과 장병권은 타인에게 위임하였다. 발병권은 왕족·우보→국상→'제5관등 이상 관리들의 협의체' 순서로 위임되었고, 장병권 역시 왕족·귀족→장군 순서로 위임되었다. 이와 같은 군령제도의 정비 속에서 고구려는 4, 5세기에 이르러 전성기를 구가할 수 있었다.

한편 고구려의 군사제도는 신대왕 이전까지는 내병(중앙군)과 외병(지방군)의 구분이 없다가, 신대왕 이후 내병과 외병으로 분리 운영된 것으로 보인다. 내병과 외병 중 내병이 훨씬 강력한 군사력을 보유하고 있었다. 내병은 기내(畿內)에 주둔하면서 국왕의 호위와 수도의 경비·방위 등을 담당하였고, 외병은 각 지방에 주둔하였는데, 외병의 개별 군사력은 내병에 비할 바가 못 되었다. 내병은 두 가지 종류의 군인으로 구성된 것으로 보인다. 생산 노동에 종사하지 않고 전투를 직업으로 하는 무사층과 생산 노동에 종사하면서 징병제에 의해 징발되는 농민군으로 구성된 것으로 추측된다. 그런데 무사층을 당시에는 '국인'이라 부른 것으로 보인다. 고구려의 국인, 즉 무사들은 직역의 대가로 국가로부터 관직이나 토지 등을 받았다. 이들은 수도에 거주하면서 관직에 올라 대가를 이루었다. 한편 지방의 농민들은 정남이 되면 지방군에 편입되어 복무를 하고, 또 차례에 따라 수도에 가서 중앙군에 편입되어 번상 근무를 하거나, 혹은 변경 지역에 파견되어 수자리를 섰을 것으로 추정된다. 고구려의 지방군 체제는 '대성-제성-성'의 3단계로 조직되었고, 각 단계의 지방관들은 상하 통속 관계에 있었던 것으로 보인다. 이러한 지방군 체제는 조선전기의 진관체제와 유사하였다.

고구려의 군제는 후대로 승계되었다. 징병제를 기반으로 하였으나 무사 중심으로 군제가 운영되는 점, 부직(父職)을 계승하는 형태와 선군제(選軍制) 형식으로 무사를 충원하는 점, 고위 관리의 합좌제 형식으로 발병권을 관장한 점, 3단계의 지방군 군사체제 등 많은 고구려의 군사 전통이 고려와 조선전기로 승계되었다. 이것은 고구려와 고려, 조선전기의 사회경제적, 민족적, 지리적, 문화적 조건이 일맥상통하기 때문에 나타난 현상이라고 생각된다.

[『역사교육』96집, 2005. 12 수록]

/ 2장 /

백제 군제의 성립과 정비

1. 머리말

> 병(兵)은 외적을 방어하고 내란을 평정하기 위한 것으로 천하 국가
> 에 진실로 없을 수 없는 것이고, 병제의 득실(得失)에 국가의 안위가
> 달려있다.[1]

이것은 『고려사』, 병지, 서문에 있는 말이다. 이와 같이 병(兵) 즉, 군대
는 국가의 존립에 필수불가결한 요소이고, 또 군제의 좋고 나쁨은 국가의
안위와 직결되는 문제이다. 특히 국가의 명운을 걸고 총력전을 전개하였
던 삼국시기에 있어 군대의 중요성은 말할 나위가 없다. 삼국은 온 국력
을 다하여 군대를 양성하고 유지하였다. 삼국의 정치, 경제, 사회, 문화 등
모든 부문이 군사와 관련되지 않은 것이 없을 정도이다. 따라서 삼국시기
역사연구에서 군제에 대한 연구는 매우 중요한 위치를 차지한다고 본다.
그러나 오늘날 삼국시기 군제사 연구는 만족할 만한 수준에 있지 못하다.
특히 신라와 고구려의 군제에 대해서는 어느 정도 연구 성과가 있으나,
백제의 군제에 대해서는 사비시대의 군제를 다룬 논문 2편이 전부인 실

---

1) 『高麗史』81, 兵志. "兵者 所以禦暴誅亂 有天下國家者固不可廢 而兵制之得失 國家
之安危係焉"

정이다.[2] 백제 전시기의 군제를 살필 수 있는 논문은 전혀 없는 형편이다.

이와 같이 백제 군제에 대한 연구가 이루어지지 않은 것은 사료 해석 문제에 기인하는 바가 크다고 생각한다. 연구자들 상당수가『삼국사기』, 백제본기의 초기 기록을 불신하기 때문에 연구가 제대로 이루어지지 못한 것으로 판단된다. 백제본기, 초기기록을 불신하는 주된 이유는 이것이『삼국지』, 위서동이전, 한조(이하『삼국지』, 한전으로 줄임)의 내용과 상치한다는 것이다. 즉 '『삼국지』한조에 의하면 … 백제는 목지국을 맹주로 하는 마한연맹내의 일개 평범한 국에 불과할 따름'[3]인데, '『삼국사기』, 백제본기에서는 백제국이 이미 연맹체 단계를 지나 고대왕국을 형성'[4]하였다는 것이다. 또『삼국사기』, 백제본기에 따르면 백제는 온조왕 27년(AD 9년)에 이미 마한을 멸망시키고 3세기 중엽의 고이왕대에는 6좌평·16관등제라고 하는 잘 짜인 국가체제를 가진 것으로 되어 있다. 그러나『삼국지』에 의하면 "마한은 3세기 중엽 경까지 존재한 것으로 되어 있고, 백제도 이 마한을 구성한 54국 중의 하나로 나타나고 있을 뿐이다."[5]라고 하여, 『삼국사기』, 백제본기는 믿을 수 없다고 말하고 있다. 그러나『삼국사기』와『삼국지』, 두 사서의 내용이 큰 차이가 난다고 보는 것은 해석상의 문제라고 생각된다.

『삼국지』, 한전에서는 마한에는 50여 국이 있는데, 그 중에는 대국 만여 가와 소국 수천 가, 총 10여만 호가 있었음을 전하고 있다.[6] 이것을 컴퓨터로 분석하면 마한을 54국이라 할 경우, 대국은 1~4개 국, 소국은 50~53개 국으로 나타난다고 한다.[7] 3세기 무렵 마한에는 1~4개의 대국

---

2) 李文基,「泗沘時代 百濟의 軍事組織과 그 運用」,『百濟研究』28, 1998.
　　朴賢淑,「百濟 軍事組織의 整備와 그 性格-泗沘時代를 중심으로-」,『史叢』47, 1998.
3) 李道學,『백제 고대국가 연구』, 一志社, 1997. 28쪽.
4) 정재윤,「초기 백제의 성장과 진씨세력의 동향」, 역사학연구 29집, 2007. 1쪽.
5) 盧重國,『百濟政治史研究』, 一潮閣, 1997, 25쪽.
6)『三國志』, 韓傳. "凡五十餘國 大國萬餘家 小國數千家 總十餘萬戶"

이 존재하였는데, 백제는 이러한 대국 중 하나일 수 있는 것이다. 즉 백제가 마한연맹 내 54국 중의 하나인 일개 평범한 국이 아니라 『삼국사기』, 백제본기에서 말하는 수준의 국가일 수도 있는 것이다. 또 『삼국사기』, 백제본기에서는 온조가 마한을 멸망시켰다고 되어있으나 마한은 3세기 중엽 경까지 존재하였으므로 『삼국사기』, 백제본기를 믿을 수 없다고 하는 주장도 온조가 멸망시킨 마한과 3세기까지 존재한 마한을 서로 별개의 것으로 해석하면 충분히 해결될 문제이다. 마한은 연맹체 국가이기 때문에 마한이라고 불리는 나라가 여럿 존재할 수 있다. 그리고 3세기에 백제가 6좌평 16관등제의 잘 짜인 국가체제를 마련할 수도 있다. 중국은 기원전 11세기에 건국된 주나라 때 6관 조직과 다양한 관등, 관직 제도를 마련하였는데, 3세기의 백제가 6좌평 16관등제 정도를 마련한다는 것은 전혀 이상할 것이 없다. 물론 이 이외에도 『삼국사기』, 백제본기, 초기기록을 불신하는 여러 이유가 있다. 특히 왕계(王系) 기록을 불신의 근거로 들고 있기도 한다. 그러나 이 역시 "백제초기 왕계 기록 가운데는 부분적으로 잘못된 기사가 있다 하더라도, 이를 불신론의 근거로 받아들일 수는 없고, 오히려 그 기사 자체를 인정하고 문제성이 제기될 경우에 그 기사가 갖는 한계와 역사적 의미를 찾아 재구성할 필요가 있다고 본다."8)라는 지적이 정당하다고 본다.

본 연구는 이와 같이 『삼국사기』, 백제본기의 기사 자체를 인정하고 문제가 제기될 경우 그 이유를 따져보는 방식으로 백제의 군제를 살펴보고자 한다. 이것은 『삼국지』, 한전의 경우에도 마찬가지이다. 오늘날 『삼국지』, 한전의 기록을 그대로 인정하려는 경향이 있는데, 여기에도 많은 오류가 존재한다. 특히 『삼국지』, 한전의 기사 내용은 3세기 중엽 경의

---

7) 白南郁, 「三韓社會의 大·小國의 問題-大·小國의 數를 中心으로-」, 『건국대학교 대학원 논문집』 19집, 1984.
8) 양기석, 「百濟專制王權成立過程研究」, 단국대 박사학위논문, 1990, 12~13쪽.

사실만을 기록한 것이 아니라 기원전 3세기 이후의 사실들이 혼합되어 있다.9) 즉 600년간의 기록들이 혼재한 것이다. 따라서 『삼국지』, 한전의 기사도 엄밀한 사료 비판을 거친 후에야 이용할 수 있다고 본다. 본 연구는 이러한 관점에서 『삼국사기』, 백제본기와 『삼국지』, 한전 등을 분석하여 백제 군제의 성립 배경으로서 마한의 정치체제와 그 군제를 살펴보고, 이어 백제 군제의 성립과 4부 체제, 중앙군·지방군의 분화와 그 정비된 모습 등을 살펴보고자 한다. 이로써 우리나라 고대와 중세초기 군제의 특징을 파악하고, 한반도 중남부 지역에서의 중세 군제의 성립과 정비 및 그 의의를 해명하고자 하였다.

2. 마한의 정치체제와 군제

백제는 부여나 고구려 등지에서 내려온 북방 유이민들이 한강 유역에 정착하여 마한의 한 소국으로 출발한 나라이다. 그러나 백제는 기존의 마한 여러 나라와는 국가적·사회적 성격이 판이하게 달라 결국 마한의 여러 나라들을 정복하고 중앙집권적인 영역국가로 성장하였다. 따라서 백제의 군제를 살펴보기 위해서는 우선 백제 성장의 기반이 되었던 마한의 정치체제와 사회 성격 및 그 군제에 대하여 살펴볼 필요가 있다. 마한의 군제와 비교하면 백제 군제의 특징이 한층 명확히 드러날 것이다.

마한이 존재하기 전 한반도 중남부 지역에는 진국(辰國)이라는 연맹체 국가가 있었다. 진국은 마한의 전신(前身)이었다. 진국은 기원전 1000년 전쯤 생산력의 발전과 사적 소유의 발생에 따라 계급이 출현한 이후 생겨난 고대국가이다. 기원전 1000년 쯤 한반도 중남부 지역에는 당시로서는

---

9) 李賢惠, 『三韓社會形成過程研究』, 一潮閣, 1984, 45쪽.
　姜珉植, 「百濟의 國家形成過程에 대한 一考察」, 『韓國上古史學報』 12, 1993, 206쪽.

최첨단 무기인 비파형 동검을 지닌 지배층이 여럿 출현하였는데10), 이러한 지배층들이 진국이라는 연맹체 국가를 형성한 것으로 추측된다. 조선 후기 실학자들은 진국이 고조선과 더불어 남북에 각각 존재하였으며11), 진국이 삼분(三分)되어 마한, 진한, 변진으로 칭하여졌다고 이해하였다.12) 그러나 일본인 학자들이 『삼국지』, 한전의 맨 앞부분에 나오는 다음 구절을 통해 마한의 진국 계승을 부정하고 진국은 다만 진한으로만 연결된다는 주장을 제기한 이래13), 오늘날 우리나라의 많은 학자들이 이를 따르고 있는 실정이다.

> 한은 대방의 남쪽에 있는데, 동쪽과 서쪽은 바다로 한계를 삼고, 남쪽은 왜와 접경하니, 면적이 사방 4천리 쯤 된다. [한에는] 세 종족이 있으니, 하나는 마한, 둘째는 진한, 세째는 변한인데, 진한은 옛 진국이다.(韓在帶方之南 東西以海爲限 南與倭接 方可四千里 有三種 一曰馬韓 二曰辰韓 三曰弁韓 辰韓者 古之辰國也)14)

---

10) 한반도 중남부 지역에서의 비파형 동검의 연대는 방사성 탄소 연대 측정치를 기준으로 그 상한은 기원전 9세기 이지만 그 이상 소급될 소지가 많으며, 하한은 기원전 300년경이라 한다. (이영문, 「한국 비파형 동검문화에 대한 고찰」, 『한국고고학보』38집, 1998,)

11) 『增補文獻備考』13, 輿地考 1. "蓋辰與朝鮮 分南北而建國者也"

12) 安鼎福, 『東史綱目』附下, 辰國三韓說. "古初漢南之地爲三韓 以韓人立國 故稱韓又稱辰國者"

韓鎭書, 『海東繹史續』3. "古初漢水以南 謂之韓國 亦謂之辰國"

韓鎭書, 『海東繹史續』3, 「地理考」, 三韓疆域總論. "自古漢水以南 通爲之韓國 其總王謂之辰王 故亦謂之辰國"

丁若鏞, 「疆域考」, 三韓總考. "洌水以南 謂之韓國 亦謂之辰國 卽東方三韓之地也"

申景濬, 『疆界誌』, 辰國條. "辰之後爲馬韓 馬韓又分爲三韓 … 蓋辰與朝鮮 分南北建國者也"

13) 기수연, 『『후한서』「동이열전」연구』, 「제6장『후한서』「동이열전」<한전>분석」, 백산자료원, 2005, 202쪽.

14) 『三國志』, 韓傳.

그런데 위 인용문의 원문에서 밑줄 친 '삼왈변한 진한자(三曰弁韓 辰韓者)'라는 부분에서 변한(弁韓)에 있는 '한(韓)'이라는 글자는 잘못 들어간 오자(誤字)로 판단된다. 이 글자를 제외하고『삼국지』, 한전 본문에서 변한(弁韓)이라고 표기된 글자는 나오지 않는다.『삼국지』, 한전 본문에서 변진(弁辰)이라는 용어가 14번 나오는데 비해 변한이라는 글자는 위 구절에서만 유일하게 나오고 있는 것이다.[15] 따라서 위 변한은 변진의 오자로 판단된다. 또한 위 구절은『삼국지』, 한전의 맨 앞에 있는 부분으로서 한의 총설에 해당한다. 즉『삼국지』, 한전은 위 총설에 이어 마한, 진한, 변진을 각각 설명하고 있다. 이와 같이 총설에 해당하는 부분에 진한이 중복 서술되는 것은 적절하지 않다. 진한에 대하여 추가 설명하고 싶으면 나중에 다시 진한 조에서 설명하면 될 것이기 때문이다. 이 또한 변한은 변진의 오자로 판단되는 근거이다. 다산 정약용 역시 옛날에는 변진(弁辰)만이 있었을 뿐이라고 강조하였다.[16]

위 인용문 원문의 밑줄 친 부분에서 변한(弁韓)의 한(韓)자를 빼고 변(弁)자와 그 다음 진(辰)자를 붙여서 '삼왈변진(三曰弁辰)'이라고 읽고, 이어 '한자 고지진국야(韓者 古之辰國也)'로 끊어 읽으면 진한의 중복 출현도 피하고 한(韓)에 대한 총설로서 자연스런 서술이 될 수 있다. 즉 위 인용문 원문의 밑줄 친 부분 이후는 다음과 같이 고쳐 써야 한다고 본다.

　　　三曰弁辰 韓者 古之辰國也

이와 같이 고쳤을 때에야 비로소『삼국지』, 한전의 맨 앞부분에 있는 총설은 명확한 의미 전달 체계를 갖추게 된다. 즉 "한은 대방의 남쪽에 있

---

15)『삼국지』, 동이전 한조 본문이 아닌 魏略의 인용 부분에서 '弁韓布'라 하여 변한이 한 번 나오기는 한다.
16) 丁若鏞,「疆域考」, 弁辰考. "又按古有弁辰 未有卞韓 東儒離開弁辰二字 以作卞韓"

는데, 동쪽과 서쪽은 바다로 한계를 삼고, 남쪽은 왜와 접하며 넓이가 4천여 리에 이른다. 세 종족이 있으니 하나는 마한이요, 둘은 진한이며, 셋은 변진이다. 한은 옛날의 진국이다."라 하여 한의 지리, 종류, 역사를 일목요연하게 제시하게 되는 것이다. 진수(陳壽: 233~297)의『삼국지』가 편찬된 지 150년 정도 지나『후한서』를 저술한 범엽(范曄: 398~445)은『삼국지』, 한전의 이러한 오류를 발견하고 이를 정정하여 다음과 같이 기술하였다.

> 한은 세 종족이 있으니, 하나는 마한, 둘째는 진한, 셋째는 변진이다. … 전체 국토의 넓이가 사방 4천여 리나 된다. 동쪽과 서쪽은 바다를 경계로 하니 모두 옛 진국이다. (韓有三種 一曰馬韓 二曰辰韓 三曰弁辰 … 地合方四千餘里 東西以海爲限 皆古之辰國也)[17]

종래 위『후한서』의 기술을 진한만이 진국과 연결된다는『삼국지』의 내용과 대립되는 것으로 이해하였다. 그러나 앞에서 살펴본 바와 같이『삼국지』, 한전의 '三曰弁韓'이라는 구절에서 뒤의 '한(韓)'자 한글자만 빼면,『삼국지』나『후한서』의 내용은 동일한 것이 된다. 이 두 사서는 모두 진국이 삼한의 옛 나라였다는 동일한 내용을 전하고 있는 것이다.『삼국지』가 글자 하나하나가 모두 틀림이 없는 무오류의 책이라 볼 수는 없다. 필사하거나 판본을 새기는 과정에서 글자 하나가 잘못 더 들어갈 가능성이 얼마든지 있기 때문이다.『삼국지』의 내용이라도 오류가 분명한 것은 정정해야 마땅하다고 본다.『후한서』다음에 나온『진서(晋書)』, 마한전은『삼국지』의 오류를 고치지 않아, 그 첫머리에 "진한은 대방 남쪽에 있고, 동서는 바다로 한계를 삼는다."[18]는 우스꽝스런 기록을 남기고 있다.

---

17)『後漢書』, 韓傳.
18)『晋書』, 馬韓傳, "韓種有三 一曰馬韓 二曰辰韓 三曰弁韓 辰韓在帶方南 東西以海爲限"

여기에서도 변한(弁韓) 뒤의 한(韓) 자를 빼야 함은 물론이다.

이상에서 『삼국지』와 『후한서』, 한전의 내용 검토를 통해 진국이 삼한의 옛 나라였음을 알아보았다. 진국이 삼한으로 바뀌게 된 것은 문헌 기록이나 출토 유물로 보아 대체로 기원전 3세기 무렵으로 추정된다.[19] 삼한의 존재를 처음으로 알려주는 문헌기록은 다음과 같다.

· 예전에 중국인들이 진(秦)의 난리를 괴로워하여 동쪽으로 온 자들이 많았다. [이들 중] 마한 동쪽에 자리 잡고 진한(辰韓)과 뒤섞여 산 경우가 많았다.[20]

· 진한은 마한의 동쪽에 위치하고 있다. [진한의] 노인들은 대대로 전하여 말하기를, "[우리들은] 옛날의 망명인으로 진(秦)의 고역를 피하여 한국으로 왔는데, 마한이 그들의 동쪽 땅을 분할하여 우리에게 주었다.[21]

· 진한은 그 노인들이 스스로 말하되, 진(秦)에서 망명한 사람들로서 고역을 피하여 한국에 오자, 마한이 그들의 동쪽 지역을 분할하여 주었다 한다.[22]

즉 『삼국사기』나 『삼국지』, 『후한서』에서는 모두 기원전 3세기 말 진란(秦亂: 기원전 207년의 초한전과 같은 것으로 생각됨)이나 진역(秦役)·고역(苦役)(기원전 214년의 만리장성 축조와 같은 것으로 생각됨)을 피하여 유망민들이 대거 몰려오자, 마한이 이들을 동쪽에 거처하도록 하였음

19) 李賢惠, 「馬韓地域 諸小國의 形成」, 앞의 책, 1984.
　　盧重國, 「馬韓의 成立과 變遷」, 『馬韓·百濟文化』 10, 1987.
20) 『三國史記』, 新羅本紀, 赫居世居西干 38年. "前此 中國之人 苦秦亂 東來者衆 多處 馬韓東 與辰韓雜居"
21) 『三國志』, 韓傳. "辰韓在馬韓之東 其耆老傳世自言 古之亡人避秦役 適韓國 馬韓 割其東界地與之"
22) 『後漢書』, 韓傳. "辰韓 耆老自言秦之亡人 避苦役 適韓國 馬韓割東界地與之"

을 전하고 있다. 위 기록들을 통해 기원전 3세기 말에는 이미 마한이나 진한이 존재하고 있었음을 알 수 있다.[23]

그런데 기원전 2세기 무렵인 위만조선 시기에도 다음과 같이 여전히 진국이라는 명칭이 사용되고 있었다.

> (1) 손자 우거왕 때에 이르러서는 … 진번(眞番) 주변의 중국(衆國: 혹은 辰國)이 글을 올려 천자를 알현하고자 하는 것도 또한 가로막고 통하지 못하게 하였다.[24]

> (2) 위략(魏略)에서 이르기를 "일찍이 우거(右渠)가 격파되기 전에, 조선상(朝鮮相) 역계경(歷谿卿)이 우거에게 간(諫)하였으나 [그의 말이] 받아들여지지 않자, 동쪽의 진국(辰國)으로 갔다."[25]

(1)은 위만조선의 우거왕 때 진번 주변의 중국(衆國) 혹은 진국(辰國)이 글을 올려 한나라 천자를 보고자 했으나 위만조선이 이를 가로막고 통하지 못하게 하였다는 내용이고, (2) 역시 우거왕 때 조선상 역계경이 우거왕에게 간언하였으나 쓰이지 않자 동쪽 진국으로 갔다는 내용이다. 이를 통해 기원전 2세기 무렵에도 여전히 진국의 명칭이 존재하고 있었음을 알 수 있다. 즉 기원전 3~2세기 무렵에는 진국과 한(韓)의 명칭이 병용되고 있었던 것이다. 이와 같이 진국과 한의 명칭이 공존하기 때문에 조선 후기 실학자들은 진국과 한을 동체이명(同體異名)의 동일한 국가로 간주하기도 하였다.[26] 그러나 진국과 한의 명칭이 병용된 것은 기원전 3~2세

---

23) 『三國史記』에서는 東來者 이전에 辰韓이 이미 있었다고 하고, 『삼국지』, 한전에서는 東來者들이 진한을 이루었다고 말하고 있다. 『삼국지』에서 東來者들이 진한을 이루었다는 것은 중국의 입장에서 서술한 것으로 보인다.
24) 『史記』, 朝鮮傳. "傳子至孫右渠 … 眞番旁衆國(或辰國) 欲上書見天子 又擁閼不通"
25) 『三國志』, 韓傳. "魏略曰 初 右渠未破時 朝鮮相歷谿卿以諫右渠不用 東之辰國"
26) 주12)와 同.

기 무렵에 한하였다. 즉 이 시기는 진국과 한의 과도기로서 일시적으로 명칭이 병용된 것으로 판단된다. 한(韓)은 '옛날의 진국(古之辰國)'이라는 『삼국지』나 『후한서』, 한전의 내용과 같이 진국과 한은 시간적인 선후 관계에 있었기 때문이다. 기원전 3세기 말에 마한의 존재가 확인되고, 기원전 2세기에 진국의 명칭이 아직 소멸되지 않은 것으로 보아 마한의 성립은 기원전 3세기에서 그다지 멀리 올라가지 않는 것으로 보인다.

한편 기원전 3세기는 비파형 동검의 하한(下限)이고[27], 세형동검의 성립기[28]로 알려져 있다.[29] 비파형 동검은 검신(劍身)에 피 홈을 새긴 강력한 살상무기이나, 칼날의 형태가 이름 그대로 비파형으로 이루어져 아직 예술적이고 장식적인 요소가 들어있었다. 그러나 기원전 3세기에 등장하는 세형동검은 이러한 예술적·장식적 요소를 모두 벗어버리고 칼날이 좁고 직선적인 형태의 실전용 무기로 발전하였다. 이와 같은 동검 형태의 변화는 물론 요동·만주 및 한반도 북부 지역 등지에서 비롯되어 전래된 것이지만 이러한 동검의 변화를 수용하는 주체 측의 사회변동 역시 무시할 수 없다.

또한 기원전 3세기는 우리나라 초기철기 시대의 개막기로서 세형동검뿐만 아니라 그 이전에는 없었던 동과(銅戈: 청동격창), 동모(銅鉾: 청동창) 등 다양한 무기들도 등장한 시기였다.[30] 이 당시 동과는 당진 소소리, 부여 합송리, 대구 팔달동 등지에서 출토되었는데 중국의 것과는 달리 칼끝이 넓은 형태로 이루어졌고, 몸체에 피 홈이 있으며 자루에 삽입되는

---

27) 이영문, 「한국 비파형 동검문화에 대한 고찰」, 『한국고고학보』 38집, 1998.

28) 趙鎭先, 『細形銅劍文化의 硏究』, 학연문화사, 2005.

29) 북한에서는 대체로 비파형동검(비파형단검)은 기원전 2000년 말~1000년 중엽까지의 기간에 걸쳐서 사용되었고, 세형동검(좁은놋단검)은 기원전 1000년 후반~400년까지의 기간에 걸쳐서 사용되었다고 한다. (박진욱, 「비파형단검문화의 발원지와 창조자에 대하여」, 『비파형단검문화에 관한 연구』, 과학,백과사전출판사, 1987. 그러나 본 논문은 남한의 고고학 연구 성과를 수용하였다.

30) 金元龍, 『제3판 韓國考古學槪說』, 「제5장 初期鐵器文化」, 一志社, 1996.

부분이 짧은 것이 특징이다. 이외에도 이 시기에는 청동도끼, 청동끌, 청동촉 등 여러 가지 청동 무기들도 출토되고 있다. 이와 같이 기원전 3세기에는 한반도 특유의 다양한 청동무기들이 개발되어 사용되었다. 그 배경에는 삼한의 성립과 같은 사회의 변화가 있었던 것으로 판단된다.

이상과 같이 삼한의 성립은 기원전 3세기 무렵에 이루어진 것으로 보인다. 삼한은 진국과 마찬가지로 여러 독립적인 소국들로 구성된 연맹체 국가였다. 오늘날 연맹체 국가인 진국의 맹주국의 명칭은 알 수 없지만, 위에서 제시한 사료 (1) "진번 주변의 중국(혹은 진국)이 글을 올려 천자를 알현하기를 청하였다."라는 말을 통해 진국에 맹주국이 존재하였음은 짐작할 수 있다. 한나라 천자를 알현하기를 원하는 글을 올리는 것은 중국(衆國)들이 개별적으로 할 수 있는 일이 아니었다. 당시 진국과 한나라 사이에는 위만조선이 자리 잡고 있었는데, 위만조선은 '사방 수천 리(方數千里)'[31]라고 할 만큼 광대한 영토를 차지하고 있었다. 즉 중국(혹은 진국)이 한나라에 문서를 전달하기 위해서는 수천 리에 걸친 위만조선을 통과하거나 바닷길로 우회해서 가야 했는데, 이것은 여러 독립적인 소국들이 개별적으로 할 수 있는 일은 아니었다. 또 한나라로서도 번잡하게 여러 소국의 사신들이 개별적으로 오는 것보다 외교 창구가 일원화되는 것을 원하였을 것이다. 즉 진국에는 맹주국이 존재하여 한나라와의 외교를 전담하였을 것으로 판단된다. 이러한 진국 맹주국의 왕을 진왕(辰王)이라 칭하였다. 삼한 역시 진국과 마찬가지로 여러 독립적인 소국으로 구성된 연맹체 국가였고, 또 맹주국이 존재하였다. 그런데 삼한 맹주국의 왕은 진국의 왕인 진왕의 호칭을 그대로 사용한 것이 특징이다. 연맹체 국가의 호칭은 바뀌었지만, 맹주국 왕의 명칭은 과거의 것을 그대로 습용한 것이다.

삼한의 진왕은 진국의 진왕과 마찬가지로 중국과의 외교를 전담하였

---

31) 『史記』, 朝鮮列傳.

을 것으로 판단된다. 『삼국지』, 한전에는 마한 54개 국, 진한·변진 24개 국, 도합 78개 국의 명칭이 자세히 기록되어 있다. 이것은 삼한의 진왕이 중국에 알린 문서를 기초로 작성된 것으로 보인다. 『삼국지』, 위서, 오환 선비동이전을 통틀어 이와 같이 여러 나라의 명칭이 자세히 기록된 곳은 없다. 중국은 주변 여러 나라들의 명칭을 일일이 기록할만한 능력도 없었고, 관심도 없었다. 즉 해당 지역에서 알려주지 않았으면 이와 같이 기록될 수가 없는 것이다. 따라서 삼한 78개 국의 명칭은 삼한에서 낙랑이나 대방군에 보고한 문서를 기초로 작성된 것이며, 그 문서는 삼한의 진왕이 작성했을 것으로 보인다.[32] 삼한의 진왕은 마한 맹주국의 왕으로써 삼한 78개 국의 명칭을 상세히 파악하고 있었던 것이다. 그뿐 아니라 진왕은 마한 54개 국과 진한·변진 24개 국 중 12개 국[33]을 통치 내지 관할하는 왕 중의 왕이었다. 그래서 『후한서』, 한전에서는

　　　마한이 [한족 중에서] 가장 강대하여 그 종족들이 함께 왕을 세워 진왕으로 삼아 목지국에 도읍하여 전체 삼한 지역의 왕으로 군림하였다.[34]

라 하여, 마한 목지국의 왕이었던 진왕이 삼한 땅 전체의 왕이었다고 전하고 있다. 근래에 "한국 고대의 정치발전단계상 그와 같은 광역의 왕이 삼한시기에 존재하기는 불가능하다."[35]라 하여 삼한의 후진성을 강조하고, 『삼국지』와 『후한서』, 한전의 내용을 부정하는 주장도 제기되고 있다. 그러나 변진의 "무기는 마한과 같다.(『삼국지』, 변진전)"라 하듯이 삼

---

32) 李基東, 「新羅 上古史 硏究의 問題 狀況」, 『新羅文化』 21집, 2003, 14쪽.
33) 『三國志』, 韓傳. "弁, 辰韓合二十四國 大國四五千家 小國六七百家 總四五萬戶 其十二國屬辰王"
34) 『後漢書』, 韓傳. "馬韓最大 共立其種爲辰王 都目支國 盡王三韓之地"
35) 박대재, 『고대한국 초기국가의 왕과 전쟁』, 景仁文化社, 2006, 165쪽.

한 전역에서 비슷한 형태의 청동 무기들이 발견되고 있고, "시장에서의 모든 매매는 철(鐵)로 이루어져서 마치 중국에서 돈을 쓰는 것과 같다."[36] 라 하듯이 유통 경제가 성립되어 있으며, 삼한 78개 국의 명칭이 상세히 전해지고 있는 점 등으로 미루어보아 삼한 시기에 광역의 왕이 존재할 가능성은 충분하다.

삼한 연맹체의 최정점에는 진왕이 있었다. 그런데 『삼국지』, 한전에는 "진왕은 마한인으로 대를 이었는데 스스로 왕이 될 수는 없었다."[37]라고 쓰여 있다. 이를 통해 진왕은 마한 출신으로서 강압적인 무력으로 왕위에 오른 것이 아니라, 삼한 왕들의 모임에서 선거나 추대 형식, 즉 '공립(共立)'에 의해 왕위에 오른 것을 알 수 있다.[38] 이런 형식으로 즉위한 진왕이 삼한 각국에 강력한 왕권을 행사하는 것은 어려웠을 것이다. 진왕은 주로 삼한 각국 왕과 지배층들의 화합과 질서를 유지하는데 진력하였을 것으로 추측된다. 또 진왕을 배출하는 나라의 교체도 가능했던 것으로 보인다. 『삼국지』가 쓰인 3세기에는 "진왕은 월지국을 다스렸다.(辰王治月支國)"라 하여 월지국(혹은 목지국)의 왕이 진왕을 담당했다. 그러나 후술하는 바와 같이 서기 9년(온조왕 27)에 백제가 마한을 멸망시켰다는 『삼국사기』, 「백제본기」의 기사로 보아 1세기 초의 진왕은 목지국의 왕이 아닌 백제 인근의 대국의 왕이 담당했을 것으로 추측된다.[39] 즉 1세기 초의 진왕이

---

36) 『三國志』, 韓傳. "諸市買皆用鐵 如中國用錢"
37) 『三國志』, 韓傳. "辰王常用馬韓人作之 世世相繼 辰王不得自立爲王"
38) 徐毅植, 「韓國 古代國家의 二重聳立構造와 그 展開」, 『歷史敎育』 98집, 2006.
39) 이강래 교수는 "우리는 온조대의 마한을 『삼국지』의 목지국과 동일시하는 데에 동의할 수 없다. 목지국은 오직 3세기의 마한 현황 가운데서 그 의미를 차지하는 것일 뿐이라고 생각한다. (「『삼국사기』의 마한 인식」, 『全南史學』 19집, 2002, 45쪽.)"라 하였고, 주보돈 교수 역시 "현재에 문헌에 의하는 한 목지국이 맹주국이었던 시기는 어디까지나 3세기에서만 확인된다.(「辰·弁韓의 成立과 展開」, 『진·변한사 연구』, 계명대 한국학연구소, 2002.)"라고 하여 1세기의 진왕과 목지국 왕을 구별할 것을 주장하였다.

백제 온조왕에 의해 제거되자 그 뒤를 이어 목지국의 왕이 진왕이 된 것으로 추측된다. 비록 백제가 마한으로 통칭되는 진왕의 나라를 멸망시켰으나, 삼한 연맹체의 질서가 유지되는 한 마한인이 아닌 북방 유이민으로서 무력으로 진왕을 제거한 백제 온조왕이 그 자리에 오를 수는 없었을 것이다.

한편 삼한의 각국에는 각각 장수(長帥), 혹은 거수(渠帥)라 불리는 왕이 있었는데, 이들은 다음과 같이 나라의 크기에 따라 명칭이 다르게 불렸다.

 · 각각 장수(長帥)가 있어서 세력이 강대한 사람은 스스로 신지(臣智)라 불렀고 그 다음은 읍차(邑借)라 하였다. (『삼국지』, 한전, 마한조)[40]

 · 각각 거수(渠帥)가 있어서 그 중에서 세력이 가장 큰 사람은 신지(臣智)라 하고, 그 다음에는 험측(險側)이 있으며, 다음에는 번예(樊濊)가 있고, 다음에는 살해(殺奚)가 있고, 다음에는 읍차(邑借)가 있다. (『삼국지』, 한전, 변진조)[41]

즉 장수(거수)들은 나라의 크기 순서로 신지, 험측, 번예, 살해, 읍차 등으로 불렸던 것이다. 비록 「마한조」에 "스스로 신지라 불렀다(自名爲臣智)[42]"라는 구절이 있지만, 「마한조」와 「변진조」를 종합해 볼 때, 이러한 계서적인 호칭은 삼한 연맹체의 질서 속에서 규정된 것으로 보인다. 삼한 각국의 왕들 모두 자신을 '신지'라고 스스로 높여 부를 법도 하지만, 그렇게 하지 못한 것은 삼한 연맹체 국가 간에는 엄격한 상하 질서가 있었기

---

40) 『三國志』, 韓傳. "各有長帥 大者自名爲臣智 其次爲邑借"
41) 『三國志』, 韓傳. "各有渠帥 大者名臣智 其次有險側 次有樊濊 次有殺奚 次有邑借"
42) 거수들이 '自名爲臣智'한다는 것은 삼한 연맹체의 질서가 무너지는 3세기 당시의 현실을 반영한 것으로 보인다. 삼한 연맹체가 제 기능을 할 때 이런 일은 일어나기 힘들었을 것이다.

때문으로 판단된다. 즉 중국 주나라가 봉국(封國)의 크기에 따라 제후들에게 공·후·백·자·남(公侯伯子男)이라는 5등급 작위를 수여하듯이, 삼한도 나라의 크기에 따라 왕들에게 5등급의 명칭을 부여한 것이다. 이러한 명칭의 부여는 진왕을 중심으로 하는 삼한 왕들의 모임에서 결정되었을 것으로 판단된다. 이를 통해 삼한 연맹체에는 진왕과 각국 왕들 간에 나라의 크기에 따른 질서(禮)가 있었음을 추측할 수 있다.

삼한 연맹체에는 국가 간에 예적(禮的) 질서가 있었을 것으로 보인다. 즉 삼한은 "예란 작은 나라가 큰 나라를 섬기고 큰 나라가 작은 나라를 보살피는 것을 말한다."[43]라는 『춘추좌전』의 글귀와 같이 예에 기반을 두어 운영된 사회로 추정된다. 마한의 한 소국으로 출발한 백제는 마한의 맹주국으로 추정되는 '마한'에게 신록(神鹿)을 잡아 보내고[44], 천도(遷都)를 통보하였으며[45], 말갈추장을 잡아서 보내는 등[46] 사대의 예를 극진히 하고 있다. 이와 같이 상서로운 물건(祥瑞物)을 진상하고, 국내·외의 사정을 보고하는 것은 백제만 그런 것이 아니라 마한의 여타 소국들도 모두 그러하였을 것이다. 반면에 마한 맹주국의 왕에게는 작은 나라를 보살피는 '자소(字小)'의 의무가 있었던 듯하다.

> (3) [진한의] 노인들은 대대로 전하여 말하기를, "[우리들은] 옛날의 망명인으로 진나라의 고역를 피하여 한국으로 왔는데, 마한이 그들의 동쪽 땅을 분할하여 우리에게 주었다."[47]

> (4) [온조] 왕이 웅천책을 세웠다. 마한왕이 사신을 보내 책망하였다.

---

43) 『春秋左傳』, 昭公 30年. "禮也者 小事大 大字小之謂"
44) 『三國史記』 23, 百濟本紀 1, 溫祚王 10年 9月. "王出獵 獲神鹿 以送馬韓"
45) 『三國史記』 23, 百濟本紀 1, 溫祚王 13年 8月. "遣使馬韓 告遷都"
46) 『三國史記』 23, 百濟本紀 1, 溫祚王 18年 10月. "靺鞨掩至 王帥兵 逆戰於七重河 虜獲酋長素牟 送馬韓"
47) 『三國志』, 韓傳. "古之亡人避秦役 適韓國 馬韓割其東界地與之"

"왕이 애초에 강을 건너와 발붙일 곳이 없을 때, 나는 동북방의 1백 리 땅을 주어 살도록 하였다. 그러므로 내가 왕을 후하게 대우하지 않았다고 할 수 없다."[48]

위 사료는 중국이나 북방에서 유망민들이 대거 마한 땅으로 들어왔을 때 마한이 이들에게 땅을 떼어주었다는 내용이다. 마한의 맹주국은 이들 유망민들을 자신의 민(民)으로 받아들여 인구를 늘리려 하거나, 아니면 이들을 뿔뿔이 해체하여 힘을 제거하는 조치를 취하지 않고 오히려 유망민들에게 땅을 떼어 주어 그들 나름대로 편안히 살게 하였다. 이것은 마한 맹주국의 왕이 작은 나라를 돌보는 '자소(字小)'의 의무 속에서 그렇게 한 것으로 보인다.

삼한 연맹체는 국가 간의 예적 질서 속에서 운영되었기 때문에 삼한 각국의 경계선은 명확하지 않았고, 또 각국 사이에 인위적인 장애물도 없었던 것으로 보인다. 예(濊)[49] 지역과 같이 산천으로만 경계를 나누었을 것으로 추측된다. 이와 같은 예적 질서를 깨고 온조왕 24년(AD 6) 백제가 마한과의 경계지점인 웅천에 목책을 설치하자 마한왕은 위 사료 (4)와 같이 백제를 꾸짖었다. 이에 온조왕은 부끄러워하면서 목책을 허물어버렸다고 한다.[50] 이것은 온조왕 8년(BC 11) 마수성(馬首城)과 병산책(甁山柵)을 세운 것에 대하여 낙랑이 항의하자 이를 묵살하고 전쟁을 불사하겠다는 자세를 보인 것과 크게 대조 된다.[51] 이는 낙랑과 달리 마한과 백제 사이는 예적 질서로 묶여있었기 때문으로 추측된다. 백제 스스로 이러한 예적 질서를 깨뜨렸다는 것을 잘 알고 있었기 때문에 마한왕의 질책을 받고

---

48) 『三國史記』, 百濟本紀, 溫祚王 24年. "二十四年 秋七月 王作熊川柵 馬韓王 遣使責
    讓曰 王初渡河 無所容足 吾割東北一百里之地 安之 其待王不爲不厚"
49) 『三國志』, 濊傳. "其俗重山川 山川各有部分 不得妄相涉入"
50) 『三國史記』, 百濟本紀, 溫祚王 24年. "王慙壞其柵"
51) 『三國史記』23, 百濟本紀 1, 溫祚王 8年 7月.

온조왕은 부끄러워했던 것이다. 삼한 연맹체가 예적 질서 속에서 운영되었다는 것은 다음과 같이 당시 전쟁의 모습을 통해서도 확인할 수 있다.

비록 남과 다투거나 전쟁을 할 때에도 서로 굴복하는 것을 귀하게 여긴다.[52]

『진서』, 마한전의 이 기사는 삼한 연맹체의 예적 질서를 극명하게 보여주는 사례이다. 삼한은 세형동검이나 동과, 동모 등 다양한 청동무기를 갖춘 사회이지만, 전쟁에서 승리하는 것을 우선시하는 사회가 아니었다. 비록 뜻이 맞지 않아 전쟁을 하더라도 패배한 상대방을 귀하게 여기는 사회였다. 상대방을 해체시키거나 지배하는 것이 아니라 상대방을 인정한 상태에서 단지 상호간의 서열을 정하는 것에 만족하는 것이다.[53] 이러한 삼한 연맹체의 사회 성격은 자신들이 확보한 지역에 성책(城柵)을 설치하고, 침략해 오는 상대를 철저히 응징하며, 패배한 상대방을 해체·통합하여 자신을 끊임없이 확장하려는 백제와는 전혀 달랐다.

오늘날 삼한의 군제를 직접 언급한 사료는 발견할 수 없지만, 삼한의 군제 역시 예적 질서와 상호 밀접한 관련을 가지고 성립·운영되었을 것으로 추측된다. 삼한에서는 전쟁에서 상대방을 완전히 제압하는 것을 목적으로 하지 않았기 때문에 군비 확충은 제한적이었을 것이다. 즉 상대방에게 무력을 과시하는 수준이면 족했을 것이다. 그리고 또 이러한 제한적인 군비 수준은 예적 질서의 창출·강화로 이어졌을 것으로 짐작된다. 상대방을 압도할 만한 무력이 없을 때 상호공존을 모색하는 것은 당연하기 때문이다. 삼한의 군제는 청동무기로 무장한 소수의 지배층들이 전사 집단을

---

52) 『晋書』, 馬韓傳. "雖有鬪爭攻戰 而貴相屈服"
53) 金泰植, 「初期 古代國家論」, 『강좌 한국고대사』 제2권, 가락국사적개발연구원, 2003, 13쪽.

구성하여 특권적으로 전투를 수행하였으며, 피지배층들은 왕이나 지배층의 사적 예속민으로서 주로 물자 보급만 담당하였을 것으로 보인다. 즉 삼한의 군제는 『삼국지』, 부여전에 기록된 "적의 침입이 있으면 제가(諸加)들이 몸소 전투를 하고, 하호(下戶)는 양식을 져다가 음식을 만들어 준다."[54]라는 상황과 유사하였을 것으로 짐작된다. 청동무기는 원료를 구하기 힘들고 거푸집의 제작을 비롯한 주조과정에서의 복잡한 기술적인 문제 때문에 소수의 지배층만이 소유할 수 있었다. 그리고 이러한 청동무기로 무장한 지배층들은 안정적인 잉여 생산의 착취를 위해 자신들의 사적 예속민인 하호들이 무장하는 것을 원치 않았을 것이다. 전쟁은 주로 지배층간에 무력을 과시하는 수준이었기 때문에 지배층들은 하호들을 무장시킬 필요도 없었다. 하호들의 무장은 오히려 안정적인 잉여 생산 착취를 방해할 뿐이었다. 이에 삼한에서는 소수의 지배층만이 군역을 담당하였을 것으로 판단된다.

한편 삼한의 지배층들은 자신들 사이에는 예적 질서를 결성하였지만, 피지배층인 하호들에 대해서는 매우 가혹한 형법을 제정하여 시행하였다.[55] 또 비록 한인(漢人) 노예들의 경우이지만 3년간의 노동 과정 중 잡혀온 1,500명 가운데 500명이 죽었다고 할 만큼 지배층의 노동력 착취는 상상을 초월하였다.[56] 이러한 상황은 하호들에게도 크게 다르지 않았을 것이다. 『삼국지』, 한전에 자세히 묘사되어 있듯이

나라 안에 일이 있거나 관가에서 성곽을 쌓게 되면, 용감하고 건장한 젊은이는 모두 등가죽을 뚫고 큰 밧줄로 그곳을 꿰며, 또 한 발(丈)쯤 되는 나무로 삽질을 하는데 온종일 소리를 지르며 일을 하여도 괴

---

54) 『三國志』, 夫餘傳. "有敵 諸加自戰 下戶俱擔糧飮食之"

55) 『後漢書』, 韓傳. "刑法嚴峻"

56) 『三國志』, 韓傳 所引 「魏略」. "男子曰 我等漢人 名戶來 我等輩千五百人伐材木 爲韓所擊得 皆斷髮爲奴 積三年矣 … 其五百人已死"

로워하지 않는다. 그렇게 작업하기를 권하며, 또 이를 강건한 것으로
여긴다.

라고 하여, 하호들의 부역노동 또한 가혹하기 이를 데 없었다. 위 사료는
국외자의 피상적 관찰이기 때문에 젊은이들이 괴로워하지 않았다고 보았
지만 "등가죽을 뚫어 큰 밧줄로 꿴다."[57]라고 하는 이들의 부역노동은 무
척 고통스러웠을 것이다. 즉 삼한시기에 하호는 단지 통제의 대상이고,
부역과 착취의 대상일 뿐이었다. 이것은 백제가 온조왕 때부터 민(民)을
끊임없이 위무하고 농업을 장려하며, 민을 괴롭히는 부역을 제거하려는
정책[58]과는 매우 달랐다. 이것은 삼한과 백제의 사회 체제와 군제가 서로
달랐기 때문인 것으로 판단된다.

3. 백제 군제의 성립과 4부 체제

주지하는 바와 같이 백제는 북방 출신 유이민들이 한강 유역에 정착하
여 마한의 한 소국으로 출발한 나라이다. 백제 건국 집단은 북쪽에서 내
려올 때 그곳의 우수한 철기문화와 발달된 기마전술도 함께 가지고 내려
온 것으로 보인다. 근래의 연구에 따르면 백제를 건국한 온조 집단은 선
철(무쇠) 뿐만 아니라 강철을 제련할 수 있는 능력을 가지고 한강 유역으
로 이동해왔다고 한다.[59]『삼국사기』, 백제본기에서는 백제의 건국을 기
원전 18년으로 전하지만 이를 뒷받침할 만한 자료가 없었는데, 최근 풍납

---

57)『三國志』, 韓傳. "皆鑿脊皮 以大繩貫之"
58)『三國史記』23, 百濟本紀 1, 溫祚王 14年 2月. "王巡撫部落 務勸農事"
　　『三國史記』23, 百濟本紀 1, 溫祚王 38年 3月. "發使勸農桑 其以不急之事擾民者 皆除之"
59) 李仁哲,「한강유역의 유적·유물을 통해 본 百濟의 國家形成」,『鄕土서울』61호,
　　2001, 47~48쪽.

토성의 발굴로 백제가 기원전 1세기경에 건국되었을 가능성을 높여주고 있다. 그런데 풍납토성 제일 아래층에서 나온 강철제 화살촉은 이 당시 제철·제련 기술을 잘 보여주고 있다고 한다.[60] 백제 건국 집단은 이와 같이 우수한 철제무기를 가지고 있었고, 또 발달된 기마전술도 지니고 있었다.『삼국사기』, 백제본기에서 온조왕대 전쟁의 양상을 분석한 연구에 따르면 당시에는 10회의 전쟁 중 8회를 기마전으로 수행하였다고 한다. 즉 온조왕대의 전쟁수행방법은 기마전이 주를 이루었다는 것이다.[61] 이와 같이 우수한 철기문화와 발달된 기마전술로 무장한 백제 건국 세력이 한반도 중부 지역에 등장함에 따라 기존 마한 사회의 질서는 크게 흔들릴 수밖에 없었다.

한편 백제가 건국할 무렵 한반도에 널리 보급된 철제 농기구는 농업 생산을 크게 발전시켰을 것으로 추측된다. 철제 농기구의 보급에 대하여는 현재 남·북한 연구자간에 현저한 견해차를 보이고 있다. 북한에서는 기원전 3세기 이전에 이미 철제 농기구들이 광범위하게 보급되었다고 주장하는 반면[62], 남한에서는 기원후 4~6세기에 가서야 철제 농기구와 우경이 보급되었다는 것이 통설이다.[63] 그런데 중국에서 기원전 5~3세기인 전국시대에 철제 농기구와 우경이 광범히 하게 보급되었고[64], 또 대전에서 출토되었다고 전하는 농경문청동기에도 철제 따비로 농사짓는 모습이 묘사되어 있는 것으로 보아[65], 한반도에서도 적어도 기원전후에는 철제농

---

60) 李仁哲, 「1~3세기경 백제의 군사전략과 영토확장」, 『軍史』 44호, 2001, 401쪽.
61) 박찬규, 「백제의 마한정복과정 연구」, 단국대 박사학위논문, 1995, 91쪽.
62) 허종호, 『조선토지제도발달사 1』, 백산자료원, 1991, 54쪽.
63) 전덕재, 「4~6세기 농업생산력의 발달」, 『한국고대사회경제사』, 태학사, 2006.
   李賢惠, 「4~5세기 新羅의 농업기술과 사회발전」, 『韓國 古代의 생산과 교역』, 一潮閣, 1998.
64) 최덕경, 「제1장 戰國時代 鐵製農具의 출현과 보급」, 『中國古代農業史研究』, 백산서당, 1994.
65) 전덕재 교수는 농경문청동기에 보이는 따비를 목제 따비라고 하였으나(앞의 논

기구가 보급되었을 것으로 판단된다. 이러한 철제 농기구의 보급은 심경 (深耕)과 능률적인 경작을 가능하게 하고, 단위 면적 및 농민 1인당의 수확량을 증대시켰다. 그리하여 종래와 같이 많은 노동력이 소요되는 집체적인 방식에서 벗어나 점차 소농 중심의 경영 추세를 보이게 된다. 농경문청동기에도 한 사람이 철제 따비로 가지런한 고랑과 이랑이 있는 장방형의 밭을 갈고, 다른 사람이 괭이로 땅을 파는 모습이 묘사되어 있다. 즉하호에 의한 집체적인 방식이 아니라 가족노동에 의해서 농경이 이루어지는 방식이 묘사되어 있는 것이다. 이와 같은 철제 농기구에 의한 생산력 증대를 배경으로 백제는 건국초기부터 일반 민에 대하여 개병제·징병제를 시행할 수 있었던 것으로 판단된다.

『삼국사기』, 백제본기, 온조왕 13년·14년 조에는 "한산 아래에 목책을 세우고, 위례성의 민을 이주시켰다."[66]라든지 "한강 서북방에 성을 쌓고, 그곳에 한성 민의 일부를 이주시켰다."[67]라 하여 한산 밑이나 한강 서북쪽에 성책을 쌓고 한성 민(民)을 이주시켰다고 기록되어 있다. 이것은 한성의 민이 성책을 방어할 수 있는 군사적 능력이 있었기 때문에 가능한 일이다. 이를 통해 백제는 온조왕 대부터 민(民)을 군사로 삼는 개병제를 시행하였음을 확인할 수 있다. 부여나 고구려 등지에서 내려온 백제 건국 집단은 부여나 고구려에서 시행한 개병제를 경험하였을 것이다. 고구려는 건국 이래 국가 권력이 미치는 모든 민에 대하여 징병제를 실시하였다.[68] 부여도 기원전 6년 부여왕 대소(帶素)가 5만의 병력을 거느렸다거나[69], 영강(永康) 원년(元年: 167) 부여왕 부태(夫台)가 2만 명을 거느리고

문, 85쪽.), 농경문청동기에 보이는 날이 긴 쌍날따비는 목제일 수 없는 것으로 판단된다. 따비는 겨우내 얼었던 딱딱한 땅을 가는 起耕具로서 나무로 만들어서는 도저히 사용할 수가 없는 것이다.

66) 『三國史記』 23, 百濟本紀 1, 온조왕 13년. "秋七月 就漢山下立柵 移慰禮城民戶"
67) 『三國史記』 23, 百濟本紀 1, 온조왕 14년. "築城漢江西北 分漢城民"
68) 拙稿, 「고구려의 軍制와 그 承繼」, 『歷史敎育』 96집, 2005.

현도를 공격했다는 것70) 등으로 미루어보아 기원전후에는 개병제가 시
행된 것으로 보인다. 부여는 초기에는 "적의 침입이 있으면 제가들이 몸
소 전투를 하고, 하호는 양식을 져다가 음식을 만들어 준다."71)라 하여 지
배층인 제가만이 전투를 수행하였으나, 기원전후에는 개병제를 도입·시
행한 것으로 보인다.72) 이러한 부여나 고구려의 개병제에 대한 경험이 백
제 건국 집단으로 하여금 건국 직후부터 개병제의 시행을 가능하게 하였
을 것이다.

한편 철기는 청동기보다 성능이 우수하고 수량도 풍부하며 가격도 저
렴하였다.73) 따라서 백제 건국 집단이 지닌 철기 제조 기술은 징발된 서
민 출신의 병사들도 철제무기로 무장할 수 있게 하였을 것으로 보인다.
백제건국 직후인 온조왕 2년, 국왕이 군신들에게 처음으로 한 말도 "병기
를 제작하고 곡식을 쌓아 놓으라."는 말이었다.74) 국가의 병기 제작을 통
하여 우수한 병기를 손에 쥐게 된 서민 출신의 병사들은 강병으로 거듭날
수 있었던 것이다.

철기문화와 기마전술의 보유, 개병제의 실시 등으로 말미암아 백제는
건국 직후 급속히 영토를 확장하게 된다. 영토의 확장은 또한 군사력과
경제력의 증강을 의미하였다. 이에 백제는 확대된 영토에 성책(城柵)을
설치하고 영유를 확고히 하고자 하였다. 그러나 백제의 이러한 행동은 당

---

69) 『三國史記』 13, 高句麗本紀 1, 琉璃明王 14년 11월. "帶素 以兵五萬來侵 大雪 人
   多凍死乃去"
70) 『後漢書』, 東夷列傳, 夫餘國. "永康元年 王夫台 將二萬餘人 寇玄菟"
71) 『三國志』, 夫餘傳. "有敵 諸加自戰 下戶俱擔糧飮食之"
72) 김병룡, 「후부여(부여봉건국가)의 형성과 그 력사적 변천」, 『조선고대 및 중세초
   기사 연구』, 백산자료원, 1999. 285쪽.
73) 崔鍾圭 교수는 "한반도 내에 철산이 풍부한 점은 철기 제작의 융성을 가져오고,
   이것이 공동체 구성원에까지 철기 향유가 가능케 한 원동력이 되었다"(『三韓 考
   古學 硏究』, 서경문화사, 1999, 123쪽.)라고 평가하였다. 또 철은 청동과는 달리
   합금 과정이 필요하지 않아 적은 비용으로도 생산이 가능하였다.
74) 『三國史記』 23, 百濟本紀 1, 溫祚王 2년 정월. "繕兵積穀"

시 마한 연맹체 사회에서는 상당히 돌출된 행동으로 용납되기 힘든 일이었던 것으로 보인다. 기원전 마한 연맹체의 각국은 국읍이나 읍락 주변에 성이나 목책을 설치하여 방어함에 그칠 뿐이지, 변방 지역에 성책 등 요새를 설치하는 일은 드물었다. 즉 마한 연맹체는 국가 간의 예적 질서 속에서 운영되었기 때문에 각국의 경계선은 명확하지 않았고, 또 각국 사이에 인위적인 장애물도 없었다. 단지 산천으로만 경계를 나누었을 뿐이었다. 그러나 백제는 건국 직후부터 이러한 예적 질서를 무시하고 변경 지역에 인위적인 장애물인 성책을 설치하여 자신의 영유를 공고히 한 것이다. 백제는 온조왕 8년 마수성과 병산책을 수축하는 것을 시작으로 성책 설치를 개시하였다.75) 이에 대해 낙랑태수가 허물지 않으면 일전을 불사하고 백제는 이후에도 "독산과 구천 두 곳에 목책을 설치하였다."76), "한산 아래에 목책을 설치하였다."77), "석두와 고목의 2성을 쌓았다."78)라 하여 끊임없이 성책을 세워나갔다. 이때의 성책은 모두 낙랑과 말갈과의 경계선에 설치되었을 것이다. 이후 온조왕 24년 백제는 급기야 앞에서 살펴본 바와 같이 마한이라 통칭되는 마한 연맹장의 국(國) 사이에 웅천책(熊川柵)을 설치하기에 이른다. 이때 백제는 마한왕의 책망을 듣고 목책을 허물었으나, 결국 온조왕 26(AD 8)년에 마한 연맹장의 국을 멸망시키기에 이른다. 이후 앞에서 서술한 바와 같이 마한 연맹장인 진왕의 지위는 목지국으로 넘어갔을 것으로 추정된다.

백제는 우수한 철기문화와 기마전술, 그리고 개병제의 실시 등을 바탕으로 건국 직후부터 성장을 계속하였다. 아직 청동제 무기 단계에 머물러 있고, 보병전을 전개하며79), 전사 집단이 특권적으로 전투를 수행하는 마

---

75) 『三國史記』 23, 百濟本紀 1, 溫祚王 8年 7月.
76) 『三國史記』 23, 百濟本紀 1, 溫祚王 11年 7月. "設禿山·狗川兩柵"
77) 『三國史記』 23, 百濟本紀 1, 溫祚王 13年 7月. "漢山下立柵"
78) 『三國史記』 23, 百濟本紀 1, 溫祚王 22年 8月. "築石頭·高木二城"
79) 『三國志』, 韓傳. "不知乘牛馬", "便步戰 兵仗與馬韓同"

한 연맹체의 각국은 상대가 되기 어려웠을 것으로 판단된다. 온조왕 26년 마한 연맹장의 국을 멸망시킨 이후 온조왕 31년에 국내의 민호를 남·북부로 나누고, 온조왕 33년에는 다시 동·서 2부를 더 설치하는 조치를 취하였다.[80] 영토 확장 이후 내부 정비에 나선 것이다.

그런데 온조왕대의 동서남북 4부에 대하여 종래 다양한 논의가 전개되었다.[81] 대체로 이를 지방통치조직이나 단위정치체제로 파악하는 경향이 있어왔다. 즉 백제 초기의 부를 국왕이 직할하는 중앙부와 더불어 5부로 파악하고, 동서남북 4부를 중앙을 제외하고 전국을 넷으로 나눈 지방통치조직이라고 보거나, 또는 4부를 국왕 집단인 온조 집단을 제외한 독자적인 단위정치체제라고 본 것이다. 그러나 백제 초기의 부를 지방통치조직으로 보는 것은 온조왕대에는 아직 중앙과 지방이 구분되지 않았다는 점에서 성립하기 어려운 견해로 판단된다. 특히『삼국사기』, 백제본기, 다루왕 4년 "고목성 곤우가 말갈과 싸워 크게 이겼다."[82]라는 기사에서의 고목성이나, 초고왕 45년 "적현성과 사도성을 쌓고 동부의 민가를 그곳으로 옮겼다."[83]에서의 적현성, 사도성 등과 같이 어느 부에도 속하지 않는 지역이 있는 것으로 보아 백제 초기의 부가 지방통치조직이라는 견해는 성립하기 어렵다.[84] 또 백제 초기의 부를 단위정치체제라고 보는 견해도 앞의 초고왕 45년의 기사에서 보는 바와 같이 정부에서 부민(部民)들을 지방의 성에 수시로 사민(徙民)시키는 조치를 취하는 것으로 보아 성립하기 어려운 것으로 판단된다. 부(部)가 단위정치체라면 이들이

---

80)『三國史記』23, 百濟本紀 1, 溫祚王 31年 正月. "分國內民戶爲南北部" ;『三國史記』23, 百濟本紀 1, 溫祚王 33年 8月. "加置東西二部"
81) 백제 초기의 부에 대한 논의는 양기석,「百濟 初期의 部」; 김영심,「百濟史에서의 部와 部體制」(『韓國古代史研究』17, 2000.)에 잘 소개되어 있다.
82)『三國史記』23, 百濟本紀 1, 多婁王 4年 8月. "高木城昆優與靺鞨戰大克"
83)『三國史記』23, 百濟本紀 1, 肖古王 45年 2月. "築赤峴·沙道二城 移東部民戶"
84) 李宇泰,「百濟의 部體制-新羅와의 比較를 中心으로-」,『百濟史의 比較研究』, 서경문화사, 2000. 96쪽.

자신의 힘을 약화시키는 사민정책에 순순히 응할 리 없기 때문이다. 사실
북방 유이민인 백제 건국 집단이 한강 유역에 내려와서 기존 토착 세력인
마한인들을 제압하고 국가를 건설하기 위해서는 단위정치체로 분열되어
서는 곤란하였을 것이다. 즉 이들이 온조 집단을 중심으로 일치단결하였
기 때문에 백제의 건국과 성장이 가능하였을 것이다. 이 점에서 백제의
부는 부족을 뜻하는 고구려나 신라의 부와는 달랐다.

　백제 초기의 부는 온조왕 31년과 33년 당시 국(國)의 민호를 그 거주 지
역에 따라 동서남북으로 나눈 군사·행정적인 통치구획으로 판단된다.[85]
이것은 고이왕 대에 중앙과 지방으로 영역이 구분될 때 중앙의 행정구역
으로 편제되는 영역일 것으로 생각된다.[86] 그리고 부를 설치한 이유는 백
제가 성장함에 따라 복잡해진 군사와 경제 업무의 원활한 처리를 위한 것
으로 판단된다.『삼국사기』, 백제본기에 따르면 부가 설치되기 이전에는
주로 국왕 온조가 직접 군사를 통솔하였으나, 부가 설치된 이후에는 국왕
이 직접 군사를 통솔하는 경우는 드물고 주로 타인에게 군사의 통솔을 위
임하고 있다. 특히 "동부 흘우가 마수산 서쪽에서 말갈과 싸워 승리하였
다."[87]라거나 "북부의 진과에게 명령하여 군사 1천 명을 거느리고 말갈의
석문성을 습격하여 빼앗게 하였다"[88]라는 바와 같이 동부나 북부의 인물

---

85) 趙漢弼,「初期百濟의 國家的 性格」, 고려대 석사학위논문, 1984, 41~42쪽.
　　崔氾鎬,「百濟 溫祚王代의 部研究」, 전북대 박사학위논문, 2001, 111쪽.
86)『三國史記』, 百濟本紀, 溫祚王 41년 조에는 北部 解婁라 하여 북부로 나오던 解氏
　　가 腆支王 즉위년 조에는 漢城人 解忠이라 하여 한성 인으로 나온다. 이것은 북부
　　가 후에 한성으로 편제되었음을 추측하게 한다. 또한『삼국지』, 한전에서는 '大國
　　萬餘家'라 하여 마한 연맹체 중 大國은 만여 가에 달한다고 기록되어 있는데,『周
　　書』, 백제전에서는 '都下有萬家'라 하여 백제 왕도에 만여 가가 있다고 되어 있다.
　　이를 통해 백제는 영역이 확대됨에 따라 마한연맹체 당시의 영역이 왕도로 전환된
　　것을 알 수 있다.
87)『三國史記』23, 百濟本紀 1, 多婁王 3년 10월. "東部屹于與靺鞨 戰於馬首山西克之"
88)『三國史記』23, 百濟本紀 1, 肖古王 49년 9월. "命北部眞果 領兵一千 襲取靺鞨石
　　門城"

들이 군사를 이끌고 출동하고 있다. 이뿐 아니라, 동부나 북부의 민은 축성[89]과 사민(徙民)[90]에도 동원되고 있었다. 이를 통해 당시에 백제의 주적인 낙랑·말갈과 접하고 있는 동부와 북부는 주로 군사 업무를 맡아보았을 것으로 보인다. 한편 서부와 남부는 마한연맹체와 접하여 상대적으로 안전한 지역으로서 식량과 어염 등 물자 생산을 전담하였을 것으로 생각된다. 아무리 강한 군대라도 양식이 없으면 제 기능을 발휘할 수 없는 법이다. 앞에서 언급한 바와 같이 온조왕이 즉위한 후 군신들에게 처음으로 한 말도 "병기를 제작하고 곡식을 쌓아 놓으라."는 말이었다. 부(部)가 설치된 이후에는 "국남(國南) 주군(州郡)에 영을 내려 처음으로 논을 만들었다."[91]라거나, 혹은 "국남(國南)에 메뚜기 떼가 곡식을 해치니 민이 굶주렸다."[92]라는 기사 등을 통해 국남 즉, 남부에서는 주로 식량 생산을 담당하였을 것으로 추측된다. 서부 역시 남부와 마찬가지로 식량·어염 생산에 주력하였을 것이다. 서부도 남부와 같이 군사관계 업무에는 전혀 동원되지 않았기 때문이다. 이를 통해 백제초기 4부는 동·북부가 군사 업무를, 그리고 서·남부가 식량 등 물자 생산 업무를 각각 맡아보았을 것으로 추측된다.

그런데 백제초기 4부 중 동·북부에서만 우보(右輔)와 좌보(左輔)가 교대로 배출되는 등[93], 동·북부가 서·남부보다 훨씬 우세한 정치적 지위를 차지하였다. 이것은 신생 국가인 백제에 가장 위협이 되는 낙랑이나 말갈의 공격에 대비하기 위해 동부와 북부에 무사집단인 유이민계가 주로 배치

---

89) 『三國史記』23, 百濟本紀 1, 多婁王 29년 2월. "王命東部 築牛谷城 以備靺鞨"
　　『三國史記』25, 百濟本紀 3, 腆支王 13년 7월. "徵東北二部 人年十五已上 築沙口城"
90) 『三國史記』23, 百濟本紀 1, 肖古王 45년 2월. "築赤峴·沙道二城 移東部民戶"
91) 『三國史記』23, 百濟本紀 1, 多婁王 6년 2월. "下令國南州郡 始作稻田"
92) 『三國史記』23, 百濟本紀 1, 肖古王 46년 8월. "國南蝗害穀 民饑"
93) 『三國史記』23, 百濟本紀 1, 溫祚王 41년 정월. "拜北部解婁爲右輔" ; 多婁王 7년 2월. "右輔解婁卒 … 以東部屹于爲右輔" ; 多婁王 10년 10월. "右輔屹于爲左輔 北部眞會爲右輔"

되었기 때문으로 추측된다. 우수한 철제 무기와 발달된 기마전술로 무장
한 백제 건국 집단은 동부와 북부에 집중 거주하면서 국토의 방어와 확장
에 나선 것이다. 반면 남부와 서부의 경우는 토착세력인 마한인들이 주축
을 이루었을 것으로 판단되고 있다.[94] 이들 마한인들은 백제를 건국한 무
사집단의 보호를 받으면서 남부와 서부에서 안전하게 농사에 전념할 수
있었던 것이다. 즉 백제초기 군제는 동서남북 4부 모두에 실시된 개병제
를 바탕으로 동·북부에는 유이민 출신의 무사들이 집중 배치되고, 서·남
부는 토착세력인 마한인이 주축으로 이루는 형태였던 것으로 추측된다.
이러한 형태의 백제초기 군제는 고이왕 대에 이르러 중앙군과 지방군이
형성되면서 새롭게 정비된다.

4. 중앙군·지방군의 분화와 그 정비

  온조왕 31년과 33년에는 당시까지 확보한 영역의 민호를 동서남북 4
부로 편성하였지만, 이후에도 백제의 영역은 계속 확장되어갔다. 『삼국
사기』, 백제본기에 나타난 부(部) 설치 이후 고이왕대 이전까지의 영역 확
장 기사는 다음과 같다.

> (온조왕 36년) 7월 탕정성을 쌓고 대두성의 민호를 나누어 살게 하였다.
> 8월 원산과 면현의 두 성을 수리하고 고사부리성을 쌓았다.[95]
> (다루왕 36년 10월) 왕이 낭자곡성까지 국토를 넓혔다.[96]

---

94) 朱甫暾, 「百濟 初期史에서의 戰爭과 貴族의 出現-部體制를 중심으로-」, 『百濟史上
  의 戰爭』, 서경문화사, 2000, 123쪽
95) 『三國史記』 23, 百濟本紀 1, 溫祚王 36년 "七月 築湯井城 分大豆城民戶 居之 八月
  修葺圓山·錦峴二城 築古沙夫里城"
96) 『三國史記』 23, 百濟本紀 1, 多婁王 36년 "王拓地至娘子谷城"

(다루왕 39년) 와산성을 쳐서 취하고 200인을 주둔시켜 지키게 하였다.97)

(초고왕 45년 2월) 적현성과 사도성 2성을 쌓고 동부의 민호를 거기로 옮겼다.98)

(구수왕 4년 2월) 사도성 옆에 두 책(柵)을 설치하였는데, 동서의 거리가 10리나 떨어졌다. 적현성의 군졸을 나누어 지키게 하였다.99)

이와 같이 백제는 끊임없이 새로이 확보된 지역에 성을 축조하여 지방 지배의 거점을 마련하고, 이곳에 성민(城民)이나 부민(部民)을 이주시키면서 영토를 확장하여 나갔다. 물론 이러한 직접적인 통치 이외에 항복하거나 타협한 재지 수장층으로 하여금 종래의 영역을 그대로 다스리게 하는 간접적인 지방통치 영역도 상당수에 달하였을 것이다. 영역이 확대되어가자 온조왕대에 설치한 4부 체제로는 확대된 영역 전체를 포괄하는 원활한 국정 운영이 힘들어지게 되었다. 이에 고이왕대에 이르러 중앙과 지방의 통치체제를 마련한 것으로 보인다. 『삼국사기』, 백제본기에서 중앙과 지방의 통치체제 성립과 그 구체적인 내용은 확인할 수 없으나, 다음 기사를 통해 중앙군과 지방군이 성립하였음은 확인할 수 있다.

(고이왕 27년 정월) 내신좌평을 두어 선납(宣納)에 관한 일을 맡고…위사좌평은 숙위병에 관한 일을 맡고 … 병관좌평은 외방의 병마에 관한 일을 맡게 하였다.100)

(고이왕 28년 2월) 고수를 위사좌병으로 삼고 … 유기를 병관좌평으로 삼았다.101)

---

97) 『三國史記』 23, 百濟本紀 1, 多婁王 39년 "攻取蛙山城 留二百人 守之"
98) 『三國史記』 23, 百濟本紀 1, 肖古王 45년 2월. "赤峴·沙道二城 移東部民戶"
99) 『三國史記』 24, 百濟本紀 2, 仇首王 4년 2월. "設二柵於沙道城側 東西相去十里 分赤峴城卒 戍之"
100) 『三國史記』 24, 百濟本紀 2, 고이왕 27년 정월. "置內臣佐平 掌宣納事 … 衛士佐平 掌宿衛兵事 … 兵官佐平 掌外兵馬事"

즉 고이왕 27년(260) 정월 내신좌평을 비롯한 6좌평이 설치되었는데, 그 중 숙위병(宿衛兵)을 관장하는 위사좌평과 외병마(外兵馬)를 관장하는 병관좌평이 설치되고, 이듬해에는 위사좌평에 고수(高壽), 병관좌평에 유기(惟己)가 각각 임명되었다. 숙위병은 중앙군을, 외병마는 지방군을 가리키는 것이 틀림없으므로, 이를 통해 고이왕 27년에 중앙군과 지방군이 성립하였음을 확인할 수 있다.[102] 중앙군과 지방군이 성립되었다면 중앙과 지방의 통치체제 역시 성립되었을 것이다. 이때의 중앙과 지방은 앞에서 말한 바와 같이 동서남북 4부는 중앙으로 획정되고[103], 부 이외의 지역은 지방으로 편제되었을 것이다. 비유왕 2년(428) "국왕이 4부를 순행하였다."라 하여 5세기 초반에도 여전히 4부가 보이는 것으로 보아, 중앙 4부 체제는 한성시대 내내 지속된 것으로 보인다. 한편 지방은 점차 몇 개의 성이 모여 하나의 지방 통치 구역을 이루고, 그 중에 가장 중심 되는 성이 치소성(治所城)가 되어 여기에 지방관이 파견되어 지방통치에 임하였다.[104] 이때 중심 되는 성, 즉 치소를 담로(檐魯)라 한 것으로 보인다.[105]

---

101) 『三國史記』 24, 百濟本紀 2, 고이왕 28년 2월. "高壽爲衛士佐平 … 惟己爲兵官佐平"
102) 白南雲, 『朝鮮社會經濟史』, 改造社, 1933, 250쪽.
103) 고이왕대에 4부가 중앙으로 융합되면서, 이후 더 이상 人名 앞에 部名이 冠稱되는 사례가 나타나지 않게 된다.
104) 盧重國, 앞의 책, 1988, 240쪽.
105) 『梁書』, 百濟傳. "謂邑曰檐魯 如中國之言郡縣也 其國有二十二檐魯 皆以子弟宗族分據之"
   檐魯와 백제의 지방통치체제에 대해서는 다음 논저 참조.
   金周成, 「백제 지방통치조직의 변화와 지방사회의 재편」, 『國史館論叢』 35, 1993.
   金英心, 「百濟 地方統治體制 硏究 - 5~7세기를 중심으로 - 」, 서울대 박사학위논문, 1997.
   朴賢淑, 「百濟 地方統治體制 硏究」, 고려대 박사학위논문, 1997.
   유원재, 「百濟의 領域變化와 地方統治」, 「『梁書』<百濟傳>의 檐魯」, 『百濟의 地方統治』, 學硏文化社, 1998.
   李鎔彬, 『百濟 地方統治制度 硏究 - 檐魯制를 中心으로』, 서경, 2002.

4부와 담로로 구성된 중앙과 지방의 통치체제는 웅진시대를 거쳐 사비시대에 이르면 주지하는 바와 같이 중앙의 5부, 지방의 방(方)-군(郡)-성(城)체제로 정착된다.

통치체제가 초기의 4부 체제에서 고이왕대 이후 중앙의 4부와 지방의 담로제로, 그리고 웅진시대를 거쳐 사비시대에 이르러 중앙의 5부제와 지방의 방-군-성 체제로 발전하는 것과 함께 군사조직도 정비되어갔다. 즉 초기 4부 체제에서는 중앙군과 지방군의 구별이 없이 동·북부와 서·남부로 나뉘어 운영되던 것에서, 고이왕대 이후 중앙군(宿衛兵)과 지방군(外兵馬)으로 분화되었고, 사비시대에 이르면 다음 『주서(周書)』의 기록과 같이 중앙군은 5부제로, 지방군은 방-군-성제로 정비되었던 것이다.

　　도성에는 1만 호가 거주하며 5부로 나뉘었는데, 상부·전부·중부·하부·후부로서 거느린 군사는 5백 명이다. 5방(方)에는 각기 방령(方領) 1인을 두어 달솔로 임명하고, 군(郡)에는 군장(郡將) 3인이 있으니 덕솔로 임명하였다. 방에서 거느리는 군사는 1,200명 이하 700명 이상이었다. 성의 내외 백성과 기타 작은 성들이 모두 여기에 예속되었다.106)

위 사료에서 보는 바와 같이 사비시대 군사조직은 중앙군은 수도 5부에 각각 500명의 군사가 배치되는 형태로, 그리고 지방군은 5방의 방성에 1,200~700명의 군사가 배치되고, 또 군과 성에 각각 군사가 배치되는 형태로 정비되었다.107)

위와 같이 군사조직은 통치체제와 더불어 정비되어갔다. 그런데 이러한 군사조직은 백제초기부터 말기까지 대체로 두 가지 계통의 군인으로 구성되어 운영되었다. 즉 백제의 군사조직은 개병제(皆兵制)에 입각한 농

---

106) 『周書』, 列傳 41, 異域 上, 百濟
107) 사비시대 군사조직에 대해서는 李文基, 앞의 논문, 1998 ; 朴賢淑, 앞의 논문, 1998. 참조.

민병과 대대로 군역을 계승하는 세병제(世兵制)로 충원되는 무사로 구성된 것으로 보인다. 앞에서 살펴본 바와 같이 온조왕 대부터 민을 군인으로 삼는 개병제가 시행되었다. 근초고왕 26년(371)과 근구수왕 3년(377)에 국왕이 3만의 병사를 거느렸다는 기사[108]나 아신왕 8년(399) 국왕이 고구려를 치기위하여 병마를 대량으로 징발하자 민들이 신라로 도망갔다는 기사[109]들도 모두 백제에서 개병제가 시행되고 있었음을 알려주는 명확한 증거이다. 3만 명이나 되는 병사들은 개병제가 아니면 조달하기 힘든 것이고, 또 민들이 신라로 도망한 것도 개병제에 따른 징발을 피하기 위한 것이기 때문이다. 한편 백제의 군사조직에는 대대로 군역을 계승하는 무사층도 있었다. 『삼국사기』에는 삼근왕 2년(478)에 일어난 해구(解仇)의 난을 진압하는 과정을 다음과 같이 전하고 있다.

> 봄에 좌평 해구가 은솔 연신(燕信)과 더불어 무리를 모아 대두성(大豆城)에 의거하면서 반란을 일으켰다. 왕이 좌평 진남(眞男)에게 명하여 군사 2천으로 치게 하였으나 이기지 못하였다. 다시 덕솔 진로(眞老)에게 명하여 정병 5백을 거느리고 해구를 격살(擊殺)케 하였다. 연신이 고구려로 달아나자 그 처자를 잡아다 웅진 저자거리에서 목 베었다.[110]

위 사료에서 좌평 진남이 군사 2천 명을 가지고도 이기지 못한 반군을 덕솔 진로는 그 1/4에 불과한 정병 5백 명을 거느리고 격살하였다. 여기서 정병 5백은 군사 2천과는 성격을 달리하는 군사로 판단된다. 2천의 군사는 농민병으로 구성된 군대임에 반해 정병 5백은 전문적인 무사집단으로 추정되는 것이다. 2천의 군사를 가지고서 이기지 못하였다면 더 많은 군사를

---

108) 『三國史記』 24, 百濟本紀 2, 近肖古王 26년 ; 近仇首王 3년 10월.
109) 『三國史記』 25, 百濟本紀 3, 阿莘王 8년 8월.
110) 『三國史記』 26, 百濟本紀 4, 三斤王 2년.

동원하여야 했는데, 오히려 5백의 군사만을 동원하여 반군을 격살한 것은 이들이 전문적인 무사집단이기 때문으로 추측된다. 백제는 북방 유이민 출신의 무사집단과 농사를 짓는 토착 마한인의 결합에 의해 건국되었는데, 왕조 내내 무사와 농민병의 이원적 형태는 계속 유지된 것으로 보인다.

그리고 무사집단은 앞에서 말한 바와 같이 대대로 무사를 배출하였다. 흑치상지 묘지명에는 "그 집안은 대대로 서로 이어서 달솔이 되었다."[111] 라는 구절이 있다. 흑치상지 집안은 대대로 달솔의 관등을 계승하였던 것이다. 이와 같이 달솔의 관등을 계승하는 가문이 있는 것은 신라의 관등제가 골품제에 의해 규제되듯이, 백제에도 관등제를 규제하는 신분제가 존재했음을 시사하는 것이다.[112] 그리고 신라에서 4·5·6두품이나 진골 등의 신분으로 일정한 관등에 올라 군역에 종사하는 무관이 확인되듯이[113], 백제도 신분에 따라 일정한 관등에 올라 군역에 종사하는 무사가 있었을 것으로 보인다. 이와 같은 무사 계층의 존재로 인해 백제는 안정적으로 정예병을 확보할 수 있었다. 그리고 무사들도 관등에 따라 토지를 받았기 때문에 생산 노동에는 참가하지 않고, 평시에는 무예 훈련에 전념하고, 전시에는 가족을 두고 전장으로 떠날 수 있었다. 또 무사들은 중앙군으로서 왕경에 거주한 것으로 보인다. 이들이 수도에 거주함으로써 왕경은 지방 어느 곳보다 막강한 군사력을 보유하여 중앙집권 체제를 유지할 수 있었고, 또 무사들의 가족들이 수도에 거주하고 있는 것은 인질의 효과도 있었다. 위 삼근왕 2년의 사료에서 해구(解仇)를 따라 반역을 꾀한 은솔 연신의 처자처럼 만약 무사들이 반란을 꾀할 경우 그 가족들은 처형을 면치 못했던 것이다. 이처럼 무사들은 왕경에 거주하였는데, 앞에서 살펴본

---

111) 韓國古代社會硏究所 編,『譯註 韓國古代金石文』제1권,「黑齒常之 墓誌銘」, 557쪽. "其家世相承爲達率"
112) 李文基,「百濟 黑齒常之 父子 墓誌銘의 檢討」,『韓國學報』64, 一志社, 1991, 167쪽.
113) 拙稿,「新羅 中代 軍制의 구조」,『韓國史硏究』126, 2004, 18쪽.

수도 5부에 각각 500명씩 배치된 2,500명의 군사는 바로 이러한 무사들로 보인다. 고구려의 수도에 거주하는 무사들이 2천여 명이고[114], 신라의 왕경에 거주하는 무사가 2,277명임[115]을 감안할 때 백제 왕경에 배치된 2,500명의 군사들 역시 무사로 판단되는 것이다. 백제초기 4부 체제에서는 주로 동·북부에 거주했던 무사들이 사비시대 5부 체제에 이르러서는 각부에 고르게 배치되어 거주했던 것으로 보인다.

한편 지방군은 주로 농민병으로 이루어졌다. 앞에서 언급한 바와 같이 지방은 방-군-성 체제로 이루어졌는데, 이들 각각에 농민병들이 주둔·배치되었다. 사비시대에 5방은 각각 10개 내지 6·7개의 군으로 구성되었고[116], 군에는 평균 5·6개의 성(현)이 통속되어 있었으며, 성(현)의 총수는 200~250개에 달한다고 한다.[117] 즉 방의 총수는 5개, 군의 총수는 30~50개[118], 성의 총수는 200~250개인 셈이다. 그런데 성에 주둔한 군사의 수는 대략 200~300명으로 보인다. 『삼국사기』, 백제본기, 다루왕 39년의 "와산성(蛙山城)을 쳐서 취하고 200인을 주둔시켜 지키게 하였다."라든가, 고이왕 33년의 "성주 직선(直宣)이 장사 200인을 거느리고 출격하였다."라든가, 근초고왕 28년의 "독산성(禿山城) 성주가 300인을 거느리고 신라로 달아났다." 등의 기사를 통해 이를 추측할 수 있다. 성의 군사가 200~300명이라는 이러한 기사는 비록 백제 초기의 기록이지만 후기에 이르기까지 큰 변화는 없었던 것으로 보인다.

이와 같이 성에 주둔한 군사가 200~300명이라면, 성의 총수가 200~

---

114) 拙稿, 「고구려의 軍制와 그 承繼」, 『歷史敎育』 96, 2005, 115쪽.
115) 拙稿, 「新羅 中代 軍制의 구조」, 앞의 책, 20쪽.
116) 『北史』, 百濟傳. "方有十郡" ; 『翰苑』, 蕃夷部, 百濟條. "每方管郡 多者至十 少者六七"
117) 盧重國, 앞의 책, 1988, 259쪽.
118) 백제 멸망직후 唐이 편제한 郡의 숫자는 37개이나 이것은 당이 축소 편제한 개연성이 있으므로 이것을 백제 당시 군의 總數로 그대로 인정하기는 어렵다고 생각한다.

250개에 달하므로 성에 주둔하는 지방군의 총수는 40,000~75,000명에 이르는 것으로 추정할 수 있다. 한편 앞에서 언급한 바와 같이 5방의 방성에 각각 700~1,200명의 군사가 배치되어 있으므로 방성에 주둔하는 지방군의 총수는 3,500~6,000명에 달한다. 그런데 군(郡)에 주둔한 군사의 수를 확인할 수는 없다. 그래서 군은 방과 성의 중간 단계이므로 군에 주둔한 군사의 수를 방과 성의 중간으로 계산하여 대략 500명 정도라고 보면, 군에 주둔하는 지방군의 총수는 15,000~25,000명에 달하는 것으로 추정할 수 있다. 이와 같이 성에 주둔하는 군사 40,000~75,000명, 군에 주둔하는 군사 15,000~25,000명, 방에 주둔하는 군사 3,500~6,000명을 모두 합하면, 58,500~106,000명에 이른다. 즉 백제는 사비시대에 지방군으로 최하 6만 명에서 최대 10만 명 정도의 상비군을 보유하고 있었던 것으로 추측된다.

그런데 지방군들은 교대로 군역 근무에 임했다. 『고려사』, 악지(樂志)에는 백제 시대의 노래인 선운산가(禪雲山歌)를 소개하고 있는데 그 내용은 다음과 같다.

> 장사(長沙) 사람이 정역(征役)에 나갔는데 기한이 지나도 돌아오지 않자 그 사람의 아내가 남편을 생각하며 선운산에 올라가 부른 노래이다.[119]

이 사료를 통해 백제시대 지방민의 정역(征役), 즉 군역에는 기한이 있었음을 확인할 수 있다. 군역에 기한이 있다는 것은 지방군이 교대로 근무하는 체제였음을 의미한다. 그런데 현재 지방군의 교대와 관련된 사료는 발견할 수 없다. 그래서 당시 백제의 호수(戶數)를 통해 지방군의 교대

---

119) 『高麗史』 71, 志 25, 樂 2, 百濟俗樂. "長沙人征役過期不至 其妻思之 登禪雲山 望而歌之"

수를 추정하면 다음과 같다. 우선 정림사지 5층 석탑에 새겨진 「당평제비 (唐平濟碑)」에는 당이 백제를 정복한 이후

> 무릇 5도독, 37주, 250현을 두었고 호수는 24만이고 인구는 620만
> 이니 각각 편호로 정제하였다.[120]

라고 기록하였다. 여기에서 호수 24만은 편호로 정제된 수이다. 그런데 『구당서』, 백제전에는 "나라는 본래 5부로 나뉘어져 37군, 200성에 호수 는 76만이다."[121]이라 하여 백제의 호수가 76만이라고 기록하고 있다. 「당평제비」에는 24만 호라고 기록되어 있는 호수가 『구당서』에는 76만 호라고 기록되어 있는 것이다. 그런데 당시 호적은 군역의 징발과 밀접하 게 관련되어 작성·운영되었으므로 「당평제비」나 『구당서』에 실려 있는 호수는 모두 군역과 관련된 수일 것이다. 우선 「당평제비」에 있는 호수는 '편호(編戶)'의 수라는 것이 주목된다. '편호', 즉 자연호를 몇 개 묶어 군호 를 편성한 호가 24만 호라는 것이다. 한편 『구당서』에 실려 있는 호수는 편호 안에 포함되는 자연호의 호수일 것이다. 이를 통해 백제 말기에는 76만의 자연호로서 24만의 군호를 편제하였음을 알 수 있다. 대략 3개의 자연호로 1개의 군호를 구성하였던 것이다. 앞에서 지방 상비군의 수가 6~10만이라고 추정한 바 있다. 이를 그 중간을 취하여 8만으로 본다면, 백제의 지방군 체제는 24만 호의 군호를 가지고 8만의 상비군을 운용하 였던 셈이다. 이러한 분석을 통해 백제 지방군은 3교대제로 운영되었음 을 알 수 있다. 참고로 조선전기에 양인농민의 의무 병역이었던 정병은 2~3명의 보인(保人)을 받고 8교대 혹은 4교대로 근무하였다.[122] 이에 비

---

120) 「唐平濟碑」, 韓國古代社會研究所 編, 『譯註 韓國古代金石文』, 1997, 459쪽. "凡置
    五都督 卅七州 二百五十縣 戶卅四萬 口六百卅萬 各齊編戶"
121) 『舊唐書』, 東夷列傳, 百濟. "其國舊分爲五部 統郡三十七 城二百 戶七十六萬"
122) 『經國大典』, 兵典, 番次都目. "正兵 八番 二朔相替 諸鎭留防 四番 一朔相替" ; 『經

해 백제는 2명의 자연호 호수(戶首)의 도움을 받은 군인 1정이 3교대로 근무한 셈이므로 백제의 군역이 조선전기에 비해 훨씬 고되었음을 알 수 있다. 이를 통해 치열한 삼국전쟁 시기를 살았던 백제인들의 고단한 삶을 엿볼 수 있다.

이상에서 살펴본 바와 같이 초기의 4부 체제로 출발한 백제의 군제는 고이왕대에 이르러 중앙군과 지방군으로 분화되었고, 웅진시대를 거쳐 사비시대에 이르러 중앙의 5부, 지방의 방-군-성 체제로 발전하였다. 이러한 군제는 무사와 농민병으로 구성·운영되었는데, 무사들은 평상시 왕경 5부에 상비병으로서 상주 근무하였고, 농민병은 방-군-성에 교대로 근무하였다. 그리고 농민병은 방-군-성 뿐만 아니라, 왕경에도 올라가 번상 근무하였을 것으로 추정된다. 그런데 이것은 평시체제이고, 전시에는 무사들을 골간으로 농민병을 재편성한 별도의 전시체제를 마련하여 전투에 임하였을 것이다.

5. 맺음말

지금까지 백제 군제의 성립 배경으로 마한의 정치체제와 군제를 살펴보고, 이어 백제 군제의 성립과 4부 체제, 중앙군·지방군의 분화와 그 정비 등에 대하여 살펴보았다. 이를 정리하면 다음과 같다. 기원전 10세기 무렵부터 한반도 중남부 지역에는 진국이라는 연맹체 국가가 있었다. 이것은 기원전 3세기쯤 마한, 진한, 변진 등 삼한으로 분립된 것으로 보인다. 진국에는 진왕이라는 연맹체 총왕이 있어 외교 관계 등을 전담하였는데, 삼한으로 분립된 후에도 맹주국 왕의 명칭은 그대로 진왕이라 칭하였

國大典』, 兵典, 給保. "京外軍士 給保有差 二丁爲一保 … 騎正兵 … 一保一丁 … 步正兵 … 一保"

다. 삼한의 진왕은 마한 출신으로서 무력에 의해 왕위에 오른 것이 아니라, 삼한 각국 왕들의 추대에 의해 왕위에 올랐다. 한편 삼한 각국의 왕들은 신지, 험측, 번예, 살해, 읍차 등으로 불렸는데, 이것은 중국 주나라 때 봉국의 크기에 따라 제후들을 공·후·백·자·남(公侯伯子男)으로 칭하였듯이 나라의 크기에 따라 부여된 명칭으로 추측된다. 삼한 연맹체는 예적(禮的) 질서 속에서 운영된 사회였다. 각국 사이에는 인위적인 장애물도 없었고, 비록 전쟁에서 이기더라도 상대방을 해체하는 것이 아니라 상대방을 인정한 상태에서 단지 상호간의 서열을 정하는 것에 만족하였던 것이다. 삼한의 군제 역시 이러한 예적 질서와 밀접한 관련을 가지고 성립·운영되었을 것으로 추측된다. 삼한에서는 전쟁에서 상대방을 완전히 제압하는 것을 목적으로 하지 않았기 때문에 군비 확충은 제한적이었을 것이다. 따라서 삼한의 군제는 청동무기로 무장한 소수의 지배층들이 전사 집단을 구성하여 특권적으로 전투를 수행하고, 피지배층인 하호들은 왕이나 지배층의 사적 예속민으로서 주로 물자 보급만 담당하였을 것으로 추정된다.

백제는 기원전 1세기에 북방 출신 유이민들이 한강 유역에 정착하여 마한의 한 소국으로 출발한 나라이다. 백제 건국 집단은 북쪽에서 내려올 때 그곳의 우수한 철기문화와 발달된 기마전술도 함께 가지고 내려온 것으로 보인다. 한편 백제가 건국할 무렵 한반도에는 철제 농기구가 보급되어 농업 생산이 크게 발전하였는데, 백제는 이러한 생산력 증대를 발판으로 건국초기부터 민에 대하여 개병제를 시행하였던 것으로 판단된다. 철기문화와 기마전술의 보유, 개병제의 실시 등으로 백제는 건국직후 급속히 영토를 확장하게 된다. 아직 청동제 무기 단계에 머물러 있고, 보병전을 전개하며, 전사 집단이 특권적으로 전투를 수행하는 마한 연맹체 각국은 그 상대가 되기 어려웠을 것으로 판단된다. 온조왕 26년(A.D. 8년) 마한 연맹장, 즉 진왕의 국을 멸망시킨 이후 온조왕 31년에 국내의 민호를 남·북부로 나누고, 온조왕 33년에는 다시 동·서 2부를 가치(加置)하는 조치를 취하였다. 영토 확장 이후 내부 정비에 나선 것이다. 그런데 백제 초기의 4부는 당시의 민호를 그 거주 지역에 따라 동서남북으로 나눈 군사·행정적인 통치구획으로 판단된다. 특히 백제는 낙랑이나 말갈의 공격에 대비하기 위해 동·북부에 무사집단인 유이민을 집중 배치하여 국방을 담당하게 하고, 서·남부는 농사를 짓는 토착 마한인을 거주시켜 식량 생산에 주력케 한 것으로 보인다. 이러한 형태의 백제초기 군제는 고이왕 대에 이르러 중앙군과 지방군이 형성되면서 새롭게 정비된다.

백제초기 4부 체제가 성립된 이후에도 백제는 끊임없이 영역을 확장시켜 나갔다. 영역이 확대되어 4부로는 원활한 국정운영이 어려워지게 되자 고이왕대 이후 통치체제를 정비하였는데, 이에 따라 군사조직도 정비되었다. 즉 백제의 통치체제는 초기의 4부 체제에서 고이왕대 이후 중앙의 4부와 지방의 담로제로, 그리고 웅진시대를 거쳐 사비시대에 이르러 중앙의 5부제와 지방의 방-군-성 체제로 발전하게 되는데, 이러한 통치체제의 정비와 발맞추어 군사조직도 정비되어 갔던 것이다. 초기 4부 체제에서는 중앙군과 지방군의 구별 없이 동·북부와 서·남부로 나뉘어 운영되던 것에서, 고이왕대 이후 중앙군과 지방군으로 분화되었고, 사비시대에 이르면 중앙군은 5부제로, 지방군은 방-군-성제로 정비되었다. 이러한 군사조직은 개병제에 입각한 농민병과 세병제(世兵制)에 따라 충원되는 무사 등 두 가지 계통의 군인으로 구성되어 운영되었다. 사비시대에 왕경 5부에 배치된 2,500명의 군사는 무사들로 판단되는데, 이들은 세병제에 입각하여 대대로 무사가 되었다. 중앙군은 이러한 무사와 지방에서 번상하는 농민병으로 구성된 것으로 추측된다. 한편 지방군은 방-군-성 체제로 이루어졌는데, 이들 각각에 농민병이 주둔·배치되었다. 5방에는 총

3,500~6,000명의 군사가 배치되었고, 30~50개에 달하는 군에는 총 15,000~25,000명이 주둔하였으며, 200~250개에 달하는 성에는 총 40,000~75,000명이 주둔하는 것으로 추산된다. 즉 백제는 사비시대에 지방에 최소 6만 명에서 최대 10만 명의 상비군을 보유하고 있었던 것이다. 그런데 「당평제비」에 편호의 수가 24만호라 되어 있고, 『구당서』에 호수가 76만호라 기록된 것으로 보아, 76만의 자연호로 24만의 군호를 편제하였던 것으로 추정된다. 대체로 3개의 자연호로 1군호를 만든 셈이다. 그리고 이 24만의 군호는 6만~10만에 이르는 상비군에 교대로 동원되어 근무하였던 것으로 보인다.

이와 같이 백제의 군제는 소수의 지배층들이 전사 집단을 구성하여 특권적으로 전투를 수행하던 삼한의 군제와는 달리 개병제에 입각한 농민병과 세병제에 입각한 무사로 이루어져 운영되었다. 그리고 이러한 농민병과 무사로 구성된 이원적 군사체제는 통일신라와 고려, 조선전기 등 중세시기 내내 동일하게 유지되었다. 백제의 군제를 이와 같이 정리하고 보면, 백제 군제의 성립은 우리나라 역사에서 획기적인 사건이었음을 확인하게 된다. 즉 진국에서 삼한에 이르는 한반도 중남부의 고대 군제는 백제 군제가 성립함으로써 중세 군제로 전환하게 된 것이다.

[『역사교육』103집, 2007. 9 수록]

/ 3장 /
신라 상고기 군제의 성립과 개편

1. 머리말

혁거세거서간 대부터 지증마립간 대까지를 일컫는 '상고기(上古期)'는 신라 국가의 성립·발전기라 할 수 있다. 기원 전후부터 6세기 초까지 근 500년에 걸치는 이 시기에 신라는 사로국에서 출발하여 여러 진한 소국들을 정복하고 중앙집권적인 영역 국가로 발전하였다. 이러한 신라 국가의 성장과 발전은 다른 진한 소국보다 우수한 군사력과 이러한 군사력을 효율적으로 결집·운용한 군제가 있었기 때문에 가능하였다. 따라서 상고기 신라의 성장과 발전 과정을 규명하고자 할 때 군제에 대한 연구가 무엇보다 필요하다. 한편 상고기 신라는 군사와 정치가 일치된 군정일치(軍政一致) 사회였고, 문관과 무관이 하나가 된 문무일치(文武一致) 사회였다. 평시에 정치·행정 업무에 종사하던 관리들은 전시에는 군인이 되어 전쟁터로 나섰던 것이다. 따라서 신라 상고기의 정치와 사회에 대하여 알아보고자 할 때에도 군제에 대한 연구는 필수적이다. 그러나 신라 상고기 군제에 대한 연구는 그리 활발한 편이 아니다. 상고기 이외의 신라 시기 군제에 대한 연구는 상당수에 달하여 이에 대한 연구사 정리가 진행될 정도이지만[1], 상고기 신라 군제를 전문적으로 다룬 연구는 6부병에 초점을 맞추어 그 성격을 규명한 「신라의 육부병과 그 성격」[2]과 고대국가의 군사조직을 살피면서 신라 상고기 군제를 언급한 「고대국가의 군사조직과 그 운영」3)이라는 논문 2편에 불과한 실정이다.

그런데 신라 상고기 군제에 관한 이 두 논문은 6부병의 성격과 그 해체 시기를 둘러싸고 뚜렷한 견해차를 보이고 있다. 「신라의 육부병과 그 성격」에서는 "6부병은 명칭 자체가 말하고 있듯이 6부의 부원을 인적 자원으로 하여 부 단위로 편제한 군사조직이며, 성립 초기의 6부병은 부 단위의 자율성이 강한 읍락연맹군적 성격의 군사조직이었으나, 왕권이 성장하고 6부에 대한 국왕의 통제력이 강화되면서 국왕의 독점적 지배력이 관철되는 단일한 군사조직으로 변화해 갔는데 이 같은 변화를 제도적으로 수렴한 조치가 진흥왕 5년(544) 6부병의 해체와 대당의 설치였다."고 주장하고 있다.4) 이에 반해 「고대국가의 군사조직과 그 운영」에서는 "신라의 육부병은 부 단위로 움직이는 병력이 아니라 신라국왕의 명에 따라 운영되는 신라의 국군이었다."라고 주장하고 6부병이 더 이상 기존의 조직과 운영체제를 유지하지 못하고 새로운 군사조직으로 재편되는 시기는 법흥왕 11년(524) 신라 전역에 걸쳐 법당군단이 편성되는 시기라고 주장하고 있다.5) 6부병의 성격과 해체시기에 대해 두 논문은 전혀 다른 견해를 보이고 있는 것이다.

본 논문에서는 6부병의 성격과 해체시기를 둘러싼 이러한 기존의 논의를 참조하여 신라 상고기 군제를 전면적으로 재검토하고자 한다. 6부병의 성격을 이해하기 위해서는 우선 그 이전의 군제 형태에 대한 이해가

---

1) 李文基, 「新羅 軍事組織 硏究의 成果와 課題」, 『歷史敎育論集』 12, 1989. ; 梁正錫, 「韓國 古代 軍事史硏究의 現況과 課題」, 『軍史』 32, 1996.
2) 李文基, 「新羅의 六部兵과 그 性格」, 『歷史敎育論集』 27집, 2001.
3) 李仁哲, 「고대국가의 군사조직과 그 운영」, 『강좌 한국고대사 2』, 가락국사적개발연구원, 2003.
4) 李文基, 「앞 논문」, 2001, 116~117쪽.
5) 李仁哲, 「앞 논문」, 2003, 309~310쪽.

필요하다고 생각한다. 한 시기의 제도는 반드시 그 이전 시기의 제도와 상관관계를 가지고 변화·발전하기 때문이다. 이에 2장에서는 진한의 정치체제와 군사에 대하여 간략히 살펴보겠다. 그리고 6부병의 해체시기를 둘러싸고 기존의 연구는 모두 중고기인 법흥왕 대와 진흥왕 대를 지목했지만, 본 논문은 6부병은 이사금 시기에만 존재하였던 군사조직이고, 마립간 시기에는 2부병제로 변화하였다고 보았다. 즉 사로국 성립과 더불어 등장했던 6부병제는 마립간 시기에 들어와 훼부(喙部)와 사훼부(沙喙部)로 구성된 2부병제로 전환하였다고 본 것이다. 이것은 냉수리비와 봉평비, 창녕비와 남산신성비 등의 금석문을 통해 얻어진 생각이다. 이에 3장에서는 이사금 시기 6부병의 성립에 대하여 살펴보고, 4장에서는 마립간 시기 2부병제로의 개편 과정에 대하여 살펴보도록 하겠다.

상고기 군제에 대한 검토는 관련 자료가 얼마 없고, 또 그나마 있는 자료도 신빙성 문제로 논란이 있어 선뜻 착수하기 어려운 작업이다. 그러나 신라 상고기 군제는 신라 군제의 원형을 이루는 것으로서 신라 군제, 나아가서 우리나라 군제 전체의 계기적 발전상을 파악하기 위해서는 어떻게든 검토되어야 할 문제라고 판단되었다. 본 논문은 우리나라 군제 전체의 계기적 발전상을 염두에 두고 『삼국지』, 동이전과 『삼국사기』 초기기록을 재검토하고[6], 이들을 상호 보완하면서 작성되었음을 밝혀둔다.

---

6) 오늘날 많은 연구자들은 『삼국지』, 동이전은 믿을 수 있는 기록이지만 『삼국사기』 초기기록은 그대로 믿을 수는 없다고 하면서, 『삼국사기』 초기기록에 나오는 사건들을 『삼국지』 동이전에 의거하여 재조정하여 보아야 한다는 '수정론'을 주장하고 있다. 그러나 『삼국지』, 동이전 역시 많은 문제를 안고 있다. 오늘날 『삼국지』, 동이전이 대체로 3세기 중엽의 사정을 반영한다고 간주하지만 그렇게 보기에는 적지 않은 문제점이 있는 것이다. 예를 들어 『삼국지』, 동이전에 인용된 「魏略」에 의하면 王莽 地皇 때(AD 20~22)에 진한에서는 漢人 노예 1,500명을 부리고 있으며, 또 3년 동안에 죽은 한인 노예 500명에 대한 대가로 15,000명의 주민과 15,000필의 牟韓布를 낙랑군에 송부하였다고 한다. 그런데 『삼국지』, 변진조에서는 진한에서 大國은 4~5천 家, 小國은 6~7백 家에 이른다고 적혀있다. 1家에 5명씩 있다고 계산하면,

2. 진한의 정치체제와 군사

신라는 경상도 지역에 흩어져 있던 진한 소국 가운데 하나인 사로국(徐
那伐)을 모체로 하여 발전하였다. 사로국은 기원 전후에 성립하여 점차
진한 소국을 정복하고 중앙집권적 영역국가인 신라로 발전하였다. 이러
한 신라 발전의 밑바탕에는 여타 진한 소국보다 선진적인 사로국의 정치·
경제·군사 체제가 자리 잡고 있었다. 이에 신라의 군제에 대하여 알아보
기 전에 먼저 진한 연맹체의 정치와 군사에 대하여 살펴볼 필요가 있다.
진한의 정치·군사 체제와 비교하면 신라 군제의 특징이 한층 명확히 드러
날 것이다.

마한, 진한, 변진으로 이루어진 삼한이 존재하기 전 한반도 중남부 지
방에는 진국(辰國)이라는 연맹체 국가가 있었다.[7] 진국은 기원전 10세기
쯤 생산력의 발전과 사적 소유의 발생에 따라 계급이 출현한 이후 생겨난

대국의 인구는 20,000~25,000명, 소국의 인구는 3,000~3,500명에 달하는 것이다.
AD 20~22년에 15,000명의 주민을 낙랑군에 보낸 진한이 3세기 중엽에 이르러 인
구 규모가 이 정도에 불과하였다는 것은 도저히 믿을 수 없는 일이다. 15,000명이면
이 시기 大國 인구의 3/4이고, 小國 5개를 합친 규모이다. 따라서 『삼국지』, 동이전
의 "大國四五千家 小國六七百家"라는 기록은 3세기 중엽의 실상을 반영한 것이 아니
라 AD 20~22년 보다 훨씬 이전의 상황이라고 보는 것이 적당할 것이다. 또 마한은
'無城郭'이라고 서술하고는 뒤에 다시 마한의 성곽 축성 기사가 나오는 데, 이것 역
시 같은 시기의 기사라고 보기 어렵다. 즉 『삼국지』, 동이전의 일부 기사는 기원전
의 상황이라고 판단된다.

7) 진국과 삼한에 대해서는 지금까지 수많은 연구가 진행되었고, 또 연구사 정리도 제
출되었다.(박대재, 「삼한의 기원과 국가형성」 ; 이강래, 「삼국지 동이전과 한국고대
사」, 『한국고대사입문1』, 2006, 신서원) 그런데 진국과 삼한 문제의 핵심은 삼한이
모두 진국이었다는 『후한서』의 기록과 진한만이 진국이었다는 『삼국지』의 기록을
어떻게 보느냐에 있는 것으로 판단된다. 이에 대해 필자는 拙稿, 「백제 軍制의 성립
과 정비」(『歷史敎育』 103집, 2007.)에서 『삼국지』, 한전의 "三曰弁韓 辰韓者 古之辰
國也"라는 글귀에서 弁韓의 '韓'자는 잘못 들어간 글자로서 "三曰弁辰 韓者 古之辰國
也"라고 정정해야 마땅하다고 보았다. 그러면 『삼국지』나 『후한서』의 내용은 동일
한 것이 된다. 모두 삼한이 존재하기 전에 진국이 있었다고 말하고 있는 것이다.

국가이다. 기원전 10세기 무렵 한반도 중남부 지역에는 비파형 동검을 지닌 지배층이 여럿 출현하여 소국을 형성하였는데, 이러한 소국의 지배층들이 모여 진국이라는 연맹체 국가를 형성하였을 것으로 추측된다. 이후 진국은 기원전 3세기 무렵 마한, 진한, 변진 등 삼한으로 분화된다. 북방 유이민이 대거 유입하고 세형동검을 비롯한 다양한 청동제 무기들이 개발되어 사용되는 등의 사회 변동을 겪으면서 진국이 삼한으로 삼분(三分)된 것이다.[8]

삼한은 연맹체 국가로서 이에 소속된 국가들에는 그 크기에 따라 다양한 차별적 등급이 매겨져 있었다. 삼한 연맹체의 최정점에는 마한 맹주국의 거수(渠帥, 主帥)로서 연맹장으로 추대된 진왕이 있었고[9], 진왕 아래 각 소국 거수들은 그들 국가의 크기에 따라 서열화 된 명칭을 수여받았다. 즉『삼국지』, 한전에서

> 각각 거수(渠帥)가 있어서 그 중에서 세력이 가장 큰 사람은 신지(臣智)라 하고, 그 다음에는 험측(險側)이 있으며, 다음에는 번예(樊濊)가 있고, 다음에는 살해(殺奚)가 있고, 다음에는 읍차(邑借)가 있다.[10]

라고 하는 바와 같이, 각 거수들은 신지, 험측, 번예, 살해, 읍차 등으로 호칭되었다. 중국 주나라가 봉국(封國)의 크기에 따라 공·후·백·자·남(公侯伯子男)이라는 5등급 작위를 수여하듯이, 삼한도 나라의 크기에 따라 거수

---

8) 한반도 중남부 지역에서 비파형 동검의 연대는 방사성 탄소 연대 측정치를 기준으로 그 상한은 기원전 9세기이지만 그 이상 소급될 소지가 많으며, 하한은 기원전 3세기경이라 한다. 한편 기원전 3세기는 세형동검의 성립기로도 알려져 있다. 이에 대해서는 다음 논문과 저서 참조.
   이영문,「한국 비파형 동검문화에 대한 고찰」,『한국고고학보』38, 1998.
   趙鎭先,『細形銅劍文化의 硏究』학연문화사, 2005.
9) 李賢惠,「Ⅵ 小國聯盟體의 대두와 三韓의 分立」,『三韓社會形成過程硏究』, 一潮閣, 1984, 170쪽.
10)『三國志』, 韓傳. "各有渠帥 大者名臣智 其次有險側 次有樊濊 次有殺奚 次有邑借"

들에게 5등급의 명칭을 수여한 것으로 보인다. 이러한 명칭의 수여는 진왕을 중심으로 하는 삼한 거수들의 모임에서 결정되었을 것이다.

한편 삼한 연맹체에는 국가 간에 예적(禮的) 질서가 있었다.[11] 즉 삼한은 "예란 작은 나라가 큰 나라를 섬기고 큰 나라가 작은 나라를 보살피는 것을 말한다."[12]라고 하는 바와 같이, 예에 기반을 두어 운영된 사회였다. 마한의 한 소국으로 출발한 백제는 마한의 맹주국으로 추정되는 '마한'에게 신록(神鹿)을 잡아 보내고[13], 천도(遷都)를 통보하는 등[14] 사대의 예를 극진히 하고 있다. 진한과 변진 역시 진왕에게 매년 공물을 보내어 사대의 예를 표하였다.[15] 한편 진왕에게는 작은 나라를 보살피는 '자소(字小)'의 의무가 있었다. 북방에서 유이민들이 대거 마한 땅으로 들어왔을 때 마한은 이들을 동쪽 지역에서 살도록 하기도 하였다.[16] 훗날 백제나 신라는 기존에 존재하고 있는 국가도 침략하여 그 땅을 자신의 땅으로 편입하였는데, 마한은 유이민들에게 땅을 떼어 주어 나라를 세우도록 도와준 것이다. 이것은 물론 마한이 각 소국에게서 공물을 수취하는 고대국가의 경제체제에 기반을 둔 것이지만 '자소(字小)' 의무의 이행으로 표방되었다.

삼한 연맹체가 예적 질서 속에서 운영되었다는 것은 "비록 남과 다투거나 전쟁을 할 때에도 서로 굴복하는 것을 귀하게 여긴다."[17]라는 『진서』, 마한전의 기사를 통해서도 확인할 수 있다. 이 기사는 삼한 연맹체의 예적 질서를 극명하게 보여주는 사례이다. 삼한은 세형동검이나 동과, 동모

---

11) 삼한 연맹체의 예적 질서에 대해서는 拙稿, 「앞 논문」, 2007, 186쪽 참조.

12) 『春秋左傳』, 昭公 30年. "禮也者 小事大 大字小之謂"

13) 『三國史記』23, 百濟本紀 1, 溫祚王 10年 9月. "王出獵 獲神鹿 以送馬韓"

14) 『三國史記』23, 百濟本紀 1, 溫祚王 13年 8月. "遣使馬韓 告遷都"

15) 『三國史記』1, 新羅本紀 1, 始祖 赫居世 居西干 38년 2월. "辰卞二韓 爲我屬國 比年不輸職貢 事大之禮 其若是乎"

16) 『三國志』, 韓傳. "辰韓在馬韓之東 其耆老傳世自言 古之亡人避秦役 來適韓國 馬韓割其東界地與之"

17) 『晉書』, 馬韓傳. "雖有鬪爭攻戰 而貴相屈服"

등 다양한 청동제 무기를 갖춘 사회이지만, 전쟁에서 승리하는 것을 우선시하는 사회가 아니었다. 비록 뜻이 맞지 않아 전쟁을 하더라도 패배한 상대방을 귀하게 여기는 사회였다. 상대방을 해체시키거나 지배하는 것이 아니라 상대방을 인정한 상태에서 단지 상호간의 서열을 정하는 것에 만족한 것이다.[18] 이러한 삼한 연맹체의 사회 성격은 다른 나라들을 정복하고 자신의 영역을 끊임없이 확장하려는 백제나 신라와는 전혀 달랐다.

삼한의 군제 역시 예적 질서와 상호 밀접한 관련을 가지고 성립·운영되었을 것으로 추측된다. 삼한에서 전쟁은 상대방에 대한 정복을 목적으로 하지 않았기 때문에 군비 확충은 제한적이었을 것이다. 즉 상대방에게 무력을 과시하는 수준이면 족했을 것이다. 그리고 이러한 제한적인 군비 수준은 예적 질서의 창출·강화로 이어졌을 것으로 짐작된다. 상대방을 압도할 만한 무력이 없을 때 상호공존을 모색하는 것은 당연하기 때문이다. 삼한의 군제는 청동제 무기로 무장한 지배층들이 전사 집단을 구성하여 특권적으로 전투를 수행하였으며, 피지배층들은 지배층의 사적 예속민으로서 주로 물자 보급만 담당하였을 것으로 보인다. 즉 삼한의 군제는『삼국지』, 부여전에 기록된 "적이 있으면 제가(諸加)들이 스스로 전투를 하고 하호는 양식을 져다가 음식을 만들어준다."[19]라는 상황과 유사하였을 것으로 짐작된다.

삼한 연맹체 속에서 소국 거수들이 나라의 크기에 따라 신지, 험측, 번예, 살해, 읍차 등의 서열화 된 명칭으로 칭해졌듯이, 거수 아래에 있는 소국 내 여러 지배층들도 서열화 된 명칭으로 불렸을 것으로 판단된다. 소국 내 지배층의 명칭은 진한 소국에서 성장한 신라의 관등을 통해 대강의 형태를 추측할 수 있다. 신라는 북방 유이민 세력이 건국한 백제와 달리

---

18) 金泰植,「初期 古代國家論」,『강좌 한국고대사』제2권, 가락국사적개발연구원, 2003, 13쪽.
19)『三國志』, 夫餘傳. "有敵 諸加自戰 下戶俱擔糧飮食之"

진한 지역에 터 잡고 살던 일부 세력[20]이 건국하여 발전한 나라이므로 후대에도 진한의 유제를 어느 정도 지녔을 것으로 판단되는 것이다. 그런데 신라의 관등을 살펴보면, 경위(京位)의 최고위 4관등의 명칭과 외위(外位)의 최하위 4관등의 명칭이 일정한 대응 관계를 보이고 있다. 이를 간단히 도표화하여 제시하면 다음과 같다.[21]

<표 1> 신라 경위와 외위의 대응 관계

경 위	一伐干(1)	一尺干(2)	迊干(3)	波珍干(4)	大阿尺干(5)	阿尺干(6)
외 위	一伐(8)	一尺(9)		彼日(10)		阿尺(11)

*( )안의 숫자는 경위 17관등, 외위 11관등 속의 서열임.

즉 경위 17관등의 최상부에 위치해 있는 일벌간(一伐干), 일척간(一尺干), 파진간(波珍干), 아척간(阿尺干) 등은 외위 11관등[22] 중 7관등인 '간(干)' 밑에 편제되어 있는 일벌(一伐), 일척(一尺), 피일(彼日), 아척(阿尺) 등에 '간(干)'이 덧붙여진 형태로 나타나는 것이다. 이와 같이 왕에 직속한 고위 관등명이 지방의 지배층인 간(干) 아래에 있는 관등명과 정확하게 상호 대응하는 사실은 왕과 간(干) 뿐만 아니라[23], 그 아래 지배층들도 연원적으로는 성격을 같이한다고 생각된다. 즉 신라가 진한의 한 소국이었을 당시에 거수 아래의 지배층들은 다른 소국과 마찬가지로 일벌, 일척, 피일, 아척 등의 명칭을 지녔으나, 점차 신라가 다른 소국을 정복·통합하

---

20) 이들은 "朝鮮遺民 分居山谷之間爲六村(『三國史記』 1, 新羅本紀 1)"이라는 바와 같이 기원전 2세기경 고조선 지역에서 내려온 이주민 세력이 주축이 된 것으로 보인다.

21) 徐毅植, 「新羅上代 '干'層의 形成·分化와 重位制」, 서울대 박사학위논문, 1994, 13쪽 참조.

22) 참고로 외위 11관등을 열거하면 다음과 같다. 嶽干(1), 述干(2), 高干(3), 貴干(4), 選干(5), 上干(6), 干(7), 一伐(8), 一尺(9), 彼日(10), 阿尺(11).

23) 金哲埈, 『韓國古代社會研究』, 知識産業社, 1975, 153쪽.
여기에서 김 교수는 "王 바로 아래 있는 一等階의 伊伐湌(一伐湌)과 … 그 다음의 阿湌과 너무나 音相似한 것이 지방관계인 干 아래 一伐·阿尺 등으로 나타나고 있는 것은 王이 干的인 성격을 청산하지 못하고 있음을 말하고 있다."라고 주장하였다.

면서 중앙집권적인 영역국가로 성장해가자 그 지배층은 다른 소국의 지배층과 차별화하여 위계 명칭에 '간(干)'자를 덧붙인 것으로 판단되는 것이다. 이를 통해 진한 소국의 지배층들은 일벌, 일척, 피일, 아척 등과 같은 서열화 된 명칭을 지녔을 것으로 추측된다.

그런데 신라 지배층은 뒤에서 다시 서술하는 바와 같이 국왕과 수직적 상하 관계에 있었지만, 진한 소국의 지배층은 비록 서열화 된 명칭을 지녔으나 비교적 독자적인 세력이었을 것으로 판단된다. 즉 진한 소국의 지배층들은 『삼국지』, 부여전의 제가와 같은 존재였을 것이다. 소국의 지배층들은 제가처럼 하호들이 거주하는 읍락을 점유하고, 하호들은 그들에게 공물을 바치며, 적이 있으면 지배층 스스로가 전투를 하는 비교적 독립적인 세력이었던 것이다. 이때 소국 내에서 가장 큰 읍락인 국읍(國邑)에 거수가 있었고, 나머지 읍락에 각각 지배층들이 거주하였는데, 거수와 지배층들은 수직적 상하관계라기보다는 어느 정도 수평적이고 독립적인 관계에 있었던 것으로 보인다.[24] 삼한 소국 지배층들이 독자적인 존재였음을 알려주는 기록으로 『삼국지』, 한전의 다음 사료를 들 수 있다.

下戶詣郡朝謁 皆假衣幘 自服印綬衣幘千有餘人

일반적으로 위 사료는 "하호도 군에 가서 조알할 적에는 모두 의책을 빌려 입으며, 자신의 인수를 차고 의책을 착용하는 사람이 천여 명이 된다."[25]라고 해석되어, 하호를 지배계층의 사람을 지칭한다고 보고 있으나[26], 이것은 어불성설이다. 빈민을 뜻하는 하호[27]가 지배층을 지칭하는

---

24) 『三國志』, 韓傳. "國邑雖有主帥 邑落雜居 不能善相制御"
25) 국사편찬위원회, 『국역 中國正史朝鮮傳』, 1986, 49쪽.
26) 洪承基, 「1~3世紀의 '民'의 存在形態에 대한 一考察 -所謂 '下戶'의 實體와 관련하여-」, 『歷史學報』 63, 1974, 26쪽.
27) 『漢書』 24上, 食貨志 4上. 董仲舒의 上言 및 顔師古의 註釋 참조. "師古曰 言下戶 貧人"

용어로 쓰일 수는 없는 것이다. 이 사료는 '(소국 지배층의) 하호들이 군에 가서 조알하여 모두 의책을 빌려와, (소국 지배층) 스스로 인수를 차고 의책을 착용하는 사람이 천여 명이 된다.'라고 해석해야 된다. 즉 하호가 의책을 착용하는 것이 아니라 하호는 심부름을 할 뿐이고, 의책을 착용한 것은 소국 지배층으로 해석되어야 한다. 삼한 소국의 지배층들은 자신들이 직접 낙랑군이나 대방군에 가서 조알하여 의책을 가져오는 것이 아니라 하호를 시켜 의책을 가져오게 하여 이것을 착용하였던 것이다. 의책을 착용한 소국 지배층이 '천여 인'이라고 하였으니, 당시 삼한 소국의 수가 마한 54국, 진한·변진 24국 합 78국이므로[28], 평균 1국 당 13명의 지배층이 의책을 착용한 셈이다. 물론 의책을 착용하지 않는 지배층도 상당수에 달하였을 것이다. 이와 같이 소국 지배층들은 비록 일벌, 일척, 피일, 아척 등과 같은 서열화 된 명칭을 지녔지만, 각자 자신들의 하호들을 시켜 중국 군현에 가서 의책을 가져와 착용하기도 할 정도로 대등하고 독자적인 세력이었던 것이다.

기원전 3세기 무렵에 성립한 삼한 사회는 예적 질서로 운영된 사회였다. 작은 나라는 큰 나라를 섬기고 큰 나라는 작은 나라를 보살피는 예적 질서에 따라 운영되었던 것이다. 이에 삼한 사회에서는 소국과 소국 간에, 그리고 소국 내 지배층간에 다양한 차별적인 등급이 설정되었다. 그리고 초기 고구려의 경우[29]와 같이 진한 연맹체에서도 큰 나라와 작은 나라의 일벌, 일척, 피일, 아척 등은 비록 같은 위계라 하여도 동열(同列)에 서지 못하였을 것이다. 동일한 위계를 가진 지배층이라도 그 나라의 대소(大小)에 따라 차별되었을 것이다. 삼한 사회는 예적 질서에 따라 모든 사람들을 철저히 차별화·차등화 하는 사회인 것이다. 그런데 소국 지배층들

---

28) 『三國志』, 韓傳.
29) 『三國志』, 高句麗傳. "諸大加 亦自置使者·皁衣·先人 名皆達於王 如卿大夫至家臣會同坐起 不得如王家使者·皁衣·先人同列"

은 후대의 관료제와 같이 수직적 상하관계에 있었다기보다는 어느 정도 수평적이고 독자적인 관계에 있었던 것으로 보인다. 소국 지배층들은 각각 읍락을 점유하고 있었으며 그 영역 크기에 합당하는 명칭을 부여받고, 적이 있으면 스스로 나가 싸웠으며, 한 군현과도 독자적인 외교 활동을 벌였던 것이다. 그러나 기원 전후 무렵 이러한 삼한 사회의 예적 질서는 동요하고 있었다.

우선 마한은 기원 전후 무렵 백제의 등장으로 종래의 정치 질서가 무너져가고 있었다. 북방 유이민들이 한강 유역에 정착하여 마한의 한 소국으로 출발한 백제는 AD 9년(온조왕 27년), 당시 마한 연맹장의 국을 멸망시키고 동서남북으로 그 영역을 확대하고 있던 것이다.[30] 진한 사회 역시 기존의 정치 질서가 붕괴되고 있었다. 기원 전후 사로국이 등장하였던 것이다. 진한 지역의 6촌이 연합하여 만든 사로국은 출범 직후 마한의 연맹장이자 삼한의 총왕인 진왕에게 바치는 직공(職貢)을 거부하고 그를 '서한왕(西韓王)'이라고 폄하하는 등 그 권위를 부정하였으며[31], 이웃 소국들을 무력으로 병탄하여 영역을 확장하고 있었다. 한편 종래 소국 거수들을 신지, 험측, 번예, 살해, 읍차 등으로 서열화하여 호칭한 예적 질서도 붕괴되기 시작하였다. 큰 나라의 거수는 아예 연맹체의 승인을 거치지도 않고 스스로 자신을 신지라고 부를 정도였다.[32] 이와 같은 삼한 사회의 변동은 철제 농기구의 등장과 이에 따른 생산력의 발전으로 촉발된 것으로 판단된다.

기원전 3세기 경 한반도에 도입된 것으로 추정되고 있는 철기 문화는 기원 전후 무렵에 이르면 삼한 사회 전체에 널리 확산되었던 것으로 보인다.『삼국지』, 변진 전에는

---

30) 拙稿,「앞 논문」, 2007, 194쪽.
31)『三國史記』1, 新羅本紀 1, 始祖 朴赫居世 38년·39년.
32)『三國志』, 韓傳. "大者 自名爲臣智"

나라에서는 철이 생산되었는데, 한과 예 그리고 왜인들이 모두 와
서 사간다. 시장에서의 모든 매매는 철로 이루어져서 마치 중국에서
돈을 쓰는 것과 같으며, 또 (낙랑과 대방의) 두 군에도 공급하고 있다.

라는 구절이 있는데, 이와 같은 철기의 생산과 유통은 비단 변진에만 국
한된 것은 아니었다. 삼한 전역에 걸쳐 나타난 현상이었다. 기원전 1세기
경의 무덤으로 추정되는 창원 다호리 1호 목관묘에는 다량의 철기류와
더불어 판상철부 다발묶음이 출토되었다.[33] 또 기원후 1세기경의 무덤으
로 판단되는 경주 사라리 130호분의 부장품 중에도 많은 철기류와 함께
판상철부 70점이 출토되었다. 이러한 판상철부는 무기로 사용되었다기
보다는 피장자의 경제적 척도를 나타내는 재화적 성격이 강한 유물로
서[34], 당시 화폐와 같은 용도로 사용되었을 것으로 추정되고 있다. 이와
같이 철기가 화폐로 사용될 정도로 널리 보급되었고, 또 낙랑군·대방군과
예, 왜에까지 공급할 수 있을 정도로 다량 생산됨에 따라 철제 무기와 철
제 농기구의 제작과 사용도 상당히 활발하였을 것으로 짐작된다. 『삼국
유사』, 기이편의 노례왕 조에서 이 왕(유리왕:A.D.24~57)대에 "쟁기와
보습을 만들었다.(製犁耜)"라고 기록된 것은 이러한 정황을 반영한 것으
로 판단된다.

기원 전후 무렵에 널리 확산된 철제 농기구의 사용은 목기나 석기에 비
해 노동력과 노동 시간을 단축시켜 주었고, 심경(深耕)도 가능하게 하여
토지의 비옥도도 높이었다. 이리하여 생산력은 높아지게 되었고, 생산력
의 향상은 사회 분화를 더욱 촉진시켜 갔다. 철제 농기구의 소유 여부와
그 양적 질적인 우열 여하에 따라 생산력의 고저(高低)와 토지소유규모의
대소(大小)에 차이가 현저해지고 갈수록 격차가 벌어져 갔다. 이에 따라

---

33) 李淸圭, 「철기시대의 사회와 경제」, 『한국사』 3, 국사편찬위원회, 1997, 525쪽.
34) 朴廣春, 「洛東江 流域의 初期國家 成立」, 『한국상고사학보』 39호, 2003.

읍락 간에, 소국 사이에, 또 계급 간에 새로운 분화와 격차가 촉발되었고 점차 읍락민 내부에서는 물론이고 읍락과 읍락 사이의, 연맹한 국가 간의 연대를 파괴시키고 서로 갈등과 대립·침략으로 치닫게 하였다.[35]

기원 전후 무렵에는 "백성들이 굶주려 서로 잡아먹고, 도적이 많이 생겼다."[36]와 같은 상황이 빈번히 발생하고 있었다. 『삼국지』, 한전에서도 이 시기 민들이 "도적질하기를 좋아한다.(好作賊)"라고 기록되어 있다. 이와 같이 민들이 도적떼로 변하는 것은 생산력의 발달에 따른 사회 분화 속에서 종래의 농촌공동체가 해체되고 토지 소유의 불균형이 확대됨에 따라 나타난 현상이었다. 이와 같이 계급, 읍락, 소국 간에 분화와 격차가 촉발되자 삼한 연맹체의 예적 질서도 붕괴하기 시작하였다. 이러한 상황 하에서 사로국, 즉 신라가 건국된 것이다. 신라의 건국 과정을 『삼국유사』에서는 다음과 같이 전하고 있다.

> 6부의 조상들이 각각 자제를 거느리고 알천 언덕 위에 모여 의논하기를 "우리들은 위로 임금이 없어 백성들을 다스리지 못하기 때문에 백성들은 모두 방자하여 자기 마음대로 하고 있다. 그러니 어찌 덕이 있는 사람을 찾아 임금으로 삼아 나라를 세우고 도읍을 정하지 않겠는가?"라 하였다.[37]

위와 같이 백성들이 방자하여 자기 마음대로 하고 있는 상황 속에서 신라 건국이 이루어졌다. 생산력의 발달에 따른 사회 분화 속에서 종래의

---

35) 李景植,『韓國 古代·中世初期 土地制度史』, 서울대학교 출판부, 2005, 38~56쪽.
36) 『三國史記』23,「百濟本紀」1, 溫祚王 33년. "民饑相食 盜賊大起"
　　『三國史記』의 온조왕 4년, 남해차차웅 15년, 유리이사금 5년, 탈해이사금 19년, 파사이사금 29년 등에도 기근과 관련한 기록이 있다.
37) 『三國遺事』1, 紀異 2, 新羅始祖 赫居世王. "前漢地節元年壬子 三月朔 六部祖各率 子弟 俱會於閼川岸上 議曰 我輩上無君主臨理蒸民 民皆放逸 自從所欲 欲覓有德人 爲之君主 立邦設都乎"

농촌공동체, 읍락사회, 삼한 연맹체의 예적 질서가 붕괴되자 새로운 정치 질서의 수립이 요구된 것이다.

3. 이사금 시기 6부병제의 성립

신라는 삼한 연맹체의 예적 질서가 붕괴하는 가운데 건국되었다. 종래 하호들을 보호해주던 농촌공동체와 읍락사회[38]가 파괴되고, 읍락과 읍락, 국가와 국가 사이의 연대가 해체되며 상호 갈등과 대립, 침략이 빈번한 가운데 그 건국이 이루어진 것이다. 소국의 지배층들이 읍락을 통주(統主)하며 상호 독립적인 가운데 예적 질서를 유지해가던 삼한 연맹체의 체제로는 철제 농기구의 확산으로 촉발된 새로운 사회 변동에 적극적으로 대처할 수 없었다. 새로운 사회 변동에 대처하기 위해서는 더욱 크고, 더욱 강력한 국가체제가 요구되었다. 이에 진한 지역의 6개 읍락이 연합하여 덕이 있는 사람을 찾아 군주로 삼고 나라를 세우고 도읍을 정하게 된 것이다.[39]

신라는 건국하자마자 대내적, 대외적 체제 정비에 적극 나서게 된다. 대내적으로는 종래의 하호를 대신하여 주 생산 계층으로 새롭게 등장하는 자영 소농민을 보호하고 이들이 농업 생산에 전념할 수 있게 하며, 대외적으로는 국가체제를 수호하기 위한 군사조직을 새롭게 정비하였다. 농업 생산에 대한 국가의 관심은 건국 즉시 표명되었다. 『삼국사기』, 혁거세 17년(41) 조에는 국왕이 왕비를 대동하고 6부를 순무하며 농상(農

---

38) 고조선, 부여, 진국 내지 여러 列國이 小國 또는 연맹왕국이었을 단계까지 농촌공동체는 사회의 기본 생산단위였고, 읍락사회는 행정기관의 말단 조직이었다. 이에 대해서는 李景植, 『앞 책』, 2005, 36쪽 참조.
39) 주 37과 同.

桑)을 장려하는 모습이 기재되어 있다.[40] 농업 생산의 증진은 부세 수입의 확대로 이어지고, 이러한 부세 수입은 새롭게 건국된 신라의 물적 토대가 되기 때문이다. 종래 삼한에서 읍락 단위로 수취하였던 공물과 달리 부세는 농민 개개인을 대상으로 징수하였다. 이에 신라 국가는 농민 보호에 관심을 기울이지 않을 수 없었다. 민들이 기근으로 고통을 겪을 때 창고를 열어 이들을 적극적으로 구제하였던 것이다.[41]

한편 신라는 새로운 군사조직으로서 6부병을 설치·운영하였다. 6부병은 6개의 읍락이 연합하여 신라를 건국한 것처럼 6개의 읍락 민들로 구성되었다.[42] 즉 6개의 읍락은 양부(梁部: 喙部), 사량부(沙梁部: 沙喙部), 점량부(漸梁部: 岑喙部, 牟梁部), 본피부(本彼部), 한지부(漢祇部), 습피부(習比部: 斯彼部) 등 6부를 형성하여, 각 부민들 중에서 유력자를 군인으로 뽑아서 내보낸 것이다. <표 2>에서 보는 바와 같이 남해차차웅 11년(14)에는 낙랑의 군대를 몰아내는데 '육부병(六部兵) 일천인(一千人)'이 동원되었다는 기록이 있다. 이를 통해 사로국 당시 6부병은 대략 1,000명 정도의 군인으로 구성되었음을 알 수 있다. 6부에서 각각 군인을 내보내 모두 1000명을 이루었으므로 1부 당 평균 167명을 차출한 셈이다. 그런데 사로국 형성 당시 6촌에는 각각 500호, 2,500명 정도의 호구가 있었을 것이라고 추정한 연구가 있다.[43] 이 연구 결과를 참조하면 각 부에서는 대략 3호 당 1명꼴로 부병을 내보낸 셈이다. 이와 같이 부병은 처음에는 모두 농민으로서 농사일을 하다가 전쟁이 있으면 부민으로서 유력한 사람이

---

40) 『三國史記』1, 「新羅本紀」1, 赫居世居西干 17년. "王巡撫六部 妃閼英從焉 勸督農桑 以盡地利"

41) 『三國史記』1, 「新羅本紀」1, 南解次次雄 15년 7월. "民饑 發倉廩救之"
『三國史記』1, 「新羅本紀」1, 脫解尼師今 19년. "民饑 發倉賑給"

42) 李賢惠, 「Ⅴ. 三韓 小國의 成長」, 『三韓社會形成過程研究』, 一潮閣, 1984, 159쪽.
李文基, 「新羅의 六部兵과 그 性格」, 『歷史敎育論集』27집, 2001, 97쪽.

43) 李鍾旭, 『新羅國家形成史研究』, 一潮閣, 1987, 32쪽.

차출되어 출전하는 형태로 운영되었을 것이다. 그런데 정복 전쟁이 거듭 되면서 부병들은 점차 전문적인 무사로 굳어지게 되었을 것으로 생각된다.

<표 2> 이사금 시기 병력이 명시된 전쟁 기사

시기	병력	내용
남해차차웅 11년(14)	1000	樂浪謂內虛 來攻金城 … 六部兵一千人追之
탈해이사금 8년(64) 10월	2000	(百濟) 又攻狗壤城 王遣騎二千 擊走之
파사이사금 15년(94) 2월	1000	加耶賊圍馬頭城 遣阿湌吉元 將騎一千 擊走之.
파사이사금 17년(96) 9월	5000	加耶人襲南鄙 遣加城主長世拒之 爲賊所殺 王怒 率勇士五千出戰
지마이사금 5년(116) 8월	10000	遣將侵加耶 王帥精兵一萬以繼之
아달라이사금 14년(167) 8월	28000	命一吉湌興宣 領兵二萬伐之 王又率騎八千 自漢水臨之 百濟大懼
벌휴이사금 7년(190) 8월	500	百濟襲西境圓山鄉 … 仇道率勁騎五百擊之
나해이사금 19년(214) 7월	6000	王命伊伐湌利音 率精兵六千伐百濟
미추이사금 5년(266) 8월	200	百濟來攻烽山城 城主直宣率壯士二百人出擊之
내물이사금 9년(364) 4월	1000	倭兵大至 … 伏勇士一千於斧峴東原
내물이사금 38년(393) 5월	1200	倭人來圍金城 … 王先遣勇騎二百 遮其歸路 又遣步卒一千

전거 : 『삼국사기』, 신라본기

그런데 근래 6부병은 6부의 지배층들이 각 부 단위로 부민들을 군사로 동원하여 편성한 군대이므로 이사금 시기에는 6부 지배층들의 자율성이 강하였고 왕권은 상대적으로 취약하였다는 주장이 유력하게 제기되었다. 육부병은 외형상 신라국왕의 지휘권 내에 포섭되어 있었지만, 그 운용방식에서는 신라국왕보다는 각 부의 지배자의 영향력이 강하게 관철되고 있었던 군사조직이라는 것이다.[44) 이사금 시기에 6부 지배층들의 자율성이 강하였다는 증거로 흔히 파사이사금 23년(102) 조의 다음 기사가 거론된다.

음즙벌국(音汁伐國)과 실직곡국(悉直谷國)이 영토를 다투다가 왕에게 와서 그에 대해 결정해 줄 것을 요청하였다. 왕이 이를 곤란하게 여겨, 금관국 수로왕이 연로하고 아는 바가 많다고 하면서 그를 불러서 물었다. 수로왕이 논의하여, 문제가 된 땅을 음즙벌국에 귀속토록 결정하였다. 이에 왕은 6부에 명해 수로왕을 위해 잔치를 열라고 하였다. 5부는 모두 이찬을 하여금 접대를 주관하게 하였으나 오직 한기부(漢祇部)만은 지위가 낮은 자를 보내어 주관하게 하였다. 수로왕이 노하여 노(奴) 탐하리(耽下里)에게 명하여 한기부(漢祇部)의 우두머리 보제(保齊)를 죽이고 돌아갔다. (미처 수로왕과 함께 돌아가지 못한) 노(奴)는 도망하여 음즙벌의 우두머리 타추간(陁鄒干)의 집에 숨었다. 왕이 사람을 보내 그를 수색하게 하였으나 타추(陁鄒)는 그를 보내지 않았다. 왕이 노하여 군사를 일으켜 음즙벌국을 치니 그 우두머리가 무리와 더불어 스스로 항복하였고, 실직(悉直)·압독(押督) 2국의 왕도 와서 항복하였다.[45)

위 기사는 『삼국사기』 초기 기록 가운데 드물게 풍부한 내용을 담고 있어 신라초기에 관한 논문에서 자주 인용되는 중요한 사료이다. 따라서 이에 대한 검토도 여러 차례 이루어졌지만, 아직 좀 더 검토할 여지가 있다고 생각한다. 흔히 위 기사에서 한기부가 지위가 낮은 자를 보낸 것을 사로국왕의 뜻을 정면에서 거스른 것으로 보거나[46), 6부는 이사금에게 일사불란하게 복종하는 관계가 아니었고[47), 각 읍락이 독자성을 강하게

---

44) 李文基, 「앞 논문」, 2001, 100쪽.
45) 『三國史記』 1, 「新羅本紀」 1, 婆娑尼師今 23년 8월.
46) 全德在, 『新羅六部體制硏究』, 一潮閣, 1996, 86쪽.
47) 하일식, 『신라 집권 관료제 연구』, 도서출판 혜안, 2006, 51쪽.

지니고 있었던 증거로 삼고 있다.[48]

그러나 위 기사를 다시 읽어보면 알 수 있듯이 한기부에서 지위가 낮은 자를 보낸 것은 사로국왕의 뜻을 정면에서 거스르는 일은 아니었다. 왕은 6부에 명하여 수로왕을 위해 잔치를 열라고 했을 뿐이다. 이에 다른 5부는 모두 이찬을 보냈으나 한기부는 지위가 낮은 자를 보낸 것이다. 여기서 한기부가 지위가 낮은 자를 보낸 정확한 이유를 알 수는 없으나, 수로왕에 대한 불만이나 멸시의 뜻이 담겨있었을 것으로 보인다. 이에 수로왕이 노하여 노(奴) 탐하리를 보내어 한기부 우두머리 보제(保齊)를 죽이자 파사이사금은 노하여 탐하리를 쫓고, 탐하리가 음즙벌국으로 도망가자 군사를 일으켜 탐하리를 숨겨준 음즙벌국을 친 것이다. 이것은 한기부주가 금관국에 대한 우월 의식 속에서 수로왕을 멸시하였으며, 사로국왕은 이유 여하를 막론하고 6부 지배층을 해친 자를 철저히 찾아 응징한다는 내용이지, 6부 지배층의 자율성을 드러내는 사료는 결코 아닌 것이다. 오히려 이 사료에는 6부 지배층의 사로국 우월 의식과 6부 지배층에 대한 사로국왕의 보호와 배려의 의지가 담겨있다. 그렇기 때문에 이 사료가 「신라본기」에 실려 후대에까지 전승될 수 있었던 것으로 생각된다.

이사금 시기의 6부병은 부 단위로 움직이는 병력이 아니라 국왕의 명에 따라 운영되는 군사조직으로 판단된다. 이와 같은 단결된 군사력이 있었기 때문에 신라는 진한 소국들을 차례차례 통합·정복해나갈 수 있었을 것이다. 즉 신라는 탈해이사금 대에 우시산국(于尸山國)·거칠산국(居柒山國), 파사이사금 23년에 음즙벌국(音汁伐國)·실직국(悉直國)·압독국(押督國), 파사이사금 29년에 비지국(比只國)·다벌국(多伐國)·초팔국(草八國), 벌휴이사금 2년에 소문국(召文國), 조분이사금 2년에 감문국(甘文國), 조분이사금 7년에 골벌국(骨伐國), 첨해이사금 대에 사벌국(沙伐國), 유례이

---

48) 朱甫暾, 「斯盧國을 둘러싼 몇 가지 問題」, 『新羅文化』 21집, 2003, 37쪽.

사금 14년에 이서국(伊西國) 등 진한 소국을 차례차례 정복하여 3세기 말
에는 진한을 완전히 통합하였다.[49] 이것은 여러 가지 원인이 있겠지만 특히
신라의 선진적인 기마전술[50], 철제 무기와 군량미의 원활한 보급과 더불어
국왕을 중심으로 한 단결된 군사력이 있었기 때문에 가능한 일이었다.

신라가 진한 소국을 정복해나감에 따라 병력도 증강되었다. <표 2>에
서 보는 바와 남해 11년(14)에 1,000명에 불과하던 신라의 병력은 탈해 8
년(64) 2,000명, 파사 17년(96) 5,000명, 지마 5년(116) 10,000명, 아달라
14년(167) 28,000명으로 늘어나고 있었다. 기록된 연도와 병력의 수를 그
대로 믿기는 어렵겠지만, 병력 증강의 추세는 대체로 인정할 수 있을 것
으로 생각된다. 그런데 이러한 병력의 증강은 정복된 소국의 병력이 함께
동원되었기 때문으로 추정된다. 정복된 소국이 군(郡)의 형태로 편제되
고, 이러한 군의 병력이 6부병과 함께 전쟁에 동원되는 것은『삼국사기』,
물계자 열전에 있는 다음 사료에 잘 나타난다.

> 8개의 포상국(浦上國)이 함께 모의하여 아라국(阿羅國)을 치니 아라
> 의 사신이 와서 구원을 청하였다. 이사금이 왕손(王孫) 날음(㮈音)으로
> 하여금 근군(近郡) 및 육부군(六部軍)을 거느리고 가서 구원케
> 하여 드디어 8국의 군사를 패배시켰다.[51]

포상 8국과의 전쟁에 관한 이 사료는『삼국사기』, 신라본기, 나해니사
금 14년(209) 조와『삼국유사』, 물계자 조에도 실려 있어 신빙성을 더하
는데[52],『삼국사기』, 신라본기에서는 이 전쟁에서 6,000명을 포로로 잡

---

49) 李宇泰,「新羅 中古期의 地方勢力研究」, 서울대 박사학위논문, 1991, 34쪽.
50)『三國史記』44, 列傳 4, 居道 條에는 신라의 선진적인 기마전술이 잘 소개되어 있다.
51)『三國史記』48, 列傳 8, 勿稽子
52)『三國史記』2, 新羅本紀 2, 奈解尼師今 14년 7월, "浦上八國謀侵加羅 加羅王子來
   請救 王命太子于老與伊伐飡利音 將六部兵往救之 擊殺八國將軍 奪所虜六千人 還
   之" ;『三國遺事』5, 避隱 8, 勿稽子. "第十奈解王卽位十七年壬辰 保羅國 古自國(今

았다고 기록하고 있다. 6,000명을 포로로 잡았다면 근군(近郡)과 6부병으로 이루어진 신라의 병력은 적어도 10,000명은 넘었을 것이다. 이와 같이 신라는 초기에는 6부병만이 존재하였으나, 차츰 소국들을 병합하면서 소국의 병력도 함께 동원하는 체제를 갖추었던 것이다.

　신라의 영역이 확대되고 병력이 증강되면서 군사조직 체제와 군사지휘 체계도 차츰 정비되어갔다. 신라가 초기의 6부병 단독 체제에서 점차 6부병과 군(郡)의 군대가 함께 동원되는 일이 빈번해짐에 따라 군사조직도 내병(內兵)과 외병(外兵)으로 분리되었다. 일성이사금 3년(136)에는 "웅선(雄宣)을 이찬(伊湌)으로 삼고 내외병마(內外兵馬)의 일을 겸하여 맡게 하였다."[53]라 하여 내외병마(內外兵馬)라는 용어가 처음으로 등장한다. 내외병마라는 용어가 이때부터 진흥왕 대까지 계속 사용된 것으로 보아[54], 신라 초기에 내병과 외병이 분리·설치되어있고, 이들을 통칭하여 내외병마라 한 것은 인정할 수 있는 사실로 보인다. 여기에서 내병은 중앙군으로서 6부병을 가리키고, 외병은 지방군으로서 정복·통합된 소국의 병력을 지칭하였다.

　이사금 시기 신라 군대의 주력은 왕경인으로 구성된 6부병이었다. 이들은 신라 건국 무렵에는 6부민으로서 군역에 동원되었지만, 차츰 신라가 소국을 정복하고 영역을 확대해가면서 지배층으로 부상하여 고구려의 대가(大家)와 마찬가지로 왕경에서 좌식자(坐食者)로 생활하였을 것으로 추측된다.[55] 이들은 소국 정복 과정에서 전공을 세울 경우 이에 따른 관등과 녹읍을 받았다.[56] 특히 관등은 이들의 정치 생활과 군사 활동을 규

固城) 史勿國(今泗州)等　八國　併力來侵邊境　王命大子捺音　將軍一伐等　率兵拒之　八國皆降."
53)『三國史記』1,「新羅本紀」1, 逸聖尼師今 3년 정월. "拜雄宣爲伊湌 兼知內外兵馬事"
54) 內外兵馬事라는 용어는 逸聖 3년 이외에도 逸聖 18년, 奈解 12년, 味鄒 2년, 基臨 2년, 訖解 2년 그리고 眞興王 2년에 보이고 있다.
55)『三國志』, 高句麗傳. "其國中大家不佃作 坐食者萬餘口 下戶遠擔米糧魚鹽供給之"

제하였다. 신라 초기는 군사와 정치가 일치된 군정일치(軍政一致) 사회로서, 6부병들은 평시에는 자신의 관등에 해당하는 정치적 업무에 종사하였고, 전시에는 자신의 관등에 따른 군사적 역할을 부여받았다. 관등은 6부병에게 자신의 존재 가치를 의미하였던 것이다.[57] 앞에서 소개한 포상 8국의 전쟁에서 물계자는 자신의 전공에 해당하는 상을 받지 못하자 머리를 풀어헤치고 금(琴)을 끼고 산으로 들어가 버렸다. 이때의 상이란 관등의 승진을 의미할 것이다.[58] 신라 상고기는 아직 골품제가 확립되지 않은 상태여서 관등의 승진은 자신과 일족의 신분을 상승시킬 수 있는 기회였다. 이에 6부병들은 관등 승진을 위해 분투하였고, 이것이 신라 전투력 향상의 한 요인이 되었을 것으로 생각된다.

6부병은 신라초기 정치와 군사에서 중추적 존재였다. 상고기에 이들은 국성(國城)인 왕경에 거주하여 국인(國人)[59]이라고도 칭해졌을 것으로 추정된다. 『일본서기』에는 5세기 중엽 신라 국인이 당시 신라 경내에 주둔하고 있던 고구려 정예 병사 100명을 제거하는 장면이 나온다.[60] 이는 고구려의 영향에서 벗어나려는 마립간 시기의 정황을 보여주는 데, '국인=6부병'임을 짐작하게 하는 사례이다. 국인이 6부병과 같은 군인이어야

---

56) 신라초기 관료들에 대한 보수체계인 祿邑에 대해서는 李景植, 「新羅時期 祿邑制의 施行과 그 推移」, 『歷史教育』72, 1999 참조.

57) 『三國史記』에서는 이사금기에 人事關係 기록이 총 46건 보이는데 그 중 38건이 관등 수여 기사이어서 이 시기 관등이 점한 비중이 그만큼 컸음을 반영하고 있다. (徐毅植, 「앞 논문」, 1994, 107쪽)

58) 『三國遺事』5, 避隱 8, 勿稽子 條에서는 물계자가 태자의 미움을 받아 '不賞其功'하다고 하였으나, 『三國史記』, 勿稽子傳에서는 '不記其功'이라고 기록되어 있다. 즉 賞이란 功을 기록하는 것을 말한다. 공을 기록하는 것은 관등을 올려주기 위한 절차로 판단된다.

59) "國人者 謂住在國城之內.(『周禮』地官, 泉府. 賈公彦 疏)"
신라의 國人에 대해서는 南在祐, 「新羅上古期의 '國人'層」, 『韓國上古史學報』10, 1992. ; 최의광, 「『三國史記』『三國遺事』에 보이는 新羅 '國人' 記事 檢討」, 『新羅文化』25, 2005 등이 참고 된다.

60) 『日本書紀』14, 雄略天皇 8년 2월. "國人知意 盡殺國內所有高麗人"

고구려 군인 100명을 제거할 수 있기 때문이다. 한편, 『삼국사기』, 파사 이사금 즉위년 조에

> 처음에 탈해가 세상을 떠났을 때 신료(臣僚)들이 유리의 태자 일성(逸聖)을 추대하려 했다. 어떤 사람이 일성(逸聖)이 비록 적통이지만 위엄과 지혜가 파사(婆娑)에 미치지 못한다하여 드디어 그를 세웠다. 파사는 검약하여 씀씀이를 아끼고 민(民)을 사랑하여 국인(國人)들이 좋게 여겼다.[61]

라는 기사에서 보는 바와 같이 국인은 신료(臣僚)와 민(民)의 중간에 위치한 존재였다. 위 기사에는 신료와 민, 국인 세 계층이 나오는 데, 신료들이 일성을 이사금으로 세우려다가 실패하고 파사가 이사금이 되어 민을 사랑하자 국인이 좋게 여겼다는 내용으로 보아, 국인은 신료와 민 사이에 위치한 존재인 것이다. 이 역시 국인이 6부병임을 나타내는 사례라고 생각된다. 이사금 시기 신라에서 신료와 민 사이에 있는 존재로는 6부병 이외에 딱히 다른 부류를 찾을 수 없기 때문이다.

이사금 시기에 6부병 즉, 국인은 국가의 중추적 존재로서 국가 비상시에 이들의 의견은 무엇보다 중시되었다. 왕위 계승이 확실하지 않은 위기 상황이 오면 국인은 왕위 계승자를 결정하거나, 혹은 비정상적으로 왕위를 계승한 왕의 정당성을 확보해주는 역할을 하였다. 즉 "아달라가 죽고 아들이 없자 국인(國人)이 세웠다"[62], "첨해가 아들이 없자 국인이 미추를 세웠다."[63], "내물이 죽고 그 아들이 어리므로 국인이 실성을 세웠다."[64] 등과 같이 선왕(先王)이 후계자 없이 죽거나, 후계자가 있으되 어릴 경우

---

61) 『三國史記』 1, 「新羅本紀」 1, 婆娑尼師今 즉위년. "初脫解薨 臣僚欲立儒理太子逸聖 或謂 逸聖雖嫡嗣 而威明不及婆娑 遂立之 婆娑節儉省用而愛民, 國人嘉之"
62) 『三國史記』 2, 「新羅本紀」 2, 伐休尼師今 즉위년.
63) 『三國史記』 2, 「新羅本紀」 2, 味鄒尼師今 즉위년.
64) 『三國史記』 3, 「新羅本紀」 3, 實聖尼師今 즉위년.

국인들은 왕위 계승에 관여하고 있었고, 위에서 소개한 파사이사금의 경우나 조분이사금의 경우 '國人嘉之'[65], '國人畏敬之'[66]라 하여 왕위 계승 결과에 대하여 찬성을 표하였다. 비상시 국왕은 국인, 즉 6부병의 지지와 동의를 얻어 왕위에 오를 수 있었다. 이사금 시기 6부병은 국가의 중추적 존재였던 것이다.

이사금 시기에는 6부병뿐만 아니라 정복·통합된 소국 지역의 병력도 존재하였다. 6부병을 내병(內兵)이라 한데 대해 이들은 외병(外兵)이라고 불렀다. 신라는 정복한 지역민을 외병으로 편제하고 6부병 출신의 군관을 파견하여 이들을 지휘하게 하는 방식을 취하였다. 물론 초기에는 항복하거나 정복한 나라의 지배층을 축출하지 않고 그들을 그대로 두고 피정복 소국을 복속시키는 간접지배 방식을 취하기도 하였다. 삼한의 예적 전통이 아직 남아있었던 것이다. 그러나 파사 23년(102)에 실직(悉直)·압독(押督) 2국이 항복하였는데, 파사 25년 7월에 실직국이 반란을 일으켰고[67], 일성 13년 10월에 압독국이 반란을 꾀하는 등[68] 정복된 나라가 반란을 하자 지배층을 축출하고 정복한 지역을 직접 지배하는 정책으로 전환하였다. 첨해 15년(261)에 달벌성(達伐城)을 쌓고 나마(奈麻) 극종(克宗)을 성주로 삼았다거나[69], 박제상이 삽량주간(歃良州干:『삼국사기』, 朴堤上傳) 혹은 삽라군(歃羅郡) 태수(『삼국유사』, 金堤上)를 역임하였다고 하는 것은 직접지배의 한 단면을 보여준다. 이와 같이 이사금 시기에 신라는 정복한 지역에 외관(外官)을 파견하여 외병(外兵)을 통솔하게 하였다. 외병은 주로 지방 농민병으로 구성되어 있어 군사력 수준은 6부병에 비해 훨씬 떨어졌다.

---

65) 『三國史記』 1, 「新羅本紀」 1, 婆娑尼師今 즉위년.
66) 『三國史記』 2, 「新羅本紀」 2, 助賁尼師今 즉위년.
67) 『三國史記』 1, 「新羅本紀」 1, 婆娑尼師今 25년 7월.
68) 『三國史記』 1, 「新羅本紀」 1, 逸聖尼師今 13년 10월.
69) 『三國史記』 2, 「新羅本紀」 2, 沾解尼師今 15년 2월. "達伐城 以奈麻克宗爲城主"

이사금 시기에 내병과 외병 등으로 군사조직이 갖추어지자 군사지휘 체계도 정비되어갔다. 왕정국가에서 모든 병권은 국왕이 장악하는 것이 원칙이었다. 신라 역시 왕정국가로서 국왕이 국가의 병권을 총람하는 체제였다. "왕이 기병 2천명을 출동시켰다."[70]이라고 하는 바와 같이 군대의 출동을 명하기도 하고, "왕이 노하여 용사 5천명을 이끌고 출전하였다"[71]이라고 하는 바와 같이 직접 군사를 이끌고 전쟁에 나서기도 하였다. 국왕은 군사통수권자인 것이다. 그런데 국왕이 모든 일을 직접 처리할 수는 없어 후대의 재상과 같이 왕을 보좌하는 관직을 두었다. 남해차차웅 7년(10)에는 대보(大輔)의 직을 설치하고 군국정사를 맡긴 일이 처음 기록되어 있고[72], 일성이사금 3년(136)에는 군사조직이 내병과 외병으로 분화됨에 따라 웅선(雄宣)을 이찬에 제수하고 내외병마의 일을 겸하여 맡도록 하였다.[73] 이러한 이찬, 이벌찬 등은 군사 활동이 있을 때 내병과 외병의 연합군을 총괄하는 최고 지휘관으로 활약하였다. 그런데 이들이 전투에서 패하였을 경우에는 다른 사람으로 교체되기도 하였다. 나해이사금 25년(220)에 이벌찬이 되어 병마(兵馬)의 일을 맡아 보던 충훤(忠萱)은 나해이사금 27년 백제군과의 전투에서 패하자 진주(鎭主)로 좌천되고 그 대신 연진(連珍)이 이벌찬이 되어 병마의 일을 맡아 보았다.[74] 이벌찬, 이찬 등은 국왕과 수직적 상하관계에 놓여있었으며, 국왕의 임면(任免)에 의해 정치적 지위가 결정되는 존재였던 것이다. 그러나 당시 이벌찬, 이찬 등은 내외병마와 국정을 총괄하는 유력자로서 그 정치적 비중은 결코 적지 않았다.[75]

---

70) 『三國史記』1, 「新羅本紀」1, 脫解尼師今 8년 10월. "王遣騎二千"
71) 『三國史記』1, 「新羅本紀」1, 婆娑尼師今 17년 9월. "王怒 率勇士五千出戰"
72) 『三國史記』1, 「新羅本紀」1, 南解次次雄 7년 7월. "以脫解爲大輔 委以軍國政事"
73) 『三國史記』1, 「新羅本紀」1, 逸聖尼師今 3년 정월. "拜雄宣爲伊湌 兼知內外兵馬事"
74) 『三國史記』2, 「新羅本紀」2, 奈解尼師今 27년 10월.
75) 이벌찬, 이찬은 당대 최고의 실력자로서 왕 아래에서 국정 전반을 이끌어갔던 인물이

한편 벌휴이사금 2년(185)에는 "파진찬 구도(仇道)와 일길찬 구수혜(仇須兮)를 좌·우 군주(左右軍主)로 삼았다."[76]라고 하는 바와 같이 좌·우 군주를 두어 6부병을 각각 좌우로 나누어 통솔하도록 하였다. 이때 군주는 경위 4등급인 파진찬과 7등급인 일길찬이 담당한 것으로 보아 내외병마를 총괄하는 이벌찬, 이찬의 하위 무관인 것으로 보인다. 군주는 내병(內兵)인 6부병만을 통솔하였다. 이것은 벌휴이사금 7년(190) 좌군주인 구도가 경기(勁騎) 500명을 거느리고 백제 침략군과 싸우다 패하자 부곡성주로 좌천된 것을 통해 짐작할 수 있다.[77] 좌군주 구도는 1,000명으로 이루어진 6부병의 절반인 500명을 통솔하고 있었던 것이다. 이렇게 6부병을 2명의 군주로 하여금 통솔하게 한 것은 병권이 1인에게 집중되는 것을 막고 상호 견제하게 하려는 목적도 있었을 것이다.[78] 6부병은 신라 최정예 군대이고 또 유사시 국왕을 옹립하기도 하는 등 권력의 중추세력이어서 1인의 군주에게 맡겨두기에는 정치적 위험이 있는 것이다.

4. 마립간 시기 2부병제로의 개편

앞 장에서는 이사금 시기의 6부병에 대하여 살펴보았다. 6부병이라는 명칭은 마립간 시기나 중고기 등 그 이후의 기록에 나오지 않는다. 기록상으로 6부병이라는 용어는 나해이사금 14년(212)을 끝으로 보이지 않는

었다.(趙榮濟, 「新羅 上古 伊伐湌, 伊湌에 대한 一考察」, 『釜山史學』 7, 1983, 20쪽)

76) 『三國史記』 2, 「新羅本紀」 2, 伐休尼師今 2년 2월. "拜波珍湌仇道·一吉湌仇須兮 爲左右軍主"

77) 『三國史記』 2, 「新羅本紀」 2, 伐休尼師今 7년 8월. "百濟襲西境圓山鄕 又進圍缶谷城 仇道率勁騎五百擊之 百濟兵佯走 仇道追及蛙山 爲百濟所敗 王以仇道失策貶 爲缶谷城主 以薛支爲左軍主"

78) 李宇泰, 「앞 논문」, 1991, 20쪽.

다. 따라서 기존 연구에서 6부병이 6세기 법흥왕 대나 진흥왕 대에 가서
해체되었다고 주장하지만[79] 그 근거는 분명치 않은 형편이었다. 그런데
근래 발견된 냉수리비와 봉평비의 비문은 마립간 시기의 중앙군이 6부병
제가 아닌 2부병제 형식으로 운영되지 않았을까 하는 추측이 들게 한다.
다음 <표 3>에서 보는 바와 같이 냉수리비와 봉평비에 보이는 왕경인
30여 명 가운데 훼부(喙部)와 사훼부(沙喙部) 소속이 대부분이며, 이들만
이 관등을 지니고 있다. 이 2부를 제외한 본피부(本彼部)나 사피부(斯彼
部), 잠훼부(岑喙部) 소속은 각각 1명씩만 나타날 뿐 아니라, 관등도 없고
다만 간지(干支)만을 칭하고 있다. 그런데 신라는 군사와 정치가 일치된
군정일치(軍政一致) 사회였고, 문관과 무관이 하나로 된 문무일치(文武一
致) 사회였다. 모든 관등 소유자는 관료이자 군인이었던 것이다. 따라서
훼부와 사훼부 소속 왕경인만이 관등을 소유하고 있었으므로 마립간 시
기의 군대는 이 2부 소속 왕경인으로 구성되었을 것으로 추정된다. 즉 이
사금 시기의 중앙군이 6부병제로 운영되었다면 마립간 시기의 중앙군은
2부병제로 운영되었던 것이다.

<표 3> 냉수리비와 봉평비에 보이는 왕경인

냉수리비			봉평비		
소속	인명	지위(관등)	소속	인명	지위(관등)
喙	斯夫智	王	喙部	牟卽智	寐錦王
	乃智	王	沙喙部	徙夫智	葛文王
沙喙	至都盧	葛文王	本波部	口夫智	干支
…	斯德智	阿干支(6)	岑喙部	美昕智	干支
…	子宿智	居伐干支(9)	沙喙部	而粘智	太阿干支(5)
喙	尒夫智	壹干支(2)	…	吉先智	阿干支(6)
…	只心智	居伐干支(9)	…	一毒夫智	一吉干支(7)
本彼	頭腹智	干支	喙	勿力智	一吉干支(7)

---

79) 주4,5 참조.

典事人	斯彼	暮斯智	干支	大人	…	愼宍智	居伐干支(9)
	沙喙	壹夫智	奈麻(11)		…	一夫智	太奈麻(10)
	…	到盧弗			…	一尒智	太奈麻(10)
	…	須仇休			…	牟心智	奈麻(11)
	喙	心訾公	舡須道使		沙喙部	十斯智	奈麻(11)
	喙	沙夫			…	悉尒智	奈麻(11)
	…	那斯利			喙部	內沙智	奈麻(11)
	沙喙	蘇那支			沙喙部	一登智	奈麻(11)
						男次	邪足智(17)
					喙部	比須婁	邪足智(17)

6부병제가 2부병제로 개편된 시기는 마립간 왕호가 개창되는 눌지마립간 때 이외에 달리 찾아지지 않는다.[80) 눌지마립간은 실성이사금이 국인(國人) 즉, 6부병에 의해 추대된 것[81)과는 달리 실성이사금을 시해하고 스스로 왕이 되었다.[82) 눌지마립간은 자신의 추종 세력과 당시 신라에 주둔하고 있던 고구려군의 도움으로 실성이사금 16년(417) 5월 쿠데타를 통해 왕위에 올랐는데[83), 이것은 신라 중앙 정계에 엄청난 충격을 주었을 것이다. 또 6부병이 추대한 실성이사금을 무력으로 제거한 쿠데타에 대한 6부병들의 동요와 반발도 상당하였을 것으로 짐작된다. 이에 눌지마립간과 추종 세력은 고구려와의 밀착 관계를 유지하면서 그 위세를 등에 업고 6부병들의 동요와 반발을 억누르면서 김씨 왕족의 독점적 정치체제를 수립하였을 것으로 생각된다. 그 일환으로서 눌지마립간은 6부병을 훼부와 사훼부로 강제 이주시키는 조치를 취했을 것으로 추정된다. 종전

---

80) 최근까지 麻立干期를 언제부터로 볼 것인가라는 점을 가지고 많은 논의가 제기되었다(이와 관련하여서는 양정석, 「신라 麻立干期 왕권강화 과정과 지방정책」, 『韓國史學報』 창간호, 1996 참조). 본 논문은『삼국사기』에 따라 訥祗代를 마립간의 시작으로 보았다. 그리고 마립간 시기와 중고기의 정치·사회가 2부 중심으로 운영되었다는 것은 신라 중고기의 여러 금석문을 통해 나타난 사실이다.

81) 주 64와 同.

82)『三國史記』3, 新羅本紀 3, 訥祗麻立干 元年. "乃歸 訥祗怨之 反弑王自立"

83)『三國44遺事』1, 紀異 2, 第十八實聖王. "王忌憚前王太子訥祗有德望 將害之 請高麗兵 而詐迎訥祗 高麗人見訥祗有賢行 乃倒戈而殺王 乃立訥祗爲王而去"

처럼 6부병이 왕경 6부에 분산 거주하고 있으면 통제와 감시가 어려웠기 때문이다. 또 지연과 혈연으로 묶여있던 6부병을 지연과 혈연에서 분리된 국가의 공병(公兵)으로 만들려는 의도도 개재하였을 것이다. 이러한 6부병의 2부로의 이주는 반발하는 자를 제거하는 등 상당히 폭력적인 방법으로 진행되었을 것이다. 이후 눌지마립간은 외국에 인질로 나가있던 자신의 동생들을 불러들여 갈문왕으로 삼아, 훼부의 병사들은 마립간(麻立干)이, 사훼부의 병사들은 갈문왕(葛文王)이 통솔하는 이원적 군사 체제를 수립하였던 것으로 보인다. 마립간은 훼부를 관장하면서 신라 사회를 이끌어가고, 그 다음의 유력자는 사훼부를 맡으면서 갈문왕으로서 마립간의 뒤를 받치는, 권력의 집중을 극대화할 수 있는 체제를 갖춘 것이다.[84] 그래서 <표 3>에서 보는 바와 같이 내지왕(乃智王)과 모즉지(牟卽智) 매금왕(寐錦王)은 훼부에, 지도로(至都盧) 갈문왕(葛文王)과 사부지(徙夫智) 갈문왕(葛文王)은 사훼부에 소속되는 체제가 형성되었다.

눌지마립간이 6부병제를 2부병제로 개편한 것은 쿠데타 이후에 취해진 비상 조치였다. 그런데 신라에서 6부를 둘로 나누어 상호 견제와 경쟁을 시키는 것은 자주 있었던 일이다. 유리이사금 9년(32) 6부를 둘로 나누어 왕녀 2사람으로 하여금 각 부의 여자를 거느리게 하고 서로 길쌈 경쟁을 시켰으며[85], 또 앞에서 본 바와 같이 벌휴이사금 2년(185)에는 6부병들을 좌·우 둘로 나누어 좌·우 군주(軍主)로 하여금 각각 통솔하게 하였다. 좌·우 군주들의 상호 견제와 경쟁을 통해 군대의 안전성과 전투력을 향상시키도록 한 것이다. 비록 6부는 아니지만 각 소경에도 지방관을 2인씩 파견하였고, 지방 각 군(郡)에도 촌주를 2명씩 두어 서로 견제하게 하였다.[86] 이와 같이 신라는 이원적 체제 운영에 익숙하였다. 6부병을 둘로 나

---

84) 姜鍾薰, 「新羅 六部體制의 成立과 展開」, 『震檀學報』 83, 1997, 17쪽.
85) 『三國史記』 1, 新羅本紀 1, 儒理尼師今 9年.
86) 姜鳳龍, 「新羅 地方統治體制 研究」, 서울대 박사학위논문, 1994, 137~138쪽.

누어 2부병으로 편성하는 것 역시 이러한 전통에서 나온 것으로 보인다. 그러나 일단 6부병제가 2부병제로 개편되고, 2부병을 마립간과 갈문왕이 각각 통솔하면서 부병의 정치적 영향력은 급속히 위축되었다. 이사금 시기에 활발한 정치활동을 보이던 국인(國人)이 마립간 시기 이후에는 더 이상 정치적 모습을 보이지 않게 된 것이다.[87]

6부병이 2부병으로 개편됨에 따라 군사지휘 체계에도 변동이 생겼다. 이사금 시기의 6부병제 하에서는 이벌찬(舒弗邯), 이찬 등이 '겸지내외병마사(兼知內外兵馬事)'[88], '위이군국사(委以軍國事)'[89] 등의 조치를 통해 군대의 최고 지휘관 지위에 오르는 것이 관례였다. 그러나 2부병제가 되면서 이런 관례는 폐지되었다. 즉 『삼국사기』에서는 실성이사금 2년(403) 미사품(未斯品)을 서불한(舒弗邯)으로 삼고 '위이군국지사(委以軍國之事)'한 이후 더 이상 '겸지내외병마사(兼知內外兵馬事)'라거나, '위이군국사(委以軍國事)' 등과 같은 표현은 나오지 않는다. 마립간 시기에 들어와 마립간과 갈문왕이 각각 훼부와 사훼부를 통솔하였으므로, 왕 이외에 별도의 인물을 선정하여 군대의 최고 지휘권을 맡기는 일은 없어진 것이다. 또 좌우 군주를 두어 중앙군을 통솔하게 하는 관행도 폐지되었다. 그러나 차츰 2부병제가 확립되고 정국이 안정되면서 자비마립간 16년(473)에 다시 좌우 장군(將軍)을 설치하였다.[90] 마립간과 갈문왕이 매번 전투에 직접 군대를 이끌고 나갈 수는 없었던 것이다. 눌지마립간 28년(444)에 국왕이 직접 군대를 이끌고 나가서 싸우다 적군에게 포위되어 위험에 처하게 되는 것[91]과 같은 상황도 장군직을 설치하게 된 계기로 보인다.

87) 梁正錫, 「新羅 麻立干期 王의 統治形態 - 訥祇麻立干代를 中心으로-」, 『新羅文化』 15집, 1998, 130쪽.
88) 『三國史記』 1·2, 新羅本紀 1·2, 逸聖尼師今 3년·18년, 奈解尼師今 12년·25년·27년, 助賁尼師今 15년, 味鄒尼師今 2년, 基臨尼師今 2년, 訖解尼師今 2년.
89) 『三國史記』 2·3, 新羅本紀 2·3, 助賁尼師今 원년, 實聖尼師今 2년.
90) 『三國史記』 3, 新羅本紀 3, 慈悲麻立干 16년 정월. "以阿湌伐智·級湌德智爲左右將軍"

국왕의 안전을 위해 장군이 군대를 이끌고 전쟁에 나가게 된 것이다.

6부병이 훼부와 사훼부로 이주할 당시에는 강압에 못 이겨 어쩔 수 없이 이주하였겠지만, 차츰 사회가 안정을 되찾으면서 훼부와 사훼부의 부병과 그 가족들은 특권층이 되었다.[92) 중앙의 관위는 이 2부 출신에게 독점되었고, 나머지 4부에는 관위를 가진 지배층이 살지 않았던 것으로 보인다.[93) 한편 마립간이 이끄는 훼부와 갈문왕이 이끄는 사훼부는 왕의 군대라는 특권 의식 속에서 서로 견제하고 경쟁하기도 했다. 신라 정부에서도 이러한 2부병들의 상호 견제와 경쟁을 이용하여 국정을 운영하였다. 마립간 시기에 세워진 비석이 아직 발견되지 않아 확인할 수 없지만, 중고기에 세워진 비석을 통해서 이러한 면모를 확인할 수 있다. 다음 <표 4>는 중고기에 세워진 창녕비(진흥왕 22년 건립)와 남산신성비(진평왕 13년 건립) 중에 나타난 왕경인의 일부만을 발췌한 것이다.

<표 4> 창녕비와 남산신성비에 보이는 왕경인(부분)

창녕비				남산신성비				
職名	所屬	人名	官等	구분	職名	所屬	人名	官等
上州行使大等	沙喙	宿欣智	及尺干	1비	阿良邏頭	沙喙	音乃古	大舍
	喙	次叱智	奈末		奴含道使	沙喙	合親	大舍
下州行使大等	沙喙	春夫智	大奈末		營沽道使	沙喙	△△△知	大舍
	喙	就舜智	大舍	2비	阿旦兮村道使	沙喙	勿生次	小舍
于抽悉直河西阿郡使大等	喙	比戶智	大奈末		仇利城道使	沙喙	級知	小舍
	沙喙	須兵夫智	奈末		答大支村道使	△喙	所叱△知	△△

---

91) 『三國史記』 3, 新羅本紀 3, 訥祇麻立干 28년 4월.

92) 신문왕 3년(683) 5월 국왕이 一吉飡 金欽運의 딸을 왕비로 삼을 때, 及梁部와 沙梁部 2部의 부인 각 30명이 왕비를 맞이하여 왔다.(『三國史記』 8, 「新羅本紀」 8, 神文王 3년 5월) 신라 중대까지도 훼부(梁部, 及梁部)와 사훼부(沙梁部)는 특권층이 많이 살던 부였던 것으로 보인다.

93) 文暻鉉, 「迎日冷水里新羅碑에 보이는 部의 性格과 政治運營問題」 『韓國古代史硏究』 3, 1990, 168쪽.

일반적으로 <표 4>의 창녕비와 남산신성비에 나오는 지방관들의 소속이 훼부와 사훼부로 나오는 것에 대하여 지방 지배를 단위정치체인 훼부와 사훼부가 공동 관리하고 있는 것으로서 중앙의 '부체제'적 정치운영의 반영이라고 보고 있다.[94] 그러나 이것은 '부체제'와는 관련이 없는 것으로 보인다. 앞부분의 창녕비에서 상주(上州), 하주(下州) 등에 사대등(使大等)을 파견할 때 훼부와 사훼부 소속 인물을 각각 1명씩 파견한 것은 이들로 하여금 상호 견제와 감시를 하도록 하기 위한 조치였다.[95] 삼국 전쟁이 치열하게 전개되고 있는 상황 속에서 주(州)와 같은 광역의 행정 구역에 지방관을 1명씩 파견하는 것은 중앙 정부로서는 불안한 일이었다. 만약 이들이 신라 정부에 반기를 들거나 적국과 내통하면 신라는 전력상 엄청난 손실을 입기 때문이다. 또 2명을 파견하되 같은 부 소속의 지방관을 파견하는 것도 불안하였다. 이들끼리 서로 공모할 수도 있기 때문이다. 이에 신라 정부는 훼부와 사훼부 출신의 군관 1명씩을 같은 주에 보내 상호 견제하도록 한 것이다. 한편 뒤 부분의 남산신성비의 경우, 왕경 주위에 산성을 쌓을 때에는 같은 구역에 동일한 부 소속 지방관을 배속하였다. 이것은 같은 구역 내에서 협동을 도모하고, 또 다른 구역과 경쟁을 유도하기 위한 조치로 판단된다. 이와 같이 마립간 시기 신라는 2부병제를 운영하면서 부병 간의 상호 견제와 경쟁 심리를 이용하여 지방 지배의 안정과 행정의 효율성을 도모하였던 것이다.

마립간 시기의 2부병제는 비상조치로 만들어진 군제였다. 눌지마립간과 그 추종세력이 김씨 왕족의 권력을 공고히 하기 위해 6부병제를 2부병제로 개편한 것이다. 그러나 마립간과 갈문왕이 각각 중앙군을 분담하는 이원적 체제는 김씨 왕족의 배타적 무력 독점체제를 수립하였으나 김씨

---

94) 姜鳳龍,「앞 논문」, 1994, 141쪽.
95) 金哲埈 교수도「신라 상대사회의 Dual Organization」(『歷史學報』1·2, 1952)에서 이것을 '훼부와 사훼부를 주축으로 하는 상호 감시를 위한 배치 방법'으로 보았다.

왕족 내에 갈등을 조성할 우려가 있었다. 마립간과 갈문왕이 대립할 때에는 정치적 혼란이 야기될 소지가 있었던 것이다. 이에 2부병제는 중고기에 들어와 일원적 지휘체계로 재편된다. 이것은 법흥왕 3년(516)의 병부령(兵部令) 설치를 통해 확인할 수 있다.96) 병부령은 내외병마(內外兵馬)를 총 관장하는 직책이다.97) 이사금 시기 6부병제 당시의 이벌찬(伊伐飡, 舒弗邯), 이찬과 마찬가지로 군대의 최고 지휘관인 것이다. 법흥왕 때 이러한 병부령이 설치되었다는 것은 2부병제가 해체되고 다시 국왕 하에 일원적인 군사 지휘 체계가 수립되었다는 것을 의미한다. 법흥왕은 마립간과 갈문왕이 훼부와 사훼부를 공동 관리하는 2부병제를 재편하여 국왕이 2부병 모두를 통수하는 대왕(大王) 체제를 구축한 것이다.98)

한편 법흥왕 18년(531)에는 국사를 총람하는 상대등 직이 설치되었다.99) 이로써 병부령은 단지 내외병마 만을 관장하였고, 국사를 담당하는 행정권은 상대등에게로 돌아가게 되었다. 중고기의 병부령은 모든 국무를 총괄하는 이사금 시기의 이벌찬, 이찬 등과 달리 내외병마 만을 관장하게 된 것이다. 이와 같이 군정(軍政)과 국정(國政)이 각각 병부령과 상대등에게 나누어 위임하게 됨으로써 왕권은 더욱 강화될 수 있었다. 이를 바탕으로 진흥왕 대에 들어서 2부병은 다시 대당(大幢)으로 확대 개편하게 된다.100)

눌지마립간이 쿠데타를 일으키고 개편한 2부병제는 마립간 시기 동안 근 100년을 유지하다가 중고기에 들어와 역사의 무대에서 사라졌다. 그러나 2부병제가 이후 신라 사회에 끼친 영향은 매우 컸다. 중고기에 들어

---

96)『三國史記』38, 雜志 7, 職官 上. "兵部 令一人 法興王三年始置"
97)『三國史記』4, 新羅本紀 4, 眞興王 2년 3월. "兵部令 掌內外兵馬事"
98) 신라에서 大王(太王) 칭호를 처음으로 사용한 것은 蔚州 川前里 書石 追銘, 乙卯銘에서 확인되듯이 법흥왕 때부터인 것으로 보인다. 대왕 체제에 대해서는 金瑛河, 『韓國古代社會의 軍事와 政治』, 高麗大學校 民族文化硏究院, 2002 참조.
99)『三國史記』4, 新羅本紀 4, 法興王 18년 4월. "拜伊飡哲夫爲上大等 摠知國事 上大等官 始於此 如今之宰相"
100)『三國史記』40, 雜志 9, 職官 下, 武官. "六停 一曰 大幢 眞興王五年始置"

와 2부병이 대당으로 통합되었지만 앞의 창녕비와 남산신성비에서 본 바와 같이 내부적으로는 여전히 2부병 체제가 유지되고 있었던 것이다.

5. 맺음말

지금까지 신라 상고기 군제의 성립 배경으로서 진한의 정치체제를 개략적으로 살펴보고, 이어 이사금 시기와 마립간 시기 군제의 성립과 개편 과정에 대하여 알아보았다. 이를 정리하면 다음과 같다. 신라는 진한 연맹체의 예적(禮的) 질서가 붕괴되는 가운데 건국되었다. 생산력의 발전에 따라 농촌공동체와 읍락사회가 파괴되고, 읍락과 읍락, 국과 국의 연대가 해체되며 상호 갈등과 대립, 침략이 빈번한 가운데 그 건국이 이루어진 것이다. 소국의 지배층들이 읍락을 통주(統主)하며 상호 독립적인 가운데 예적 질서를 유지해가던 고대국가의 체제로는 철제 농기구의 확산으로 촉발된 사회 변동에 적극적으로 대처할 수 없었다. 새로운 사회 변동에 대처하기 위해서는 더욱 크고, 더욱 강력한 국가체제가 요구되었다. 이에 진한 지역의 6개 읍락이 연합하여 신라를 건국한 것이다. 초기 신라의 군제는 6부병제로 운영되었다. 6부병은 6개의 읍락이 연합하여 사로국을 건국한 것처럼 6개의 읍락민으로 구성되었다. 그리고 6부병은 국왕을 중심으로 단결하였던 것으로 보인다. 신라는 탈해이사금 대에 우시산국(于尸山國)과 거칠산국(居柒山國)을 정복하기 시작하여 3세기 말에는 진한을 완전히 통합하였다. 이것은 신라의 선진적인 기마전술, 철제 무기 등과 더불어 국왕을 중심으로 단결된 군사력이 있었기 때문에 가능한 일이었다.

신라가 진한 소국을 정복해나감에 따라 병력도 증강되었다. 초기에 6부병은 대략 1,000명 정도로 구성되었는데, 정복 전쟁이 활발하게 전개됨에 따라 군액이 증가하게 된 것이다. 아달라 이사금 시기에는 무려 28,000

명의 병력이 전쟁에 동원되기도 하였다. 이러한 병력의 증강은 정복된 소국의 병력이 함께 동원되었기 때문으로 추정된다. 즉 신라는 정복한 소국을 군(郡)의 형태로 편제하고, 이러한 군의 병력을 6부병과 함께 전쟁에 동원하였던 것이다. 이에 따라 신라의 군사조직은 내병(內兵)과 외병(外兵)으로 분리되었다. 내병은 중앙군으로서 6부병을 가리키고, 외병은 군의 병력을 지칭하였다. 이사금 시기 신라 군대의 주력은 내병인 6부병이었다. 이들은 전원 왕경에 거주하여 국인(國人)이라고도 칭해졌다. 6부병은 귀족과 민의 중간에 위치한 국가의 중추적 존재로서, 국가 비상시에 이들의 의견은 무엇보다 중시되었다. 왕위 계승이 확실하지 않은 위기 상황이 오면 국인은 왕위 계승자를 결정하거나, 혹은 비정상적으로 왕위를 계승한 왕의 정당성을 확보해주는 역할을 하였다. 한편 신라는 정복한 지역에 외관을 파견하여 외병을 통솔하게 하였는데, 외병은 주로 농민병으로 구성되어 있어 군사력 수준은 6부병에 비해 훨씬 떨어졌다.

이사금 시기의 군사조직이 6부병제로 운영되었다면, 마립간 시기의 군사조직은 2부병제로 운영되었다. 6부병제가 2부병제로 개편되는 시기는 눌지마립간 때로 추정된다. 눌지마립간은 6부병에 의해 추대된 실성이사금을 시해하고 왕이 되었는데, 눌지마립간은 왕위에 오른 직후 정국의 안정을 위해 6부병제를 해체하고 2부병제로 개편한 것으로 보인다. 그 방법은 6부에 고르게 흩어져 있던 6부병을 훼부(喙部)와 사훼부(沙喙部)로 강제 이주시키는 방식이었을 것이다. 이후 눌지마립간은 훼부의 병사들은 마립간이, 사훼부의 병사들은 갈문왕이 통솔하는 이원적 군사 체제를 수립하였다. 6부병제가 2부병제로 개편됨에 따라 군사지휘 체계에도 변동이 생겼다. 이사금 시기의 6부병제 하에서는 이벌찬, 이찬 등이 군대의 최고 지휘관 지위에 오르는 것이 관례였다. 그러나 2부병제가 되면서 이런 관례는 폐기되었다. 마립간 시기에 들어와 마립간과 갈문왕이 각각 훼부와 사훼부를 직접 통솔하였으므로, 왕 이외에 별도의 인물을 선정하여 군대의 최고 지휘권을 맡기는 일은 없어진 것이다.

마립간 시기의 2부병제는 김씨 왕족의 배타적 무력 독점체제를 수립하였으나, 김씨 왕족 내에 갈등을 조성할 우려가 있었다. 마립간과 갈문왕이 대립할 때 정치적 혼란을 야기할 소지가 있었던 것이다. 이에 2부병제는 중고기에 들어와 일원적 지휘체계로 재편된다. 이것은 법흥왕 3년의 병부령 설치를 통해 확인할 수 있다. 법흥왕은 마립간과 갈문왕이 훼부와 사훼부를 공동 관리하는 2부병제를 재편하여 국왕이 2부병 모두를 통수하는 대왕 체제를 구축한 것이다. 이로써 눌지마립간이 쿠데타를 일으키고 개편한 2부병제는 역사의 무대에서 사라졌다. 그러나 2부병제가 이후 신라 사회에 끼친 영향은 매우 컸다. 창녕비와 남산신성비에서 본 바와 같이 중고기에 들어와서도 내부적으로는 여전히 2부병 체제를 유지하고 있었던 것이다.

[『군사』 73호, 2009. 12 수록]

/ 4장 /
신라 중대 군제의 구조

1. 머리말

신라 군제에 대하여 지금까지 적지 않은 연구가 이루어져 왔다. 군제는 국가의 성립과 발전에 필수불가결한 요소이고, 또 그 편성과 운용 문제는 국가 권력의 집중도를 반영하는 지표이므로 연구자들의 이에 대한 관심은 당연한 것이다. 특히 신라의 군제에 대해서는 『삼국사기』 권40, 잡지 9, 직관 하, 무관조(이하 『삼국사기』 직관지 무관조로 간략히 기재함)에 비교적 구체적인 기록이 남아 있어 고구려, 백제의 군제에 비해 연구가 활발한 편이었다.[1] 이와 같이 오늘날 신라 군제에 대한 연구는 상당수 이루어졌지만 서로 다른 견해가 타협점을 찾지 못하고 대립하고 있어, 이에 대한 체계적인 이해는 매우 어려운 형편이다.

신라 군제에 대한 견해의 대립은 우선 『삼국사기』 직관지 무관조에 수록된 군사조직의 존재 시기와 관련하여 나타났다. 이것은 무관조의 편찬 방식 등 그 자료적 성격에 대한 견해차에서 비롯되었다. 일찍이 말송보화(末松保和)는 무관조에 수록된 군사조직이 신라의 어느 한 시기에 동시적으로 존재했던 것이 아니라 통일 이전의 것과 이후의 것이 혼합되어 있다

---

1) 신라시기 군사조직의 연구동향에 대해서는 李文基, 「新羅 軍事組織 硏究의 成果와 課題」 『歷史敎育論集』 9, 1988. 참조.

고 주장하였다.[2] 즉 무관조의 군사조직은 『삼국사기』를 편찬할 때 알 수 있었던 것을 모두 열거한 것으로서 그 가운데에는 중고, 중대, 하대의 것이 뒤섞여 있다는 것이다. 신라의 중추적인 군사조직이 통일 전의 6정에서 통일 후 9서당으로 전환되었다는 오늘날의 통설은 이러한 견해에 바탕을 둔 것으로 보인다.[3] 이에 대하여 정상수웅(井上秀雄)은 무관조에 보이는 군사조직은 신라 중대에 정리된 자료를 전승하여 수록한 것이며, 여기에 보이는 군관과 군호(軍號: 단위 부대를 뜻함)들은 동시기, 즉 중대 초에 병존하였다고 주장하면서 전자에 이의를 제기하였다.[4] 이러한 견해에 의거하면 6정과 9서당은 동시기에 병존한 것이 된다. 이와 같이 오늘날 『삼국사기』 직관지 무관조에 나타난 군사조직의 존재시기에 대하여 양립 불가능한 견해가 제기되어 있다.

다음으로 신라 군제에 대한 견해의 대립은 『삼국사기』 직관지 무관조에 수록된 군사조직의 성격과 관련하여 나타났다. 이 군사조직들이 전시에 임시적으로 편성된 행군 조직이었다는 견해[5]와 더불어 평시에 항상적으로 존재했던 상비군이었다는 견해[6]가 서로 대립하였던 것이다. 전자는 6정을 비롯한 무관조에 기록된 모든 군사조직이 전시 행군에 대비한 야전군 조직의 임시적인 소속군관 배치표라고 주장하고 있다. 이러한 견해에 따르면 무관조의 기록으로는 행군시의 임시적인 상황만을 알 수 있을

2) 末松保和, 「新羅幢停考」, 『新羅史の諸問題』(東洋文庫, 東京), 1954.
3) 현재 대부분의 通史書에는 신라 군사조직의 핵심이 통일 전 6정에서 통일 후 9서당으로 개편되었다고 씌어있다. [국사편찬위원회, 『고등학교 국사(상)』(교육부), 1996, 70~71쪽; 邊太燮, 『韓國史通論』四訂版 (三英社, 서울), 2001, 128쪽; 한영우, 『다시 찾는 우리역사』, 경세원, 2002, 133쪽 ; 한국역사연구회, 『한국역사』, 역사비평사, 1992, 78쪽].
4) 井上秀雄, 「新羅兵制考」『新羅史基礎硏究』(東出版, 東京), 1974.
5) 李成市, 「新羅六停の檢討」『朝鮮學報』92, 1979 ;「新羅兵制における浿江鎭典」『早稻田大學文學硏究科紀要』, 別册 7, 1981.
6) 末松保和, 井上秀雄을 비롯한 대부분의 연구자들이 이러한 견해를 가지고 있는 것으로 보인다.

뿐이며, 평상시의 군사조직에 대해서는 전혀 알 수 없게 된다. 반면 후자의 주장을 하는 사람들은 6정 등의 예하 부대들이 지명을 부대의 명칭 앞에 붙인 것을 근거로 해당 지역에 실제 그 부대들이 상주하고 있었다고 주장하고 있다. 이들은 부대의 명칭에 붙어있는 지역에 주둔하면서 그 지역의 치안질서 유지를 담당하는 군사조직이었다는 것이다. 이와 같이『삼국사기』직관지 무관조에 나타난 군사조직의 성격과 관련하여서도 양립 불가능한 견해가 제기되어 있다.

또 신라 군제에 대한 견해의 대립은『삼국사기』직관지 무관조에 수록된 군사조직의 실체와 관련하여서도 나타났다. 무관조 군호의 맨 앞에 제시된 6정이야말로 왕경과 광역의 주(州)를 존립기반으로 하는 전 국가적 규모로 설치된 신라의 중추적인 군단이었다는 견해[7]와 더불어 법당군단이 왕경·소경·주·군·성·촌 등에 편성된 신라 최대 규모의 군단이었다는 견해[8]가 상호 대립하였던 것이다. 전자는 후자에 대하여 23군호의 하나로도 기록되지 않고 있는 법당을 여타 군사조직과의 관련성은 전혀 고려하지 않은 채 신라 최대의 군단, 혹은 중고기의 핵심적인 군단으로 미화하고 있는 견해는 재검토되어야 한다고 주장하고 있고[9], 후자는 전자에 대하여 법당이 편성된 것을 고려하지 않은 채, 6정의 범위를 너무 넓게 잡고 있다고 반박하고 있다.[10] 이와 같이 신라의 중추적, 혹은 최대 규모의 군사조직이 어느 것이냐에 대해서도 양립 불가능한 견해가 제기되어 있다. 이외에도『삼국사기』직관지 무관조의 군사조직이 실제 운영되었는지 아니면 도상계획에 그친 것인지, 또 그 군사조직에 소속된 군인들은 어떠한 형태로 군역을 수행하였는지에 대해서도 추측이 분분할 뿐 명확한 해

---

7) 李文基,『新羅兵制史硏究』(一潮閣, 서울), 1997, 331쪽.
8) 李仁哲,「新羅 法幢軍團과 그 性格」『新羅政治制度史硏究』, 一志社, 1993
9) 李文基,「앞 논문」, 1988, 164~165쪽.
10) 李仁哲,「新羅 法幢軍團과 그 性格」『앞 책』, 1993, 322~323쪽.

명이 이루어지지 못하고 있었다.

『삼국사기』직관지 무관조에 나타난 군사조직의 존재시기와 그 성격, 군사조직의 실체 등을 둘러싼 위와 같은 여러 주장의 대립은 신라 군제, 나아가서 신라사의 올바른 이해를 위해서는 어떻게든 해결되지 않으면 안 될 문제로 판단된다. 본고에서는 이와 같이 대립되고 있는 여러 견해들을 재검토하고 이들을 취사선택, 수정·보완하여 나름대로의 해결책을 모색해보자 한다. 즉 종래에는 무관조의 군사조직을 모두 동일한 체제로 간주하여 상호 대립하여 왔는데, 무관조는 전시체제와 평시체제의 군사조직이 혼합되어 기재된 사료로서 이것을 어느 하나의 체제로 설명할 것이 아니라 신라 군제의 전체적인 구조 속에서 이들을 분석해야 한다고 본 것이다. 이와 같이 본고는 무관조에 나타난 신라 군제의 전체적인 구조를 살피려는 의도 하에서 작성된 것이어서 무관조에 나타난 다양한 군사조직들 상호간의 유기적인 관계에 대한 접근이나 개별 군사조직들의 운용의 실태, 주력부대와 지원부대의 편성 등에 대한 구체적인 모습은 전혀 살펴보지 못했다. 이에 대해서는 별도의 작업이 필요하다고 본다.

2. 전시체제

신라의 군사조직과 군관의 편성에 대해서는 『삼국사기』직관지 무관조에 체계적으로 정리되어 있다. 이 직관지 무관조에는 신라의 군제를 시위부(侍衛府)를 비롯하여 장군(將軍), 대관대감(大官大監) 이하 30개에 이르는 제군관(諸軍官), 그리고 6정과 9서당을 비롯한 23개의 범군호(凡軍號)로 나누어 각각 기록하고 있다. 앞에서 말한 바와 같이 종래 직관지 무관조에 보이는 이러한 군제의 존재시기를 놓고 논란이 있어왔다. 직관지 무관조에 보이는 군제가 통일기, 특히 신라 중대라는 한 시기에 동시적으로 존재했던 것인가, 아니면 삼국통일을 전후한 시기에 존재했던 모든 군사조직을 총괄적으로 기록해놓은 것인가 하는 문제를 두고 대립이 있어왔던 것이다.

이는 23개 군호 가운데 기재 순서로 보나 조직의 내용으로 보나 신라 군제 상의 핵심이라고 할 수 있는 6정과 9서당에 대한 이해에서도 그대로 나타난다. 6정과 9서당 모두 통일 이후 신라 중대에 병존하였다고 보는 견해가 있는가 하면, 통일 이전에는 6정이 핵심 군사조직이었는데, 통일 이후 9서당이 성립하면서 6정은 소멸된 것으로 보는 견해로 양분되어 왔다. 두 견해 가운데 어느 쪽을 따라야 할지 선뜻 판별하기가 어렵다. 그런데 이 문제와 관련하여 주목되는 자료가 바로 다음의 기록이다.

> 장군(將軍)이 모두 36인이다. 대당(大幢)을 맡은 장군이 4인, 귀당(貴幢)을 맡은 장군이 4인, 한산정(漢山停)을 맡은 장군이 3인, 하서정(河西停)을 맡은 장군이 2인, 우수정(牛首停)을 맡은 장군이 2인이다. 여기에는 위(位)가 진골 상당(上堂)부터 상신(上臣)까지 임명되었다. 녹금서당(綠衿誓幢)을 맡은 장군이 2인, 자금서당(紫衿誓幢)을 맡은 장군이 2인, 백금서당(白衿誓幢)을 맡은 장군이 2인, 비금서당(緋衿誓幢)을 맡은 장군이 2인, 황금서당(黃衿誓幢)을 맡은 장군이 2인, 흑금서당(黑衿誓幢)을 맡은 장군이 2인, 벽금서당(碧衿誓幢)을 맡은 장군이 2인, 적금서당(赤衿誓幢)을 맡은 장군이 2인, 청금서당(靑衿誓幢)을 맡은 장군이 2인이다. 여기에는 위(位)가 진골 급찬(級飡)으로부터 각간(角干)까지 임명되었다. 경덕왕 때에 이르러 웅천주정(熊川州停)에 3인을 더 두었다.[11]

위 기록은 『삼국사기』 직관지 무관조에 나오는 6정과 9서당의 장군에 관한 기록이다. 위 기록의 첫 부분에서 장군의 총인원은 36인이라고 하였는데, 이 총인원에는 위 기록 끝 부분에서 언급한 경덕왕 대에 추가로 배치된 웅천주정의 장군 3인은 포함시키지 않았다. 만약 웅천주정의 장군 3

---

11) 『三國史記』권40, 雜志9, 職官下, 武官.

인을 장군의 총인원에 포함시킨다면, 앞에 제시된 장군의 총인원은 39인이 되어야 할 터이다. 그런데 맨 앞에서는 장군의 총인원을 36인이라고 기록하고 있는 것이다. 이것은 『삼국사기』 편찬자들이 본래 경덕왕 대 이전에 정리된 자료를 바탕으로 장군에 관한 내용을 먼저 기술하고, 이어서 웅천주정에 관한 내용을 추가적으로 기술하였음을 말해주는 증거이다. 이처럼 웅천주정에 관한 내용을 부가적으로 기술한 것은 경덕왕 대에 웅천주정을 추가로 하나 더 설치하여 6정을 확대 개편하였던 사실과 관계가 깊다고 하겠다.[12] 이를 통해 6정은 7세기 중엽 삼국통일 이전에 소멸된 것이 아니라 8세기 중엽 경덕왕 대까지 여전히 존속하고 있었던 것임을 알 수 있다. 즉 6정과 9서당은 모두 신라 중대 시기에 함께 존재하고 있었던 것으로 판단된다.

6정과 9서당이 신라 중대에 존재하였던 군사조직이라면, 『삼국사기』 직관지 무관조에 기재된 10정, 5주서, 3무당, 계금당 등도 신라 중대에 존재하였던 것으로 보인다. 이것은 우선 10정, 5주서, 계금당 등이 기병 중심으로 편성되어, 보병 중심의 6정을 보완하는 체제를 갖추고 있는 점을 통해 짐작할 수 있다.[13] 즉 다음 <표 1>에서 보듯이 6정의 군관인 대대감(隊大監)이나 소감(少監), 화척(火尺) 등에는 보병을 통솔하는 군관만이 존재하고 영마병(領馬兵), 영기병(領騎兵) 즉 마병, 기병을 통솔하는 군관이 결여된 데 비해, 10정, 5주서, 계금당 등의 대대감, 소감, 화척 등에는 보병을 통솔하는 군관이 없고, 기병을 통솔하는 군관만이 존재하고 있다.[14] 이것은 전투 시에 보병 중심의 6정과 기병 중심의 10정, 5주서, 계금당 등이 상호 보완하면서 긴밀하게 협력하도록 마련된 조치임을 짐작

---

12) 全德在,「新羅 下代 鎭의 設置와 性格」『軍史』 35, 1997, 48~49쪽 참조. 한편 李文基 교수는 熊川州停이 경덕왕대의 군제개혁을 통해 설치된 9州停의 하나라고 주장하였다.(李文基,「景德王代 軍制改革의 實態와 新軍制의 運用」『앞 책』, 1997, 370~371쪽)
13) 井上秀雄,「新羅兵制考」『앞 책』, 1974, 190~192쪽
14) 五州誓의 菁州誓, 完山州誓, 漢山州誓만은 예외적으로 領步兵 9인씩이 배치되어 있다.

할 수 있다. 이와 같이 6정을 보완하는 체제로서 10정, 5주서, 계금당 등이 편성되었으므로, 6정이 신라 중대에 존재하였다면 10정, 5주서, 계금당 등도 역시 신라 중대에 존재하였을 것이다. 사실 10정이 그 예하 부대의 명칭에 붙어있는 지명으로 볼 때 9주가 완비된 통일 이후 시기의 군사조직이라는 것은 이미 밝혀진 바 있다.[15] 그리고 계금당(罽衿幢)은 문무왕 원년(661)에 당나라 소정방이 고구려를 공격할 때 이에 부응하여 신라 측에서 편성한 행군조직[16]과 문무왕 8년(668) 당나라 유인궤가 역시 고구려를 치려할 때 이에 부응하여 편성한 행군조직[17]에 6정 등과 함께 보이고 있다. 즉 이때 행군조직에 6정의 각 장군(총관)들과 함께 계금대감, 계금당 총관 등이 편제되어 있는 것이다. 따라서 계금당이 신라 중대에 존재하고 있었던 것도 분명하다 하겠다. 이와 같이 계금당이 중대에 존재하였다면 그 앞에 열거된 3무당(武幢) 역시 마찬가지일 것이다. 『삼국사기』, 직관지, 무관조에서 군호는 중요도에 따라 앞에서부터 열거되고 있기 때문이다.

이상의 10정, 5주서, 3무당, 계금당 등은 <표 1>에서 보듯이 6정·9서당과 같은 체계적인 무관 조직을 지니고 있으며, 또 보병과 기병으로 업무가 분장되는 등 상호 횡적인 연대성도 갖추고 있다. 이것은 이들이 뒤에 서술하는 바와 같이 7세기 후반의 군제개편 과정을 거치면서 6정·9서당과 함께 재편성되었기 때문으로 생각된다. 이와 같이 7세기 후반 군제 개편 과정을 거치면서 성립된 6정, 9서당, 10정, 5주서, 3무당, 계금당 등은 직관지 무관조에 기재된 23개의 군호 중 다른 군호들과는 그 체계성에서 명확히 구분되고 있다. 즉 23개의 군호 중 6정, 9서당, 10정, 5주서, 3무당, 계금당과 여타 군호는 군대 편제의 원칙과 기능, 그 운용 면에서 전혀 성격을 달리하는 것으로 판단된다.

---

15) 李文基, 「三千幢의 成立과 그 性格」 『앞 책』, 1997, 123쪽.
16) 『三國史記』 권6, 新羅本紀6 文武王 元年 7월 17일.
17) 『三國史記』 권6, 新羅本紀6 文武王 8년 6월 21일.

<표 1> 신라 중대의 전시체제 군관조직18)

官等	軍號\軍官	六停						九誓幢									十停										五州誓					三武幢			罽衿幢	합계
		대당	귀산정	한산정	우수정	하서정	완산정	녹금서당	자금서당	백금서당	비금서당	황금서당	흑금서당	벽금서당	적금서당	청금서당	음리화정	고량부리정	거사물정	삼량화정	소삼정	미다부리정	남천정	골내근정	벌력천정	이화혜정	청주서	완산주서	한산주서	우수주서	하서주서	백금무당	적금무당	황금무당	罽衿幢	합계
진골	將軍	4	4	3	2	2	3	2	2	2	2	2	2	2	2	2																				36
6-11·13	大官大監	5	5	4	4	4	4	4	4	4	4	4	4	4	4	4																				62
6-11	隊大監 領馬兵							3	3	3	-	3	3	3	3	3	1	1	1	1	1	1	1	1	1	1						1	1	1	1	38
	隊大監 領步兵	3	2	3	2		2	2	2	2	4	2	2	2	2	2																				32
10-13	弟監	5	5	4	4	4	4	4	4	4	4	4	4	4	4	4																			1	63
12-13	監舍知	1	1	1	1	1	1	1	1	1	1	1	1	1	1	1																1	1	1	1	19
12-17	少監 屬大官	15	15	15	13	12	13	13	13	13	13	13	13	13	13	13																				200
	少監 領騎兵							6	6	6	3	6	6	6	6	6	2	2	2	2	2	2	2	2	2	2						3	3	3	1	81
	少監 領步兵	6	4	6	4	-	4	4	4	4	8	4	4	4	4	4													9	9	9					91
12-17	火尺 屬大官	15	10	10	10	10	10	10	10	10	13	13	13	13	13	13																				173
	火尺 領騎兵							6	6	6	-	6	6	6	6	6	2	2	2	2	2	2	2	2	2	2						2	2	2	7	81
	火尺 領步兵	6	4	6	4	-	4	4	4	4	8	4	4	4	4	4													8	8	8					88
7-11	軍師幢主	1	1	1	1	1	1	1	1	1	1	1	1	1	1	1																1	1	1		18
7-11	大匠尺幢主	1	1	1	1	1	1	1	1	1	1	1	1	1	1	1																				15
8-11	步騎幢主	6	4	6	4	-	4	4	4	4	-	4	4	4	4	4																2	2	1		61
8-13	三千幢主																6	6	6	6	6	6	6	6	6	6										60
8-13	著衿騎幢主							18	18	18	-	18	18	18	18	18											6	6	6	3	4				6	175
9-13	黑衣長槍末步幢主	30	22	28	20	-	20	20	24	20	-	-	20	20	20	20																				264
9-13	三武幢主																															16	16	16		48
11-13	軍師監	2	2	2	2	2	2	2	2	2	2	2	2	2	2	2																				30
10-13	大匠尺監	1	1	1	1	1	1	1	1	1	1	1	1	1	1	1																				15
11-13	步騎監	6	4	6	4	-	4	4	4	4	-	4	4	4	4	4																2	2	2		62
10-13	三千監																6	6	6	6	6	6	6	6	6	6										60
11-14	著衿監							18	18	18	-	18	18	18	18	18											6	6	6	3	4				6	175
10-17	三千卒																15	15	15	15	15	15	15	15	15	15										150
합 계																																				2,097

---

18)『三國史記』권40, 雜志9 職官下 武官條를 정리한 것임. 관등 규정은 李仁哲,「新

<표 1>에서 보이는 6정, 9서당, 10정, 5주서, 3무당, 계금당 등은 존재 시기뿐만 아니라, 그 성격을 둘러싸고도 논쟁이 거듭되었다. 이들이 전시에 임시적으로 편성된 행군 조직이었다는 견해와 더불어 평시에 항상적으로 존재했던 상비군이었다는 견해가 서로 대립하였던 것이다. 특히 후자의 주장을 하는 사람들은 6정과 10정, 5주서 등의 예하 부대들이 지명을 부대의 명칭 앞에 붙인 것을 근거로 해당 지역에 실제 그 부대들이 상주하고 있었다고 주장하고 있다. 이들은 부대의 명칭에 붙어있는 지역에 주둔하면서 그 지역의 치안질서 유지를 담당하는 지방군사조직이었다는 것이다.[19] 그러나 이것은 부대의 명칭만을 가지고 추론한 것으로, 실제 신라 중대 시기에 6정과 10정, 5주서 등이 활동한 내용은 전혀 찾아볼 수 없다. 이들이 평상시 지방에 주둔한 상비군이었다는 구체적인 증거가 없는 것이다.

그런데 위 <표 1>에서 보듯이 6정과 10정, 5주서 등은 모두 4두품~진골에 이르는 무관들을 그 구성원으로 하고 있다. 이들은 모두 경위(京位)를 가진 중앙의 무관들이다. 즉 신라는 모든 군사조직의 무관을 왕경인 출신으로 편성하였던 것이다. 신라 중대에 이러한 중앙의 무관들이 과연 지방에 상주하였을 지는 의문이다. 또 뒤에서 보듯이 6정과 10정, 5주서 등은 모두 삼국통일 이후에 재편성된 군사조직이다. 삼국통일 이후 신라 정부는 문무왕이 "병기를 녹여 농기를 만들라."[20]는 유조(遺詔)를 내릴 정도로 전쟁 분위기를 해소하려고 노력하였고, 또 지방 통치체제를 종전의 행정·군사의 이중지배적(二重支配的) 성격에서 행정 일원화(一元化)의

羅의 軍官職과 軍事組織의 編制』『앞 책』, 1993 참조.

19) 李仁哲 교수는 신라 중대에 들어와 6停이 해체되고 5州誓가 성립되었으며, 5州誓는 10停과 더불어 전국의 치안질서를 유지한 주요 부대였다고 주장하였다.(李仁哲, 「新羅 骨品體制社會의 兵制」『앞 책』, 1993, 352쪽)

20) 『三國史記』 권7, 新羅本紀7 文武王 21년 "鑄兵戈爲農器"

성격으로 전환하려 하였는데[21], 이러한 방대한 규모의 중앙 무관들을 지방에 그대로 배치하였다는 것도 납득이 가지 않는다. 통일신라와 마찬가지로 중앙집권체제를 유지한 고려나 조선에서 중앙의 무관이 평상시 지방에 파견된다는 것은 있을 수 없는 일이다. 중앙의 무관들은 평상시 수도에 거주하면서 각종 군사 업무에 종사하다가 비상시에나 각 지방으로 출동하는 것이 상례이다. 근래 6정에 관한 연구에서도 6정의 장군을 비롯한 여러 군관직은 평상시에는 편제상으로만 존재했던 관직이라고 주장하고 있다.[22] 6정이 이와 같은 형태를 지닌 전시의 행군조직이었다면 10정, 5주서도 마찬가지라고 생각된다. 이들 역시 소속 군관들이 평상시에는 왕경에서 다양한 업무에 종사하다가 유사시 부대의 명칭에 붙은 지역에 파견되어 지방민을 통솔하고 그 지역을 방어하는 전시체제였을 것으로 보인다.[23]

주지하는 바와 같이 군제는 평시체제와 전시체제로 구분된다. 평시체제는 대체로 중앙군과 지방군으로 구분되었고, 전시체제는 이러한 중앙군과 지방군이 재편성된 행군조직으로 이루어졌다. 고려시기를 예로 들면, 평시체제는 중앙군인 2군 6위와 주현군, 주진군이 각각 명확히 구분되어 제 위치에서 자신들에게 부여된 역할을 담당하는 군사체제이고, 전시체제는 이러한 중앙군과 주현군, 주진군 등이 5군(軍) 혹은 3군으로 연합하여 편성한 행군체제이다. 『고려사』, 병지에는 평시체제인 2군 6위와

---

21) 李基東, 「新羅 中代의 官僚制와 骨品制」 『新羅骨品制社會와 花郎徒』, 一潮閣, 1984, 125쪽.

22) 李文基, 「大幢과 停制의 運用實態」 『앞 책』, 1997, 178~207쪽

23) 李成市, 앞의 논문, 1981 에서는 武官條의 군관의 인원기록을 '行軍에 대비한 野戰軍組織의 所屬軍官配置表'라고 이해하였다. 이문기 교수도 이러한 견해에 동의하였다.(李文基, 「제3장 中古期 軍事組織의 運用實態와 運用基盤」 『앞 책』, 203쪽) 그러나 이것은 지나친 확대 해석으로 보인다. 뒤에 서술하는 바와 같이 무관조 군관의 인원기록 전체가 행군조직은 아니다. 法幢軍團은 행군조직이 아니라 지방에 위치한 상비군이었다.

더불어 전시체제로서 병진도지유(兵陣都指諭)와 오병도지위(五兵都指諭)를 비롯하여 정노도령(精弩都領) 및 지유(指諭)로 이루어진 5군 조직이 구체적으로 제시되어 있다.[24] 조선전기 역시 중앙군과 지방군으로 이루어진 평시체제와 더불어 5위제로 이루어진 전시체제가 마련되어 있었다. 조선전기의 5위제는 5위(의흥위·용양위·호분위·충좌위·충무위) 아래 중앙과 지방의 모든 군대를 통속시킨 군사편제이니, 예를 들면 의흥위는 중위(中衛)로서 중앙군으로는 갑사와 보충대가 소속되었고, 지방군은 경중부민(京中部民), 경기·강원·충청·황해도의 진관 군사가 이에 속하였으며, 용양위는 좌위(左衛)로서 중앙군으로는 별시위와 대졸이 소속되었고, 지방군은 경동부민(京東部民)과 경상도의 5개 진관 군사가 여기에 속하였다. 이 이외에 호분위(右衛), 충좌위(前衛), 충무위(後衛) 역시 각 중앙군과 지방군이 차례로 이들에 분속되어 질서 정연한 체제를 이루고 있었다.[25] 고려와 조선전기의 예와 같이 신라 중대에도 전시체제와 평시체제가 구비되어 있었고, <표 1>에서 제시된 6정, 9서당, 10정, 5주서, 3무당, 계금당 등은 전시체제라고 판단되는 것이다.

이러한 전시체제의 성립은 수세기에 걸친 신라 국가의 성장과 발전의 결과였다. 전시체제의 성립 과정에 관한 기존의 견해를 정리하면 대략 다음과 같다.[26] 삼국 중 가장 후진국이었던 신라는 중고기에 들어와 고구려·백제와의 적극적인 대결을 통해서 사방으로 영역을 확대하여 갔다. 이 시기에 신라는 사실상 전시와 평시의 구별이 없는 항상적인 전시체제였을 것이다. 이때의 군대 운영은 중앙에는 대당, 삼천당, 귀당, 서당, 낭당, 장창당, 계금당 등 여러 부대를 설치하고, 지방의 각 주(州)[27]에는 정

---

24) 『高麗史』 권81, 志35, 兵1 兵制.
25) 『經國大典』 권4, 兵典 從二品衛門 五衛
26) 6정과 9서당의 성립 과정과 그 특징에 대하여는 많은 연구 논문이 발표되었다. 이에 대한 연구사 정리는 李文基, 「앞 논문」, 1988.이 참고 된다.

(停)을 설치하여 장군 중에서 선발된 군주(軍主)로 하여금 군사를 이끌고 상주하게 하는 형태였다. 특히 550년 무렵인 진흥왕대부터 기존에 왕경인들로 구성된 정(停)의 군대를 주(州) 영역내의 민들을 군사로 징발하여 편성한 군사조직으로 재편하면서 주(州)는 군관구적인 성격과 아울러 지방통치 조직상 최상급의 행정단위로서의 위상을 지니게 되었다. 그 이전 시기에 군주는 지방에 주둔하던 왕경인 부대를 지휘하는 군사령관에 불과하였으나, 진흥왕대부터 주(州)에 거주하는 민들을 징발하게 되면서 군주는 군관구의 장이면서 동시에 주의 행정 업무를 총괄하는 지방 장관의 위상을 지니게 되었던 것이다.[28] 그러나 삼국 간 전쟁이 장기적인 전면전의 양상으로 발전해감에 따라, 군주와 그 휘하 군사들이 상주하는 주(州) 단위로 대외 전쟁을 수행한다는 것은 점점 한계를 드러내었다. 선덕왕대에 대야주의 함락으로 인해 일시에 위기 상황이 초래되었던 것은 주(州) 단위 군대운용의 한계를 여실히 보여준 것이었다.[29] 신라는 이러한 변화된 환경에 대처하지 않으면 안 되었을 것이며, 그 대처의 주안점은 신라의 전군사력을 보다 효과적으로 조직하는데 두어졌다. 이에 비상시에 전군사력을 집결한 행군조직을 결성하여 전면전에 나서는 형태로 발전하였다. 그 대표적인 예가 문무왕 원년(661)과 문무왕 8년(668)에 편성한 행군조직이다. 그중 문무왕 8년에 편성된 행군조직을 살펴보면 다음과 같다.

---

27) 중고기의 州는 두 가지의 의미를 지니고 있다고 한다. 軍主가 파견된 停이 위치한 곳을 州라 칭하였고, 이 停이 군사적 활동을 전개하는 범위도 州라 칭했다는 것이다. 이것을 末松保和는 '軍管區의 中樞'·'軍管區'로 구분하고(「앞 논문」, 328~347쪽), 李成市는 '狹義의 州'·'廣義의 州'라고 부르고 있으며(「앞 논문」, 40쪽), 강봉룡은 '小州(停)'·'廣域州'라고 칭하였다(「新羅 地方統治體制 硏究」서울대 박사학위논문, 1994).

28) 전덕재, 「신라 중고기 주(州)의 성격 변화와 군주(軍主)」『역사와 현실』40, 2001.

29) 姜鳳龍, 「新羅 地方統治體制 硏究」서울대 박사학위논문, 1994, 161~162쪽 참조.

대각간 김유신을 대당대총관(大幢大摠管)으로 삼고, 각간 김인문 (金仁問)·흠순(欽純)·천존(天存)·문충(文忠)·잡찬 진복(眞福)·파진찬 지 경(智鏡)·대아찬 양도(良圖)·개원(愷元)·흠돌(欽突)을 대당총관(大幢摠 管)으로, 이찬 진순(陳純)·죽지(竹旨)를 경정총관(京停摠管)으로, 이찬 품일(品日)·잡찬 문훈(文訓)·대아찬 천품(天品)을 귀당총관(貴幢摠管) 으로, 이찬 인태(仁泰)를 비열도총관(卑列道摠管)으로, 잡찬 군관(軍 官)·대아찬 도유(都儒)·아찬 용장(龍長)을 한성주행군총관(漢城州行軍 摠管)으로, 잡찬 숭신(崇信)·대아찬 문영(文穎)·아찬 복세(福世)를 비열 성주행군총관(卑列城州行軍摠管)으로, 파진찬 선광(宣光)·아찬 장순 (長順)·순장(純長)을 하서주행군총관(河西州行軍摠管)으로, 파진찬 선 복(宣福)·아찬 천광(天光)을 서당총관(誓幢摠管)으로, 아찬 일원(日原)· 홍원(興元)을 계금당총관(罽衿幢摠管)으로 삼았다.[30]

위 행군조직은 문무왕 8년에 당나라 유인궤가 고구려를 공격할 때 이에 부응하여 편성된 것으로 통일전쟁기 최후, 최대의 규모이다. 그런데 여기에 는 각 군사조직 사이에 장군(총관)의 숫자가 매우 불균등하게 편성되어 있 었다. 대당의 총관은 대총관 김유신을 비롯하여 10명, 경정총관 2명, 귀당총 관 3명, 비열도총관 1명, 한성주행군총관 3명, 비열성주행군총관 3명, 하서 주행군총관 3명, 서당총관 2명, 계금당총관 2명 등 총 29명의 장군이 각 군 사조직에 불균등하게 배치되어 있었다. 이것은 중고기 이후 신라의 국가적 성장과 영역의 팽창과정에서 현실적인 필요성에 따라 계속적으로 증치해 왔던 다양한 군사조직의 세력의 차이를 그대로 반영한 것으로 보인다.

문무왕 8년의 행군조직 형태는 삼국통일이 완수된 후 7세기 후반에 대 대적으로 진행된 군제개편 작업을 거치면서 새롭게 편제되었다.[31] 7세기 후반 문무왕, 신문왕대는 왕권의 전제화에 기초한 중앙집권체제가 확립

---

30) 『三國史記』권6, 新羅本紀6, 文武王 8년 6월 21일.
31) 7세기 후반의 군제 개편에 대해서는 李文基, 「7세기 후반 新羅의 軍制改編과 그 性格에 대한 一試論」(『韓國古代史研究』16, 1999)이 참고 된다.

되는 시기였다. 삼국 통일 이후 영역의 확대와 더불어 중앙정치제도와 지방제도를 비롯한 각종 제도들이 왕권의 전제화와 중앙집권 강화의 방향으로 변화·정비되고 있었다. 군제 역시 이 시기에 전면적으로 개편된 것으로 보인다. 이와 같이 왕권의 전제화를 목표로 한 체제 개편에 대하여 진골 귀족들의 반발도 적지 않았을 것으로 추측된다. 문무왕 2년(662) 국사를 돌보지 않았다는 이유로 대당총관 진주, 남천주총관 진흠을 죽이고 족형을 가한 것이나, 문무왕 8년 한성도독 박도유(朴都儒)의 처형, 문무왕 10년 한성주총관 수세(藪世)의 처형, 신문왕 원년(681) 김흠돌을 모반죄로 처형하고 병부령 군관(軍官)을 자결케 한 것 등은 왕권의 전제화에 대한 진골 귀족의 반발로 인해 일어난 것으로 짐작되며, 이것은 직접·간접으로 군제 개편과 관련이 있었을 것이다. 또 이러한 사건으로 인하여 군제 개편은 더욱 박차를 가하였을 것이다.

7세기 후반 군제 개편의 특징으로는 우선 앞에서 살펴본 문무왕 8년의 각 행군조직 사이에 불균등하게 배치되었던 장군과 군관이 〈표 1〉에서 보이는 바와 같이 균등하게 배치된 것을 들 수 있다. 이것은 항상적으로 전선으로 출동할 태세를 갖추고 있어야 했던 중고기와는 달리 왕경의 방어태세만을 견고히 갖추면 되었던 시대적 상황에 따라 정제된 군사조직을 갖추고자 하는 노력에 기인하는 것으로 보인다. 또한 세력의 차이가 심하였던 각 군사조직을 고르게 편제하고, 이들 사이에 상호 견제와 통제를 가능하게 함으로써, 반란을 방지하고 왕권을 강화하려는 의도도 개재되었을 것이다. 이에 따라 중고기에 신라의 중핵적인 군사조직으로 기능한 대당(大幢)도 6정의 한 부대로서 다른 6정 부대와 동일한 규모로 편제되었다. 즉 문무왕 8년에 총 10명의 장군을 보유한 대당이 4명의 장군을 보유하는 것으로 축소되었고, 다른 6정·9서당에도 2~4명의 장군을 골고루 배치하여 장군의 총 숫자를 36명으로 맞추었다.[32] 이러한 조치로써 6

정의 대당은 그 이전의 대당과는 전혀 다른 성격의 군사조직으로 변질되었다. 대총관(大摠管)을 보유한 신라 최대의 군사조직에서 다른 6정과 동일한 군사조직으로 그 지위가 떨어진 것이다. 한편 상주정(上州停)은 귀당(貴幢)에 흡수 통합되어 대당(大幢)과 정제(停制)는 여섯 개의 예하 부대를 가진 6정 체제로 정비되었고33), 이들 각각에 비슷한 규모의 군관이 배치되어 6정 체제가 완성되었다. 이러한 6정 체제의 완성 시기는 6정 중 맨 마지막에 설치된 완산정의 설치시기(신문왕 5년; 685)34)와 동시이거나 그 이후가 될 것이다.35)

또 문무왕 12년(672)~효소왕 2년(693) 사이에는 기존의 서당(誓幢), 낭당(郎幢), 장창당(長槍幢) 등을 녹금서당, 자금서당, 비금서당 등으로 개편하고, 이외에 6개의 서당을 창설하여 9서당을 완성하였다. 물론 이러한 9서당은 순차적으로 설치되었으니 그 안에 배치된 무관은 〈표 1〉과 같은 6정, 9서당, 10정, 5주서, 3무당, 계금당 등이 완비된 상태에서 재조정되었을 것이다. 특히 9서당은 〈표 1〉과 같은 무관 조직 하에 신라인, 백제인, 고구려인, 말갈인 등을 일반 군인으로 배치하여, 통일신라 정부가 피정복민도 군인으로 만들만큼 이들에 대한 포용 의지를 가지고 있다는 것을 내외에 천명하였다. 이외에 삼천당을 10정 안에 포함시키고, 통일 이후 확대된 영역에 걸맞게 청주서, 완산주서, 한산주서, 우수주서, 하서주서 등 5주서(州誓)를 새롭게 창설하였으며, 삼무당, 계금당 등도 재편하였다. 계금당

---

32) 장군의 숫자를 36명으로 맞춘 것은 신라 중대에 대아찬 이상의 진골 귀족이 모두 36명이었던 것과 관계가 깊다고 본다. 대아찬 이상의 진골 귀족이 36명이라는 것은 문무왕 9년(669)에 행해진 馬阹 수여 기사를 통해 확인할 수 있다.

33) 『三國史記』권40. 雜志9 職官下 武官 "六停 一曰大幢 … 二曰上州停 眞興王十三年置 至文武王十三年 改爲貴幢"

34) 『三國史記』권40, 雜志志 職官下 武官 "凡軍號 二十三. 一曰六停 … 六停 … 六曰完山停 本下州停 神文王五年 罷下州停 置完山停 衿色白紫"

35) 李文基, 「大幢 및 停制의 成立과 展開」 『앞 책』, 81쪽.

은 문무왕 원년과 문무왕 8년의 행군조직에는 대감(大監)과 총관(摠管) 등을 보유한 당당한 군사조직이었으나, 이번의 개편작업으로 대감과 총관이 없는 가장 열세한 군사조직으로 지위가 격하되었다. 이러한 군제개편 작업은 7세기 후반 문무왕·신문왕대를 거쳐 효소왕 2년(693) 장창당을 비금서당으로 고치면서 마무리되었다. 즉 <표 1>의 6정, 9서당, 10정, 5주서, 3무당, 계금당 등은 삼국통일 이후 7세기 후반 문무왕, 신문왕 대에 대대적으로 전개된 군제개편 작업의 결과 성립된 전시체제요, 행군조직인 것이다.

그런데 이와 같이 7세기 후반에 개편된 전시체제는 신라 하대에 들어와 붕괴된 것으로 보인다. 이들 행군조직은 하대 이후 사료에 전혀 등장하지 않고 실제 전시 상황에서도 이와 다른 행군조직이 운용된 것이다. 하대의 가장 대표적인 행군조직은 다음과 같이 김헌창의 난을 진압하기 위해 편성된 것이었다.

> 3월에 웅천주도독 헌창이 아버지 주원(周元)이 왕위에 오르지 못하였다고 하여 반란을 일으켜 국호를 장안(長安)이라 하고, 연호를 세워 경운(慶雲) 원년이라 하였다. …(중략)… 마침내 원장(員將) 8인을 차출하여 왕도(王都)의 8방(方)을 지키게 하였다. 그런 후에 군사를 출동시켰다. 일길찬 장웅(張雄)이 먼저 출발하고, 잡찬 위공(衛恭), 파진찬 체릉(悌凌)으로 하여금 뒤를 잇도록 하였다. 이찬 균정(均貞), 잡찬 웅원(雄元), 대아찬 우징(祐徵) 등이 3군을 통솔하고 출정하였다.[36]

위 기록은 헌덕왕 14년(822) 김헌창이 반란을 일으키자, 신라 중앙정부가 반란군을 진압하기 위하여 군대를 출동시키고 있는 내용을 전한 것이다. 여기서 정부의 행군조직은 선발대에 이어 본진인 3군(左軍, 中軍, 右軍)을 중심으로 편성되었다. 3군이라는 것은 『주례(周禮)』에 "무릇 군사

---

[36] 『三國史記』권10, 新羅本紀10 憲德王 14년 3월.

편제로는 … 왕은 6군, 대국은 3군, 차국은 2군, 소국은 1군을 둔다."37)라고 하는 바와 같이 중국 주나라 시기에 대국이 거느릴 수 있는 군사편제로서, 당대(唐代) 이후 중국의 행군조직으로 널리 사용되었다. 이러한 중국식 행군조직인 3군(軍)이 6정, 9서당, 10정, 5주서, 3무당, 계금당 등으로 이루어진 신라의 전통적인 행군조직을 밀어내고 새롭게 자리 잡은 것이다.38) 이것은 헌덕왕 14년 무렵에는 이미 6정, 9서당 형태의 행군조직을 유지할 수 없었기 때문으로 보인다. 6정, 9서당 형태의 행군조직은 <표 1>에서 보듯이 전국을 아우른 전시체제, 방어체제였다. 특히 지명을 부대 명칭에 앞에 붙이고 유사시 그 지역민을 동원하여 전시체제를 수립한다는 전략 하에 성립된 6정, 10정, 5주서 형태의 행군조직은 전국에 대한 확고한 지배체제 구축과 철저한 군사행정이 뒷받침될 때 가능한 것이었다. 그러나 헌덕왕 14년 무렵, 즉 신라 하대에 들어와 중앙 정부의 전국에 대한 확고한 지배는 불가능했던 것으로 보인다. 그리하여 중앙정부에서 파악 가능한 인원을 최대한 동원하여 3군을 편성하고 비상사태에 대비하였던 것이다.39) 이와 같이 6정, 9서당 형태의 행군조직이 3군 형태의 행군조직으로 전환하게된 것은 대체로 중대 말·하대 초 무렵인 것으로 보인다.40) 즉 <표 1>의 6정, 9서당, 10정, 5주서, 3무당, 계금당 등의 행군조직은 신라 중대의 행군조직인 것이다.

---

37) 『周禮』, 夏官司馬. "凡制軍 … 王六軍 大國三軍 次國二軍 小國一軍"
38) 全德在, 「앞 논문」, 1997, 50～51쪽.
39) 이것은 형태상으로 조선전기에 鎭管體制가 制勝方略體制로 전환된 것과 유사하다 하겠다.
40) 9세기 초 애장왕대(800～808)에 건립된 것으로 추정되는 慶州 高仙寺 「誓幢和上碑」에는 비문을 새긴 인물이 '音里火三千幢主 級湌 高金ㅁ'로 기록되어 있다. 音里火三千幢主는 10정의 군관직으로서 이를 통해 애장왕대까지 6정·9서당·10정 형태의 행군조직이 존재하였음을 알 수 있다.

3. 평시체제

1) 중앙군

신라 군제는 전시체제와 평시체제로 구분된다. 평시체제는 중앙군과 지방군으로 나뉘어졌고, 전시체제는 이러한 중앙군과 지방군이 결합하여 재편성된 행군조직으로 이루어졌다. 그런데 종래 신라의 중앙군과 지방군을 주로 『삼국사기』 직관지 무관조에 기재된 각 군호(軍號)의 명칭에서 유추하여 규정하는 경향이 있었다. 각 군호의 예하 부대 명칭 앞에 지명이 붙어있지 않으면 중앙군이요, 지명이 붙어있으면 지방군으로 파악한 것이다. 그 결과 시위부(侍衛府), 9서당(九誓幢), 삼무당(三武幢), 계금당(罽衿幢) 등은 중앙군으로, 10정(十停), 5주서(五州誓), 3변수당(三邊守幢), 만보당(萬步幢), 2계당(二罽幢), 신3천당(新三千幢) 등은 지방군으로 규정하였으며, 이 가운데 왕경의 핵심적인 중앙군은 9서당으로, 이에 대응하는 지방군은 10정으로 파악하였다.[41] 그러나 지명이 붙어있다고 해서 그 부대가 지방군인 것은 아니다. 앞에서 살펴본 바와 같이 6정, 10정, 5주서 등 그 예하 부대의 명칭에 지명이 붙어있는 군호들은 모두 전시체제였다. 이러한 부대들은 소속 군관들이 평상시에는 왕경에서 다양한 업무에 종사하다가 유사시 부대의 명칭에 붙은 지역에 파견되어 지방민을 통솔하고 그 지역을 방어하는 전시체제로 운영되었을 것으로 판단되는 것이다. 즉 종래 중앙군과 지방군으로 분류한 <표 1>의 6정, 9서당, 10정, 5주서, 3무당, 계금당 등은 모두 전시체제이다. 이러한 전시체제는 중앙군과 지방군이 결합된 형태로서, 이것을 가지고 어떤 군호는 중앙군으로, 어떤 군호는 지방군으로 규정할 수는 없다. 즉 평시체제인 중앙군과 지방군은

---

41) 李文基, 「7세기 후반 新羅의 軍制改編과 그 性格에 대한 一試論」 『앞 책』, 182쪽

이러한 전시체제의 군호와는 차원을 달리하여 존재하였던 것이다.

그러면 신라의 평시체제인 중앙군과 지방군은 어떠한 형태로 이루어 졌을까. 『삼국사기』 직관지 무관조는 전시체제와 평시체제를 구분하지 않고, 이들을 혼합하여 기술하여 신라 군제를 이해하는데 많은 어려움을 주고 있다. 이에 직관지 무관조 전체를 전시체제라고 파악하는 견해도 있 었고[42], 이것 전체를 평시체제라고 파악하는 견해도 있었다. 그러나 직관 지 무관조는 전시체제와 평시체제가 혼합된 형태로서, 이것을 어느 하나 의 체제라고 단정할 수는 없다. 따라서 신라의 평시체제, 즉 중앙군과 지 방군의 모습을 파악하기 위해서는 직관지 무관조에서 전시체제와 평시체 제를 구분하고, 이외에 여러 사료 등을 참조하여 이를 재구성하여야 한다 고 본다.

앞에서 말한 바와 같이 신라 군제의 평시체제는 중앙군과 지방군으로 구분되었다. 그리고 중앙군은 대체로 두 가지 계통의 군인으로 구성되었 을 것으로 보인다. 4, 5, 6두품이나 진골 등의 신분적 자격을 갖추고 천거 (薦擧)[43]나 문음(門蔭)[44], 궁술(弓術) 시험[45] 등을 통하여 무관의 지위에 오르는 군인이 있었고, 양인농민으로서 의무적으로 징발되는 군인이 있 었던 것이다. 전자는 국가로부터 일정한 보수를 받으면서 군무를 수행하 였고, 후자는 국가로부터 아무런 보수도 받지 못하고 군역을 치러야 했 다. 즉 전자는 관료전이나 녹읍 등을 지급받으면서 군무를 수행하였고, 간혹 전투에서 전공을 세울 경우 진흥왕 23년(562) 사다함의 예에서 보듯

---

42) 李成市, 「앞 논문」.
43) 『三國史記』 卷47, 列傳7 官昌 "少而爲花郎 善與人交 年十六 能騎馬彎弓 大監某薦 之太宗大王"
44) 『三國史記』 卷47, 列傳7 奚論. "奚論年二十餘歲 以父功爲大奈麻"
45) 『三國史記』 卷10, 新羅本紀10 元聖王 4년조에 "始定讀書三品以出身 …… 前祇以 弓箭選人, 至是改之"라는 말에서 알 수 있듯이 원성왕 4년 독서삼품과를 제정하기 전에 弓術로 사람을 선발하였다.

이 별도의 토지도 지급받았다46). 이에 비해 후자는『삼국사기』권48, 설씨녀 열전에 등장하는 설씨(薛氏)나 가실(嘉實),『삼국유사』권2, 효소왕대 죽지랑(竹旨郎) 조에 등장하는 득오(得烏),『삼국유사』권5, 진정사(眞定師) 효선쌍미조(孝善雙美條)에 나오는 승려가 되기 이전의 진정법사처럼 국가로부터 아무런 보수도 받지 않고 강제적으로 징발되어 종군(從軍)하거나 부역(赴役)에 동원되었다. 특히『삼국사기』설씨녀 열전에서 가실이가 설씨녀의 아버지 설씨를 대신하여 군역에 나갔다는 것을 통해 당시 양인농민들의 의무군역은 대역(代役)도 가능했던 것으로 보인다. 한편 무관과 의무군인은 군역을 지기 시작하는 연령에서도 차이가 있었다. 의무군인은 대체로 15세부터 군역을 지기 시작한 것으로 파악되고 있지만47), 무관들은『삼국사기』, 사다함 열전에서 사다함의 나이가 15·16세인데 국왕이 나이가 어리다고 하여 종군을 허락하지 않았다고 할 만큼 군역의 시작 연령에서 의무군인과 차이가 있었다.48)

신라의 중앙군은 이와 같이 무관과 양인농민 출신의 의무군인으로 나뉘어져 있었다. 이중 무관은 신라 군대의 핵심이요, '강령(綱領)'49)이었다. 이들은 평상시 양인농민 출신의 의무군인들을 지휘·통제하면서 국왕의 호위와 수도의 경비·방어 등을 담당하였고, 변경의 방수(防戍) 등에도 동원되었다. 비상시 국가에서는 <표 1>과 같이 중앙의 무관을 골간으로

---

46)『三國史記』卷4, 新羅本紀4, 眞興王 23년 9월 "加耶叛 王命異斯夫討之 斯多含副之 斯多含 領五千騎先馳 入栴檀門 立白旗 城中恐懼,不知所爲 異斯夫引兵臨之 一時盡降 論功 斯多含爲最 王賞以良田及所虜二百口 斯多含三讓 王强之 乃受其生口 放爲良人 田分與戰士 國人美之"

47) 김기흥,『삼국 및 통일신라 세제의 연구』, 역사비평사, 1991, 93쪽. ;李文基,「中古期 軍事組織의 運用實態와 運用基盤』『앞 책』, 235쪽.

48) 신라시기에 무관들이 군역을 지기 시작하는 연령을 이 시기 사료에서 찾을 수 없다. 이에 대해서는 고려시기에 농민출신 의무군인들의 군역은 16~60세까지, 부병은 20~60·70세까지였다는 것이 참고 된다(拙稿,「高麗·朝鮮初期의 府兵』『歷史敎育』69집, 1999, 112쪽)

49)『三國史記』卷41, 列傳 1, 金庾信 上.

하고 중앙군과 지방군을 포괄하는 6정, 9서당, 10정, 5주서, 3무당, 계금당 등 행군조직을 편성하여 돌발적인 사태와 외적의 침입에 대처하고자 하였다. 이에 <표 1>에서는 행군조직의 골간인 무관들의 군액 2,097명만 표시되었다. 무관은 평시와 전시를 막론하고 신라 군대의 중추였던 것이다. 이들은 또한 삼국통일 전쟁을 주도한 세력이었다. 『삼국사기』 열전에 올라가 있는 김유신을 비롯한 사다함, 귀산과 추항, 해론, 취도, 김영윤, 눌최, 관창, 김흠운, 열기, 비령자, 죽죽, 필부 등 여러 인물들은 모두 무관들이었다. 이들은 삼국통일 전쟁의 선두에 서서 농민출신의 의무군인들을 통솔하며 전쟁을 수행하였고, 또 전쟁 중에는 국가를 위해 목숨을 초개와 같이 내던지기도 하였다. 이들의 용맹스러운 활약이 있었기에 신라는 통일의 위업을 달성할 수 있었다.

신라통일기에 중앙 무관의 총수는 2,277명으로 추산된다. <표 1>에 기재된 무관의 합계 2,097명에, 이 표에 기재되지 않은 시위부(侍衛府)의 무관 180명[50]을 합치면 2,277명이 되는 것이다. 시위부는 평시체제로서, 전시체제를 나타내는 <표 1>에는 당연히 기재되지 않았다. 이러한 무관 2,277명이 『구당서』 신라전에서 국왕이 거주하는 금성에 있었다고 하는 '위병(衛兵) 삼천인(三千人)'으로 이루어진 사자대(獅子隊)로 추정된다.[51] 종래 『구당서』 신라전의 사자대를 명칭의 유사성에 착안하여 '사자금당(師子衿幢)'이라는 군사조직에 비정하는 견해도 있었고[52], 시위부의 별칭으로 보는 견해도 있었다.[53] 그러나 사자금당은 뒤에서 살펴보듯이 지방군이 확실하고, 시위부는 『삼국사기』 직관지 무관조에서 보듯이 총 정원

50) 『三國史記』 卷40, 雜志 9, 職官 下, 武官條에는 맨 앞에 侍衛府에 관한 사항이 수록되어 있다. 시위부는 將軍 6인, 大監 6인, 隊頭 15인, 項 36인, 卒 117인 등 총 180인으로 구성되어 있었다.
51) 『舊唐書』 卷199, 新羅傳 "王之所居曰金城 周七八里 衛兵三千人 設獅子隊"
52) 井上秀雄, 「앞 논문」 168 ; 李仁哲, 「新羅 法幢軍團과 그 性格」 『앞 책』, 313쪽.
53) 李文基, 「景德王代 軍制改革의 實態와 新軍制의 運用」 『앞 책』, 399쪽.

이 180명에 불과한 군사조직이다. 이들은 '위병 삼천인'으로 구성된 사자 대와는 거리가 먼 것으로 판단된다. 따라서 사자대는 왕경에 상주하는 중 앙의 무관을 총칭한 것으로 추측된다.[54] 무관 2,277명은 '위병(衛兵) 3,000명'으로도 통칭되었던 것으로 보인다. 이러한 중앙의 무관 2,277명 이 평시체제 하의 중앙군의 상층부를 구성하였다. 이들은 평상시에는 왕 경에 거주하면서 <표 1>에서 보이는 6정, 9서당, 10정, 5주서, 3무당, 계 금당 등의 군관직을 보유한 채, 중앙군의 하층부를 형성하는 농민출신의 의무군인들을 통솔하며 국왕의 호위와 수도의 경비·방어 등 다양한 군무를 수행하였다. 또 신라는 아직 문·무가 명확하게 분리되지 않은 시기로서, 무 관들은 여러 중앙 관직을 겸직하며 각종 업무에 동원된 것으로 보인다.

중앙의 무관들이 평상시에도 전시체제의 군관직을 보유하고 있었을 것으로 추정하는 것은 다음과 같은 이유에서이다. 9세기 초 애장왕대 (800~808)에 건립된 것으로 추정되는 경주 고선사(高仙寺) 「서당화상비 (誓幢和上碑)」에는 비문을 새긴 인물이 '음리화삼천당주(音里火三千幢主) 급찬(級湌) 고금ㅁ(高金ㅁ)'로 기록되어 있다.[55] <표 1>의 군호 10정(停) 에는 맨 앞에 음리화정(音里火停)이라는 예하 부대가 있고, 또 그 아래 군 관에는 삼천당주 6명이 배정되어 있다. 급찬 고금ㅁ는 이러한 음리화삼

---

54) 우리나라는 고대국가 이래 조선전기까지 무관중심의 군사체제를 유지하였다. 무 관들은 평상시 번상 농민병을 지휘·통솔하면서 국왕의 호위와 도성의 경비·방위를 담당하였고, 비상시 국가에서는 이들을 골간으로 하고 지방군을 포괄하는 전시체 제를 편성하였다. 이에 고려시기에는 개경에 상주하는 중앙의 무관 3,457명을 총 칭하여 府兵이라 하였고(拙稿, 「高麗·朝鮮初期의 府兵」『歷史敎育』69, 1999), 조 선전기에도 5~9품의 무관으로 구성된 甲士 14,800명(5번으로 나뉘어 6개월씩 근 무하였으니 실제 근무하는 인원은 2,960명)이 중앙군의 주축을 이루었다[拙稿, 『 朝鮮後期 中央軍制研究』(혜안, 서울), 2003, 21~48쪽 참조]. 신라 중대에도 왕성 에 거주하는 중앙의 무관(물론 장군은 제외되었겠지만)들이 중앙군의 주축을 이 루었으며, 이들을 사자대라고도 부른 것이 아닌가 하는 생각이 든다.

55) 韓國古代社會研究所 編, 『譯註 韓國古代金石文』제3권, 碑文, 한국고대사회연구 소, 1997, 3~15쪽

천당주 6명 중 1명인 것으로 보인다. 종래에는 이것을 10정이 지방에 위치하고 있었다는 유력한 증거로 삼기도 하였다.[56] 그런데 고선사는 경주에 위치하고 있었다. 급찬 고금□가 음리화정(音里火停: 현재의 경상북도 상주)에 거주하면서 이러한 고선사의 서당화상비를 새겼다고 보기는 어렵다. 급찬 고금□가 '음리화삼천당주'라는 군관직을 보유한 채 경주에 거주하면서 서당화상비를 새겼다고 해석하는 것이 보다 자연스럽다고 생각한다. 한편 경문왕 12년(872) 황룡사를 중창하면서 조성한「황룡사 9층목탑 사리함기」에는 그것을 찬술한 박거물(朴居勿)의 이름 앞에 '시독(侍讀) 우군대감(右軍大監) 겸성공(兼省公)'이라는 관직이 열거되어 있다.[57] 즉 사리함기를 지은 박거물은 시독과 우군대감, 성공 등의 관직을 겸직한 것이다. 여기에서 우군대감의 우군(右軍)은 좌군, 중군, 우군으로 이루어진 3군 가운데 하나로서, 우군대감은 앞에서 살펴본 바와 같이 6정, 9서당 형식의 전시체제가 붕괴되고 3군 형식의 전시체제가 들어선 신라 하대의 군관직이다. 그런데 박거물은 평상시 이러한 전시체제 군관직을 보유하고 있었다. 따라서 무관들은 평상시에도 전시체제의 군관직을 보유하고 여러 업무에 종사하고 있었다고 보아야 한다.

근래 6정의 장군직에는 평상시 특정한 인물이 임명되어 취임해 있지 않았다는 주장이 제기된 바 있다.[58] 신라 중고기에는 30명 이상의 복수의 장군들을 그때그때 필요에 따라 전시출동의 상황에서 대당과 정의 각 부대 장군직에 임명·배속시켰다는 것이다. 이러한 형태는 장군 예하 제(諸)군관직(軍官職)의 운용방식에서도 마찬가지라고 한다. 대당과 정의 각급 군관직에 항상 어떤 인물이 임명되어 있는 것이 아니라, 평상시에는 특정 부대와 무관한 채 대감(大監)·제감(弟監)·소감(少監) 등의 군관직을 보유하

---

56) 李仁哲,「新羅 骨品體制社會의 兵制」『앞 책』, 1993, 353쪽.
57) 韓國古代社會研究所 編,『앞 책』제3권, 舍利函 銘文, 1997, 366쪽.
58) 李文基,「中古期 軍事組織의 運用實態와 運用基盤」『앞 책』, 1997, 224~225쪽.

고 다양한 업무에 동원되다가 부대가 출동하는 상황에서 각 부대에 임명·배속되었다는 것이다. 그러나 이것은 중고기라는 특수한 시기의 상황이거나 장군직에 한정된 것으로서 중대와 하대의 제 군관직은 그렇지 않았다고 본다. 즉 애장왕대에 급찬 고금口가 음리화삼천당주에 임명·배속되었고, 경문왕대에 박거물이 우군대감에 임명·배속된 예와 같이 평상시에도 전시체제의 제 군관직에는 특정 인물이 임명·배속되어 있었던 것이다. 사실 평상시에 전시체제의 군관직에 특정 인물이 임명·배속되지 않고, 전시체제가 그야말로 편제상에만 그치고 있다면, 유사시 전시체제가 즉각적으로 가동할 수 있을 지 의문이다. 평상시에도 각 군관들이 전시체제에서의 자신의 위치를 숙지하고 있어야 유사시 전시체제가 제 기능을 다할 수 있는 것이다. 따라서 신라 중대에 무관들은 평상시 <표 1>에서 보이는 전시체제의 여러 군관직에 임명·배속되었을 것으로 판단된다.

중앙군의 상층부는 무관들로 구성되었고, 하층부는 양인농민 출신의 의무군인들로 이루어졌다. 무관들은 평상시의 인원이 유사시 전부 전시체제의 군관으로 전환되었지만, 의무군인들은 그렇지 않았다. 의무군인들은 유사시에는 "집집마다 군사를 징병하였다.[率戸徵兵]"[59]라고 표현되듯이 모든 장정들이 징발되어 전시체제 각 군호의 예하 부대에 편입되었지만, 평상시에는 생업에 종사하면서『삼국사기』에서 설씨녀의 아버지 설씨의 경우에서 보듯이 일정한 번차에 따라 수도의 경비·방위나 변방 방어 등 각종 군역에 동원되었다.[60] 즉 의무군인들은 전시냐 평시냐에 따라 동원되는 군액에 많은 차이가 있었던 것이다. 한편 의무군인들은 대체로 15~60세의 장정들이 징발되었지만[61], 이들의 징발에는 일정한 기준이 있었던

---

59)『三國史記』권7, 新羅本紀7 文武王 11년 7월.
60)『三國史記』권48, 列傳 薛氏女 "眞平王時 其父年老 番當防秋於正谷"
61) 삼국시기이래 의무군역은 15~60세에 이르는 양인 남자들이 부담하였다고 한다.
　　(김기흥,『삼국 및 통일신라 세제의 연구』, 역사비평사, 1991, 83~86쪽.)

것으로 보인다. 이에 대해 『수서』, 신라전에서는 다음과 같이 적고 있다.

> 장건한 남자를 뽑아 모두 군대에 편입시키고 봉수(烽燧), 방수(防戍), 순라(巡邏) 등을 하게 하였으며, 모든 부대(屯)마다 부오(部伍)로써 관리하고 있다.[62]

즉 의무군인들은 장건한 자만을 뽑아 군대에 편입시킨 것이다. 이때 장건한 자를 뽑는 '선군(選軍)'은 안정적으로 군역 의무를 이행할 수 있는 사람을 선발하는 과정으로서, 각 지방 관청에서 토지와 인정(人丁)의 수를 참작하여 이루어졌을 것이다. 현재 '촌락문서'를 다양하게 분석하여 계연(計烟)이나 호등제(戶等制)에 따라 의무군인의 징발이 이루어졌을 것이라는 연구가 제시되고 있다.[63]

한편 중앙군의 의무군인들은 지방에서 자기 지역의 방위를 전담하는 지방군과는 달리 수도의 경비·방위와 더불어 변방 방어의 임무에도 동원되었다. 그런데 종래 중앙군과 지방군을 그 군인들의 출신지로 구분하는 경향이 있어왔다. 의무군인들이 왕경인 출신이면 중앙군으로, 지방민 출신이면 지방군으로 파악한 것이다. 그래서 왕경인 출신의 중앙군들이 소속된 부대가 대당(大幢)이었으며, 이들은 일정 지역에 주둔하면서 병영 생활을 했을 것이라는 견해가 제기된 바 있다.[64] 그러나 중앙군과 지방군은 군인들의 출신 지역에 따른 구분이 아니라 업무에 따른 구분이다. 수

---

62) 『隋書』 권81, 列傳46 東夷 新羅 "選人壯健者 悉入軍 烽戍邏俱有屯管部伍"
63) 金琪燮, 「新羅 統一期의 戶等制와 孔烟」 『釜大史學』17, 1993.
　　李仁哲, 「新羅 統一期의 村落支配와 計烟」, 「新羅 法幢軍團과 그 性格」, 『앞 책』, 1993.
　　李仁哲 교수는 「新羅 法幢軍團과 그 性格」에서 촌락문서에 보이는 計烟은 토지 18
　　결과 丁男 6인을 단위로 편성되었고, 촌락민들이 중앙군역에 징발될 경우에는 計烟
　　1호당 정남 1인씩이 징발되었을 것이라고 추정하였다. (「위 논문」, 314쪽)
64) 李文基, 「中古期 軍事組織의 運用實態와 運用基盤」 『앞 책』, 1997, 221~224쪽 ;
　　「新羅의 六部兵과 그 性格」 『歷史敎育論集』27집, 2002, 107~114쪽.

도의 경비·방위와 더불어 변방 방어의 임무에도 동원되면 중앙군이요, 자기 지역의 방위만을 전담하면 지방군인 것이다. 따라서 왕경인이라도 수도의 방위만을 전담하는 군인이면 이들은 지방군으로 분류되는 것이다. 또 지방민이라도 왕경으로 번상하여 수도의 경비·방위와 더불어 변방 방어의 임무에도 동원되면 중앙군이 되는 것이다. 이러한 형태는 조선시기에도 그러하였다. 조선전기의 5위제는 5위(의흥위·용양위·호분위·충좌위·충무위) 아래 중앙군과 지방군을 통합시킨 전시체제인데, 의흥위는 중위(中衛)로서 중앙군으로는 갑사와 보충대가 소속되었고, 지방군은 경중부민(京中部民), 경기·강원·충청·황해도의 진관 군사가 이에 속하였으며, 용양위는 좌위(左衛)로서 중앙군으로는 별시위와 대졸이 소속되었고, 지방군은 경동부민(京東部民)과 경상도의 5개 진관 군사가 여기에 속하였다. 이 이외에 호분위(右衛), 충좌위(前衛), 충무위(後衛) 역시 각 중앙군과 지방군이 차례로 이들에 분속되어 질서 정연한 체제를 이루고 있었다.[65] 여기에서 경중부민(京中部民), 경동부민(京東部民), 경서부민(京西部民) 등은 모두 수도 한양 출신이지만 지방군으로 분류되고 있었고, 갑사, 보충대, 별시위 등에는 지방민 출신이 있었지만 중앙군으로 분류되고 있다. 이러한 분류 방식은 신라시기에도 마찬가지였을 것으로 보인다. 뒤에서 살펴보겠지만 왕경인으로서 지방군에 편성되는 자도 있었고, 지방민으로서 중앙군에 편성되는 자도 있었다. 특히 지방민으로서 중앙군에 편성된 것은 다음 견훤의 예를 통해서 확인된다.

> 견훤은 상주 가은현 사람이다. …(중략)… 장성하여서는 체모가 웅대하고 기이하였으며 지기(志氣)가 활달하고 비범하였다. 종군(從軍)하여 왕경에 들어왔다가 서남해 방수(防戍)에 나갔는데 창을 베고 적을 기다리며 그 용기가 항상 사졸 중에 앞서서 공로로 비장(裨將)이 되었다.[66]

---

65) 『經國大典』 권4, 兵典 從二品衙門 五衛.

견훤은 상주 출신의 의무군인으로서 중앙군에 편성되어 서울로 번상하였다가, 서남해 방수 근무에 배치되었고, 또 공로로 비장으로 올라갔던 것이다. 이와 같이 중앙군에는 왕경인과 더불어 지방민이 함께 포함되어 있었다.

한편 앞에서 왕경인 출신의 중앙군들이 소속된 부대가 대당(大幢)이었으며, 이들은 일정 지역에 주둔하면서 병영 생활을 했을 것이라는 견해가 제기된 바 있었다고 했는데[67], 이것도 재고되어야할 부분으로 보인다. 우선 대당은 앞에서 거듭 강조한 바와 같이 전시체제로서 중앙군으로 분류될 성질의 것이 아니다. 중앙군은 평시체제에서 지방군에 대응한 개념이다. 또한 중앙군은 일정 지역에 주둔하면서 병영 생활을 한 것은 아니었을 것으로 보인다. 중앙의 무관들은 평상시 여러 관직을 겸직하면서 각종 업무를 수행하였고, 의무군인들은 번차에 따라 왕경에 번상하여 자신들에게 주어진 군역 의무를 수행하였다. 이때 왕경인들은 집에서 자신의 군역처로 출퇴근하는 형식이었고, 지방민들은 숙소를 정해놓고 군역 의무를 수행하였을 것이다.『삼국유사』5, 진정사 효선쌍미조에는 승려가 되기 이전의 진정법사(眞定法師)가 군역을 수행하는 기록이 다음과 같이 나온다.

> 법사(法師) 진정(眞定)은 신라 사람이다. 속인(俗人)으로 있을 때 이름이 군적에 올라 있었는데 집이 가난하여 장가들지 못했다. 군대 복역의 여가에는 품을 팔아 곡식을 얻어서 홀어머니를 봉양하였다.[68]

즉 의무군인들이 병영 생활을 하는 것이 아니라 자신의 집에서 군역처

---

66)『三國史記』권50, 列傳10 甄萱 "甄萱 尙州 加恩縣人也 …… 及壯 體貌雄奇 志氣 偶儻不凡 從軍入王京 赴西南海防戌 枕戈待敵 其勇氣恒爲士卒先 以勞爲神將"
67) 주 63)과 同.
68)『三國遺事』권5, 孝善 眞定師 孝善雙美 "法師眞定 羅人也 白衣時 隷名卒伍 而家 貧不娶 部役之餘 傭作受粟以養孀母"

로 출퇴근하는 형식을 취했기 때문에 진정법사는 복역의 여가에 품을 팔아 곡식을 얻어 홀어머니를 봉양할 수 있었던 것이다.

이상에서 본 바와 같이 신라의 평시체제 하에서 중앙군은 무관과 양인농민 출신의 의무군인으로 구성되었고, 이들은 왕경의 경비·방위와 더불어 변방 방어의 임무에도 동원되었다. 특히 중앙의 무관 2,277명은 평상시 중앙군의 중추를 이루면서 각 지방에서 번상한 의무군인들을 지휘·통솔하며 다양한 임무를 수행하였고, 유사시에는 『삼국사기』 직관지 무관조에 기재된 여러 군관직에 취임하여 전시체제를 형성하였다. 즉 신라 중대의 중앙군은 무관 중심의 최정예 군사조직이었던 것이다.

2) 지방군

신라 중대의 군사체제는 전시체제와 평시체제로 구분되었고, 평시체제는 다시 중앙군과 지방군으로 나뉘었다. 중앙군이 국왕의 시위와 수도의 경비·방어 등을 담당하며, 때에 따라서는 변방 방어의 임무에도 나서는 군사라면, 지방군은 일정한 지역의 방위를 전담하거나 유사시에 대처하는 군사였다. 그런데 신라 중대에 중앙군은 무관 중심의 최정예 군사조직이었음에 비해 지방군은 양인농민 출신의 의무군인을 중심으로 이루어졌다. 군사력 면에서 지방군은 중앙군에 비해 훨씬 취약했던 것이다. 그러나 중앙군이 수도에 집중하여 있었던 것에 반해 지방군은 전국에 편재하고 있었다. 여기에서는 이러한 신라 중대의 지방군에 대하여 살펴보겠다.

신라 중대에는 전국을 왕경과 9주 5소경, 그리고 115군 286현(경덕왕 때에는 117군 293현)으로 나누어 통치하였다.[69] 이러한 왕경과 주, 소경,

---

69) 115郡 286縣은 『삼국사기』 직관지 외관조에 郡太守가 115인으로, 少守가 85인으로, 縣令이 201인으로 기록된 것에 의거한 것이다. 한편 『삼국사기』 권9, 신라본

군현에는 모두 지방군이 설치되어 있었던 것으로 보인다. 지방군은 왕경과 전국 모든 군현에 설치되어 그 지역의 치안 유지와 축제(築堤), 축성(築城) 등의 부역에 동원되었다. 그리고 이들은 일정한 번차에 따라 당번이 되면 왕경으로 올라가 중앙군에 편입되었고, 유사시에는 앞에서 살펴본 바와 같이 전시체제의 일반 군인으로 편제되었다.『삼국사기』직관지 무관조에서 왕경과 9주 5소경, 군·현에 설치된 지방군으로 지목할 수 있는 것을 찾아보면, 왕도와 9주에 설치된 사자금당(師子衿幢), 비금당(緋衿幢), 군사당(軍師幢), 보기당(步騎幢), 개지극당(皆知戟幢) 등과 39여갑당(餘甲幢: 京餘甲幢, 小京餘甲幢, 外餘甲幢), 여갑당(餘甲幢), 외법당(外法幢) 등 이른바 '법당군단' 등을 들 수 있다. 우선 왕도와 9주에 설치된 군대의 모습을『삼국사기』직관지 무관조의 제군관(諸軍官) 중에 나오는 사자금당주(師子衿幢主)를 예를 들어 살펴보면 다음과 같다.

> 사자금당주(師子衿幢主)는 왕도3인 사벌주3인 삽량주3인 청주3인 한산주3인 우수주3인 하서주3인 웅천주3인 완산주3인 무진주3인 모두 30인으로 깃[衿]을 달며 관등은 사지에서 일길찬까지이다.

위 사자금당주는 사자금당의 당주(幢主)로 판단되는데, 사자금당은『삼국사기』직관지 무관조의 23군호에는 포함되지 않은 것으로서 이 무관조의 '제군관' 부분을 면밀히 검토해야 파악할 수 있는 군사조직이다. 사자금당은 앞에서 살펴본 전시체제에 포함되지 않았고, 또 평시체제의 중앙군도 아니었다. 이것은 단지 사자금당주라는 군관명 뒤에 왕도와 9주에 각각 3명씩 설치되어 있다고 기록되어 있을 뿐이다. 따라서 사자금당은 지방군으로밖에는 달리 생각할 수 없다. 이러한 사자금당의 당주는 위 인용문에서 보듯이 왕도에 3인, 그리고 9주에 각각 3인씩 모두 30인이

기 경덕왕 16년 12월조에는 117군 293현이 있었다고 기록되어 있다.

설치되어 있었다. 사자금당과 같이 23군호에는 포함되지 않으면서 『삼국
사기』 직관지 무관조에 왕도와 9주에 설치되어 있는 군사조직으로는 왕
도에는 사자금당 이외에 군사당, 보기당, 비금당, 개지극당 등이 더 있었
으며, 9주에는 사자금당과 더불어 비금당이 있었다. <표 2>는 이와 같이
왕경과 9주에 설치된 지방군의 군관을 모아서 정리한 것이다.

<표2> 왕도와 9주의 지방군 군관 조직[70]

지역 군관	王都	9州									합계
		沙伐州	歃良州	菁州	漢山州	牛首州	河西州	熊川州	完山州	武珍州	
軍師幢主	1										1
步騎幢主	1										1
緋衿幢主		3	3	3	2	6	6	5	4	8	40
師子衿幢主	3	3	3	3	3	3	3	3	3	3	30
軍師監	2										2
步騎監	1										1
師子衿幢監	3	3	3	3	3	3	3	3	3	3	30
緋衿監	8 *	3	3	3	2	6	6	5	4	8	48
皆知戟幢監	4										4
합계	23	12	12	12	10	18	18	16	14	22	157

<표 2>와 같은 왕경과 9주에 설치된 지방군 이외에 왕경, 소경, 군, 현
등에는 이른바 '법당군단(法幢軍團)'의 형식으로 지방군이 편성되어 있었
던 것으로 보인다.[71] 법당군단이란 '법당'이라는 단어를 명칭 앞에 붙인

---

70) 표 중에 *표로 표시된 부분은 『삼국사기』, 직관지, 무관조에는 단지 '緋衿監 四十
八人 領幢四十人 領馬兵八人'으로 되어 있을 뿐인데, 40명은 비금당주와 같은 숫
자로 각 주에 배치되었다고 생각하고, 領馬兵 8명은 왕도에 배치된 것으로 판단하
여 작성한 것이다. 그러나 이에 대한 근거가 있는 것은 아니다.
71) 法幢軍團에 관한 지금까지의 연구 성과를 열거하면 다음과 같다.
　　井上秀雄, 「新羅兵制考」, 『앞 책』, 1974, 163~172쪽
　　京俊彦, 「新羅の法幢について」 『朝鮮史硏究會會報』, 1979, 55쪽.

여러 군관들, 즉 법당주(法幢主), 법당감(法幢監), 법당화척(法幢火尺), 법당두상(法幢頭上), 법당벽주(法幢辟主) 등의 군관이 지휘하는 여러 부대들을 포괄하는 일련의 군사 조직을 통칭하는 것이다. 『삼국사기』 직관지 무관조의 '제군관' 부분에서 법당군단에 해당하는 부대를 찾아보면, 주로 문관으로 구성되었을 것으로 보이는 백관당(百官幢)과 특수병기를 다루는 4설당(四設幢), 왕경을 비롯한 지방의 여러 지역에 배치된 39여갑당(京餘甲幢·小京餘甲幢·外餘甲幢), 여갑당, 외법당, 군사당, 사자금당 등이 발견된다. 이들 중 특히 지방군과 관련하여 주목되는 것은 경여갑당·소경여갑당·외여갑당, 여갑당, 외법당 등이다. 경여갑당은 왕경의 주민들로 편성된 부대였고, 소경여갑당은 소경과 소경 주변의 촌락민으로 편성된 부대였으며, 외여갑당, 여갑당, 외법당 등은 지방의 군·현민으로 편성된 부대이다. 이러한 경여갑당·소경여갑당·외여갑당, 여갑당, 외법당 등의 군관을 『삼국사기』 직관지 무관조의 '제군관' 부분에서 뽑아서 정리하면 다음 <표 3>과 같다.

<표 3> 법당군단의 군관 조직[72]

구분 \ 부대 \ 군관	京餘甲幢	小京餘甲幢	外餘甲幢	餘甲幢	外法幢
幢主系 法幢主	15	16	52		
法幢監	15	16	52		
法幢火尺	15		102		
頭上系 法幢頭上				45	102
法幢辟主				45	306

武田幸男, 「中古新羅의 軍事的基礎」 『民族文化論叢』 1, 1981.
盧瑾錫, 「新羅 中古期의 軍事組織과 軍事動員體制」 啓明大 석사학위논문, 1987.
盧重國, 「法興王代의 國家體制强化」 『統一期의 新羅社會硏究』, 1987.
李仁哲, 「新羅 法幢軍團과 그 性格」 『韓國史硏究』 61·62, 1988.
李宇泰, 「新羅 中古期의 地方勢力 硏究」 서울大 박사학위논문, 1991.
姜鳳龍, 「三國 및 統一新羅 軍事參與層의 擴大와 軍役制」 『百濟硏究』 32, 2000
72) 이 표는 강봉룡, 「앞 논문」, 2000, 193쪽에 있는 표를 인용한 것임.

법당군단에 대해서는 지금까지 많은 연구가 진행되었고, 또 신라 중대에 법당군단이 존재했는지에 대해서 회의적인 시각도 없지 않다. 또 <표 3>과 같이 배치된 법당군관들이 어떤 군단체계를 이룬 것이 아니라 각 군·현에 뿔뿔이 흩어져 있는 것이어서 이를 통칭하여 '법당군단'이라 칭하는 것도 문제가 있는 것은 사실이다. 그러나 이른바 '법당군단'이 지방군과 관련이 있는 것은 분명한 것으로 보인다. 외여갑당의 법당주 52인과 『양서(梁書)』, 신라전에 기록된 "나라 안에는 6개의 탁평과 52개의 읍륵이 있다."[73]에서 52개의 읍륵이 서로 숫자가 일치하고 있는 점, 외여갑당의 법당주 52인과 여갑당, 외법당의 법당두상 147인을 합친 199라는 숫자가 『삼국사기』 직관지 외관조에 보이는 지방관의 숫자 200인(郡太守 115인＋少守 85인)과 거의 일치하는 점, 외여갑당의 법당감 52인과 여갑당·외법당의 법당벽주 351인을 합한 403인이라는 숫자가 『삼국사기』 직관지 외관조에 보이는 군태수, 소수, 현령을 모두 합한 401인(郡太守 115인＋少守 85인＋縣令 201인)이라는 숫자와 근접한다는 연구 성과는 의미 있는 것으로 받아들이고 싶다.[74] 이러한 지방관과 법당군관의 숫자의 일치는 단순한 우연의 일치가 아니라, 전국에 파견된 군·현의 지방관이 법당군관을 겸하고 있음을 보여주는 분명한 증거라고 판단된다. 즉 신라 중대의 115군 286현(少守 85人, 縣令 201인) 중에서 태수와 소수가 파견된 군·현에는 태수와 소수가 법당주와 법당두상을 겸임하였고, 현령이 파견된 현에는 현령이 법당벽주를 겸임한 것이다. 태수, 소수, 현령 등 지방관은 일반 행정을 담당할 뿐만 아니라 법당군관을 겸임하면서 지방군을 통솔하였던 것이다.

지금까지 신라 중대에 설치된 지방군의 종류에 대하여 간략히 살펴보았다. 즉 신라 중대에는 전국을 왕경과 9주 5소경, 115군 286현으로 나누

---

73) 『梁書』, 新羅傳. "國有六啄評 五十二邑勒"
74) 李仁哲, 「앞 논문」, 1988 ; 「新羅 法幢軍團과 그 性格」『앞 책』, 1993.

어 통치하였는데, 이러한 지역 모두에 지방군이 설치되어 있었다. 왕경에는 <표 2>와 같이 '왕도(王都)'라고 표기된 군관을 가진 지방군이 있었고, 또 경여갑당(京餘甲幢)이라는 법당군단도 설치되어 있었다. 주(州) 역시 <표 2>에서 보는 바와 같이 비금당, 사자금당 등의 지방군이 있었고, 소경에는 소경여갑당이라는 법당군단이 있었다. 그리고 각 군·현에도 태수·소수·현령 등의 지방관들이 법당주, 법당두상, 법당벽주 등의 군관을 겸임하는 법당군단이 설치되어 있었다.

그런데 주에 설치된 <표 2>의 비금당, 사자금당은 주치(州治)에 있었던 것으로 판단된다. 신라 중대에 주(州)는 세 가지의 중복된 의미를 내포하고 있었다고 한다.[75] 첫째, 광역행정구역으로서의 의미이다. 전국을 9개로 크게 나눈 9주가 그것이다. 둘째, 몇 개의 영현(領縣)을 거느린 중간 영역으로서의 의미이다. 이런 의미에서 주(州)는 적게는 1개에서 많게는 4개에 이르는 영현을 거느린 것으로 나타나고 있다. 셋째, 여타의 영현을 제외한 나머지 소영역으로서의 의미이다. 이런 의미에서의 주는 순수한 주치(州治)를 의미하는 것이다. 신라 중대에 주(州)가 이러한 의미를 가질 때, 주의 장관인 도독(都督)은 주치에 있는 <표 2>의 비금당, 사자금당을 직접 통솔하고, 영현(領縣)에서 법당두상, 법당벽주 등이 통솔하는 지방군을 관장하며, 광역행정구역인 주(州) 전체의 병마권을 장악하였던 것으로 보인다. 도독이 이러한 군사력을 지니고 있었기에 지방에서 초적(草賊)이 횡행할 때 중앙정부는 도독과 태수들에게 초적을 잡아들일 것을 명할 수 있었고[76], 웅천주 도독 김헌창도 이러한 군사력을 바탕으로 대규모 반란을 일으킬 수 있었던 것으로 보인다.

---

75) 姜鳳龍, 「新羅 地方統治體制 研究」 서울대 박사학위논문, 1994, 208쪽.
76) 『三國史記』 卷10, 新羅本紀10 憲德王 11년 3월 "草賊遍起 命諸州郡都督太守 捕捉之" ; 『三國史記』 卷10, 新羅本紀10 憲德王 17년 정월 "憲昌子梵文 與高達山賊 壽神等百餘人 同謀叛 欲立都於平壤 攻北漢山州 都督聰明率兵 捕殺之"

이상에서 본 바와 같이 신라 중대에 주·군·현의 장관인 도독·태수·소수·현령은 민정(民政)과 더불어 지방군을 통솔하는 군정(軍政)을 겸임하고 있었다. 그러나 신라 중대에는 점차 지방관을 문인으로 임명하는 경향이 있었던 것으로 보인다. 비록 신라 시기에는 문관·무관의 구별이 뚜렷하지는 않았지만 문인 성향의 인물들이 지방관에 취임했던 것이다. 이것은 원성왕 5년(789)의 다음 기사를 통해 추측할 수 있다.

> (원성왕 5년) 9월에 자옥(子玉)을 양근현(楊根縣) 소수(小守)로 삼았다. 집사사(執事史) 모초(毛肖)가 반박하여 말하기를 "자옥이 문적(文籍) 출신이 아니어서 지방관의 직을 맡길 수 없습니다."라고 하였다. 시중이 의논하여 말하기를 "비록 문적 출신은 아니지만, 일찍이 입당(入唐)하여 학생이 되었으니, 어찌 쓰지 못하겠습니까."라고 하니, 왕이 이에 따랐다.[77]

위의 사료를 통해 원성왕 5년에 이르러 현(縣)의 지방관인 소수의 임명에 문적(文籍) 출신만 가능했던 것을 알 수 있다. 지방군을 통솔하는 지방관에 국학(國學)을 나온 문인만 임명될 수 있었던 것이다. 이러한 조치는 물론 지방관의 문인화를 통해 지방사회의 안정, 중앙집권체제의 강화 등을 꾀하려는 집권층의 의도가 개재된 것으로 추측되지만 지방군의 약화도 동시에 초래한 것으로 보인다. 평소 유학 공부에 전념하던 문인들이 지방군을 제대로 통솔하기는 어려웠을 것이다. 이에 신라 하대에 지방 군현들은 각처에서 발발하던 농민반란을 제대로 제압하지 못하였고, 지방 세력이 등장하여 중앙 정부에 대항하기에 이르렀던 것이다.

---

77) 『三國史記』卷10, 新羅本紀10 元聖王 5년 9월.

4. 맺음말

지금까지 『삼국사기』 직관지 무관조의 분석을 통해 신라 중대 군제의 구조에 대하여 살펴보았다. 종래 이 무관조에 수록된 군사조직의 존재시기와 성격, 실체 등을 둘러싸고 많은 논쟁이 있었으나, 본고에서 무관조를 검토하여 확인한 바는 다음과 같다.

우선 『삼국사기』 직관지 무관조의 범군호(凡軍號) 가운데 맨 앞에 나오는 6정과 9서당은 통설과 같이 통일 전 6정에서 통일 후 9서당으로 개편된 것이 아니라, 모두 신라 중대에 병존하고 있었던 것으로 파악된다. 이것은 8세기 중엽 경덕왕 대에 웅천주정을 추가로 설치하여 6정을 확대 개편하는 것을 통해 확인할 수 있다. 한편 6정, 9서당과 더불어 무관조의 23개 군호에 기재된 10정, 5주서, 3무당, 계금당 등도 모두 신라 중대에 존재하고 있었다. 이것은 이들이 기병 중심으로 편성되어, 보병 중심의 6정을 보완하는 체제를 갖추고 있는 점을 통해 짐작할 수 있다. 또한 10정은 예하부대의 명칭에 붙어있는 지명을 통해, 그리고 계금당은 문무왕 8년의 행군조직을 통해 신라 중대에 존재하고 있음이 재확인된다.

6정, 9서당, 10정, 5주서, 3무당, 계금당은 신라 중대의 전시체제, 행군조직이었다. 이들 군사조직은 평시체제 하의 중앙군과 지방군이 유사시 재편성되는 전시체제로서, 7세기 후반에 진행된 군제개편 작업을 거치면서 새롭게 편제된 것이다. 7세기 후반 문무왕, 신문왕대에는 왕권의 전제화와 중앙집권 강화를 목표로 대대적인 군제 개편이 진행되었다. 중고기에 세력의 차이가 심하였던 각 군사조직을 고르게 편제하고, 이들 사이에 상호 견제와 통제를 가능하게 함으로써 반란을 방지하고 왕권을 강화하려 한 것이다. 이에 따라 중고기의 다양한 군사조직이 흡수 통합되고, 신설되어 『삼국사기』 직관지 무관조의 6정, 9서당, 10정, 5주서, 3무당, 계금당 형태로 정비되었다. 이러한 군제 개편 작업은 효소왕 2년 장창당을 비금서당으로 고치면서 마무리되었다. 그런데 이와 같이 7세기 후반에 개편된 전시체제는 신라 하대에 들어와 붕괴된 것으로 보인다. 헌덕왕 14년(822) 김헌창의 난을 진압하기 위해 편성한 정부의 행군조직은 6정, 9서당 등의 형태가 아니라 3군 형태로 편성되었다. 이것은 신라 하대에 들어오면서 6정, 9서당 형태의 전국적인 전시체제의 동원이 불가능해짐에 따라 임시변통적인 3군 체제로 전환된 것으로 평가된다.

신라 군제는 전시체제와 평시체제로 구분되었고, 평시체제는 다시 중앙군과 지방군으로 나뉘었다. 중앙군은 4, 5, 6두품이나 진골 등의 신분적 자격을 갖추고 천거나 문음, 궁술 시험 등을 통해 무관의 지위에 오른 군인과 양인농민으로서 의무적으로 징발된 군인으로 구성되었다. 이 중 무관이 중앙군의 중추적 군사력을 구성하였다. 이들은 평상시 양인농민 출신의 의무군인들을 지휘·통제하면서 국왕의 호위와 수도의 경비·방어 등을 담당하였고, 변경의 방수 등에도 동원되었다. 이들은 유사시에는 6정, 9서당, 10정, 5주서, 3무당, 계금당 등의 전시체제에 편입되어 핵심 군사력으로 활동하였다. 신라 중대에 이러한 중앙의 무관은 2,277명으로 추산된다. 이것은 6정, 9서당, 10정, 5주서, 3무당, 계금당 등에 소속된 무관의 합계 2,097명에 시위부의 무관 180명을 합친 숫자이다. 시위부는 평시체제로서, 전시체제에는 포함되지 않는다. 이러한 중앙의 무관 2,277명이 『구당서』 신라전에 나오는 '위병(衛兵) 삼천인(三千人)'으로 구성된 사자대(獅子隊)로 판단된다. 한편 이러한 중앙의 무관들은 평상시에도 전시체제의 군관직을 보유하고 있었던 것으로 추정된다. 이것은 경주 고선사 『서당화상비』와 『황룡사 9층목탑 사리함기』를 통해 확인할 수 있다. 한편 중앙군의 하층부를 구성하는 양인농민 출신의 의무군인들은 유사시에는 모든 장정이 징발되어 전시체제 각 군호의 예하 부대에 편입되었지만, 평시에는 생업에 종사하면서 일정한 번차에 따라 수도의 경비·방위나 변방 방어 등 각종 군역에 동원되었다. 의무군인들은 15~60세의 장정이 징발되었지만, 이들의 선군(選軍)은 대체로 토지와 인정의 수를 참작한 호등제에 따라 이루어졌을 것으로 보인다.

평시체제 하의 지방군은 신라 중대의 왕경과 9주 5소경, 115군 286현에 모두 설치되어 있었다. 왕경에는 사자금당, 비금당, 군사당, 보기당, 개지극당이, 9주의 주치(州治)에는 사자금당과 비금당이 설치되어 있었으며, 또 왕경, 소경, 군, 현에는 이른바 '법당군단'이 설치되어 있었다. 특히 주의 도독(都督)은 주치(州治)에 있는 사자금당과 비금당을 직접 통솔하고 영현(領縣)의 법당군단을 통솔하며, 주(州) 전체의 병마권을 장악하고 있었다. 이러한 군사력으로 도독은 주(州)의 치안을 유지할 수 있었으나, 또한 이러한 군사력은 중앙 정부에 대한 반란에 이용되기도 하였다. 그러나 신라 하대에 들어와 지방관을 문인으로 임명함에 따라 지방군은 약화되어 갔고, 지방 세력이 등장하는 계기가 되었다.

신라 중대 군제의 구조를 이와 같이 파악하면 종래 『삼국사기』 직관지 무관조를 둘러싼 여러 논쟁들은 어느 정도 정리될 수 있다고 본다. 즉 무관조에 수록된 군사조직의 존재 시기와 관련하여서는 이들 모두 신라 중대에 존재한 것이 분명하고, 군사조직의 성격과 관련하여서는 전시체제와 평시체제가 혼합되어 있었으며, 6정과 법당군단을 둘러싼 논쟁과 관련하여서는 6정은 전시체제이고 법당군단은 평시체제로서 서로 차원을 달리하는 군사조직이라고 정리할 수 있겠다.

[『한국사연구』126호, 2004. 12 수록]

/ 5장 /
신라 하대 군제의 변화와 그 붕괴

1. 머리말

군대는 국가의 존립에 필수불가결한 요소이고, 군사력은 정치·경제·사회·문화 등 국가 모든 부문의 역량의 총합이다. '부국강병'한 나라가 발전하고, '빈국약병(貧國弱兵)'한 나라가 쇠망하는 것은 역사의 철칙이다. 따라서 군대의 군사력을 조직·관리하는 군제는 국가의 제도 중에서 가장 중요한 제도이며, 군제의 성격과 그 변천을 연구하는 군제사 연구는 역사 연구의 가장 중요한 분야에 속한다. 이러한 군제사 연구의 중요성으로 말미암아 지금까지 신라 군제에 대하여 적지 않은 연구가 이루어져왔다. 일찍이 소수의 실학자들이 이에 대해 선구적인 관심을 표명한 바 있었고, 근대적인 역사연구법이 정립된 이후부터 현재에 이르기까지 다양한 시각에서의 접근이 이루어져 왔으며 그 논점과 문제의식도 점차 심화·확대되어 왔다.[1]

신라 역사에서 군제가 차지하는 비중이 매우 큼에 따라 신라사에 관한 논문들에서 군제에 대해 언급한 부분은 헤아릴 수 없이 많다. 단지 지금까지 신라 군제를 전문적으로 다룬 논문들의 연구 경향을 살펴보면, 주로

---

1) 신라시기 군사조직의 연구동향에 대해서는 李文基, 「新羅 軍事組織 研究의 成果와 課題」, 『歷史敎育論集』 12, 1988 참조.

개별적인 군사조직이나, 일정한 시기의 군사제도에 대한 연구가 진행되었다. 즉 6정[2], 9서당[3], 10정[4], 시위부[5], 법당[6], 진(鎭)[7] 등의 군사조직이나, 상고기[8], 중고기[9], 중대[10], 하대[11] 등의 군사제도에 대한 연구가 주류를 이루었다. 이것은 신라 군제에 대한 논점과 문제의식이 심화·확대됨에 따라 나타난 필연적인 경향이었다. 그런데 이와 같은 개별적인 군사조직이나, 일정한 시기의 군사제도에 대한 연구만으로는 신라 시기 전체에 걸쳐 진행된 군제의 변화상을 파악하기가 어렵다. 부분을 통해서도 전

---

2) 李成市,「新羅六停の再檢討」,『朝鮮學報』92, 1979.
　李文基,「新羅 6停軍團의 運用」,『大丘史學』29, 1986.
　朱甫暾,「新羅 中古期 6停에 대한 몇 가지 問題」,『新羅文化』3·4合, 1987.
3) 盧重國,「신라 통일기 九誓幢의 성립과 그 성격」,『韓國史論』41·42合, 1999.
4) 한준수,「신라 신문왕대 10停의 설치와 체제정비」,『韓國古代史硏究』38, 2005.
5) 李文基,「신라 侍衛府의 성립과 성격」,『歷史敎育論集』9, 1986.
6) 李仁哲,「新羅 法幢軍團과 그 性格」,『韓國史硏究』61·62合, 1988.
7) 李基東,「新羅 下代의 浿江鎭」,『韓國學報』5, 1976(『新羅骨品制社會와 花郎徒』,
　一潮閣, 1984. 재수록)
　李文基,「統一新羅期의「北鎭」과 軍事的 位相」,『九谷 黃鍾東敎授 停年紀念 史學
　論叢』, 1994.
　姜鳳龍,「新羅下代 浿江鎭의 設置와 運營」,『韓國古代史硏究』11, 1997.
　全德在,「新羅 下代 鎭의 設置와 性格」,『軍史』35, 1997.
8) 李文基,「新羅의 六部兵과 그 性格」,『歷史敎育論集』27, 2001.
　李仁哲,「고대국가의 군사조직과 그 운영」,『강좌 한국고대사2』, 가락국사적개발
　연구원, 2003.
　金鍾洙,「新羅 上古期 軍制의 성립과 개편」,『軍史』73, 2009.
9) 武田幸男,「中古新羅의 軍事的 基盤」,『民族文化論叢』1, 1981.
　강봉룡,「6~7세기 신라의 병제와 지방통치조직의 재편」,『역사와 현실』4, 1990.
　盧瑾錫,「新羅 中古期의 軍事組織과 指揮體制」,『韓國古代史硏究』5, 1992.
　李文基,『新羅兵制史硏究』, 一潮閣, 1997.
10) 李明植,「新羅 統一期의 軍事組織」,『韓國古代史硏究』1, 1988.
　李文基,「7세기 후반 新羅의 軍制改編과 그 性格에 대한 一試論」,『韓國古代史硏
　究』16, 서경문화사, 1999.
　金鍾洙,「新羅 中代 軍制의 구조」,『韓國史硏究』126, 2004.
11) 李仁哲,「新羅 支配體制의 崩壞와 軍官組織」,『新羅政治制度史硏究』, 一志社,
　1993.

체를 가늠할 수 있지만, 전체의 흐름을 알아야 부분을 더욱 정확히 파악할 수 있는 것이다. 이에 본 연구는 지금까지의 연구 성과를 바탕으로 신라 천년의 역사 동안 진행된 군제의 변화상을 개략적으로 살펴보고자 한다.

그런데 지금까지 신라 하대 군제사에 대한 연구는 매우 빈약한 편이었다. 신라 하대 군제는 상대(상고기·중고기), 중대 군제의 제 모순이 극단적으로 드러난 형태로 운영되었으며, 신라 멸망의 원인을 제공하였다. 또 신라 하대 군제는 후삼국과 고려초기 군제의 형성에 지대한 영향을 주었다. 고려초기 군제는 신라 하대 군제의 기반 위에서, 이것을 개혁해 가는 가운데 그 제도의 정비가 이루어졌던 것이다. 따라서 신라 군제 전체와 고려 초기 군제를 체계적으로 이해하기 위해서는 신라 하대 군제에 대한 파악이 선결되어야 했다. 그러나 지금까지 하대 군제에 대한 연구는 매우 불충분한 편이었다. 이에 본 연구에서는 신라 하대 군제의 변화와 그 붕괴 과정을 밝히는 데 중점을 두려 한다.

본론에 들어가기에 앞서 본 연구의 군제사 이해 방법과 관련하여 몇 가지 첨언해두고자 한다. 우선 한 시기의 군제에는 다양한 군대가 혼합되어 있다. 신라 중대의 군제를 예로 들면 평시체제와 전시체제의 구분 하에서 6정, 9서당, 10정, 법당, 진 등 다양한 군대가 혼합되어 있었다. 따라서 군제를 체계적으로 이해하기 위해서는 중추적인 군사력과 부차적인 군사력을 구분하고, 중추적 군사력의 변화를 알아야 군제 변화의 큰 흐름을 파악할 수 있다. 이에 본 연구는 중추적 군사력의 변화를 중심으로 신라 군제의 변천을 살펴보려 한다.

다음으로 우리나라 군대는 삼국 이래 무관과 의무군역에 동원된 농민병으로 구성되었는데, 지금까지는 주로 농민병을 중심으로 군제를 파악하는 경향이 있어왔다. 그러나 농민병은 무관에 비해 그리 큰 군사적 역할을 하지는 못하였다. 공자도 "선인(善人)이 7년 동안 민(民)을 훈련시켜야 (그들을) 전쟁에 내보낼 수 있다."[12]라고 말할 정도이다. 뛰어난 지휘관(善人)이 7년 동안 훈련시켜야 겨우 전쟁터에 내보낼 수 있을 정도로 민들의 군사적 역할은 제한적인 것이다. 실제 민애왕 2년(889) 주로 농민병으로 구성되었을 것으로 추정되는 정부의 10만 대군은 장보고의 수천 군대에 격파되어 왕이 피살된 바 있다. 농민병은 전문적인 군인에 비해 군사력이 크게 떨어지는 것이다. 이에 본 연구는 군대에서 실질적인 군사력을 지닌 무관이나 전문적인 군인을 중심으로 신라 군제의 변천을 살펴보려 한다.

2. 신라 상·중대 군제의 개편

신라 천년의 역사 동안 군제는 대략 5번에 걸쳐 크게 변화하였다. 사로국 건국 이후 지증마립간 대까지에 해당하는 상고기의 군제는 6부병제(部兵制)와 2부병제로 운영되었는데, 건국 이후 실성이사금 때까지인 이사금 시기에는 6부병제로 운영되었고, 눌지마립간 이후 지증마립간 때까지인 마립간 시기에는 2부병제로 운영되었다. 그리고 법흥왕 이후부터 진덕여왕 때까지인 중고기의 군제는 대당(大幢)과 정제(停制)로 운영되었다. 한편 중대 이후 신라의 군제는 평시체제와 전시체제로 나뉘어 운영되었는데 평시체제는 줄곧 중앙군과 지방군 체제로 운영된 반면, 중대의 전시체제는 6정과 9서당 체제로 운영되었고, 하대의 전시체제는 3군제(軍制)로 운영되었다. 즉 신라 군제는 6부병제(이사금 시기)→2부병제(마립간 시기)→대당과 정제(중고기)→6정과 9서당 체제(중대)→3군제(하대)등 총 5번의 큰 변화를 겪었던 것이다. 여기에서는 신라 상대(상고·중고)

---

12)『論語』, 子路. "子曰 善人敎民七年 亦可以卽戎矣"

와 중대에 전개된 군제의 개편에 대하여 간략히 살펴보겠다.

신라는 기원 전후에 철제 농기구의 확산 등으로 촉발된 사회 변동에 대처하기 위해 진한 지역의 6개 읍락이 연합하여 건국되었다. 이와 같이 6개의 읍락이 모여 신라를 건국하였기 때문에 신라초기의 군대는 6개 읍락의 민들로 구성되었다. 6개의 읍락은 양부[喙部], 사량부[沙喙部], 점량부, 본피부, 한지부, 습비부 등 6부를 형성하고, 각 부민 가운데 유력자를 군인으로 뽑아서 6부병을 만들었던 것이다. 사료 신빙성 문제로 논란은 있지만 남해차차웅 11년(14)에 낙랑의 군대를 몰아내는데 6부병 1000명이 동원되었다는 기록이 있는 것으로 보아[13], 신라는 건국 무렵부터 6부병을 형성하였는데 그 수는 대략 1000명 정도였음을 짐작할 수 있다. 일단 6부가 모여 신라를 건국했기 때문에 6부병은 부단위로 개별적으로 움직이는 병력이 아니라 신라국왕의 명령에 따라 동원되는 신라의 국군(國軍)이었다.[14] 신라는 이러한 단결된 군사력으로 건국 이후 진한 소국들을 차례차례 정복하여 3세기 말에는 진한을 완전히 통합할 수 있었다. 그러나 6부병은 각 부에 근거지를 두고 있었고 이들 부의 영향력도 상당하였기 때문에, 6부병이 비록 왕명에 따라 움직이는 병력이라고 하더라도 국왕이 이들을 완전히 통제하기는 어려웠던 것으로 보인다. 이에 5세기 초 눌지마립간 대에 오면 6부병은 2부병으로 개편된다.

눌지마립간은 실성이사금이 국인(6부병)에 의해 추대된 것[15]과는 달리 실성이사금을 시해하고 스스로 왕이 되었다.[16] 눌지마립간은 자신의 추종 세력과 당시 신라에 주둔하고 있던 고구려군의 도움으로 실성이사금 16년(417) 5월 쿠데타를 통해 왕위에 올랐는데[17], 이것은 신라 정계에 엄

---

13)『三國史記』1, 新羅本紀 1, 南解次次雄 11년.
14) 李仁哲,「고대국가의 군사조직과 그 운영」, 앞의 책, 2003, 309쪽.
15)『三國史記』3, 新羅本紀 3, 實聖尼師今 즉위년. "奈勿薨 其子幼少 國人立實聖 繼位". 국인이 6부병이라는 것은 拙稿, 앞의 논문, 2009, 20~21쪽 참조.
16)『三國史記』3, 新羅本紀 3, 訥祇麻立干 元年. "乃歸 訥祇怨之 反弑王自立"

청난 충격을 주었을 것으로 보인다. 또 6부병이 추대한 실성이사금을 무력으로 제거한 쿠데타에 대해 6부병들의 동요와 반발도 상당했을 것이다. 이에 눌지마립간과 그 추종 세력은 고구려와 밀착 관계를 유지하면서 6부병의 반발을 억누르고 김씨 왕족의 독점적 정치체제를 구축하였을 것으로 생각된다. 그 일환으로 눌지마립간은 6부병을 훼부[梁部]와 사훼부[沙梁部]로 강제 이주시켜 2부병으로 편제하는 조치를 취했을 것으로 추정된다.18) 종전처럼 6부병이 각 부에 분산·거주하고 있으면 통제와 감시에 어려움이 있기 때문이다. 또 지연과 혈연으로 묶여있던 6부병을 지연과 혈연에서 분리된 명실상부한 국군으로 만들려는 의도도 있었을 것이다. 이후 눌지마립간은 외국에 인질로 나가있던 자신의 동생들을 불러들여 갈문왕으로 삼아, 훼부의 병사들은 마립간이, 사훼부의 병사들은 갈문왕이 통솔하는 이원적 군사체제를 수립한 것으로 보인다. 마립간은 훼부를 관장하면서 신라 사회를 이끌어가고, 그 다음의 유력자는 사훼부를 맡으면서 갈문왕으로서 마립간의 뒤를 받치는, 권력의 집중을 극대화할 수 있는 체제를 갖춘 것이다.19)

마립간 시기의 2부병제는 비상조치로 만들어진 군제였다. 눌지마립간과 그 추종세력이 김씨 왕족의 권력을 공고히 하기 위해 6부병제를 2부병제로 개편한 것이다. 그러나 마립간과 갈문왕이 각각 중앙군을 분담하는 이원적 군사체제는 김씨 왕족의 배타적 무력 독점 체제를 수립하였으나 김씨 왕족 내에 갈등을 조성할 우려가 있었다. 마립간과 갈문왕이 대립할

---

17) 『三國遺事』1, 紀異 2, 第十八 實聖王.

18) 냉수리비와 봉평비의 비문은 마립간 시기의 중앙군이 2부병제 형태로 운영되었음을 추측하게 한다. 냉수리비와 봉평비에 보이는 왕경인 30여 명 가운데 喙部와 沙喙部 소속이 대부분이며, 이들만이 관등을 지니고 있다. 신라는 군사와 정치가 일치된 軍政一致 사회였고, 文武의 구별이 없는 文武一致 사회였다. 모든 관등 소유자는 관료이자 군인이었다. 그런데 훼부와 사훼부 소속 왕경인만이 관등을 소유하고 있으므로 마립간 시기의 군대는 이 2부로 구성되었음을 알 수 있다.

19) 姜鍾薰, 「新羅 六部體制의 成立과 展開」, 『震檀學報』 83, 1997, 17쪽.

때에는 정치적 혼란이 야기될 소지가 있었다. 이에 2부병제는 중고기에 들어와 일원적 지휘체계로 개편된다. 이것은 법흥왕 3년(516)의 병부령 설치를 통해 확인할 수 있다.[20] 병부령은 내외병마를 총 관장하는 직책이다.[21] 법흥왕 때 내외병마를 전담하는 병부령이 설치되었다는 것은 2부병제의 이원적 군사지휘체계가 일원적인 군사지휘체계로 바뀌었음을 의미한다. 법흥왕은 마립간과 갈문왕이 훼부와 사훼부를 각각 관리하는 2부병제의 이원적 지휘체계를 재편하여 국왕이 병부령을 통해 2부병 모두를 통수(統帥)하는 대왕(大王) 체제를 구축한 것이다.[22] 그리고 진흥왕 5년(544)에는 대왕 체제에 걸맞게 2부병을 통합하여 대당(大幢)으로 개편하였다.[23] 대당의 설치로 국왕의 군에 대한 통제력이 일층 강화되었으며, 체계적인 군관 조직이 정비되었다.[24] 그런데 대당의 설치 이후에도 2부병 중심으로 중앙군이 운영되던 관행은 어느 정도 지속된 것으로 보인다. 창녕비와 남산신성비 등 중고기의 각종 비석들에는 여전히 훼부와 사훼부 소속의 왕경인만이 관등을 소유하고 있는 것으로 기록되어있다. 문무가 일치된 신라 사회에서 관등 소유자들은 모두 군관이므로, 중고기에도 군관은 여전히 훼부와 사훼부 소속의 왕경인들로 이루어져 있었던 것이다.

신라 중고기에 중앙군이 대당 체제로 운영되었다면, 지방군은 정제(停制)로 운영되었다.[25] 그런데 중고기에 중앙군에는 대당만 있었던 것은 아

---

20) 『三國史記』38, 雜志 7, 職官 上. "兵部 令一人 法興王三年始置"
21) 『三國史記』4, 新羅本紀 4, 眞興王 2년 3월. "兵部令 掌內外兵馬事"
22) 대왕 체제에 대해서는 金瑛河, 『韓國古代社會의 軍事와 政治』, 高麗大學校 民族文化研究院, 2002. 참조.
23) 『三國史記』40, 雜志 9, 職官 下. "一曰 大幢 眞興王五年 始置"
24) 진흥왕대 이후 大幢의 군관 조직은 '將軍-大監-弟監-少監' 체계로 정비되고, 5停은 '軍主-助人' 체계를 이루었다고 한다. (朱甫暾, 「新羅 中古期 6停에 대한 몇 가지 問題」, 『新羅文化』3·4, 1987.)
25) 大幢과 停制에 대해서는 李文基, 「제2장 Ⅰ. 大幢 및 停制의 成立과 展開」, 「제3장 Ⅰ. 大幢 및 停制의 運用實態」, 『新羅兵制史研究』, 一潮閣, 1997. 참조.

니었다. 중고기는 신라가 고구려·백제와의 적극적인 대결을 통해 사방으로 영역을 확대한 시기로서 전쟁을 효과적으로 수행하기 위해서는 다양한 군대가 필요하였다. 이에 진흥왕 5년(544)에는 자원 입대자로 충원되는 3천당(三千幢)이 대당과 함께 설치되었고[26], 진평왕 5년(583)에는 서당(誓幢), 진평왕 13년(591)에는 4천당(四千幢), 진평왕 27년(605)에는 급당(急幢), 진평왕 47년(625)에는 낭당(郎幢) 등이 각각 설치되었다.[27] 중고기에는 이와 같은 다양한 중앙군의 설치와 함께 지방군의 정비도 이루어졌다. 신라는 이사금 시기부터 일부 지역에 지방관을 파견하여 지방군을 통솔하도록 하였는데, 지증왕 6년(505)부터는 몇몇 지역을 묶어 통치하는 주(州)를 설치하고 그 지역의 지방군을 총괄하는 군주(軍主)를 파견하였다.[28] 이때 각 주에 군주와 그 휘하 군사들이 상주하는 군대를 정(停)이라 불렀다.

그런데 삼국 간 전쟁이 장기적인 전면전의 양상으로 발전해감에 따라, 군주와 그 휘하 군사들이 상주하는 주 단위로 대외 전쟁을 수행한다는 것은 점점 한계를 드러내었다. 선덕왕대에 대야주(大耶州)의 함락으로 인해 일시에 위기 상황이 초래되었던 것은 주 단위 군대운용의 한계를 여실히 보여준 것이었다.[29] 신라는 이러한 변화된 환경에 대처하지 않으면 안 되었으며, 그 대처의 주안점은 신라의 전군사력을 보다 효과적으로 조직하는데 두어졌다. 이에 신라 중대에 들어서면 비상시에 전군사력을 집결한 행군조직을 결성하여 전면전에 나서는 형태로 발전하였다. 그 대표적인 예가 문무왕 원년(661)과 문무왕 8년(668)에 편성한 행군조직이다. 그중 문무왕 8년에 편성된 행군조직을 살펴보면 다음과 같다.

---

26) 三千幢에 대해서는 李文基,「제2장 II. 三千幢의 成立과 그 性格」, 앞의 책. 참조.
27)『三國史記』40, 雜志 9, 職官 下.
28)『三國史記』4, 新羅本紀 4, 智證麻立干 6년 2월.
29) 姜鳳龍,『新羅 地方統治體制 研究』, 서울대 박사학위논문, 1994, 161~162쪽. 참조.

대각간 김유신을 대당대총관(大幢大摠管)으로 삼고, 각간 김인문 (金仁問)·흠순(欽純)·천존(天存)·문충(文忠)·잡찬 진복(眞福)·파진찬 지경(智鏡)·대아찬 양도(良圖)·개원(愷元)·흠돌(欽突)을 대당총관(大幢摠管)으로, 이찬 진순(陳純)·죽지(竹旨)를 경정총관(京停摠管)으로, 이찬 품일(品日)·잡찬 문훈(文訓)·대아찬 천품(天品)을 귀당총관(貴幢摠管)으로, 이찬 인태(仁泰)를 비열도총관(卑列道摠管)으로, 잡찬 군관(軍官)·대아찬 도유(都儒)·아찬 용장(龍長)을 한성주행군총관(漢城州行軍摠管)으로, 잡찬 숭신(崇信)·대아찬 문영(文穎)·아찬 복세(福世)를 비열성주행군총관(卑列城州行軍摠管)으로, 파진찬 선광(宣光)·아찬 장순(長順)·순장(純長)을 하서주행군총관(河西州行軍摠管)으로, 파진찬 선복(宜福)·아찬 천광(天光)을 서당총관(誓幢摠管)으로, 아찬 일원(日原)·홍원(興元)을 계금당총관(罽衿幢摠管)으로 삼았다.[30]

위 행군조직은 문무왕 8년에 당나라 유인궤가 고구려를 공격할 때 이에 부응하여 편성된 것으로 통일전쟁기 최후, 최대의 규모이다. 그런데 여기에는 각 군사조직 사이에 장군(총관)의 숫자가 매우 불균등하게 편성되어 있었다. 대당의 총관은 대총관 김유신을 비롯하여 10명, 경정총관 2명, 귀당총관 3명, 비열도총관 1명, 한성주행군총관 3명, 비열성주행군총관 3명, 하서주행군총관 3명, 서당총관 2명, 계금당총관 2명 등 총 29명의 장군이 각 군사조직에 불균등하게 배치되어 있었다. 이것은 중고기 이후 신라의 국가적 성장과 영역의 팽창 과정에서 현실적인 필요성에 따라 계속적으로 증치해 왔던 다양한 군사조직의 세력차를 그대로 반영한 것으로 보인다.

위 행군조직은 7세기 후반에 대대적으로 진행된 군제개편 작업을 거치면서 새롭게 편제된다.[31] 7세기 후반 문무왕, 신문왕대는 왕권의 전제화

---

30) 『三國史記』권6, 新羅本紀6 文武王 8년 6월 21일
31) 7세기 후반의 군제 개편에 대해서는 李文基, 「7세기 후반 新羅의 軍制改編과 그 性格에 대한 一試論」, 『韓國古代史研究』16, 서경문화사, 1999. 참고.

에 기초한 중앙집권체제가 확립되는 시기였다. 삼국통일 이후 영역의 확대와 더불어 중앙정치제도와 지방제도를 비롯한 각종 제도들이 왕권의 전제화와 중앙집권 강화의 방향으로 변화·정비되고 있었다. 군제 역시 이 시기에 전면적으로 개편된 것으로 보인다. 7세기 후반 군제 개편의 특징으로는 우선 앞에서 살펴본 문무왕 8년의 행군조직에서 불균등하게 배치되었던 장군과 군관이 <표 1>과 같이 균등하게 배치된 것을 들 수 있다. 이것은 항상 전선으로 출동할 태세를 갖춰야 했던 중고기와는 달리 왕경의 방어와 전국의 안정을 유지하면 되었던 중대의 시대적 상황에 따른 것으로 보인다. 또한 세력의 차이가 심하였던 각 군사조직을 고르게 편제하고, 이들 사이에 상호 견제와 통제를 가능하게 함으로써, 반란을 방지하고 왕권을 강화하려는 의도도 개재되었을 것이다. 이에 따라 중고기에 신라의 중핵적인 군사조직으로 기능한 대당도 6정의 한 부대로서 다른 6정 부대와 동일한 규모로 편제되었다. 즉 문무왕 8년에 총 10명의 장군을 보유한 대당이 4명의 장군을 보유하는 것으로 축소되었고, 다른 6정·9서당에도 2~4명의 장군을 골고루 배치하여 장군의 총 숫자를 36명으로 맞추었다.[32] 이러한 조치로써 6정의 대당은 그 이전의 대당과는 전혀 다른 성격의 군사조직으로 변질되었다. 대총관을 보유한 신라 최대의 군사조직에서 다른 6정과 동일한 군사조직으로 그 지위가 떨어진 것이다. 한편 상주정은 귀당에 흡수 통합되어 대당과 정제는 여섯 개의 예하 부대를 가진 6정 체제로 정비되었고[33], 이들 각각에 비슷한 규모의 군관이 배치되어 6정 체제가 완성되었다. 이러한 6정 체제의 완성 시기는 6정

---

32) 장군의 숫자를 36명으로 맞춘 것은 신라 중대에 대아찬 이상의 진골 귀족이 모두 36명이었던 것과 관계가 깊다고 본다. 대아찬 이상의 진골 귀족이 36명이라는 것은 문무왕 9년(669)에 행해진 馬阹 수여 기사를 통해 확인할 수 있다. 또 신라 중대 중앙관청의 장관직도 36개였다. (金哲埈, 「統一新羅 支配體制의 再整備」, 『한국사3-고대』, 국사편찬위원회, 1984, 35~48쪽)
33) 『三國史記』 40, 雜志 9, 職官 下, 武官.

중 맨 마지막에 설치된 완산정의 설치시기(신문왕 5년; 685)와 동시이거나 그 이후가 될 것이다.34)

<표 1> 신라 중대의 전시체제 군관 조직35)

官等 / 軍官 \ 軍號	六停 대당정	귀당정	한산정	우수정	완산정	하서정	九誓幢 녹금서당	자금서당	백금서당	비금서당	황금서당	흑금서당	벽금서당	적금서당	청금서당	十停 음리화정	고사부리정	거사물정	삼량화정	소삼정	미다부리정	남천정	골내근정	벌력천정	이화혜정	五州誓 청주서	완산주서	한산주서	우수주서	하서주서	三武幢 백금무당	적금무당	황금무당	罽衿幢	合計
진골 特軍	4	4	3	2	2	3	2	2	2	2	2	2	2	2																					36
6두품 大官大監	5	5	5	4	4	4	4	4	4	4	4	4	4	4																					62
6-11 隊大監 領馬兵							3	3	3	-	3	3	3	3	3	1	1	1	1	1	1	1	1	1	1	1	1	1							38
隊大監 領步兵	3	2	3	2		2	2	2	2	4	2	2	2	2																					32
10-13 弟監	5	5	4	4	4	4	4	4	4	4	4	4	4	4																				1	63
12-13 監舍知	1	1	1	1	1	1	1	1	1	1	1	1	1	1													1	1	1	1				1	19
12-17 少監 屬大官	15	15	15	13	12	13	13	13	13	13	13	13	13	13																					200
少監 領騎兵							6	6	6	3	6	6	6	6	6	2	2	2	2	2	2	2	2	2	2	3	3	3						1	81
少監 領步兵	6	4	6	4	-	4	4	4	8	4	4	4	4	4															9	9	9				91
12-17 火尺 屬大官	15	10	10	10	10	10	10	10	13	10	13	13	13	13	13																				173
火尺 領騎兵							6	6	6	-	6	6	6	6	6	2	2	2	2	2	2	2	2	2										7	81
火尺 領步兵	6	4	6	4	-	4	4	4	4	4	4	4	4	4															8	8	8				88
7-11 軍師幢主	1	1	1	1	1	1	1	1	1	1	1	1	1	1													1	1	1						18
7-11 大匠尺幢主	1	1	1	1	1	1	1	1	1	1	1	1	1	1																					15
8-11 步騎幢主	6	4	6	4	-	4	4	4	4	4	4	4	4	4															2	2	1				61
8-13 三千幢主																6	6	6	6	6	6	6	6	6	6										60
8-13 著衿騎幢主							18	18	18	-	18	18	18	18	18												6	6	6	3	4				6	175
9-13 黑衣長槍末少幢主	30	22	28	20	-	20	24	20	-	20	20	20	20	20																					264
9-13 三武幢主																																16	16	16	48
11-13 軍師監	2	2	2	2	2	2	2	2	2	2	2	2	2	2													2								30
10-13 大匠尺監	1	1	1	1	1	1	1	1	1	1	1	1	1	1																					15
11-13 步騎監	6	4	6	4	-	4	4	4	-	4	4	4	4	4															2	2	2				62
10-13 三千監																6	6	6	6	6	6	6	6	6	6										60
11-14 著衿監							18	18	18	-	18	18	18	18	18												6	6	6	3	4				6	175
10-17 三千卒																15	15	15	15	15	15	15	15	15	15										150
합계																																			2,097

---

34) 李文基, 「大幢 및 停制의 成立과 展開」, 앞의 책, 1997, 81쪽.
35) 『三國史記』卷40, 雜志 9, 職官 下, 武官條를 정리한 것임. 관등 규정은 李仁哲, 「新羅의 軍官職과 軍事組織의 編制」, 『新羅政治制度史研究』, 一志社, 1993. 참조.

또 문무왕 12년(672)~효소왕 2년(693) 사이에는 기존의 서당, 낭당, 장 창당 등을 녹금서당, 자금서당, 비금서당 등으로 개편하고, 이외에 6개의 서당을 창설하여 9서당을 완성하였다. 물론 이러한 9서당은 순차적으로 설 치되었으나 그 안에 배치된 무관은 <표 1>과 같은 6정, 9서당, 10정, 5주 서, 3무당, 계금당 등의 군사조직이 완비된 상태에서 재조정되었을 것이다. 특히 9서당은 <표 1>과 같은 무관 조직 하에 신라인, 백제인, 고구려인, 말 갈인 등을 일반 군인으로 배치하여, 통일신라 정부가 피정복민도 군인으로 편제할 만큼 포용 의지를 가지고 있다는 것을 내외에 천명하였다. 이외에 삼천당을 10정 안에 포함시키고, 통일 이후 확대된 영역에 걸맞게 청주서, 완산주서, 한산주서, 우수주서, 하서주서 등 5주서를 새롭게 창설하였으며, 삼무당, 계금당 등도 재편하였다. 계금당은 문무왕 원년과 문무왕 8년의 행 군조직에는 대감(大監)과 총관(摠管) 등을 보유한 당당한 군사조직이었으 나, 이번의 개편작업으로 대감과 총관이 없는 가장 열세한 군사조직으로 지 위가 격하되었다. 이러한 군제개편 작업은 7세기 후반 문무왕, 신문왕대를 거쳐 효소왕 2년(693) 장창당을 비금서당으로 고치면서 마무리되었다. 즉 7 세기 후반 문무왕, 신문왕 대에 대대적으로 전개된 군제개편 작업의 결과 <표 1>과 같은 6정과 9서당을 중심으로 하는 전시체제가 성립되었다.

한편 신라 중대의 군제는 전시체제와 평시체제로 구분된다. 평시체제 는 중앙군과 지방군으로 나뉘었고, 전시체제는 위에서 서술한 바와 같이 중앙군과 지방군이 결합하여 재편성된 6정·9서당 중심의 행군조직으로 이루어졌다. 그런데 중앙군은 두 가지 계통의 군인으로 구성되었다. 4, 5, 6두품이나 진골 등의 신분적 자격을 갖추고 천거[36]나 문음[37], 궁술 시 험[38] 등을 통하여 무관의 지위에 오르는 군인이 있었고, 양인농민으로서

---

36) 『三國史記』47, 列傳 7, 官昌. "少而爲花郎 善與人交 年十六 能騎馬彎弓 大監某薦 之太宗大王"

37) 『三國史記』47, 列傳 7, 奚論. "奚論年二十餘歲 以父功爲大奈麻"

의무적으로 징발되는 군인이 있었던 것이다. 전자는 국가로부터 일정한 보수를 받으면서 군무를 수행하였고, 후자는 국가로부터 아무런 보수도 받지 못하고 군역을 치러야 했다. 즉 전자는 관료전이나 녹읍 등을 지급받으면서 군무를 수행하였고, 간혹 전투에서 전공을 세울 경우 진흥왕 23년(562) 사다함의 예에서 보듯이 별도의 토지도 지급받았다[39]. 이에 비해 후자는『삼국사기』, 열전, 설씨녀 조에 등장하는 설씨나 가실이,『삼국유사』의 죽지랑 조에 등장하는 득오(得烏)나, 승려가 되기 이전의 진정법사(眞定法師)처럼 국가로부터 아무런 보수도 받지 못하고 강제적으로 징발되어 종군하거나 부역에 동원되었다.

신라의 중앙군은 이와 같이 무관과 양인농민 출신의 의무군인으로 나뉘어져 있었다. 이중 무관은 신라 군대의 핵심이었다. 이들은 평상시 양인농민 출신의 의무군인들을 지휘·통제하면서 국왕의 호위와 수도의 경비·방어 등을 담당하였고, 변경의 방수 등에도 동원되었다. 비상시 국가에서는 <표 1>과 같이 중앙의 무관을 골간으로 하고 중앙군과 지방군을 포괄하는 6정·9서당 중심의 행군조직을 편성하여 돌발적인 사태와 외적의 침입에 대처하였다. 신라 중대에 중앙 무관의 총수는 2,277명으로 추산된다. <표 1>에 기재된 무관의 합계 2,097명에, 이 표에 기재되지 않은 시위부(侍衛府)의 무관 180명[40]을 합치면 2,277명이 되는 것이다. 시위부는 평시체제로서, 전시체제를 나타내는 <표 1>에는 당연히 기재되지 않았다. 이러한 중앙의 무관 2,277명이 평시체제에서 중앙군의 상층부

---

38)『三國史記』10, 新羅本紀 10, 元聖王 4년조에 "始定讀書三品以出身 …… 前秖以弓箭選人, 至是改之"라는 말에서 알 수 있듯이 원성왕 4년 독서삼품과를 제정하기 전에 弓術로 사람을 선발하였다.

39)『三國史記』4, 新羅本紀 4, 眞興王 23년 9월.

40)『三國史記』40, 雜志 9, 職官 下, 武官條에는 맨 앞에 侍衛府에 관한 사항이 수록되어 있다. 시위부는 將軍 6인, 大監 6인, 隊頭 15인, 項 36인, 卒 117인 등 총 180인으로 구성되어 있었다.

를 구성하였다. 이들은 평상시에는 왕경에 거주하면서 <표 1>과 같이 6
정, 9서당, 10정, 5주서, 3무당, 계금당 등의 군관직을 보유한 채, 중앙군
의 하층부를 형성하는 농민출신의 의무군인들을 통솔하며 국왕의 호위와
수도의 경비·방어 등 다양한 군무를 수행하였다. 또 신라는 아직 문·무가
명확하게 분리되지 않은 시기로서, 무관들은 여러 중앙 관직을 겸직하며
각종 업무에 종사한 것으로 보인다.

  한편 신라 중대의 지방군은 주·군·현으로 이루어진 지방제도에 따라
주에는 사자금당(師子衿幢), 비금당(緋衿幢) 등의 군단이 있었고, 군·현에
는 법당군단이 편성되어 있었다.[41] 법당군단이란 '법당(法幢)'이라는 단
어를 명칭 앞에 붙인 여러 군관들, 즉 법당주(法幢主), 법당감(法幢監), 법
당화척(法幢火尺), 법당두상(法幢頭上), 법당벽주(法幢辟主) 등의 군관이
지휘하는 여러 부대들을 포괄하는 군사 조직을 통칭하는 것이다.[42] 『삼
국사기』, 직관지, 무관조에서 법당군단에 해당하는 부대를 찾아보면, 주
로 문관 업무를 하는 관료로 구성되었을 것으로 보이는 백관당(百官幢)과
특수병기를 제작하는 4설당(四設幢), 왕경을 비롯한 지방의 여러 지역에
배치된 39여갑당[京餘甲幢, 小京餘甲幢, 外餘甲幢], 여갑당(餘甲幢), 외법
당(外法幢), 군사당(軍師幢), 사자금당(師子衿幢) 등이 발견된다. 이들 중
특히 지방군과 관련하여 주목되는 것은 경여갑당·소경여갑당·외여갑당,
여갑당, 외법당 등이다. 경여갑당은 왕경의 주민들로 편성된 부대였고,
소경여갑당은 소경과 소경 주변의 촌락민으로 편성된 부대였으며, 외여
갑당은 지방의 군·현에 편성된 부대이다. 이들 법당군단의 군관은 각 지
방관이 겸하였으며, 군인은 재지의 농민들로 이루어졌다. 이러한 법당군

---

41) 신라 중대 지방군에 대해서는 拙稿, 「新羅 中代 軍制의 구조」, 『韓國史研究』 126,
   2004 참조.
42) 法幢軍團에 대해서는 李仁哲, 「新羅 法幢軍團과 그 性格」, 『新羅政治制度史研究』,
   一志社, 1993 참조.

단 체제는 평시체제로서, 유사시 법당군단의 군인들은 <표 1>과 같은 전시체제 하에서 각 군대의 일반 병졸로 편입되었다.

　지금까지 신라 상대·중대 군제의 개편에 대하여 간략히 살펴보았다. 신라 건국 이후 이사금 시기까지는 6부병 체제를 이루었고, 마립간 시기에는 2부병제로 개편하였다. 그리고 중고기에는 대당과 정제로 운영되다가, 삼국 통일을 완수한 중대 이후에는 6정·9서당 체제를 갖추었다. 신라의 성장과 발전에 따라 군제 역시 성장·발전하였던 것이다. 그러나 6정·9서당 체제를 정점으로 최고도로 발전한 신라의 군제는 하대에 들어와 급격히 무너지게 된다.

3. 신라 하대 군제의 변화와 진(鎭)의 설립

　7세기 후반에 재편된 6정·9서당 중심의 군사체제는 전국을 아우른 전시체제·행군조직이었다. 특정 지명을 부대 명칭에 앞에 붙이고 유사시에는 중앙에서 파견된 무관을 주축으로 그 지역의 지방군을 동원하여 전시태세를 갖춘다는 전략 하에 수립된 6정, 9서당, 10정, 5주서 형태의 전시체제는 전국에 대한 확고한 지배체제 구축과 철저한 군사행정이 뒷받침될 때에만 실행 가능한 것이었다. 실제 6정·9서당 중심의 군사체제가 마련된 7세기 후반 문무왕, 신문왕 때에는 확고한 지배체제가 구축되어 철저한 군사행정이 가능한 시기였다. 이 시기에는 국사에 소홀하였다고 총관(摠管)들을 처형하고[43], 김흠돌 난에 대한 불고지죄로 내외병마를 총괄하는 병부령을 자결케 하였으며, 모반에 가담한 자들은 "곁가지까지 샅샅이 찾아서 모두 이미 죽였다"[44]라고 언급할 정도로 왕권이 강력한 시기

---

43) 『三國史記』6, 新羅本紀 6, 文武王 2년 8월.
44) 『三國史記』8, 新羅本紀 8, 神文王 원년 8월.

였다. 따라서 모든 군사력은 국왕의 명령에 따라 움직였으며 <표 1>과 같이 복잡한 전시체제도 원활히 운영될 수 있었다. 한편 이 시기에는 개인이 사병(私兵)을 거느리는 것과 같은 왕권에 도전할 수 있는 행태는 전혀 인정되지 않았다. 신문왕이 병부령 군관을 처벌하면서 내린 교서에서 국왕에 대한 충성과 두 마음을 가지지 않는 것이 거듭 강조되었다.[45] 따라서 사병과 같은 군사 조직은 있을 수 없었다. 그러나 신라 하대에 들어오면서 이러한 중대의 군제는 붕괴되어 갔다.

중대 군제의 붕괴는 우선 신라 군제에 내재한 사병제(私兵制)의 문제점으로부터 비롯되었다. 여기에서 사병(私兵)과 사병제(私兵制)는 전혀 다른 개념으로 쓰고 있다는 것을 우선 밝힌다. 사병은 '국가의 공적인 군제에 포함되지 않고 특정한 개인 또는 집단에 사적으로 예속된 무력 집단'이지만, 사병제는 '국가의 공적인 군제에서 장군(지휘관)과 군인이 비교적 고정적인 관계를 유지하는 제도'로 규정하고 있다. 즉 사병제는 군사 지휘체계와 관련된 용어로서, 사병제의 반대는 고정된 지휘관과 고정된 군인이 없는(無定軍 無定將) 상태로 운영되는 공병제(公兵制)이다.[46] 우리나라에서 공병제가 시행된 시기는 고려 광종 이후~무신정변 전까지와 조선 태종 즉위년 사병혁파 이후~임진왜란 전까지이다. 고려 광종 이후 공병제가 시행될 때에는 지휘관과 병사 간에 사적인 접촉은 일체 금지되었다.[47] 또 조선 태종 즉위년(1400) 사병혁파 이후에도 지휘관들이 군인

---

45) 『三國史記』8, 新羅本紀 8, 神文王 원년 8월. "事上之規 盡忠爲本 居官之義 不二爲宗"
46) 사병제와 공병제에 대해서는 拙稿, 「高麗時期 府兵制의 運營과 그 原則」, 『歷史敎育』73, 2000 ; 「朝鮮初期 中央軍制의 整備와 私兵制 改革」, 『朝鮮의 政治와 社會』, 集文堂, 2002 ; 『朝鮮後期 中央軍制研究』, 혜안, 2003, 79~81쪽 참조.
47) 『太宗實錄』27, 太宗 14년 2월 癸丑, 2책, 6쪽. "前朝盛時 侍衛之兵 止於更番入直 不敢私謁於其將 道途相遇 亦不敢私語" ; 『世宗實錄』31, 世宗 8년 정월 乙未, 3책, 4쪽. "前朝盛時 令掌兵者 遇諸道路 不敢私語"
위 사료에서 '前朝盛時'는 광종 이후 고려전기를 말한다. 이 시기에 지휘관과 병사 간의 사적인 접촉이 허용되지 않는 상황에서 문반 위주의 정치체제가 성립할 수

들을 거느리고 사냥 가는 것조차 금했으며[48], 병조의 공문이 없으면 지휘관들이 단 1명의 군인들도 마음대로 징발할 수 없었다.[49] 조선전기에는 이러한 사병제 혁파, 공병제 시행에 대한 비판이 끊임없이 제기되었다. 태종 14년(1414) 4월 대언 한상덕(韓尙德)은 사병(제) 혁파 이후

> 사병을 혁파하였기 때문에 군사가 장수의 얼굴을 알지 못하니, 만일 전쟁이 일어나면 장수가 비록 위태하더라도 구원하는 자가 없을 것이다. 장수는 군사를 훈련하지 못하고, 군사는 사랑하고 두려워하지 않아서 모두 힘써 싸우지 않으니, 어찌 반드시 이길 수 있겠는가?[50]

라는 반발이 제기되고 있다고 국왕에게 아뢰고 있다. 세종 29년(1447) 신숙주 역시 '장군은 병사를 모르고 병사들을 장군을 몰라' 군사력이 허약해지고 있다고 하면서 사병제의 복구를 요청하는 책문을 올리고 있다.[51] 조선후기의 실학자 반계 유형원도 태종의 사병(제) 혁파는 고려 말 군약신강(君弱臣强)의 상황을 방지하고자 취해진 조치이지만 '고정된 군인이 없고 고정된 장군이 없어(無定軍 無定將)' 군정의 문란을 초래하였다고 비판하였다.[52] 이와 같이 우리나라 역사에서 공병제는 왕권 강화를 위해 도입하였지만 군사력의 약화를 초래하는 면도 있었다. 이에 반해 사병제는 지휘관 휘하에 고정된 군인들이 배속되었기 때문에 비교적 강한 군사력을 유지할 수는 있었지만, 왕권에는 위협이 되는 면도 있었다.

있었다.
48) 『太宗實錄』13, 太宗 7년 4월 辛卯, 1책, 389쪽. "兵曹上軍政事目 …各軍摠制 率 其軍屬甲士 私行田獵者 痛行禁斷"
49) 『世宗實錄』66, 世宗 16년 10월 庚午, 3책, 599쪽. "無兵曹公文 雖一隊副 護軍不 得擅發"
50) 『太宗實錄』23, 太宗 12년 4월 丙子, 1책, 633쪽.
51) 申叔舟, 『保閑齋集』권13, 策「置私兵 禮大臣 分政權 復政房」
52) 柳馨遠, 『磻溪隨錄』권21, 兵制, 五衛. (東國文化社 影印本 390쪽)

신라의 군사지휘체계는 사병제의 형태를 취하였다. 근래에 "진골 장군인 김흠춘·김품일이 영솔한 부대에 각각 그 아들들인 반굴과 관창이 속해 있었던 것이나, 김유신 가문의 가신적(家臣的) 성격을 지닌 인물들이 노비까지 대동하고 대거 그의 휘하로 전투에 참여하였던 것으로 보아 신라의 군사력은 진골 귀족의 사병으로 이루어졌다."는 견해가 제기된 바 있다.[53] 그러나 신라 중대까지 진골 세력은 사병을 양성할 수 없었다. 앞의 예는 신라의 군사력이 진골 세력의 사병으로 이루어졌기 때문이 아니라 사병제의 한 특징인 것이다. 사병제 하에서 지휘관은 휘하 군인들을 선발하기도 하고[54], 자신의 가족들을 거느리고 출전할 수도 있었다. 그렇다고 이들이 진골 귀족의 사병인 것은 아니고 이들은 엄연히 국가에서 녹을 받는 군인이었다. <표 1>에서 보는 바와 같이 소감(少監)과 화척(火尺) 중에는 '속대관(屬大官)'이라 하여 장군 개인에게 소속된 군인이 있었다.[55] 장군들은 '속대관'으로 규정된 소감과 화척의 군직에 자신의 가족과 가신들을 임명할 수도 있었다. 이러한 사병제의 운용은 전투력의 극대화를 위한 조치로서 신라는 이로써 삼국통일 전쟁을 성공적으로 수행할 수 있었다. 그러나 사병제 하에서 군인들은 국왕보다도 자신의 지휘관에 더욱 충성하는 경향이 있었다. 이들은 지휘관의 요구에 따라 반란에도 적극 가담하였다. 따라서 왕권이 안정되었을 때에는 사병제의 문제점이 표면으로 드러나지 않지만, 왕권이 불안할 때에는 언제든지 반란이 일어날 소지가 있었다. 중대 말 혜공왕 때부터 나타난 각종 반란은 이러한 문제

---

53) 姜鳳龍,「6~7세기 신라의 병제와 지방통치조직의 재편」,『역사와 현실』4, 1990, 62쪽. 徐毅植,「統一新羅期의 開府와 眞骨의 受封」,『歷史敎育』59, 1996, 105쪽.
54)『三國史記』41, 列傳 1, 金庾信 上. "庾信揀得國內勇士三千人"
55) 사병제로 운영된 조선후기 역시 將官에게 소속된 군인이 있었다. 훈련도감의 예를 들면, 훈련대장에게는 무려 885명의 군인이 소속되었고, 中軍은 10명, 別將은 50명, 千摠은 43명의 군인이 각각 소속되고 있다. (拙稿,『朝鮮後期 中央軍制研究』, 혜안, 2003, 93쪽. <표 3-3> 참조)

점이 극단적으로 표출된 형태로 판단된다.

신라 하대에 들어와서는 중대까지 금기시되던 사병의 양성도 성행하였다. 8세기 후반의 상황을 전하는 『신당서』, 신라전의 "재상의 집에는 녹(祿)이 끊이지 않고 노동(奴僮)이 3천 명이며 비슷한 수의 갑옷과 소, 말, 돼지 등이 있었다."[56]라는 구절과 같이 이제 재상들은 사사로이 사병을 기르고 있었다. 진골 귀족들은 가족 내에 가병(家兵), 족병(族兵)을 양성하고, 문객들은 군사력을 갖추기 시작하였다. 하대에 들어와 진골 귀족들은 자신들이 양성한 사병과 사병제 하에서의 휘하 군인들을 동원하여 왕위쟁탈전에 나섰다. 그리고 군사적 실력자가 왕위를 차지하였다. 이러한 상황 속에서 6정·9서당 중심의 전시체제는 붕괴되어 간 것으로 보인다. 9세기 초 애장왕대(800~808)에 건립된 것으로 추정되는 경주 고선사(高仙寺)「서당화상비(誓幢和尙碑)」에는 비문을 새긴 인물이 '음리화삼천당주(音里火三千幢主) 급찬(級湌) 고금口(高金口)'로 기록되어 있어, 9세기 초까지 10정[三千幢]의 명칭이 존속하고 있음을 알 수 있다. 그러나 이것은 비문을 새긴 사람이 군직 명을 지닌 것에 불과한 것으로 보이며, 하대에 들어와 6정·9서당 중심의 전시체제는 해체된 것으로 판단된다. 이들 행군조직의 활동은 하대 이후 전혀 나타나지 않고 실제 전시상황에서는 이와 다른 행군조직이 운용되었기 때문이다. 하대의 대표적인 행군조직은 다음과 같이 김헌창의 난을 진압하기 위해 편성된 3군 조직이다.

3월에 웅천주도독 헌창이 아버지 주원(周元)이 왕위에 오르지 못하였다고 하여 반란을 일으켜 국호를 장안(長安)이라 하고, 연호를 세워 경운(慶雲) 원년이라 하였다. …(중략)… 마침내 원장(員將) 8인을 차출하여 왕도(王都)의 8방(方)을 지키게 하였다. 그런 후에 군사를 출동시켰다. 일길찬 장웅(張雄)이 먼저 출발하고, 잡찬 위공(衛恭), 파진찬 체

---

56) 『新唐書』, 新羅傳. "宰相家不絶祿 奴僮三千人 甲兵牛馬猪稱之"

릉(悌凌)으로 하여금 뒤를 잇도록 하였다. 이찬 균정(均貞), 잡찬 웅원
(雄元), 대아찬 우징(祐徵) 등이 3군을 통솔하고 출정하였다.[57]

위 기록은 헌덕왕 14년(822) 김헌창이 반란을 일으키자, 신라 중앙정부
가 반란군을 진압하기 위하여 군대를 출동시키고 있는 내용을 전한 것이
다. 여기서 행군조직은 선발대에 이어 본진인 3군[左軍, 中軍, 右軍]을 중
심으로 편성되었다. 3군이라는 것은 『주례(周禮)』에 의하면 대국 제후가
거느릴 수 있는 군사 편제이지만[58], 중국 춘추시대 이래 널리 사용된 행
군조직이기도 하다. 이러한 중국식 행군조직인 3군이 6정·9서당·10정·5
주서·3무당·계금당 등으로 이루어진 신라의 전통적인 행군조직을 밀어
내고 새롭게 자리 잡은 것이다. 이것은 헌덕왕 14년(822) 무렵에는 이미 6
정, 9서당 형태의 행군조직을 유지할 수 없었기 때문으로 보인다. 6정·9
서당 형태의 행군조직은 앞에서 말한 바와 같이 전국에 대한 확고한 지배
체제 구축과 철저한 군사행정이 뒷받침될 때 가능한 것이었다. 그러나 헌
덕왕 14년 무렵에 들어와서는 중대와 같은 전국적인 지배체제 구축과 철
저한 군사행정의 운영은 불가능해졌다. 왕위 계승 분쟁으로 인한 정치적
혼란 속에서 지방에 대한 통제력이 약화되어갔기 때문이다. 이에 중앙정
부에서는 파악 가능한 인원을 최대한 동원하여 3군을 편성하고 비상사태
에 대비하였던 것이다.

신라 군제의 붕괴는 전시체제뿐만 아니라 평시체제에서도 진행되고
있었다. 신라의 평시체제는 앞에서 말했듯이 중앙군과 지방군으로 구분
되었고, 중앙군은 무관과 번상 농민병으로 이루어졌다. 이 중 무관은 신
라 군대의 핵심이었다. 이들은 평상시 번상 농민병들을 통솔하면서 국왕

---

57) 『三國史記』 권10, 新羅本紀10 憲德王 14년 3월.
58) 『周禮』, 「夏官 司馬」. "凡制軍 萬有二千五百人爲軍 王六軍 大國三軍 次國二軍 小
國一軍"

의 호위와 수도의 경비·방어 등을 담당하였고, 변경의 방수(防戍) 등에도 동원되었다. 내란이나 외침이 발생했을 때 소규모일 경우 국가에서는 이들을 주축으로 대처하였고, 대규모일 경우에는 무관을 골간으로 하고 지방군을 포괄하는 행군조직을 편성하였다. 무관들은 신라의 국가 질서를 유지시켜주는 무력적 기반인 것이다. 신라 중대에는 지방 군현이 중앙 정부의 명령을 따르지 않고 중앙 정부를 배반하면 왕경에서 출동한 무관들에 의하여 엄청난 징벌을 받게 될 것이라는 위압감이 상존하였다. 삼국통일 전쟁기에 보여준 무관들의 용맹스러운 활동은 지방 세력들에게는 공포의 대상이 되었을 것이다.[59]

그러나 삼국통일 이후 평화가 지속되면서 호전적인 무관의 존재는 신라 정부로서는 부담이 되었다. 이들이 정치적 야심이 있는 진골 귀족과 결합할 경우 언제든지 정변이 발생할 수 있기 때문이다. 이에 신라 정부는 정치적·사회적 안정을 위해 숭문억무 정책을 추구한 것으로 보인다. 태종 무열왕이 삼국통일 이후 병기와 투구를 감추었다는 무장사(鍪藏寺)와 관련된 전설이나[60], 문무왕이 "병기를 녹여 농기를 만들라."[61]는 유조(遺詔)를 내린 것에서 그러한 분위기를 감지할 수 있다. 원성왕 4년(788)에는 독서삼품과를 실시하여 종래 궁술로 관리를 선발하던 데에서 유교 경전의 해독 수준으로 관리를 선발하는 것으로 바꾸었다.[62] 이것은 주로 6두품을 대상으로 한 것으로 판단되지만, 노골적인 숭문억무 정책을 실시한 것으로 그 영향력은 엄청났을 것이다. 또 신라 정부는 지방관을 문인으로 대체하기도 하였다. 비록 신라 시기에는 문무의 구별이 뚜렷하지

---

59) 李仁哲,「第4章 新羅 支配體制의 崩壞와 軍事組織」,『新羅政治制度史研究』, 一志社, 1993, 406쪽.
60)『三國遺事』3, 塔像 4, 鍪藏寺 彌陀殿. "諺傳 太宗統三已後 藏兵鍪於谷中 因名之"
61)『三國史記』7, 新羅本紀 7, 文武王 下 21년. "鑄兵戈爲農器"
62)『三國史記』10, 新羅本紀 10, 元聖王 4년. "始定讀書三品 … 前祇以弓箭選人 至是改之"

는 않았지만 문인 성향의 인물이 지방관에 취임하도록 했던 것이다. 이것은 원성왕 5년(789)의 다음 기사를 통해 추측할 수 있다.

> (원성왕 5년) 9월에 자옥(子玉)을 양근현(楊根縣) 소수(小守)로 삼았다. 집사사(執事史) 모초(毛肖)가 반박하여 말하기를 "자옥이 문적(文籍) 출신이 아니어서 지방관의 직을 맡길 수 없습니다."라고 하였다. 시중이 의논하여 말하기를 "비록 문적 출신을 아니지만, 일찍이 입당(入唐)하여 학생이 되었으니, 어찌 쓰지 못하겠습니까."라고 하니, 왕이 이에 따랐다.63)

위 사료를 통해 원성왕 5년 이전부터 이미 지방관에는 문적(文籍) 출신, 즉 국학의 졸업생만 임명될 수 있었던 것을 알 수 있다. 이러한 조치는 물론 지방관의 문인화를 통해 유교 이념의 확산, 왕권의 안정 등을 꾀하려는 집권층의 의도가 개재된 것으로 추측되지만 호전적인 무관들의 사기를 억누르는 효과도 있었다. 이러한 상황에서 관료들은 무예 훈련에 소홀할 수밖에 없었고, 이것은 신라 중앙군의 군사력 약화로 이어졌다. 하대에 들어와 문약해진 중앙의 무관들은 더 이상 지방 세력들에게 공포의 대상이 아니었다. 민애왕 2년(839) 정월 대구에서 대장군 김흔(金昕) 등 중앙의 무관이 통솔하는 10만 군대는 장보고의 청해진 군대에 패배하여 민애왕은 피살되고 신무왕이 즉위하였다.64) 또 진성여왕 3년(889) 원종과 애노가 반란을 일으켰을 때 중앙에서 파견된 나마(奈麻) 영기(令奇)는 두려워 떨며 제대로 싸우지도 못하였다.65) 신라 하대에 중앙의 무관들은 더 이상 신라의 국가 질서를 유지해주는 무력적 기반이 아니었던 것이다.

6정·9서당 중심의 전시체제가 무너지고, 중앙 무관의 군사력도 점차

---

63)『三國史記』卷10, 新羅本紀10 元聖王 5년 9월.
64)『三國史記』10, 新羅本紀10, 閔哀王 2년 ;『三國史記』44, 列傳 4, 金陽.
65)『三國史記』11, 新羅本紀 11, 眞聖王 3년.

신뢰할 수 없는 상황에서 정부가 취할 수 있는 방위 태세는 지방 요충지에 군사기지인 진(鎭)을 설치하는 것이었다.[66] 신라는 이미 상고기부터 지방 주요 거점에 진을 설치한 바 있다. 『삼국사기』, 신라본기, 아달라이사금 4년(157)조에 보이는 "장령진(長嶺鎭)에 순행(巡幸)하여 수졸(戌卒)을 위로하였다."[67]라는 구절이나, 나해이사금 27년(222)조의 '진주(鎭主)', 소지마립간 15년(493)의 '임해진(臨海鎭)과 장령진(長嶺鎭)', 소지마립간 22년(500)의 '장봉진(長峰鎭)' 등과 관련된 기록을 통해 2세기 중엽부터 5세기 말에 이르기까지 신라에는 진주(鎭主)의 지휘 하에 수졸이 주둔한 진이 설치되어 있었음을 알 수 있다. 이와 같이 5세기 말까지 그 존재가 확인되는 진은 중고기나 중대의 자료에는 더 이상 등장하지 않는다. 그 이유로는 6세기 이후 주군제 시행과정에서 행정 단위가 주·군·성(촌) 등으로 일괄 재편되었다는 것과 중고기의 지방통치조직이 군사적 성격이 매우 강하였다는 점이 지적된 바 있다.[68] 이와 같이 5세기 말 이후 그 존재가 사라진 진이 300여 년이 지난 하대에 다시 등장하여 지역 방어에 나선 것이다.

무열왕 5년(658)에 북진(北鎭)이 설치되기는 했지만, 진의 설치가 일반화된 것은 신라 하대이다. 하대에 들어와 선덕왕 3년(782)의 패강진 설치를 시작으로 청해진(흥덕왕 3년,828), 당성진(흥덕왕 4년,829), 혈구진(문성왕 6년, 844), 장구진 등이 설치된 것이다. 청해진은 전남 완도에, 당성진은 경기도 화성군 남양면에, 혈구진은 강화도에, 장구진은 황해도 장연군 장산곶 근처에 위치하였다. 이처럼 해상 교통의 요지에 대규모의 군대가 주둔하는 진을 설치하였다는 점에서 신라는 안전한 해상교통로의 확보와 해양 방어의 목적 등으로 진을 설치한 것으로 보인다. 또 김헌창 난의

---

66) 신라 하대의 鎭에 대해서는 주 7)의 논문 참조.
67) 『三國史記』 2, 新羅本紀 2, 阿達羅尼師今 4년 3월.
68) 李文基, 「統一新羅期의 「北鎭」과 軍事的 位相」, 앞의 책, 1994, 303쪽.

진압과 관련하여 화랑 안락(安樂)이 시미지진(施彌知鎭)을 향하여 갔다거나[69], 『고려사』에서 신라 말에 설치되었다고 짐작되는 사화진(沙火鎭), 닐어진(昵於鎭), 아불진(阿弗鎭) 등 여러 진이 나타나는 것을 통해 신라는 해상 교통의 요지뿐만 아니라 내륙에도 진을 설치하였던 것으로 보인다.[70]

진은 군대가 주둔하는 군사기지로서 지방의 행정조직에 포함되지는 않았다. 진은 지방의 주·군과 행정적으로 상하 관계에 놓여있지 않았고, 진에 주둔한 군대 역시 지방관의 통제를 받지 않았다.

> 한산(漢山)·우두(牛頭)·삽량(歃良)·패강(浿江)·북원(北原) 등은 헌창의 모반을 미리 알고 거병자수(擧兵自守)하였다.[71]

위 기록은 김헌창의 난이 일어나자 한산주와 우두주, 양주 그리고 패강진과 북원경이 김헌창의 역모를 미리 알고 군대를 동원하여 스스로 지켰다[擧兵自守]는 내용이다. 여기서 한산과 패강이 별도로 '거병자수'하였다고 언급한 대목이 유의된다. 패강진이 한산주의 영역 내에 있지만 한산주와 패강진은 군령체계상 상하 관계에 있지는 않았던 것이다. 즉 패강진의 군대는 한산주에 소속된 군대와 별개의 군령계통이었다. 이렇게 패강진에 주둔한 군대가 한산주 도독의 지휘를 받지 않았다고 한다면, 그것은 중앙정부의 직접적인 통제와 감독을 받았다고 할 수밖에 없다. 『삼국사기』, 헌덕왕 12년 조에 북진(北鎭)에서 적국인(狄國人: 말갈인)이 판목을 놓고 가자 그 사실을 조정에 직보(直報)하였다는 내용 역시 북진이 삭주(朔州)의 관할이 아니라 중앙정부에 직접적인 통제와 감독을 받았던 사실과 관계가 깊다고 하겠다. 한편 청해진의 군사력을 기반으로 장보고가 중앙

---

69) 『三國史記』10, 新羅本紀 10, 憲德王 14년 3월.
70) 全德在, 「新羅 下代 鎭의 設置와 性格」, 앞의 책, 46쪽.
71) 주57)과 같음.

정계의 막강한 실력자로 부상하였는데, 이것 역시 청해진이 지방 주·군의 통제를 받지 않고 중앙정부와 긴밀한 관계를 가졌던 측면을 간과할 수 없다.[72]

신라 하대에는 남해안(청해진), 서해안(당성진·혈구진·장구진), 동북방의 변경지역(북진), 서북방의 변경지역(패강진), 그리고 내륙지방 여러 곳에 진이 설치되었다. 이와 같은 진들은 왕경에서 먼 거리나 교통의 요지에 위치하여 중앙 정부의 직접적인 통제와 감독을 받았다. 이들은 변방이나 주요 지역에 대한 방어의 임무를 수행하였지만, 또한 이들은 주(州) 도독 등 지방관이 지방의 군사력을 기반으로 중앙정부에 반기를 들 수 있는 행위를 억제할 수 있는 군사력으로 활용 가능하였다. 그러나 진에 대한 중앙정부의 통제력이 약화되었을 때, 진의 군사력은 오히려 국가에 부담으로 작용할 소지가 있었다.

4. 신라 말 군제의 붕괴와 후삼국의 성립

신라의 군사제도는 전시체제와 평시체제로 구분된다. 평시체제는 중앙군과 지방군으로 이루어졌고, 전시체제는 이러한 중앙군과 지방군이 재편성된 행군조직으로 운영되었다. 중앙군이 평상시 국왕의 시위와 수도의 경비·방어 등을 담당하며, 때에 따라서는 변방 방어의 임무에도 나서는 군사라면, 지방군은 일정한 지역의 방위를 전담하는 군사였다. 그런데 신라 시기에는 중앙군이 지방군보다 훨씬 중요하였다. 이것은 중앙집권체제를 유지한 중세 국가에서 공통적으로 나타나는 현상이다. '강간약지(强幹弱枝)', '내중외경(內重外輕)', '이내어외(以內御外)' 등으로 표현되는 바와 같이 중앙군을 강력하게 하고, 이러한 중앙군의 군사력을 바탕으

---

72) 全德在, 앞의 논문, 61쪽.

로 지방을 통제한다는 것이 중세시기 중앙집권국가의 통치 원리였던 것이다. 신라는 중대까지 이러한 통치 원리에 따라 강력한 중앙군을 유지하였다. 그러나 하대에 들어와 숭문억무 정책과 잇따른 권력쟁탈전 등으로 인하여 중앙군의 군사력은 약화되어 갔다. 중앙군의 약화는 결국 중앙집권체제의 붕괴, 신라 국가의 멸망을 초래하게 된다.

진성여왕 즉위 직전까지 신라 사회는 내부적으로 중앙군의 약화가 진행되었으나, 표면상 평온을 유지하고 있었다.

> 제49대 헌강대왕 때에는 서울로부터 지방에 이르기까지 집과 담이 이어져있고 초가는 하나도 없었다. 음악과 노랫소리가 길에 끊이지 않았고, 바람과 비는 사철 순조로웠다.[73]

진성여왕이 즉위하기 불과 몇 년 전인 헌강왕 때에 신라 사회는 위와 같이 번영을 구가하였다. 『삼국사기』에서도 이 시기에 "민간에서는 집을 기와로 덮고 짚으로 잇지 않으며, 밥을 지을 때 숯으로 하고 나무로 하지 않는다."거나, "해마다 풍년이 들어 백성들은 먹을 것이 넉넉하고, 또 변경이 안온하고 시정(市井)이 환락하고 있다."라는 군신 간의 대화가 기록되어있다.[74] 군사제도 역시 표면상으로는 정상적으로 운영되고 있었다.

> (견훤은) 종군(從軍)하여 서울에 들어왔다가 서남해 방수(防戍)에 나가 창을 베개로 삼고 적을 기다렸다.[75]

견훤이 종군한 것은 헌강왕 때로 보이는데[76], 위 기록을 통해 이때까지

---

73) 『三國遺事』 2, 紀異 2, 處容郎 望海寺.
74) 『三國史記』 11, 新羅本紀 11, 憲康王 6년 9월 9일.
75) 『三國史記』 50, 列傳 10, 甄萱.
76) 신라시기에 양인 남자들은 15~60세까지 군역에 동원되었으니, 견훤이 종군한 것도 대체로 15세 무렵으로 판단된다. 견훤은 경문왕 7년(867)에 태어났으므로(『三

군사제도가 정상적으로 운영되고 있음을 알 수 있다. 당시 중앙군은 무관과 농민군으로 구성되어 국왕의 시위, 수도의 방어뿐만 아니라 방수 임무에도 동원되고 있었다. 무관은 전원 왕경인으로 이루어졌으므로 상주출신인 견훤은 당연히 농민군으로서 군역에 동원되어 서울에 왔다가 서남해 지역의 진에 배치되어 방수 근무에 임하였다. 이를 통해 진성여왕 즉위 직전까지 군사제도가 정상적으로 운영되었음을 알 수 있다.

그러나 내부적으로 중앙군은 극도로 약화되었고, 이런 상태에서 평온과 번영은 사상누각에 불과하였다. 이 시기의 평온과 번영은 농민 계층의 희생에 기초한 것으로서, 농민봉기가 일어나면 이를 억제할 수단이 없는 것이다. 진성여왕 3년(889) 정부에서 주군(州郡)에 사신을 보내 납세를 독촉하자 각지에서 농민봉기가 전개되었다. 이때 원종과 애노가 사벌주에서 반란을 일으키자 중앙에서 파견된 나마 영기는 두려워 떨며 제대로 싸우지도 못했다고 한다.[77] 대규모 농민봉기를 진압하는 데 나마(奈麻: 11등급)를 내보낼 만큼 당시 신라의 위기관리능력은 부재하였고, 또 그나마 출동한 무관이 두려워 떨며 제대로 싸우지도 못할 정도로 중앙군의 전투력은 형편없었다. 이와 같은 중앙군의 약화와 무능은 국가 체제의 붕괴로 이어졌다. 진성여왕 10년(896)에는

> 도적이 나라의 서남 방면에서 일어났는데, 그들은 붉은 바지를 입었으므로 사람들이 적고적(赤袴賊)이라고 불렀다. 그들은 주현을 해치고 서울의 서부 모량리에 이르러 민가를 겁략하고 돌아갔다.[78]

라고 하여, 붉은 바지를 입은 도적이 전라도 방면에서 경주 지역인 모량

國遺事』2, 紀異 2, 後百濟 甄萱, "三國史本傳云 甄萱尙州加恩縣人也 咸通八年丁亥生") 헌강왕 7년(881) 무렵에 종군하여 중앙군이 되었을 것이다.

77)『三國史記』11, 新羅本紀 11, 眞聖王 3년.
78)『三國史記』11, 新羅本紀 11, 眞聖王 10년.

리까지 거침없이 쳐들어온 적이 있었다. 신라는 지방군 체계가 마비되었을 뿐만 아니라 수도조차 방위할 능력이 없음이 만천하에 드러나는 사건이었다. 신라 정부의 무능과 약체가 폭로되자 신라 전역은 순식간에 동란에 휩싸이게 된다.

중앙 정부의 지방 통제력이 마비되고 수도조차 방위할 능력이 없는 상태에서 전국 각처에서 도적들이 횡행하자 개인이나 지역이 자체적으로 방어책을 마련할 수밖에 없었다. "신라 말 의관(衣冠)의 후예들이 다투어 무예를 써서 주현을 장악하였다."[79]라는 『연조귀감』의 기사는 유력한 개인들이 재산이나 지위를 지키기 위해 군사력을 갖추고 주현을 장악하고 있음을 말해준다. "어려서부터 용감하고 지략이 있었다."[80]는 매곡성주(昧谷城主) 공직(龔直)이나, "사람됨이 침착하고 용감했으며 병법에 능했다."[81]는 골암성수(鶻巖城帥) 윤선(尹瑄)의 예와 같이 군사적 능력이 있는 자들은 농민을 불러 모아 자체적으로 군사력을 확보하였다. 그리고 그들은 지방관을 대신하여 주현을 장악하고 치안과 방위를 담당하였다.

> 이총언(李忩言)은 세계(世系)를 모르는 자인데, 신라 말에 벽진군을 지키고 있었다. 이때 군도(群盜)가 사방에서 일어났으나 총언이 성을 굳게 지키니 백성들이 의지하여 안도하였다.[82]

이 기록은 집안 내력도 알 수 없는 이총언이라는 자가 성을 굳게 지켜 백성들이 안도하였다는 자료이다. 이러한 현상은 전국 도처에서 전개되고 있었다. 심지어 산곡 간에 근거지를 둔 사원에서도 자체적인 군사 조직을 마련하여 농민군들의 습격에 대비해야 했다. 「오대산사 길상탑사」

---

79) 『椽曹龜鑑』 1, 吏職名目解, 戶長. "羅末 衣冠之裔 競用豪武 覇於州縣"
80) 『高麗史』 92, 列傳 5, 龔直. "自幼有勇略"
81) 『高麗史』 92, 列傳 5, 王順式 附 尹瑄.
82) 『高麗史』 92, 列傳 5, 王順式 附 李忩言.

에서 "법중(法衆: 승려와 불법제자)이 녹림(綠林: 도적의 무리)과 싸워죽
었다."는 문구가 확인되고 있다.[83]

각 개인이나 지역이 자체적으로 도적을 방비하고, 통치권을 확보하는
상황에서 신라의 지방제도와 지방군제는 해체되었다. 중대 이래 지방제
도는 9주 5소경, 115군 286현으로 이루어졌고, 이들 주·군·현에 각각 지
방군이 배치되었다. 주·군·현은 상하 위계를 갖고 지방군의 지휘체계로
도 기능하였으니, 주의 장관인 도독은 주치(州治)의 지방군뿐만 아니라
관내 군·현의 지방군 전체를 통솔하였다. 그러나 진성여왕 3년 농민봉기
이후 주·군·현의 상하 지휘체계는 무너졌다. 이와 같이 신라의 지방제도
와 지방군이 해체된 뒤 지방사회의 중심이 된 것은 성(城)이었다. 크고 작
은 공방전이 수시로 벌어지던 시기에 지역별로 자위조직을 꾸리고 통치
권을 확보한 소규모 지역단위 지배자들이 나타나던 상황에서 자연스런
현상이었다. 그래서 군·현 명칭 대신에 성이라는 이름이 다시 사용되기
시작하였다.[84] 중고기까지 쓰이다가 중대에 사라진 성이라는 명칭이 다
시 등장한 것이다. 그리고 이 성의 지배자들은 성주·장군이라 불렸다.[85]
헌덕왕 11년(819)에는 초적을 잡으라는 명령을 주군의 도독·태수에게 내
리고 있음에 비하여[86], 효공왕 9년(905)에 이르면 성주들에게 싸우지 말
고 굳게 지킬 것을 명하고 있어서[87], 신라 말 지방통치의 담당자는 도독·
태수·현령 대신에 성주라고 불렸음을 알 수 있다. 한편 지방의 지배자들
은 지주제군사(知州諸軍事)라 불리기도 하였다. 지방제도가 붕괴되자 9

---

83) 「五臺山寺 吉祥塔詞」, 沙門僧訓 撰. "護囚三寶　法衆願同　交刃綠林　亡身品叢"
84) 하일식, 「신라 말, 고려 초의 지방사회와 지방세력」, 『한국중세사연구』 29호,
    2010, 68쪽.
85) 성주·장군에 대해서는 崔鍾奭, 「羅末麗初 '城主·將軍'의 대두와 변동추이」, 서울
    대 석사학위논문, 2000 ; 「羅末麗初 城主·將軍의 정치적 위상과 城」, 『韓國史論』
    50, 2004. 참조
86) 『三國史記』 10, 新羅本紀 10, 憲德王 11년 3월. "草賊遍起 命諸州郡都督太守捕捉之"
87) 『三國史記』 12, 新羅本紀 12, 孝恭王 9년 7월. "命諸城主 愼勿出戰 堅壁固守"

개에 불과하던 주(州)의 명칭이 인플레 되어 곳곳에 붙여졌고, 이곳의 지배자들을 지주제군사라 칭하기도 하였던 것이다.[88]

신라의 중앙군과 지방군이 해체되고, 개인이나 지역이 자체적으로 도적을 방비해야하는 상황은 신라 사회에 엄청난 혼란을 가져다주었다. 진성여왕 7년(893) 하정사(賀正使)가 되어 당나라로 가야하는 최치원이 도적 때문에 가지 못할 정도로 통행이 불편하였고[89], 『삼국사기』, 효녀지은전(孝女知恩傳)에서 보듯이 국왕이 효녀 지은에게 상으로 내린 곡식을 도적들에게 빼앗길까봐 군인들이 번갈아 지켜야 할 정도로 치안은 불안하였다.[90] 또 도적들이 도처에서 출몰하여 농민들은 농사를 지을 수도 없었고, 산천은 모두 전쟁터로 변해갔다.[91] 이러한 상황에서 백성들은 정상적인 생활을 유지할 수가 없었다. 백성들은 하루빨리 이러한 상황을 종식시켜줄 사람이 나타나기를 간절히 요구하였다. 그런데 당시 각 지역을 장악하고 있던 성주·장군이나 지주제군사 등은 이러한 상황을 종식시킬 능력이 없었다. 이들은 농민들을 불러 모아 자체적으로 군사력을 확보한 자들로서 자신의 지역을 방어하기에도 급급하였다. 신라 말의 혼란을 종식시키고 전국을 평안케 하기 위해서는 조직적이고 훈련된 군사력을 갖춘 사람이 등장하여야 했다. 이러한 백성들의 여망 속에서 등장한 사람이 바로 견훤과 궁예였다.

견훤과 궁예는 여타 성주·장군과는 달리 조직적이고 훈련된 군사력을 갖추었기 때문에 두각을 나타낼 수 있었다. 즉 이 시기 성주·장군들이 주로 농민을 불러 모아 자기 지역의 방어에 전념하고 있던 것에 비해 견훤

---

88) 지주제군사에 대해서는 全基雄, 「羅末麗初의 地方社會와 知州諸軍事」, 『慶南史學』 4, 1987. 참조.
89) 『三國史記』 46, 列傳 6, 崔致遠.
90) 『三國史記』 48, 列傳 8, 孝女知恩. "大王聞之 亦賜租五百石 … 以粟多恐有剽竊者 命所司差兵番守"
91) 『東文選』 33, 謝嗣位表. "群戎益熾於東陵 餘粒莫棲於南畝 … 山川皆是戰場"

과 궁예는 진(鎭)의 병력을 흡수하고 이를 바탕으로 정권을 수립하여 후
삼국 통일전쟁에 나섰던 것이다. 우선 견훤의 경우를 살펴보면, 앞에서
언급한 바와 같이 견훤은 상주 출신으로 중앙군이 되어 경주로 들어갔다
가 서남해 지역의 방수군으로 파견되었다. 중앙군이 방수하러 가는 곳은
일반 군·현이 아니었다. 군·현에는 각각 자기 지역민으로 구성된 지방군
이 있었으므로 중앙의 방수군이 필요하지 않았다. 방수군들은 교통의 요
지나 군사적으로 중요한 지역에 설정된 진(鎭)에 파견되었다. 비록 견훤
이 파견된 서남해 지역 진의 이름이 사료에서 확인되지는 않으나, 이 지
역이 청해진 이래 군사적 중요성을 갖고 있었으므로 진이 설치되어있었
을 것이다.92) 이곳에서 견훤은 "창을 베고 자면서 적을 기다리고 용기가
항상 다른 사졸보다 앞섰으므로 그 공로로 비장(裨將)이 되었다."93)고 한
다. 군진에서 공로를 인정받고 기반을 굳힌 견훤은 진성여왕 6년(892) 방
수군을 이끌고 신라 서남쪽 주현을 진격하고 무진주를 습격하여 왕을 칭
하였다. 즉 견훤의 군사적 기반은 신라 진의 군사력을 기초로 하고 있었
던 것이다.94)

　궁예 또한 군진의 군사력을 배경으로 왕위에 올랐다. 북원적(北原賊)
양길의 부하로 들어간 궁예는 진성여왕 8년(894) 6백여 명의 병력을 이끌
고 명주(강릉)로 들어갔다. 이때 6백여 명은 양길의 휘하 군사로서 대부분
초적의 무리였을 것이다.95) 그런데 6백여 명이었던 궁예의 병력은 다음
과 같이 명주에서 대폭 증강되었다.

---

92) 배재훈, 「견훤의 군사적 기반」, 『新羅文化』 36집, 2010, 192쪽.
93) 『三國史記』 50, 列傳 10, 甄萱.
94) 申虎澈, 『後百濟 甄萱政權硏究』, 一潮閣, 1996, 27~29쪽 ; 李喜寬, 「甄萱의 後百
　　濟 建國過程上의 몇 가지 問題」, 『후백제와 견훤』, 서경문화사, 2000, 43~45쪽 ;
　　李文基, 「甄萱政權의 軍事的 基盤」, 『후백제와 견훤』, 서경문화사, 2000.
95) 『三國史記』 11, 新羅本紀 11, 眞聖王 8년 10월.

건령(乾寧) 원년(元年: 894) (궁예가) 명주(溟州)로 들어갔다. 거느린 무리가 3천 5백 명이었는데 나누어 14대로 하고 김대(金大)·검모(黔毛)·혼장(昕長)·귀평(貴平)·장일(張一) 등을 사상(舍上: 部將)으로 삼았다.[96]

이 3천 5백 명으로 늘어난 군인 속에는 북진(北鎭)의 군사력이 상당수 포함되었을 것으로 보인다.[97] 앞에서 언급한 바와 같이 무열왕 5년(658) 실직(悉直: 삼척)에 북진이 설치된 바 있다.[98] 실직에 있던 북진은 경덕왕 16년(757) 무렵 천정군(泉井郡: 덕원·원산)으로 이동하였으나, 신라 말 군사력의 약화와 말갈의 발호 속에서 다시 남쪽으로 후퇴하였다.[99] 이 때 북진은 덕원(원산)에서 남쪽으로 이동하여 강릉 부근까지 내려온 것으로 보인다. 위 인용문에서 보는 바와 같이 궁예는 3천 5백 명으로 군사가 늘자 즉시 이들을 14대로 나누고 부장(部將)을 임명하였다. 이와 같은 신속한 군사 편제는 이들이 평소 체계적인 훈련을 받은 진군(鎭軍)과 같은 군인이었기 때문에 가능하였을 것이다. 이후 궁예는 저족(猪足: 인제)·성천(狌川: 화천)·부약(夫若: 금화)·금성(金城: 금화군 금성면)·철원(鐵圓) 등지를 점령하고 패강진 군사력을 받아들인 다음 나라를 건국하고 임금이라 칭하였다[開國稱君].[100] 특히 패강진 군사력이야말로 궁예가 '개국칭군'할 수 있었던 무력적 기반이었다. 패강진은 선덕왕 3년(782)에 설치되어 궁예의 세력권 속으로 들어갈 때까지 백년이상 존속된 군진이었다. 무

---

96) 『三國史記』50, 列傳 10, 弓裔.

97) 이기백 교수는 궁예가 명주(강릉)로 갔을 때에 거느리고 있었다는 3천 5백 명의 군사는 北鎭과 관계가 있다고 보았다.(『高麗兵制史研究』, 「高麗 京軍考」, 一潮閣, 1997, 47쪽.)

98) 北鎭에 대해서는 李文基, 「統一新羅期의 北鎭과 軍事的 位相」, 『九谷 黃鍾東敎授 停年紀念 史學論叢』, 1994. 참조.3

99) 조이옥, 「8~9世紀 新羅의 北方經營과 築城事業」, 『신라문화』34, 2009, 158쪽.

100) 『三國史記』50, 列傳 10, 弓裔.

려 26개의 군현을 거느리고 있었고[101], 그 정치적·군사적 비중도 커서 여러 군진 가운데 오직 패강진만이 『삼국사기』 직관지의 외관조에 나타나고 있다. 이러한 패강진을 흡수함으로써 궁예는 왕위에 오를 수 있었다. 즉 궁예의 군사적 기반은 북진이나 패강진 등 군진의 군사력을 배경으로 하고 있었던 것이다.

신라 하대에 정부는 남해안(청해진), 서해안(당성진·혈구진·장구진), 동북방의 변경지역(북진), 서북방의 변경지역(패강진) 등에 진을 설치하였다. 이 진들은 중앙정부의 직접적인 통제와 감독 하에 있었기 때문에 주 도독 등 지방관이 중앙정부에 반기를 들 수 있는 행위를 억제할 수 있었다. 그러나 신라 말기에 이르러 중앙군이 약화되고 중앙정부의 통제력이 상실되면서 진은 오히려 중앙정부를 공격하는 반군에 흡수되어 그 중심 군사력으로 변질되었다. 견훤은 남해안에 있었던 진군을 이끌고 후백제를 세웠으며, 궁예는 북진과 패강진의 군사력을 기반으로 후고구려를 세웠던 것이다.

5. 맺음말

지금까지 신라 상대(상고기·중고기)와 중대에 이루어진 군제의 개편, 신라 하대 군제의 변화와 진의 설립, 그리고 신라 말 군제의 해체와 후삼국 성립의 군사적 기반 등에 대하여 살펴보았다. 이를 정리하면 다음과 같다. 신라는 천년의 역사 동안 대략 5번에 걸쳐 군제가 크게 변화하였다. 즉 신라의 군제는 6부병제(이사금 시기)→2부병제(마립간 시기)→대당과 정제(중고기)→6정·9서당 체제(중대)→3군제(하대)로 변화하였다. 특히

---

101) 姜鳳龍, 앞의 논문, 1997.

6정·9서당 체제를 정점으로 최고도로 발전한 신라의 군제는 하대에 들어와 급격하게 붕괴하게 된다.

신라 군제 붕괴의 원인으로 우선 사병제의 문제점을 들 수 있다. 사병제는 고정된 지휘관과 고정된 군인이 없는[無定軍 無定將] 상태로 운영되는 공병제의 상대어로서 장군과 군인이 고정적인 관계를 유지하는 군사지휘체계를 말한다. 신라는 건국 이래 사병제 형태의 군사지휘체계를 운용하였는데,『삼국사기』, 직관지, 무관조에는 '속대관'이라 하여 장군 개인에게 소속된 군인을 배치할 정도였다. 이러한 사병제의 운용은 전투력의 극대화를 위한 조치로서 신라는 이로써 삼국통일을 성공적으로 수행할 수 있었다. 그러나 사병제 하에서 군인들은 국왕보다도 자신의 지휘관에 더욱 충성하는 경향이 있었다. 이들은 지휘관의 요구에 따라 반란에도 적극 가담하였다. 중대 말 혜공왕 때부터 일어난 각종 반란은 사병제의 문제점이 극단적으로 표출된 형태이다. 이후 하대에 들어오면서 진골 귀족들은 그동안 금기시되었던 사병을 양성하고, 이들 사병과 사병제 하에서의 휘하군인들을 동원하여 왕위쟁탈전을 전개하였다. 이러한 과정에서 국가의 공적인 군제는 붕괴되어갔다.

신라 군제 붕괴의 또 다른 원인으로 숭문억무 정책을 들 수 있다. 신라 군대의 핵심은 무관이었다.『삼국사기』, 직관지, 무관조에는 총 2,277명의 중앙무관이 수록되었는데 이들이야말로 삼국통일의 원동력이요, 중앙집권체제를 지탱하는 근간이었다. 그러나 신라는 삼국통일 이후 숭문억무 정책을 실시하였다. 태종 무열왕 때 무장사와 관련된 전설이나, 문무왕 때 '무기를 녹여 농기를 만들라'는 유언에서 그러한 분위기를 감지할 수 있다. 원성왕 4년(788)에 실시한 독서삼품과는 중앙관을 무관 중심에서 문관 중심으로 교체하는 효과를 가져왔고, 또 지방관 역시 국학의 졸업생만 임명하도록 하였다. 이러한 숭문억무 정책은 유교이념의 확산과 왕권의 안정을 꾀하려는 집권층의 의도가 개재된 것이지만 군사력을 급속히 약화시키는 폐단도 낳았다. 민애왕 때에는 10만의 중앙군이 청해진 군대에 패배하여 국왕이 피살되었고, 진성여왕 때 중앙에서 파견된 나마 영기는 두려워 떨며 반란군을 진압하지도 못하였다. 이와 같이 문약해진 중앙의 무관들은 더 이상 국가 질서를 유지하는 무력적 기반이 아니었다.

6정·9서당 중심의 전시체제가 무너지고, 중앙 무관의 군사력도 점차 신뢰할 수 없는 상황에서 정부가 취할 수 있는 방위 태세는 지방 요충지에 진을 설치하는 것이었다. 무열왕 때 북진이 설치되기는 했지만, 진의 설치가 일반화된 것은 신라 하대이다. 하대에 들어와 패강진 설치를 시작으로 청해진, 당성진, 혈구진, 장구진 등 여러 진이 설치된 것이다. 이 진들은 중앙정부의 직접적인 통제와 감독을 받는 군사 기지로서 변방 방어 임무를 수행하였지만 도독 등 지방관의 군사력을 견제하는 효과도 있었다. 그러나 진에 대한 중앙정부의 통제력이 약화되었을 때 진의 군사력은 도리어 국가에 부담으로 작용하였다. 신라 말 중앙군과 지방군 조직이 붕괴되고 지방 통제력이 마비되면서 도처에서 도적들이 횡행할 때, 견훤과 궁예는 진의 군사력을 기반으로 후백제와 후고구려를 세운 것이다. 즉 후삼국의 성립은 신라 정부가 군사력의 통제에 실패하면서 나타난 결과였다.

[『군사』 80호, 2011. 9 수록]

6장

고려 태조대 6위 설치와 군제 운영

1. 머리말

우리나라와 중국의 역사에 대하여 해박한 지식을 갖고 있던 조선시대의 학자 눌재 양성지(梁誠之)는 세조 원년(1455) 7월에 올린 상소문에서

> 우리 본조(本朝)는 … 조종(祖宗)의 공과 덕이 전조(前朝:고려)에 양보할 것이 없고 가법(家法)의 정대함은 그보다 훨씬 앞서고 있습니다. 다만 전조(前朝) 병제(兵制)의 훌륭한 점은 비록 오늘에 와서도 쉽게 견줄 수 없을 것입니다.[1]

라고 고려 병제의 우수함을 칭찬하였다. 고려의 군사제도는 조선의 그것에 비해 훨씬 훌륭하다는 것이다. 이와 같이 양성지가 칭찬한 고려의 군사제도는 2군 6위로 대표되는데, 2군 6위의 기틀을 마련한 시기가 태조 왕건 때이다.

태조대는 500년 고려왕조 군제의 큰 틀이 마련된 시기였다. 이때 만들어진 군제는 조종(祖宗)의 전장(典章)으로서, 고려후기까지 비록 약간의 제도의 첨삭은 있었지만 큰 틀은 그대로 유지되었다. 태조대에 설치된 6

---

1) 『世祖實錄』 권1, 세조 원년 7월 戊寅. "我本朝 … 朝功宗德 無讓前朝 而家法之正 則 遠過焉 但前朝兵制之盛 雖今日或未易擬也"

위는 후에 2군이 첨가되어 2군 6위가 되었고, 이것은 고려 말 8위로 칭해진 이후[2] 조선초기에 10위로 증편되었으며, 『경국대전』에서는 5위제로 개편·수록되었으니, 태조대의 군제는 고려와 조선시기를 합쳐 대략 700년의 역사에 그 영향을 미친 셈이다.[3] 그런데 지금까지 태조대 군제에 대한 적극적인 검토는 이루지지 않았다. 태조대 정치·경제·사회·문화에 대한 연구는 상당수 나왔지만, 태조대 군제에 대한 연구는 많지 않았다.[4]

태조대 군제에 대한 연구가 부실한 이유는 사료가 적을 뿐만 아니라, 그나마 있는 사료도 연구자들의 선입관에 의해 부정되고 있었기 때문이다. 그 대표적인 예가 태조 2년(919) 6위 설치와 관련된 내용이다. 태조 2년에 6위가 설치되었다는 기록은 『고려사』와 『고려사절요』에서 무려 4군데에서 나오지만, 연구자들은 6위가 태조대에 설치되었을 리 없다고 이를 간단히 부정하였다. 이렇게 6위 설치가 부정됨에 따라 후삼국통일 전쟁 과정에서 나타나는 태조대 군인의 구성, 평시체제와 전시체제의 운영 등 여러 군제 문제에 대한 연구가 더 이상 진행되지 못하였다. 즉 태조대는 사료도 부족하고, 있는 사료도 잘못된 사료라고 부정됨에 따라 제대로 된 연구가 나올 수 없었던 것이다.

이에 본고에서는 2장에서 기존에 제기된 태조 2년 6위 설치 부정론을 비판하고자 한다. 6위 설치 부정론을 부정함으로써 태조 2년에 6위가 설치되었다는 것을 강조하려한다. 3장에서는 태조대 6위를 구성하는 군인

---

2) 『高麗史』77, 百官 2, 西班. "至恭讓王時 二軍六衛 並稱八衛"
3) 임진왜란 중 훈련도감의 설립으로 5위제적인 군제는 해체된다. 이에 대해서는 拙著, 『朝鮮後期 中央軍制研究』, 혜안, 2003 참조.
4) 태조대 군제에 대해서는 다음 논문과 저서가 참고 된다.
　　李基白, 「高麗京軍考」, 『高麗兵制史研究』, 一潮閣, 1968.
　　洪承基, 「高麗初期 中央軍의 조직과 역할-京軍의 성격-」, 『高麗軍制史』, 陸軍本部, 1983.
　　鄭景鉉, 「高麗 太祖代의 徇軍部에 대하여」, 『韓國學報』13, 1987.
　　鄭景鉉, 「高麗前期 二軍六衛制 研究」, 서울대 대학원 박사학위논문, 1992.
　　鄭景鉉, 「Ⅲ. 군사조직 1. 경군」, 『한국사13-고려전기의 정치구조-』, 국사편찬위원회, 1993.

들의 면모와 출신 등에 대해 알아보고자 한다. 태조대 6위 군인들은 이후 세병제(世兵制)에 따라 자손 대대로 군인 신분을 물려주게 된다. 따라서 태조대 군인의 성격에 대한 규명은 고려전기 중앙군의 성격을 규명하는 것이기도 하다.[5] 그리고 4장에서는 평시체제와 전시체제를 둘러싼 태조대 군제의 운영과 군인들을 통제하기 위한 여러 가지 조치에 대하여 살펴보고자 한다. 고려전기에는 군인 세력을 적절히 통제함으로써 정치적 안정을 가져왔다. 이러한 정책의 기원이 태조대에 있었다. 태조대 군제는 500년 고려왕조의 기틀을 확립하고 고려전기의 정치적 안정을 가져왔으며, 이후 역사에도 많은 영향을 미친 것으로 반드시 규명해야할 주제라고 생각한다.

2. 태조 2년 6위 설치

고려 전기의 중앙군은 2군 6위의 형태로 편제되었다. 2군은 응양군(鷹揚軍)과 용호군(龍虎軍) 등 2개의 군(軍)이고, 6위는 좌우위(左右衛), 신호위(神虎衛), 홍위위(興威衛), 금오위(金吾衛), 천우위(千牛衛), 감문위(監門衛) 등 6개의 위(衛)로 이루어졌다. 이러한 2군 6위 중 6위가 2군보다 먼저 설치되었다. 『고려사』, 백관지에는 2군 6위의 연혁에 대하여 다음과 같이 기록되어 있다.

> (태조) 2년에 6위를 설치하였다. 목종 5년에 6위의 직원을 비치하였다. 후에 응양(鷹揚)·용호(龍虎) 2군을 설치하여 6위의 상위에 있게 하였다.[6]

---

5) 고려전기 중앙군의 성격에 대한 논쟁은 권영국, 「고려전기 중앙군의 성격」, 『한국전근대사의 주요 쟁점』, 역사비평사, 2002 참조.

6위가 설치된 것은 태조 2년(919) 때의 일이고, 2군은 6위보다 상위의 부대이지만 그 설치시기는 목종 5년(1002) 이후였다고 한다. 그런데 태조 2년에 6위가 설치되었다는 기사는 다음과 같이 『고려사』 세가와 병지, 『고려사절요』 등에서도 발견된다.

·(태조) 2년 춘 정월 송악의 남쪽에 도읍지를 정하여 궁궐을 짓고, 3성(省) 6상서관(尙書官) 9시(寺)를 설치하였다. 시전(市廛)을 세우고, 방리(坊里)를 구분하였으며, 5부(部)를 나누고 6위(衛)를 설치하였다.(『고려사』 권1, 세가 1, 태조 2년 정월)

·태조 2년 정월 6위를 설치하였다.(『고려사』 권81, 병지 1, 병제)

·(태조) 2년 춘 정월 송악의 남쪽에 도읍지를 정하고, 그 군(郡)을 승격시켜 개주(開州)라 칭하였다. 시전을 세우고 방리를 구분하였으며 5부를 나누고 6위를 설치하였다.(『고려사절요』 권1, 태조 2년 정월)

이와 같이 태조 2년에 6위가 설치되었다는 기사는 『고려사』 백관지, 세가, 병지와 『고려사절요』 등 총 4군데에서 발견되고 있다. 한 가지 사실을 『고려사』에서 이처럼 여러 군데에 중복 서술하는 것은 매우 드문 일이다. 이를 통해 태조 2년에 6위가 설치된 것은 특기할 만한 매우 중요한 사건이었음을 짐작할 수 있다.

그런데 앞에서 서술한 바와 같이 고려시기 군제사를 연구하는 학자들은 대체로 태조 2년에 6위가 설치되었다는 사실을 부정하고 있다. 『고려병제사연구』를 저술한 이기백 교수는 목종 5년(1002)에 6위가 창설되었다고 주장하였다가[7], 다시 성종 14년(995) 경에 6위가 완비되었을 것이

---

6)『高麗史』 권77, 志 31, 百官 2, 西班.
7) 李基白,「高麗 京軍考」, 앞의 책, 1968, 67쪽.

라고 주장하였다.[8] 정경현 교수 역시 "고려의 중앙군이 태조 2년부터 6위로 편제되어 있었다고 하는 기록은 『고려사』 편찬자의 잘못으로 판단된다. 6위의 중앙군제는 당나라의 12위 병제를 바탕으로 한 병제였다. 그러나 태조대라고 하면 왕조의 창업기인 동시에 전란의 시대라서 정치적으로나 군사적으로 아직 중국식 제도들을 수용할 만큼의 안정되고 여유 있는 상황이 아니었다."라고 하고, 또 "태조대의 역사는 출병과 전투에 관한 사건들로 점철되어 있지만, 그 가운데 위의 실재를 방증할 만한 구체적 단서는 전혀 없다. 만일 6위가 설치되어 있었다면 출전 무장들 가운데 반드시 6위의 무직(武職)을 지닌 인물이 있을 법도 한데 도무지 그런 사례가 보이질 않는 것이다. 또한 고려에 3성 6부 9시와 같은 중국식 정치기구들이 설치된 것도 사실은 태조대가 아니라 성종대의 일이었다. 이러한 점들을 종합해 보건대, 태조대의 중앙군은 6위와는 무관한 방식으로 조직되어 있었음이 분명하다."[9]라고 주장하고, 이기백 교수와 같이 성종 14년에 6위가 설치되었다고 추정하였다.

『고려사』의 태조 2년 6위 설치 설은 정경현 교수에 의해 체계적으로 부정되었는데, 그 논거는 모두 4가지이다. 첫째, 『고려사』 편찬자의 착오이다. 둘째, 태조대는 왕조 창업기라서 6위제를 수용할 만큼 여유 있는 상황이 아니었다. 셋째, 태조대에 6위의 무반 관직을 지닌 인물을 발견할 수 없다. 넷째, 『고려사』 세가에서는 태조 2년에 3성 6부 9시가 설치되었다고 하지만 실제로 이것은 성종대에 설치되었으므로 6위도 성종대에 설치되었을 것이다. 이상 네 가지 이유에서 정 교수는 태조 2년 6위 설치 설을 부정하고 있다. 태조 2년 6위 설치 부정론의 기반이 되는 이 네 가지 논거의 문제점들을 하나하나 살펴보면 다음과 같다.

첫째, 태조 2년에 6위가 설치되었다고 기록된 것은 『고려사』 편찬자의

---

8) 李基白, 「高麗 二軍·六衛의 形成過程에 대한 再考」, 앞의 책, 79쪽.
9) 鄭景鉉, 「Ⅲ. 군사조직 1. 경군」, 앞의 책, 1993, 271~272쪽.

착오라고 하지만, 『고려사』와 『고려사절요』는 조선시기 세종~문종 대에 걸쳐 십여 명에 이르는 춘추관 수사관(修史官)들이 합동으로 편찬한 역사서이다.[10] 『고려사』의 세가, 백관지, 병지와 『고려사절요』는 모두 다른 사람이 편찬하였을 가능성이 높다.[11] 이들 역사서 각각에서 태조 2년에 6위가 설치되었다는 기사가 나오는데, 이들을 편찬한 사람들이 모두 함께 착오를 일으킬 가능성은 거의 없다. 고려시기에 작성된 원 사료에 태조 2년에 6위가 설치되었다는 기록이 있었기 때문에 『고려사』와 『고려사절요』 편찬자들이 술이부작(述而不作)의 원칙에 따라 이것을 그대로 기술하였을 것이다.

둘째, 태조대는 왕조 창업기라서 6위제를 수용할 만큼 여유 있는 상황이 아니라고 했는데, 부대를 6위로 나누는 것과 같은 군사 편제 개편은 여유 있는 상황에서만 할 수 있는 일은 아니다. 군인들을 몇 개의 부대를 나누어 통솔하는 것은 군사 운용의 기본적인 사항이다. 894년(진성여왕 8) 궁예는 양길의 병력 일부를 받아 북원을 출발하여 명주(강릉)에 들어 갔는데 그곳에서 무리가 3,500인으로 증가하자 이들을 14대(隊)로 나누고 금대·검모·흔장·귀평·장일 등을 사상(舍上:부장)으로 삼았다고 한다.[12] 아직 국가를 만들지도 못한 궁예는 병력이 대폭 증가하자 즉시 이들을 14대로 편제하고, 각각의 부대에 부장(部長)을 임명하여 부대 체제를 재정비하였던 것이다. 이것은 전투시의 기동성과 분산성, 집중성을

---

10) 『文宗實錄』 권12, 文宗 2년 2월 庚申 條에 『高麗史』 修史官들의 명단이 나온다.

11) 邊太燮, 『「高麗史」의 研究』, 三英社, 1982, 44쪽. 변태섭 교수는 여기서 "(고려사) 列傳과 紀·志·年表를 젊은 史官들의 分科가 어떠하였는지는 알 수 없다. 梁誠之가 地理志를 작성하였다는 것은 밝혀진 사실이지만 그 밖의 분담은 지금으로서는 알 길이 없다. 文宗 즉위년 10월 庚辰에 藝文館提學 李先齊가 高麗式目形止案에 수록된 兩界軍의 編成을 소개한 것으로 보아 刪潤을 맡았던 그가 兵志와 관계가 있지 않나 생각이 든다."라고 쓰고 있다.

12) 『三國史記』 50, 列傳 10, 弓裔. "乾寧元年 入溟州 有衆三千五百人 分爲十四隊 金大·黔毛·昕長·貴平·張一等 爲舍上[舍上謂部長也]"

높이고, 단위 부대 중심의 독자적인 전투 수행 능력을 극대화하기 위한 목적이었다.[13] 따라서 궁예의 정치, 군사 체제를 이어받은 왕건이 태조 2년에 부대를 6위로 개편하는 것과 같은 일은 얼마든지 가능하다. 『손자병법』에서 "많은 병력을 통솔하는 것을 적은 병력을 통솔하듯이 할 수 있는 것은 분수(分數:군사 편제) 때문이다."[14]라고 하듯이, 부대를 몇 개의 하위 부대로 나누어 통솔하는 것은 군사 편제의 기본적인 사항이다. 수천수만 명의 군인들을 6위 등의 부대로 나누지 않고 어떻게 효율적으로 통솔할 수 있겠는가?

셋째, 태조대 사료에 6위의 무반 관직을 지닌 인물을 발견할 수 없어, 태조 2년 6위의 설치가 의문시된다고 했는데, 태조대뿐만 아니라 고려초기의 사료는 소략하기 짝이 없다. 이것은 『고려사』, 황주량(黃周亮) 열전에 "지난 시기에 거란 병이 경성을 함락시키고 궁궐에 불을 질러 서적이 모두 다 잿더미로 화하였다"[15]라고 하듯이, 현종 초 거란 병이 개성을 함락시키고 궁궐에 불을 질러 태조·혜종·정종·광종·경종·성종·목종 등 7대에 걸친 실록이 모두 소실되었기 때문이다. 황주량이 왕명을 받아 각지를 방문하고 자료를 수집하여 '7대 사적'을 편찬하여 왕에게 바쳤다고는 하나 원본이 소실되었기 때문에 고려초기의 기록은 부실하지 않을 수 없었다. 이에 태조대에는 장군 이외에 그 아래 장교에 대한 기록이 전혀 없다. 따라서 6위의 무반 관직을 지닌 인물을 발견할 수 없는 것은 고려초기 자료의 특성에 기인한 것으로 볼 수 있다.

넷째, 태조 2년에 3성 6부 9시가 설치되었다고 하지만 실제로 이것은 성종대에 설치되었으므로 6위도 성종대에 설치되었을 것이라고 주장하

---

13) 신성재, 「弓裔政權의 軍事政策과 後三國戰爭의 전개」, 연세대학교 박사학위논문, 2006, 21쪽.

14) 『孫子兵法』, 勢篇. "凡治衆如治寡 分數是也"

15) 『高麗史』 95, 列傳 8, 黃周亮. "初契丹兵 陷京城 燒宮闕 書籍盡爲煨燼 周亮奉詔 訪問採撮撰集太祖至穆宗七代事跡"

였는데, 태조 2년에 6위가 설치된 것을 알려주는 4가지 사료 가운데, 유독 『고려사』 세가에서만 3성 6부 9시가 설치되었다고 기록되어 있다. 『고려사』 백관지, 병지와 『고려사절요』 등에는 이런 기록이 없다. 따라서 『고려사』 세가에서 태조 2년에 3성 6부 9시가 설치되었다고 하지만 실제 이것은 성종대에 설치된 것이므로, 6위도 성종대에 설치되었을 것이라는 추론은 한 사료의 문제점을 가지고 나머지 사료 모두를 부정한 것으로 적절하지 않다고 생각한다. 『고려사』 세가의 태조 2년에 수록된 3성 6부 9시에 관한 내용만 잘못 기재된 것일 수 있기 때문이다. 이 이외에 나머지 기록들, 즉 태조 2년에 시전을 세우고 방리를 구분하였으며 5부를 나누는 등의 기록은 사실일 가능성이 많다. 태조대에 시전을 세웠다는 것은 『삼국유사』, 왕력(王曆) 편에서도 언급하고 있다.

> 경진년(920)에 유암(乳岩) 밑에 유시(油市)를 세웠다. 따라서 지금 풍속에 교역을 통해 이익을 얻는 것을 유하(乳下)라고 한다.[16]

『삼국유사』의 위 기록에서는 시전을 유시(油市)라 칭하고 경진년(920)에 세웠다고 하므로, 태조 2년(919)과는 1년 차이가 나지만, 대체로 태조 2년에 시전을 세운 사실을 입증해준다고 할 수 있다. 이외에 태조 2년에 방리를 구분하고 5부를 나누었다는 기록은 학계에서 대체로 사실로 인정되고 있다.[17] 따라서 『고려사』 세가의 3성 6부 9시를 제외한 나머지 기록들이 모두 사실로 인정되므로 태조 2년에 6위를 설치하였다는 기록도 사실일 수 있다.

이상에서 태조 2년 6위 설치에 대한 긍정적인 입장에서 기존에 제기된

---

16) 『三國遺事』1, 王曆 1, 太祖. "庚辰 乳岩下 立油市 故今俗 利市 云乳下"
17) 朴龍雲, 『고려시대 開京 연구』, 一志社, 1996, 94쪽.
    김창현, 『고려 개경의 구조와 그 이념』, 신서원, 2002, 114쪽.
    한국역사연구회 지음, 『고려의 황도 개경』, 창작과 비평사, 2002, 115쪽.

태조 2년 6위 설치 부정론의 4가지 논거를 비판해보았다. 사실 태조 2년에 6위가 설치되었다는 기록은『고려사』세가, 백관지, 병지와『고려사절요』등 고려시기 사서의 총 4군데에서 발견되고 있으므로, 이를 간단히 잘못된 사료라고 도외시할 수는 없다고 본다. 역사가는 사료가 자신의 역사상과 맞지 않는다고 해서 잘못된 사료라고 간주하기보다는 사료가 왜 그렇게 쓰였는지 그 의미를 더 천착해야 한다고 생각한다. 태조 2년 6위 설치 부정론은 후대에 2군 6위가 완비된 형태를 보고 태조 2년에 그러한 형태의 군제가 있을 리 없다고 생각한 것으로 추측된다. 고려전기의 2군 6위는 <표 1>에서 보는 바와 같이 각 령(領)에 상장군, 대장군, 장군 등의 장관(將官)과 정5품 중랑장~품외(品外)의 대정에 이르는 경군(京軍), 그리고 지방에서 번상하는 외군(外軍)이 결합한 체계적인 군제이다. 중앙 정치제도와 지방제도의 정비가 완료되고, 중앙집권적인 군사동원체제가 갖추어져 있는 상태에서 나타날 수 있는 군사제도인 것이다. <표 1>과 같은 2군 6위의 편제와 정원은 2군이 설치된 다음, 종래 6위의 편제와 정원을 재조정하여 완성되었으리라고 여겨진다.

<표 1> 2군 6위의 편제와 정원

2軍6衛	領	將官			京軍(府兵)						計	外軍		계	기타
		上將軍 정3품	大將軍 종3품	將軍 정4품	中郞將 정5품	郞將 정6품	別將 정7품	散員 정8품	校尉 정9품	隊正 품외		保勝軍	精勇軍		
鷹揚軍	1	1	1	1	2	2	2	3	20	40	72				
龍虎軍	2	1	1	2	4	10	10	10	40	80	158				
左右衛	13	1	1	13	26	65	65	65	260	520	1,016	10000	3000	13000	
神虎衛	7	1	1	7	14	35	35	35	140	280	548	5000	2000	7000	
興威衛	12	1	1	12	24	60	60	60	240	480	938	7000	5000	12000	
金吾衛	7	1	1	7	14	35	35	35	140	280	548		6000	6000	役領1
千牛衛	2	1	1	2	4	10	10	10	40	80	158				常領1 海領1
監門衛	1	1	1	1	2	5	5	5	20	40	80				
계	45	8	8	45	90	222	222	223	900	1800	3,518	22000	16000	38000	
典據:『高麗史』77, 百官 2, 西班.; 81, 兵 1, 軍制.															

그런데 <표 1>과 같은 형태의 2군 6위가 나타나기까지, 6위제는 많은 변화를 겪었다. 군인의 수와 관등, 계급 등에서 여러 차례 변화가 있었다. 우선 고려 초 6위의 군액은 여러 차례 증감이 있었다. 성종 원년(982)에 올린 최승로 상서문의 시무책에는 군인 수와 관련하여 다음과 같은 기록이 있다.[18]

> 우리 조정의 시위 군졸들은 태조 때에는 다만 궁성을 숙위하는 일 뿐이어서 그 수가 많지 않았습니다. 그런데 광종 때에 와서 참소를 믿고 장군과 재상들을 주책(誅責)하였으며, 스스로 의혹이 일어나서 군인의 수를 증원하되 주군(州郡)에서 풍채 좋은 자들을 선발하여 입시하게 하고, 이들을 모두 내주(內廚)에서 식사하게 하였습니다. 당시 여론은 이것을 번잡하기만 하고 이로운 점이 없다고 하였으며 경종 때에 와서는 비록 약간 감원하였으나 오늘에 이르기까지 아직도 그 수가 많습니다.[19]

광종 때에는 태조대에 비해 시위 군인의 수가 대폭 증가하였고, 경종 때 약간의 감원이 이루어졌다는 것이다. 즉 고려 초에는 <표 1>과 같이 군인의 수가 확정되어 고정된 것이 아니라 여러 차례 변동하였음을 알 수 있다.

또 고려 초 군인의 관등과 계급도 <표 1>과 같지 않았다. 『고려사』, 백관지에 "건국 초기의 관계(官階)는 문·무를 나누지 않다."[20]라고 하듯이 태조대에는 아직 관계상으로는 문무가 분리되지 않았다. 문무관 모두 '대광(大匡), 대승(大丞), 대상(大相), 원보(元甫), 원윤(元尹), 좌윤(佐尹),

---

18) 李基白 외, 『崔承老上書文硏究』, 一潮閣, 1994.
19) 『高麗史』 93, 列傳 6, 崔承老. "我朝侍衛軍卒 在太祖時 但充宿衛宮城 其數不多 及光宗信讒 誅責將相 自生疑惑 增益軍數 簡選州郡有風彩者 入侍 皆食內廚. 時議以爲繁而無益 至景宗朝 雖稍減削 洎于今時 其數尚多"
20) 『高麗史』 77, 百官 2, 文散階. "國初官階 不分文武"

정조(正朝), 정위(正位), 보윤(甫尹)'이라는 고려초기 관계를 받았다. 따라서 이 시기 군인들은 <표 1>과 같이 '상장군, 대장군, 장군, 중랑장, 낭장, 별장, 산원, 교위, 대정' 등의 군 계급을 받은 것이 아니라, '대광~보윤'에 이르는 고려초기 관계를 받았다. 그리고 태조대 군인의 등급도 '상장군~대정'과 같이 9등급으로 나누어져있지 않았다. 태조대 군인이 어떤 등급으로 나뉘어져있는지 사료가 없어 알 수 없지만, 경종 원년(976)에 발표된 시정전시과에는 무반은 단삼(丹衫)으로서 5등급으로 되어 있는 것으로 보아[21], 9등급은 아니었다. 따라서 후대에 완비된 2군 6위의 형태를 보고 태조대에 그러한 6위가 성립되지 않았다고 주장하는 것은 후에 성인이 된 모습만을 보고 어린아이 때의 그를 성인인 그가 아니라고 주장하는 것과 같이 적절하지 않다. 태조 2년에 설립된 6위는 아직 2군 6위와 같은 형태를 취하지 못하였고, 이후 수많은 군제 개편을 거쳐 2군 6위제로 완성되었던 것이다.

3. 태조대 6위의 구성

태조 대부터 중앙군인 6위는 무관과 농민군으로 구성되었다.[22] 무관은 복무에 대한 대가로 국가로부터 토지(수조권)와 녹봉을 받는 군인이었고, 농민군은 양인 농민들이 군역의 의무로서 번차에 따라 번상하는 군인이었다. 무관은 도성에 거주하여 경군(京軍)이라고 하였고, 농민군은 지방에 거주하면서 번상 근무하여 외군(外軍)이라고도 하였다. 그런데 태조대

---

21) 『高麗史』78, 食貨 1, 田柴科. "武班 丹衫以上 作五品"
22) 고려시기 중앙군이 무관과 농민군으로 구성되었다는 것은 拙稿, 「高麗·朝鮮初期의 府兵」, 『歷史敎育』69, 1999 ; 「高麗時期 府兵制의 運營과 그 原則」, 『歷史敎育』73, 2000 참조.

에는 아직 중앙집권적인 군사동원체제와 지방제도가 미숙하여 지방 농민들에 대한 군역 징발과 동원이 순조롭게 이루어지지 않았다. 태조 17년(934) 국왕은 예산진(禮山鎭) 조서(詔書)에서 "남자들은 모두 군대에 나갔고, 여자들도 부역에 동원되었다."[23]라고 하여 후삼국시기 군역 행정의 가혹성을 토로하였지만, 이 시기 농민들은 대체로 지방군으로 동원되었고, 중앙에 올라온 번상 농민병들은 그다지 많지 않았다. 즉 태조대 6위는 무관 중심으로 운영되었을 것으로 보인다. 도성에 상주하면서 전문적인 군사 기술을 익힌 무관들이야말로 국가와 정권이 가장 신뢰할 수 있는 군사력인 것이다.

태조대 무관들은 마군(馬軍)·기병(騎兵)으로 불렸다. 마군(기병)은 보병에 비해 기동성과 충격력이 훨씬 뛰어난 병력으로서, 고도의 전문적이고 지속적인 훈련이 요구되는 군인이다. 태조대 무관들은 거의 대부분 마군(기병)으로서 6위의 주축을 이루고 있었다. 실제로 태조대에 최고의 정치군사적 실권을 장악하고 있었던 인물은 대부분 기장(騎將), 마군장군(馬軍將軍)이었다. 개국 1등공신인 홍유·배현경·신숭겸·복지겸, 개국 2등 공신인 능식(能植), 그리고 후삼국 통일전쟁의 최고 수훈자였던 유금필 등은 모두가 마군장군이었으며, 개국 2등 공신으로서 통일전쟁기에 북방지역의 축성사업과 변방수비를 전담하다가 통일 직후 재신(宰臣)이 된 염상(廉湘)은 마군대장군이었다. 또한 태조 즉위 직후에 쿠데타를 기도했다가 처형된 이흔암과 환선길도 마군대장군의 직을 가지고 있었던 인물들이었다.[24] 태조대 중앙군은 무관 신분의 마군이 병력의 주축을 형성하였던 것이다.

후삼국 시기 고려가 후백제의 각 성을 공략할 때는 마군(기병)이 중심이 된 중앙군이 출동하여 전쟁을 치르고, 성을 공략한 이후에는 소수의

---

23) 『高麗史』 2, 世家 2, 태조 17년 5월. "男盡從戎 婦猶在役"
24) 鄭景鉉, 「高麗前期의 保勝軍과 精勇軍」, 『韓國史硏究』 81, 1993, 51쪽.

무관만을 남겨놓아 지방 농민으로 구성된 지방군을 통솔·관리하게 하였다. 이러한 형태는 태조 11년(927) 11월 오어곡성의 함락 기사를 통해 확인할 수 있다.

> 견훤이 날랜 군사를 뽑아서 오어곡성(烏於谷城)을 함락시키고 수졸(守卒) 일천 명을 죽이니 장군 양지(楊志)와 명식(明式) 등 6인이 항복하였다. 왕은 제군(諸軍)을 구정(毬庭)에 모이게 하여 6인의 처자를 제군 앞에 조리돌리고 기시(棄市)하였다.[25]

이 기사를 통해 오어곡성에는 장군 양식, 명식 등 6명의 장군·장교와 수졸(守卒) 수천 명이 주둔하고 있었음을 알 수 있다. 양식, 명식 등 6명의 장군·장교는 중앙에서 파견되어 지방군인 수졸들을 통솔·관리하는 책무를 맡고 있었다. 이 6인이 견훤에 항복하자 태조 왕건은 도성에 거주하던 처자들을 붙잡아 제군(諸軍) 앞에서 처형한 것이다. 한편 중앙에서 파견된 장군·장교가 무단으로 성을 이탈하면 지방군들은 흩어지고 성은 적의 수중에 들어가기도 하였다. 즉 태조 원년(918) 6월

> (이흔암은) 궁예 말년에 군사를 거느리고 웅주(熊州)를 습격하여 점령하고 있다가, 태조가 즉위한 소식을 듣고 가슴 속에 화심(禍心)을 품고 부르지도 않았는데 스스로 도성으로 올라왔다. 이에 사졸들은 대부분이 도망쳤으며 웅주는 다시 백제의 영토가 되었다.[26]

라 하여, 이흔암이 태조 왕건이 즉위한 것에 불만을 품고 웅주(熊州)를 이탈하여 도성으로 올라오자 사졸들이 도망쳐 웅주가 다시 백제의 영토가 되었다한다. 10년 후인 태조 10년(927) 4월 태조 왕건은 직접 중앙군을

---

25) 『高麗史』 1, 世家 1, 태조 11년 11월.
26) 『高麗史節要』 1, 태조 원년 6월 ; 『高麗史』 127, 列傳40, 叛逆1, 伊昕巖.

이끌고 웅주를 다시 공격하였다.[27]

    태조대 중앙 정부는 고려 왕조에 협력하는 호족이 직접 다스리는 지방을 제외한 각 성(城)과 군현에 무관을 파견하여 관리하게 하였다. 또 만약 고려에 귀부한 호족이 그 지방을 방어할 능력이 없을 때에는 무관을 파견하여 지방군을 통솔하도록 하였다.[28] 그런데 무관이 적에게 항복하거나 이탈하여 성이 적의 수중에 들어가면 그 성은 이후 재차 중앙군의 공격 대상이 되었다. 후삼국시기 지방 군현들은 혼란한 정치 상황 속에서 안전을 확보하기 위해 최강의 실력자에게 귀부하려는 경향이 있었다. 반부상반(叛附相半)[29]하는 주현(州縣)을 제압할 수 있는 힘은 각 지방 호족들의 요구와 희망을 수용할 수 있는 외교력과 포용력도 필요하였겠지만 무엇보다 강력한 중앙군의 군사력이 뒷받침되어야 했다. 태조대 중앙군은 후삼국 통일과 고려 국가의 유지·발전을 위한 무력적 기반이었던 것이다.

    태조대의 중앙군인 6위를 구성하는 군인의 성분에 대하여 살펴보면 다음과 같다. 6위 군인들은 첫째, 궁예정권의 군인들이 주축을 이루었을 것으로 보인다. 태조 왕건 본인이 궁예정권 군인 출신이고, 또 앞에서 언급한 개국공신들도 대부분 궁예정권 군인 출신이다. 개국 1등 공신인 홍유·배현경·신숭겸·복지겸 모두 궁예 말년 기장(騎將)이었다.[30] 태조 왕건이 918년 6월 홍유 등의 추대를 받아 궁궐로 들어올 때 궁문 앞에서 북치고 떠들며 기다리는 자가 10,000여 인이었다고 하는데[31], 이들 중 상당수는 궁예정권의 군인이었을 것이다. 그런데 이러한 궁예정권 군인들의 출신도 다양하였다. 앞에서 언급한 바와 같이 894년(진성여왕 8) 궁예

---

27)『高麗史』1, 世家 1, 太祖 10년 4월 乙丑. "王攻熊州不克"
28) 황선영, 「고려초기 役分田의 성립」, 『나말여초 정치제도사 연구』, 국학자료원, 2002, 193쪽.
29)『三國史記』50, 列傳 10, 弓裔. "新羅衰季 政荒民散 王畿外州縣 叛附相半"
30)『高麗史』92, 列傳 5, 洪儒. "弓裔末年 與裴玄慶·申崇謙·卜智謙 同爲騎將"
31)『高麗史』1, 世家 1, 太祖 원년 6월 을묘. "先至宮門 鼓譟以待者 亦萬餘人"

는 양길의 병력 일부를 받아 북원을 출발하여 명주(하슬라, 강릉)에 들어 갔는데 그곳에서 무리가 3,500인으로 증가하자 이들을 14대(隊)로 나누었다.[32] 이 3,500명의 군인 속에는 양길에게서 받아온 초적의 무리도 있었고, 또 신라 북진(北鎭)의 군사들도 다수 포함되었을 것으로 추측된다.[33] 궁예는 특히 북진의 군사들과 같이 조직적이고 체계적으로 훈련된 군사력을 확보할 수 있었기 때문에 '장군(將軍)'이라 칭하고, 신라 말 두각을 나타낼 수 있었다.

한편 궁예정권의 군인에는 패강진 출신 군사도 상당수 있었다.[34] 패강 진은 신라 선덕왕 3년(782) 예성강 이북 지역에 설치되어 9세기 말 궁예의 세력권 속으로 들어갈 때까지 백년이상 존속한 군진(軍鎭)이다. 패강 진 지역은 군진을 중심으로 하는 특수한 행정 구역이면서, 또한 국경 수비 담당이라는 지역적 특성으로 인하여 이곳의 주민을 군사적 편제로 조직하여 강력한 군사적 지배·지휘 체계가 성립되었다. 이러한 조직을 기반으로 하여 이 지역에서는 군사적 성격이 강한 신흥의 토착 세력이 성장하였다. 9세기 후반기에 활약한 요오선사(了悟禪師) 순지(順之)의 가문은 이 지역 군관 출신이고[35], 선종 9산 가운데 하나인 원주 사자산파의 제2 조인 징효대사(澄曉大師) 절중(折中) 역시 이 지역 출신으로 그 아버지가 활쏘기와 말타기를 잘하여 중국과 신라에 이름을 떨쳤다고 한다.[36] 이와

---

32) 『三國史記』50, 列傳 10, 弓裔. "乾寧元年(진성왕 8년, 894) 入溟州 有衆三千五百人 分爲十四隊"
33) 拙稿, 「신라 하대 軍制의 변화와 그 붕괴」, 『軍史』80, 2011, 28쪽.
34) 고려초 패강진 및 浿西 지역에 대해서는 다음 논문 참고.
　　金光洙, 「高麗建國期의 浿西豪族과 對女眞關係」, 『史叢』21·22, 1977.
　　金福姬, 「高麗 初期 官階의 成立基盤-浿西豪族의 動向과 관련하여」, 『釜大史學』14, 1990.
　　李成制, 「高麗 太祖代 浿西人의 動向-北方政策과 後三國統一政策과의 관련 속에서」, 『高麗 太祖의 國家經營』, 서울대학교출판부, 1996.
35) 『祖堂集』20, 瑞雲寺 和尙 順之. "俗姓朴氏 浿江人也 祖考並家業雄豪 世爲邊將"
36) 한국역사연구회 편, 『譯註 羅末麗初金石文(上)』, 혜안, 1996, 150쪽. "大師 諱折中 字ㅁㅁ 俗姓ㅁㅁ(漢州)鵂嵩人也 其先因宦牟城 遂爲郡族 父曰先幢 藝高弓馬 名振華夷"

같이 군사적 성격이 강한 패강진 지역의 호족들은 새롭게 성장하는 궁예에 주목하였다. "(궁예의) 군성(軍聲)이 심히 강성해지자 패서(浿西) 적구(賊寇)로서 내항하는 자가 매우 많았다."[37]는 기록은 패강진 지역의 호족들이 궁예에 귀부한 사정을 보여준다. 이와 같이 패강진 호족들이 귀부하자 궁예는 '개국칭군(開國稱君)'하게 되었다고 할 만큼 패강진 군사들은 궁예 군인의 주축이 되었다.

또 궁예정권 군인 중에는 청주(淸州) 인들도 있었다.[38] 궁예는 905년 송악에서 철원으로 도읍을 옮겼는데, 천도하기 1년 전에 '청주인 1000호'을 철원으로 이주시켜 새로운 도읍을 정비했다고 한다.[39] 궁예가 송악에서 철원으로 천도한 것은 패강진 세력의 영향에서 벗어나 전제왕권을 확립하기 위한 조치였다고 평가되는데, 궁예는 양길의 부하가 되기 이전부터 청주와 관련이 있어 청주인 1000호를 이주시켜 새 도읍의 군사적 기반으로 삼았다고 한다.[40] 이 이외에도 궁예정권의 군인에는 각처에서 귀부해온 호족의 군인들도 있었다. 또 궁예의 내군장군 은부(狋鈇)는 어려서 머리 깎이고 목에 칼을 찬 죄인 출신이고[41], 후에 고려 개국공신이 된 배현경은 항오(行伍)[42] 즉, 일반 병졸 출신이라고 하는 것처럼 궁예정권 군

---

37) 『三國史記』50, 列傳 10, 弓裔. "軍聲甚盛 浿西賊寇 來降者衆多 善宗自以爲衆大 可以開國稱君 始設內外官職"
38) 궁예와 청주 세력에 대해서는 다음 논문 참고.
　　金甲童, 「高麗建國期의 淸州勢力과 王建」, 『韓國史研究』48, 1985.
　　金周成, 「高麗初 淸州地方의 豪族」, 『韓國史研究』61 · 62, 1988.
　　安永根, 「羅末麗初 淸州勢力의 動向」, 『朴永錫華甲紀念韓國史學論叢』上, 1992.
　　申虎澈, 「後三國 建國勢力과 淸州豪族」 · 「弓裔와 王建과 淸州豪族-高麗 建國期 淸州豪族의 정치적 성격-」, 『後三國時代 豪族研究』, 도서출판 개신, 2002.
39) 『三國史記』50, 列傳 10, 弓裔. "天祐 元年(효공왕 8년, 904) … 秋七月 移靑州人戶 一千 入鐵圓城爲京"
40) 申虎澈, 「後三國 建國勢力과 淸州豪族」, 앞의 책, 325쪽.
41) 『高麗史』1, 世家 1, 太祖 원년 6월. "內軍將軍狋鈇 幼爲髡鉗"
42) 『高麗史』92, 列傳 5, 裵玄慶. "膽力過人 起行伍 累進大匡"

인에는 죄인과 병졸 출신도 있었다. 궁예정권 군인들은 이와 같이 초적 출신, 북진(北鎭) 출신, 패강진 출신, 청주인, 호족의 군인들, 죄인·병졸 출신 등 다양한 신분들로 구성되어 있었다. 이러한 궁예정권 군인들이 태조대 6위 군인의 주축을 이루었을 것으로 보인다.

둘째, 태조대 6위의 군인에는 고려 건국 이후 귀부한 호족의 군인들도 일부 있었다. 특히 많은 군인들을 이끌고 고려에 온 대표적 호족 세력은 명주장군 왕순식, 벽진군장군 이총언, 염주(鹽州)출신 윤선(尹瑄), 경산부(京山府)장군 이능일(李能一) 등이다. 왕순식은 태조 10년(927) 아들 장명(長命)을 보내 군졸 600명을 이끌고 개경에 들어와서 숙위하게 하였다.[43] "군졸 600명이 개경에 들어와서 숙위하였다.[入宿衛]"는 것으로 보아 이들은 중앙군에 편입된 것으로 보인다. 벽진군장군 이총언 역시 그 아들 이영(李永)으로 하여금 군사를 이끌고 태조의 원정에 종군하게 하였다.[44] 염주인 윤선은 궁예의 전제정치에 반발하여 북변으로 도망가 무리 2,000여 명을 거느리고 있다가 태조가 즉위하자 귀부하였다.[45] 경산부장군 이능일 등은 태조 8년(925) 600인을 거느리고 태조의 전쟁을 도왔다.[46] 이외에도 청주 영군장군 견금(堅金, 태조 1년), 상주적수 아자개(阿字盖, 태조 1년), 강주장군 윤웅(閏雄, 태조 3년), 하지현장군 원봉(元奉, 태조 5년), 진보성주 홍술(洪術, 태조 6년), 명지성장군 성달(城達, 태조 6년), 벽진군장군 양문(良文, 태조 6년), 고울부장군 능문(能文, 태조 8년), 재암성장군 선필(善弼, 태조 13년) 등 수많은 호족들이 귀부·내투(來投)하였다.[47] 이

---

43) 『高麗史節要』1, 태조 10년 8월. "溟州將軍順式 遣子長命 以卒六百 入宿衛"
44) 『高麗史』92, 列傳 5, 王順式 附 李恩言. "遣其子永 率兵 從太祖征討"
45) 『高麗史』92, 列傳 5, 王順式 附 尹瑄.
46) 『慶尙道地理志』, 星州牧官. "京山府將軍 李能一 裴申乂 裴崔彦 在高麗太祖統合 三韓時 天授乙酉(925) 率六百人 佐太祖勝百濟 以其勞厚賞"
47) 태조대의 귀부호족에 대해서는 다음 논문 참조.
　　申虎澈, 「歸附 豪族의 정치적 성격」, 『後三國時代 豪族研究』, 도서출판 개신, 2002.
　　구산우, 「高麗 太祖代의 귀부 호족에 대한 정책과 향촌사회」, 『지역과 역사』 11, 2002.

와 같이 고려에 귀부해 온 호족의 군인들은 대부분 지방군으로 편입되었겠으나 일부분은 중앙군으로도 선발되었을 것으로 보인다.

셋째, 태조대 6위 군인에는 발해와 후백제 군인도 다수 편입되었다. 발해가 거란에게 멸망된 것은 926년(태조 9년) 정월인데, 이 시기를 전후하여 많은 발해유민들이 고려로 망명하였다.[48] 태조 8년(925) 9월 병신일에 발해장군 신덕(申德) 등 500인이 내투하고[49], 4일 후인 경자일에는 예부경 대화균(大和鈞)을 비롯하여 좌우위장군 대심리(大審理) 등이 100호를 이끌고 내투하였으며[50], 그해 12월에는 좌수위 소장(小將) 모두간(冒豆干) 등이 1000호를 이끌고 내부(來附)하였다.[51] 또 『고려사』, 세가, 태조 17년(934) 7월조에는

> 발해국 세자 대광현이 수만의 무리를 이끌고 내투하니, 그에게 왕계(王繼)라는 성명을 내려주고 종적(宗籍)에 싣게 하였다. 특별히 원보(元甫)라는 관등을 주고, 백주(白州))를 지키게 하였으며, 발해 왕실의 제사를 받들게 하였다. 그를 따라온 관료들에게 벼슬을 내리고, 군사들에게는 토지와 집을 주었는데 차등이 있었다.[52]

라 하여 발해국 세자 대광현이 수만의 무리를 이끌고 내투한 기사가 나온

蔡守煥, 「王建의 高麗建國 過程에 있어서 豪族勢力」, 『白山學報』82, 2008.

48) 발해 유민에 대해서는 다음 논저 참조.

李鍾明, 「高麗에 來投한 渤海人考」, 『白山學報』4, 1968.

金昌謙, 「後三國 統一期 太祖 王建의 浿西豪族과 渤海遺民에 대한 政策硏究」, 『史林』4, 1987.

韓圭哲, 「渤海流民의 高麗投化-後渤海史를 중심으로」, 『釜山史學』33, 1997.

이재범, 「고려 태조대의 대외정책-발해유민 포섭과 관련하여-」, 『白山學報』67, 2003.

이효형, 『발해 유민사 연구』, 혜안, 2007.

49) 『高麗史』1, 世家 1, 太祖 8년 9월.

50) 위와 같음.

51) 『高麗史』1, 世家 1, 太祖 8년 12월 戊子.

52) 『高麗史』2, 世家 2, 太祖 17년 7월.

다.[53] 발해유민의 고려 내투는 태조 8년(925)부터 예종 12년(1117)까지 무려 200년 동안 계속되었는데, 가장 많이 내투한 시기는 태조대이다. 태조대에 내투한 발해유민의 수는 31,873인으로 전체 42,677인의 75%에 달하고 있다.[54] 그리고 발해인의 대표자 명단을 분석해보면, 군관이 가장 높은 비율을 차지하고 있었다한다.[55] 고려 정부에서는 발해 군사들에게 위 사료에서 보는 바와 같이 토지와 집을 주었는데, 이것은 이들을 고려의 무관으로 편입하였다는 의미이다. 일반 병졸은 의무군인으로서 국가로부터 어떠한 물질적 보상도 받지 않았기 때문이다. 이와 같이 고려의 무관이 된 발해출신 군사들은 이후 많은 활약을 하였다. 대광현의 아들로 전하는 대도수(大道秀)는 성종 12년(993) 거란의 1차 침입 때 중랑장으로서 안융진에서 거란 군을 물리치고, 현종 1년(1010) 2차 침입 때는 장군으로 승진하여 서경에서 거란 군에 맞서 싸웠다. 또 발해인 대장군 대회덕(大懷德)은 거란의 2차 침입 때 곽주에서 전사하였다.[56] 이와 같이 태조대에 중앙군으로 편입된 발해 군인들은 자손대대로 많은 활약을 하였다.

한편 6위의 군인에는 후백제 군인도 있었을 것으로 보인다. 태조 10년(927) 8월 고사갈이성주 홍달(興達)[57], 태조 15년(932) 6월 후백제 장군 공직(龔直)[58], 태조 19년(936) 2월 견훤의 사위 박영규[59] 등이 고려에 투항하였다. 홍달이 귀순하자 "백제가 배치한 군인과 관리들이 모두 다 항복 귀순하였다."[60]라는 것으로 보아, 이들이 투항해올 때 군인들도 함께

---

53) 위 인용문은 『고려사절요』에는 태조 8년(925) 12월로 기재되어있어, 대광현이 실제 내투한 시기를 둘러싸고 논란이 있다. 이에 대한 여러 견해에 대해서는 임상선, 『발해의 지배세력 연구』, 신서원, 1999, 123~128쪽 참조.
54) 이효형, 앞의 책, 228쪽. '<표 9> 고려시대 내투인 비교' 참조.
55) 李鍾明, 앞의 논문, 202~204쪽.
56) 이효형, 앞의 책, 258~259쪽 참조.
57) 『高麗史』1, 世家 1, 太祖 10년 8월 丙戌. "王狗康州 高思葛伊城城主興達 歸款 於是百濟諸城守皆降附"
58) 『高麗史』2, 世家 2, 太祖 15년 6월 丙寅. "百濟將軍龔直 來降"
59) 『高麗史』2, 世家 2, 太祖 19년 2월. "甄萱壻 將軍朴英規 請內附"

따라왔음을 알 수 있다. 또 태조 17년(934) 운주(運州) 전투에서 후백제의 용장(勇將) 상달·최필 등이 생포되자 웅진 이북 30여성이 항복하였다고 한다.[61] 이와 같이 생포하고 항복한 후백제 군인 중 일부는 고려 중앙군에 편입되었을 것이다. 이외에 모집에 의해서도 중앙군 충원이 이루어졌다. 『동국여지승람』, 선산도호부, 인물조에는 김선궁(金宣弓)에 대하여 "태조가 백제를 정벌하기 위해 숭선(嵩善)에 이르렀을 때 군인을 모집하였는데 선궁(宣弓)은 향리로서 응모하였다. 태조가 기뻐하여 자신의 활을 하사하니, 이로 인해 이름이 되었다."[62]라고 기록하고 있다. 이를 통해 태조대에는 모집에 의하여 군인을 충원하기도 하였음을 알 수 있다.

이상에서 살펴본 바와 같이 태조대 중앙군은 무관 중심으로 운영되었다. 태조대 무관들은 궁예정권 출신 군인들이 주축을 이루었고 이외에도 귀부 호족의 군인, 발해와 후백제의 군인, 모집에 의해 충원된 군인 등 출신이 다양하였다. 후삼국시기에는 전쟁으로 많은 사람이 희생되었다. 이 시기 동안 희생된 사람은 『삼국사기』, 『고려사』, 『고려사절요』 등의 기록에 의하면 대략 3만 5천 명 정도로 추산되는데, 실제로는 더 많은 사람이 희생되었을 것이라고 한다.[63] 희생자 중에는 군인이 대부분이었고, 그 중에도 무관은 선봉에 서서 전쟁을 이끌었기 때문에 희생자가 많았다. 이에 따라 무관의 충원은 계속 이루어져야 했다. 또 고려는 정복한 지역에 무관을 파견하여 지방군을 통솔·관리하도록 하였기 때문에 정복한 지역이 넓어질수록 무관의 증원이 요구되었다. 이에 따라 후삼국 통일전쟁이 끝날 때까지 무관의 충원은 계속되었다.

---

60) 『高麗史』 92, 列傳 5, 王順式 附 興達. "於是百濟所置軍吏皆降附"
61) 『高麗史』 92, 列傳 5, 庾黔弼. "十七年 太祖自將征運州 … 勇將 尙達·崔弼 熊津 以北三十餘城 聞風自降"
62) 『新增東國輿地勝覽』 29, 善山都護府, 人物條.
63) 文暻鉉·李仁哲, 「後三國期의 社會經濟的 變動과 田柴科體制의 成立」, 『史學研究』 60, 2000, 67쪽.

4. 태조대 군제의 운영

태조대 군제는 평시체제와 전시체제로 나뉘었다. 평시체제는 6위제와 지방군제로 운영되었고, 전시체제는 3군(軍) 형태로 운영되었다. 즉 평시체제는 6위로 이루어진 중앙군과 각 지역의 지방군이 각각 구분되어 운영하는 체제이고, 전시체제는 이러한 중앙군과 지방군이 결합하여 재편성된 3군 형태의 행군조직이었다.

중앙군은 평상시 국왕의 시위와 개경의 방어 등을 담당하고 각종 군사훈련에 임하였으며, 또 전국 각지로 출동하여 전투를 치르는 군대로서 앞장에서 살펴본 바와 같이 태조대에는 무관 중심으로 운영되었다. 한편 지방군은 지방의 수비를 담당하는 군대였다. 다음은 태조대 지방군에 관한 사료이다.

> (가) 태조 7년(924) 7월 견훤이 아들 수미강·양검 등을 보내어 조물군을 공격하였으므로, 왕이 장군 애선·왕충 등에게 명령하여 구원하게 하였다. 애선은 전사하였으나 군인(郡人:『삼국사기』, 견훤전에는 城人으로 표기됨.)들이 굳게 지키니 수미강 등이 손해를 입고 돌아갔다.[64]
>
> (나) 태조 11년(928) 11월 견훤이 날랜 군사를 뽑아서 오어곡성을 함락시키고 수졸(守卒) 일천 명을 죽이니 장군 양지와 명식 등 6인이 항복하였다.[65]

(가) 사료의 군인(郡人)·성인(城人), (나) 사료의 수졸(守卒)은 모두 지방군을 가리킨다. 이들은 위 사료에서 보는 바와 같이 중앙에서 파견된

---

64) 『高麗史』1, 世家 1, 태조 7년 7월. "甄萱遺子須彌康·良劍等 來攻曹物郡 命將軍 哀宣·王忠 救之 哀宣戰死 郡人固守 須彌康等 失利而歸"
65) 『高麗史』1, 世家 1, 태조 11년 11월. "甄萱選勁卒 攻拔烏於谷城 殺戍卒一千 將軍 楊志·明式等六人 出降"

무관의 지휘 하에 성을 수비하였다.

전시체제는 중앙군과 지방군이 재편성된 체제로서 태조대에는 3군 체제를 갖추었다. 소규모 전투에는 평시체제로서 6위의 무관들이 출동하였지만, 전투가 대규모로 치러질 때에는 중앙군과 지방군이 재편성된 3군 체제를 갖추어 출동하였다. 태조대 후반기에는 후백제와의 전투가 치열하게 전개되던 시기로서, 군대는 주로 평시체제가 아니라 전시체제로 운영되었다. 따라서 이 시기에는 전시체제인 3군 조직이 자주 보인다. 위 (가) 사료는 1차 조물성 전투에 관한 내용으로서, 이듬해인 태조 8년(925)에 2차 조물성 전투가 전개되었다.[66] 이 전투에서

> 조물군 전투에서 태조는 군대를 3군으로 나누어, 대상(大相) 제궁에게 상군(上軍)을 맡기고, 원윤(元尹) 왕충에게 중군(中軍)을 맡기고, 박수경·은녕에게 하군(下軍)을 맡겼는데, 전투에서 박수경 등만이 홀로 이겼다.[67]

라고 하는 바와 같이 태조는 군대를 상군·중군·하군, 즉 3군으로 편성하여 전투에 나섰다. 한편 3군은 좌군·중군·우군으로 편제되기도 하였다. 태조 17년(934)의 운주(運州) 전투에서 유금필이 맡은 직책이 우장군(右將軍)이었다.[68] 이를 통해 3군은 좌군·중군·우군으로 편성하기도 하였음을 알 수 있다. 이와 같이 태조대 군대는 주로 전시체제인 3군을 운영하였기 때문에, 이 당시 무관을 '삼군장리(三軍將吏)'[69]라고 부르기도 하였다.

---

66) 1·2차 조물성 전투에 대해서는 류영철, 『高麗의 後三國 統一過程 硏究』, 景仁文化社, 2005 ; 정선용, 「高麗太祖의 對新羅同盟 체결과 그 운영」, 『韓國古代史探究』 3, 2009 참조.

67) 『高麗史』 92, 列傳 5, 朴守卿. "曹物郡之戰 太祖部分三軍 以大相帝弓爲上軍 元尹 王忠爲中軍 守卿·殷寧爲下軍 及戰 上軍·中軍失利 守卿等 獨戰勝"

68) 『高麗史』 92, 列傳 5, 庾黔弼. "十七年 太祖自將征運州 黔弼爲右將軍"

69) 『高麗史』 2, 世家 2, 太祖 16년 3월.

3군 체제는 중앙군과 지방군이 결합한 체제로서, 무관 중심인 중앙군은 3군의 지휘부로 재편성되었고, 농민군으로 이루어진 지방군은 그 아래 사병 집단으로 재조직되었다. 이러한 3군 체제를 극명하게 보여주는 것이 후백제와의 최후 결전인 일리천(一利川) 전투이다.『고려사』, 세가, 태조 19년(936) 9월조에는 일리천 전투에 참가한 고려군의 병력과 편제를 상세하게 전하고 있다. <표 2>는 이것을 표로 나타낸 것이다.[70]

<표 2> 일리천 전투 시 고려군의 전시체제 편제

군 편성		병종	병력	지휘관(관품)	비고
3군	좌강	마군	1만	견훤, 견권·박술희·황보금산(대상), 강유영(원윤)	지천군 대장군
		보군	1만	능달·기언·한순명·흔악(원윤), 영직·광세(정조)	
	우강	마군	1만	김철·홍유·박수경(대상), 연주(원보). 훤량(원윤)	
		보군	1만	삼순·준량(원윤), 영유·길강충·흔계(정조)	보천군 대장군
	중군	마군	2만	왕순식(명주 대광), 긍준·왕렴·왕예(대상), 인일(원보)	
		경기병	9500	유금필(대상), 관무·관헌(원윤)	제번경기
		보병	1000	정순(원윤), 애진(정조)	우천군 대장군
			1000	종회(원윤), 견훤(정조)	천무군 대장군
			1000	김극종, 조간(원보)	간천군 대장군
원병		기병	300	공훤(대상), 능필(원윤), 왕함윤(장군)	제성군
		-	14700		
계		87500		지휘관(38), 마군(40000), 보군(23000), 경기병(9500), 원병(15000)	

<표 2>에서 보는 바와 같이 고려군은 좌강, 우강, 중군 그리고 원병으로 구성되었다. 그런데 원병 15,000명은 '위삼군원병(爲三軍援兵)'[71]이라고 하듯이 3군을 위한 후원 부대이고, 고려군은 어디까지나 좌강, 우강,

---

70) 신성재, 「일리천전투와 고려 태조 왕건의 전략전술」,『한국고대사연구』61, 2011, 344쪽. <표 1> 轉載.
71)『高麗史』2, 世家 2, 太祖 19년 9월. "王率三軍 … 以大將軍大相公萱·元尹能弼·將軍王含允等 領騎兵三百 諸城軍一萬四千七百 爲三軍援兵"

중군으로 이루어진 3군이 중심이었다. 그래서『고려사』, 태조 19년 9월 일리천 전투 기록의 맨 앞에는 '왕솔삼군(王率三軍)'이라 하여 태조 왕건이 3군을 이끌고 전투에 나아갔다고 명시하였다.

일리천 전투 시의 3군에 대하여 이기백 교수는 태조대 중앙군의 편성을 나타내는 자료라고 하면서, 좌강과 우강이 후에 6위를 형성하고, 중군보병 3000명이 후에 2군을 형성한다고 주장하였다.[72] 2군 6위의 기원을 일리천 전투 시의 3군에서 찾은 것이다. 정경현 교수 역시 이것을 중앙에서부터 이끌고 내려온 부대, 즉 중앙군이라고 파악하고, 마군 40,000, 보군 23,000, 합계 6,3000명에 이르는 중앙군의 병력 수는 당시 상황으로 볼 때 도저히 문자 그대로 받아들이기 어려우며, 실제로는 15,000명 정도로 추산된다고 주장하였다.[73] 그러나 앞에서 살펴본 바와 같이 3군은 중앙군과 지방군이 결합하여 재편성된 전시체제이다. 또 3군의 수가 87,500명에 이르는 것도 받아들일 수 없는 정도는 아니다. 중앙군과 지방군을 합한 수이기 때문이다. 일리천 전투가 일어난 지 12년 후인 정종 2년(947) 거란의 침입을 우려하여 30만에 이르는 광군을 조직한 것으로 보아[74], 중앙군과 지방군을 합하여 87,500명을 동원하는 것은 얼마든지 가능한 일이라고 생각한다.

이와 같이 고려의 군제는 중앙군과 지방군을 분리한 평시체제와 중앙군과 지방군을 통합한 전시체제로 운영되었다. 태조대의 전시체제를 대표하는 것이 3군이지만, 이 이외의 전시체제로서 개정군(開定軍)을 들 수 있다. 태조 3년(920) 3월에 북계(北界) 골암성이 자주 북적(北狄)의 침략을 받자, 태조는 유금필에게 명하여 개정군 3000명을 거느리고 골암에 이르러 동산(東山)에 대성(大城)을 쌓게 하였다.[75] 또 태조 11년(928) 2월에는

---

72) 李基白,「高麗 京軍考」, 앞의 책, 50~51쪽.
73) 鄭景鉉,「高麗 太祖의 一利川 戰役」,『韓國史研究』68, 1990.
74)『高麗史』81, 兵 1, 兵制, 定宗 2년. "以契丹將侵 選軍三十萬 號光軍 置光軍司"

안북부에 성을 쌓고, 원윤 박권을 진두(鎭頭)로 삼아 개정군 700명을 거느리고 지키게 하였다.76) 개정군은 북방 지역에 성을 쌓고 이를 수비하는 군사로서, 중앙에서 파견되었지만 중앙군은 아니었다. 최정예군사로 이루어진 중앙군을 북방 지역에 파견하여 성을 쌓고 장기간 수비하게 할 수는 없었다. 개정군은 소수의 중앙군 소속 무관들이 지방 농민군을 지휘·통솔하면서 북방 수비를 담당한 전시체제로 추측된다.

한편 고려 초에 전시체제의 지휘관은 특정 인물로 고정되어 있지 않았다. 평시체제 하에서는 6위와 지방군의 지휘관이 특정 인물로 지정되어 있었지만, 전시체제 하에서는 부대를 편성할 때마다 새로이 지휘관을 정했던 것이다. 이것은 태조 3년 3월 골암성에 파견할 개정군 지휘관으로 유금필을 임명할 때의 상황을 통해 짐작할 수 있다.

> 태조는 북계 골암진(鶻岩鎭)이 여러 차례 북적(北狄)의 침략을 당하므로 여러 장군을 모아 놓고 의논하기를 "지금 남쪽의 흉적들을 멸하지 못했는데, 북적들도 우려되므로 자나 깨나 걱정이다. 유금필을 파견하는 것이 어떻겠는가?"라고 하니 모두들 좋다고 대답하였다. 이에 유금필에게 명하니 유금필은 그날로 개정군 3000명을 인솔하고 출발하였다.77)

위에서 태조는 장군들이 모인 회의에서 유금필의 적격 여부를 물어보고, 모두들 좋다고 대답하므로 유금필을 개정군 지휘관으로 임명하였다. 국왕 태조는 최고통수권자로서 장수 임명권에 대한 전적인 권한을 가지고 있었지만 장군들과 작전 회의를 통해 장수를 임명하였던 것이다. 이와

---

75) 『高麗史』82, 兵 2, 鎭戌, 太祖 3년 3月. "以北界鶻巖城 數爲北狄所侵 命庚黔弼率
開定軍三千至鶻巖 於東山 築一大城以居 由是北方晏然"
76) 『高麗史』82, 兵 2, 鎭戌, 太祖 11년 2월. "遣大相廉卿·能康等 城安北府 以元尹
朴權爲鎭頭 領開定軍七百人 戍之"
77) 『高麗史』92, 列傳 5, 庚黔弼.

같이 임명된 전시체제의 지휘관들이 임무를 완수하고 돌아오면 그들이 지휘했던 군대는 평시체제의 중앙군과 지방군으로 환원되고 군사 지휘권도 환수되었다. <표 2>에 제시된 일리천 전투 시의 지휘관들도 대체로 전시체제를 편성할 때 새로이 편성된 지휘관으로서, 전투가 끝나면 모두 다시 평시체제로 환원되었을 것이다.

전시체제 하에서 군대 지휘관을 매번 새로이 정하는 것은 중앙군과 지방군이 결합되어 군사편제가 확대된 이유도 있었지만, 지휘관과 군인이 서로 결탁하여 반란을 꾀하거나 적에게 귀순하는 것을 미연에 방지하기 위해서이기도 하다. 3군 형태의 전시 체제는 신라 하대에 도입된 것이다. 신라는 중대에 6정·9서당·10정·5주서·3무당·계금당 등의 전시체제를 마련하였다.[78] 이것은 7세기 후반 문무왕·신문왕 때 대대적으로 전개된 군제개편 결과 성립된 전시체제였다. 그런데 신라에서는 지휘관과 군인들이 전시체제의 군대에 고정적으로 편제되어 있었다. 즉 9세기 초에 건립된 것으로 추정되는 경주 고선사 서당화상비에는 비문을 새긴 인물이 '음리화삼천당주 급찬 고금口'로 기록되어 있다.[79] 음리화정은 10정의 하나이고, 그 아래 군관으로 삼천당주 6명이 배정되어 있었다. 급찬 고금는 음리화정의 삼천당주 6명 중 1명으로서 평시인데도 전시체제의 군관직을 가지고 있었다. 이와 같이 신라 중대에 성립한 6정·9서당·10정·5주서·3무당·계금당 등의 전시체제에는 군인들이 고정적으로 편성되어 있었다. 이것은 신라 하대에 도입된 3군 형태의 전시 체제에서도 마찬가지였다. 경문왕 12년(872) 황룡사를 중창하면서 조성한「황룡사 9층목탑 사리함기」에는 그것을 지은 박거물(朴居勿)의 이름 앞에 '시독(侍

---

78) 신라의 전시체제에 대해서는 拙稿,「新羅 中代 軍制의 구조」,『韓國史研究』126 호, 2004. 참조.
79) 韓國古代社會研究所 編,『譯註 韓國古代金石文』제3권, 1997, 5쪽. 高仙寺 誓幢 和上碑. "音里火 三千幢主 級湌 高金口 鐫"

讀) 우군대감(右軍大監) 겸성공(兼省公)'이라는 관직이 열거되어 있다.[80]
즉 사리함기를 지은 박거물은 시독·우군대감·성공 등의 관직을 겸직
한 것이다. 여기에서 우군은 좌군, 중군, 우군으로 이루어진 3군 가운데
하나로 우군대감은 3군의 군관직이다. 박거물도 평상시에 전시체제 군관
직을 보유한 것이다. 즉 신라시기에 무관들은 평상시에 전시체제의 군관
직을 보유하고 있었다. 그러나 태조 왕건은 후삼국 통일전쟁 과정에서 군
인들의 반란을 방지하기 위해 전시체제 군대의 지휘관을 특정 인물로 고
정시키지 않고 매번 새롭게 정한 것으로 보인다.

고려는 군인들의 반란을 막기 위해 전시체제의 지휘관을 새롭게 정하
는 것 이외에도 여러 가지 방안을 마련하였다. 중앙군 무관들로 하여금
가족을 거느리고 개경에서 거주하게 한 것도 그중 하나이다. 12세기에 세
워진 「김지우(金之祐) 묘지명」에는 그의 조상인 삼한공신 김인윤(金仁允)
이 후삼국 통일에서 공을 세우고 "태조를 따라 서울 집(京家)으로 들어갔
다."라고 쓰여 있다.[81] 무반들은 태조 때부터 경가(京家)에서 생활한 것이
다. 그런데 앞에서 살펴보았듯이 태조 11년(927) 오어곡성이 함락되자,
태조는 항복한 군인들의 가족을 제군(諸軍) 앞에서 기시(棄市)하였다.[82]
이것은 군인들로 하여금 다시는 적에게 항복하는 일이 없도록 경각심을
불러일으키기 위한 조치라고 생각되는데, 이와 같이 항복한 군인 6인의
처자를 즉시 처형할 수 있었던 것은 이들이 모두 개경에서 살고 있었기 때
문이었다. 중앙군 무관들은 개경의 경가에 거주하였기에 정부의 명령에
따라 즉시 출동할 수 있었지만, 그 가족들은 가장인 무관이 반역이나 항복

---

80) 韓國古代社會研究所 編, 앞의 책, 366쪽. 皇龍寺 九層木塔 舍利函記, "侍讀 右軍大
　　監 兼省公 臣 朴居勿 奉敎撰"
81) 金龍善 編, 『高麗墓誌銘集成』, 「64, 金之祐墓誌銘」, 한림대학교 아시아문화연구
　　소, 1997, 126쪽, "初功臣仁允 仕大祖統合三國有功 隨大祖入京家焉 金氏之族 世
　　世衣冠顯達"
82) 『高麗史』1, 世家 1, 태조 11년 11월.

하는 것을 방지하는 인질의 성격도 띠고 있었던 것이다. 한편 중앙군 무관의 가족들이 개경에 집단 거주하는 것은 개경이 적에게 함락될 경우 심각한 작전상 혼란을 초래하기도 하였다. 실제 현종 2년(1011) 정월, 거란의 2차 침입으로 개경이 함락되자 왕을 호위하던 장사(將士)들이 모두 가족을 찾으러 사방으로 흩어져 국왕은 도적의 침입을 걱정할 정도였다.[83] 이와 같이 무관의 가족들은 인질의 성격도 띠면서 개경에 거주하고 있었다.

또 태조는 개경에 있는 중앙군의 반란을 방지하기 위해 서경의 군사력을 육성하였다. 태조는 즉위한 지 3개월 만에 평양을 대도호부(大都護府)로 삼고, 사촌동생인 왕식렴과 광평시랑 열평을 보내어 지키게 하였다.[84] 그리고 인근의 황주·봉주·해주·백주·염주 등지의 민가를 평양에 옮겨 살도록 하였다. 그 후 평양을 서경(西京)으로 승격시키고 개경과 비슷한 관부와 관리를 설치하였다. 이와 같이 태조가 평양을 중시한 이유에 대해 주로 고구려 계승 정책과 북진 정책의 기지로 만들고자 한 것이 거론되었다. 그러나 일찍이 "왕실이 개경 세력에 의하여 큰 위협을 당할 때, 위태로운 왕실의 권력을 회복하고 개경 세력을 억누른 것은 서경 세력의 동원으로 가능하였다."[85]라는 지적처럼 태조는 개경 중앙군의 군사력을 견제하기 위해 서경 군사력을 육성한 측면도 있었다. 태조 원년 9월 평양에 파견되어 서경의 군사력을 정비한 왕식렴은 "오랫동안 평양에 진주하면서 항상 사직을 보위하고, 영토를 넓히는 것을 자기의 임무로 삼았다."[86]라 하듯이, '영토를 넓히는 것[拓封疆]'에 앞서 '사직을 보위하고[衛社稷]' 있다고 자임하였다. 실제 왕식렴의 서경 군사력은 혜종 사후 이른바 왕규의 난을 진압하고 정종이 즉위하는 데 무력적 뒷받침이 되었다. 이후 서경

---

83) 『高麗史節要』3, 현종 2년 정월 戊寅. "王發廣州 次鼻腦驛 蔡文奏屬從將士 皆托尋妻子 四散 昏夜恐有姦賊竊發 請爲幟分揷將士冠以辨 從之"
84) 『高麗史』1, 世家 1, 太祖 원년 9월 丙申.
85) 河炫綱, 「高麗 西京考」, 『歷史學報』35·36, 1967, 149쪽.
86) 『高麗史』92, 列傳 5, 王式廉. "式廉 久鎭平壤 常以衛社稷 拓封疆 爲己任"

군사력은 강조의 정변과 현종의 즉위, 현종 6년(1015) 김훈·최질의 난 진압 등에서 중요한 역할을 담당하였다. 고려 전기 동안 서경의 군사력은 중앙군을 견제하는 역할을 충실히 수행하였던 것이다.

한편 태조는 군인 세력을 견제하기 위해 즉위 초부터 학사(學士)들을 국정 논의의 대상으로 삼았고[87], 또 최측근인 유금필에 대한 참소가 들어오자 그를 즉시 섬으로 유배 보내기도 하였다.[88] 유금필은 태조의 제9비 동양원부인(東陽院夫人)의 아버지이고, 태조 8년에 정서대장군(征西大將軍)을, 태조 17년에는 운주 전투에서 대공을 세워 후삼국 통일의 기틀을 마련하고, 태조 24년에 죽자 삼중대광(三重大匡)으로 추증되어 태조 묘정에 배향된 태조 6대 공신의 한사람이다. 그러한 유금필에 대해 참소가 들어오자 즉시 귀양 보낸 것을 통해 군인 세력을 통제하겠다는 태조의 강한 의지를 엿볼 수 있다. 군사 정변을 통해 궁예를 몰아내고 왕위에 오른 왕건은 군인들에 대한 통제에 무엇보다 많은 관심을 기울였다. 이러한 태조의 군사 정책은 후대로 이어져 고려전기 동안 유학을 숭상하고 무인을 억제하는 숭문억무(崇文抑武) 정책으로 계속 추진되었다. 고려전기의 정치적 안정은 태조의 군사 정책에 힘입은 바 많았던 것이다.

5. 맺음말

지금까지 태조 2년 6위 설치, 태조대 6위의 구성과 군제의 운영에 대하여 살펴보았다. 이를 요약하면 다음과 같다. 『고려사』와 『고려사절요』에는 총 4군데에서 태조 2년에 6위가 설치되었다는 기록이 발견된다. 종래 연구자들은 이것을 잘못된 사료라고 부정하였다. 그 이유로는 첫째, 『고

---

87) 『高麗史』 127, 列傳 40, 叛逆 1, 桓宣吉. "一日 太祖坐殿 與學士數人 商略國政"
88) 『高麗史節要』 1, 태조 14년 3월. "庾黔弼 被讒 竄鵠島"

려사』편찬자의 착오이고, 둘째, 태조대는 왕조 창업기라서 6위제를 수용할 만큼 여유 있는 상황이 아니었으며, 셋째, 태조대에 6위의 무반 관직을 지닌 인물을 발견할 수 없고, 넷째, 『고려사』세가에서는 태조 2년에 3성 6부 9시가 설치되었다고 하지만 실제로 이것은 성종대에 설치되었으므로 6위도 성종대에 설치되었을 것이라는 등이 거론되었다. 그러나 본고에서는 첫째, 『고려사』는 여러 사람이 편찬한 것으로 모두 함께 착오를 일으킬 리 없고, 둘째, 군대를 6위로 나누는 것과 같은 군사편제는 아무리 급한 상황이라도 군인을 통솔하기 위해서는 취해야 하는 기본적인 사항이며, 셋째, 6위의 무반 관직을 지닌 인물을 발견할 수 없는 것은 고려초기 자료의 특성에 기인한 것이며, 넷째, 『고려사』세가에서만 3성 6부 9시에 관한 기록이 실려 있고 나머지 자료에는 없으므로, 세가의 3성 6부 9시에 관한 기록만 잘못된 것일 수 있다고 보았다. 이를 통해 태조 2년 6위 설치는 충분히 가능한 일이라고 추측된다. 그런데 태조 2년에 설치된 6위는 아직 2군 6위와 같은 형태를 취하지는 못하였고, 이후 수많은 군제 개편 과정을 거쳐 2군 6위제로 완성되었다.

태조대의 중앙군인 6위는 무관과 농민군으로 구성되었다. 그런데 태조대는 중앙집권적인 군사동원체제와 지방제도가 미숙하여 지방 농민에 대한 군역 징발과 동원이 순조롭게 이루어지지 않았다. 따라서 태조대 6위는 무관 중심으로 운영되었으며, 이들은 대부분 마군(馬軍)·기병으로 활약하였다. 6위 군인들의 출신을 살펴보면, 첫째, 궁예 정권의 군인들이 주축을 이루었다. 태조 왕건이 궁예 정권 군인이었고, 또 개국공신들도 모두 궁예 정권 군인이었다. 그런데 궁예 정권 군인의 출신도 다양하였다. 초적 출신도 있었고, 북진·패강진 출신도 있었으며, 청주 출신도 있었다. 둘째, 태조대 6위 군인에는 고려 건국이후 귀부한 호족의 군인도 일부 있었다. 셋째, 6위 군인에는 발해와 후백제 군인도 다수 편입되었으며, 이외에 여러 가지 방법으로 무관이 충원되었다. 후삼국 시기에는 전쟁으로 많은 군인이 희생되었는데, 특히 무관의 희생이 컸다. 이에 따라 무관의 충원은 계속 이루어졌다.

태조대 군제는 평시체제와 전시체제로 나뉘었다. 평시체제는 6위로 이루어진 중앙군과 각 지역의 지방군이 각각 구분되어 운영하는 체제이고, 전시체제는 이러한 중앙군과 지방군이 결합하여 재편성된 3군 형태의 행군조직이었다. 태조대 3군 체제를 잘 보여주는 것이 일리천 전투의 고려군 편제이다. 일리천 전투의 3군에 대하여 종래에는 주로 중앙군이라고 보았지만, 3군은 중앙군이 아니라 중앙군과 지방군이 결합한 전시체제이다. 한편 태조대에는 군인의 반란을 막기 위해 전시체제의 지휘관을 특정 인물로 고정시키지 않고 매번 새로이 뽑았다. 신라 중대와 하대에 전시체제의 지휘관이 특정 인물로 고정되어 있었던 것에 반해, 태조대에는 전시체제 군대를 편성할 때마다 지휘관을 바꾼 것이다. 또 태조대에는 군인의 반란을 방지하기 위해 중앙군 무관들이 가족을 거느리고 개경에서 살도록 하였다. 무관들은 개경에 거주하면서 정부의 명령에 따라 즉시 출동하였지만, 그 가족들은 가장인 무관이 반역이나 항복하는 것을 방지하는 인질의 성격을 띠고 있었다. 또 태조는 개경에 있는 중앙군의 반란을 방지하기 위해 서경의 군사력을 육성하였다. 이에 따라 고려전기동안 서경의 군사력은 개경에 있는 중앙군을 견제하는 역할을 충실히 수행하였다.

이와 같이 태조대에는 6위를 설치하고, 이를 무관 중심으로 구성하였으며, 군제를 평시체제와 전시체제로 나누고 무관에 대한 통제에 많은 관심을 기울였다. 이러한 태조대의 군제 운영은 고려국가의 기틀을 확립하고, 고려전기의 정치적 안정을 가져왔을 뿐만 아니라 이후 역사에도 많은 영향을 끼쳤다.

[『군사』 88호, 2013. 9 수록]

/ 7장 /

고려전기의 무반과 군반

1. 머리말

고려의 군사 조직은 중앙의 2군 6위와 5도 각 주현의 주현군, 양계 지역의 주진군으로 이루어졌다. 그리고 이러한 중앙과 지방, 변방의 군사 조직은 대체로 무반(武班)과 군반(軍班)으로 구성되었다. 무반은 다 아는 바와 같이 장교를 지칭하는 말이고, 군반은 '군반씨족'[1]의 줄임말로서 본문에서 다시 서술하겠지만 일반 병사를 뜻하는 말이다.[2] 그런데 고려전기의 군사 조직에는 장교인 무반만으로 이루어진 부대가 있는가 하면, 장교인 무반과 일반 병사인 군반이 상하 관계로 통합 편성되어 운영되는 부대도 있었다. 따라서 고려전기 군인에 대하여 알아보려할 때에는 무반과

---

1) 『高麗史』 8, 세가 8, 문종 18년 윤5월; 『고려사』 81, 兵 1, 兵制, 문종 18년 윤5월, "軍班氏族 成籍旣久 蠹損朽爛 由此軍額不明 請依舊式 改成帳籍 從之"
2) 『漢語大詞典』(上海: 漢語大詞典出版社, 2005) '軍班' 條에는 "軍班은 行伍와 같다(軍班猶行伍)"라 하여 군반은 일반 사병을 뜻하는 용어라고 설명되어 있다. 중국의 陳峰 교수도 軍班을 '行伍' 즉 사병으로 간주하여 禁軍이나 武將과 분리하여 설명하고 있다(陳峰, 『北宋武將群體與相關問題硏究』, 北京, 中華書局, 2004, 32~33쪽). 고려의 군반 역시 '軍班氏族'이라고 말해지는 것처럼 집안 대대로 군역이 계승되었지만, 농민층 출신의 일반 사병이었다. 필자는 일찍이 군반씨족을 府兵, 즉 武班으로 간주하고 논지를 전개하였다(김종수, 「高麗·朝鮮初期의 府兵」 『歷史教育』 69, 1999, 124쪽). 그런데 지금은 이것이 오류라고 생각되므로 본고에서는 군반씨족을 일반 사병으로 정정한다.

군반을 함께 살펴보아야한다.

지금까지 학계에서는 "고려시대에는 무반을 구성하는 대정(隊正) 이상의 장교가 아닌 일반 병사를 군인이라 불렀다"[3]라고 하여 군인을 일반 병사에 한정하고 군인에 대한 연구에서 무반을 제외하는 경향이 있었다. 그리고 이렇게 무반이 제외된 군인의 사회적 성격을 둘러싸고 열띤 논쟁이 전개되었다. 군인의 구성 신분을 농민층으로 보는 부병제론과 군반씨족이라는 특수한 계층으로 보는 군반제론 간의 논쟁이 그것이다. 이후 부병제론과 군반제론을 절충한 '이원적 구성론'이 제기되기도 하였다. 이원적 구성론이란 2군 6위를 구성하는 군인은 농민층이나 군반씨족 층의 어느 한 요소로만 이루어진 것이 아니라 두 요소가 모두 포함되었다고 보는 견해이다.[4] 고려시기 군인에 대한 이러한 논쟁과 논란의 원인은 군인을 일반 병사에 한정한데 있었다고 생각된다.

고려시기의 군인은 오늘날과 마찬가지로 장교와 일반 병사를 함께 지칭하는 말이었다.[5] 따라서 고려전기 군인에 관한 사료와 규정들을 해석할 때는 장교인 무반과 일반 병사인 군반을 함께 고려해야 한다. 군인에 관한 사료와 규정 중에는 무반과 군반 모두에게 해당되는 사항이 있는가 하면, 무반에게만 해당되는 것도 있고, 군반에게만 해당되는 것도 있기 때문이다. 예를 들어 군인을 선발하고 토지를 지급한다는 '선군급전(選軍給田)'이라는 용어는 무반과 군반 모두에게 해당되는 용어이지만 그 뜻은 전혀 다르다. 무반에 해당하는 '선군급전'의 의미는 "무관으로 선발하고 전시과에 규정된 수조지를 지급한다."[6]이지만, 군반에 해당하는 '선군급

---

3) 李基白, 「高麗 軍人考」『高麗兵制史研究』, 一潮閣, 1968, 83쪽; 洪承基, 「高麗初期 中央軍의 조직과 역할」『高麗政治史研究』, 一潮閣, 2001, 207쪽.
4) 고려전기 군인의 사회적 성격에 대한 논쟁에 대해서는 권영국, 「고려전기 중앙군의 성격」『한국 전근대사의 주요 쟁점』, 역사비평사, 2002 참조.
5) 고려시기의 군인이 무관과 일반 병사를 함께 지칭하는 것에 대해서는 김종수, 「高麗時期 府兵制의 運營과 그 原則」『歷史敎育』73, 2004. 참조.

전'은 "농민들의 소유지인 민전(民田) 17결 1족정(足丁) 내에서 군인 1명을 선발한다"[7]는 의미이다. 같은 '선군급전'이라는 용어라도 무반과 군반에 따라 그 의미가 전혀 다른 것이다. '군인전'이라는 용어 역시 마찬가지이다. 무반이나 그에 준하는 금군(禁軍)[8]에 해당하는 군인전은 전시과에 따라 지급받은 수조지를 뜻하지만, 군반에 해당하는 군인전은 그 군인이 본래부터 갖고 있던 소유지를 뜻하는 것이다. 같은 군인전이라도 무반·금군의 것이냐, 군반의 것이냐에 따라 그 의미는 전혀 다르다.[9]

한편 군인에 관한 규정 중에는 무반에게만 해당되는 것도 있다. 예를 들어 『고려사』 병지, 인종 6년(1128)의 규정 중에 "여러 영부(領府) 군인으로서 부모의 상을 당하였을 때에는 100일의 휴가를 준다."[10]라는 구절이 있다. 여기서 군인을 군반으로 보아 "보승(保勝)·정용(精勇) 등의 군인은 부모의 상을 당하였을 때 100일의 휴가를 받는 것으로 보아 전업적 군인으로 보아야 한다."[11]라고 주장되기도 하지만, 이것은 무반에게만 해당되는 규정이다. 부모의 상을 당했을 때 100일의 휴가를 주는 것은 문무관리에게 해당되는 규정으로서[12], 일반 군인인 보승·정용 등 군반에게는

---

6) 김종수, 「高麗·朝鮮初期의 府兵」 『歷史敎育』 69, 1999, 124쪽 참조.

7) 『高麗史』 81, 兵 1, 兵制, 恭愍王 5년 6월, "國家 以田十七結爲一足丁 給軍一丁 故者田賦之遺法也"

8) 금군은 中禁, 都知, 白甲, 控鶴軍, 內巡檢軍과 같은 군인을 가리킨다. 이들은 "中禁·都知·白甲別差 亦以丁人當差(『高麗史』 81, 兵 1, 兵制, 靖宗 11년 5월)"라고 하듯이 丁人으로 편성된 군종으로서 2군 6위의 중앙군에는 포함되지 않는 특수군이다. 이러한 금군이 문종대 경정전시과에서 부병 아래에 위치한 마군·보군·역군으로 추정되는데, 그 수는 얼마 되지 않는 것으로 판단된다. 이에 대해서는 김종수, 앞의 논문, 1999, 130쪽 참조.

9) 군인전에 役口之分田과 戶別之丁田 계열의 두 계통의 군인전이 있었다는 주장은 일찍부터 제기되었다(오일순, 「고려전기 부곡민에 관한 일시론」, 『학림』 7, 1985. 참조). 여기서 役口之分田은 무반의 군인전이고, 戶別之丁田은 군반의 군인전이다.

10) 『高麗史』 81, 兵 1, 兵制, 仁宗 6년, "諸領府軍人 遭父母喪者 給暇百日"

11) 육군군사연구소, 『한국군사사 3 -고려 I -』, 육군본부, 2012, 101쪽.

12) 『高麗史』 84, 刑法 1, 官吏給暇, 成宗 4년, "新定五服給暇式 斬衰齊衰三年 給百日"

적용되지 않는 것이다. 이에 반해 군반에게만 해당되는 규정도 있다. 문종 25년(1071) 6월에 국왕은 "여러 위(衛)의 군인들 중에 도망가는 사람들이 매우 많다."[13]라고 말하고 있다. 여기서 군인은 군반만을 지칭하는 것이다. 전시과의 수조지를 지급받는 무반들이 도망갈 리가 없기 때문이다. 이와 같이 고려시기 군인에 관한 사료와 규정 중에는 의미는 다르지만 무반과 군반 모두에 해당되는 것이 있는가하면, 무반에게만 해당되는 것도 있고, 군반에게만 해당되는 것도 있다. 따라서 이러한 사료와 규정을 해석할 때에는 무반에 해당되는 것인지, 군반에 해당되는 것인지, 또 그 의미는 무엇인지 잘 따져보아야 한다.

본 연구는 고려전기의 중앙군은 무반과 군반으로 구성되었다고 보고, 문무 분리에 따른 무반의 성립, 무반의 대우와 임무, 그리고 군반의 성립과 해체 등에 대하여 살펴보려한다. 무반과 군반은 모두 후삼국 혼란기에 성립하여 세병제(世兵制)에 따라 자손과 친척에게 그 군역이 계승되었지만, 군반은 11세기 후반에 해체된 것으로 보인다. 본문에서 서술하겠지만 그 군역에 따른 대우가 제대로 뒷받침되지 않았기 때문이다. 이러한 고려전기 무반과 군반의 성립과 대우·임무 등을 밝히는 것은 신라와 구별되는 고려의 정치·사회적 성격을 규명하면서 동시에 우리나라 중세 군제사의 발전 과정을 추적하는 작업이라고 생각한다.

2. 문무 분리와 무반의 성립

우리 역사에서 무반이 성립되어 문반과 더불어 양반 체제를 형성하게 된 것은 고려 건국 이후의 일이다. 신라시기까지는 문·무반의 구분이 없

---

13)『高麗史』81, 兵 1, 兵制, 문종 25년 6월, "制曰 近聞 諸衛軍人 亡命者甚多"

었다. 그런데 『삼국사기』, 신라본기 곳곳에서 문무관이라는 용어가 나오기는 한다. 진흥왕 1년(540) "문무관에게 작(爵) 1급(級)을 하사하였다"[14]라든가, 문무왕 8년(668) "문무 신료들을 이끌고 선조의 묘를 조알하였다"[15], 신문왕 7년(687) "문무 관료에게 전(田)을 차등 있게 지급하였다"[16] 등이 그 예이다. 이때의 문무관은 직제 상 행정관과 군관 정도로 구별한 것이지 문반과 무반으로 나뉜 관료를 의미하는 것은 아니었다. 신라에서는 문·무반의 구별 없이 6정(停)·9서당(誓幢)의 장군들이 중앙 관청의 장·차관을 겸직하였다.[17] 「성주사 낭혜화상 탑비」에는 낭혜화상의 고조부와 증조부에 대하여 "모두 나가면 장수요, 조정에 들어오면 재상이었습니다"[18]라고 하여 이들이 '출장입상(出將入相)'으로서 문무관을 겸하였다고 기록되어 있다.

신라시기에는 진골 귀족 등 고위 관료만 문무관을 겸한 것이 아니었다. 하급관료들도 문·무반의 구분 없이 문무 관직을 겸하였다. 신라 중대에 중앙 관리의 총수는 대략 2,400명 정도로 추산되는데, 이들은 모두 평상시에는 중앙 관청의 관리로서 행정 업무에 종사하다가 비상시에는 6정·9서당·10정·5주서·3무당·계금당 등 전시체제의 군관에 편입되어 전투에 대비하였다.[19] 문무반이 별도로 존재한 것이 아니었다. 신라 하대의 경우이지만 경문왕 12년(872) 황룡사를 중창하면서 조성한 「황룡사 9층목탑 사리함기」의 맨 앞에는 "시독(侍讀)이자 우군대감(右軍大監)이며 성공(省公)을 겸한 신(臣) 박거물(朴居勿)이 왕명을 받들어 지음"[20]이라고 기록되

---

14) 『三國史記』4, 新羅本紀 4, 眞興王 1년 8월, "賜文武官爵一級"
15) 『三國史記』6, 新羅本紀 6, 文武王 8년 11월 6일, "率文武臣寮 朝謁先祖廟"
16) 『三國史記』8, 新羅本紀 8, 神文王 7년 5월, "敎賜文武官僚田有差"
17) 李文基, 「新羅時代의 兼職制」 『大丘史學』 26, 1984.
　　朱甫暾, 「新羅 中古期 6停에 대한 몇 가지 問題」 『신라문화』 3·4합집, 1987, 10쪽.
18) 韓國古代社會硏究所 編, 『譯註 韓國古代金石文』 제3권, 碑文, 「聖住寺 朗慧和尙 塔碑」 "高曾出入皆將相"
19) 김종수, 「신라 하대 軍制의 변화와 그 붕괴」 『軍史』 80, 2011, 12쪽.

어있다. 사리함기를 쓴 박거물이 시독과 우군대감, 성공 등의 관직을 겸직한 것이다. 우군(右軍)은 하대에 개편된 전시체제인데, 박거물은 우군대감이라는 군관직을 지니고 또 시독과 성공이라는 문한직(文翰職)을 겸하고 있었던 것이다.[21] 신라 하대까지 문·무반의 구분이 없었던 것이다. 이에 따라 신라에는 고려의 '중랑장, 낭장, 별장, 산원, 교위, 대정'이라든가, 조선 전기의 '사직, 부사직, 사정, 부사정' 등과 같은 무반 고유의 직급이 없었다. 관료들은 모두 문무반의 구분 없이 1등급 이벌찬~17등급 조위까지 17개의 관등으로만 나뉠 뿐이었다.

이와 같이 신라는 문무일치 체제로 운영되었지만 후삼국 시기에 이르러 문무가 분리되게 된다. 그 과정을 약술하면 다음과 같다. 우선 신라에서 문·무반의 구분이 없었다고 하여 군사력이 약했던 것은 아니었다. 최치원이 쓴 진성여왕의 「양위표(讓位表)」에서 "우리나라 풍속은 칼 차기를 숭상합니다."[22]라고 하였듯이 신라는 상무적인 기풍이 있었다. 신라의 군인들은 『삼국사기』 권47 곳곳에서 "장부는 마땅히 전쟁터에서 죽어야 한다."[23], "앞으로 나아가고 물러서지 않는 것이 사졸의 임무이다."[24], "죽어도 굴하지 않는다."[25]라는 구절이 보이듯이 임전무퇴, 백절불굴의 기상이 있었다. 이들은 신라의 국가 질서를 유지하는 무력적 기반이었다. 신라 중대에는 지방 군현이 중앙 정부의 명령에 따르지 않고 중앙 정부를 배반하면 왕경에서 출동한 무관들에 의하여 엄청난 징벌을 받게 될 것이라는 위압감이 상존해 있었다. 삼국통일 전쟁기에 보여준 무관들의 용맹

---

20) 韓國古代社會研究所 編, 앞의 책, 舍利函 銘文,「黃龍寺 九層木塔 舍利函記」"侍讀 右軍大監 兼省公 臣 朴居勿 奉教撰"
21) 李文基, 앞의 논문, 1984, 49쪽
22) 『東文選』43,「讓位表」, 崔致遠, "俗雖崇於帶劍 武誠貴於止戈 爰從建國而來 罕致反城之釁"
23) 『三國史記』47, 列傳 7, 素那, "丈夫固當兵死"
24) 『三國史記』47, 列傳 7, 金令胤, "臨陣無勇 禮經之所誠 有進無退 士卒之常分也"
25) 『三國史記』47, 列傳 7, 匹夫, "忠臣義士 死且不屈"

스러운 활동은 지방 세력들에게는 공포의 대상이 되었을 것이다.26)

그러나 삼국통일 이후 평화가 지속되면서 호전적인 무관의 존재는 신라 정부에 부담이 되었다. 이들이 정치적 야심이 있는 진골 귀족과 결합할 경우 언제든지 정변이 발생할 수 있기 때문이다. 이에 따라 통일신라 정부는 정치·사회적 안정을 위해 숭문억무(崇文抑武) 정책을 추구한 것으로 보인다. 태종 무열왕이 삼국통일 이후 병기와 투구를 감추었다는 무장사(鍪藏寺)와 관련된 전설이나27), 문무왕이 "병과(兵戈)를 녹여 농기를 만들라"28)는 유조(遺詔)를 내린 것에서 그러한 분위기를 감지할 수 있다. 원성왕 4년(788)에는 독서삼품과를 실시하여 종래 활쏘기로 관리를 선발하던 데에서 유교경전의 해독 수준으로 관리를 선발하는 것으로 바꾸었다.29) 이것은 주로 6두품을 대상으로 한 것으로 판단되지만, 노골적인 숭문억무 정책을 실시한 것이다. 또 신라 정부는 지방관을 문인으로 대체하기도 하였다. 비록 신라 시기에는 문·무반의 구별이 없었지만 문인 성향의 인물이 지방관에 취임하도록 했던 것이다. 이것은 원성왕 5년(789)의 다음 기사를 통해 추측할 수 있다.

> (원성왕 5년) 9월에 자옥(子玉)을 양근현(楊根縣) 소수(小守)에 임명하니 집사사(執事史) 모초(毛肖)가 반박하여 말하길 "자옥은 문적 출신(文籍出身)이 아니므로 수령에 임명할 수 없습니다"라 하였다. 이에 시중(侍中)이 "비록 그가 문적 출신은 아니지만 일찍이 당에 가서 학생이 되었으니 어찌 쓰지 못하겠느냐"하자 왕이 이를 따랐다.30)

---

26) 李仁哲, 「第4章 新羅 支配體制의 崩壞와 軍事組織」 『新羅政治制度史研究』, 一志社, 1993, 406쪽

27) 『三國遺事』 3, 塔像 4, 鍪藏寺 彌陀殿, "諺傳 太宗統三已後 藏兵鍪於谷中 因名之"

28) 『三國史記』 7, 新羅本紀 7, 文武王 下 21년, "鑄兵戈爲農器"

29) 『三國史記』 10, 新羅本紀 10, 元聖王 4년, "始定讀書三品 … 前祇以弓箭選人 至是改之"

30) 『三國史記』 10, 新羅本紀 10, 元聖王 5년 9월

위 사료를 통해 원성왕 5년 이전부터 이미 지방관에는 문적 출신, 즉 국학의 졸업생만 임명될 수 있었던 것을 알 수 있다. 이러한 조치는 물론 지방관의 문인화를 통해 유교 이념의 확산, 왕권의 안정 등을 꾀하려는 집권층의 의도가 개재된 것이지만 호전적인 무관들의 사기를 억누르는 효과도 있었다. 이러한 상황에서 관료들은 무예 훈련에 소홀할 수밖에 없었고, 이것은 신라 중앙군의 군사력 약화로 이어졌다.

하대에 들어와 문약해진 중앙의 무관들은 더 이상 지방 세력들에게 공포의 대상이 아니었다. 민애왕 2년(839) 정월 대구에서 대장군 김흔(金昕) 등 중앙의 무관이 통솔하는 10만 군대는 장보고의 청해진 군대에 패배하여 민애왕은 피살되고 신무왕이 즉위하였다.[31] 또 진성여왕 3년(889) 원종과 애노가 반란을 일으켰을 때 중앙에서 파견된 나마(奈麻) 영기(令奇)는 두려워 떨며 제대로 싸우지도 못하였다.[32] 신라 하대에 중앙의 무관들은 더 이상 신라의 국가 질서를 유지해주는 무력적 기반이 아니었던 것이다.

신라 말 중앙 정부의 군사력이 쇠퇴하면서 무거운 세금 부담에 시달린 농민들이 각처에서 봉기하였다. 이를 틈타 무장한 도적도 횡행하였다. 진성여왕 10년(896)에는 적고적(赤袴賊)이라는 붉은 바지를 입은 도적이 나라의 서남 방면에서 경주 지역인 모량리까지 거침없이 쳐들어온 적이 있었다.[33] 신라 정부의 무능과 약체가 폭로되자 신라 전역은 동란에 휩싸이게 되었다. 이러한 가운데 민들의 삶은 최치원이 "굶어죽은 시체와 전란에 죽은 시체가 들판에 밤하늘의 별처럼 무수히 널려있다."[34]라고 표현할 정도로 처참하였다. 지방 호족들은 이러한 상황에서 지방민을 보호함으로써 그들을 자신의 휘하로 규합하였고, 지방민들도 그 보호 아래 스스

---

31)『三國史記』10, 新羅本紀 10, 閔哀王 2년;『三國史記』44, 列傳 4, 金陽
32)『三國史記』11, 新羅本紀 11, 眞聖王 3년
33)『三國史記』11, 新羅本紀 11, 眞聖王 10년
34) 韓國古代社會硏究所 編, 앞의 책, 塔誌,「海印寺 妙吉祥塔誌」"惡中惡者 無處無也 餓殍戰骸 原野星排"

로의 생존을 도모하고 있었다. 그런데 호족들은 종래 골품제라는 폐쇄적인 신분제에 의해 정치적 진출이 봉쇄되었기 때문에, 신라 정부에 대한 반발 의식이 팽배해 있었다. 신라는 모든 군관을 왕경인 출신으로 편성하였다. 지방인들은 아예 군관 직에 오를 수도 없었다. 이에 지방 호족들은 왕경인 중심의 신라 지배 체제를 부정하고 자신들의 이상을 실현할 수 있는 사회가 도래하길 희망하였다. 이때 이들이 주목한 사람은 견훤과 궁예였다.

견훤과 궁예는 호족 출신의 성주·장군들과는 달리 체계적으로 훈련된 군사력을 갖추었기 때문에 신라 말에 두각을 나타낼 수 있었다. 이 시기 성주·장군들이 주로 지방민을 불러 모아 자기 지역의 방어에 전념하였던 것에 비해 견훤과 궁예는 군진(軍鎭)의 병력을 흡수하고 이를 바탕으로 정권을 수립하여 후삼국 통일전쟁에 나섰다.[35] 즉 견훤은 서남해의 진군(鎭軍)을 이끌고 후백제를 세우고[36], 궁예는 북진(北鎭)과 패강진의 군사력을 기반으로 후고구려(태봉)를 세웠다. 진군과 같은 전문적인 군인의 군사력은 성주·장군이 거느리는 농민병의 군사력과는 차원이 달랐다. 앞에서도 언급하였지만 민애왕 2년(889) 주로 농민병으로 채워졌을 것으로 추정되는 신라 정부의 10만 대군은 장보고의 5천 군대에 격파되어 왕이 피살된바 있다.[37] 농민병은 전문적인 군인에 비해 군사력이 크게 떨어졌던 것이다. 견훤과 궁예는 이와 같이 군진의 군사력을 기반으로 국가를 세우고, 또 호족의 자제나 무력이 있는 사람을 영입하여 군사력을 강화하였다.

그런데 후백제나 태봉의 군인들은 신라의 군인들과는 자질 면에서 크게 달랐을 것으로 판단된다. 왕경인 출신의 신라 군인들은 김대문이 화랑세기에서 "훌륭한 장수와 용감한 사졸이 이(화랑)로 말미암아 생겨났

35) 김종수, 「신라 하대 軍制의 변화와 그 붕괴」『軍史』 80, 2011, 27쪽
36) 배재훈, 「견훤의 군사적 기반」『신라문화』 36, 2010.
37) 『三國史記』 10, 新羅本紀 10, 閔哀王 2년 ; 『三國史記』 44, 列傳 4, 金陽

다"38)라고 말하듯이 화랑 출신들이 많았다. 이들은 「임신서기석」에 "3년 동안 시(詩), 상서(尙書), 예기(禮記), 전(傳) 등을 차례로 습득할 것을 맹서한다."39)라는 글을 새길 만큼 학문에 대한 의욕과 자질도 뛰어났다. 즉 골품제에 따라 군관 직에 오른 신라시기의 군인들은 문·무에 모두 능통하였을 것으로 보인다. 이에 따라 그들은 평상시에는 행정관으로서 각종 정무에 종사하였고, 전쟁이 일어나면 전시체제의 군관에 편입되어 전투에 대비할 수 있었다. 그러나 후삼국 시기에 군인이 된 자들은 그렇지 않았다. 지방 군진 출신이나 호족 자제들이 시간과 비용이 많이 드는 학문적 능력을 갖추기는 쉽지 않았을 것이다. 실제 궁예의 군인이 된 자들의 면면을 살펴보면, 내군장군 은부(狺鈇)는 어려서 머리 깎이고 목에 칼을 찬 죄인 출신이었으며40), 배현경은 담력이 보통사람보다 특출하여 병졸 출신으로 무관에 임명되었다고 한다.41) 또 박술희는 "성질이 용감하였고 고기 먹기를 즐겨하여 비록 두꺼비, 개구리, 개미라도 다 먹었는데, 18세에 궁예의 위사(衛士)가 되었다."42)고 한다. 이들은 후삼국의 혼란기에 담력이 뛰어나거나 용감하여 무관에 등용된 자들로서 학문적 능력과는 거리가 멀었다. 따라서 후백제나 태봉의 군인들이 신라의 군인들과 같이 일반 행정 업무를 처리하기는 어려웠을 것이다. 행정 업무는 어려서부터 글을 익힌 최응(崔凝)43)이나 왕유(王儒)44)와 같은 문사(文士)들이 담당하였다. 즉

---

38) 『三國史記』 4, 新羅本紀 4, 眞興王 37년, "金大問 花郎世記曰 賢佐忠臣 從此而秀 良將勇卒 由是而生"
39) 韓國古代社會研究所 編, 『譯註 韓國古代金石文』 제2권, 石刻, 「壬申誓記石」 "又 別先辛未年七月廿二日大誓 詩尙書礼傳倫得誓三年"
40) 『高麗史』 1, 世家 1, 太祖 원년 6월, "內軍將軍狺鈇 幼爲髡鉗"
41) 『高麗史』 92, 列傳 5, 裴玄慶, "膽力過人 起行伍 累進大匡"
42) 『高麗史』 92, 列傳 5, 朴述熙, "述熙性勇敢 嗜啗肉 雖蟾蜍螻蟻皆食之 年十八爲弓 裔衛士 後事太祖"
43) 『高麗史』 92, 列傳 5, 崔凝, "自幼力學 旣長通五經 善屬文 爲裔翰林郞"
44) 『高麗史』 92, 列傳 5, 王儒, "性質直 通經史 初仕弓裔爲員外 遷至東宮記室"

후삼국 시기에 이미 문무의 분화가 시작되었다.

태봉의 정치·군사 체제를 이어받은 고려 태조 왕건 때에는 업무상으로 문무 분리가 완전히 이루어졌다. 무관들은 군사 업무만을 담당하였고, 문관들은 국정 업무를 담당하였다. 환선길의 난 당시 태조 왕건이 "학사(學士) 몇 사람과 국정을 논의했다."[45]라고 하듯이 문관 학사들은 국왕의 국정 논의 대상이었다. 무관과 문관이 확연히 구분되었던 것이다. 그래서 이 시기 관리들은 문무관으로 칭해졌다. 태조 원년(918) 9월 상주 적수 아자개가 귀부해올 때 구정(毬庭)에 "문무관이 모두 늘어섰다."[46]라거나, 태조 19년(936) 후삼국 통일 이후 왕이 위봉루에 앉아 "문무백관과 백성들의 조하(朝賀)를 받았다."[47] 등이 그 예이다. 이때의 문무관은 신라 때와는 달리 문관과 무관을 합칭한 용어라고 생각된다. 또 태조대에 무반들은 문반과 달리 군적(軍籍)에 등록되기도 하였다. 성종 7년(988) 10월 국왕 성종은 송나라의 책봉을 받은 후에 이를 기념하기 위해 다음과 같은 조치를 취하였다.

교형(絞刑) 이하 죄수들을 석방하고, 문반으로서 벼슬하여 오래된 자는 개복(改服)하게 하며, 무반으로 늙어서 자손이 없는 자와 계묘년 (癸卯年)부터 그 이전에 군적에 등록된 자는 모두 고향으로 돌아가게 하였다.[48]

---

45) 『高麗史』 127, 列傳 40, 叛逆 1, 桓宣吉, "一日 太祖坐殿 與學士數人 商略國政"
46) 『高麗史』 1, 世家 1, 太祖 원년 9월, "尙州賊帥阿字盖 遣使來附 王命備儀迎之 習儀於毬庭 文武官俱就班"
47) 『高麗史』 2, 世家 2, 太祖 19년 9월, "王至自百濟 御威鳳樓 受文武百官及百姓朝賀"
48) 『高麗史』 3, 世家 3, 成宗 7년 10월, "王旣受冊 赦絞罪以下 文班從仕年深者改服 武班年老無子孫 自癸卯年錄軍籍者 皆放還鄕里 兩班並加恩" 이 사료는 국왕이 송의 책봉을 받은 것에 대한 기념으로 문무 양반들에게 특혜를 베푼 조치이다. 따라서 여기에서 "自癸卯年錄軍籍者"는 계묘년으로부터 그 이전에 군적에 등록된 자로 해석해야 문맥이 통한다.

그런데 여기서 계묘년(癸卯年)은 태조 26년이자 혜종 즉위년(943)으로, 성종 7년 당시로부터는 45년 전의 일이다. 즉 성종은 45년 이상 군적에 올라 군무에 종사한 무반들에게 송의 책봉에 대한 기념으로 고향으로 돌아가도록 특혜를 베푼 것이다. 태조 26년(943)에 무반들이 군적에 등록되고 있는 것으로 보아 그 이전에도 무반들은 군적에 등록되었을 것이다. 즉 태조대에는 군적에 등록된 무반과 그렇지 않은 문반으로, 문·무반은 확연히 구분되었다.

그러나 『고려사』, 백관지의 "건국 초기의 관계(官階)는 문·무를 나누지 않았다."[49]는 말처럼 태조대에는 아직 관계상으로는 문무가 분리되지 않았다. 문무관 모두 '대광(大匡), 대승(大丞), 대상(大相), 원보(元甫), 원윤(元尹), 좌윤(佐尹), 정조(正朝), 정위(正位), 보윤(甫尹)'이라는 고려초기 관계를 받았다. 이와 같이 문무관 모두 동일한 관계를 받은 것은 문무반의 분리가 업무상으로는 이루어졌을지라도, 관계상으로는 아직 이루어지지 않았다는 증거이다. 문무관의 분리는 무반이 문반과는 다른 고유의 직급을 받았을 때 완성된다. 즉 고려는 이후 '중랑장, 낭장, 별장, 산원, 교위, 대정'이라는 무관 직급 체계를 운용하였는데, 이러한 무반 직급 체계가 성립한 시기가 무반의 성립이 완성된 시기라고 생각한다.

『고려사』 백관지에는 "성종 14년에 비로소 문무 관계가 나뉘었다"[50]라는 기사가 나오는데, 이를 근거로 문무 양반의 성립 시기를 성종 14년(995)으로 보기도 한다.[51] 그러나 『고려사』, 성종 9년(990)의 기사에 이미 별장, 낭장 등의 무반 직급이 등장하는 것으로 보아[52], 무반 성립이 완결된 시기는 성종 9년(990) 이전임에는 틀림없어 보인다. 그런데 근래 문

---

49) 『高麗史』77, 百官 2, 文散階, "國初官階 不分文武"
50) 위와 같음 "成宗十四年 始分文武官階"
51) 邊太燮,「高麗朝의 文班과 武班」『高麗政治制度史研究』, 一潮閣, 1984, 278쪽
52) 『高麗史』3, 世家 3, 成宗 9년 9월 "教曰 … 折衝府別將 趙英 … 衛翊府郎將"

무반의 분리가 광종 대에 이루어졌다는 주장이 제기된 바 있다.[53] 광종 7년(956)에 백관의 의관(衣冠)을 중국 제도에 따르게 하고, 광종 9년(958)에는 처음으로 과거제를 시행하였는데, 이러한 일련의 개혁이 문무반의 분리를 가져왔다는 것이다. 특히 경종 원년(976) 2월 "문무 양반의 묘지를 정했다."[54]라는 형법지의 기사는 광종대 문무 양반 체계의 성립을 의미하는 자료로 주목받았다.[55] 그러나 경종 원년에 제정된 시정전시과에서 무반은 "단삼(丹衫)이상 5품을 둔다"[56]라고 하여 무반을 5품으로 구분할 뿐, 아직 무반 직급은 나타나지 않은 것으로 보아, 이때까지 문무의 분리가 완결되지는 않았던 것으로 보인다. 문무 분리의 완결이 별장, 낭장이라는 무반 직급 명칭이 보이는 성종 9년(990) 이전이라고 할 때, 주목되는 기사는 성종 3년(984) "이해에 군인 복색을 처음으로 정했다"[57]라는 사료이다. 군인 복색을 정할 때 무반 직급 별로 복색이 달랐을 것이고, 이때 무반의 직급 명칭이 제정되었을 가능성이 있다. 아무튼 무반 직급의 제정으로 인해 무반 성립이 완결된 시기는 경종 원년(976) 이후 성종 9년(990) 이전인 것만은 확실하다.

3. 무반의 대우와 임무

중세 국가의 군대는 중앙군과 지방군으로 구분되는데, 국왕 호위와 수

---

53) 鄭景鉉, 「高麗前期 武職體系의 成立」『韓國史論』19, 1988.
   김당택, 「고려 양반사회와 한국사의 시대구분」『고려 양반국가의 성립과 전개』, 전남대출판부, 2010.
54)『高麗史』85, 刑法 2, 禁令, 景宗 원년 2월, "定文武兩班墓地"
55) 鄭景鉉, 앞의 논문, 145쪽; 김당택, 앞의 논문, 316쪽
56)『高麗史』78, 食貨 1, 田柴科, 景宗 원년 11월, "始定職散官各品田柴科 … 武班丹衫以上作五品"
57)『高麗史』3, 世家 3, 成宗 3년, "是歲 始定 軍人服色"

도 방어를 담당하는 중앙군은 최정예부대로 편성되어야 했다. 중앙군은 지방 세력으로부터 국왕과 수도를 지키기 위해 개별 지방군보다 훨씬 강력한 군사력을 보유하여야 했고, 또 어떤 방면에서 적이 침입하더라도 능히 이를 막을 수 있을 만큼 체계적인 군사력을 보유하여야 했다.[58] 태조 왕건이 전국에 걸쳐 후삼국 통일전쟁을 전개할 수 있었던 것도 강력한 중앙군을 보유하고 있었기 때문에 가능하였다.[59]

고려전기의 중앙군은 무반과 군반으로 이루어졌다. 즉 중앙군인 2군 6위는 3,518명의 무반과 38,000명의 군반으로 구성되었다.[60] 무반은 상장군, 대장군, 장군 등의 장관(將官)과 중랑장, 낭장, 별장, 산원, 교위, 대정 등의 부병(府兵)으로 이루어져 개경에 상주하면서 군무에 종사하였고[61], 군반은 각 지방의 정호(丁戶)들이 번차(番次)에 따라 개경에 번상 근무하였다.[62] 무반은 개경에 상주하였기 때문에 경군(京軍)·내군(內軍)이라 하였고, 군반은 지방에 거주하면서 번차에 따라 번상 근무하였기 때문에 외군(外軍)이라고도 하였다. 경, 외군과 관련하여 문종 즉위년(1046)에 다음과 같은 규정을 반포하였다.

> 무릇 군인으로서 70세 이상의 부모가 있고 형제가 없는 자는 경군(京軍)이면 감문위(監門衛)에 배속시키고, 외군(外軍)이면 촌에 머무는 2·3품 군에 배속시켰다가 부모가 사망한 뒤에 다시 본 역으로 환속시킨다.[63]

---

58) 『退憂堂集』 6, 疏箚, 陳所懷箚, "自古經國之遠猷 無 不以根本爲先 京師必宿重兵 以制四方"

59) 태조대의 중앙군에 대해서는 김종수, 「고려 태조대 6위 설치와 군제 운영」 『군사』 88, 2013. 참조

60) 武班은 上將軍(정3품) 8, 大將軍(종3품) 8, 將軍(정4품) 45, 中郞將(정5품) 90, 郞將(정6품) 222, 別將(정7품) 222, 散員(정8품) 223, 校尉(정9품) 900, 隊正(품외) 1800 등 총 3,518명으로 이루어졌다. 軍班은 保勝軍과 精勇軍을 지칭하는데, 2군 6위 내에 보승군과 정용군은 38領으로서 1領 당 1000명씩 총 3,8000명으로 이루어졌다.

61) 府兵에 대해서는 김종수, 「高麗·朝鮮初期의 府兵」 『歷史敎育』 69, 1999 참조

62) 『高麗圖經』 11, 仗衛 1, 序, "其留衛王城 常三萬人 迭分番以守"

여기서 경군은 개경에 상주하는 무반을 지칭하며, 외군은 지방에서 거주하면서 번상 근무하는 군반을 지칭한다. 위 규정에서 70세 이상의 부모가 살아계실 때 부모 봉양을 위해 경군을 감문위에 배속시킨다고 하였는데, 감문위는 개경 북문 내에 위치한 군대로서[64], 여기에 소속된 군인은 문종 대 경정전시과에서 20결의 전지를 받도록 규정되었다. 부모 봉양을 위해 현직에서 물러난 군인들이 개경에 거주하면서 20결의 전지를 받는다고 할 때, 그 군인은 무반임에 틀림없다. 일반 병사들이 이런 대우를 받을 수는 없는 것이다. 한편 외군은 70세 이상의 부모 봉양을 위해 임시로 촌에 머무는[村留] 2·3품군에 배속되었다가 부모가 사망하면 다시 본 역으로 환속한다는 것으로 보아 군반임에 틀림없다. 촌에 머무는 군역이 아닌 '본 역'이란 보승·정용군과 같은 개경으로 번상하는 군역이기 때문이다. 즉 고려의 중앙군은 무반인 경군과 군반인 외군으로 이루어졌다.

고려의 무반은 개경에 상주하는 경군으로서 국가와 정권의 존립을 보장하는 무력적 기반이었다. 이들은 평상시 2군 6위에 소속되어 군반을 지휘·통제하면서 국왕의 호위와 개경의 경비·방위 등을 담당하였고, 각종 역역(力役)과 방수(防戍) 임무에도 동원되었다. 한편 비상시 국가에서는 이들을 골간으로 하고 지방군을 포괄하는 3군 혹은 5군을 확대 편성하여 돌발적인 사태와 외적의 침입에 대처하였다. 무반은 평상시, 비상시를 막론하고 국가 군대의 중추였던 것이다. 따라서 고려 국가는 일정한 자격을 갖춘 사람에 한하여 무반의 입속을 허용하였고, 이들에게 직역의 대가로 전시과의 전지(田地)·시지(柴地)와 녹봉을 지급하였다.[65] 문종 30년 (1076)에 정비된 경정전시과와 녹봉제에서 무반에게 지급된 전시과 전지

63) 『高麗史』 81, 兵 1, 兵制, 文宗 즉위년
64) 『高麗圖經』 16, 官府, "監門·千牛·金吾 三衛 在北門內"
65) 고려시기 녹봉제에 대해서는 다음의 논문 참조
     崔貞煥, 1991, 『高麗·朝鮮時代 祿俸制 硏究』, 경북대학교출판부; 안병우, 2002, 「제2장 中央財政의 구성과 財政源」, 『高麗前期의 財政構造』, 서울대학교출판부

와 녹봉, 그리고 직급별로 지급된 전지·녹봉과 전체 무반에게 지급된 전지·녹봉의 총액을 제시하면 <표 1>과 같다.

<표 1> 문종 30년(1076) 경정전시과와 녹봉제의 무반 지급액과 직급별 지급총액

직급(품)	지급액수		관원수(명) (C)	전시과 전지 지급총액(結)(A ×C)	녹봉 지급 총액(石.斗) (B×C)
	전시과 전지(結)(A)	녹봉(石.斗) (B)			
상장군 (정3품)	85	300.00	8	680	2,400.00
대장군 (종3품)	80	233.05	8	640	1,866.10
장군 (정4품)	75	200.00	45	3,375	9,000.00
중랑장 (정5품)	70	120.00	90	6,300	10,800.00
낭장 (정6품)	60	86.10	222	13,320	19,240.00
별장 (정7품)	45	46.10	222	9,990	10,306.00
산원 (정8품)	40	33.05	223	8,920	7,370.00
교위 (정9품)	35	23.05	900	31,500	21,000.00
대정 (품외)	30	16.10	1,800	54,000	30,000.00
계			3,518명	128,725결	111,982석 10두

典據 : 『高麗史』 78, 食貨 1, 田制, 田柴科, 文宗 30년.
『高麗史』 80, 食貨 3, 祿俸, 文武班祿, 文宗 30년.

위 <표 1>과 같이 무반들은 각각 관직에 따라 85~30결에 이르는 전시과 전지와 300석~16석 10두에 이르는 녹봉을 받았다. 그런데 3,518명에 달하는 무반 전체에게 지급된 전지의 양은 128,725결이고, 또 이들에게 지급된 녹봉의 양은 111,982석 10두이었다. 당시 문무 양반 관료 전체에게 지급된 전시과 전지의 총액이 15만결이고[66], 또 문·무반 관료에게 녹봉을 지급하는 좌창(左倉)의 세입이 139,736석 13두라고 할 때[67], 무반에게 지급되는 전지와 녹봉이 이중에서 차지하는 비중은 엄청난 것이었다. 무반에게 지급된 전지는 관료 전체에게 지급된 토지의 83%에 달하였고, 또 무반에게 지급된 녹봉은 관료 전체에게 지급된 녹봉의 80%에 달하였던 것이다.

무반들은 전시(田柴)와 녹봉을 받고 가족과 함께 개경에서 생활하면서 군무에 임하였다. 이것은 고려 건국 초기부터 그러하였다. 12세기에 세워진 「김지우(金之祐) 묘지명」에는 그의 조상인 삼한공신 김인윤(金仁允)이 후삼국 통일에서 공을 세우고 "태조를 따라 서울 집(京家)으로 들어갔다"라고 쓰여 있다.[68] 무반들은 태조 때부터 경가(京家)에서 생활한 것이다. 태조 11년(927) 11월 오어곡성이 함락되자, 태조는 항복한 군인들의 가족을 다음과 같이 제군(諸軍) 앞에서 처형하였다.

> 견훤이 날랜 군사를 뽑아서 오어곡성(烏於谷城)을 함락시키고 수졸(守卒) 일천 명을 죽이니 장군 양지(楊志)와 명식(明式) 등 6인이 항복하였다. 왕은 제군(諸軍)을 구정(毬庭)에 모이게 하여 6인의 처자를 제군 앞에 조리돌리고 기시(棄市)하였다.[69]

---

66) 김종수, 「高麗·朝鮮初期의 府兵」『歷史敎育』69, 1999, 129쪽 주101) 참조
67) 『高麗史』80, 食貨 3, 祿俸, "高麗祿俸之制 至文宗大備 以左倉歲入 米粟麥摠十三萬九千七百三十六石十三斗 隨科准給"
68) 金龍善 編, 『高麗墓誌銘集成』, 「金之祐墓誌銘」, 한림대학교 아시아문화연구소, 1997, 126쪽 "初功臣仁允 仕大祖統合三國有功 隨大祖入京家焉 金氏之族 世世衣冠顯達"
69) 『高麗史』1, 世家 1, 태조 11년 11월

이것은 군인들로 하여금 다시는 항복하는 일이 없도록 경각심을 불러 일으키기 위한 조치라고 생각되는데, 이와 같이 항복한 군인 6인의 처자를 즉시 붙들어 처형할 수 있었던 것은 이들이 모두 개경에서 살고 있었기 때문이었다. 개경에 살고 있는 무반의 가족들은 가장인 무반이 반역이나 항복하는 것을 방지하는 인질의 성격도 띠고 있었던 것이다.

무반은 가족을 이끌고 경가(京家)에서 생활하였기 때문에 국가에서는 이들의 생계를 보장하기 위해 앞에서 살펴본 바와 같이 전시과의 전지·시지와 녹봉을 지급하였다. 그런데 전시과의 전지는 대부분 외방, 즉 하도(下道)에 위치하여 개경에 거주하고 있는 군인 가족의 일상생활에 불편한 점이 있었다. 이에 따라 지급한 것이 구분전(口分田)이었다. 구분전은 각 과(科)에 따라 지급된 전시과 전지의 액수 내에서 경기 지역 안에 설정한 약간의 토지로서, 무반 가족들이 일용할 양식을 조달하는 데 도움을 주기 위해 마련된 토지이다. 한편 무반들의 개경 생활을 위해서는 구분전만으로 부족하였다. 양식 조달 이외에 재목, 땔감, 숯, 사료 등 다양한 물자들이 공급되어야 했다. 이를 위해 지급한 것이 전시과의 시지(柴地)였다. 시지는 개경에서 2일정(日程) 내에 있는 산지(山地) 등을 지급하여 재목, 땔감, 숯, 사료 등을 수취할 수 있도록 한 지목(地目)이다.[70] 이와 같이 고려 국가에서는 무반들이 가족을 거느리고 개경 생활을 하는데 부족함이 없도록 여러 가지 조치를 취하였다.

한편 고려 국가에서는 무반이 연로하거나 사망하여 결원이 생겼을 경우 자손·친척들로 하여금 그 직을 계승하게 하는 세병제(世兵制)를 실시하였다. 세병제는 군인직을 무가(武家) 내에서 세습의 형태로 이어가게 하는 군인 충원 방법이다. 세병제를 통해 군인이 된 무반들이 다시 자손

---

70) 李景植,「高麗時期의 兩班口分田과 柴地」『高麗時期土地制度硏究』, 지식산업사, 2012.

과 친척에게 자신의 관직을 물려주려면 정권이 안정되고 연속되어야 했으므로, 이들은 정권의 안정과 연속을 보장하는 군사력으로 기능하였다. 또 세병제는 무가의 전통을 계승하고, 군역 충원의 안정성을 확보하는 측면도 있었다. 세병제와 관련하여『고려사』, 식화지, 전제 서문에는 다음과 같은 내용이 있다.

> 고려의 토지제도는 … (토지를 받은) 사람이 죽으면 모두 관에 반납하였다. 오직 부병은 20살이 되면 비로소 (토지를) 받고, 60살이 되면 반환하는데 자손이나 친척이 있는 사람은 전정(田丁)을 물려받게 하고[田丁連立], (자손이나 친척이) 없는 사람은 감문위에 적(籍)을 두었다가 70살 후에는 구분전을 지급하고 나머지 토지는 거두어 들였다. 후손이 없이 죽은 사람과 전쟁에서 죽은 사람의 처에게도 역시 구분전을 지급하였다.[71]

전시과는 전정(田丁)을 받은 사람이 죽으면 모두 국가에 반납하는 것이 원칙이었다. 그런데 오직 5품 이하의 무관인 부병만은 전시과 전정을 자손이나 친척이 이어받게 하였다. 무반에 한하여 전정연립(田丁連立), 즉 세병제를 실시한 것이다. 세병제에 의해 무반직이 계승되는 순서는 우선 적자(嫡子)에게 계승되고, '적자가 없으면 적손(嫡孫), 적손이 없으면 동모제(同母弟), 동모제가 없으면 서손(庶孫), 남계가 없으면 여손(女孫)'등의 순으로 이어졌다.[72]

무반이 받은 전시과는 세병제에 의해 자손과 친척으로 계속 이어지기 때문에 영업전(永業田)이라고도 하였다. 영업전은 세습적 상속이 보장된 토지라는 뜻으로서 공음전도 영업전이라고 하였지만, 주로 연립되는 무반의 전시과를 영업전이라고 하였다. 현종 5년(1014) 11월 상장군 김훈·

---

71)『高麗史』78, 食貨 1, 田制
72)『高麗史』84, 刑法 1, 戶婚, 靖宗 12년

최질의 주도로 군인 반란이 일어났는데, 그 원인은 중추원에서 경군 영업전을 빼앗아 녹봉에 충당시켰기 때문이었다.[73] 경군 영업전은 무반들이 자손 대대로 보유하는 토지로서 이것을 빼앗겼을 때 무반들은 불평을 품고, 반란도 불사하였다. 그런데 영업전이라고 해서 무조건 자손에게 상속되는 것은 아니었다. 범죄자의 영업전은 상속되지 않았다.[74] 문종 34년(1080) 3월 판(判)에 "죽음을 두려워하여 적에 항복한 군장(軍將)의 토지는 친자(親子)가 연립하지 못하도록 하고, 친척 중에 역을 감당할 만한 사람을 택하여 (토지를) 지급하고 제위군(諸衛軍)에 충보한다"[75]라 하였다. 적에게 항복한 무반의 영업전은 박탈되어 친자에게 물려줄 수 없었던 것이다. 그런데 항복한 자의 친자가 아니더라도 그 친척 중에서 역을 감당할 사람을 택하여 토지를 지급하라는 것으로 보아, 이런 경우에도 세병제의 원칙은 유지되고 있었다.

무반은 전시과와 녹봉을 받아 개경에서 가족과 함께 생활하였다. 또 무반은 퇴역하더라도 세병제에 의해 그 직이 자손과 친척으로 이어졌기 때문에, 무반의 가족들은 그들의 부양을 받으면서 계속 개경에서의 생활을 이어갈 수 있었다. 그런데 후손이 없어 무반직이 자손과 친척으로 이어갈 수 없는 경우가 있었다. 그럴 때에는 앞에서 인용한 『고려사』, 식화지, 전제 서문처럼 무반의 처에게 구분전을 지급하였다. 이 규정은 현종 15년(1024)에 처음으로 제정되었는데[76], 문종 원년(1047)에는 "6품 이하 7품 이상으로서 연립할 자손이 없는 사람의 처에게는 구분전 8결을 지급한다. 8품 이하와 전쟁에서 죽은 군인의 (연립할 자손이 없는 자의) 처에게는 모두 구분전 5결을 지급한다."[77]라 하여 보다 세분화된 규정이 마련되

---

73) 『高麗史節要』 3, 顯宗 5년 11월
74) 『高麗史』 78, 食貨 1, 田制, 田柴科, 靖宗 7년 정월, "凡有罪者 不得受永業田"
75) 『高麗史』 78, 食貨 1, 田制, 田柴科, 文宗 34년 3월, "判 諸畏死降敵軍將田 勿許親子連立 擇給親戚堪役者 諸衛軍充補"
76) 『高麗史』 78, 食貨1, 田制, 田柴科, 顯宗 15년 5월, "判 凡無子身歿軍人妻 給口分田"

었다. 이와 같이 자식이 없이 홀로 남겨진 무반의 처는 경기 지역에 소재한 구분전을 받아 개경 생활을 영위할 수 있었다. 또 앞의 식화지, 전제 서문처럼 자식이 없는 퇴역 군인에게도 구분전이 지급되었다. 고려 국가는 무반이 퇴역하거나 죽더라도 본인이나 가족의 생계가 유지될 수 있도록 여러 가지 복지연금 제도를 마련하였다. 이것은 무반들로 하여금 국가에 대한 충성심을 고취시키기 위한 조치였다.

무반들은 전시에는 군반을 이끌고 지휘관으로서 전투에 임하였지만, 평시에는 각기 고유한 임무를 수행하였다. 평상시 국왕 시위 임무를 맡은 무반을 시위군[숙위군, 수위군]이라 하였고, 도성의 치안을 담당하는 무반을 순검군(巡檢軍)·점검군(點檢軍)이라 하였으며, 개경과 그 부근의 여러 문, 궁, 능을 지키는 무반을 위숙군(圍宿軍)이라 하였고, 국왕의 창고와 주요 관서를 지키는 군인을 간수군(看守軍)이라고 하였으며, 조회 등 각종 의식에 동원되는 무반을 의장군이라 불렀고, 양계 지방에 파견되어 방수(防戍) 임무를 수행하는 무반을 방수군이라 하였다. 이와 같이 무반은 평상시 다양한 임무와 역할을 수행하였고, 또 임무와 역할에 걸맞은 호칭으로 불리고 있었다.[78] 그런데 무반들은 이러한 임무들을 수행하는 과정에서 필요한 모든 장비는 자신이 마련해야 했다. 문종 18년(1064) 6월 궁성사(宮城使)는 "궁궐의 수위군사(守衛軍士)는 마땅히 자줏빛 옷을 입고 칼을 차야하는데, 지금 검은 옷을 입고 무기도 지니지 않는 자가 있으니 이들을 파직시키라"고 국왕에게 아뢰었다.[79] 이를 통해 무반들은 군복과 무기를 스스로 장만해야 했음을 알 수 있다. 그렇지 못하면 파직될 수도 있었던 것이다. 또 고려후기에 만들어진 「김원의(金元義) 처 인씨(印氏) 묘지명」에는 무반 김원의의 아내였던 인씨가 김원의가 방수할 때 필요한

---

77) 『高麗史』78, 食貨1, 田制, 田柴科, 文宗 원년 2월
78) 김종수, 「高麗時期 府兵制의 運營과 그 原則」『歷史敎育』73, 2000, 81쪽
79) 『高麗史』82, 兵 2, 宿衛, 文宗 18년 6월

모든 장비를 손수 마련했다는 기록이 있다.[80] 무반들은 전시와 녹봉을 받는 대가로 국왕의 시위와 변경의 방수 등 군인으로서의 임무 활동에 필요한 모든 장비는 스스로 마련해야 했던 것이다.

4. 군반의 성립과 해체

군반(軍班)은 원래 중국에서는 '항오(行伍)', 즉 일반 병사를 뜻하는 말이었다.[81] 그런데 근래 우리나라에서 고려 중앙군의 성격에 대해 '군반제론'이나 '이원적 구성론'을 주장하는 학자들은 군반을 전시과를 받으면서 군인직을 세습하는 전업군인으로 보고 있는 듯하다. 우리나라에서는 군반의 뜻을 중국과 사뭇 다르게 파악하고 있는 것이다. 군반의 뜻을 분명하게 알기 위해서는 군반이라는 용어가 나오는 사료를 천착할 필요가 있다. 군반이라는 용어는 『고려사』의 「세가」와 「병지」의 문종 18년(1064)조에 수록된 다음 기록에서 유일하게 발견된다.

> 병부에서 아뢰기를, "군반씨족의 적(籍)을 만든 지 이미 오래되어 좀먹고 썩어 군액이 분명하지 않으니 옛 방식에 의거하여 다시 장적을 고쳐 만들기를 청합니다."라고 하니 그에 따랐다.[82]

위 사료에서 군반씨족의 군적이 오래되어 좀먹고 썩어 군액이 분명하지 않다는 것으로 보아 군반씨족은 의무군인임에 틀림없다. 전시과를 받는 군인의 군액이 분명하지 않을 수 없기 때문이다. 고려시기에 전시과를

---

80) 金龍善 編, 앞의 책, 「195, 金元義 妻 印氏 墓誌銘」, 392쪽, "參政公 起自將官 凡征成裝費 及隨例酺釀宴飲之費 煩浩不細 夫人皆手親之 無不精辦 略無倦容"
81) 주2) 참조
82) 주1)과 같음

받는 군인들은 선망의 대상이었다. 고려말의 기록이지만 이러한 군인이 되기 위해 '청알(請謁)'83)을 하고 뇌물을 쓰는 등 부정도 횡행하였다. 공민왕 원년(1352) 이색은 그의 상소문에서 제위(諸衛)의 군인 직이 귀족들에게 점거 당했다고도 쓰고 있다.84) 이러한 전시과를 받는 군인의 군적이 '만든 지 오래되어 좀먹고 썩어 군액이 분명하지 않을' 수 없는 것이다. 따라서 군반씨족은 의무군역에 의해 징발되는 일반 병사를 지칭하는 것임에 틀림없다. 그런데 고려전기의 의무군역은 군반 '씨족'이라는 말과 같이 대대로 군인 직을 세습하는 것이 특징이다. 군인 직이 세습되었기 때문에 군적을 개수(改修)하지 않아 군적이 만든 지 오래 되어 좀먹고 썩을 정도에 이르렀던 것이다. 이러한 군반씨족의 성립은 무반과 마찬가지로 후삼국 혼란기에 이루어졌을 것으로 보인다.

앞에서 언급한 바와 같이 신라 말에는 중앙 정부의 군사력이 쇠퇴하여 국가의 공권력이 무력화되었다. 이에 따라 전국 각처에서 도적들이 횡행하자 개인이나 지역이 자체적으로 방어책을 마련할 수밖에 없었다. "신라말 의관(衣冠)의 후예들이 다투어 무예를 써서 주현을 장악하였다"85)라는 『연조귀감』의 기사는 유력한 개인들이 재산이나 지위를 지키기 위해 군사력을 갖추고 주현을 장악하고 있음을 말해준다. "어려서부터 용감하고 지략이 있었다."86)는 매곡성주(昧谷城主) 공직(龔直)이나, "사람됨이 침착하고 용감했으며 병법에 능했다"87)는 골암성수(鶻巖城帥) 윤선(尹瑄)의 예와 같이 군사적 능력이 있는 자들은 성주·장군이 되어 농민을 불러 모아 자체적으로 군사력을 확보하였다.

---

83) 『高麗史』81, 兵 1, 兵制, 恭讓王 元年 2月, "諫官上疏 論府兵曰 … 近年以來 入仕 多門 兵政一壞 或拘於都目 或出於請謁 不問老幼才否而授之"
84) 『高麗史』115, 列傳 28, 李穡, "諸衛之職 爲膏粱所占"
85) 『椽曹龜鑑』1, 吏職名目解, 戶長, "羅末 衣冠之裔 競用豪武 覇於州縣"
86) 『高麗史』92, 列傳 5, 龔直, "自幼有勇略"
87) 『高麗史』92, 列傳 5, 王順式 附 尹瑄

후삼국기의 혼란 속에서 대지주들은 청주 한씨 시조 한란(韓蘭)[88]이나, 황해도 문화현 유차달(柳車達)[89]의 예에서 볼 수 있는 바와 같이 견훤이나 궁예, 왕건과 같은 대 정치세력에 귀부함으로써 자신의 안전과 입신출세를 도모하려 하였다. 이에 비해 중소지주들이나 상층농민들은 자신의 생명과 재산을 지키기 위해 성주·장군 휘하에 들어가 활동하였을 것이다. 태조 12년(929) 12월에 후백제군에 의해 포위된 고창(안동) 지역을 구원하기 위한 야전 회의가 열렸을 때, 유금필은 전쟁의 불리함을 걱정하는 태조 왕건과 장군들에 대하여 "만약 급히 구원하지 않으면 고창의 3천여 명을 적에게 그냥 내주는 것이니 어찌 원통하지 않겠습니까?"[90]라고 말하면서 고창 지역으로 급히 출동할 것을 주장하였다. 그리고 이듬해 정월 고창 전투가 승리한 후 성주 김선평(金宣平)을 대광(大匡)으로, 권행(權幸)과 장길(張吉)을 대상(大相)으로 삼고, 고을을 안동부(安東府)로 승격시켜 주는 조치를 취하였다.[91] 이를 통해 후삼국기 고창(안동)에는 성주 김선평과 권행·장길 휘하에 3천여 명의 군인이 있었음을 알 수 있다.

고창의 3천여 명은 후삼국 기에 지역에서 자체적으로 징집·선발된 군인이었을 것으로 생각된다. 그리고 이때 군인들은 주로 토지를 보유한 상층농민 가운데 징집·선발되었을 것이다. 상층농민들은 외적이 쳐들어왔을 때 도망가지 않고 필사적으로 자기 지역을 방어하여 자신의 토지를 지키려할 것이기 때문이다.[92] 그 후 고려가 건국되면서 이 3천여 명은 주현군으로 편제되어 중앙 정부의 통제 하에 들어간 것으로 보인다. 『고려사』

---

88)『淸州韓氏世譜』, 「始祖太尉公神道碑銘」 "世傳府君家務農亭 服田力穡 積穀屢巨萬 麗祖征甄萱道西原 三軍缺餉 府君仗劍出迎 指一囷以犒之 遂從以驅馳 以基五百年麗祚 亦偉矣哉"

89)『新增東國輿地勝覽』42, 黃海道 文化縣 人物條 "太祖征南時 車達多出車乘 以通糧道"

90)『高麗史節要』1, 太祖 12년 12월;『高麗史』92, 列傳 5, 庾黔弼

91)『高麗史節要』1, 太祖 13년 정월

92) 安邦俊 撰, 『默齋日記 三』, 備禦論辨, "民有恒産 雖被抄於軍役 不敢捨田土而之他 故民無逃避之患"

병지, 주현군 조에 기록된 경상도 안동의 군액은 보승(保勝) 591인, 정용(精勇) 953인, 일품(一品) 1,018인으로 합계 2,562인으로서, 3천여 명에 가깝다.[93] 후삼국기 성주·장군이 거느린 군인들이 고려 건국 이후 대체로 그 지방의 주현군으로 편제되었음을 알 수 있다.

주현군은 지역의 방어와 치안을 전담하고, 또 개경으로의 번상 입역과 전투에도 동원되는 병력이었다. 그런데 주현군의 옷, 양식, 무기는 모두 국가의 지원 없이 군인이 경작하는 토지의 소출로 마련해야하는 까닭에[94], 이것을 감당할 수 있는 상층농민들로 군인을 편성하였다. 국가체제가 정비된 이후에는 토지 17결을 1족정(足丁)으로 편성하여 군인 1명을 차출한다는 구체적인 규정이 마련되었지만[95], 고려초기에는 이와 같이 상층농민을 지방군으로 흡수하는 형식을 취하였다. 그리고 그 군인들로 하여금 대대로 군역을 이어나가게 하여 군역 행정의 일관성과 안정성을 기하였던 것으로 보인다. 이에 따라 고려초기 지방군 중에 '군반씨족(軍班氏族)'이 성립하게 되었다. 군반씨족은 무반과 마찬가지로 그 군역이 적자에게 계승되었고, '적자가 없으면 적손, 적손이 없으면 동모제, 동모제가 없으면 서손, 남계가 없으면 여손'[96] 등의 순서로 이어졌을 것으로 보인다.

고려는 건국 초 지방의 상층농민들을 군반으로 지정하여 자손대대로 군역의 의무를 수행하도록 하였다. 군반은 정호(丁戶)로서 군역을 지지 않는 백정(白丁)보다는 사회적 지위가 높았다. 성종 9년(990) 9월 국왕은 효자(孝子)·순손(順孫)·의부(義夫) 등으로 지목된 사람들을 포상하는데, "백정은 공전(公田)을 주어 정호로 만들라."[97]고 왕명을 내리고 있다. 정

---

93) 『高麗史』83, 兵 3, 州縣軍, 慶尙道, "安東大都護道內 保勝 五百九十一人 精勇 九百五十三人 一品 一千十八人"

94) 『高麗史』78, 食貨 1, 田制. 禑王 14년 7월, 趙浚 上書, "其衣·糧·器械 皆從田出 故國無養兵之費 祖宗之法 卽三代藏兵於農之遺意也"

95) 『高麗史』81, 兵 1, 兵制, 恭愍王 5年 6月, "國家 以田十七結 爲一足丁 給軍一丁"

96) 『高麗史』84, 刑法 1, 戶婚, 靖宗 12년

호가 백정보다 훨씬 사회적 지위가 높았기 때문에 포상으로서 백정을 정호로 만들라는 조치를 내린 것이다. 또 군반들은 17결 내에 있는 백정들에게 자신이 족정(足丁)을 대표하여 군역을 치르는 대가로서 물자나 노역을 요구할 수 있었던 것으로 보인다. 백정의 토지 소유가 대체로 1결 정도였다고 하므로98), 17결 1족정 안에는 보통 십여 명의 백정들이 있었다. 군반은 이들에게 개경 왕래와 체류 시에 필요한 각종 물자와 식량을 수취하였고, 또 자신의 농토에서 사역시키기도 하였다. 국가에서는 정호에게 진첩(津貼)99), 양호(養戶)100) 등을 지급하여 이러한 행위를 공인한 것으로 보인다. 따라서 고려전기 군반 정호와 백정의 관계는 조선초기 정군[正丁]과 봉족[餘丁]의 관계와 비슷하였다. 조선 초기에는 "무릇 정정(正丁) 1명에게 여정(餘丁)을 지급하여 재력(財力)을 내어 정정을 돕도록 하였는데 나라 풍속에서는 이를 봉족(奉足)이라 한다."101)라는 바와 같이 정군에게 봉족을 지급하여 이들로 하여금 정군을 돕도록 하였다. 이와 비슷하게 고려전기에도 백정이 재력을 내어 군반 정호를 돕도록 한 것으로 보인다. 조선초기에 정군이 봉족을 노예처럼 부린다는 말이 있는 것처럼,102) 고려전기의 군반들도 백정을 노예처럼 부리기도 하였을 것이다. 고려 초에 군반은 정호로서 사회적 지위가 높았고, 우대 받는 군인이었다.

고려전기 군반은 중앙군 6위 중 좌우위, 신호위, 흥위위, 금오위 등에 소속된 보승군과 정용군에 충원되었는데,103) 편제상 총 38령(領), 38,000

---

97) 『高麗史節要』 2, 成宗 9년 9월, "白丁給公田爲丁戶"

98) 이정희, 『고려시대 세제의 연구』, 국학자료원, 2000, 166쪽

99) 『高麗史』 81, 兵1, 兵制, 靖宗 11년 5월, "丁人戶 各給津貼 務要完恤"

100) 『高麗史』 81, 兵1, 兵制, 文宗 27년 3월, "命州鎭入居軍人 例給本貫養戶二人"

101) 『世宗實錄』 7, 세종 2년 정월 乙巳, "凡正丁一名給餘丁 使之出財力 以助正丁 國俗謂之奉足"

102) 『世宗實錄』 36, 세종 9년 6월 丁卯, "土豪恣行 自占良民 稱爲奉足 使之如奴隸"

103) 보승군과 정용군에 대해서는 다음 논문 참조

이혜옥, 「고려전기의 軍役制-保勝·精勇을 중심으로-」 『國史館論叢』 46, 1993.; 鄭

명에 달하였다. 이들은 "주현에 산재한 군인들은 다 6위에 속하였을 것이고, 6위 이외에 다른 주현군은 있지 않다"[104]라는『고려사』, 병지, 주현군조의 서문처럼 평상시 지방에 있을 때에는 주현군이었다가, 일정한 번차에 따라 개경에 올라와 중앙군이 되었다. 그런데 군반들은 중앙군으로서 주로 개경의 경비·방위와 역역 등의 임무를 담당하였다. 국왕의 시위는 무반과 금군이 전담하였다.[105] 국왕 시위는 국가 권력의 수호와 동일한 것으로 만전을 기하여야하기 때문에 지방에서 교대로 올라오는 군반에게는 맡기지 않은 것이다. 군반들은 개경에서 간수군(看守軍), 위숙군(圍宿軍), 검점군(撿點軍) 등에 배치되어 무반과 함께 군무를 수행하였다.『고려사』, 병지3에는 군인의 근무 장소와 여기에 배당된 군액이 자세히 수록되어 있는데, 검점군의 예를 들면 다음과 같다.

> 시리검점(市裏撿點) 장상(將相) 1명, 장교(將校) 2명, 군인(軍人) 11명.
> 가구감행(街衢監行) 장교 2명, 나장(螺匠) 11명, 도전(都典) 11명, 군인 40명.
> 좌우경리검점(左右京裏撿點) 장상 각 2명, 장교 각 2명, 군인 각 8명 …

검점군은 이와 같이 시장 안이나, 큰 거리, 좌우 개경 안을 순찰하였는데, 여기서 군반들은 군인으로서 장상과 무반 장교의 휘하에서 임무를 수행하였다. 이러한 형태는 간수군, 위숙군도 마찬가지였다. 그런데 군반들은 무반의 통솔 하에 있었기 때문에 무반 장교들의 횡포에 시달리기도 하였다. 문종 25년(1071) 6월 국왕은 "군장(軍將)들이 군인을 함부로 부리지 못하도록 하고 이를 어기는 자는 벌을 주라"는 명령을 병부(兵部)와 선군

景鉉,「高麗前期의 保勝軍과 精勇軍」『韓國史硏究』81, 1993.
104)『高麗史』83, 兵3, 州縣軍, "高麗兵制 大抵皆倣唐之府衛 則兵之散在州縣者 意亦皆 屬乎六衛 非六衛外 別有州縣軍也"
105) 김종수,「高麗時期 府兵制의 運營과 그 原則」『歷史敎育』73, 2000. 참조

별감(選軍別監)에게 내리고 있다.106) 당번이 되어 개경에 올라온 군반들
은 무반 장교들의 횡포와 사역에 고통을 겪었던 것이다.

한편 군반들은 각종 역사(役事)에도 동원되었다. 목종 5년(1002) 국왕
이 "군인들의 잡역을 중지하라"107)고 명령하듯이, 군반들은 고려 초부터
각종 역사에 동원되었다. 군인은 요역에 동원된 일반 농민보다 더 조직적
이고 통제하기 쉬웠기 때문에 국가 차원의 대규모 토목 공사에 빈번히 동
원되었다.108) 정종 11년(1045) 5월에는 정인(丁人)들이 군역을 회피하고
빠져나가 국가에 역역(力役)이 있을 때에는 추역군(秋役軍)이나 개경의
각 호에서 사람을 뽑아 소란이 일어나고 있다는 방문(榜文)이 게시되었
다.109) 이를 통해 군반인 정인들이 국가의 역역을 주도적으로 담당하였고,
이에 군반들은 고된 군역을 회피하고 빠져나가려 하였음을 알 수 있다.

군반제는 그 군인들의 사회적 지위가 보장되고, 군역에 따른 보상이 적
절하게 이루어질 때에만 순조롭게 유지될 수 있었다. 그런데 11세기 후반
에 이르러 군반들은 개경에 번상하여 무반 장교들의 횡포와 사역에 고통
받았고, 또 각종 역사에도 동원되었다. 이에 반해 군반들에게는 17결 1족
정 내에 소속된 백정 농민에게 물자와 노역을 수취하는 것 이외에 국가로
부터 제공되는 어떠한 보상도 없었다. 흔히 거론되는 바와 같이 군역의
대가로 조세를 면제해주는 면조권(免租權)이나 조세를 수취할 수 있는 수
조권(收租權) 같은 권리는 주어지지 않았다. 당(唐)에서는 군역의 대가로
조·용·조를 면제해주는 규정이 있었지만110), 고려에는 그러한 규정이 없

---

106) 『高麗史』 81, 兵1, 兵制, 文宗 25년 6월, "制曰 … 其軍將勿得擅自驅使 違者罪之 宜
　　令兵部·選軍別監 准制行之"
107) 『高麗史』 81, 兵1, 兵制, 穆宗 5年 5月, "令其軍士鐲除雜役"
108) 박종진, 『고려시기 재정운영과 조세제도』, 서울대학교출판부, 2000, 154쪽
109) 『高麗史』 81, 兵1, 兵制, 靖宗 11년 5월
110) 『玉海』 138, 兵制3, "初置府兵 皆於六戶 中等以上家有三丁者 選才力一人 免其身
　　租庸調"

었다. 따라서 군반들이 군역을 수행하기 위해서는 백정으로부터 수취가
안정적으로 이루어져야했다.

그런데 11세기 후반부터 백정 농민들의 유망이 심화되고 있었다. 문종
원년(1047)에 진주목사 최복규는 유망 농민 13,000여 호를 농촌에 안착
시켰다고 보고하였고[111], 예종 즉위년(1106)에는 상투적인 표현이지만
"열 집 가운데 아홉 집이 비었다"[112]라는 상황이 전개되었다. 국가의 조·
용·조 부세 수취와 군반 정호의 가혹한 수취에 대하여 백정 농민들은 유
망으로 저항하였던 것이다. 군반 정호들은 백정 농민이 유망하여 그들로
부터 수취가 어렵게 되자 군역을 회피하였다. 앞에서 살펴본 문종 18년
(1064) 병부에서 군반씨족의 군적을 다시 고쳐 만들자는 건의는 이러한
상황에서 나온 것으로 보인다. 군반들의 군역 회피가 진행되므로 군적을
다시 만들어 이들의 군액을 분명하게 파악하려 했던 것이다. 그러나 문종
25년(1071) 6월에

> 여러 위(衛)의 군인들 중에 도망가는 사람들이 매우 많다. 이것은
> 집사(執事)가 공평하지 못하여 부유한 자는 세력에 의탁하여 군역에
> 면제되고, 빈궁한 자들만 힘든 일을 부담하고 있다.[113]

라는 왕명이 내려지고 있는 것으로 보아 군반씨족의 복구는 이루어지지
않은 것으로 보인다. 부유한 자들이 세력에 의탁하여 군역에서 면제되고
있다는 것은 곧 중소지주나 자영농 출신의 군반씨족들이 대거 군역에서
이탈하고 있음을 의미하였다. 군반씨족들이 이와 같이 군역을 회피하면
서 자손 대대로 의무 군역을 수행하게 하는 군반제는 점차 폐기된 것으로

---

111) 『高麗史』 7, 世家7, 文宗 원년 10월 庚申, "晉州牧使司宰卿崔復圭奏 招安逋民一萬
　　三千餘戶 復其業 王嘉奬之"
112) 『高麗史』 12, 世家12, 睿宗 즉위년 12월 甲申, "生民流亡相繼 十室九空"
113) 『高麗史』 81, 兵1, 兵制, 文宗 25년 6월

보인다. 자손과 친척이 군역을 이어가는 세병제(世兵制) 형식의 군반제는 그 군역이 정당한 대우를 받을 때에만 유지될 수 있었다. 군역이 고역으로 변질되면 이러한 군역을 자손과 친척에게 물려주려고 하지 않기 때문이다.[114]

11세기 후반 군반이 소멸되고 군반제가 해체된 이후, 보승·정용군 중에 결원이 생길 경우 군반제에 의한 것이 아니라 17결 1족정 내의 농민들 가운데 일정한 순서를 정하여 충원되었던 것으로 보인다. 충렬왕 6년(1280) 원 행중서성에서 정동군사(征東軍事)에게 보낸 공문에 의하면, 군인이 전쟁 중 전사하거나 병사하면 그 군역은 1년 혹은 반년 간 존휼(存恤)한 뒤 이 군호의 그 다음 인정(其次人丁)으로 보충하였는데, 이것은 오랜 관례였다 한다.[115] 군역의 승계가 군반씨족제와 같이 가족·씨족 내에서 이루어지는 것이 아니라, 족정 안에서 일정한 순서를 정해 그 다음 순번의 사람이 군역을 지는 형식으로 이루어진 것이다. 이를 통해 고려전기에 군반씨족제가 해체된 이후, 의무 군인들은 17결 1족정 내에서 일정한 순서가 정해져 이에 따라 강제로 징발되었음을 알 수 있다.

5. 맺음말

지금까지 나말여초 시기 문무 분리와 무반의 성립, 고려전기 무반의 대우와 임무, 그리고 군반의 성립과 해체 등에 대하여 살펴보았다. 우리 역사에서 무반이 성립되어 문반과 더불어 양반 체제를 형성하게 된 것은 고

---

114) 吳英善은 성종대부터 군반씨족의 의의가 감소한다고 보고 있다(吳英善, 「고려전기 군인층의 구성과 圍宿軍의 성격」『韓國史論』 28, 1992, 84쪽).
115) 『高麗史』 29, 世家 29, 忠烈王 6년 10월, "是月 元行中書省移牒征東軍事 牒曰 … 一 軍人對陣相殺 就陣亡沒者 仰本管頭目 從實供報 保結呈復 依例給賞 本戶軍役 擬依舊例 存恤一年 若病死者 亦以存恤半年 限外 句起戶下其次人丁補役"

려 건국 이후의 일이다. 신라시기까지는 문·무반의 구분이 없었다. 즉 신라시기에는 진골 귀족부터 하급 관리까지 모든 관리들은 문무반의 구별 없이 문무 관직을 겸하였다. 이러한 문무 일치 사회에서 문·무가 분리되는 과정은 다음과 같다. 우선 신라 중대 이전까지 신라는 사회 전반의 상무(尙武) 기풍으로 인하여 막강한 군사력을 보유하고 있었다. 그런데 하대에 들어와 신라 정부는 정치·사회적 안정을 위해 숭문억무 정책을 추진하였다. 원성왕 때에는 독서삼품과를 실시하여 종래의 활쏘기 대신 유교 경전의 해독 수준으로 관리를 선발하였고, 또 지방관에는 국학의 졸업생만 임명할 수 있도록 하였다. 이와 같은 숭문억무 정책으로 인하여 관리들은 무예 훈련에 소홀하였고, 이것은 신라의 군사력 약화로 이어졌다.

진성여왕 대 이후 신라 전역은 동란에 휩싸이게 되었다. 이에 지방 각지에서 호족이 등장하여 지방민을 동원하여 자기 지역을 지키기에 여념이 없었다. 이때 견훤과 궁예는 지방 호족들과 달리 군진(軍鎭)의 병력을 흡수하고 이를 바탕으로 정권을 수립하여 후삼국 통일전쟁에 나섰다. 그런데 후백제나 태봉의 군인들은 신라 군인들과는 자질 면에서 크게 달랐다. 종래 신라 군인들은 대체로 문·무에 능한 편이었다. 그들은 평상시에는 행정관으로서 각종 정무에 종사하였고, 전쟁이 일어나면 전시체제의 군관에 편입되어 전투에 임하였다. 그런데 후삼국 시기 후백제나 태봉에서 군인이 된 자들은 그렇지 않았다. 이들은 주로 담력이 뛰어나거나 용맹하여 무관이 된 자들로서 학문적 능력과는 거리가 멀었다. 따라서 후백제나 태봉의 군인들이 신라 군인들과 같이 일반 행정 업무를 처리하기는 어려웠다. 이에 따라 후삼국 시기에 문무의 분화가 시작되었을 것으로 보인다. 이후 문무의 분리는 고려 태조 왕건 대에 이루어졌다. 태조대에 무관들은 군사 업무만을 담당하였고, 문관들은 국정 업무를 담당하였던 것이다. 그런데 무반 고유의 직급이 제정되어 문무 분리가 완결된 시기는 성종 3년(984) 경으로 추정된다.

고려전기의 중앙군은 무반과 군반으로 이루어졌다. 무반은 개경에 상주하는 군인이었기 때문에 경군·내군이라고도 하였고, 군반은 지방에 거주하면서 번차에 따라 번상 근무하였기 때문에 외군이라고도 하였다. 무반은 양반 관료의 일원으로서 국가와 정권의 존립을 보장하는 무력적 기반이었다. 이에 국가에서는 무반에게 직역의 대가로 전시과와 녹봉을 지급하였다. 무반에게 지급된 전시과는 전체 토지의 83%에 달하였고, 또 무반에게 지급된 녹봉은 전체 녹봉의 80%에 달하였다. 한편 고려에서는 무반이 연로하거나 사망하여 결원이 생겼을 경우 자손과 친척으로 하여금 그 직을 계승하게 하는 세병제를 실시하였다. 세병제는 무반 가문 내에서 세습의 형태로 군인직을 이어나가게 하는 형태로서 무가(武家)의 전통을 계승하고, 무반 군역 충원의 안정성을 확보하는 측면이 있었다.

군반은 의무군역에 의해 징발되는 일반 병사를 지칭하는 용어이다. 그런데 고려전기의 의무군역은 군반 '씨족'이라는 말처럼 대대로 세습되는 것이 특징이다. 고려는 건국 초 지방의 상층농민들을 군반으로 지정하여 자손대대로 군역의 의무를 수행하도록 하였다. 군반은 정호(丁戶)로서 군역을 지지 않는 백정(白丁)보다는 사회적 지위가 높았다. 군반은 17결 1족정(足丁)의 토지 내에 있는 농민들을 대표하여 군역을 수행하였기 때문에 그 안에서 농사짓고 있는 백정 농민에게 물자나 노역을 요구할 수 있었다. 즉 고려 전기 군반 정호와 백정과의 관계는 조선초기 정군과 봉족의 관계와 비슷하였다. 그런데 11세기 후반부터 백정 농민들의 유망이 심화되었다. 군반 정호들은 백정 농민들이 유망하여 그들로부터의 수취가 어렵게 되자, 점차 자신들의 군역을 회피하였다. 군반들이 군역을 회피하면서 자손 대대로 군역의 의무를 수행하는 군반제는 점차 폐기되었다. 그리고 군역의 충원은 17결 1족정 내의 농민들 가운데 일정한 순서를 정해 이루어지는 징병제로 바뀌게 되었다. 이와 같이 고려전기의 무반과 군반은 후삼국 혼란기에 성립하여 세병제에 따라 자손과 친척에게 그 군역이 계승되었지만, 군반은 11세기 후반 이후 해체되었다.

[『한국사연구』164호, 2014. 3 수록]

8장

고려시기 부병제의 운영과 그 원칙

1. 머리말

고려시기 중앙군은 2군 6위로 편제되어 있었다. 2군 6위는 고려 초에 성립한 이래 고려말까지 400여 년 동안 중앙군의 군사조직으로 존속하였다. 비록 무신집권기와 원 간섭기를 거치면서 2군 6위의 군사적 기능이 약화되어 별도의 군사조직이 등장하였지만, 2군 6위는 고려왕조 전 기간을 통해 대표적인 중앙군사조직이었다. 조선초기의 중앙군사조직인 10위(衛)는 고려의 2군 6위, 즉 8위에 이성계의 휘하 군사인 의흥친군좌·우위(義興親軍左·右衛) 2위를 합쳐 만든 것이니, 2군 6위의 조직 형태는 조선초기까지 영향을 미치고 있는 셈이다.

2군 6위는 부병(府兵)과 농민병으로 구성되었다.[1] 즉 2군 6위 45령(領)의 군대는 상장군, 대장군, 장군 등 지휘관을 제외하면 3,457명의 부병과 45,000명의 농민병으로 이루어졌다. 이중 부병은 중랑장(中郞將: 정5품), 낭장(郞將: 정6품), 별장(別將: 정7품), 산원(散員: 정8품), 교위(校尉: 정9품), 대정(隊正: 品外) 등 무관으로 이루어져 개경에 상주하면서 군무에 종사하였고, 농민병은 각 지방의 농민들이 전부(田賦)의 의무를 수행하는

---

1) 拙稿, 「高麗·朝鮮初期의 府兵」, 『歷史敎育』 69, 1999.

형식으로 편성되어 번차에 따라 개경에 번상하였다. 부병은 개경에 상주하였기 때문에 경군(京軍: 中軍, 內軍)이라 하였고, 농민병은 지방에 거주하면서 번차에 따라 번상하였기 때문에 외군(外軍)이라고도 하였다. 이중 농민병은 상번 시에는 중앙군에 소속되지만, 하번 시에는 주현군에 편입되는 존재였다.[2] 따라서 고려의 중앙군 중에서 가장 중추적인 군사력은 상비병인 부병이라 할 수 있다.[3]

부병은 상비병으로서 국가와 정권의 존립을 보장하는 무력적 기반이었다. 이들은 평상시 2군 6위에 소속되어 농민병을 지휘·통제하면서 국왕의 호위와 개경의 경비·방위 등을 담당하였고, 각종 역역과 방수(防戍) 임무에도 동원되었다. 비상시 국가에서는 이들을 골간으로 하고 지방군을 포괄하는 3군(軍) 혹은 5군을 확대 편성하여 돌발적인 사태와 외적의 침입에 대처하였다. 부병은 평상시, 비상시를 막론하고 국가 군대의 중추였던 것이다. 따라서 고려 국가는 일정한 자격을 갖춘 사람에 한하여 부병 입속을 허용하였고, 이들에게 직역의 대가로 과전과 녹봉을 지급하였다. 부병의 총 인원 3,457명은 고려시기 중앙관료 전체 정원의 85%에 이르는 규모였고, 이들에게 지급된 과전 토지의 양은 문·무반 관료에게 지급된 수조지 총액의 83%에 달하였다. 부병은 국가의 존립을 보장하는 존재였기 때문에 양반 관료 내에서 이만한 비중을 차지하였고, 또 국가에서는 막대한 재정적 부담을 감수하면서 이들을 양성하였던 것이다.

부병은 중앙의 5품 이하 무관에 대한 통칭이지만, 고려시기에 이들에 대한 칭호는 이외에도 다양한 용어가 사용되었다. 부병은 주로 고려 말·조선 초에 유행하던 용어로서, 고려시기 전체를 통해서는 오히려 소수의

---

2) 『高麗史』83, 兵 3, 州縣軍, 中冊, 820쪽. "高麗兵制 大抵皆倣唐之府衛 則兵之散在州縣者 意亦皆屬乎六衛 非六衛外別有州縣軍也."
3) 농민병은 전체 군액은 45,000명이지만, 실제 개경에 번상하는 군액은 소수에 불과하였다. (拙稿, 앞의 논문, 127쪽)

예에 불과하였다. 본고에서는 우선 부병에 대한 여러 칭호를 검토하고자한다. 이것은 고려의 중앙군이 부병과 농민병으로 이루어졌음을 재확인하는 계기도 될 것이다. 다음으로 부병의 임무와 활동, 그리고 이들에 대한 국가의 통제 등을 검토하고자 한다. 고려시기에는 시위군(侍衛軍), 견룡군(牽龍軍), 순검군(巡檢軍), 점검군(點檢軍), 위숙군(圍宿軍), 간수군(看守軍) 등 중앙에서 활동하는 다양한 군종이 있었다. 최근에 이들이 2군 6위 조직과는 별개의 금군(禁軍)이라는 주장이 제기되고 있지만[4], 본고에서는 이들은 2군 6위 조직에 포함된 존재로서, 2군 6위의 부병들은 임무와 활동에 따라 별도의 명칭으로 불렸다고 보고, 이들의 조직 체계와 군사 활동 등을 구체적으로 검토하고자 한다. 한편 부병은 국가와 정권의 존립을 보장하지만, 또한 정권의 존립에 위해를 가할 수 있는 양면성을 가지고 있었다. 부병이 지배체제에 반기를 들 때, 그 지배체제의 몰락은 필연적이었다. 이에 고려 국가는 부병의 통제에 많은 관심을 기울였다. 부병제 자체가 병권의 중앙 집중을 의미하는 제도이기도 하였다.[5] 본고에서는 이러한 부병제의 운영에 대하여 살펴보겠다.

그런데 2군 6위의 조직 체계와 군사 활동은 주지하는 바와 같이 무신집권기와 원 간섭기를 거치면서 허설화 되어갔다. 부병의 군사적 기능은 약화되고, 2군 6위와는 독립된 별도의 군대들이 출현하였던 것이다. 또 부병에 대한 국가의 통제 역시 변질되었다. 병권의 중앙 집중이 무너지고 개인이 병권을 장악하는 상황이 전개되었다. 이러한 고려후기 부병제 운영의 문란에 대하여는 별도의 논문에서 검토하기로 하고, 본 논문에서는 부병제의 정상적인 운영 형태만을 다루기로 한다.

---

4) 宋寅州,「高麗時代 禁軍硏究」, 慶北大 박사학위 논문, 1997.
5) 府兵이 "今革私兵爲府兵 誠爲美法(『太宗實錄』23, 태종 12년 4월 丙子, 1책, 633쪽)"이
   라 하여 私兵의 반대말로 쓰이듯이, 부병제는 병권의 중앙 집중을 의미하기도 하였다.

2. 부병의 여러 칭호

고려시기의 중앙군인 2군 6위는 5품 이하 무관인 부병과 의무 군인인 농민병으로 이루어졌다. 이들은 각각 중군(中軍: 京軍·內軍)과 외군(外軍)으로 구별하여 불렸다. 부병은 개경에 상주하면서 군무에 임하였기 때문에 중군·경군·내군 등으로 칭해졌으며, 농민병은 지방에 거주하면서 단기간 번상 근무하였기에 외군이라 불렸던 것이다. 그러나 부병과 농민병은 이외에도 다양한 용어로 불리고 있었다. 군인(軍人)·군사(軍士)·군졸(軍卒) 등으로 칭해지기도 하였고, 사(士)·무사(武士)·장사(壯士)·위사(衛士)·장사(將士) 등이나, 제위군(諸衛軍)·제위병(諸衛兵)·부위군(府衛軍)·영군(領軍)·영병(領兵)·영부(領府)·도부(都府) 등으로 불리기도 하였다. 이러한 용어들은 두 가지 성격의 중앙군을 모두 포함하여 지칭하기도 하였고, 혹은 어느 하나만을 지칭하기도 하였다.

예를 들어, '군인(軍人)'이란 용어를 살펴보면, 『고려사』, 병지, 문종 즉위년(1046) 판에는 다음과 같은 구절이 있다.

> 대체로 군인으로서 70세 이상의 부모가 있고 형제가 없는 자는 경군(京軍)이면 감문위(監門衛)에 배속시키고 외군(外軍)이면 촌에 있는 2, 3품군에 배속시켰다가 부모가 사망한 뒤에 다시 본 역에 배속시키기로 결정하였다.[6]

위 구절에서 밑줄 친 '군인'이라는 용어는 부병인 경군과 농민병으로 구성된 외군을 모두 포함하는, 즉 중앙군 전체를 지칭하는 용어로 사용되고 있다.

---

6) 『高麗史』81, 兵 1, 兵制, 文宗 즉위년, 中册, 778쪽. "凡軍人 有七十以上父母而無兄弟者 京軍則屬監門 外軍則屬村留二三品軍 親沒後 還屬本役"

그런데 군인이라는 용어는 두 가지 성격의 중앙군 중 어느 하나만을 지칭하는 용어로도 사용되었다. 충렬왕 3년(1277) 조성도감(造成都監)에서는

제왕(諸王)과 재상들로부터 각 영(領)의 군인들에 이르기까지 정부(丁夫)를 차등 있게 내게 하여 산에서 재목을 운반하였는데 하루 역사(役事)에 빠진 자에게 쌀 1석을 징수하였다.[7]

라 하고 있다. 이때의 역사는 개경의 궁궐을 수리하는 일로 짐작되는데[8], 여기에 정부(丁夫)를 낼 수 있는 각 영(領)의 '군인'은 개경에 거주하는 무관으로 추측된다.[9] 지방에 거주하면서 단기간 개경에 번상 근무하는 농민병에게서 정부를 차출하기는 어려웠을 것이기 때문이다.

한편 군인이라는 용어는 농민병만을 의미하기도 하였다. 충렬왕 원년 도병마사에서는 다음과 같은 납속보관제(納粟補官制)를 정하였다.

국용(國用)이 부족하여 사람에게 은을 바치게 하고 관직을 주었는데 … 군인으로서 대정을, 대정으로서 교위를 희망하는 자는 3근을 내게 하였으며, 교위로서 산원을 희망하는 자는 4근, 산원으로서 별장을 희망하는 자는 2근, 별장으로서 낭장을 희망하는 자는 4근을 내게 하였다.[10]

---

7) 『高麗史』 28, 世家 28, 忠烈王 3년 7월 庚寅, 上册, 576쪽. "令諸王宰樞 至各領軍人 出丁夫有差 輪材于山 闕一日役者 徵米一石"
8) 충렬왕 6년 3월 監察司는 충렬왕 3년에 궁궐을 수리한 바 있다고 말하고 있다. (『高麗史』 29, 世家 29, 忠烈王 6년 3월 壬子, 上册, 592쪽)
9) 有職品官은 土地나 人丁의 소유에 있어서 비교적 유리한 조건에 있었던 만큼 직접 요역에 동원되는 일반민과는 달리 品從, 즉 丁夫를 내어 국가의 役事를 보조하였다. (李貞熙, 「高麗時代 徭役制度 硏究」, 동아대 박사학위논문, 1995, 156~157쪽 참조)
10) 『高麗史』 80, 食貨 3, 賑恤, 納粟補官之制, 忠烈王 원년 12월, 中册, 773쪽. "以國用不足 令人納銀拜官 … 軍人望隊正 隊正望校尉者 三斤 校尉望散員者 四斤 散員望別將者 二斤 別將望郎將者 四斤"

여기에서 밑줄 친 군인은 대정, 교위, 산원, 별장, 낭장 등 부병과는 뚜렷이 구별되는 존재로서, 농민병만을 의미하는 것으로 생각된다.

이상과 같이 군인이라는 용어는 중앙군 전체를 지칭하는 용어로 사용되기도 하였고, 부병만을 의미하거나, 또는 농민병만을 의미하기도 하였다. 이러한 형태는 '군사(軍士)'라는 용어에서도 발견된다. 정종 10년 (1044) 11월 병마사 김영기는 자신의 휘하에 있는 군인들이 각각 요충을 지키면서 해전과 육전으로 적을 방어하여 적들로 하여금 얼씬하지 못하게 하였다고 하면서 다음과 같이 공을 세운 군사들을 포상할 것을 상주하였다.

> 군사 중에서 1과 별장이상은 정직 한 급씩 올려주고 부모에게 관작을 주며, 대정이상은 정직 한 급씩 올리는 동시에 향직을 주고, 군인은 향직을 한 급씩 올려주십시오.11)

여기에서 아래에 밑줄 친 군인은 별장이상과 대정이상의 무관과 구별되는 농민군으로 짐작된다. 그런데 문장 맨 앞의 밑줄 친 '군사'라는 용어는 대정이상의 무관과 농민군을 모두 포괄하는 의미로 사용되고 있었다.

한편 '군사'는 부병만을 의미하는 용어로 사용되기도 하였다. 문종 18년 6월 궁성사(宮城使)는

> 궁궐을 수위(守衛)하는 군사는 마땅히 자줏빛 옷을 입고 검(劍)을 차야 하는데 지금 검은 옷을 입고 무기를 지니지 않은 자가 있으니 파직하기를 청합니다.12)

---

11) 『高麗史』 6, 世家 6, 靖宗 10년 11월 乙亥, 上册, 138쪽. "其軍士 一科 別將以上 超正職一級父母封爵 隊正以上 超正職一級幷鄕職 軍人超鄕職一級"

12) 『高麗史』 82, 兵 2, 宿衛, 文宗 18년 6월, 中册, 794쪽. "宮闕守衛軍士 當衣紫帶劍 今有衣皀 不持兵仗者 請罷職"

라고 국왕에게 아뢰었다. 여기에서 파직하기를 청하는 군사는 무관인 부병임에 틀림없다. 농민병은 의무 군인으로서 파직의 대상이 아니기 때문이다. 이에 반하여 군사는 농민병만을 의미하는 용어로 쓰이기도 하였다. 공민왕 때 염제신이 군무에 관하여 상소한 글에는

> 식(食)이란 민에게는 하늘이고, 또 병(兵)을 농촌에서 양성하고 있으니, 군사로 하여금 유사(有事) 시에는 무기를 잡게 하고 무사(無事) 시에는 둔전을 경작하게 하여야 합니다.[13]

라는 구절이 있다. 위 구절에서 밑줄 친 군사는 농민병을 지칭하는 용어로 사용되고 있다. 이와 같이 군사라는 용어 역시 부병과 농민병을 합칭하는 경우도 있었고, 부병만을 지칭하거나 농민병만을 가리키기도 하였다.

이러한 형태는 '군졸(軍卒)'의 용례에서도 발견된다. 『고려사』, 최충헌 열전에는

> 용호군의 군졸 중미라는 자가 최충헌이 보냈다고 사칭하고는 무기를 지니고 봉주 일흥창으로 가서 백성들을 침학하여 은과 비단을 모아 가지고 역마에 실어 자기 집으로 보냈다.[14]

라는 기사가 실려 있다. 여기에서 밑줄 친 군졸은 무관으로 보인다. 백성을 침학하고 역마를 이용할 수 있는 군졸은 무관이어야 가능하였기 때문이다.[15] 한편 군졸은 의무군인인 농민병의 의미로도 사용되었다. 고종 때

---

13) 『高麗史』 111, 列傳 24, 廉悌臣, 下冊, 422쪽. "食爲民天 兵藏於農 令軍士有事則操兵 無事則屯田"
14) 『高麗史』 129, 列傳 42, 崔忠獻, 下冊, 796쪽. "龍虎軍卒仲美 詐稱忠獻所遣 持兵刃 往鳳州日興倉 侵割百姓 歛銀帛 驛輸于家"
15) 『高麗史』 82, 兵 2, 站驛, 元宗 15년, 中冊, 802쪽. "判 各道出使 大小員鋪馬 宰樞十匹 … 將校一匹"

참지정사 정숙첨이 중군 원수(中軍元帥)가 되었을 때, 그는 "군졸로부터 뇌물을 많이 받고 이들을 군역에서 방면하였다."[16]고 한다. 여기에서의 군졸은 농민병을 의미하는 것으로 보인다. 무관이 뇌물을 써서 군역에서 빠지려고 할 리 없기 때문이다. 이렇듯 군졸은 무관을 뜻하기도 하였고, 농민병을 뜻하기도 하였다. 고려시기 군인과 관련된 용어들은 이와 같이 상이한 성격의 부류를 혼칭하고 있었던 것이다.

군인·군사·군졸 등이 부병과 농민병 모두와 관련된 용어라면, 사(士)·무사(武士)·장사(壯士)·위사(衛士)·장사(將士) 등의 용어는 대체로 5품 이하 무관인 부병을 지칭하는 용어로 사용되었다. 우선 '사(士)'가 무관을 지칭하는 용어로 사용된 사례를 살펴보면, 공민왕 원년(1352) 이색이 상서한 글에 "무과를 설치하여 제위(諸衛)의 사(士)를 충원하십시오."라는 구절이 나온다.[17] 이때 사(士)는 무과를 통해 선발되는 것으로 보아 무관을 지칭하는 용어임을 알 수 있다. 고려시기에 사(士)는 문사(文士)의 의미도 있었지만, 이와 같이 무관의 의미도 지니고 있었던 것이다. '무사' 역시 무관을 지칭하는 용어로 사용되고 있었다. 『고려사』, 최충헌 열전에는

> (최)충헌이 무사들의 마음을 얻고자 하여 낭장 대집성 등 5인을 차
> 장군(借將軍)에 임명하였다.[18]

라는 구절이 나온다. 정6품에 해당하는 낭장이 무사라고 지칭되고 있는 것으로 보아 무사는 무관을 가리키는 용어임을 알 수 있다. '閱武士射御'[19], '王觀武士擊毬'[20] 등에서의 무사 역시 무관으로 보인다. 국왕 앞에

---

16) 『高麗史』100, 列傳 13, 鄭世裕, 下冊, 228쪽. "多受軍卒賄 放遣之"
17) 『高麗史』115, 列傳 28, 李穡, 下冊, 524쪽. "臣願設武擧之科 令充諸衛之士"
18) 『高麗史』129, 列傳 42, 崔忠獻, 下冊, 801쪽. "忠獻欲得武士心 以郎將大集成等五
　　人爲借將軍"
19) 『高麗史』12, 世家 12, 肅宗 10년 9월 壬子, 上冊, 245쪽.

서의 사어(射御)나 격구는 주로 무관들이 담당했기 때문이다.[21]

　'장사(壯士)'도 무관을 가리키는 용어로 쓰였다. 헌종 원년(1095)에 일어난 이자의의 난과 관련하여『고려사』, 소태보 열전에는 다음 두 기사가 실려 있다.

    (1) 이자의가 난을 도모하자 소태보가 장사 고의화로 하여금 이자의와
        그 일당을 참수하게 했다.[22]
    (2) (고)의화가 선군(選軍)에 응하여 대정이 되었다가 이자의를 참수한
        공로로 산원으로 승진했다[23]

　위 (1), (2)의 글에서 이자의를 참수할 당시 고의화는 무관인 대정이었는데 이를 '장사'라고 부르고 있는 것으로 보아, 장사가 대정 등 무관을 지칭하는 용어로도 사용되었음을 알 수 있다. 장사는 고려전기 사료에 자주 나타나고 있다. 태조 14년(931) 유검필이 후백제군에게 침략당하고 있는 신라를 도우러 가기 위해 '選壯士八十人'[24]하였다는 기록이나, 예종 원년 (1106) 9도에 점군사를 파견하여 '以選壯士'하였다는 기록[25], 明宗 26년 (1196) 최충헌이 이의민을 제거하고 그 일당을 소탕하기 위해 '召募壯士' 하자 제위(諸衛)의 장졸이 모두 모였다는 기록[26] 등, 이러한 제 사료에서

---

20)『高麗史』22, 世家 22, 高宗 12년 4월 壬子, 上冊, 451쪽.
21) "御咸和門 閱六衛將校射御"(『高麗史』81, 兵志 1, 顯宗 10년 9월), "御龜齡閣 親閱
　　武班將軍以下 隊正以上 射御"(『高麗史』81, 兵志 1, 蕭宗 원년 8월)라거나, "王觀
　　牽龍等擊毬"(『高麗史』22, 世家 22, 高宗 8년 10월 己巳)과 같이 射御나 擊毬는
　　주로 무관들이 담당한 것으로 보인다.
22)『高麗史』95, 列傳 8, 邵台輔, 下冊, 129쪽. "李資義謀亂 台輔使王國髦率兵入衛
　　令壯士高義和 斬資義及其黨"
23)『高麗史』95, 列傳 8, 邵台輔 附 高義和, 下冊, 129~130쪽. "義和 … 應選爲軍 補
　　隊正 斬資義以功 陞散員"
24)『高麗史』92, 列傳 5, 庚黔弼, 下冊, 69쪽.
25)『高麗史』81, 兵 1, 睿宗 원년 8월, 中冊, 781쪽.
26)『高麗史』129, 列傳 42, 崔忠獻, 下冊, 789쪽.

보이는 장사는 모두 무관을 지칭하는 것으로 보인다.

'위사(衛士)'도 무관을 가리키는 용어였다.『고려사』박술희 열전에 그가 18세에 궁예의 위사가 되었다는 기록이 있는 것으로 보아[27], 위사라는 용어는 신라 말에도 사용되었던 것으로 보인다. 위사는 고려 전시기에 걸쳐 무관을 지칭하는 용어로 사용되고 있었다. 태조 즉위 이후 환선길의 모반사건이 발발하였을 때 "위사들이 구정(毬庭)까지 추격하여 모두 사로잡아 죽였다."[28]하였다는 기록이나, 의종의 끊임없는 유흥 행차로 인해 "관료들과 위사들은 모두 밥을 먹지 못하였다."[29]라는 기록, 이러한 의종의 방탕을 부추기고 있는 문신 한뢰, 이복기 등을 '위사들이 매우 원망'[30] 하였다는 기록, 공민왕 때 검교중랑장 이희(李禧)가 수전(水戰)을 익힐 것을 청하자, 왕이 "백관과 위사 가운데 일찍이 이희(李禧)와 같은 자가 한 사람도 없는가?"라고 질책하였다는 기록 등[31], 이러한 제 기록에서의 위사는 무관을 지칭하고 있었다.

'장사(將士)'도 무관을 가리키는 용어였다. 공민왕 20년(1371) 국왕은 "전쟁이 일어난 이래로 싸움터에서 죽은 장사(將士)는 모두 포상으로 증직(贈職)하고, 그 자손에게는 관직(官職)을 줄 것이며 졸오(卒伍)에게는 그 집을 구휼(救恤)하도록 하라."[32]는 교(敎)를 내렸다. 전사자를 장사와 졸오로 구분하여 별도의 처우를 하도록 명한 것이다. 여기에서 장사는 무관을 가리키며, 졸오는 의무군인을 가리키는 것으로 보인다. 장사 역시『고려사』여기저기에서 다수 보이고 있다. 호종장사(扈從將士)[33], 휘하장사

---

27)『高麗史』92, 列傳 5, 朴述熙, 下册, 72쪽. "朴述熙 … 年十八爲弓裔衛士"
28)『高麗史』127, 列傳 40, 桓宣吉, 下册, 756쪽. "衛士追及毬庭 盡擒殺之"
29)『高麗史』18, 世家 18, 毅宗 17년 2월 乙亥, 上册, 374쪽. "從官衛士 皆不得食"
30)『高麗史』98, 列傳 11, 金富軾, 下册, 181쪽.
31)『高麗史』113, 列傳 26, 鄭地, 下册, 495쪽. "百官衛士中 曾無一人如禧者耶"
32)『高麗史』81, 志 35, 兵 1, 恭愍王 20년 12월, 中册, 785쪽. "兵興以來 戰亡將士 悉加褒贈 官其子孫 卒伍則存恤其家"

(麾下將士)34), 삼군장사(三軍將士)35) 등의 용례가 그것이다.

고려시기 5품 이하 무관인 부병은 군인(軍人)·군사(軍士)·군졸(軍卒)이나 사(士)·무사(武士)·장사(壯士)·위사(衛士)·장사(將士) 이외에도 여러 가지 호칭으로 불리고 있었다. 이들은 문반 관료와 대비하여 무반 관료를 형성하였으므로 무관(武官)·무신(武臣)·무인(武人)·무부(武夫)·무변(武弁) 등의 용어로 호칭되었고, 무직자인 농민병과 대비하여 장교층을 형성하였으므로 장교(將校)·군교(軍校)·장상(將相)·군장(軍將) 등으로 불렸다. 한편 이들은 갑옷을 입고 말을 타고 활을 쏘는 군사이므로 갑사(甲士)36), 기사(騎士)37), 사사(射士)38) 등으로 표현되기도 하였다. 또 이들은 2군 6위 45령에 소속된 군인이었으므로 제위군(諸衛軍)·제위병(諸衛兵)·부위군(府衛軍)·영군(領軍)·영병(領兵)·영부(領府)·도부(都府) 등으로도 불렸다. 그런데 2군 6위에는 5품 이하 무관과 더불어 농민병도 포함되어 있으므로 이들 용어는 앞의 군인, 군사, 군졸의 예에서 보듯이 두 가지 성격의 군인을 혼칭하고 있다.

3. 부병의 임무와 활동

앞에서 고려시기에는 5품 이하 무관을 지칭하는 호칭이 부병 이외에도 실로 다양한 용어로 사용되었음을 살펴보았다. 그런데 이것은 일반적인

---

33) 『高麗史』 94, 列傳 7, 智蔡文, 下冊, 108쪽 ; 『高麗史』 128, 列傳 41, 鄭仲夫, 下冊, 774쪽.
34) 『高麗史』 104, 列傳 17, 金方慶, 下冊, 292쪽.
35) 『高麗史』 105, 列傳 18, 洪子藩, 下冊, 318쪽 ; 『高麗史』 125, 列傳 38, 吳潛, 下冊, 717쪽.
36) 『高麗史』 2, 世家 2, 惠宗 2년, 上冊, 59쪽.
37) 『高麗史』 17, 世家 17, 毅宗 5년 8월 丁亥, 上冊 361쪽. "王遊北園 命騎士擊毬"
38) 『高麗史』 130, 列傳 43, 金俊, 下冊, 824쪽. "又募射士 … 卽授散員"

호칭이고, 부병은 맡은 임무와 역할에 따라 별도의 특수한 칭호가 붙여지고 있었다. 부병은 전시에는 농민병을 이끌고 지휘관으로서 전투에 임하여야 했지만, 평시에는 각기 고유한 임무를 수행하고 있었다. 평상시 국왕 시위의 임무를 맡은 부병은 시위군(侍衛軍)·숙위군(宿衛軍)·궁궐수위군사(宮闕守衛軍士)·금위사(禁衛士)·금위군사(禁衛軍士)·금군(禁軍)39)·호종장사(扈從將士)·시봉군(侍奉軍) 등으로 불렸고, 도성의 치안을 담당하는 부병은 순검군(巡檢軍)·점검군(點檢軍)이라 칭하였으며, 개경과 그 부근의 여러 문과 궁, 릉을 지키는 부병은 위숙군(圍宿軍)이라 칭하였고, 왕궁의 내탕(內帑)과 주요 관서를 지키는 부병은 간수군(看守軍)이라 하였으며, 조회(朝會) 등 각종 의식에 동원되는 부병을 의장군(儀仗軍)·위장군(衛仗軍)·의위사(儀衛士) 등으로 칭하였고, 양계 지방에 파견되어 방수 임무를 수행하는 부병은 방수군(防戍軍)이라 칭하였다. 이와 같이 부병은 평상시 다양한 임무와 역할을 수행하였고, 또 그 임무와 역할에 걸맞은 호칭으로 불리고 있었다. 물론 위에서 열거한 여러 군종(軍種)은 전부 부병만으로 이루어진 것은 아니었다. 부병만으로 이루어진 군종도 있었지만, 부병과 농민병이 합속한 군종도 있었다.

부병만으로 이루어진 군종 중 대표적인 것이 시위군이었다.40) 왕조국가에서 국왕은 국가 권력과 같은 존재였다. 따라서 국왕 시위 임무는 국가권력의 수호와 동일하게 인식되었다. 이에 고려는 건국 이래 국왕의 시위에 만전을 기하였다. 국왕이 평상시 궁궐 내에 있을 때나 궁궐 외로 행차할 때, 혹은 비상시 외지로 피난 갈 때, 부병들은 항상 국왕을 시위하였

---

39) 고려시기에 禁軍은 국왕의 시위를 담당하는 2군 6위의 군인을 뜻하는 일반적 의미와 2군 6위와는 계통을 달리하여 국왕의 시위를 전담하는 中禁, 都知, 白甲, 控鶴軍 등 개별 군사조직을 지칭하는 특수한 의미로 사용되었다. 여기서 禁軍은 前者의 경우이다.

40) 이하 宿衛軍, 宮闕守衛軍士, 禁衛士, 禁衛軍士, 禁軍, 扈從將士, 侍奉軍 등의 용어를 시위군으로 통일함.

다. 이때의 부병들을 시위군이라 하였다. 성종 원년(982) 최승로가 올린 상서문 속에는

> 우리 조정을 시위(侍衛)하는 군졸은 태조(太祖) 때에는 다만 궁성 (宮城)의 시위만을 맡았을 뿐입니다. 41)

라 하여 태조 때부터 시위군이 설치·운영되고 있었음을 전하고 있다. 실제 태조 원년(918) 마군장군 환선길이 반역을 도모하자 위사(衛士), 즉 시위군들은 환선길의 무리를 즉각 소탕하고 있었다.42) 시위군은 태조대 이래 왕권의 무력 기반이었던 것이다.

고려초기의 시위군은 6위의 부병들로 이루어져 있었으나, 중앙군 조직의 정비와 함께 시위군 조직도 정비되어갔다. 즉 목종 대 이후 종래의 6위 위에 2군이 설치됨으로써43), 응양군과 용호군이라는 새로운 시위군 조직이 등장하게 된 것이다. 응양(鷹揚)·용호(龍虎) 2군에 소속된 중랑장 이하 223명의 부병들은 근장(近仗)이라 칭해지면서44), 역시 2군에 소속된 3명의 친종장군(親從將軍)의 지휘를 받으면서 국왕의 최측근에서 시위 임무를 수행하였다. 예를 들어 목종 12년(1009) 정월 궁궐 내에서 화재가 나자 목종이 병을 칭탁하여 일체의 정무를 중단하고 신하들의 문병도 거절한 일이 있었다. 이때 친종장군 유방(庾方)과 중랑장 허종(柳琮), 탁사정(卓思政), 하공진(河拱辰) 등은 항상 궁궐 내에서 숙직하면서 국왕의 신변을 호위하고 있었다.45) 근장은 국왕 최측근에 위치한 시위군이었던 것이다. 따

---

41)『高麗史』93, 列傳 6, 崔承老, 下冊, 84쪽. "我朝侍衛軍卒 在太祖時 但充宿衛宮城"

42)『高麗史』127, 列傳 40, 桓宣吉, 下冊, 756쪽. "'衛士 追及毬庭 盡擒殺之"

43)『高麗史』77, 百官 2, 西班, 中冊, 694쪽.

44)『高麗史』77, 百官 2, 西班, 鷹揚軍, 中冊, 694쪽. 근장이 223명인 것은 拙稿, 앞의 논문, 116쪽의 <표1> 참조.

45)『高麗史』3, 世家 3, 穆宗 12년 정월 壬申, 上冊, 83~84쪽.

라서 여기에는 부병 가운데에서도 아주 우수한 자들이 선발되어 충원되었다.[46) 한편 2군 6위 편제상 근장 휘하에는 3령(3,000명)의 농민병이 소속되어 교대로 번상 근무하도록 되어 있었다. 그러나 이것은 편제상이며, 번상 농민병이 직접 국왕 시위에 동원되지는 않았을 것으로 보인다.

근장 이외에 시위군으로 활동하는 또 다른 부병 조직으로 견룡군을 들 수 있다.[47) 견룡군이 처음으로 사료에 등장하는 것은 숙종 대이다. 숙종 7년(1102) 11월 국왕이 우타천(牛陀川) 들판으로 행차하였을 때

> 호랑이가 뛰어나오자 시위하는 군사에게 그것을 쫓으라고 명령하였다. 견룡교위(牽龍校尉) 송종소(宋宗紹)가 그것을 때려 죽였으므로 그에게 옷 한 벌을 하사하였다.[48)

라는 일이 있었다. 이때 국왕의 호위에 임하던 견룡교위 송종소는 시봉군(侍奉軍) 즉, 시위군으로 칭해지고 있었다. 견룡군은 국왕 측근의 견룡군과 동궁 및 제비부(諸妃府), 제왕부(諸王府)의 견룡군 등 여러 종류가 있었던 것으로 보이는데, 국왕 측근의 견룡군은 전원 무관으로 이루어졌다. 다음 사료는 견룡군의 충원 과정을 살펴볼 수 있는 사례들이다.

> (1) 두경승(杜景升)은 전주 만경현 사람이다. 자질은 후덕하나 글이 모자라고 용력이 있었다. 처음에 공학군(控鶴軍)에 보임(補任)되자 수박(手搏)하는 사람들이 두경승을 불러다가 한 오(伍)에 편입시켰다. … 뒤에 대정(隊正)으로서 후덕전(厚德殿)의 견룡군에 충원되었다.[49)

---

46)『高麗史』81, 兵1, 文宗 4년 10월, 中冊, 778쪽. "近仗將校 以諸領府將校中 御選有身彩多功勞者 充差"

47) 牽龍軍에 대해서는 宋寅州,「高麗時代의 牽龍軍」,『大丘史學』49, 1995 ; 金洛珍,「牽龍軍과 武臣亂」,『高麗武人政權研究』, 서강대 출판부, 1995, 참조.

48)『高麗史』11, 世家 11, 肅宗 7년 11월 壬午, 上冊, 238쪽. "有虎突出 命侍奉軍逐之 牽革龍 校尉宋宗紹搏殺之 賜宗紹衣一襲"

49)『高麗史』100, 列傳 13, 杜景升, 下冊, 215쪽.

(2) 기탁성(奇卓誠)은 행주 사람이다. 용모와 태도가 아름다웠고, 활쏘기
　　와 말타기를 잘했다. 처음 교위(校尉)에 보임되었는데, 의종이 말타기
　　와 격구를 좋아해서 그를 견룡군으로 발탁하여 늘 곁에 있게 했다.[50]
(3) 공(盧 大將軍:필자주)은 상서좌복야상장군 정황대의 딸과 결혼하
　　여 아들을 낳았는데 지금 교위로서 견룡이 되었다.[51]
(4) 정중부는 … 공학금군에 충원되었다가 인종조에 처음으로 견룡 대
　　정에 보임되었다.[52]
(5) 권수평은 … 견룡군은 직위가 낮아도 총애를 받을 수 있는 자리라
　　권세가의 자제들이 모두 원하였는데, 권수평은 대정(隊正)을 거쳐
　　보임될 수 있었다.[53]

　　이상의 사료에서 보는 바와 같이 국왕 측근의 견룡군은 대정이상의 무
관들이 충원되는 시위군이었다. 이들은 전원 부병으로 구성되어 국왕 측
근에서 시위를 담당하였기 때문에 위 (5)의 사료에서 보듯이 '직위는 낮아
도 총애를 받을 수 있는 자리라 권세가의 자제들이 모두 원하는' 자리였다.
　　견룡군에는 일정한 지휘체계가 마련되어 있었다. 지유(指諭)와 행수(行
首)라는 지휘부를 두어 산원, 교위, 대정 등의 견룡군을 통솔하도록 한 것
이다. 지유는 주로 정6품 낭장 이상의 무반들이 임명되었고, 행수는 정7
품 별장급이 보임되고 있었다.[54] 견룡군이 6위의 부병들 가운데 일부 군
사를 차출하여 편성한 군사조직이기 때문에, 지유와 행수도 당연히 6위
에 소속된 낭장, 별장들을 '별차(別差)'하는 형식으로 임명되었다. 『졸고
천백(拙藁千百)』에 실려 있는 최운(崔雲)의 묘지명에 의하면, 그는 대덕
(大德) 기해(己亥: 1299년)에 '以神虎衛別將 別差牽龍行首'[55]하였다고 하

50)『高麗史』100, 列傳 13, 奇卓誠, 下冊, 221쪽.
51) 金龍善, 『改訂版 高麗墓誌銘集成』, 「142. 盧大將軍 墓誌銘」, 한림대 아시아문화
　　연구소, 1997, 278쪽. "公娶尙書左僕射上將軍丁黃載之女 有子 今以校尉爲牽龍"
52)『高麗史』128, 列傳 41, 鄭仲夫, 下冊, 774쪽.
53)『高麗史』102, 列傳 15, 權守平, 下冊, 254쪽.
54) 宋寅州, 앞의 논문, 24~25쪽.

고, 또 민종유(閔宗儒)의 묘지명에는 그가 '以興威衛別將 差御牽龍行首', '拜左右衛郎將 轉右指諭'[56]하였다고 한다. 즉 최운은 신호위 별장으로서 견룡행수에 별차되었으며, 민종유는 홍위위 별장으로서 견룡행수에 차어(差御)되었고, 후에 좌우위 낭장으로 승진함에 따라 견룡우지유(牽龍右指諭)로 영전하였던 것이다. 이와 같이 견룡군은 6위의 부병들 가운데 일부 군사들을 선발하여 별도의 지휘체계로 통솔한 군사조직이다. 따라서 이들은 다른 부병들과는 달리 강한 결속력을 지녔고, 또 이러한 결속력이 있었기 때문에 무신란 당시 주체세력으로 활동할 수 있었다.[57]

한편 부병은 2군 6위와는 구별되는 시위군 조직인 중금(中禁), 도지(都知), 백갑(白甲), 공학군(控鶴軍) 등의 지휘관으로 활동하기도 하였다. 이들은 주로 국왕의 의장대 역할을 하는 금군이었는데, 무직(無職) 군인으로 편성된 특수군으로 생각된다.[58] 부병들은 '左中禁指諭郎將 金興裔'[59], '左都(知)指諭·神虎衛保勝郎將 僎'[60] 등과 같이 낭장으로서 좌중금 지유가 되거나, 신호위 보승낭장으로서 좌도지 지유 등의 보직을 맡기도 하였고, 백갑대(白甲隊)의 장교로 활동하기도 하였다.[61] 이와 같이 부병은 금군의 지휘관에 보임되었는데, 이외에도 여러 관직을 겸직하였다. 즉 '都齋庫御史郎將盧彦叔'[62]이라든가 '內侍郎將崔允通'[63]이라는 것처럼 낭장으로서 도재고 어사와 내시 등을 겸직하기도 하였던 것이다.

---

55) 崔瀣, 『拙藁千百』 권1, 「崔雲墓誌銘」,

56) 위의 책, 권1, 「閔宗儒墓誌銘」

57) 견룡군이 무신란의 주체 세력임은 金洛珍, 앞의 논문 참조.

58) 拙稿, 앞의 논문, 130쪽.

59) 金龍善, 『改訂版 高麗墓誌銘集成』, 「198. 元傅墓誌銘」, 한림대 아시아문화연구소, 1997, 400쪽.

60) 위의 책, 「240. 吳潛墓誌銘」, 한림대학교 아시아문화연구소, 1997, 489쪽.

61) 『高麗史』 72, 輿服 1, 儀衛, 中册, 569쪽.

62) 『高麗史』 21, 世家 21, 神宗 4년 7월 甲戌, 上册, 428쪽.

63) 『高麗史』 25, 世家 25, 元宗 2년 정월 丁丑, 上册, 512쪽.

부병은 평상시 여러 군종에 소속되어 각각 그 소임을 수행하였지만, 유사시에는 모두 국왕의 시위군으로 활동하였다. 의종 21년(1167) 정월 국왕이 연등회 참석차 봉은사에 갔다가 밤에 환궁할 때, 좌승선 김돈중이 탄 말이 국왕을 호위하던 기사(騎士)의 시방(矢房)을 건드려 화살이 국왕의 수레 곁에 떨어지는 일이 있었다. 이때 의종은 이것을 자신을 겨냥한 유시(流矢)라고 생각하고 서둘러 환궁한 후, 궁성에 계엄을 선포하고 '궐정(闕廷)에 부병(府兵)을 주둔시켜서 불측한 일을 대비'64)하게 하였다. 부병들이 모두 국왕 시위에 동원되었던 것이다. 이와 같이 부병들은 국왕 시위의 임무를 전담하였으나, 무신집권기 이후 부병들의 국왕 시위도 차츰 허소화 되어 갔다. 이에 명종 때에는 위국초맹반(衛國抄猛班)이라는 새로운 시위군 조직이 설치되기도 하고, 원 간섭기에는 홀치(忽赤: 近侍) 등 성중애마가 등장했으며, 공민왕 때에는 충용위가 설치되어 국왕 시위 임무를 보조하였다.65)

도성의 치안을 담당하는 순검군(巡檢軍) 역시 부병만으로 구성된 병종이었다.66) 순검군의 '순검(巡檢)'이라는 말은 문종 25년 6월의 제(制)에 '監巡·點檢之卒'67)이라는 구절이 있는 것으로 보아 감순(監巡)과 점검(點檢)의 합칭으로 생각된다. 따라서 원래 순검군은 감순과 점검을 모두 담당하는 군사를 지칭하는 용어이지만, 고려시기에 순검군은 주로 감순의 임무를 담당하였고, 점검의 임무는 점검군이라는 별도의 군사가 담당하였다. 고려말과 조선초기에는 감순 대신 주로 순작(巡綽)이라는 용어가

---

64) 『高麗史』 18, 世家 18, 毅宗 21년 정월 乙卯, 上册, 378쪽. "屯府兵于闕庭 以備不測"
65) 忠勇衛는 "初置忠勇衛 祿其將士 同於八衛者(『高麗史』 81, 兵志 1, 兵制, 恭愍王 11년 6월, 中册, 784쪽)"라 하여 8衛의 府兵과 같은 무관으로 편성되었다. 고려후기 2군 6위의 허설화에 대해서는 權寧國, 「高麗後期 軍事制度 硏究」, 서울대 박사학위논문, 1995, 참조.
66) 巡檢軍은 수도 개경과 더불어 각 지방에도 설치되어 있었지만, 여기에서 검토하는 순검군은 지방을 제외한 개경에 설치된 것에 한정됨을 밝혀둔다.
67) 『高麗史』 81, 兵1, 文宗 25년 6월, 中册, 779쪽.

쓰였는데, 감순(순작)은 국왕 시위 임무와 더불어 중앙군의 가장 기본적인 임무에 해당하였다. 태종 15년(1415) 4월 병조에서 상계한 '고찰군사사의(考察軍士事宜)'에서는 "대소인원은 숙위·순작 이외에 다른 일은 없다."라고 할 정도였다.[68]

순검군들은 우선 야간 감순 임무를 수행하였다. 각종 변고는 야간에 일어나기 마련이다.[69] 그래서 순검군들은 야간 순찰 활동을 통해 범죄를 예방하고, 범법자를 체포하였다. 예를 들어, 인종 때 참지정사를 지낸 이숙(李璹)이 처남 김인규(金仁揆)가 반역을 꾀한다고 무고하는 글을 만들어 밤에 어사대에 투서하려다가 순찰 중이던 순검군에 체포되는 일이 있었다.[70] 또 명종 때 어떤 남자가 밤에 형부시랑 이준창(李俊昌)을 참소하는 글을 수창궁 문에 던졌는데 순검관이 현장에서 이를 체포하였다.[71] 그런데 앞에서 소개한 의종 21년(1167)의 유시 사건 이후에는

> 이때부터 날쌔고 용맹한 자를 선발하여 내순검(內巡檢)이라 부르고, 나누어 두 번(番)으로 만들어 항상 자줏빛 옷을 입고 활과 칼을 가지고 의장(儀仗) 밖에 나누어 서게 하였다. 눈비를 피하지 않고 밤에 순찰하고 경계하는 것을 새벽까지 하였다.[72]

라 하여 농민병 가운데 날쌔고 용맹한 자들을 선발하여 내순검군(內巡檢軍)이라는 별도의 순검군을 조직하기도 하였다.[73] 순검군은 부병만으로 구성되었는데, 의종 21년 이후 농민병으로 이루어진 내순검군이 새로이

---

68)『太宗實錄』29, 太宗 15년 4월 丙戌, 2冊, 59쪽. "大小人員 宿衛·巡綽外 無他職事"
69)『太宗實錄』3, 太宗 2년 6월 庚午, 1冊, 239쪽. "盖不虞之變 例生乎暮夜之間"
70)『高麗史』98, 列傳 11, 李璹, 下冊, 191쪽.
71)『高麗史』100, 列傳 13, 李俊昌, 下冊, 227쪽.
72)『高麗史』18, 世家 18, 毅宗 21년 정월 乙卯, 上冊, 378쪽.
73) 內巡檢軍이 농민병으로 이루어졌음은, "白任至 藍浦縣人 業農 初以驍勇被選 至京 賃屋居 賣薪自給 毅宗 選充內巡檢軍 扈駕出入 不離侍側 以勞補隊正(『高麗史』100, 列傳13, 白任至, 下冊, 226쪽)"이라는 기사를 통해서 알 수 있다.

등장하게 된 것이다.

순검군은 감순 업무 이외에 국왕의 호위와 반란의 방지·진압 등의 임무도 담당하였다. 의종 21년 정월의 유시사건에서 의종은 금위(禁衛)를 성실히 하지 않았다는 이유로 견룡지유와 순검지유 14인을 유배시켰다.[74] 이를 통해 순검군도 견룡군과 같이 국왕 호위 임무를 담당했음을 알 수 있다. 또 의종 24년 8월 의종이 보현원으로 행차했을 때, 이고(李高)와 이의방(李義方)이 거짓으로 국왕의 교지를 꾸며 순검군을 출동시켜 무신란을 일으켰다.[75] 이것 역시 순검군이 국왕 호위 임무를 맡고 있었기 때문에 가능한 일이었다. 한편 순검군들은 요인(要人)을 경호하거나[76], 체포하였고[77], 반란자를 색출하였다. 인종 4년(1126) 5월 이자겸의 난을 진압할 때 순검도령 정유황(鄭惟晃)은 군인 100여 인을 이끌고 이자겸의 잔당을 색출하였고[78], 또 이자겸의 아들 이지미가 잔당을 이끌고 병부에 몰려가 있자 순검군들은 이지미를 체포하여 검점소(檢點所)에 가두었다.[79] 이와 같이 순검군은 평상시 감순 활동을 비롯하여 국왕의 호위, 반란자의 색출 등 정권 안보에 관련되는 모든 일을 담당하고 있었다.

순검군에도 견룡군과 같이 일정한 지휘체계가 마련되어 있었다. 인종 4년 5월 이자겸의 난을 진압할 때 공을 세운 정유황의 직함이 '순검도령'이었고, 의종 21년 정월의 유시사건에서 금위(禁衛)를 성실히 하지 않았다는 이유로 유배된 관리로 '순검지유'라는 관직이 있는 것으로 보아, 순검군 내에는 도령, 지유 등의 직함을 가진 순검관이 있었던 것이다.『고려사』, 여복지, 의위조에는

74)『高麗史』98, 列傳 11, 金富軾 附 金敦中, 下冊, 180~181쪽.
75)『高麗史』19, 世家 19, 毅宗 24년 8월 丁丑, 上冊, 387쪽.
76)『高麗史』94, 列傳 7, 徐熙 附 徐恭, 下冊, 99쪽.
77)『高麗史』96, 列傳 9, 尹瓘 附 尹鱗瞻, 下冊, 152쪽.
78)『高麗史』127, 列傳 40, 李資謙, 下冊, 766쪽 ;『高麗史』15, 世家, 仁宗 4년 6월 庚申, 上冊, 305쪽.
79)『高麗史』127, 列傳 40, 李資謙, 下冊, 767쪽. "巡檢至兵部執之美 囚檢點所"

순검좌우부(巡檢左右府)에는 영도장(領都將)이 2명[방각을 쓰고 자의를 입으며 칼을 들고 기를 들며 말을 탄다], 지유(指諭)가 6명[낭장(郎將)과 별장(別將), 산원(散員)이 교차(交差)하며 의복과 차고 있는 것은 위와 같다], 군사는 150명이다[청자의(靑紫衣)를 입고 병장기(兵仗器)를 든다].[80]

라고 규정되어 있다. 위에서 밑줄 친 영도장(領都將)은 순검도령으로 판단되는데[81], 지유에 낭장, 별장, 산원이 교차되는 것으로 보아, 순검도령은 중랑장 급이 담당했을 것으로 추측된다. 즉 순검군은 중랑장 급의 도령과 낭장, 별장, 산원이 서로 교차(交差)되는 지유의 지휘체계 하에서 교위, 대정 등의 군사들이 그 임무를 수행하였던 것이다. 그러나 순검군은 견룡군과 같이 고정적인 병력을 가지고 있었던 것은 아니었다. 견룡군은 부병 가운데에서 선발된 정예병으로 구성된데 비해 순검군은 부병들이 순환 배속되는 형태로 운영되었을 것으로 추측된다.[82]

시위군과 순검군이 부병만으로 구성된 병종이라면, 앞으로 검토하는 점검군(點檢軍), 위숙군(圍宿軍), 간수군(看守軍), 의장군(儀仗軍), 방수군(防戍軍) 등은 부병과 농민병이 합속한 군종이었다. 우선 점검군은 도성 내외의 여러 요해처(要害處)에 배치되어 치안을 담당하는 군사로서 검점군(撿點軍)이라고도 하였다. 『고려사』, 병지, 검점군 조에는 점검군의 검점(撿點) 장소와 여기에 배당된 군액이 수록되어 있는데, 여기에서 이들의 전체적인 모습을 살필 여유는 없고 단지 그 기재 양식만을 소개하면

---

80) 『高麗史』72, 興服, 儀衛, 西南京巡幸衛仗, 中冊, 576쪽. "巡檢左·右府 領都將二人 (放角紫衣佩刀執旗騎) 指諭六人(郎將·別將·散員交差 衣佩同上) 軍士一百五十人(靑紫衣執兵仗)"
81) 김갑동, 「고려시대의 都領」, 『한국중세사연구』3호, 1996, 85쪽.
82) 고려시기 사료에 부병으로서 견룡군에 차출되는 사례가 다수 발견되나 순검군에는 그러한 사례가 발견되지 않는다. 이로 미루어 보아 순검군은 견룡군과 달리 부병들이 순환 배속되었을 것으로 판단된다.

다음과 같다.

市裏撿點 將相一 將校二 軍人十一
街衢監行 將校二 螺匠十一 都典十一 軍人四十
左右京裏撿點 將相各二 將校各二 軍人各八 …83)

이 이외에도 점검군은 여러 임무와 목적을 위해 각 요해처에 배치되었다. 그런데 이들은 가구감행(街衢監行)을 제외하고는 대체로 장상(將相)과 장교(將校), 군인(軍人)으로 구성되었다. 부병은 장교로서 위로는 장상의 통제를 받고, 휘하에는 의무 군인 몇 명씩을 통솔하면서 점검군의 임무를 수행하였던 것이다. 순검군과 점검군은 무신집권기 이후 2군 6위제가 허설화되면서 그 임무를 제대로 수행하지 못하게 된다. 이에 무신집권기에는 야별초[三別抄]가 조직되었고, 원 간섭기에는 순군만호부가 설립되어 그 임무를 대신하였다.84)

한편 개경 및 경기 지역에 있는 여러 문과 궁, 릉을 지키는 군사를 위숙군이라 하였다. 위숙군에 대해서는『고려사』, 병지, 위숙군 조에 위숙 장소와 군액이 상세히 기재되어 있다. 이것도 간략히 기재 양식만을 살펴보면 다음과 같다.

廣化門 職事將校一 散職將相六 監門衛軍五 …
麗景門 將相·將校各一 加差散職將相五 …
崇仁門 將校一 軍人二 散職將相二 監門衛軍二 …85)

---

83)『高麗史』83, 兵 3, 撿點軍, 中冊, 819~820쪽.
84) 巡軍萬戶府에 대해서는 韓㳓劤,「麗末鮮初 巡軍硏究」,『震檀學報』22, 1961과 權寧國, 앞의 논문 참조.
85)『高麗史』83, 兵 3, 圍宿軍, 中冊, 817~819쪽. 吳英善,「고려전기 군인층의 구성과 圍宿軍의 성격」,『韓國史論』28, 1992, 94~97쪽에는 위숙군조의 내용이 <표>로 정리되어 있다.

위에서 보는 바와 같이 위숙군은 장상층(將相層)과 부병으로 이루어진 장교층, 번상농민군으로 이루어진 군인층, 그리고 산직 장상과 감문위군이라는 다양한 층으로 구성되어 있었다. 이중 산직 장상은 글자 그대로 실직(實職)에서 물러난 장상들이고, 감문위군은 부병이 60세가 넘었으나 전정(田丁)을 넘겨줄 자손과 친척이 없을 경우[86], 혹은 늙고 병들었으나 자신의 직역을 대신할 자손과 친척이 없을 경우[87], 또는 70세 이상의 노부모를 돌보아줄 다른 형제가 없을 경우[88] 소속되는 곳이었다.

고려시기 위숙군은 장상-장교-군인으로 연결되는 지휘계통과 산직장상-감문위군으로 연결되는 지휘계통이라는 두 가지 지휘계통 속에서 그 임무를 수행하였을 것으로 추측되고 있다.[89] 즉 위숙군은 현직 부병과 산직 부병이 11함께 소속된 특수한 군종이었는데, 이들은 각각 별도의 지휘체계 속에서 근무하였던 것으로 보인다. 현직 부병들은 위로는 장상의 지휘를 받고, 아래로는 번상 농민병들을 통솔하며 그 임무를 수행하였고, 산직 부병들은 감문위군에 소속되어 역시 실직에서 물러난 산직장상들의 지휘를 받으며 임무를 수행하였던 것이다.

한편 왕궁의 내탕(內帑)을 비롯하여 주요 관서를 지키는 군사는 간수군이라 칭하였다. 각 관서 별로 배치된 간수군의 수에 대해서는 『고려사』, 병지, 간수군 조에 상세히 기재되어 있는데, 여기에서도 단지 그 기재 양식만을 소개하면 다음과 같다.

典廐庫 將校二 雜織將校二 軍人五
鹵簿都監 將校二 雜織將相二 軍人五

---

86) 『高麗史』78, 食貨 1, 田制, 中册, p.705. "府兵 年滿二十始受 六十而還 有子孫親戚 則遞田丁 無者籍監門衛 七十後給口分田 收餘田"

87) 『高麗史』78, 食貨 1, 田制, 文宗 23년, 中册, 711쪽. "判 軍人年老身病者 許令子孫親族代之 無子孫親族者 年滿七十 閒屬監門衛"

88) 주 6)과 同.

89) 吳英善, 앞의 논문, 97쪽, 참조.

征袍庫 將校二 軍人五 … 90)

간수군은 장교와 잡직장교, 잡직장상, 군인 등으로 구성되었다. 여기에서 장교는 부병을, 군인은 농민병을 지칭하는 것이고, 잡직장교와 잡직장상은 잡류(雜類) 출신의 장교와 장상으로 추측된다.91) 위 간수군 조에는 장교들이 36개의 창고와 관서에 79명이 각각 배속되어 있었는데, 이들은 휘하에 잡직장상과 잡직장교, 그리고 농민병을 두고 간수군의 임무를 수행하였다.92)

한편 조회(朝會) 등 각종 의식에 동원되는 부병은 의장군이라 하였다.93) 국왕의 생일이나 정월 초하룻날, 동짓날에는 대관전(大觀殿)에서 조회를 거행하였는데, 이때 부병들은 장교로서 참여하였다. 의장군은 위장군(衛仗軍) 혹은 의위사(儀衛士)라고도 칭하였는데, 조회뿐만 아니라 법가(法駕)나 연등회, 팔관회를 거행할 때, 국왕이 서경이나 남경을 순행(巡幸)할 때, 서경과 남경을 순행하고 돌아오는 왕의 행차를 맞이할 때, 대사령(大赦令)을 선포할 때에도 동원되었고94), 또 각종 행사에 국왕이 거둥할 때의 의장인 노부(鹵簿)에도 동원되었다.95) 이러한 각종 의식에서 부병들은 장상의 지휘를 받고, 의무군인들을 통솔하면서 그 임무를 수행하였다.

부병들은 변방으로의 방수 임무도 수행하였다. 방수군은 부병만으로 편성되기도 하고, 혹은 부병들이 농민병을 통솔하는 형식으로 편성되기도 하였다. 즉 충렬왕 원년(1275) 7월에 "遣府兵四領 戌濟州"96)하였다 함은 부병만으로 방수군을 편성한 예이며, 다음에 보는 문종 15년(1061)의

---

90) 『高麗史』83, 兵 3, 看守軍, 中册, 816쪽.
91) 雜類에 대해서는 洪承基, 「高麗時代의 雜類」, 『歷史學報』57輯, 1973, 참조.
92) 『高麗史』83, 兵 3, 看守軍, 中册, 816~817쪽.
93) 『高麗史』72, 興服 1, 儀衛, 中册, 569쪽. "凡遇大禮大朝會 則有內外儀仗."
94) 上同. "朝會儀仗 法駕衛仗 燃燈衛仗 八關衛仗 西南京巡幸衛仗 奉迎衛仗 宣赦儀仗"
95) 『高麗史』72, 興服 1, 鹵簿, 中册, 580쪽, 참조.
96) 『高麗史』82, 兵 2, 鎭戌, 忠烈王 원년 7월, 中册, 796쪽.

판(判)은 부병들이 농민병들을 통솔하여 방수하는 예이다.

> 동계(東界)와 서계(西界)의 방수군(防戍軍)을 징발할 때 1령(領) 내
> 에 100인 이상, 1대(隊)에 3인 이상의 결원이 있으면 장군령(將軍領)의
> 대정(隊正)을 파직하고, 1교위령(校尉領)에 7인, 1별장(別將)·지유령
> (指諭領)에 15인, 1낭장령(郎將領)에 30인이 지휘 내에서 결원이 있으
> 면 영군직(領軍職)을 파직하되 참(叅) 이상은 (왕에게) 알리고 참외(叅
> 外)는 곧바로 파직하라.[97]

위 사료와 같이 대정, 교위, 별장, 낭장 등의 부병은 의무군인들을 통솔
하여 방수의 임무를 수행하였고, 이때 만약 결원이 생기면 파직되었다.
  한편 부병들은 각종 역역에 동원되기도 하였다. 원래 개경과 그 주변의
토목공사나 각종 역역은 번상 농민병들이 주로 담당하였으나, 번상병의
수는 얼마 되지 않았고, 전란이나 기근 등으로 농민들이 유망하여 번상도
제대로 이루어지지 않는 경우가 많았다. 이에 부병들이 노역에 동원되었
다. 이러한 사정을 정종 11년(1045) 5월의 게방(揭榜)은 다음과 같이 전하
고 있다.

> 국가의 제도에 근장(近仗) 및 제위(諸衛)는 영(領)마다 호군(護軍) 1
> 명, 중랑장(中郎將) 2명, 낭장(郎將) 5명, 별장(別將) 5명, 산원(散員) 5
> 명, 오위(伍尉) 20명, 대정(隊正) 40명, 정군방정인(正軍訪丁人) 1,000
> 명, 망군정인(望軍丁人) 600명을 두어, 무릇 호가(扈駕)와 내외(內外)
> 의 역역(力役)을 하지 않음이 없었다. 근래에 화란(禍亂)을 겪으면서
> 정인(丁人)이 많이 누락되었는데, 정인이 하는 일이 천역(賤役)이 되었
> 음에도 녹관(祿官) 60명으로 하여금 이를 대신하게 하였다. 이로 인하
> 여 영(領)의 역(役)이 매우 어렵고 괴로워 서로 다투어 피하려고 하니,
> 오위(伍尉)와 대정(隊正) 등이 이를 감당할 수가 없었다. 만일 국가에

---

97)『高麗史』 81, 兵 1, 兵制, 文宗 15년, 中冊, 779쪽.

역역(力役)이 있으면 추역군(秋役軍)·품종(品從)·5부방리(五部坊里)의
각 호(戶)에서 쇄출(刷出)하여 소란을 일으키기도 하였다.[98]

이와 같이 당시 고려 정부는 농민병[丁人]이 부족해지자 부병을 역역에
동원하고, 부병들이 부족해지자 일반민들을 역역에 동원시키고 있었다.
부병들의 역역 동원은 비단 정종 대에 국한된 현상이 아니었다. 고려 전
시기에 걸쳐 부병은 역역 동원에 고통을 겪고 있었다. "각 영(領)의 교위
이하가 국역에 고통을 받고 있다."[99]라거나 "각 영부(領府)의 대정인(隊正
人)들의 노역이 나날이 심해지고 있다."[100]라는 상황이었다. 이에 "군사
들에게 잡역(雜役)을 면제시키도록 하라."[101], "급하지 않은 노역은 없애
라."[102]라 하여 고려의 국왕들은 끊임없이 부병들의 역역을 경감하라는
명령을 내리지만, 농민병의 동원이 제대로 이루어지지 않는 상황에서 시
급한 토목공사는 상비병인 부병의 몫이었다. 고종 46년(1259) 6월 원나라
가 고려로 하여금 강화도의 방어시설인 내·외성을 헐게 하였을 때, 부병
들은 고역을 이기지 못하여 울면서 "이럴 줄 알았다면 성을 쌓지 않았던
것만 못하다."[103]라고 말할 정도였다. 부병들은 이와 같이 국왕의 시위와
도성의 경비, 방수 등과 더불어 각종 역역에도 동원되고 있었다.

지금까지 부병들이 시위군(侍衛軍), 순검군(巡檢軍), 점검군(點檢軍), 위
숙군(圍宿軍), 간수군(看守軍), 의장군(儀仗軍), 방수군(防戍軍) 등으로 활
동하였고, 각종 역역에도 동원되었음을 살펴보았다. 위의 여러 군종은 별
도의 군대였던 것이 아니라 바로 부병의 임무와 역할에 따른 칭호였던 것

---

98) 『高麗史』81, 兵 1, 兵制, 靖宗 11년 5월, 中冊, 777쪽.
99) 『高麗史』75, 選擧 3, 銓注, 忠烈王 24년 정월, 中冊, 632쪽. "各領校尉以下 困於國役"
100) 『高麗史』35, 世家, 忠肅王 12년 10월 乙未, 上冊, 714쪽. "各領府隊正人等 勞役日深"
101) 『高麗史』81, 兵 1, 兵制, 穆宗 5년 5월, 中冊, 776쪽. "令其軍士蠲除雜役"
102) 『高麗史』81, 兵 1, 兵制, 文宗 25년 6월, 中冊, 779쪽 ; 『高麗史』11, 世家, 肅宗 6
    년 6월 甲辰, 上冊, 234쪽.
103) 『高麗史』24, 世家 24, 高宗 46년 6월 癸未, 上冊, 500쪽.

이다. 물론 이러한 군종 중에는 부병만으로 이루어진 군종도 있었고, 장상과 부병, 농민병으로 이루어진 군종도 있었다. 후자의 경우에도 부병은 장교로서 군대의 중추적인 역할을 수행하였다. 이에 정도전은 "고려가 강성할 때에는 부병이외에 다른 군인은 없었다."[104]라고 말할 정도였다. 그러나 무신집권기와 원 간섭기를 거치면서 2군 6위제가 허설화되고 부병제가 붕괴되자 부병들은 각종 임무를 제대로 수행하지 못하게 되었다. 이에 위국초맹반(衛國抄猛班)이라든가, 홀치·충용위 등이 설치되어 국왕 시위를 대신하게 되고, 야별초·순군 등이 등장하여 도성 경비 임무를 맡게 된다.

4. 부병에 대한 통제

앞에서 살펴본 바와 같이 부병은 다양한 군종에 소속되어 국왕의 시위와 도성의 경비, 방수, 역역 등을 담당하였다. 즉 이들은 대내적으로 집권 세력의 권력 기반으로서 정치·사회 질서의 유지에 중추적 역할을 담당하였고, 대외적으로 외적의 방어에도 참여하였다. 그런데 부병은 무력 집단으로서 이들의 정치적 향배는 정권의 변동에 적지 않은 영향력을 끼쳤다. 부병은 집권 세력의 정치 질서 안정에 필수적인 무력 기반이었지만, 또한 정치 질서의 안정을 깨뜨릴 수 있는 양면성을 가지고 있었던 것이다. 12세기 무신정권의 등장과 같이 부병이 지배체제에 반기를 들었을 때, 그 지배체제의 몰락은 필연적이었다. "兵猶火也 不戢將自焚"[105]이라는 말과 같이 병은 제대로 다루지 않으면 그 불에 스스로 타버릴 수 있는 존재였다. 무신집권 이전까지 고려는 병권의 장악과 통제에 그 무엇보다 세심한 주의를 기울였다.

고려시기의 병권은 발명(發命), 발병(發兵), 장병(掌兵)으로 삼분(三分)

---

104)『太祖實錄』5, 太祖 3년 2월 己亥, 1冊, 58쪽. "前朝盛時 唯府兵外 無他軍號"
105)『定宗實錄』4, 定宗 2년 6월 癸丑, 1冊, 177쪽.

되었다고 전해진다.[106) 발명은 군사의 동원을 명령하는 것이고, 발병은 군사를 동원하여 장수들에게 배속시키는 것이며, 장병은 군사를 직접 지휘·통솔하는 것이다. 발명은 정치적인 사항이고, 발병은 행정적인 것이며, 장병은 군사적인 것이다. 이 중 장병권은 군사를 직접 통솔하는 것으로서 매우 주의를 요하는 사항이었다. 고려의 군률은 상관의 명령에 따르지 않는 '사졸(士卒)로서 자기 장수의 통제를 따르지 않은 자'는 참형에 처하도록 되어 있었다.[107) 이에 군인들은 상관의 명령에 선악을 판단하지 않고 복종하였다. 태조 대에 일어난 환선길의 난은 군인들이 상관의 명령에 따라 반란도 서슴지 않고 있음을 잘 보여주고 있다.

고려초기 국가에서 장병권에 대하여 취한 조치는 우선 지위가 낮은 자로 하여금 군인을 통솔하게 한다는 점이다. 환선길과 같이 지위가 높은 자가 군인을 통솔할 경우 정권을 탈취하려는 욕심이 생기기 마련이다. 이에 반해 지위가 낮은 자는 지위를 상승시키는 것이 일차적인 관심사다. 이들은 다른 동료들보다 빨리 승진하기 위해 경쟁할 뿐이다. 고려와 같은 중세국가에서 빨리 승진하는 길은 국왕의 총애를 얻는 것이었고, 국왕의 총애를 얻는 길은 국왕에 대한 충성심을 인정받는 것이기에, 이들은 동료들과 충성 경쟁을 통해 국왕의 총애를 얻으려 하였다. 국왕에게 충성을 다하려 하는 저위자(低位者)로 하여금 장병(掌兵)하게 하는 것이야말로 국가로서는 '장치구안지책(長治久安之策)'인 것이다. 태조 3년(1394) 정도전은 이에 대하여 다음과 같이 상서하고 있다.

군사를 거느린 사람은 직위가 낮으면 윗사람의 명령을 순종하게 되어, 사역(使役)하기가 쉬우며, 그 본분을 편안하게 지키는데, 지금 조정에서 비록 도독(都督)·지휘(指揮)·천호(千戶)가 있지마는, 군사를 맡

---

106) 『定宗實錄』 4, 定宗 2년 4월 辛丑, 1冊, 170쪽.
107) 『高麗史』 85, 刑法 2, 軍律, 中冊, 870쪽. "士卒不從其將節制者"

은 사람은 백호(百戶)이고, 고려 왕조에서 비록 중추부(中樞府)·병조
(兵曹)·상장군(上將軍)·대장군(大將軍)이 있었지마는, 군사를 맡은 사
람은 장군(將軍)이었으니, 이것은 장구히 치안(治安)을 유지하는 계책
이었습니다. 본조(本朝)의 부병(府兵)의 제도도 이미 이 뜻이 있었으
니, 장군으로 하여금 오원 십장(五員十將)과 육십 위정(六十尉正)을 맡
게 하고, 대장군 이상은 참예하지 못하게 하였습니다.108)

즉 고려의 2군 6위는 편제상 각각 1인의 상장군이 이를 통솔하고 1인
의 대장군이 부(副)하였으며, 45령의 각 령은 1인의 장군이 통솔하도록 하
였으나, 실제 부병을 통솔하는 것은 장군이었고, 상장군·대장군은 이에
간여할 수 없었던 것이다.

한편 고려 국가는 정4품 장군에 한하여 부병을 통솔하게 하면서도, 이
들 간에 공적 업무 이외의 사적인 접촉은 일체 금지하였다. 철저한 장졸
분리(將卒分離) 제도를 시행한 것이다. 태종 14년(1414) 2월 병조에서는

전조(前朝)의 성시(盛時)에 시위(侍衛)하는 병사가 다만 번(番) 갈아 입
직(入直)할 때 감히 그 장수(將帥)에게 사알(私謁)하지 못하였으며, 길거리
에서 서로 만나도 또한 감히 사사로이 말하지 못하였습니다.109)

라 하여 고려가 강성할 때에는 시위병들이 장군을 사적으로 만날 수도 없
었다고 한다. 따라서 평상시 장군과 부병 간에는 일원적인 지휘체계가 성
립되어 있지 않았다(단 앞에서 본 바와 같이 견룡군은 예외이다). 장군은
장군방(將軍房)에, 각 계급의 부병들은 낭장방(郞將房), 산원방(散員房),
교위방(校尉房) 등과 같은 자신들의 집회소에 소속하였다가 국왕의 시위,
도성의 경비, 훈련과 전투 등 공적 업무가 있을 때마다 해당 장군 휘하에

---

108) 『太祖實錄』 5, 太祖 3년 2월 己亥, 1冊, 59쪽.
109) 『太宗實錄』 27, 太宗 14년 2월 癸丑, 2冊, 6쪽.

동원되었던 것으로 보인다. 이때 각 장군 휘하에 군인을 배속시키는 것은 발병권자가 하는 일로서, 중추원이나 병부에서 담당하였을 것이다. 이러한 체제하에서 일사불란한 명령 수행이 제대로 이루어질 수 없었다. 『고려사』, 송저 열전에서

> 지금 중방(重房)에서 일을 행하면 장군방(將軍房)에서 저지하고, 장군방에서 의견을 내면 낭장방(郎將房)에서 저지한다. 서로 모순이 되니 정령(政令)이 발표되어도 민(民)이 따르지 못하게 되었다. 110)

라고 하는 바와 같이, 중방과 장군방, 낭장방 등이 상호 모순된 정령(政令)을 내보내는 일까지 일어났다. 이 사료는 무신집권 초기의 기록이지만, 고려초기 이래 병권을 분리·통제하려는 정책의 결과로 보인다.111) 즉 무신집권 이전까지 고려는 병권이 개인에게 넘어가는 일이 없도록 철저한 공병제 체제를 유지하였다.

또한 고려초기에는 대내적 변란과 대외적 전쟁 등으로 군대를 동원할 때에도 지휘권은 문신들이 장악하게 하였다. 유사시에는 2군 6위의 군인들이 3군, 또는 5군으로 재편성되어 출동하였는데 이때 3군 또는 5군의 군사지휘권은 문신들의 손에 넘어가 있었던 것이다.112) 고려전기의 명장으로 알려진 강감찬·윤관이나, 묘청의 난을 진압할 때 최고지휘관이었던 김부식이 모두 과거에 급제한 문신이었다. 문신들은 유자(儒者)로서 국왕

---

110) 『高麗史』 101, 列傳 14, 宋詝, 下冊, 233쪽.
111) 무신집권 이후에는 '毅明以降 武臣用事 重房之權 益重 (『高麗史』 77, 百官 2, 西班, 中冊, 694쪽)'이라거나 '軍國權柄 屬之重房者 實由義方之力(『高麗史』 128, 列傳, 李義方, 下冊, 782쪽)'이라 하듯이 중방의 권한이 막강해진다. 무신집권기의 중방에 대해서는 閔丙河, 「武臣政權의 支配機構」, 『高麗武臣政權硏究』, 성균관대 출판부, 1990, 참조.
112) 이에 대해서는 邊太燮, 「高麗朝의 文班과 武班」, 『高麗政治制度史硏究』, 一潮閣, 1971, 참조.

에 대한 충성심이 무신들에 비해 월등하였으며, 군인들과의 인적 관계도 적어 반란의 위험이 없었던 것이다. 한편 전란이 종식되면 "군사는 부(府) 에 흩어지고 장수는 조정으로 돌아온다."[113]라는 부병제의 이념에 따라 군사들은 평시 체제로 돌아갔으며 지휘관들은 조정에 복귀하는 것이 원 칙이었다. 고려전기 국가는 이와 같이 장졸분리 정책을 시행하여 '將帥無 握兵之重'[114]하도록 하였다.

한편 부병에 대하여서는 우대와 통제, 은(恩)과 위(威)를 병행하면서 국 왕에게 충성을 다하도록 하였다. 우선 국가에서는 이들에게 과전과 녹봉 을 지급하였다. 부병은 세록(世祿)으로서 6~14과에 이르는 전지(田地)와 시지(柴地)를 지급받았는데, 이들 전체에게 지급된 전지(田地)의 양은 문 종 30년 경정전시과를 기준으로 124,030결에 달하였다. 이것은 이 당시 문무양반 관료 전체에게 지급된 전지의 83%에 이르는 양이었다.[115] 이와 아울러 부병들은 직무수행에 대가로서 녹봉을 지급받았는데, 이들 전체 에게 지급된 녹봉의 양은 문종 녹제(祿制)를 기준으로 98,833여 석이었 다.[116] 이것은 국가의 녹봉을 담당하던 좌창(左倉)의 세입 139,736석 13 두[117]의 71%에 달하는 양이었다. 이와 같이 국가에서는 막대한 재정적 부담을 감수하면서 부병을 우대하였다.

보수나 승진의 측면에서 부병은 문반 관료보다 우대된 것으로 보인다.

---

113) 『太宗實錄』24, 太宗 12년 7월 戊申, 1冊, 644쪽. "兵散於府 將歸於朝"
114) 上同.
115) 拙稿, 앞의 논문, 129쪽.
116) 拙稿, 앞의 논문, 115쪽에는 부병의 관직별 인원수가 나온다. 이것을 『高麗史』 80, 食貨 3, 祿俸, 文武班祿의 文宗 30년 녹봉 지급액과 곱해보면 대략, 中郎將 90 명×120石=10,800石, 郎將 222명×86石10斗=19,240石, 別將 222명×46石10斗 =10,360石, 散員 223명×33石5斗=7,433石, 校尉 900명×23石 5斗=21,000石, 隊正 1800명×16石10斗=30,000石 합계 98,833石이 나온다.
117) 『高麗史』80, 食貨 3, 祿俸, 中冊, 751쪽. "高麗祿俸之制 至文宗大備 以左倉歲入 米 粟麥 摠十三萬九千七百三十六石十三斗 隨科准給"

우선 앞의 문종 전시과에서 부병은 같은 품계의 문관에 비하여 더 많은 전지와 시지를 지급받고 있었다. 즉 정5품 중랑장이 97결을 받은데 비해 같은 품계의 문관 낭중(郎中)은 81결을 지급받았고, 정6품 낭장이 81결을 받은데 비해 같은 품계의 문관 원외랑은 65결을 지급받았던 것이다.[118] 또 부병들은 문관보다 승진의 기회가 많았다. 대내외 전란이 있을 때마다 부병들은 대량으로 승진하였고, 개중에는 고속 승진하는 자도 있었다.[119] 한편 음서의 혜택을 받지 못하는 6품 이하 문관의 자제들은 과거에 합격하지 않으면 입사할 수 없었으나, 부병의 자제들은 전정연립(田丁連立)에 의거하여 부조(父祖)의 뒤를 이어 입사하고 있었다.[120] 이와 같이 부병들은 보수, 승진의 측면에서 문관보다 우대되었고, 국왕 역시 "좋은 미끼를 드리우면 반드시 걸려드는 물고기가 있고, 상을 많이 내리면 반드시 용사가 모이게 된다."[121]라는 말들을 인용하면서 부병들의 환심을 사기 위해 노력하였다. 국가의 행사가 있을 때마다 부병들에게 차(茶), 포(布) 등을 하사하였고, 또 열무(閱武)나 열사(閱射) 등을 행하여 군인들에게 상품을 지급하였던 것이다. 최충헌 역시 집권한 이후 무사들의 마음을 얻기 위해 분주하였다.[122]

부병은 위와 같이 보수, 승진의 측면에서는 문관보다 우대되었으나, 이들의 정치적, 학문적 활동은 철저히 차단되었다. 인종 9년(1131) 3월의 제(制)에는

    문관 상참(常參) 이상과 한림(翰林)·사관(史館)·국학(國學)·보문각(寶

---

118) 邊太燮,「高麗武班研究」, 앞의 책, 376쪽.
119) 邊太燮, 앞의 논문, 349쪽, 참조.
120) 拙稿, 앞의 논문, 124~125쪽.
121)『高麗史』3, 世家 3, 穆宗 5년 5월, 上冊, 82쪽. "芳餌之下 必有懸魚 善賞之朝 必有勇士"
122) 주 18)과 同. "欲得武士心"

文閣·식목(式目)·도병마사(都兵馬使)·영송도감(迎送都監)·행 영녹사(行
營錄事)·군후원(軍候員), 무관 4품 이상은 각각 봉사(封事)를 올려 국가
의 중요사안의 이해에 관해 말하라[123]

라 하여, 문관 상참(6품)이상과 한림을 비롯한 여러 관리들, 무관 4품 이
상에게 군국의 이해에 관한 봉사를 올리도록 하였다. 무관 5품 이하인 부
병에게는 봉사를 올릴 기회조차 주지 않은 것이다. 또 인종 11년 정월에
는 예종 대에 설치한 무학재(武學齋)를 폐지하면서 "무학이 점차 번성하
여 장차 문학(文學)하는 사람들과 각을 세워 불화하게 되면 매우 편치 못
할 것이다."[124]는 것을 그 이유로 들고 있었다. 군인들이 경서, 병법 등 무
학을 공부하면 문인과 대립하게 되므로 불편하다는 것이다. 이와 같이 부
병들은 보수나 승진에서는 우대를 받았으나, 정치적·학문적 활동은 제한
받았다. 즉 이들은 단지 관직과 녹봉을 후하게 지급받으면서 자신의 임무
에만 충실하길 요구받았던 것이다.

　고려전기의 부병제는 공병제로 운영되고 있었다. 상장군, 대장군은 부
병에 대해 간여할 수 없었고, 부병을 직접 통솔하는 장군 역시 공적 임무
에만 부병과 접촉할 수 있었다. 또 부병에 대해서도 우대와 통제를 병행
하면서 정치 질서의 안정을 도모하였다. 그러나 국가의 이러한 병권 장악
과 부병의 통제에도 불구하고 고려시기 내내 크고 작은 군란이 끊임없이
일어나고 있었다. 예를 들어, 태조 원년의 환선길, 이흔암의 역모 사건을
필두로, 현종 5년(1014)에는 상장군 김훈, 최질 등이 부병을 이끌고 난을
일으켰으며[125], 문종 26년(1072)에는 교위 거신(巨身)이 무리 1,000여 명
과 함께 왕을 폐(廢)할 것을 도모하였고[126], 숙종 8년(1103)에는 대장군

---

123)『高麗史節要』9, 仁宗 9年 3月, 249쪽.
124)『高麗史』74, 選擧2, 學校, 仁宗 11년 정월, 中册, 627쪽.
125)『高麗史』4, 世家 4, 顯宗 5년 11월 癸未, 上册, 94쪽.
126)『高麗史節要』5, 文宗 26년 7월, 147쪽.

고문개(高文盖), 장홍점(張洪占) 등의 역모 사건이 발발하였으며[127], 예종 7년(1112)에는 승통 탱(竀)의 불궤(不軌)에 별장 김유성(金有成) 등이 가담하였고[128], 의종 10년(1156)에는 낭장 최숙청(崔淑淸)의 역모 사실이 발각되었다.[129] 이와 같이 무신정변 이전에도 이미 여러 차례 군란이 일어나고 있었다. 국가로서도 이러한 사정으로 부병에 대한 우대와 통제가 더욱 절실하였을 것이다.

병권의 통제와 장악은 국가가 정상적으로 운영될 때에만 가능하였다. 즉 국가에서 군인들에 대한 우대와 통제가 순조롭게 진행될 때 군인들의 충성심이 흔들리지 않는 것이다. 만약 이들에 대한 우대가 철회된다거나, 통제가 해이해질 때 군인들의 동요는 걷잡을 수 없는 사태로 치달을 가능성이 있었다. 앞에서 언급한 현종 5년 상장군 김훈, 최질의 난은 중추원사 장연우(張延祐)와 일직 황보유의(皇甫兪義)가 경군의 영업전을 빼앗아 녹봉에 충당하려하자, 이들이 부병을 선동하여 반란을 일으킨 사건이었다. 이는 군인들이 자신에 대한 처우가 소홀해지면 주동자를 따라 반란에 가담하는 성향이 있음을 보여준다. 의종 24년(1170)의 무신정변은 바로 국가의 군인들에 대한 우대와 통제가 제대로 이루어지지 않는 가운데 발생하였다.

무신정변은 흔히 '정중부의 난'이라고 알려질 만큼 정중부가 무신정변을 일으킨 장본인으로 지목되어 왔다. 또 일찍이 김부식의 아들 김돈중이 촛불로 그의 수염을 태운 데 앙심을 품고 반란을 일으켰다는 지적도 있었다.[130] 그런데 김돈중이 정중부의 수염을 태운 사건을 자세히 살펴보면, 인종 대에 이미 군인에 대한 우대와 통제가 마비되고 있음을 엿볼 수 있다.

---

127) 『高麗史節要』7, 肅宗 8년 8월, 181쪽.
128) 『高麗史節要』7, 睿宗 7년 8월, 202쪽.
129) 『高麗史節要』11, 毅宗 10년 12월, 288쪽.
130) 『高麗史節要』10, 仁宗 22년 5월, 274쪽.

정중부는 해주 사람이다. … 인종(仁宗) 때에 비로소 견룡대정(牽龍
隊正)으로 임명되었다. 섣달 그믐날 밤에 나례(儺禮)를 베풀고 잡기(雜
技)를 실시하였는데, 왕이 와서 관람하였다. 내시(內侍)·다방(茶房)·견
룡 등이 서로 뛰어다니며 즐겼다. 그때 내시 김돈중(金敦中)이 나이는
어렸지만 기백이 날카로웠는데, 그만 촛불로 정중부의 수염을 태웠
다. 정중부가 김돈중을 때리고 욕을 보이니, 김돈중의 아버지 김부식
(金富軾)이 화를 내고 왕에게 정중부를 처벌하자고 아뢰었다.[131]

위에서 김돈중이 정중부의 수염을 촛불로 태운 행위는 당시 군인을 천
대하는 풍조가 만연하였음을 짐작하게 하며, 정중부가 자신의 수염을 촛
불로 태웠다하여 품외인 대정(隊正)에 불과함에도 불구하고 국왕 측근이
고 재상의 아들인 김돈중을 붙잡아 욕을 보이고 있는 것은 군인에 대한
통제가 제대로 이루어지지 않고 있음을 잘 보여준다.

군인에 대한 우대와 통제가 상실된 상황 하에서 무신정변과 같은 군사
반란은 일어날 수밖에 없었다. 군인에 대한 충분한 보수와 승진이 보장되
고, 또 이들에 대한 적절한 통제가 가해질 때 군사반란은 방지할 수 있는
것이다. '兵猶火也 不戢將自焚'이라는 말과 같이 병은 제대로 통제하지 않
으면 엄청난 혼란을 가져올 수 있는 존재인 것이다. 무신정변 이후 고려
사회는 정치, 사회, 경제, 문화 각 분야에서 커다란 변화를 겪게 된다. 부
병제 역시 공병제 체제가 붕괴하였다. 병권을 발명, 발병, 장병으로 구분
하고, 지위가 낮은 자에게 장병권을 부여하며, 장졸분리를 원칙으로 한
고려전기의 공병제는 무신정변 이후 개인이 병권을 장악하고, 지위가 높
은 자가 장병권을 행사하며, 장졸일치의 형태를 띤 사병제로 전환한 것이
다. 사병제는 무신집권기와 원간섭기를 거쳐 고려말까지 존속하다가 이
를 기반으로 한 이성계의 조선 건국 이후, 태종대에 혁파되게 된다.

---

131) 『高麗史』128, 列傳 41, 鄭仲夫, 下册, 774쪽.

5. 맺음말

지금까지 고려시기 부병(府兵)의 여러 칭호를 검토하고 부병의 임무와 활동, 그리고 이들에 대한 국가의 통제 등에 대하여 살펴보았다. 이것을 정리하면 다음과 같다. 고려시기의 중앙군은 2군 6위로 편제되었고, 2군 6위는 부병과 농민병으로 구성되었다. 이중 부병은 5품 이하 무관에 대한 호칭으로서, 개경에 상주하면서 군무에 종사하여 경군·중군·내군 등으로 도 칭해졌다. 5품 이하 무관에 대한 칭호는 이외에도 다양한 용어가 사용되었다. 군인(軍人)·군사(軍士)·군졸(軍卒)이나 사(士)·무사(武士)·장사(壯士)·위사(衛士)·장사(將士) 등으로도 불렸던 것이다. 군인·군사·군졸 등이 5품 이하 무관 즉 부병과 농민병을 혼칭하는 용어라면, 사·무사·장사(壯士)·위사·장사(將士) 등은 주로 부병을 지칭하는 용어였다. 한편 부병은 문반 관료와 대비하여 무반 관료를 형성하였으므로 무관(武官)·무신(武臣)·무인(武人)·무부(武夫)·무변(武弁) 등의 용어로 호칭되었고, 무직자인 농민병과 대비하여 장교층을 형성하였으므로 장교(將校)·군교(軍校)·장상(將相)·군장(軍將) 등으로 불렸다. 또 이들은 갑옷을 입고 말을 타고 활을 쏘는 군사이므로 갑사(甲士)·기사(騎士)·사사(射士) 등으로 표현되기도 하였다.

위와 같이 고려시기에 5품 이하 무관에 대한 호칭은 부병 이외에도 다양한 용어로 사용되고 있었다. 그런데 이것은 일반적인 호칭이고 부병은 맡은 임무와 역할에 따라 별도의 특수한 칭호가 붙여지고 있었다. 부병은 전시에는 농민병을 이끌고 지휘관으로서 전투에 임하여야 했지만, 평시에는 각기 고유한 임무를 수행하고 있었다. 평상시 국왕 시위의 임무를 맡은 부병은 시위군(侍衛軍) 등으로 불렸고, 도성의 치안을 담당하는 부병은 순검군(巡檢軍), 점검군(點檢軍)이라 칭하였으며, 개경과 그 부근의 여러 문과 궁, 능을 지키는 부병은 위숙군(圍宿軍)이라 칭하였고, 왕궁의 내탕(內帑)과 주요 관서를 지키는 부병은 간수군(看守軍)이라 칭하였으며, 조회 등 각종 의식에 동원되는 부병을 의장군(儀仗軍) 등으로 칭하였고, 양계 지방에 파견되어 방수 임무를 수행하는 부병은 방수군이라 칭하였다. 이와 같이 부병은 평상시 다양한 임무와 역할을 수행하였고, 또 그 임무와 역할에 걸맞은 호칭으로 불리고 있었다. 물론 위에서 열거한 여러 군종 모두 부병만으로 이루어진 것은 아니었다. 부병만으로 이루어진 군종도 있었지만, 부병과 더불어 농민병도 포함된 것도 있었다.

부병만으로 이루어진 군종은 시위군과 순검군이었다. 시위군 중 대표적인 것은 응양·용호 2군으로서, 이들은 국왕의 최측근에 위치하여 근장(近仗)이라고도 칭해졌고, 부병 가운데에서도 우수한 자들이 선발되어 충원되었다. 근장 이외에 시위군으로서 활동하는 또 다른 부병 조직으로 견룡군(牽龍軍)이 있었다. 견룡군 역시 근장처럼 부병 가운데 우수한 자들이 선발되어 충원되었는데, 이들은 지유-행수라는 별도의 지휘체계 하에 운영되었다. 고려초기 부병제는 장졸분리가 원칙이었으나 견룡군 만은 예외였다. 이들은 선발된 집단으로서 고정된 지휘체계 하에 운영되어 다른 부병들과 달리 강한 결속력을 지녔고, 이러한 결속력이 있었기 때문에 무신란 당시 주체세력으로 활동할 수 있었다. 순검군 역시 부병으로 구성되어 도령-지유의 지휘체계 하에 운영되었으나, 이들은 부병들이 순환 배속되는 형태로 운영되었을 것으로 보인다. 점검군, 위숙군, 간수군, 의장군, 방수군 등은 부병과 농민병이 합속한 군종이었다. 이들은 대체로 4품 이상으로 이루어진 장상(將相)과 5품 이하 무관 즉 부병으로 이루어진 장교(將校), 그리고 의무군인인 농민병으로 구성되었다. 이들 제 군종에서도 부병은 장교로서 중추적인 역할을 수행하였다.

고려전기 국가는 부병을 철저한 공병제로 운영하였다. 즉 병권을 발명, 발병, 장병으로 삼분(三分)하고, 이중 직접 군사를 통솔하는 장병권은 저위자(低位者)에게 부여하였다. 이에 따라 고려초기 부병을 통솔하는 것은 정4품 장군이었고, 그 위의 상·대장군은 이에 간여할 수 없었다. 한편 장군과 부병 사이에도 공적인 업무 이외에 사적인 접촉은 일체 금지하였다. 장졸분리 제도를 시행한 것이다. 이에 따라 평상시 장군과 부병 사이에는 일원적인 지휘체계가 성립되지 않았고, 공적 업무가 있을 때마다 해당 장군 휘하에 군인들이 배속되었다. 그리고 비상시 군대를 동원할 때도 지휘권은 문신들이 장악하게 하였다. 부병에 대해서는 우대와 통제를 병행하였다. 국가에서 이들에게 직역의 대가로 과전과 녹봉을 지급하였는데, 이들에게 지급된 전지(田地)의 양은 전체 양반 관료에게 지급된 수조지의 83%에 달하였고, 또 녹봉의 양은 좌창 세입의 71%에 달하였다. 보수와 승진의 측면에서 부병들은 문관보다 우대되었다. 부병은 같은 품계의 문관보다 더 많은 전지와 시지를 지급받았고, 승진도 훨씬 유리하였다. 그러나 부병의 정치적·학문적 활동은 철저히 차단되었다. 이들은 단지 보다 유리한 보수와 승진 체계 속에서 자신의 임무에만 충실하길 요구받았던 것이다.

병권의 통제와 장악은 국가가 정상적으로 운영될 때에만 가능하였다. 국가에서 군인들에 대한 우대와 통제가 순조롭게 진행될 때 군인들의 충성심이 동요되지 않는 것이다. 만약 이들에 대한 우대가 철회되거나, 통제가 해이해질 때 군인들의 동요는 걷잡을 수 없는 사태로 치달을 가능성이 있었다. 의종 24년에 일어난 무신정변은 바로 국가의 군인에 대한 우대와 통제가 제대로 이루어지지 않는 가운데 발생한 것이다. 무신정변 이후 부병의 공병제는 붕괴되고 개인이 병권을 장악하고, 고위자(高位者)가 장병권을 행사하며, 장졸일치의 형태를 띤 사병제로 전환하게 된다. 사병제는 고려후기 내내 존속하다가 이를 기반으로 한 이성계의 조선 건국 이후, 태종대에 혁파되었다.

[『역사교육』73집, 2004. 4 수록]

9장

고려·조선초기의 부병

1. 머리말

고려와 조선초기의 중앙군에 대하여 지금까지 적지 않은 연구가 이루어져 왔다.[1] 특히 고려전기의 중앙군에 대해서는, 이것이 고려 군제의 골격을 형성하고 이를 통해 고려 사회의 구조를 살필 수 있다는 점에서, 연구자들 사이에서 열띤 논쟁이 전개되었다. 그 결과 6·70년대에는 고려전기의 중앙군은 모두 일종의 하급관료층인 군반씨족이라는 전문적인 군인 집단으로 구성되었다고 주장하는 군반제설과 병농일치의 원칙에서 지방에서 번상한 농민으로 구성되었다고 주장하는 부병제설이 대립되었다. 그런데 80년대 후반부터 군반제설과 부병제설이 각각 지니고 있는 논의 방식을 종합하여 고려전기 중앙군에는 양자의 요소가 혼합되어 있는 것으로 이해하려는 경향이 나타났다. 이른바 '이원적 구성설'이라고도 불리는 이러한 이해 방식은 비록 세부 내용에서는 다양한 차이를 드러내지만 오늘날 고려 군제사 연구에 커다란 영향을 미치고 있는 실정이다.

고려시기 군제사 연구의 논쟁은 부병(府兵)의 성격 문제를 둘러싸고 전

---

1) 고려와 조선전기 군제사 연구의 현황에 대해서는 다음 논문 참조.
尹薰杓, 「高麗時代 軍制史 硏究의 現況과 課題」, 『軍史』 34, 1997.
吳宗祿, 「朝鮮前期 軍事史 硏究의 現況과 課題」, 『軍史』 36, 1998.

개되기도 하였다. 부병제설을 주장하는 측에서는 이 시기 사료에 빈번히 등장하는 부병이 병농일치에 따른 번상 농민병이라고 주장하였다. 이에 반해 군반제설을 주장하는 측에서는 부병 관련 사료를 검토하면서 "부병이 … 지방군부[折衝府]의 군인이 번상 시위하였다는 증거는 찾을 수가 없다."[2]라고 주장하고, 부병을 병농일치적인 번상 농민병으로 규정하는 것에 반대하여, 이들은 군반씨족 출신의 전문적 군인에 해당한다는 군반제설을 제기하였다. 이러한 군반제설에 대한 비판적인 검토는 다각도로 이루어졌으며[3], 이에 대해 군반제설의 입장에서 반론이 펼쳐지기도 하였다.[4] 한편 고려시기 중앙군의 이원적 구성을 주장하는 측에서는 대체로 부병을 번상 농민병으로 이해하는 경향이 있었다. 즉 고려시기 중앙군은 개경의 전업적 군인들(京軍, 상층군인)과 남도 주현의 자영농민군(外軍, 하층군인)의 두 부류의 군사들로 편성되어, 군반제적인 요소와 부병제적인 요소가 혼합된 이원적 형태로 이루어졌다는 것이다.[5] 이처럼 부병제설, 군반제설, 이원적 구성설 등은 각기 부병의 성격을 둘러싸고 논쟁을 전개해왔다.

고려시기 부병의 성격를 규명하기 위해서는 부병 용례부터 재검토할 필요가 있다. 즉 부병이라는 용어가 당나라의 것을 도입하였다고 하면, 당나라에서는 어떠한 의미로 사용되었는지, 그리고 또 고려에서는 어떠

---

2) 李基白, 「高麗 軍人考」, 『高麗兵制史硏究』, 一潮閣, 1968. 93쪽.
3) 鄭景鉉, 「韓國 軍事史硏究의 方法論의 反省-高麗前期 中央軍制를 中心으로」, 『軍史』 23, 戰史編纂委員會, 1991. ; 洪元基, 「高麗 軍班氏族制說의 學說的 意義와 限界」, 『軍史』 24, 1992.
4) 洪承基, 「高麗初期 京軍의 二元的 構成論에 대하여」, 『李基白先生古稀紀念韓國史學論叢』(上), 1994.
5) 張東翼, 「高麗前期의 選軍-京軍 構成의 理解를 위한 一試論」, 『高麗史의 諸問題』, 三英社, 1986. ; 洪元基, 「高麗 二軍·六衛制의 性格」, 『韓國史硏究』 68, 1990. ; 鄭景鉉, 「高麗前期 二軍六衛制硏究」, 서울대학교 박사학위논문, 1992. ; 吳永善, 「고려전기 군인층의 구성과 圍宿軍의 性格」, 『韓國史論』 28, 서울대, 1992. ; 鄭景鉉, 「高麗前期의 保勝軍과 精勇軍」, 『韓國史硏究』 81, 1993,

한 의미로 사용되었는지 그 용례를 역사 사실 속에서 구체적으로 확인해 보아야 한다. 그리고 부병의 지위와 편성, 이들의 충원과 급전(給田) 문제 등도 아울러 검토되어야 한다. 이것이 해명될 때 부병의 성격도 한층 분명하여 질 수 있는 것이다. 본고에서는 이러한 문제들을 고찰하여 고려시기 부병에 대한 이해의 바탕을 마련하고자 하였다. 그런데 본고에서는 고려시기의 부병 관련 사료가 매우 적어 조선초기 태종 때까지의 부병 관련 사료를 함께 참조하여 검토하였다. 조선초기 태종대는 고려적인 중앙군제에서 조선적인 중앙군제로 넘어가는 전환기였다. 즉 중앙군의 중추가 부병에서 갑사로 넘어가는 과도기였다.[6] 따라서 이 시기까지의 부병 역시 고려의 부병과 같은 범주에서 검토하여도 무방할 것으로 판단하였다.

2. 부병 용례의 검토

고려·조선초기의 군사체제는 대체로 중앙군과 지방군으로 구분된다. 중앙군이 국왕의 시위와 수도의 경비·방위를 담당하며, 때에 따라서는 변방 방어의 임무도 수행하는 군대라면, 지방군은 일정한 지역의 경비·방위를 전담하거나 유사시에 대처하는 군대이다. 고려·조선초기에는 전자가 후자보다 훨씬 중시되었다. 이것은 중앙집권체제를 유지한 중국의 여러 왕조에서도 공통적으로 나타나는 현상이기도 하다. "줄기는 강하게 하고 곁가지는 약하게 한다.(强幹弱枝)", "안은 무겁게 하고 밖은 가볍게 한다.(內重外輕)", "무거운 것으로서 가벼운 것을 통제한다.(以重御輕)", "안으로써 밖을 통제한다.(以內御外)" 등으로 표현되는 바와 같이 중앙군을 강

---

6) 조선초기의 甲士에 대해서는 車文燮,「鮮初의 甲士」,『朝鮮時代軍制研究』, 檀大出版部, 1973. ; 拙稿,「조선초기 甲士의 성립과 변질」,『典農史論』 2집, 서울시립대 국사학과, 1996 참조.

력하게 하고, 이러한 중앙군의 군사력을 바탕으로 지방을 통제한다는 것이 중세 국가의 통치 방법이었던 것이다. 따라서 수도에 위치한 중앙군은 전국 어느 군대보다 강력한 정예병으로 구성되어야 했다.[7]

고려·조선초기 사료에는 중앙군을 가리키는 용어로 부병(府兵)이라는 칭호가 여기저기에서 다수 보인다. 고려시기의 '屯府兵于闕庭'[8], '令府兵分守城門'[9], '遣府兵四領戍濟州'[10] 등이나, 조선초기의 '國家 內則有府兵'[11], '府兵足以巡綽'[12], '令爲府兵 以實禁衛'[13] 등이 그것이다. 그런데 이 시기의 부병이라는 칭호는 당나라 부병과 동일한 용어이고, 또 정도전이 『경제문감』에서 고려의 부병제는 자못 당나라 제도의 뜻을 취했다고 하는 말이나[14], 태종 2년(1402) 6월 승추부의 상소에서 조선초기의 부병이 당의 제도를 따랐다는 말을 통해 볼 때[15], 고려·조선초기의 부병이 당의 부병과 유사한 것임은 틀림없는 것으로 보인다.

당나라의 부병은 일반적으로 병농일치적인 군사로 이해되고 있다. 당덕종 정원(貞元) 2년(786) 상시(常侍) 이필(李泌)은 국왕과의 대화에서 다음과 같이 부병제에 대해 설명하였다.

> 부병은 평상시 농촌(田畝)에서 편안히 살면서 절충부(折衝府)의 통솔을 받고 절충부는 농한기에 군사훈련을 실시하며, 유사시에만 국가에서 이들을 징발합니다.[16]

---

7) 『退憂堂集』 권6, 疏箚, 陳所懷箚 "自古經國之遠猷 無不以根本爲先 京師必宿重兵 以制四方"

8) 『高麗史』 18, 世家, 毅宗 21년 정월 乙卯, 상책, 378쪽.

9) 『高麗史』 128, 列傳, 李義方, 하책, 782쪽.

10) 『高麗史』 82, 兵 2, 鎭戍, 忠烈王 원년 7월, 중책, 796쪽.

11) 『三峰集』 卷8, 「朝鮮經國典」 下, 政典, 軍制.

12) 『太宗實錄』 1, 太宗 원년 정월 丙寅, 1책, 191쪽.

13) 『太宗實錄』 3, 太宗 2년 2월 辛未, 1책 226쪽.

14) 『三峰集』 권10, 經濟文鑑 下, 衛兵. "'前朝盛時 府兵頗得唐制之意"

15) 『太宗實錄』 3, 太宗 2년 6월 癸丑, 1책 235쪽. "我朝府兵之制 一遵唐制"

여기에서 이필은 부병제를 병농일치적인 군제로서 국가에서 양병의
부담이 없다고 높이 평가하면서 그 복구를 주장하였다. 이후 북송의 정치
가 구양수(歐陽脩: 1007~1072) 역시 그가 편찬한『신당서』, 병지(兵志)
에서 당의 부병은 '농촌에 설치(寓之於農)'하여 정전제(井田制)에 기반을
둔 주(周) 군제의 대의(大意)를 취하였다고 말하였다. 17) 또 남송의 유학자
인 진부량(陳傅良: 1137~1203)이 편찬한『역대병제(歷代兵制)』에서도
같은 견해가 피력되고 있다.

> (당의) 부병제는 무사(無事)할 때에는 농사를 짓거나 서울에 번상
> 숙위하고, 유사시에는 장수에게 명하여 출군(出軍)하게 하며, 사태가
> 진정되면 군사를 파(罷)하여 병사들은 부(府)로 흩어지고 장수는 조정
> (朝廷)에 돌아오니, 군사들은 그 본업을 잃지 않고 장수들은 병권을 잡
> 는 일이 없어 화란의 기미를 미리 잘라 버렸으니 정전제가 폐지된 이
> 후 이보다 더 좋은 병제는 없다.18)

이와 같이 이필, 구양수, 진부량 등이 부병제를 정전제의 뜻을 이어 받
은 병농일치적인 군제라고 호평한 이후 일반적으로 '부병제=병농일치'
라고 이해되었고, '부병=번상농민병'이라고 인식되었다. 우리나라에서
도 부병은 번상 농민병과 동의어로 사용되었다.19)
당의 부병제는 병농일치적인 군제이고, 고려·조선초기의 부병이 당의

---

16)『文獻通考』151, 兵考 3, 兵制, 德宗 貞元 2년. "府兵 平日皆安居田畝 每府有折衝
領之 折衝以農隙教習戰陣 國家有事徵發"
17)『新唐書』50, 兵志. "蓋古者 兵法起於井田 自周衰 王制壞而不復 至於府兵 始一寓
之於農 其居處·教養·畜材·待事·動作·休息 皆有節目 雖不能盡合古法 蓋得其大意焉"
18)『歷代兵制』권6, 唐. "府兵之制 居無事則耕於野 其番上者宿衛京師而已 若四方有
事 則命將以出 事解輒罷 兵散於府 將歸于朝 故士不失業 而將帥無握兵之重 所以
防微杜漸 絶禍亂之萌也 自井田不復 兵制之善 莫出於此"
19)『文宗實錄』12, 文宗 2년 2월 癸酉, 6책 464쪽. "外方閑良 無役者甚多 請抄錄 以
爲府兵 各屬其邑 其中有武才者 上京侍衛"

제도를 따랐다고 하므로, 지금까지 고려·조선초기의 부병도 당연히 병농일치적인 군인일 것으로 인식되었다. 그러나 이미 지적된 바와 같이 고려·조선초기의 기록에서 이 시기의 부병이 병농일치적인 번상 농민병이었다는 증거는 찾을 수가 없다.[20] 다음 장에서 자세히 서술하겠지만, 오히려 정도전은 『조선경국전』에서 "국가는 안에는 부병이 있고, 또 주군에서 번상하는 숙위병이 있다."[21]라 하여 부병과 주군에서 번상하는 숙위병이 전혀 다른 별개의 존재임을 나타내었다. 이러한 것들은 고려·조선초기의 부병이 당나라의 병농일치적인 부병이 아닌 별도의 부병을 전범(典範)으로 삼은 것은 아닌가하는 의문을 품게 한다. 따라서 당의 부병에는 병농일치적인 부병 이외에 다른 형태의 부병이 있지는 않았는지 당나라의 부병제를 재검토할 필요가 있다.

당의 중앙군에는 부병으로 구성된 남아금군(南衙禁軍)과 당 고조가 기병할 때 원종(元從)했던 병사들로 편성한 '원종금군(元從禁軍)'을 원류로 하는 북아금군(北衙禁軍)이 있었다.[22] 남아금군은 궁성 남쪽를 수비하였고, 북아금군은 궁성 북쪽을 수비하였는데, 남아금군은 재상이 통솔하였고, 북아금군은 황제가 직접 통솔하는 군대였다. 그런데 북아금군은 소수에 지나지 않았고, 당 군대조직의 주력은 남아금군 즉 부병이었다. 당의 수도 장안에는 부병을 통솔하는 군사기구로서 16위(衛)가 있었다. 이에 부병제를 부위제(府衛制), 혹은 위부제(衛府制)라고도 칭했다. 이 16위 중 좌·우위(左右衛), 좌·우효위(左右驍衛), 좌·우무위(左右武衛), 좌·우위위(左右威衛), 좌·우영군위(左右領軍衛), 좌·우금오위(左右金吾衛)는 부병을 거느리는 영부(領府)로서 이들을 합쳐서 12위라 했고, 그 나머지 4위는 좌·

---

20) 李基白, 「高麗 軍人考」, 『高麗兵制史硏究』, 一潮閣, 1968. 93쪽.

21) 『三峰集』 卷8, 「朝鮮經國典」 下, 政典, 軍制. "國家 內則有府兵 有州郡番上宿衛之兵"

22) 唐의 군제에 대해서는 劉展, 『中國古代軍制史』, 軍事科學出版社, 1992. ; 劉昭祥, 「唐朝軍事組織體制編制」, 『中國軍事制度史-軍事組織體制編制卷』, 太陽出版社, 1997 등을 참고.

우감문위(左右監門衛), 좌·우천우위(左右千牛衛)로서 이들은 부병을 거느리지 않는 불령부(不領府)이다. 12위 이외에 부병을 거느리는 군사기구로서 동궁(東宮) 6솔(率)이 더 있었는데, 동궁 6솔은 좌·우위솔(左右衛率), 좌·우사어솔(左右司御率), 좌·우청도솔(左右淸道率) 등으로 이루어졌다.

12위와 동궁 6솔이 거느리는 부병은 다시 내부(內府; 혹은 내군이라고 칭함)와 외부(外府; 혹은 외군이라고 칭함)로 나뉘어졌다.[23] 내부는 좌우위에서 관할하는 친부(親府), 훈일부(勳一府), 훈이부(勳二府), 익일부(翊一府), 익이부(翊二府) 등 5부의 중랑장부와 그 외의 10위에서 관할하는 익부(翊府)의 중랑장부, 동궁 좌·우위솔에서 관할하는 친부(親府), 훈부(勳府), 익부(翊府) 등 3부이고, 외부는 전국 각처에 산재한 절충부(折衝府)이다.[24] 내부의 부병 중 특히 좌우위 5부에 소속된 친위, 훈위, 익위 3위의 군사들은 '3부 5위'라고 불렸는데, 이들은 각각 정7품 상(上), 종7품 상(上), 정8품 상(上)의 품계를 받았고, 총 정원은 4,963명에 달하였다.[25] 이 3위 5부에 대하여 진부량은 다음과 같이 말하였다.

> 3위 5부의 제도는 친위(親衛)의 부 1, 훈위(勳衛)의 부 2, 익위(翊衛)의 부 2이니, 이것이 3위 5부이다. 무덕(武德)·정관(貞觀)년 간(당 고조와 태종 시기)에는 부조(父祖)의 문음이 중시되어 2품과 3품의 자(子)는 친위에 충원되고, 3품의 손과 4품의 자는 훈위에 충원되며, 4품의 손, 5품의 자, 상주국(上柱國)의 자는 익위에 충원되어 매월 내부(內府)와 성문을 번상 숙위하였는데 그 후에 입관(入官)의 길이 막히면서 권

23) 內府, 外府에 대해서는 谷霽光, 「唐初府兵制的恢復及其全盛」, 『府兵制度考釋』, 上海人民出版社, 1962.와 劉展, 앞의 책, 244~245쪽. ; 劉昭祥, 앞의 책, 239쪽 등을 참고.
24) 劉昭祥, 앞의 책, 232~233쪽, 239~240쪽.
25) 『新唐書』49上, 百官志 4上, 十六衛. "親衛之府一 曰親府 勳衛之府二 一曰勳一府 二曰勳二府 翊衛之府二 一曰翊一府 二曰翊二府 凡五府 每府 中郎將一人 正四品下 左右郎將一人 正五品上 親衛 正七品上 勳衛 從七品上 翊衛 正八品上 總四千九百六十三人"

세자제가 아니면 곧 퇴번(退番)당하였다.26)

이와 같이 3위 5부의 부병은 비록 군인이지만 사대부들이 관직에 오르는 중요한 통로였다. 또한 이들은 황제의 측근으로서 궁궐 숙위를 담당하였기 때문에 '내장(內仗)'이라고 불리기도 하였다고 한다.27)

한편 내부의 군제 편성은 외부와 상이하였다. 좌우위의 5부(즉 3衛 5府)와 10위의 각 익부, 동궁 좌·우위솔의 3부는 중랑장(中郎將: 正4品下) 휘하에 좌우낭장(左·右郎將: 正5品上) 2인, 교위(校尉: 正6品上) 5인, 여수(旅帥: 從6品上) 10인, 대정(隊正: 從7品上) 20인, 부대정(副隊正: 正7品下) 20인 등으로 구성되었다.28) 이에 비해 외부, 즉 절충부는 상등, 중등, 하등으로 나뉘어 1200인, 1000인, 800인의 부병이 소속되었고 그 장관으로는 절충도위(折衝都尉) 1인, 과의도위(果毅都尉) 2인을 두었다. 부(府) 밑에는 단(團), 려(旅), 대(隊), 화(火) 등의 편제가 있었는데, 200인을 단으로 편성하여 그 지휘관을 교위라 하고, 100인을 려로 하여 여수를 두며, 50인을 대로 하여 대정을 두고, 10인을 화(火)라 하여 화장(火長)을 두어 이들을 통솔하게 하였다.29) 즉 내부는 중랑장 휘하에 전원 무관으로 편성되어 있는 반면, 외부는 절충도위 휘하에 번상 농민병을 지휘 통제하기 위한 체제로 편제되어 있었던 것이다.

지금까지 당나라 부병제 논의에서 내부의 부병은 거의 제외되었다. 주로 외부인 절충부에 소속된 병농일치적인 부병들만이 대상이 되었던 것이다. 실제 외부의 부병은 당 전성기에는 전국 657개의 절충부에 60만에

26) 『歷代兵制』 권6, 唐. "三衛五府之制 親衛之府一 勳衛之府二 翊衛之府二 此三衛五府也 武德·貞觀 世重資蔭 二品·三品子補親衛 三品孫·四品子補勳衛 四品孫·五品及上柱國子補翊衛 每月番上宿衛內府及城門 其後入官路艱 三衛非權勢子弟輒退番"
27) 谷霽光, 앞의 책, 170쪽.
28) 『舊唐書』 44, 職官志 3, 武官 ; 『新唐書』 49上, 百官志 4上, 十六衛.
29) 劉展, 앞의 책, 245쪽.

달하는 군액이 소속되어 있었다.[30] 이들은 당나라 군사력의 대부분을 차지하는 존재이며, 국가 정책의 주요 고려 대상이었다. 따라서 부병제 논의에서는 이들만이 거론되었고, 부병=번상 농민병으로 간주되었던 것이다. 그러나 부병 중에는 '3위 5부'를 비롯한 내부의 부병과 같이 일정한 품계를 지닌 무관도 존재하였다. 비록 이들은 소수였지만, 당의 수도 장안에 상주하면서 황제의 측근으로서 중앙군의 일익을 담당하고 있었다. 부병에는 번상 농민병만 있었던 것이 아니라, 무관도 있었던 것이다.

앞에서 언급한 정도전의 "고려의 부병제는 자못 당나라 제도의 뜻을 취했다(前朝盛時 府兵頗得唐制之意)"라는 말이나 태종 2년 승추부의 "조선의 부병은 당의 제도를 따랐다.(我朝府兵之制 一遵唐制)"라는 말은 이러한 내부 부병의 존재를 염두에 둔 것이라고 생각된다. 즉 고려와 조선초기 태종대까지 사용된 부병이라는 용어는 병농일치적인 번상농민병을 지칭하는 일반적 의미로 사용된 것이 아니라, 수도에 상주하는 무관을 뜻하는 특수한 의미로 사용된 것으로 판단된다.

3. 부병의 지위와 편제

앞에서는 부병 용례의 검토를 통해 고려와 조선초기의 부병이 병농일치적인 번상 농민병을 뜻하는 것이 아니라 당나라 내부(內府)의 부병을 전범(典範)으로 하였을 것으로 추정해 보았다. 그러면 실제 고려·조선초기에 부병은 어떠한 의미로 사용되었는지, 또 그들의 지위와 편제는 어떠하였는지 당시 사료들을 통해 구체적으로 확인해 볼 필요가 있다.

조선초기에 정도전은 조선의 군제가 고려의 구제(舊制)를 이어받은 부

---

30) 劉昭祥, 앞의 책, 239~240쪽.

병제라 하면서31), 그 부병과 관련하여 『조선경국전』에 다음과 같이 서술하였다.

> 우리나라는 안에는 부병(府兵)과 주군(州郡)에서 번상하는 숙위병이, 바깥에는 육수병과 기선병이 있다.32)

여기에서 안(內)은 중앙군을 말하고, 바깥(外)은 지방군을 말한다. 위 구절에서 정도전이 말하고 있는 고려와 조선초기의 부병은 주군에서 번상 숙위하는 병농일치적인 군인과는 별개의 존재임을 알 수 있다. 한편 태종 12년(1412) 사관원에서는

> 지방에 내려간 하번갑사가 스스로 부병이라 칭하면서 수령을 업신여기고 자기 집에 내려진 전부(田賦)와 차역(差役)은 모두 거부하여 폐단을 일으키고 있습니다.33)

라고 상소하고 있다. 이 시기 갑사는 조선초기 태종 때의 군제 개혁에 의해 번상제로 운영되었지만, 일반 농민병과는 달리 5~8품의 무반 관직을 지닌 위세가 있는 군인이었다.34) 이러한 갑사가 스스로 부병이라 칭하면서 수령을 업신여기고 전부·차역을 거부하였다고 할 때, 그 부병의 의미는 번상 농민병과는 거리가 먼 것으로 판단된다.

조선초기뿐만 아니라 고려시기의 부병 역시 번상 농민병을 의미하는 것이 아니었다. 고려시기 민들은 『고려사』 식화지, 호구 조에서

---

31) 『三峰集』卷6,「經濟文鑑」下, 衛兵. "本朝府兵之制 大抵承前朝之舊"
32) 『三峰集』卷8,「朝鮮經國典」下, 政典, 軍制. "國家 內則有府兵 有州郡番上宿衛之兵 外則有陸守之兵 有騎船之兵"
33) 『太宗實錄』권24, 태종 12년 7월 壬子, 1책 645쪽. "下番甲士 稱謂府兵 傲視守令 凡自家田賦差役 悉皆違逆"
34) 拙稿,「조선초기 甲士의 성립과 변질」,『典農史論』2집, 서울시립대 국사학과, 1996.

國制 民年十六爲丁 始服國役 六十爲老而免役[35]

이라는 것처럼 나이 16세가 되면 정(丁)이 되어 비로소 군역 등의 국역에 복무하였고 60세가 되면 노(老)가 되어 면역되었다.[36] 이에 비해 부병들은 『고려사』 식화지, 전제, 서문에서

> 고려의 토지제도는 대체로 당(唐)의 제도를 모방하였다. 경작하는 토지의 수를 헤아리고 그 비옥함과 척박함을 나누어, 문무의 백관으로부터 부병(府兵)과 한인(閑人)에 이르기까지 과(科)에 따라 받지 않은 자가 없었으며, 또한 과에 따라 초채지(樵採地)도 지급하였으니, 이를 일컬어 전시과라 하였다. (토지를 받은) 사람이 죽으면 모두 국가에 반납하여야 하였으나, 오직 부병만은 나이 20세가 되면 처음으로 지급받고 60세가 되면 (국가에) 되돌려주었으며, 자손이나 친척이 있으면 전정(田丁)을 전하게 하였다. (토지를 받은 부병에게) 자식이 없으면 감문위(監門衛)에 소속시켰다가 나이 70세 이후에 구분전(口分田)을 지급하고 나머지 토지는 회수하였다.[37]

라는 것처럼 나이 만 20세가 되어 비로소 전시과를 받고 60세가 되면 국가에 반환하는 것이 원칙이었다. 즉 부병은 20~60세까지 군역에 봉사하였다. 그런데 위 전제, 서문 규정에 의하면 자손과 친척이 있는 부병은 원칙대로 60세에 전시과를 반납하고, 전정(田丁)은 자손과 친척에게 넘겨주

---

35) 『高麗史』 79, 食貨 2, 戶口, 중책, 732쪽.
36) 이에 대하여 다음 자료도 참고가 된다.
   『高麗圖經』 권11, 仗衛條, 序文. "其制 民十六以上充軍役"
   『宋史』 권487, 高麗傳. "國無私田 民計口授業 十六以上則充軍"
37) 『高麗史』 78, 食貨 1, 田制, 중책, 705쪽. "高麗田制 大抵倣唐制 括墾田數 分膏堉 自文武百官 至府兵·閑人 莫不科授 又隨科給樵採地 謂之田柴科 身沒竝納之於公 唯府兵 年滿二十始受 六十而還 有子孫親戚 則遞田丁 無者籍監門衛 七十後給口分田 收餘田"

면서 군역에서 면제되었지만, 자손과 친척이 없는 자들은 감문위에 소속된 이후 70세가 넘어서야 전시과 중 일부를 구분전38)으로 받고 나머지는 국가에 반납하면서 군역에서 면제되도록 되어 있었다. 일반민의 군역과 부병의 군역은 전혀 다른 것이었다. 우선 군역을 지는 기간이 달랐다. 일반민의 군역은 16~60세까지이지만, 부병은 20~60·70세까지였다. 그런데 기간보다 더 중요한 것은 일반민이 의무적으로 부담하는 군역과는 달리 부병의 군역은 특권적인 요소가 있었다는 점이다. 일반민은 60세가 넘으면 군역에서 면제되는 것으로 그쳤지만, 부병은 이와 달리 60세 이후 자손과 친척이 있으면 그들에게 자신의 군역을 넘겨주고 그들의 봉양을 받으면서 여생을 보냈고39), 혹 자손과 친척이 없어도 죽을 때까지 구분전를 보유하여 생계가 보장된다는 특권을 누렸던 것이다. 이를 통해 고려시기의 부병 역시 번상 농민병과 같은 존재가 아니었음을 알 수 있다.

고려와 조선초기의 부병은 번상 농민병이 아니라 당나라 내부(內府)의 부병과 같이 무반이나 이에 준하는 군사였다. 우선 조선초기의 부병은 위 태종 12년 사관원의 상소문에서 본 바와 같이 지방에 내려가 수령을 업신여기고 자기 집에 내려진 전부(田賦)와 차역(差役)은 모두 거부하여 폐단을 일으키고 있었다. 이것은 조선초기와 같은 중세사회에서 관직자가 아니라면 도저히 있을 수 없는 일이었다. 고려의 부병 역시 위에서 살펴본 바와 같이 전시과와 구분전을 보유하여 생계가 보장된 관리였다. 이들 토지는 사대부들을 우대하고 그들의 염치를 닦도록 하기 위하여 설치한 것이었다.40) 따라서 이들 토지를 보유한 부병은 사대부 관리에 해당하였다.

---

38) 이때 口分田은 5결을 지급하였다. "判 軍人年老身病者 許令子孫親族代之 無子孫親族者 年滿七十閒屬監門衛 七十後 只給口分田五結 收餘田 至於海軍 亦依此例" (高麗史』78, 食貨1, 田制, 田柴科, 文宗 23년 10월, 중책, 711쪽.)

39) 만약 有子孫親戚들에게서 자손과 친척의 봉양이 고려되지 않았다면 자손과 친척이 없는 府兵이 田丁을 70세까지 그대로 보유하는 것과 형평상 어긋나게 된다.

40)『高麗史』78, 食貨 1, 田制, 田柴科, 辛禑 14년 7월, 趙仁沃 上疏, 중책, 720쪽. "田

고려의 부병이 관리임을 보여주는 또 다른 예로서『고려사』, 병지, 인종 6년(1128)의 판(判)에는

　　　諸領府軍人 遭父母喪者 給暇百日[41]

이라고 되어 있다. 제영부군인(諸領府軍人), 즉 부병이 부모의 상을 당하였을 때에는 100일의 휴가를 준다는 것이다.『고려사』, 형법지, 관리급가조에도 관리들이 상을 당하였을 때 휴가를 주는 자세한 규정이 나타난다. 성종 4년(985)에는 다음과 같이 관리들의 오복(五服)에 휴가를 주는 규정을 새로이 제정하였다.

　　　斬衰齊衰三年 給百日[42]

　여기서 참최 제최 삼년은 부모의 복(服)을 말하는 것으로, 관리들에게 부모의 상을 당했을 때 100일의 휴가를 준다는 것이다. 부병에게 내린 급가일(給暇日)과 관리에게 내린 급가일이 동일하였다. 이것은 고려의 부병이 관리였기 때문이다.
　부병이 관리라 해도 모든 무관이 다 부병인 것은 아니었다. 고려시기에는 5품 이하 9품까지의 무관과 품외인 대정(隊正)을 부병이라고 칭하였다. 즉 부병 속에는 무관과 이에 준하는 군사가 함께 포함되어 있었던 것이다. 5품 이하의 무관과 대정이 부병임을 보여주는 예로서, 우선 고종 46년(1259) 6월 고종이 붕거(崩去)한 당시의 일을 들 수 있다. 이 때 태자(후일의 원종)는 강화 교섭을 위해 몽고에 파견되어 있었는데, 양부(兩府)에

　　　柴口分之田 所以優士大夫 礪廉恥也"
41)『高麗史』81, 兵 1, 仁宗 6년, 중책, 781쪽.
42)『高麗史』84, 刑法 1, 官吏給暇, 成宗 4년, 중책 835쪽.

서는 태자가 돌아오기까지 군국(軍國)의 모든 일을 태손(太孫: 후일의 忠烈王)으로 하여금 청단(聽斷)케 하였다. 그 해 11월 양부에서는 태손에게 백관을 제수할 것을 요청하였으나 태손은 부왕 즉 원종이 돌아올 때까지 기다려야 한다고 하고는 사양하였다. 이에 양부에서는

"우리나라가 오로지 영부(領府)를 울타리로 삼고 있는데 지금 교위, 대정 중에서 죽은 자가 태반이니 이를 채우지 않을 수 없습니다."라고 하면서 제수할 것을 굳이 요청하였다. 이에 태손은 마지못하여 5품 이하를 제수하였다.[43]

이 사실을 통해 5품 이하가 영부병(領府兵), 즉 부병임을 알 수 있다. 한편 공양왕 원년(1389) 12월 헌사(憲司)에서는

지금부터 전함(前銜) 4품 이상은 3군에 소속시키고 군(軍)에는 장좌(將佐)를 두며, 5품 이하는 부위(府衛)에 소속시키되 군부사(軍簿司: 兵部)에서 통제하게 하십시오.[44]

라고 주장하였다. 전직 4품 이상과 5품 이하를 각각 구분하여 그 소속처를 3군과 부위로 달리하자고 한 것이다. 이것은 4품 이상을 제외한 5품 이하 무관이 부위에 소속된 부병이었기 때문에 제기될 수 있는 주장이다. 그리고 조선초기인 태종 원년(1400) 정월 문하부 낭사의 상소에서도

전조(고려)에서는 부병이 시위를 전담하여 환란에 대비하였는데 말기에 들어서 부병제가 해이해지면서 중랑장(정5품)부터 대부(고려시

---

43) 『高麗史』25, 世家, 元宗 즉위년 11월 甲申, 상책 503쪽. "兩府固請曰 我國專賴領府以爲藩垣 今校尉隊正 死者大半 不可不塡闕 太孫勉從之 乃除授五品以下"
44) 『高麗史』81, 兵 1, 制, 恭讓王 원년 12월, 중책, 792쪽. "願自今 前銜四品以上 屬之三軍 軍置將佐 五品以下 屬之府衛 而統于軍簿"

기의 隊正)에 이르기까지 직사(職事)를 돌보지 않아 헛되이 녹봉만 낭
비하였다.[45]

라고 지적하였는데, 이를 통해서도 고려시기에는 정5품 중랑장 이하 무
관과 대정이 부병이었음을 알 수 있다.

고려시기 2군 6위에 소속된 5품 이하 무관과 대정, 즉 부병의 구체적인
관직과 인원수는 정종 11년 5월의 게방(揭榜)과 『고려사』 백관지를 통해
알 수 있다. 우선 정종 11년의 게방에서는 다음과 같이 고려의 중앙군인
근장[2군][46]과 6위의 구성에 대하여 서술하고 있다.

> 국가의 제도에 근장(近仗) 및 제위(諸衛)는 영(領)마다 호군(護軍) 1
> 명, 중랑장(中郎將) 2명, 낭장(郎將) 5명, 별장(別將) 5명, 산원(散員) 5
> 명, 오위(伍尉) 20명, 대정(隊正) 40명, 정군방정인(正軍訪丁人) 1,000
> 명, 망군정인(望軍丁人) 600명을 두었다.[47]

위 게방에서 매 령 당 호군(장군)[48]과 정군방정인, 망군정인 등을 제외
한 중랑장 2명, 낭장 5명, 별장 5명, 산원 5명, 오위 20명, 대정 40명이 바
로 부병에 해당하였다. 즉 부병 1령은 77명으로 구성되어 있었던 것이다.
이러한 부병을 『고려사』 백관지, 서반조에 제시된 2군 6위 조직과 연결
하여 그 총수를 살펴보면 다음 <표 1>과 같다.

---

45) 『太宗實錄』 1, 太宗 원년 정월 甲戌, 1책, 191쪽. "前朝府兵 專爲侍衛備患 及其衰
   季 其法廢弛 自中郎將 至于隊副 不供職事 徒費其祿"
46) 『高麗史』 77, 百官 2, 西班, 中册 694쪽. "鷹揚龍虎二軍 上·大將軍 稱近杖 上·大將軍"
47) 『高麗史』 81, 兵 1, 兵制, 靖宗 11년 5월, 중책, 777쪽. "國家之制 近衛及諸衛 每領
   設護軍一 中郎將二 郎將五 別將五 散員五 伍尉二十 隊正四十 正軍訪丁人一千 望
   軍丁人六百"
48) 護軍과 將軍은 상통하였다. (『高麗史』 77, 百官 2, 西班 鷹揚軍, 중책 694쪽. '恭愍
   王改將軍爲護軍 諸衛同')

2軍6衛	武職 領數	將官			府兵						각 軍·衛의 府兵數
		上將軍 정3품	大將軍 종3품	將軍 정4품	中郞將 정5품	郞將 정6품	別將 정7품	散員 정8품	校尉 정9품	隊正 품외	
鷹揚軍	1	1	1	1	2	2	2	3	20	40	69
龍虎軍	2	1	1	2	4	10	10	10	40	80	154
左右衛	保勝10 精勇3	1	1	13	26	65	65	65	260	520	1001
神虎衛	保勝5 精勇2	1	1	7	14	35	35	35	140	280	539
興威衛	保勝7 精勇5	1	1	12	24	60	60	60	240	480	924
金吾衛 (備巡衛)	精勇6 役領1	1	1	7	14	35	35	35	140	280	539
千牛衛	常領1 海領1	1	1	2	4	10	10	10	40	80	154
監門衛	1	1	1	1	2	5	5	5	20	40	77
計	45	8	8	45	90	222	222	223	900	1800	3457

典據 : 『高麗史』77, 百官 2, 西班, 中册, 694~696쪽.

　〈표 1〉의 굵은 선 안에 있는 것이 부병의 인원수이다. 이 표에서 보는 바와 같이 2군 6위 전체에서 중랑장 90명, 낭장 222명, 별장 222명, 산원 223명, 교위 900명, 대정 1800명으로 부병의 총합계는 3,457명이었다. 2 군 6위 각각에 포함된 부병의 수는 응양군은 69명, 용호군은 154명, 좌우 위는 1001명, 신호위는 539명, 흥위위는 924명, 금오위(비순위)는 539명, 천우위는 154명, 감문위는 77명으로 역시 총합계는 3,457명이다. 부병의 총수 3,457명은 고려시기 중앙의 문·무반 전체 정원 4,049명의 85%를 점 하는 규모였다.[49] 고려시기의 부병은 이만한 규모를 가지고 2군 6위에 각

---

49) 朴龍雲, 「高麗時代의 官職과 官階」, 『高麗時代 官階·官職硏究』, 고려대출판부, 1997. 18쪽에서 朴 교수는 '고려 때의 문반 품관은 대략 349職 520員-이중 26직 29원은 겸임직이므로 실제로는 323직 492원-이며, 무반 품관은 315職 1,757員'이라 고 주장하면서 隊正은 品外이므로 武班에서 제외한다고 하였다. 그러나 崔貞煥, 「高 麗時代 祿俸制硏究」, 『高麗·朝鮮時代 祿俸制硏究』, 경북대학교출판부, 1991. 38.에 서 崔 교수는 隊正도 祿俸과 田柴를 받고 있으며, 同正職體系의 散官으로 武班으로 간주해야 한다고 주장하였다. 여기에서는 崔 교수의 설에 따라 隊正 1,800명을 무반 에 포함시켰다. 그러면 고려시기 중앙의 문무반 총 정원은 문반 492명, 무반 3,557

각 배치되어 있었던 것이다.

조선초기의 부병 역시 5품 이하의 무관들이었다.50) 그러나 조선초기에는 5품 이하의 무관 모두가 부병인 것은 아니었다. 내금위, 별시위, 충의위, 충순위 등 성중관(成衆愛馬)을 제외한 삼군부 10위, 즉 부위(府衛)에 소속된 5품 이하의 무관만이 부병에 해당하였다. 정종 2년(1400) 4월 문하부에서는 용관(冗官)을 태거(汰去)할 것을 청하면서 다음과 같이 주장하고 있다.

> 서반은 <u>전조(고려)의 42도부</u> 제도에 의거하여 매 1령마다 각각 오원(5명의 散員), 십장(5명의 郎將과 5명의 別將), 대장(고려시기의 伍尉), 대부(고려시기의 隊正) 등의 액수는 그대로 두고 나머지 불필요한 경관(京官)과 신설한 성중애마는 없앨 것은 없애고 병합할 것은 병합하십시오.51)

이 사료를 통해 조선초기의 부병도 낭장, 별장, 산원, 대장, 대부 등으로 이루어졌음을 알 수 있다.

한편 위 사료에서 밑줄 친 부분에서 '전조의 42도부(都府)'라고 칭하듯이 고려와 조선초기 중앙군의 군사 단위인 영(領)은 흔히 '도부(都府)'라는 말로 바꿔 쓰기도 하였다. 이에 대하여 조선후기 『증보문헌비고』의 찬자는 그 시기의 통칭이라고 추측하기도 하였다.52) 그런데 이 도부에 대하여 조선초기 『태종실록』 편찬자들은 다음과 같이 설명하였다.

명, 합계 4,049명이 된다.

50) 조선초기에 隊正(隊副)는 종9품 무관으로 승격되었다. (『太祖實錄』 1, 太祖 원년 7월 丁未, 1책, 25쪽.)

51) 『定宗實錄』 4, 定宗 2년 4월 辛丑, 1책, 168쪽. "西班請依前朝四十二都府之制 每一領 各五員十將隊長隊副 皆仍其額 其他不緊京官 新設成衆愛馬 … 可汰者汰之 可幷者幷之"

52) 『增補文獻備考』 116, 兵考 8, 衛兵, 중책, 374쪽. "四十二都府云者 又與四十二領 數相沕 或曰領 或曰都府者 抑其時所通稱歟 是未可詳"

구례(舊例)에 매번 녹봉을 줄 때마다 병조에서 무관 5품 이하 대부 이상까지 영(領)을 따르는 사람들을 고열(考閱)하여 사람마다 1첩(帖)을 주었는데, 그것을 도부라 하였다.53)

이를 통해 『태종실록』 편찬자들은 도부를 녹봉을 받는 녹표(祿標) 정도로 생각하였음을 알 수 있다. 아무튼 도부는 녹봉을 받는 무관들과 관련이 있는 것으로 보이며, 또 무관 가운데에서 5품 이하 대부 이상까지가 이에 해당되는 것으로 생각된다. 이를 통해 조선초기의 부병 역시 5품 이하 대부까지의 무관임을 알 수 있다.54)

또한 세종 16년(1434) 10월 황희는 『경제원전』의 "병사를 통솔하는 사람은 지위가 낮아야 상명(上命)을 잘 따르고 분수를 지켜 난을 일으키지 않는다."55)라는 구절을 인용하면서는 이어서

본조 부병(府兵)의 제도가 이미 이 뜻이 있는 것입니다. 장군으로 하여금 오원(五員)·십장(十將)·육십(六十)을 거느리게 하고, 대장군 이상은 참여함이 없은즉, 전조에서 본조에 이르도록 장군으로 하여금 사직·부사직·사정·부사정 및 대장·대부를 통솔하여, 체통(體統)이 불란(不亂)하고 위아래가 서로 유지하였습니다. 56)

라고 말하고 있다. 즉 조선초기의 부병제는 병사를 통솔하는 사람의 지위가 낮아야 한다는 『경제원전』의 취지로서 장군으로 하여금 5원, 10장, 60(伍尉 20명과 隊正 40명)57)을 통솔하게 하며 대장군 이상은 간여하지 않

---

53) 『太宗實錄』 19, 太宗 10년 정월 戊寅, 1책, 524쪽. "舊例 每當頒祿之時 兵曹考閱 武官五品以下 至隊副以上 隨領者 人給一帖 謂之都府"
54) 조선초기에 들어와 隊副(고려시기의 隊正)은 종9품으로 올라 流品職으로 승격되었다.
55) 『世宗實錄』 66, 世宗 16년 10월 庚午, 3책, 599쪽. "將兵者 位卑則從順上命 安守其分 不敢生亂"
56) 위와 같음. "本朝府兵之制 已有此意 使將軍將五員十將六十 其大將軍以上無與焉 自前朝至于本朝 使將軍率司直·副司直·司正·副司正及隊長·隊副 體統不亂 上下相維"

게 한다는 것이다. 그래서 고려로부터 조선에 이르기까지 4품인 장군이 5품 이하인 사직(5품), 부사직(6품), 사정(7품), 부사정(8품) 및 대장(정9품), 대부(종9품)를 통솔하였다고 말하고 있다. 여기에서도 조선초기의 부병이 5원, 10장, 60 즉, 사직이하 대부까지의 무관이었음을 짐작할 수 있다.

조선초기 부병의 총수는 이 시기에 시행된 여러 차례의 군제 개편에 따라 일정하지는 않다. 우선 조선왕조 개창 직후의 군제 개편 결과에 따라 이루어진 부병 조직과 그 인원 총수를 제시하면 <표 2>와 같다.

<표 2> 태조 원년(1392)의 중앙군 조직과 부병 총수

官職 / 10衛	將官				府兵						10衛의 府兵數
	上將軍 정3품	大將軍 종3품	都護八衛 將軍 정4품	將軍 종4품	中郞將 5품	郞將 6품	別將 7품	散員 8품	尉 정9품	正 종9품	
義興親軍左衛	1	2		5	15	30	30	40	100	200	415
義興親軍右衛	1	2		5	15	30	30	40	100	200	415
鷹揚衛	1	2	2	5	15	30	30	40	100	200	415
金吾衛	1	2		5	15	30	30	40	100	200	415
左右衛	1	2		5	15	30	30	40	100	200	415
神虎衛	1	2		5	15	30	30	40	100	200	415
興威衛	1	2		5	15	30	30	40	100	200	415
備巡衛	1	2	2	5	15	30	30	40	100	200	415
千牛衛	1	2		5	15	30	30	40	100	200	415
監門衛	1	2		5	15	30	30	40	100	200	415
계	10	20		50	150	300	300	400	1000	2000	4150

典據:『太祖實錄』1, 太祖 원년 7월 丁未, 1책, 25쪽.
備考: 10衛는 각각 5領으로 구성되었으며, 매 領은 將軍 1, 中郞將 3, 郞將 6, 別將 6, 散員 8, 尉(校尉) 20, 正(隊正) 40명으로 구성되었다.

<표 2>의 굵은 선 안이 부병의 총수이다. 이 표에서 보는 바와 같이 조선왕조 개창 당시의 부병 총수는 고려시기의 부병 총수 3,457명보다 693명이 증가한 4,150명이었다. 위 표에서 부병의 관직인 중랑장, 낭장,

---

57)『世宗實錄』82, 世宗 20년 9월 癸巳, 4책, 162쪽. "十司每領 隊正二十人 伍尉四十人 各有統屬 故總謂之六十 六十之號 自高麗至于本朝 常稱之 (이 사료에서 隊正은 伍尉의 誤記이고 伍尉는 隊正의 誤記이다.)"

별장, 산원, 위, 정은 태조 3년(1394) 2월 정도전의 상서(上書)에 의해 사직, 부사직, 사정, 부사정, 대장, 대부 등으로 개칭되고, 또 이 때 부병의 총수는 4,000명으로 개정되었다.[58] 이때의 군제 개정에 의해 확정된 부병 총수 4,000명은 조선초기 문·무반 전체 정원 4,690여 원의 85%에 해당하였다.[59] 조선초기의 부병 역시 고려시기와 동일한 규모를 가지고 양반 체제 내에 속해 있었던 것이다.

이상에서 고려와 조선초기 부병의 지위와 편제에 대하여 살펴보았다. 그런데 고려와 조선초기에는 지금까지 살펴본 부병과는 다른 의미로 부위제(府衛制)라는 용어가 쓰이고 있었다. 즉 중앙군 중 5품 이하의 무관만을 뜻하는 부병이 아니라 병농일치를 특징으로 하는 당나라 외부(外府: 절충부)의 부병제와 동일한 의미로 부위제라는 용어가 사용되고 있었던 것이다. 이러한 의미로 부위제가 사용된 것으로는 우선 『고려사』 병지, 서문의 다음 글을 들 수 있다.

> 高麗太祖 統一三韓 始置六衛 衛有三十八領 領各千人 上下上維 體統
> 相屬 庶幾乎唐府衛之制矣[60]

즉, 고려 태조가 삼한을 통일하고 비로소 6위를 설치하여 위(衛)에는 38령이 있고, 영(領)은 각각 1000명의 군인이 있었는데, 상·하가 서로 연결되고 체통이 서로 이어진 것이 당나라 부위제와 비슷하다는 것이다. 여기에서 "領各千人"은 지방의 번상 농민병만을 언급한 것이고, "上下上維

---

58) 『太祖實錄』 5, 太祖 3년 2월 己亥, 1책, 58~59쪽.
59) 조선초기 문무반의 전체 정원은 '我朝東班 自判門下領三司 至九品 五百二十餘員 西班 自上大將軍 至隊長隊副 四千一百七十餘人 文武官吏之數 固三倍於中朝之制矣'(『定宗實錄』 4, 定宗 2년 4월 辛丑, 1책, 168쪽)라는 기록을 통해 알 수 있다. 즉 文班 520餘員, 武班 4,170餘員 총 4,690餘員이었다.
60) 『高麗史』 81, 兵 1, 序, 중책, 775쪽.

體統相屬"은 부병과 번상 농민병으로 이루어진 중앙군 조직 체계를 설명한 것으로 짐작된다. 이와 같이 고려시기에는 5품 이하의 무관으로서 서울에 상주하는 부병과는 별도로 병농일치에 따라 농민들이 지방에서 번상 숙위하는 체제를 당나라 부위제와 비슷하다고 표현하고 있었다. 그래서『고려사』병지, 주현군, 서문에서도

> 고려의 병제(兵制)는 무릇 모두 당(唐)의 부위(府衛)를 모방하였으므로 주현(州縣)에 산재한 병사도 또한 모두 6위(衛)에 소속되었을 것이고, 6위 외에 별도로 주현군(州縣軍)이라는 것이 있지 않았다. 61)

라 하였다. 이것도 중앙의 부병과는 별도로 지방의 번상병들이 6위에 편제되어 숙위 근무에 동원되는 체제를 부위제라 한 것이다. 이것은 조선초기에도 마찬가지였다. 즉 태조 3년 8월 간관 전백영(全伯英)은 그의 상소 가운데

> 옛날에는 병정(兵政)이 정전(井田)에 의거하여 나왔는데, 주나라가 쇠하자 법이 없어지고, 당나라에 이르러 부위(府衛)의 법이 제정되어 옛날과 비슷해졌습니다. 지금 서울에 삼군부(三軍部)를 설치하고, 지방에 시위(侍衛) 각패(各牌)를 두어서 삼군부에 소속시키고 번(番)을 나누어서 드나들게 하니, 이것은 부위(府衛)의 유법(遺法)입니다.62)

라고 말하고 있다. 조선초기에도 병농일치에 따라 지방에서 번상 입역하는 체제를 부위의 법이라고 했던 것이다. 고려나 조선초기에는 이와 같이 부병과 부위제가 전혀 다른 의미로 쓰이고 있었다. 부병은 당나라 내부의

---

61)『高麗史』83, 兵 3, 州縣軍, 중책, 820쪽. "高麗兵制 大抵皆倣唐之府衛 則兵之散在州縣者 意亦皆屬乎六衛 非六衛外別有州縣軍也"

62)『太祖實錄』6, 太祖 3년 8월 己巳, 1책, 67쪽. "古者兵出井田 周衰法廢 至唐府衛之法 稍近於古今 內立三軍府 外置侍衛各牌 以屬於府 分番上下 此則府衛遺法也"

부병과 같은 의미로 사용하였고, 부위제는 당의 외부(절충부)의 부병제의
의미로 사용하였던 것이다.

한편 부병은 제위병(諸衛兵), 영병(領兵), 영부병(領府兵), 부위병(府衛
兵), 도부병(都府兵), 제위군인(諸衛軍人), 제영부군인(諸領府軍人) 등으로
도 불렸다. 그러나 이들 군사들이 모두 5품 이하의 무관인 부병을 뜻하는
것은 아니었다. 즉 『고려사』에서 보이는 이러한 용어들은 부병과 번상 농
민병을 혼칭하고 있었다. 그 한 예로서 『고려사』, 식화지의 우왕 14년 7
월 조준의 상소문에는

> 삼한이 통일되자 이에 토지제도를 정하시고 신하와 민에게 나누어
> 주셨습니다. 백관은 그 품계를 보아 토지를 지급하고 (받은 사람이) 죽
> 으면 이를 회수하였으며, (1)부병(府兵)이면 20세에 받고 60세에 (국가
> 에) 반환하였으며, 무릇 사대부로서 토지를 받은 사람이 죄가 있으면
> 이를 회수하였으니, 사람마다 자중하며 감히 법을 어기지 못하였으므
> 로 예의가 융성하여지고 풍속이 아름다워졌습니다. (2)부위(府衛)의
> 병사들과 주(州)·군(郡)·진(津)·역(驛)의 이(吏)들은 각각 자기 토지에서
> (생산되는 것을) 먹으며 정착하여 편안하게 자기 업무를 보니, 나라는
> 이 덕분에 부강하여졌습니다. [63)

라는 구절이 있다. (1)부분의 부병과 (2)부분의 '부위의 병사'는 성격이 전
혀 다른 군인을 언급한 것이다. (1)의 부병은 전시과를 지급받는 5품 이하
무관과 대정에 관한 설명이고, (2)의 '부위의 병사'는 자신의 소유지를 경
작하여 생활하는 번상 농민병에 관한 설명이다.

---

63) 『高麗史』 78, 食貨 1, 田制, 辛禑 14年 7月, 趙浚 上書, 중책, 714~718쪽. "三韓旣
　一 乃定田制 分給臣民百官 則視其品而給之 身沒則收之 府兵則二十而受 六十而還
　凡士大夫受田者 有罪則收之 人人自重 不敢犯法 禮義興而風俗美 府衛之兵 州郡津
　驛之吏 各食其田土 着安業 國以富强"

4. 부병의 충원과 급전(給田)

　고려·조선초기의 중앙군은 당의 부병제가 내부(내군)와 외부(외군)로 나뉘어져 있듯이, 5품 이하 무관인 부병과 부위제로 운영되는 번상 농민병으로 구분되어 있었다. 당나라에서와 같이 고려에서도 이들은 중군과 외군, 경군과 외군, 내군과 외군 등으로 나뉘어 불리어지고 있었다.

> (1) 禁中外軍士請托規免征役[64]
> (2) 凡軍人有七十以上父母 而無兄弟者 京軍則屬監門 外軍則屬村留二·
> 　　三品軍 親沒後還屬本役[65]
> (3) 內外軍丁 親年七十以上無他兄弟者 並令侍養 親沒 許令充軍[66]

　위 자료 (1), (2), (3)에서 밑줄 친 중군, 경군, 내군 등은 부병을 뜻하여, 외군은 번상 농민병을 가리킨다. 이들 부병과 번상 농민병은 모두 2군 6위에 소속되어 국왕의 시위와 수도 개경의 경비·방어, 출정과 방수, 역역 등의 군역에 종사하였다.[67] 특히 부병은 무관이나 이에 준하는 군사로서 '항상 관부에 머물면서[常留官府]'[68] 각종 군역 임무를 주도적으로 담당하였고, 또 때에 따라서는 번상 농민병을 지휘·통제하면서 그들의 군역 임무를 수행하였다.

　부병과 번상 농민병은 충원 방법에서도 차이가 있었다. 부병은 무관으로서 국가가 요구하는 일정한 자격을 갖춘 사람을 선군(選軍)을 통해 선발하였음에 비해[69], 번상 농민병은 군역을 수행할 능력이 있는 자를 국가

---

64) 『高麗史』 81, 兵 1, 兵制, 顯宗 20년 윤2월, 중책, 777쪽.
65) 『高麗史』 81, 兵 1, 兵制, 文宗 즉위년, 중책, 778쪽.
66) 『高麗史』 81, 兵 1, 兵制, 文宗 35년 10월, 중책, 780쪽.
67) 고려 중앙군의 軍役의 內容에 대해서는 李基白, 「高麗軍役考」, 앞의 책, 132~141쪽 참조.
68) 『高麗圖經』, 권11, 仗衛 1, 序文.

에서 강제적으로 징발하는 충군(充軍)[70], 징병(徵兵)[71]에 의해 충원하였다. 즉 부병은 "應選爲軍"[72], "募軍"[73]이라 하듯이 본인이 자발적으로 선군, 모군에 응하여 선발·충원되었으나, 번상 농민병은 토지 17결(1足丁) 정도를 보유한 농민들이 '전부(田賦)'의 의무를 수행하는 형식으로 징발·충원되었던 것이다.[74]

부병의 선군은 고려 태조 때부터 시행된 것으로 보인다. 공양왕 원년 2월 간관들은 부병의 정예화를 주장하면서

> 우리 태조께서 부병을 설치하고 군부사(軍簿司)로 하여금 군사행정을 맡게 하고 신체와 무예가 뛰어난 자를 선발하니, 이로써 장수는 적임자를 얻고 졸오(卒伍)는 정밀하고 강해졌습니다.[75]

라고 말하였다. 실제 이러한 고려 말 간관들의 주장과 같이 태조는 26년(943) 4월, 후손에게 내린『훈요십조』에서 아홉 번째 조목으로 '매년 가을에 용예(勇銳)가 뛰어난 자를 선발하여 적당하게 관직을 수여'[76]할 것을 지시하였다. 부병은 태조 때부터 신체와 무예가 뛰어난 자들을 선발하여 충원하는 것이 원칙이었던 것이다. 성종 원년(982)에 올린 최승로의 '시무

---

69)『高麗史』95, 列傳, 邵台輔 附 高義和, 하책 129~130쪽. "義和 … 性沈鷙 有餘力 應選爲軍 補隊正"

70)『高麗史』75, 選擧3, 敍祖宗苗裔, 高宗 40년 6월, 중책, 644쪽. "太祖苗裔…充軍者許免"

71)『高麗史』79, 食貨 2, 戶口, 序, 중책, 732쪽. "州郡每歲計口籍民 貢于戶部 凡徵兵·調役 以戶籍抄定"

72) 註) 69와 같음.

73)『高麗史』81, 兵 1, 兵制, 恭愍王 20년 12월, 중책, 785쪽. "敎曰 選軍給田 已有成法 近年田制紊亂 府兵不得受田 殊失募軍之意 其復舊制"

74)『高麗史』81, 兵 1, 兵制, 恭愍王 5년 6월, 중책 783쪽. "國家以田十七結爲一足丁 給軍一丁 故者田賦之遺法也"

75)『高麗史』81, 兵 1, 兵制, 恭讓王 元年 2월, 중책 790쪽. "我太祖設府兵 令軍簿司 典馬攝之政 身彩武藝備完者 得與其選 是以將得其人 卒伍精强"

76)『高麗史』2, 世家, 太祖 26년 4월, 상책 56쪽. "每年秋 閱勇銳出衆者 隨宜加授"

28조'에서도 광종 역시 시위군을 강화하기 위하여 "簡選州郡有風彩者"[77] 하였다고 기록되어 있다. 이와 같이 고려시기의 부병은 신체와 무예가 뛰어난 자를 선군을 통해 충원하였다.

선군은 원래 병부의 관장 사항이었다.[78] 그런데 선군한 다음에는 반드시 전시과의 지급이 수반되어야 했다. 흔히 '선급급전(選軍給田)'이라 하듯이 선군과 더불어 급전하는 것이 원칙이었다. 그런데 급전 업무는 호부의 관할이었다. 이에 고려는 차츰 병부와 호부에서 별도로 실시하는 선군과 급전 업무를 한 기관에서 통합하여 시행할 필요성을 느끼게 되어 선군도감을 설치하였을 것으로 보인다. 선군도감은 선군청이라는 독립된 청사(廳舍)를 갖고 있었으며, 그 장(長)은 정4품~정3품 정도의 겸임직으로 선군별감(選軍別監)이라 칭했다.[79] 선군도감은 설치 이후 선군과 이에 따른 급전 업무뿐만 아니라 일반 군인의 충군 업무까지 통합하여 관장하였다.

고려초기에 부병은 신체와 무예가 뛰어난 자를 선군을 통해 충원하였다. 그러나 나말 여초의 격동기를 지나 고려 사회가 점차 안정·보수화됨에 따라 선군의 대상도 고정되어 갔다. 부병의 자손이 부병이 되는 등 점차 군인의 계층이 고정화되어 갔던 것이다. 국가로서도 가업의 계승에 따른 정예병의 확보, 대를 이은 국왕의 시위를 통한 충성심의 고양 등을 이유로 군인의 계층이 고정되는 것을 선호하였을 것으로 짐작된다.

부병이 일정한 군인의 계층에서 배출됨에 따라 이들에 대한 급전 업무도 전정연립(田丁連立)이라는 형태를 취하였다. 전정연립이란 국가의 파악 하에 수조지가 세전(世傳)·체수(遞受)되는 것을 말하였다.[80] 선군과 급

---

77) 『高麗史』93, 列傳 6, 崔承老, 하책, 84쪽.
78) 『高麗史』76, 百官 1, 兵曹, 중책, 662쪽. "兵曹 掌武選軍務儀衛郵驛之政"
79) 選軍에 대해서는 李基白, 앞의 책, 110~123쪽 참조.
80) 田丁連立은 "父不得與之子 必告有司而與之"(『高麗史』78, 食貨 1, 田制, 祿科田, 辛禑 14년 7월, 중책, 719쪽)하는 것이 법적규정이었다. (李景植, 「高麗末의 科田

전이 하나의 연결된 업무이듯이 군인 계층의 고정화와 전정연립도 하나의 연결된 현상으로 나타났다. 즉 부병의 자손이 부병이 되는 등 군인 계층이 고정화하는 경향에 따라『고려사』식화지, 전제, 서문에서

府兵 年滿二十始受 六十而還 有子孫親戚 則遞田丁[81]

이라는 것처럼 부병이 60세가 넘으면 수조지를 반환하고, 자손과 친척이 그 전정을 체립하면서 군역을 계승하였던 것이다. 전정연립에 관한 기사로『고려사』에서 최초로 등장하는 것은 현종 19년(1028)의 다음과 같은 판(判)이다.

정직 별장이상(중랑장, 낭장, 별장)은 죽은 후 전정연립을 실시하며, 정직 산원이하(산원, 교위)는 70세에 전정연립을 실시하고, 후손이 없는 자는 죽은 후 체립한다.[82]

이 사료를 통해 전정연립제는 현종 19년, 즉 11세기 초반 이전에 이미 출현하였음을 알 수 있다. 또『고려사』식화지, 전제, 서문에서는 일괄적으로 부병은 60세에 전정연립을 시행한다고 되어 있으나, 실제는 부병의 계급에 따라 연립 시기가 상이하였음을 알 수 있다. 별장이상은 죽은 후, 산원이하는 70세에, 그리고 대정은 전제, 서문과 같이 60세에 전정연립을 시행하였을 것으로 짐작된다. 전정연립 역시 선군급전과 마찬가지로 선군도감에서 관장하였다.

그런데 선군급전은 전정연립제가 확립되자 이를 보완하는 위치로 밀

抹弊策과 科田法」『朝鮮前期土地制度研究』, 一潮閣, 1986. 74쪽 참조)

81)『高麗史』78, 食貨 1, 田制, 중책, 705쪽.

82)『高麗史』78, 食貨1, 田制, 田柴科, 顯宗 19년 5월, 중책, 711쪽. "正職別將以上人身死後 田丁遞立 … 正職散員以下年滿七十人 令其子孫遞立 無後者身歿後遞立"

려났다. 즉 선군급전제가 전정연립제의 실시 이후에도 병행된 것은 사실이지만 그것은 점점 뒤로 밀려 무력해졌다. 한편 전정연립제의 확립 이후, 이것은 다시 국가의 통제를 이탈하여 새로 형성된 군인계층 내부에 계급적 분화작용을 일으켰다. 이에 점차 부강한 군인층은 더욱더 많은 수조지를 차지하고, 몰락한 군인층은 전시과 규정에 의한 수조지도 확보하지 못하여 빈궁하게 되는 상황이 전개되었다.[83] 즉 "自選軍之法廢 而兼幷遂起"[84]라고 하는 바와 같이 선군급전이 폐지된 이후 토지겸병이 급속히 진전되었던 것이다. 이것은 고려말 군제·군역제의 문란을 가져오는 계기로 작용하였다.

부병의 충원은 선군과 전정연립제 이외에도 번상 농민병의 승진을 통해서도 이루어졌다. 이러한 번상 농민병의 승진은 흔히 '起自行伍', '發跡行伍' 등으로 표현되었다. 앞에서 살펴본 바 있는 정종 11년(1045) 5월의 게방(揭榜)에 의하면

令選軍別監 依前田丁連立 其領內十將·六十有闕 除他人 並以領內丁
人 遷轉錄用[85]

이라 하여 선군별감으로 하여금 전정연립에 의거하여 10장(5명의 郞將과 5명의 別將), 60(伍尉 20명과 隊正 40명)이 비었을 때에는 다른 사람을 제수하되, 아울러 영(領) 안의 정인을 천전(遷轉)하여 녹용(錄用)할 것을 지시하고 있었다. 여기서 '제타인(除他人)'은 전정연립에 따른 군인의 충원을 의미하는 것이고, '領內丁人 遷轉錄用'은 번상 농민병의 승진을 가리키

83) 이에 대해서는 朴時亨, 고려왕조전기의 봉건적 토지제도의 재확립」,『朝鮮土地制度史』[上], 신서원, 1960. 253쪽, 참조.
84)『高麗史』78, 食貨 1, 田制, 辛禑 14년 7월, 諫官李行等 上疏, 중책, 719쪽.
85)『高麗史』81, 兵 1, 兵制, 靖宗 11년 5월, 중책, 777쪽.

는 것으로 보인다. 이와 같이 부병의 충원은 전정연립 뿐만 아니라 번상 농민병의 '천전'을 통해서도 이루어지고 있었다.

한편 부병의 충원은 군공(軍功), 입공(立功)을 통해서도 이루어졌으며[86], 문음과 공음 등 음서를 통해서도 이루어졌다. 특히 음서는 전정연립과 같이 관인층에게 지배신분층으로서의 사회경제적 우위를 지속적으로 유지하도록 하기 위한 국가적 배려에서 나온 것이었다. 다만 전정연립이 5품 이하 부병들의 자손과 친척에게 해당되었다면, 음서는 문무 5품이상 고급관리와 공훈이 있는 자의 자손을 대상으로 실시하였다. 특히 음서를 통하여 부병에 충원될 경우에는 다음 경대승의 예를 통해 보듯이 특별대우를 받았던 것으로 보인다.

> 경대승은 청주인으로 아버지 경진(慶珍)은 중서시랑평장사였다. …
> 대승은 15세에 음서로 교위에 충보되었다.[87]

위 사료에서 보는 바와 같이 경대승이 15세에 음서로 교위가 되어 부병에 충보되는 것은 파격적인 것이었다. 앞의 식화지, 전제, 서문에 의하면 부병은 만 20세가 되어야 서용될 수 있는데 경대승은 이러한 규정을 뛰어넘어 15세에 음서로 부병에 충보되었던 것이다.

부병은 이상과 같이 선군, 전정연립, 번상 농민병의 승진, 군공, 음서 등을 통해 충원되었다. 이러한 부병은 수도 개경에 상주하면서 궁성 호위와 개경의 경비·방위 등을 담당하였고[88], 내외 역역에 참여하였으며[89], 변방

---

86) 이에 대해서는 陳元英, 「高麗前期 校尉·隊正에 관한 一考察」, 『史學志』27, 1994. 참조.

87) 『高麗史』100, 列傳, 慶大升, 하책, 222쪽. "慶大升 清州人 父珍 中書侍郎平章事 … 大升 年十五 蔭補校尉 累遷將軍"

88) 『高麗史』18, 世家, 毅宗 21년 정월 乙卯, 상책, 378쪽. "屯府兵于闕庭"
   『高麗史』128, 列傳, 李義方, 하책, 782쪽. "令府兵分守城門"

방수 임무에도 동원되었다.90) 그런데 2군 6위의 1령 당 1,000명씩, 총 45령 45,000명으로 편제된 번상 농민병의 번상 근무는 평상시 제대로 이루어지지 않았을 것으로 판단된다. 고려시기 번상 농민병의 번차에 대해서는 현재 확인할 수 없으나, 태조 6년(1397) 간관들의 상서(上書)에 "각도 군사의 번상과 방수 업무는 1년에 한 번씩이다."91)라거나, 세종 12년(1430) 병조에서 "각도 시위패는 12번으로 나뉘어 1년에 한 번씩 윤번으로 서울에 올라와 시위한다."92)라고 말하고 있는 것을 감안하면, 고려시기의 번상 농민병도 대체로 12번으로 나뉘어 1년에 1개월씩 3,750명 정도가 상번했을 것으로 보인다. 그러나 번상 농민병 가운데에는 지방관의 탐학과 횡포, 기근과 질병, 국내외 전란 등으로 유망하는 자들도 적지 않았다.93) 또 번상 농민병의 번상 근무는 영농에 지장을 주는 것으로서 국가로서도 안정적인 수취 기반을 확보하기 위해 번상 근무를 무조건 강요할 수도 없었을 것이다. 조선초기에도 번상 농민병의 번상은 제대로 이루어지지 않았다. 태종 2년(1402) 2월 사간원에서 시무에 관한 글을 올리는 가운데

> 전하께서는 각도의 숙위군을 돌려보내시어 오로지 농업에 힘쓰게 하여, 군사를 양성하고 말을 쉬게 하소서. 만약 변방의 경보(警報)가 있을 경우에는 임시(臨時)에 징발하여, 용맹이 남보다 뛰어난 자로 부병(府兵)을 삼아 금위(禁衛)에 채우소서.94)

---

89) 『高麗史』56, 地理 1, 王京 開城府, 貞州, 중책, 254쪽. "重房堤(稱重房裨補 每春秋 班主率府兵修築)"

90) 『高麗史』82, 兵 2, 鎭戍, 忠烈王 원년 7월, 중책, 796쪽. "遣府兵四領 戍濟州"

91) 『太祖實錄』11, 太祖 6년 5월 丁未, 1책, 105쪽. "各道軍士 番役更戍 歲率一度"

92) 『世宗實錄』48, 世宗 12년 5월 乙卯, 3책, 237쪽. "各道侍衛牌 分爲十二番 一年一度 每朔輪番侍衛"

93) 『高麗史』81, 兵 1, 兵制, 文宗 25년 6월, 중책 779쪽. "諸衛軍人 亡命者甚多"
『高麗史』81, 兵 1, 兵制, 靖宗 11년 5월, 중책 777쪽. "比經禍亂 丁人多闕"

라고 요청하고 있다. 즉 번상 농민병의 번상을 정지하고 국왕의 시위는 부병으로 전담하게 하자는 것이다. 이외에도 조선초기에는 각도의 시위 군사를 '방환영농(放還營農)'[95]하게 하자는 관료들의 주장이 끊임없이 제기되었다. 실제 조선초기에는 흉년과 질병 그리고 농사철이라는 이유로 빈번히 지방 시위패의 번상은 정지되고 있었다. 고려시기 역시 번상 농민병의 번상은 자주 정번(停番)되었고 중앙의 각종 군무는 부병이 주도적으로 담당하였을 것으로 판단된다.

고려시기의 부병은 국역 봉공(奉公)의 대가로 과전과 녹봉을 지급받았다. 이 시기 보승군과 정용군 등 번상 농민병이 17결 1족정으로 편제된 전부(田賦) 체계 속에서 무상으로 군역에 동원된 반면[96], 부병은 현직 관료의 직무 수행에 대한 보상으로 지급된 녹봉[97]과, 국왕이 양사(養士)·대사(待士)의 의미로 신료에게 절급(折給)하여 주는 과전을 지급받았던 것이다.[98] 고려시기 부병들은 선군, 전정연립, 승진, 군공, 음서 등으로 일단 부병직에 충원되면, 자신의 관직에 해당하는 과전을 지급받았고, 승진하면 가급(加給)되었다. 문종 30년(1076)에 경정(更定)되어 고려시기에 최종적으로 확정된 전시과에 의한 각 부병의 관직별 전지 지급액과 각 관직의 전지 지급 총액을 살펴보면 다음 <표 3>과 같다.

94) 『太宗實錄』3, 太宗 2년 2월 辛未, 1책, 226쪽. "放還各道宿衛之軍 專務農業 養兵
   息馬 如有邊警 臨時徵發 其驍勇過人者 令爲府兵 以實禁衛"
95) 『太宗實錄』11, 太宗 6년 5월 丁巳, 1책, 359쪽.
96) 『高麗史』81, 兵 1, 兵制, 恭愍王 5년 6월, 중책, 783쪽. "國家以田十七結爲一足丁
   給軍一丁 故者田賦之遺法也"
97) 고려시기 武班의 녹봉에 대해서는 崔貞煥, 「高麗時代 祿俸制硏究」, 『高麗·朝鮮時
   代 祿俸制硏究』, 경북대학교출판부, 1991. 참고.
98) 李景植, 「科田의 占有와 그 原則」, 앞의 책, 97~98쪽.

<표 3> 문종 30년 전시과의 각 부병 전지(田地) 지급액과 관직별 지급총액

| 官職(品) | 科 | 支給額數 | | 官員數(人)(B) | 田地支給總額 |
		田地(結)(A)	柴地(結)		(結)(A×B)
中郞將(正5品)	6	70	27	90	6,300
郞將(正6品)	8	60	21	222	13,320
別將(正7品)	11	45	12	222	9,990
散員(正8品)	12	40	10	223	8,920
校尉(正9品)	13	35	8	900	31,500
隊正(品外)	14	30	5	1800	54,000
전체 부병의 전지지급총액					124,030
典據:『高麗史』78, 食貨 1, 田制, 田柴科, 文宗 30년, 중책, 709~711쪽.					

고려시기 부병들은 위 <표 3>과 같이 각각 관직에 따라 6~14과에 이르는 전지와 시지를 각각 지급받았고, 이들 전체에게 지급된 전지의 양은 124,030결에 달하였다. 이것은 문무 양반 관료에게 지급된 전지의 총액 약 15만 결의 83%에 달하는 양이었다.[99] 고려시기의 부병은 이만한 규모의 전지를 지급받으면서 직무에 임하고 있었다.

그런데 문종 30년의 전시과 규정에서는 14과 대정 아래에 15과 마군(馬軍), 16과 역·보군(役·步軍), 17과 감문군(監門軍)을 설정하여 이들에게도 각각 과전을 지급하고 있었다. 지금까지 일반적으로 이들을 부병으로 규정하는 경향이 있었으나 이들은 부병이 아니었다. 우선 감문군은『고려사』식화지, 전제, 서문에서 나타난 바와 같이 자손과 친척이 없는 부병이 60세 이후 부병에서 퇴역한 다음에 소속되는 군종으로 부병이 아니었다. 역군은 국왕의 시위와 도성의 경비·방위를 담당하는 군인이 아닌 노역

---

99) 姜晉哲 교수는 文宗 30년의 更定田柴科의 規定을 基準으로 삼아 文·武兩班의 官僚(品官)에게 지급된 土地의 總額數를 계산해 보면 약 9萬 5千結(文官 약 1萬 8千餘結, 武官 약 7萬 6千餘結) 정도로 推算된다고 하였다.(『改訂 高麗土地制度史研究』, 一潮閣, 1991, 68쪽). 그런데 姜 교수는 여기에서 武班의 隊正은 제외시킨다고 하였다. (앞의 책, 72쪽) 그러나 隊正 역시 武班으로 간주되었으므로 이들의 科田을 兩班田에 포함시킬 수 있다고 본다. 姜 교수가 계산한 兩班田 95,000결에 隊正의 科田 54,000결을 포함시키면 고려시기 文·武兩班 官僚에게 지급된 田地의 總額은 149,000 結, 즉 대략 15萬結이 된다.

을 담당하는 군인일 것으로 파악된다. 그리고 마군과 보군에 대해서는 전시과 규정을 제외하고는 이에 대한 구체적인 자료가 없어 확인할 수는 없지만, 정종 11년 5월의 계방[100])에서 나타난 중금(中禁)·도지(都知)·백갑(白甲)과 『고려사』에서 산견되는 공학군(控鶴軍), 내순검군(內巡檢軍) 등 금군 계열의 특수군이 이에 해당할 것으로 추측된다. 이들은 정종 11년 5월 계방의 2군 6위 조직에는 보이지 않고, 다만 계방문 속에서 "中禁·都知·白甲別差 亦以丁人當差"라는 구절이 있는 것으로 보아, 정인 즉 일반 농민으로 편성된 군종으로서 2군 6위의 중앙군 조직에는 포함되지 않는 특수군으로 생각된다. 이들은 비록 무직자이지만 문종대 전시과에서 14과 대정 바로 밑에 위치하고 있듯이 부병으로 진출하는데 가장 유리한 병종이었다. 금군들이 부병으로 진출한 예를 들면 다음과 같다.

(1) 두경승(杜景升)은 전주 만경현 사람이다. 자질은 후덕하나 글이 모자라고 용력이 있었다. 처음에 공학군(控鶴軍)에 보임(補任)되고 … 뒤에 대정(隊正)으로서 후덕전(厚德殿)의 견룡군(牽龍軍)에 충원되었다[101])

(2) 최세보(崔世輔)는 가계가 본래 한미하여 글을 몰랐다. 의종 때 금군으로 대정(隊正)에 충원되었다[102])

(3) 백임지(白任至)는 남포현 사람으로, 농사를 짓고 살았다. 처음 날래고 용맹하여 군인으로 선발되었는데, 개경에 와서 셋집에 살면서 땔나무를 팔아서 생계를 이었다. 의종 때 내순검군(內巡檢軍)에 충원되어 어가를 호위하고 출입하면서 잠시도 왕의 곁을 떠나지 않은 공로로 대정(隊正)에 보임되었다.[103])

(4) 정중부(鄭仲夫)는 … 처음에 주(州)에서 군적에 이름을 올리고 그의 팔을 봉(封)하여 개경으로 보냈다. 재상 최홍재(崔弘宰)가 선

---

100) 『高麗史』81, 兵 1, 兵制, 靖宗 11년 5월, 중책, 777쪽.
101) 『高麗史』100, 列傳 13, 杜景升, 하책, 215쪽.
102) 『高麗史』100, 列傳 13, 崔世輔, 하책, 225쪽.
103) 『高麗史』100, 列傳 13, 白任至, 하책, 226쪽.

군(選軍)하다가 그를 보고 비범하게 여겨서, 봉한 팔을 풀어주고 위로하고 격려한 뒤 공학금군(控鶴禁軍)으로 충당하였다. (정중부는) 인종 때에 비로소 견룡대정(牽龍隊正)으로 임명되었다.[104]

(1) 두경승은 공학군에 충보되었다가 대정이 되었고, (2) 최세보는 금군으로서 대정에 충원되었으며, (3) 백임지는 내순검군으로 근무하다 공로로 대정에 충보되었고, (4) 정중부는 공학금군이었다가 인종 조에 견룡 대정으로 충보되었다. 이와 같이 공학군, 금군, 내순검군 등은 부병으로 올라가는 입사로의 역할을 하였고, 이들이 바로 문종대 전시과 규정에서 부병 아래에 위치한 마군, 보군이라고 추정된다. 즉 고려시기의 부병은 위로는 장군, 아래로는 마군·역군·보군·감문군 사이에 위치한 무반 관료였다.

5. 맺음말

지금까지 고려와 조선초기에 사용된 부병(府兵)이라는 용어의 의미를 검토하고, 부병의 지위와 편제, 부병의 충원 방법과 급전(給田) 등에 대하여 살펴보았다. 이것을 요약하면 다음과 같다. 고려와 조선초기에 중앙군을 지칭하여 사용된 부병이라는 용어는 일반적으로 알려진 바와 같은 병농일치적인 번상 농민병을 뜻하는 말이 아니었다. 이것은 당나라 부병제에서 중랑장 휘하에 무관으로 편성된 내부(內府)의 부병을 의미하는 용어였다. 당의 부병제는 외부와 내부로 구분되었는데, 외부는 각 지방의 절충부에 소속된 병농일치적인 번상 농민병으로 구성되었고, 내부는 3위 5부와 중랑장, 낭장, 교위, 여수, 대정, 부대정 등 무관으로 편성되어 있었다. 이중 내부의 부병이 고려·조선초기에 사용된 부병의 의미와 상통하였

---

104) 『高麗史』 128, 列傳 41, 鄭仲夫, 하책, 774쪽.

다. 한편 고려·조선초기에는 남도 주현에서 농민병들이 번상 시위하는 체제를 부위제(府衛制)라고 칭하였다. 즉 이 시기 중앙군은 무관인 부병과 부위제로 운영되는 번상 농민병으로 구분되어 있었다.

고려시기의 부병은 무관이나 이에 준하는 군사로서 중랑장, 낭장, 별장, 산원, 교위 등 5품 이하 무관과 품외인 대정(隊正)이 이에 해당하였다. 그리고 부병의 총수는 문·무반 전체 정원의 85%에 달하였다. 조선초기 역시 5~9품까지의 무관이 부병에 해당하였다. 그러나 조선초기에는 5~9품까지의 모든 무관이 부병인 것은 아니었다. 내금위, 별시위, 충의위, 충순위 등 성중관을 제외한 삼군부 10위에 소속된 5품~9품까지의 무관이 부병이었다. 이들의 총수 역시 고려시기와 마찬가지로 문·무반 전체 정원의 85%에 달하였다. 고려와 조선초기의 부병들은 관료조직 내에서 이만한 수를 차지하면서 과전과 녹봉을 지급받으며 각종 군역에 종사하였다. 이들은 고려시기에는 2군 6위, 조선초기에는 10위에 소속되어 수도에 상주하면서 국왕의 시위, 수도의 경비·방어, 출정과 방수, 역역 등의 군무에 종사하였고, 번상 농민병을 지휘·통제하기도 하였다.

부병의 충원 방법은 번상 농민병과는 차이가 있었다. 번상 농민병이 전부(田賦)에 동원되는 형태로 징발·충원되었음에 비하여, 부병은 국가가 요구하는 일정한 자격을 갖춘 사람을 선군(選軍), 모군(募軍) 형식을 통해서 선발하였다. 부병의 선군은 고려 태조 때부터 시행된 것으로 보인다. 그리고 선군 이후에는 급전(給田), 즉 수조지의 지급이 수반되었다. 고려 문종 30년 전시과 규정에 의하면 전체 부병에게 지급된 수조지의 양은 문·무반 관료에게 지급된 전지의 총량 15만결의 약 83%에 달하였다.

11세기 초반 고려 사회가 점차 안정·보수화됨에 따라 부병의 충원 방법에 변화가 나타났다. 부병의 자손이 부병이 되는 등 선군의 대상이 고정되어 갔던 것이다. 이에 따라 부병에 대한 급전 업무도 부자(父子) 사이에 수조지가 체수(遞受)되는 전정연립(田丁連立)이라는 형태를 취하였다. 전정연립제의 등장 이후에도 선군이 병행되었지만 그것은 점점 뒤로 밀려 무력해졌다. 전정연립제는 정예병의 확보, 충성심의 고양 등의 이유로 국가와 지배층의 지지를 받았지만, 군인들 사이에 경제적 불평등을 심화시켰고, 토지겸병이 급속히 전개되는 한 요인이 되었다. 그리고 이것은 고려말 군제·군역제 문란의 계기가 되어 고려말 개혁 세력의 개혁의 대상이 되었다.

이상과 같이 고려와 조선초기의 부병은 위로는 장군, 아래로는 번상 농민병 사이에 위치한 무반 관료로서 과전을 받으면서 국왕의 호위와 수도의 경비·방위 등 군무를 주도적으로 수행하였다. 이것은 지배 신분층으로 하여금 중앙군의 중추적 역할을 담당하게 한다는 우리나라 중세 군제의 운영 원리에 따른 것이었다.

[『역사연구』 69집, 1999. 3 수록]

10장

조선초기 부병제의 개편

1. 머리말

고려와 조선초기의 중앙군은 두 가지 계통의 군역을 수행하는 군인으로 구성되었다. 국가로부터 일정한 보수를 받으면서 군역을 수행하는 군인이 있는가 하면, 국가로부터의 어떠한 보수도 없이 군역을 치러야 하는 군인이 있었던 것이다. 전자를 대표하는 것이 고려시기의 부병(府兵), 조선초기의 갑사(甲士)라면, 후자를 대표하는 것은 고려시기의 보승(保勝)·정용군(精勇軍), 조선초기의 시위패(侍衛牌; 正兵) 등이다. 이중 중앙군의 중추적인 군사력을 이루는 것은 전자이다. 이들은 무관(부병·갑사)으로서, 혹은 부농·지주층(갑사)으로서 국가와 정권의 존립을 보장하는 무력적 기반이었다. 이에 반해 후자는 지방에 거주하는 농민병으로서 상번 시에는 중앙군에 소속되지만, 하번 시에는 지방군에 편입되는 존재였다. 이들은 전시에는 모두 전투에 동원되어야 했으나, 평시에는 수취대상으로 간주되었다. 따라서 고려와 조선초기 중앙군의 실체를 파악하기 위해서는 보수를 받으면서 군역을 수행하는 군인에 주목하여야 하는 것이다.

고려시기의 부병은 중랑장(中郞將: 정5품), 낭장(郞將: 정6품), 별장(別將: 정7품), 산원(散員: 정8품), 교위(校尉: 정9품), 대정(隊正: 品外) 등의

관직에 올라 국가로부터 과전과 녹봉을 받으면서 군무에 종사하였다.[1]

이들은 평상시 2군 6위에 소속되어 농민병을 지휘·통제하면서 국왕의 호위와 개경의 경비·방위 등을 담당하였고, 각종 역역과 방수(防戍) 임무에도 동원되었다. 비상시 국가에서는 이들을 골간으로 하고 지방군을 포괄하는 3군 혹은 5군을 확대 편성하여 돌발적인 사태와 외적의 침입에 대처하였다. 부병은 평상시, 비상시를 막론하고 국가 군대의 중추였던 것이다. 따라서 국가에서는 일정한 자격을 갖춘 사람에 한하여 부병 입속을 허용하였고, 이들에게 군역의 대가로 과전과 녹봉을 지급하였다. 부병의 총수 3,457명은 고려시기 중앙관료 전체 정원의 85%에 이르는 규모로서, 이들에게 지급된 과전 전지(田地)의 양은 문·무반 관료에게 지급된 수조지 총액의 83%에 달하였고, 이들에게 지급된 녹봉의 양은 현직 관료에게 지급된 녹봉 총액의 71%에 이르렀다. 부병은 국가와 정권의 존립을 보장하는 존재였기 때문에 양반 관료 내에서 이만한 비중을 차지하였고, 또 국가에서는 막대한 재정적 부담을 감수하면서 이들을 양성하였던 것이다.

고려초기의 부병은 선군급전제와 공병제의 원칙하에 운영되었다. 군사적 능력이 있는 자를 선발하여 과전을 지급하고, 이들로 하여금 철저히 국가의 통제에 따르도록 하는 것이 고려 초 부병제의 운영 원칙이었다. 그러나 이러한 원칙은 고려 사회의 변화에 따라 변질되고 폐기되었다. 선군급전제는 전정연립제로 변질되고, 공병제는 사병제로 대체되었던 것이다. 이것은 모두 당시의 정치적 필요와 사회경제적 변화에 부응하여 나타난 것으로서 그 나름의 존재 의의도 없지 않았지만, 고려말에 이르러서는 극도의 폐단을 드러내었고, 결국은 고려왕조 멸망의 원인으로도 작용하였다. 따라서 조선 건국 세력들이 새 왕조의 안정을 위해 해결해야 할 최

---

1) 고려시기 부병에 관해서는 拙稿, 「高麗·朝鮮初期의 府兵」, 『歷史敎育』 69, 1999 ; 「高麗時期 府兵制의 運營과 그 原則」, 『歷史敎育』 73, 2000, 참조.

대의 과제는 부병제의 개혁이었다. 이들은 그 해결책을 찾기 위해 고려초기의 군제를 연구하고, 부병제 운영의 원칙을 회복하고자 하였다. 그러나 이러한 군제의 개편은 지배층 내 정권의 향방과 관계된 것이고, 또 사회 경제적 토대와 관련된 것이어서 순조롭게 이루어지지는 않았다. 군제 개편 과정에서 지배층 내에 갈등과 상쟁이 나타났고, 또 중앙군의 중추가 부병에서 갑사로 대체되었던 것이다.

본고에서는 고려말 부병제 운영의 문란과 조선초기 부병제 운영 원칙의 회복 과정, 부병의 이원화 등에 관하여 살펴보려 한다. 고려말·조선초의 군제에 관해서는 이미 많은 연구가 이루어졌고, 이로 인해 고려말·조선초 군제의 변화와 역사적 의의에 관한 상당량의 정보를 얻을 수 있었다.[2] 그러나 기존의 연구들은 다양한 군종(軍種)을 평면적으로 제시하여, 이것으로 군제 변화의 가닥을 잡기가 쉽지 않았다. 군제에는 중추적 군사력과 부차적 군사력이 병존한다. 즉 국가의 기간이 되는 군대가 있는가 하면, 제한적인 역할에 그치는 군대가 있는 것이다. 따라서 중추적 군사력과 부차적 군사력을 구분하고, 중추적 군사력의 변화를 우선적으로 파악하여야 군제 변화의 큰 흐름을 이해할 수 있을 것으로 생각한다. 본고에서는 고려시기 중앙군의 중추적 군사력은 부병이며, 조선초기의 그것은 갑사라는 관점 하에서 위의 제 문제를 살펴보려 한다.

2. 고려말 부병제 운영의 문란

고려시기 중앙군은 2군 6위로 편제되었고, 이것은 부병과 농민병으로

---

2) 高麗·朝鮮前期의 軍制에 관한 연구동향은 尹薰杓,「高麗時代 軍制史 硏究의 現況과 課題」,『軍史』34, 1997 ; 吳宗祿,「朝鮮前期 軍事史 硏究의 現況과 課題」,『軍史』36, 1998, 참조.

구성되었다. 즉 2군 6위 45령의 중앙군은 상장군, 대장군, 장군 등 지휘관을 제외하면 3,457명의 부병과 42,000명의 농민병으로 이루어졌다.3) 이중 부병은 중랑장, 낭장, 별장, 산원, 교위, 대정 등 무관으로 이루어져 개경에 상주하면서 군무에 종사하였고, 농민병은 각 지방의 농민들이 전부(田賦)의 의무를 수행하는 형식으로 편성되어 번차에 따라 개경에 번상하였다. 부병은 개경에 상주하였기 때문에 경군(중군, 내군)이라 하였고, 농민병은 지방에 거주하면서 번상하였기 때문에 외군이라고도 하였다. 이중 농민병은 6위에 소속되어 상번 시에는 중앙군에 소속되지만, 하번 시에는 주현군에 편입되는 존재였다. 따라서 고려의 중앙군 중에서 가장 중추적인 군사력은 상비병인 부병이라 할 수 있다.

고려초기에 부병은 선군급전제와 공병제의 원칙하에 운영되었다. 즉 부병은 본인이 자발적으로 선군(選軍)에 응하여 선발되었으며4), 선군 과정에서는 용력과 재예가 뛰어난 자를 선발하여 충원하는 것이 원칙이었다.5) 이렇게 선발된 부병에게는 그들의 충성을 기대한다는 뜻으로 전시과의 지급, 즉 급전이 이루어졌다. 고려초기 부병의 충원 과정과 이들에 대한 경제적 대우를 뜻하는 선군과 급전은 흔히 '선군급전'이라 합칭되듯이 하나의 연결된 업무인 것이다.

한편 부병은 국가적인 목적 이외에 개인이 마음대로 이들을 동원할 수 없도록 공병제 원칙하에 운영되었다. 즉 병권을 군사 동원을 명령하는 발

---

3) 2軍 6衛 45領 중 2軍 즉, 鷹揚軍 1領, 龍虎軍 2領은 "近仗"이라 칭해지면서 국왕의 최측근에서 시위를 담당하였으므로 전원 무관으로 이루어졌고 농민병이 배속되어 있지 않았다. 농민병은 6衛 42領(都府)에만 배속되어 있었는데, 이들의 총수는 42,000명이다. 고려말 趙仁沃 역시 "四十二都府 四萬二千之兵 皆授以田 所以重武備也(『高麗史』 78, 食貨 1, 田制, 祿科田, 典法判書 趙仁沃等 上疏, 중책, 720쪽)"라 하여 농민병이 42,000명이었다고 말하고 있다. 前揭한 拙稿에서 농민병이 45,000명이었다고 한 것은 오류이므로 이에 시정한다.
4) 『高麗史』 95, 列傳, 邵台輔 附 高義和, 하책, 129~130쪽. "應選爲軍"
5) 『高麗史』 2, 世家, 太祖 26년 4월, 상책, 56쪽.

명권과 군사를 동원하여 장수에게 배속시키는 발병권, 군사를 직접 지휘·통솔하는 장병권으로 삼분(三分)하고, 장병권은 정4품 장군에게 귀속시켰다.[6] 2군 6위는 편제상 각각 1인의 상장군이 이를 통솔하고 1인의 대장군이 부(副)하였으며, 45령의 각 령은 1인의 장군이 통솔하도록 하였으나, 실제 부병을 통솔하는 것은 장군이었고, 고위층인 상장군, 대장군은 이에 간여할 수 없었던 것이다. 또한 장군과 부병 사이에도 장졸분리(將卒分離)의 원칙에 따라 공적인 업무 이외의 사적인 접촉은 일체 금지되었다.[7] 평상시 장군과 부병 간에는 일원적인 지휘체계가 성립되어 있지 않았고, 국왕의 시위, 도성의 경비, 훈련과 전투 등 공적 업무가 있을 때마다 해당 장군 휘하에 부병이 배속되었다. 이때 각 장군 휘하에 군인을 배속시키는 것은 발병권자인 중추원에서 담당하였을 것으로 보인다.[8] 즉 무신집권 이전까지 고려는 병권이 개인에게 넘어가는 일이 없도록 철저한 공병제 체제를 유지하였던 것이다.[9]

고려초기 부병제는 선군급전제와 공병제를 원칙으로 운영되었으나, 이것은 고려 사회의 변화·발전에 따라 점진적 혹은 급진적으로 변질되거나 폐기되었다. 우선 일찍부터 선군급전제의 변질이 나타났다. 고려초기에 부병은 선군을 통해 충원되는 것이 원칙이었으나, 고려 사회가 점차 안정·보수화됨에 따라 선군의 대상이 고정되어 갔다. 부병의 자손이 부병이 되는 등 군인 계층이 고정되어 갔던 것이다. 국가로서도 가업의 계승

---

6)『太祖實錄』5, 太祖 3년 2월 己亥, 1책, 59쪽. "前朝 雖有中樞·兵曹·上大將軍 而掌兵者 將軍也 此長治久安之策也 本朝府兵之制 己有此意 使將軍掌五員·十將·六十尉正 其大 將軍以上無與焉"
7)『太宗實錄』27, 太宗 14년 2월 癸丑, 2책, 6쪽. "前朝盛時 侍衛之兵 止於更番入直 不 敢私謁於其將 道途相遇 亦不敢私語"
8)『定宗實錄』4, 定宗 2년 4월 辛丑, 1책, 170쪽. "中樞掌軍機 卽擦制發兵者也"
9) 公兵制의 운영에 대해서는 拙稿,「高麗時期 府兵制의 運營과 그 原則」, 앞의 책, 94~101쪽 참조.

에 따른 정예병의 확보, 대를 이은 국왕의 시위를 통한 충성심의 고양 등을 이유로 군인 계층이 고정되는 것을 선호하였을 것으로 짐작된다. 이렇게 부병이 일정한 군인 계층에서 배출됨에 따라 이들에 대한 급전 업무도 전정연립(田丁連立)이라는 형태를 취하였다. 전정연립이란 국가의 파악 하에 수조지가 세전(世傳)·체수(遞受)되는 것으로, 선군과 급전이 하나의 연결된 업무이듯이 군인 계층의 고정화와 전정연립도 하나의 연결된 현상으로 나타났다. 즉 부병의 자손이 부병이 되는 등 군인 계층이 고정화 하는 경향에 따라 『고려사』 식화지, 전제, 서문에 나타난 바와 같이 부병이 60세가 넘으면 수조지를 반환하고, 자손과 친척이 그 전정을 체립하면서 군역을 계승하였던 것이다.[10]

　전정연립제가 확립되자 선군급전제는 이를 보완하는 위치로 밀려났다. 선군급전제가 전정연립제의 실시 이후에도 시행되기는 하였지만, 이것은 전정연립으로 미처 충원하지 못한 부병을 보충하는 정도의 부차적인 위치로 떨어졌다. 한편 전정연립제의 확립 이후, 이것은 차츰 국가의 통제를 이탈하여 군인 계층 내에 계급적 분화작용을 일으켰다. 전정연립에서 수조지의 전수(傳受)는 "아버지는 아들에게 직접 줄 수 없으며, 반드시 유사(有司)에 아뢰고 난 뒤에 주어야 한다."[11]라는 것처럼 국가의 파악 하에 이루어지는 것이 원칙이었다. 그러나 고려후기에 이르러 이러한 원칙은 무너지고 수조지의 전수가 가산처럼 사사로이 상속되는 것이 보통이었다. 분급 수조지가 조업전(祖業田) 화하면서 관(官)에서의 공증 절차가 규정대로 지켜지지 않았던 것이다.[12] 이에 점차 부강한 군인 층은 더

---

10) 『高麗史』 78, 食貨 1, 田制, 序文, 중책, 705쪽. "府兵 年滿二十始受 六十而還 有子
　　孫親戚 則遞田丁"

11) 『高麗史』 78, 食貨 1, 田制, 祿科田, 辛禑 14년 7월, 중책, 719쪽. "父不得與之子
　　必告有司而與之"

12) 李景植, 「高麗末의 私田問題」, 『朝鮮前期土地制度研究』, 一潮閣, 1986, 참조.

욱더 많은 수조지를 차지하고, 몰락한 군인 층은 전시과 규정에 의한 수조지도 확보하지 못하여 빈궁하게 되는 상황이 전개되었다. 즉 선군급전제가 기능을 상실하면서 수조지 겸병이 전개되었던 것이다.[13]

부병 수조지가 겸병되면서 부병 조직의 쇠퇴도 함께 진행되었다. 군인전 겸병 현상이 전개되면서 수조지를 점탈당한 군인층은 군역을 수행할 능력을 잃어버리게 되고, 수조지를 겸병한 군인층은 이를 조업전이라 칭하면서 군역에 응하려 하지 않았던 것이다. 이러한 사정을 우왕 14년(1388) 7월 전법판서 조인옥은 다음과 같이 말하였다.

> 부전(府田)이 없어지니 부병 또한 없어져서 무뢰한 무리들이 자기 집에 편안히 앉아서 정역(征役)의 괴로움은 모른 채 선조가 사사로이 준 토지를 조업전(祖業田)이라 일컫고, 심지어 천, 백 결씩을 먹고 있으면서 그것이 나라의 토지라 생각하지 않고 부모의 덕이라 생각하여 나라에 보답하려는 마음은 조금도 없습니다.[14]

전정연립제의 등장 이후, 부전(府田) 즉 부병의 수조지가 조업전 화하고, 수조지 겸병이 진행되면서 부병이 없어졌다는 것이다. 무신집권기에 설치된 별초군(別抄軍: 三別抄)은 이러한 군제의 붕괴 속에서 급박한 내우외환에 대처하고자 고식책으로 만들어진 것이다. 별초군은 경별초와 외별초로 나누어지는데, 경별초는 경군 즉 부병 중에서 군사적 능력이 있는 자를 별초(別抄)하여 조직한 것이다.[15] 이로써 무신집권기 당시에도

---

13) 『高麗史』78, 食貨 1, 田制, 辛禑 14년 7월, 諫官李行等 上疏, 중책, 719쪽. "自選軍之法廢 而兼幷遂起"
14) 『高麗史』78, 食貨 1, 田制, 辛禑 14년 7월, 趙仁沃 上疏, 중책, 720쪽.
15) 『高麗史』24, 世家, 高宗 45년 5월 壬戌, 상책, 495쪽. "博州人 避兵入保葦島 國家 遣都領郞將崔乂等 率別抄鎭撫之 州人反殺乂及指論尹謙·監倉李承璉 乂所領兵 皆 逃匿蘆葦閒 跡而盡殺之 遂投蒙古 唯校尉申輔周 乘小舟逃來 告於兵馬使."
위 사료에서 보는 바와 같이 別抄軍에는 都領, 指論 등의 지휘체계가 있었고, 그 아래에 별초군으로 校尉가 있었다. 이를 통해 京別抄는 부병 중 용맹한 자를 가려

부병제가 붕괴의 길을 걷고 있었음을 알 수 있다. 즉 선군급전제의 변질과 함께 고려의 중앙군제는 점차 무너져갔던 것이다.

고려초기 부병제는 선군급전제와 공병제의 원칙하에 운영되었다. 그러나 선군급전제는 앞에서 살펴본 바와 같이 고려사회의 변화에 따라 점진적으로 변질되어갔다. 한편 공병제는 무신정변의 발발과 더불어 갑작스럽게 폐기되었다. 공병제에서 병권은 발명권, 발병권, 장병권으로 삼분(三分)되었다. 이 가운데 군사의 동원을 명령하는 발명권은 국왕이 소유하고 있었다.[16] 즉 고려 전기에는 국왕의 왕지(王旨)가 있어야만 군사를 동원할 수 있었다. 무신정변 당시에도 이고와 이의방은 국왕의 명령이라고 거짓으로 속여서야 비로소 순검군을 동원하여 정변을 일으킬 수 있었다.[17] 그러나 무신정권이 수립된 이후에는 "權臣執命 兵柄下移"[18]라 하듯이 발명권은 무신 집권자들이 장악하였다. 집권자와 장수들의 마음대로 부병이 소집·동원되었고, 이들의 집권 도구로 이용되었다. 이러한 사정은 원간섭기나 고려말에도 마찬가지였다. 예를 들어, 충렬왕 29년(1303) 8월 홍자번과 재추(宰樞)들은 삼군 장사를 거느리고 왕궁을 포위하고 국왕을 협박하면서 폐행 오기(吳祁)를 내놓을 것을 요구하였고[19], 우왕 5년(1379) 9월 최영과 경부흥, 이인임 등은 군대를 대대적으로 집결하고 국왕을 협박하면서 왕의 유모 장씨를 내놓을 것을 요구하였다.[20] 군사의 동원이 국왕의 뜻에 반(反)하여 이루어지고 있었던 것이다.

뽑아 만든 것임을 알 수 있다.

16) 定宗 2년(1400) 4월 臺省들은 '發命者 宰相也'라 하여 宰相이 發命權을 가졌다고 하였으나, 이어서 '宰相非稟君上之命 不得發命'이라 하여 재상은 국왕의 명령이 없이는 發命할 수 없다고 하였다.(『定宗實錄』 4, 定宗 2년 4월 辛丑, 1책, 170쪽) 궁국적으로 發命權은 국왕이 가지고 있었던 것이다.

17) 『高麗史』 19, 世家, 毅宗 24년 8월 丁丑, 상책, 387쪽. "先行矯旨 集巡檢軍"

18) 『高麗史』 81, 兵 1, 序文, 중책, 775쪽.

19) 『高麗史節要』 22, 忠烈王 29년 8월, 581쪽.

20) 『高麗史節要』 31, 禑王 5년 9월, 776쪽.

공병제의 붕괴는 발명권에만 한한 것이 아니었다. 발병권, 장병권의 운영도 붕괴되었다. 공병제에서 장병권은 정4품 장군에게 있었다. 고위층인 상·대장군은 이에 간여할 수 없었다. 한편 장군과 부병 사이에는 장졸분리(將卒分離)의 원칙에 따라 일원적인 지휘체계가 성립되어 있지 않았다. 각 장군 밑에 고정된 군사가 없었고, 공적 업무가 있을 때마다 발병권자가 각 장군에게 군인을 배속하는 것이 원칙이었다. 그러나 고려후기에는 이러한 원칙이 붕괴되었다. 고위층이 부병을 통솔하였고, 이들 지휘관과 부병 사이에는 일원적인 지휘체계가 성립되었다. 각 지휘관 하에 고정된 휘하군사가 배치된 것이다. 예를 들어, 충렬왕 3년(1277) 문하시중이고 상장군이던 김방경(金方慶)이 황해도 석주(碩州)에 가서 원의 장수 흔도(忻都)를 만나보고 돌아오는 길에 여러 장수와 군사들이 그를 마중한 일이 있었다. 이때 노진의(盧進義)라는 자가 먼저 김방경에게 술잔을 바치자 김방경의 휘하군사들이 이를 미워하여 제지하였다. 이때 노진의는 "다른 군사나 휘하군사나 모두 사람인데 어찌 선후의 차별이 있을 수 있느냐"며 반발하였다.[21] 이를 통해 당시 지휘관들은 다른 군사들과는 구별되는 자신의 휘하군사를 거느리고 있었음을 알 수 있다. 이들 지휘관들은 휘하군사들을 자기 집에 주둔시켰고[22], 또 이들의 명부인 패기(牌記)까지 관리하고 있었다.[23]

고려후기에 부병제는 선군급전제와 공병제가 폐기되고 전정연립제와 사병제로 운영되었다. 이러한 가운데 무신집권기와 대몽전쟁기를 거치면서 부병의 군사력은 부실해져 갔다. 물론 고려후기 내내 부병제는 그대로 유지되고 있었다. 대몽전쟁 직후인 원종 즉위년(1259)에는 개경에 궁궐을 짓기 위해 30령의 군인이 동원되었고[24], 다음해에는 환도준비를 위해

---

21) 『高麗史』104, 列傳, 金方慶, 하책, 287쪽. "諸軍與麾下 皆人也 何先後之有"
22) 『高麗史』104, 列傳, 金方慶, 하책, 292쪽. "麾下將士號內廂 日擁其門"
23) 『太祖實錄』1, 總書, 禑王 6년, 1책, 9쪽. "諸將各占爲兵 號曰牌記"

16령의 사졸들이 문무양반과 함께 개경을 왕래하였다.25) 이때 영군(領軍)
이나 사졸 가운데에는 부병과 번상농민병이 모두 포함되어 있었겠지만,
30년에 걸친 대몽전쟁을 치르면서 지방 군현들이 엄청난 피해를 입었다
는 점을 감안하면 지방의 농민병보다는 부병이 주축을 이루고 있었을 것
으로 보인다. 그러나 대몽전쟁을 겪으면서 부병은 크게 감소하여 보충하
지 않으면 안 되는 형편이었다. 원종 즉위년 11월 양부(兩府)에서는 부병
의 충원을 요청하면서 "今校尉·隊正 死者大半"26)이라고 보고하였지만, 이
후 원종 12년까지 부병의 충원은 제대로 이루어지지 않고 있었다.27)

　원간섭기 동안은 원의 통제와 견제로 인해 고려 정부의 주체적 개혁 의
지에 따라 부병 조직을 재건하기는 매우 어려운 상황이었다. 실제 부병
조직은 이 시기에 들어와 더욱 부실해져 갔다. 부병의 충원이 군사적 능
력과 관계없는 인물들로 이루어짐으로써 군사력은 더욱 저하되고 기능은
약화되고 있었던 것이다. 이미 무신집권기에 부병의 충원은 비정상적으
로 이루어지고 있었다. 무인집정자의 마음대로 부병의 제수가 행해졌으
며28), 그 승진에는 뇌물이 횡행하였다.29) 이러한 부병 충원의 문란은 원
간섭기 이후 더욱 심화되어 갔다. 납속보관제(納粟補官制)의 시행으로 부
병직은 합법적인 매매의 대상이 되었고30), 귀족의 어린 자제들과 문인들
이 음서를 통해 부병으로 줄지어 들어갔다.31) 또 문무 관직으로의 진출이

---

24)『高麗史』25, 世家, 元宗 즉위년 11월 癸卯, 상책, 503쪽.
25)『高麗史』25, 世家, 元宗 원년 3월 乙未 ; 4월 庚子, 상책, 506쪽.
26)『高麗史』25, 世家, 元宗 卽位年 11月 甲申, 상책, 503쪽.
27)『高麗史』81, 兵 1, 元宗 12년 4월, 하책, 782쪽. "閑府衛兵 不滿其額"
28)『高麗史』129, 列傳, 崔忠獻, 하책, 795쪽, 802쪽.
29)『高麗史』129, 列傳, 崔忠獻 附 沆, 하책, 811쪽.
30)『高麗史』80, 食貨 3, 賑恤, 納粟補官之制, 중책, 773쪽. "忠烈王 元年 十二月 都兵
　　馬使 以國用不足 令人納銀 拜官 … 軍人望隊正 隊正望校尉者 三斤 校尉望散員者
　　四斤 散員望別將者 二斤 別將望郎將者 四斤"
31) 金龍善 교수는 高麗後期에 蔭叙를 제수받는 연령이 매우 낮아진다고 하고, 이들
　　後期의 음서출신자들은 전기와는 달리 實職의 관직에 제수되었는데, 이것은 음서

제한된 내료(內僚)들의 부병 진출은 이루 헤아릴 수 없을 정도였다.[32) 이렇게 부병직에 진출한 사람들은 군역을 수행할 능력도 의지도 없었다. "不一奉足而踏軍門"[33)이라 하듯이 전혀 군문에 발을 들여놓지 않고 녹봉만 타먹고 있을 뿐이었다. 공민왕 원년(1352) 이색은 그의 상소문에서 부병직은 귀족들에 의해 점거 당하여 정작 군인은 없는 상태라 하였다.[34) 정도전도 태조 3년(1394) 2월의 상서 속에서 "충렬왕대 이래 인사제도가 문란해지면서 청탁 등으로 부병 직에 제수된 자들이 세력을 믿고 제멋대로 행동하면서 숙위를 하지 않아 부병제가 무너지기 시작했으며 드디어는 나라가 망하기에 이르렀다."[35)라고 말하였다.

원간섭기와 고려말까지 부병제의 정비·회복은 이루어지지 못하였다. 이 시기에는 부병 대신 원의 숙위군제와 만호부제가 도입되어 국왕의 시위와 도성의 경비를 주도하였다. 즉 부병이 제 기능을 수행하지 못하는 상황에서 원의 군사적 영향 하에 홀치(忽赤: 近侍), 우달치(迂達赤) 등 성중애마가 남설(濫設)되었고[36), 공민왕 5년(1356)에는 충용위(忠勇衛)가 조직되어 국왕의 시위를 대신하였다. 그리고 도성의 경비 역시 원의 영향 하에서 순군만호부(巡軍萬戶府)가 설치되어 순군들이 담당하고 있는 실정이었다.[37) 이들 각 군사기구들은 비록 외적이 쳐들어오면 부병과 함께 출동하기도 하였으나[38), 국왕의 무력 기반으로서 왕실 경호를 담당하는

의 제도적 원칙이 무너지고 있는 것이라 하였다. (金龍善, 『高麗蔭叙制度研究』, 一潮閣, 1991, 172쪽)
32) 『高麗史』75, 選擧 3, 限職, 忠烈王 2년 閏3월, 중책, 642~643쪽. '若別將·散員 不可勝數'
33) 『高麗史』78, 食貨 1, 田制, 辛禑 14년 7월, 중책, 716쪽.
34) 『高麗史』115, 列傳, 李穡, 하책, 524쪽. "諸衛之職 爲靑粱所占 又且無軍"
35) 『太祖實錄』5, 太祖 3년 2월 己亥, 1책 58~59쪽.
36) 『世宗實錄』3, 世宗 원년 2월 己亥, 2책, 303쪽. "高麗事元以來 府衛之職 皆近習請託 不肯仕職 乃置忽赤·亐達赤等 成衆愛馬 以備宿衛"
37) 원간섭기와 고려말기 군제의 실상에 대해서는 權寧國, 『高麗後期 軍事制度 研究』, 서울대 박사학위논문, 1995 ; 尹薰杓, 『麗末鮮初 軍制改革研究』, 혜안, 2000, 참조.

군사력에 불과하였다. 한편 이들 군사기구들은 국왕이나 재추(宰樞), 만호(萬戶) 등의 개인적 명령을 수행하는 사병제로 운영되어 고려후기 정치·경제·사회 각 방면에 많은 문제를 일으키고 있었다. 즉 국가의 공적 기구를 통하지 않고 개인이 군권을 장악한 상황에서 군정의 혼란과 이로 인한 정치적 불안이 가중되었고, 허다한 군사기구를 유지하기 위하여 농장과 사패전이 확대되고, 인민의 영점(影占)과 전조(田租) 남수(濫收)가 행해지는 등 사회경제적 폐단이 심화되어 갔던 것이다.[39]

고려말 정치·경제·사회 각 부문에 나타난 여러 폐단을 시정하기 위해서는 군제의 개혁, 부병제의 정비가 무엇보다 절실하였다. 이 시기 군제의 개혁, 부병제의 정비는 또한 국가의 총체적 개혁을 의미하는 것이었다. 부병제의 개혁을 위해서는 선군제를 회복하여 국왕의 측근과 귀족자제 등 군사력과 관계없는 인물들을 몰아내고, 급전제를 회복하여 가산화한 군인전을 국가 관리 하에 공적으로 수수(授受)되는 토지로 전환하며, 사병제로 운영되던 군사지휘체계를 공병제로 개혁하여야 하였다. 그러나 이것은 고려말 지배층들의 정치적, 경제적 기득권의 포기를 의미하는 것으로, 고려의 정치·경제 질서가 온존하는 한 실현되기 어려웠다. 또 고려말에는 홍건적과 왜구의 침입, 원·명 교체에 따른 불안한 북방 정세 등으로 인한 전시체제가 계속됨에 따라 부병제를 개혁할 겨를도 없었다. 이 시기에는 대몽전쟁 이후 붕괴된 지방군 체제를 정비하고 전국적인 전시동원체제를 갖추는 것이 보다 시급한 문제였다. 국가에서 부병제에 대해 할 수 있는 것은 첨설직을 설치하여 군공을 세운 자들을 부병체계로 포섭하거나[40], 고관

---

38) 『高麗史』29, 世家, 忠烈王 6년 5월 癸卯, 상책, 593쪽. "選忽赤·巡馬·諸領府等二百人 分守于慶尙全羅道倭賊"
『高麗史』36, 世家, 恭愍王 원년 3월 己未, 상책, 757쪽. "倭船大至 … 調發諸領府 及忽赤 分遣西江·甲山·喬桐 以備之"
39) 尹薰杓, 앞의 책, 35~60쪽 참조.
40) 『高麗史』75, 選擧 3, 銓注, 添設職, 恭愍王 3년 6월, 중책 649쪽. ; 『高麗史節要』

들의 녹봉 지급을 정지하고 이것을 녹봉을 받지 못하고 있는 부병에게 돌려주는 등[41] 고식적인 조처뿐이었다. 부병제의 개혁은 새로운 집권세력의 등장, 새로운 국가체제의 수립이 이루어지고 나서야 가능하였다.

3. 태조대 급전제와 선군제의 회복

고려말 정치·경제·사회 전반에 걸쳐 여러 폐단이 심화되면서 국가의 군인에 대한 정당한 대우가 이루어지지 못하자 군인들의 불만은 팽배해졌다. 또 사병제적인 군사지휘체계의 운영으로 인해 국가의 군인에 대한 통제마저 상실된 상황이었다. 앞에서 살펴본 바와 같이 사병제 하에서 군인들이 왕궁을 포위하고 국왕을 협박하는데 동원될 정도였다. 이와 같이 국가의 군인에 대한 우대와 통제가 제대로 이루어지지 않는 상황에서 무신정변과 같은 군사 정변의 재발 가능성은 농후하였다. 이성계의 위화도회군과 정권 장악은 이러한 고려말 군제의 문란을 배경으로 나타날 수 있었다.[42]

위화도회군 이후 이성계를 추종하는 개혁세력들은 군인들의 여망을 반영하여 부병제의 문제점을 일제히 거론하고 그 시정을 요구하였다. 그들은 무능한 자들이 군직(軍職)을 차지하여 녹봉만 축내고 있는 현실을 지적하였으며[43], 국가의 수조지가 개인의 가산(家産)으로 변하여 군역과는 관련 없는 자들이 이것을 차지하고 정작 수많은 전쟁터에서 고생하는 군인들은 한 뼘의 땅도 차지하지 못하고 있는 현실을 비판하였다.[44] 그래

30, 辛禑 2년 정월, 754쪽.

41) 『高麗史節要』 33, 辛禑 14년 정월 丙子, 817쪽.

42) 당시 사람들은 이성계의 위화도 회군을 '擅兵', 즉 군사 정변이라고 보았다. (『高麗史』 46, 世家 46, 恭讓王 3년 3월 甲辰, 上冊, 890쪽)

43) 『高麗史』 81, 兵 1, 兵制, 恭讓王 원년 2월, 중책, 790~791쪽.

서 그들은 무예가 뛰어난 자를 정선하여 군직을 수여하고[45], 관리나 군인, 국역 담당자가 아니면 수전(受田)할 수 없으며 수조지의 점유는 본인에 한하고 이를 사사로이 수수하는 행위를 엄금할 것을 촉구하였다.[46] 즉 개혁세력들은 고려초기의 군제인 선군·급전제의 회복을 요청한 것이다.

이 가운데 급전제의 회복은 공양왕대 과전법의 실시로 실현되었다. 공양왕 2년(1390) 정월, 급전도감에서 각품(各品) 관리들에게 과전 지급 문서인 전적(田籍)을 반급(頒給)하였고[47], 그 해 9월에는 기왕의 전적(田籍)을 모두 소각하였다.[48] 그리고 공양왕 3년(1391) 5월 과전법에 관한 법규가 정식으로 반포되었다.[49] 이로써 수조지도 없이 군역에 동원되던 부병들은 과전을 점유할 수 있게 되었으며, 조업전이라 칭하면서 과다하게 수조지를 점유하고 있던 부병들은 자신의 품계에 해당하는 것 이외에는 모두 국가에 반납하여야 했다. 과전법의 실시로 부병들이 지급받은 과전의 총액은 다음 <표 1>과 같다.

<표 1> 과전법에서의 각 부병 과전 지급액과 관직 별 지급총액[50]

科 別	官職 (品)	結 數 (A)	人 員 數 (B)	科田支給總額 (A×B)
第 13 科	中郞將 (5品)	43 結	90 人	3,870 結
第 14 科	郞將 (6品)	35 結	222 人	7,770 結
第 15 科	別將 (7品)	25 結	222 人	5,550 結
第 16 科	散員 (8品)	20 結	223 人	4,460 結
第 17 科	校尉 (正9品)	15 結	900 人	13,500 結
	隊正 (從9品)	15 結	1,800 人	27,000 結
전체 府兵의 科田 支給 總額				62,150 結

典據:『高麗史』78, 食貨 1, 田制, 祿科田, 恭讓王 3년 5월, 中册, 724쪽.

---

44)『高麗史』78, 食貨 1, 田制, 辛禑 14년 7월, 중책, 716쪽.
45)『高麗史』81, 兵 1, 兵制, 恭讓王 원년 2월, 중책, 790~791쪽.
46)『高麗史』78, 食貨 1, 田制, 祿科田, 趙浚上書, 중책, 717쪽.
47)『高麗史』45, 世家 45, 恭讓王 2년 정월, 상책, 874쪽. '給田都監 始頒給各品田籍'
48)『高麗史』78, 食貨 1, 田制, 祿科田, 恭讓王 2년 9월, 중책, 723쪽. "焚公私田籍于市街"
49)『高麗史』78, 食貨 1, 田制, 祿科田, 恭讓王 3년 5월, 중책, 723쪽.

위 표에서 보는 바와 같이 과전법에 의해 전체 부병들이 받은 과전의 총액은 62,150결에 달하였다. 이것은 비록 고려시기 전시과 제도 하에서 전체 부병들이 받은 전지 총액 124,030결[51]의 절반에 해당하는 양이지만, 과전법 제정 당시 경기(京畿) 안에 설치된 과전 총액 84,100결[52]의 74%에 이르는 양이었다. 과전법에서 부병의 과전이 차지하는 비중은 이처럼 막대하였다. 그러나 부병에 대한 과전 지급은 이때 단 한 번에 그친 것으로 보인다. 즉 부병은 과전법이 실시될 당시 일회적으로 과전을 지급받았고, 이후 새로이 부병에 되는 자에 대한 과전 지급은 이루어지지 않았던 것으로 보인다.[53]

개혁세력의 전제 개혁 요구와 이에 따른 과전법의 실시를 통해 급전제는 회복되었고, 5품 이하 모든 부병들은 일단 과전을 지급 받았다. 그러나 이때 선군제의 회복은 이루어지지 않았다. 무능한 자를 도태시키고 정예한 자를 선발하는 선군제의 회복은 기존 군인층을 동요시키게 될 것이고, 이것은 군인들의 지지를 바탕으로 정권을 장악하고 개혁을 추진하려는 이성계 일파에게는 부담되는 상황이었다. 선군제의 회복은 새로운 국가 권력이 확립된 이후 점진적으로 해결되어야 할 사항이었다.

한편 고려말 개혁세력들은 부병제의 또 다른 원칙인 공병제에 대해서는 언급조차 하지 않았다. 오히려 당시에는 공병제 원칙에서 더욱 이탈하

---

50) 위 표에서 隊正은 고려시기에는 品外였으나 위 과전법이 공포된 이듬해인 태조 원년(1392) 7월에 제정된 文武百官制에 의하면 종9품으로 되어 있다.(『太祖實錄』 1, 太祖 원년 7월 丁未, 1책, 25쪽) 이에 의거하여 隊正을 校尉와 함께 제17과에 넣었다.

51) 拙稿,「高麗·朝鮮初期의 府兵」, 앞의 책, 129쪽, <표 3> 참조.

52) 李景植,「科田制度의 運營과 그 變動」, 앞의 책, 171쪽, '京畿內의 地目 및 그 田結 數' 표 참조.

53) 세종 12년(1430) 9월 세종은 신료들과의 과전법에 관한 논의 중 '三千甲士 亦欲受 田 則將何以均給乎'라 하였다(『世宗實錄』 49, 世宗 12년 9월 甲寅, 3책. 260쪽) 이를 통해 이 당시 5~8품의 갑사들에게 給田이 이루어지지 않았음을 알 수 있다.

여 이성계 일파에게 병권이 집중되는 형편이었다. 이성계는 위화도회군 이후 창왕 즉위년(1388) 8월에 자신의 휘하군사를 중심으로 조직된 도총 중외제군사부(都摠中外諸軍事府)의 도총중외제군사 지위에 오르고[54], 공양왕 2년(1390) 정월에는 8도의 군마(軍馬)를 통솔하였으며[55], 그 해 11월에는 부병을 비롯한 중앙군과 지방군 전체를 총괄하면서 여러 원수(元帥)의 인장(印章)은 모두 거두어 들였다.[56] 그리고 공양왕 3년(1391) 정월에는 삼군도총제부(三軍都摠制府)를 설치하여 중앙군과 지방군을 삼군에 각각 편제하고, 이성계는 도총제사의 지위에 올랐다.[57] 이성계를 구심점으로 하여 모든 군권이 집중되고 있었던 것이다. 이것은 개인이 군권을 장악할 수 없도록 한 고려초기 공병제의 원칙을 철저히 부정한 것이고, 고려말 여러 원수들의 군권 분점에 의한 권력 균형을 깨뜨린 것이었다. 후에 태종이 "태상왕께서 병권을 잡았기 때문에, 고려 말 능히 화가위국 (化家爲國) 할 수 있었다."[58]라고 말하는 바와 같이 이러한 군사력 집중을 기반으로 이성계는 조선왕조의 태조로 즉위할 수 있었다. 따라서 이 시기는 이성계를 추종하는 개혁세력들이 공병제에 대하여 거론할 상황이 아니었다. 공병제 논의, 즉 사병제 혁파 논의는 태조 후반부터 거론되기 시작하였으며, 이것은 지배층내의 갈등과 상쟁의 요인이 되었다.

이성계의 병권 장악은 조선 건국으로 이어졌고, 조선 건국 직후 대대적인 중앙군제의 개편이 진행되었다. 이것은 조선 건국에 공을 세운 이성계의 휘하군사 중 무직자(無職者)에게 군직(軍職)을 마련해 주기 위한 방편

---

54) 『高麗史節要』 33, 辛昌 즉위년 8월, 838쪽.
55) 『高麗史節要』 34, 恭讓王 2년 정월, 869쪽.
56) 『高麗史』 권45, 世家, 恭讓王 2년 11월 辛丑, 상책, 885쪽.
57) 『高麗史節要』 35, 恭讓王 3년 정월, 883쪽 ; 『高麗史』 77, 百官 2, 諸司都監各色, 三軍都摠制府, 恭讓王 3년, 중책, 691쪽.
58) 『定宗實錄』 4, 定宗 2년 6월 癸丑, 1책, 177쪽. "太上王 以握兵之故 當高麗之季 能 化家爲國"

이기도 하였다. 즉 태조 원년(1392) 7월 조선 건국과 동시에 태조의 휘하 군사를 중심으로 조직된 도총중외제군사부를 의흥친군위(義興親軍衛)로 변경하고[59], 이를 다시 좌위와 우위로 나눈 후 다음 <표 2>와 같이 2군 6위 즉, 8위와 합쳐 10위로 하였다. 한편 2군 6위에 불규칙하게 소속되어 있던 영을 1위마다 5령을 고르게 설치하여 총 10위 50령으로 만들었다. 그리고 고려시기 매 영(領) 당 중랑장 2, 낭장 5, 별장 5, 산원 5, 교위 20, 대정 40명으로 구성되었던 부병 편제를 중랑장(5품) 3, 낭장(6품) 6, 별장 (7품) 6, 산원(8품) 8, 위(정9품) 20, 정(종9품) 40명으로 확대 개편하였 다.[60] 이로써 고려시기 3,457명이었던 8위의 군액은 매 위 당 415명으로 되어, 총 3,320명으로 축소·조정되었고, 여기에 이성계의 휘하군사인 의 흥친군좌·우위 830명이 덧붙여져 부병직의 총수는 <표 2>와 같이 4,150 명으로 증가하게 되었다.

<표 2> 태조 원년(1392)의 경군 조직과 부병 총수

官職／10衛	將官				府兵						10衛의 府兵數
	上將軍 (정3품)	大將軍 (종3품)	都護八 衛將軍 (정4품)	將軍 (종4품)	中郎將 (5품)	郎將 (6품)	別將 (7품)	散員 (8품)	尉 (정9품)	正 (종9품)	
義興親軍左衛	1	2		5	15	30	30	40	100	200	415
義興親軍右衛	1	2		5	15	30	30	40	100	200	415
鷹揚衛	1	2		5	15	30	30	40	100	200	415
金吾衛	1	2		5	15	30	30	40	100	200	415
左右衛	1	2		5	15	30	30	40	100	200	415
神虎衛	1	2	2	5	15	30	30	40	100	200	415
興威衛	1	2		5	15	30	30	40	100	200	415
備巡衛	1	2		5	15	30	30	40	100	200	415
千牛衛	1	2		5	15	30	30	40	100	200	415
監門衛	1	2		5	15	30	30	40	100	200	415
計	10	20	2	50	150	300	300	400	1000	2000	4150

典據:『太祖實錄』1, 太祖 원년 7월 丁未, 1책, 25쪽.

---

59)『太祖實錄』1, 太祖 원년 7월 丁酉, 1책, 20쪽.
60)『太祖實錄』1, 太祖 원년 7월 丁未, 1책, 25쪽.

위 군제 개편으로 400여 년 동안 이어져 내려온 고려의 2군 6위제는 폐기되고 10위제라는 새로운 중앙군 조직이 탄생하였다. 그러나 이때의 군제 개편에서 이성계를 추종한 모든 군사가 군직을 수여 받을 수는 없었던 것으로 보인다. 태조 3년 6월 시중 조준과 김사형 등은

> 지금 시위군사들은 밤낮으로 근로하면서 거의 녹(祿)을 받지 못하고 있는데, 근시(近侍)·충용위(忠勇衛) 및 제위(諸衛)의 수직자(受職者: 府兵)들은 대개 그 직에 합당한 사람이 아니니, 원컨대 시위군사들로 하여금 그 직책을 체수(遞受)하게 하십시오.[61]

라 하여, 시위군사 즉 이성계의 휘하군사들로 하여금 부병직을 체수하게 할 것을 국왕에게 요청하고 있었다. 조선 건국 직후 부병 조직을 개편하였으나 그 소속 인원까지 교체된 것은 아니어서 이성계의 휘하군사 중 군직을 받지 못한 사람도 다수 있었던 것이다.

조선 건국 직후 마련된 10위 조직은 종래의 부병 조직인 2군 6위 즉, 8위에 이성계의 휘하군사인 의흥친군좌·우위를 합설(合設)한 것이었다. 따라서 양쪽에 소속된 군인의 성격은 상이하였다.[62] 8위는 고려말의 부병을 그대로 승계한 조직이었다. 이에 정도전은 8위가 고려말과 같이 젖내나는 자제(乳臭子弟), 내료(內僚), 공상·잡류(工商雜類) 등 무자격자들이나, 권세가에 의탁해서 녹봉을 타먹으면서 근무를 기피하는 자들로 채워져 있다고 하였다.[63] 반면 의흥친군위는 이성계의 휘하군사로 이루어졌으며, 조선 건국 이후 이들은 갑사라 칭해지면서 국왕 측근 군사력의 역할을 담당하였다.[64] 태조는 각종 행행 시 이들만 시종하게 할 것을 명

---

61) 『太祖實錄』6, 太祖 3년 6월 壬辰, 1冊, 65쪽.
62) 이에 대해서는 尹薰杓, 앞의 책, 187쪽 참조.
63) 『太祖實錄』권5, 太祖 3년 2월 己亥, 1冊, 59쪽.
64) 조선초기 甲士에 대해서는 車文燮, 「鮮初의 甲士에 대하여」, 『史叢』4·5, 1959·

할 정도였다.[65] 이와 같이 조선초기의 10위 조직에는 부병과 갑사라는 이질적인 군인들이 합속해 있었다. 한편 이들의 지휘체계도 상이하였다. 의흥친군위는 도절제사, 절제사, 동지절제사 등으로 편성된 지휘부에 의해 통솔되었음에 비해 8위는 판팔위사, 팔위상장군에 의해 통솔되고 있었다.[66] 이와 같이 의흥친군위와 8위, 즉 갑사와 부병은 군인의 성격도 다르고 지휘통솔체계도 상이하였다. 따라서 이들 간에는 갈등의 소지도 없지 않았다. 태종 2년(1402) 4월 조영무는 부병과 갑사가 통합되면 인심이 하나로 될 것이라고 말하였다.[67] 조선 건국 직후의 10위는 부병과 갑사로 나누어져 있어 인심이 분열되는 등 갈등이 있었던 것이다.

조선 건국 이후 지배체제의 정비가 이루어지면서 고려말 단행하지 못하였던 선군제의 회복이 거론되기 시작하였다. 이것은 10위 내의 이질적인 요소를 제거하고, 신왕조에 충성하는 군인들로 10위를 구성하여 정치적 군사적 안정을 이루려는 지배층의 의지도 깔려 있었다. 태조 3년(1394) 2월 판의흥삼군부사 정도전은 전반적인 군제 개편을 요구하는 상서에서 다음과 같이 주장하였다.

전조(前朝) 말기에 젖내 나는 자제(子弟)와 내료(內僚)·공상(工商)·잡예(雜隷)들이 영부(衛領: 府兵)의 직책에 충당되었으나 외람되고 용잡(冗雜)되어 그 임무를 감당하지 못하였습니다. 이들은 혹은 권세가에 의탁하여 업무는 수행하지 않고 한갓 녹봉만 허비할 뿐이어서 시위가

1960 (『朝鮮時代軍制研究』, 檀大出版部, 1973, 재수록); 柳昌圭,「朝鮮初 親軍衛의 甲士」,『歷史學報』106, 1985 ; 拙稿,「조선초기 甲士의 성립과 변질」,『典農史論』2, 1996, 참조.
65)『太祖實錄』1, 太祖 원년 8월 戊辰, 1冊, 26쪽 ;『太祖實錄』3, 太祖 2년 정월 癸丑, 1冊, 39쪽.
66)『太祖實錄』1, 太祖 원년 7월 丁未, 1책, 25쪽 ; 閔賢九,『朝鮮初期의 軍事制度와 政治』, 韓國研究院, 1983, 98쪽, 참조.
67)『太宗實錄』3, 太宗 2년 4월 辛未, 1책, 232쪽. "無府兵·甲士之異 人心一矣"

허술하게 되었는데, 아직까지 그 폐단이 계속되고 있으니, 하루바삐 이를 개혁하지 않으면 안 됩니다. 마땅히 본부(本府)와 병조로 하여금 제(諸) 위령(衛領)의 현임 자들의 신체를 살펴보고 재주를 시험하게 하여, 건장하고 재주가 있는 사람은 그 직책을 다시 주고, 어리고 약한 사람과 늙고 병든 사람과 재주가 없는 사람과 잡류에 속한 사람과 어떤 일을 핑계하고 출근하지 아니한 사람 등은 일체 모두 삭제하고, 다시 친군위(親軍衛)에 소속된 원종시위(原從侍衛) 원인(員人)과 훈련관에서 병법을 익힌 원인과 태을습산(太乙習算) 원인을 각기 소속 관원들로 하여금 보거(保擧)하게 하여, 앞에서와 같이 신체를 살펴보고 재주를 시험한 다음에 아뢰어 차비하게 할 것입니다.[68]

이러한 정도전의 상서를 시작으로 선군제, 즉 정예병을 선발하자는 주장이 계속 제기되었다. 그 해 3월 사재소감 송득사(宋得師)는 군인들의 선발 시 취재를 실시할 것을 주장하였고[69], 간관 전백영(全伯英) 등은 '날래고 용감한 자를 뽑아 녹관에 충원'[70]하라고 상소하였다. 시중 조준과 김사형은 앞에서 본 바와 같이 아예 태조를 따르던 휘하군사로 하여금 부병의 군직을 체수(遞受)하게 할 것을 주장하였으며[71], 도평의사사에서도 국왕의 숙위군사들은 녹봉이 없는 첨설직을 받고 있는데 늙거나 어린 무재자(無才者)들이 부병에 충원되어 녹봉을 낭비하고 있다고 하면서 선군제의 실시를 주장하였다.[72] 이와 같이 선군제 실시가 계속 거론되면서 종래의 부병들은 심각한 위기를 느낀 것을 보인다. 태조 3년 7월 의흥삼군부에서는 다음과 같이 부병들의 동요를 보고하고 있다.

---

68) 『太祖實錄』 5, 太祖 3년 2월 己亥, 1책, 59쪽.
69) 『太祖實錄』 5, 太祖 3년 4월 壬申, 1책, 61쪽.
70) 『太祖實錄』 6, 太祖 3년 8월 己巳, 1책, 67쪽. "簡其驍勇者 充其祿官"
71) 『太祖實錄』 6, 太祖 3년 6월 壬辰, 1책, 65쪽.
72) 『太祖實錄』 7, 太祖 4년 정월 乙巳, 1책, 73쪽.

전조(前朝) 말기에 부병의 제도가 크게 무너졌습니다. 지금 다시 나라를 여는 초기에 있어서, 옛날의 폐단을 없애고 법을 거행해야 할 것입니다. … 그런데 그 중에 무식한 무리들이 영부(衛領: 府兵)의 직책을 받아, 나라에서 관직을 설치한 뜻은 생각지도 않고, 단지 자기에게 불편한 것만 가지고 입을 모아 비방하며 법을 어기니, 대단히 충성스럽지 못한 것입니다.[73]

기존 부병들이 선군제 추진에 불만을 가지고 정부를 비방하고 법을 어기고 있었던 것이다. 이러한 부병들의 방해에도 불구하고 부병 인원의 교체는 계속 추진된 것으로 보인다. 태조 4년 2월 국왕은 부병의 선발은 신중해야 한다면서 각도 도통사·절제사들로 하여금 무략(武略)이 있는 자를 각각 5명씩을 천거하여 탁용(擢用)에 대비하게 할 것을 지시하고 있었다.[74] 이러한 태조대의 선군제 추진 정책은 태종대에 들어와서도 그대로 계승되었다. 태종 원년(1401) 12월에는 기존 부병들을 노·소·강·약(老少强弱)으로 구분하였고[75], 태종 2년 4월에는 부병들을 마암(馬巖)에 집합시켜 기·보사(騎步射)를 시험하여 그중 우수한 자들을 갑사로 만들었다.[76] 이어서 무과가 시행되고[77], 갑사 취재법이 마련되면서[78] 선군제는 확고하게 조선 사회에 뿌리를 내리게 되었다.

---

73) 『太祖實錄』6, 太祖 3년 7월 戊午, 1책, 66쪽.
74) 『太祖實錄』7, 太祖 4년 2월 丙寅, 1책, 75쪽.
75) 『太宗實錄』2, 太宗 원년 12월 戊申, 1책, 218쪽.
76) 『太宗實錄』3, 太宗 2년 4월 辛未, 1책, 232쪽.
77) 『太宗實錄』3, 太宗 2년 정월 己丑, 1책, 222쪽. "始行武科法"
78) 『太宗實錄』6, 太宗 3년 8월 丙寅, 1책, 274쪽 ; 『太宗實錄』18, 태종 9년 11월 壬午, 1책, 517쪽.

4. 태종대 공병제의 확립과 부병의 이원화

고려말 과전법의 실시와 더불어 부병제의 급전제가 회복되었고, 조선 건국 이후 선군제가 거론되면서 이것이 다시 실시되어 갔다. 이와 같이 부병제의 선군·급전제가 회복되어 가면서, 마지막으로 남은 공병제의 회복이 주요한 정치 현안으로 떠올랐다. 우선 태조 6년(1397) 10월 의흥삼군부에서는 호부(虎符)를 제작·사용하여, 대외적·대내적으로 군대를 동원해야 할 때에는 왕지(王旨)를 받들어 호부로 군사를 징발하고, 호부가 없이 군사를 소집하는 자는 처벌할 것을 주장하였다.[79] 이것은 지휘관이 자기 휘하의 군사를 거느리는 사병제에 대하여 군사 징발의 제한을 가한다는 의미는 있으나 군사 반란을 방지하는 궁극적인 조치는 될 수 없었다. 군사 반란은 항상 왕지(王旨)에 반(反)하여 불시에 발생하는 것이기 때문이다. 군사 반란을 방지하고 정치적 안정을 이루기 위해서는 사병제를 혁파하고 공병제를 확립하는 것 이외에는 다른 방도가 없었다. 태조 7년 3월 남은(南誾)은 국왕에게 다음과 같이 진언하였다.

상(上)께서 잠저에 계실 때에 일찍이 군사를 장악하고 있지 않았던들 어떻게 오늘날이 있으며, 신(臣) 같은 자도 어찌 목숨을 보전할 수 있었겠습니까? 그런데 개국 당시에는 여러 공신으로 하여금 군사를 맡게 한 것은 가하였지만, 지금은 즉위하신 지가 이미 오래되었으니, 마땅히 여러 절제사를 혁파하고 (그 소속 군사들을 합하여) 관군을 만들면 거의 만전(萬全)할 것입니다.[80]

여러 공신, 절제사들이 군인을 거느리는 사병제를 혁파하고 국가가 군

---

79)『太祖實錄』12, 太祖 6년 10월 甲午, 1책, 111쪽.
80)『太祖實錄』13, 太祖 7년 3월 丁卯, 1책, 118쪽.

인을 관리하는 관군제(官軍制), 즉 공병제를 확립하자는 남은의 이러한 주장에 대하여 국왕은 즉시 찬성의 뜻을 나타내었다.[81] 이후 공병제의 회복은 군기(軍紀) 확립[82], 진법 교육[83] 등 여러 군사적 조치가 취해지면서 급속히 추진되었다. 태조 7년 8월에는 여러 왕자들이 거느리던 시위패도 해체되었다.[84] 그러나 부병의 공병제가 확립되기 이전에, 이것이 실현되면 기존 정치질서가 안정·고착될 것을 우려한 이방원에 의해 제1차 왕자의 난이 발생하였고 공병제의 추진은 중단될 수밖에 없었다.

1차 왕자의 난을 주도하고, 곧이어 발생한 2차 왕자의 난을 통해 유력한 왕권 경쟁자인 이방간을 물리친 이방원은 자신의 정권 장악과 정치 질서의 안정을 위해서 그 동안 중단되었던 공병제의 추진을 재개하였다. 그는 우선 정종 2년(1400) 왕세자로서 도독내외제군사(都督內外諸軍事)의 지위에 올라 군권을 장악하고 사병 혁파를 추진하였다.[85] 즉 정종 2년 4월 이방원의 측근인 대사헌 권근과 문하부좌산기 김약채 등은 각 지휘관의 군사들을 삼군부에 귀속시켜 공병으로 만들 것과 병권을 발명권, 발병권, 장병권으로 삼분(三分)할 것을 주장하는 상소를 올렸고, 이것은 즉시 시행되었다.[86] 그런데 이때 사병 혁파의 특징은 지휘관과 휘하군사의 분리를 주된 목적으로 한 점이다. 당시 중앙군의 군사 지휘권은 이저(李佇: 左軍節制使), 이거이(李居易: 中軍節制使), 조영무(趙英茂: 右軍節制使), 조온(趙溫: 知中軍節制使), 이천우(李天祐: 知右軍節制使), 이숙번(李叔蕃: 知左軍節制使) 등이 담당하고 있었는데[87], 이들이 사병제에 의해 관장하고

81) 위와 같음. "上曰 執謂南誾爲無實 此言誠始終之戒也"
82) 『太祖實錄』 14, 太祖 7년 6월 丙申, 1책, 126쪽.
83) 『太祖實錄』 14, 太祖 7년 5월 甲辰, 1책, 126쪽 ; 6월 戊辰, 7월 戊戌, 1책, 129쪽 ; 7월 庚子, 8월 甲辰·丁未·庚戌, 1책, 130쪽.
84) 『太祖實錄』 14, 太祖 7년 8월 己巳, 1책, 131쪽. "時命罷諸王子所領侍衛牌 已十餘日矣"
85) 『定宗實錄』 3, 定宗 2년 2월 丙申, 1책, 164쪽.
86) 『定宗實錄』 4, 定宗 2년 4월 辛丑, 1책, 169~170쪽.

있던 휘하군사들을 모두 삼군부로 귀속시킨 것이었다. 이것은 전병자(典兵者)들의 권력 약화를 의미하는 것이어서 이들은 사병 혁파 조치에 대하여 격렬하게 반발하였다. 조영무는 삼군부 사령(使令)을 구타하고 군관 패기(牌記)를 반납하지 않았으며 세자를 향해 불손한 말을 퍼부었고, 이천우와 조온 역시 패기를 납부하지 않고 군목(軍目)을 감축하였다. 이저와 이거이 역시 사병 혁파에 반발하면서 반란을 일으키려고까지 하였다고 한다.[88] 이방원의 최측근인 이숙번을 제외하고 전병자 모두 사병 혁파 조치에 반대하였던 것이다. 그러나 이러한 반발에도 불구하고 절제사와 군사의 분리는 완수되었다.

정종 2년 6월과 9월에는 국왕의 측근 군사력이라 할 수 있는 갑사까지 삼군부로 이속되어 혁파되는 조치가 취해졌다.[89] 이로써 국가 기구를 통하지 않고 개인이 군대를 통솔하는 사병제는 철폐되고 공병제가 확립되었다. 고려 무신집권 이후 무려 230년 동안 지속되어오던 사병제가 혁파되고 공병제가 회복된 것이다. 그러나 공병제의 회복은 고위 지휘관과 군사의 분리만으로 끝나는 것은 아니었다. 장군과 군인간에, 군인과 군인간에 사적(私的) 관계의 철폐가 이루어져야 공병제의 회복이 완수되는 것이다. 태종은 즉위 이후 철저한 공병제를 이루기 위하여 계속적인 군제 개혁을 추진하였다. 그는 우선 군인들이 무신가(武臣家)를 왕래하는 분경(奔競)을 금지하고[90], 지휘관들이 군인들을 거느리고 사사로이 사냥 나가는 것을 금했으며[91], 군사소집 시에는 반드시 국왕의 승인을 나타내는 직

---

87) 『定宗實錄』3, 定宗 2년 2월 己亥, 1책, 165쪽.
88) 『定宗實錄』4, 定宗 2년 4월 癸丑, 1책, 170~171쪽 ; 5월 壬申, 1책, 172~173쪽.
89) 『定宗實錄』4, 定宗 2년 6월 癸丑, 1책, 176~177쪽. 『定宗實錄』5, 定宗 2년 9월 己巳, 1책, 183쪽. "門下府上疏 請以甲士 歸之三軍府 從之"
90) 『太宗實錄』1, 太宗 원년 5월 戊申, 1책, 204쪽.
91) 『太宗實錄』9, 太宗 5년 3월 乙卯, 1책, 322쪽.
   『太宗實錄』13, 太宗 7년 4월 辛卯, 1책, 389쪽. "兵曹上軍政事目 … 又各軍摠制

문추우기(織紋騶虞旗)와 호부(虎符)를 지참하게 하였으며[92], 수시로 취각령(吹角令)을 발동하여 비상 소집 훈련을 실시하였다. 심지어 갑사들이 모여서 술 마시는 것까지 금지하였다.[93] 그리고 태종 8년(1408)에는 병조와 의흥부의 명문(明文) 없이 사사로이 군사를 소집하는 자는 모두 모역죄로 논한다는 법이 반포되었다.[94] 이에 따라 병조의 공문이 없으면 장병권을 가진 호군(護軍)이라도 말단 부병인 대부(隊副: 隊正의 改稱) 1명을 마음대로 부릴 수 없게 되었다.[95] 이러한 정책으로 조선전기 공병제는 확립되었고, 공병제 관념은 조선 사회에 깊숙이 뿌리를 내리게 되었다.

태종 즉위 이전에 단계적으로 급전제와 선군제, 공병제 등 부병제의 제원칙이 회복되었다. 이를 토대로 태종은 즉위 이후 강력한 왕권 강화책을 추진할 수 있었다. 그런데 태종 즉위 이후 부병제는 중대한 변화를 맞게 된다. 1400년 11월에 즉위한 태종은 12월에 갑사 2,000명을 복립(復立)하고, 이들로 하여금 1,000명씩 교대로 부병직에 충원하도록 하는 조치를 취하였다.[96] 이전에 삼군부로 이속되어 혁파된 갑사를 다시 설치한 것이다. 그런데 이때 복립된 갑사는 이전에 혁파된 갑사와 명칭은 같지만 성격은 전혀 다른 것이었다. 이전에 혁파된 갑사는 이성계의 휘하군사로 구성된 군사들을 지칭하는 것인 반면, 이번에 복립된 갑사는 10사(司)에 소속된 사직(司直: 5품), 부사직(副司直: 6품), 사정(司正: 7품), 부사정(副司正: 8품) 등 5~8품까지의 무관 1,000명 전체를 지칭하는 용어였다.[97] 그

率其軍屬甲士 私行田獵者 痛行禁斷"

92)『太宗實錄』16, 太宗 8년 11월 癸亥, 1책, 464쪽 ;『太宗實錄』18, 太宗 9년 10월 乙丑, 1책, 516쪽

93)『太宗實錄』21, 太宗 11년 3월 辛亥, 1책, 577쪽.

94)『太宗實錄』22, 太宗 11년 11월 癸未, 1책, 611쪽.

95)『世宗實錄』66, 世宗3 16년 10월 庚午, 3책, 599쪽. "無兵曹公文 雖一隊副 護軍 不得擅發"

96)『定宗實錄』6, 太宗 즉위년 12월, 1책, 187쪽. "復立甲士二千 一千充諸衛之職 一年相遞爲式"

리고 이전에 혁파된 갑사는 장번(長番)으로 상시 근무하였던 것에 비해, 복립된 갑사는 2,000명이 1년씩 교대로 근무하도록 되어있었다. 즉 태종은 고려의 부병제와는 다른 형태로 운영되는 갑사라는 새로운 병종을 만든 것이다. 이렇게 2,000명이 1,000개의 관직에 교대로 근무하는 방식을 취한 것은 10사에 소속된 5-8품의 부병들을 퇴출시키지 않고도, 조선 건국에 공이 있는 이성계 휘하군사 출신들의 관직 진출을 가능하게 하기 위한 조처로 생각된다.[98] 이로써 조선초기 중앙군의 기간인 갑사가 성립되었다.[99]

태종대에 10사 내 5~8품의 무관들은 갑사라 칭해지면서 중앙군의 중추적인 역할을 담당하였지만, 그 이하 9품직을 지닌 대장(隊長)·대부(隊副)는 주로 노역을 담당하는 군사로 전락되었다. 실제 대장, 대부 등 하층 부병들은 고려말 이래 각종 노역에 종사하고 있었다. 태조 7년(1398) 5월에는 흥천사(興天寺)의 북쪽에 사리전(舍利殿)을 짓는데 대장, 대부들이 동원되었고[100], 또 지천사(支天寺)에 경판(經板)을 운반하는데 대장, 대부 2,000명이 동원되고 있었다.[101] 태종대에 들어와서도 이들은 각종 노역과 각사(各司) 사령(使令)에 동원되었다. 이들은 도성에 상주하면서 국가의 녹으로 생활하는 자들이어서 일반 농민을 노역에 동원하는 것보다 국가의 부담이 적어 각종 잡역에 우선적으로 동원되었던 것이다.[102] 이에

---

97) 太祖 3년(1394) 2월 鄭道傳의 軍制改革案에 의해 10衛는 10司로 개편되었고, 中郞將, 郞將, 別將, 散員은 각각 司直, 副司直, 司正, 副司正으로 改稱되었다. 또 中郞將(5품)-散員(8품)의 정원이 1,150명이었던 것에서 1,000명으로 축소되었다. (『太祖實錄』5, 太祖 3년 2월 己亥, 1책, 58~59쪽)

98) 1,000개의 관직 가운데 500개의 관직은 外甲士라 하여 기존 부병 출신 1,000명으로 하여금 2교대로 근무하게 하였고, 나머지 500개의 관직은 內甲士라 하여 이성계의 휘하군사 출신 1,000명으로 하여금 2교대로 근무하게 하였다.(『太宗實錄』3, 太宗 2년 4월 辛未, 1책, 232쪽)

99) 閔賢九 교수도 '甲士 復立措置는 十司의 內容的 充實을 통해 甲士라는 兵種의 誕生을 가져온 것'이라고 평가하였다.(閔賢九, 앞의 책, 119쪽)

100)『太祖實錄』14, 太祖 7년 5월 丁未, 1책, 121쪽.

101)『太祖實錄』14, 太祖 7년 5월 戊午, 1책, 122쪽.

태종 2년 6월 의흥삼군부의 후신(後身)인 승추부에서는

  우리나라의 부병제는 당나라의 제도를 따랐으니 대장·대부 수천 명
  의 무리들은 모두 다 금위 군사들입니다. 그러나 이들은 각사의 창고
  와 여러 도감에서 천예의 역으로 나누어 부리기 때문에 일 년 내내 노
  고에 종사하여 진실로 휴식하는 날이 없습니다.

라고 하면서, 각종 노역은 사수감(司水監)과 사사노비(寺社奴婢)가 담당
하게 하고 부병은 군사적 업무에 충실하게 할 것을 주장하였다.103) 그러
나 태종은 종래의 추세를 인정하고 중앙군을 군사적 역할을 담당하는 갑
사와 노역에 종사하는 대장·대부로 구분하려 하였다. 대장·대부 중 우수한
자들을 계속 간선(揀選)하여 갑사로 만들었고104), 남아있는 자들은 각종
역사(役事)에 동원하도록 하였다.105) 결국 태종 9년 10월 의정부에서는
10사 조직을 '매(每) 일사(一司) 마다 상호군(上護軍) 2, 대호군(大護軍) 3,
호군(護軍) 5, 갑사(甲士) 2백, 대장(隊長) 20, 대부(隊副) ○ 명'106)으로 개
편한다고 상언하였다. 중앙군 조직은 5−8품의 상층 군인들이 소속된 갑
사와 9품의 하층 군인들이 소속된 대장·대부라는 전혀 별개의 병종으로
나누어진 것이다. 이것은 "전조의 성시에는 부병이외에 다른 군호는 없었
습니다."107)라고 하는 바와 같이 단일 병종으로서 5품−9품까지 계급으

---

102)『太宗實錄』12, 太宗 6년 7월 癸丑, 1책, 365쪽. "殿下慮外民之妨農 凡有工作 專役
  府衛之兵"
  『太宗實錄』33, 太宗 17년 閏5월 癸未, 2책, 170쪽. "今補充軍 … 從役不暇哉 …
  前此爲隊長·隊副者 久從此役 而無此弊者 以其皆有爵祿而不慮其生也"
103)『太宗實錄』3, 太宗 2년 6월 癸丑, 1책, 235쪽.
104)『太宗實錄』5, 太宗 3년 정월 壬午, 1책, 254쪽 ;『太宗實錄』16, 太宗 8년 10
  월 辛丑, 1册, 459쪽.
105)『太宗實錄』25, 太宗 13년 5월 甲午, 1책, 671쪽. "長行廊 畢成 … 役徒皆隊長·
  隊副"
106)『太宗實錄』18, 太宗 9년 10월 乙丑, 1책, 516쪽.

로만 구분되던 고려시기 이래의 부병제가 해체되고, 중앙군이 신분과 역할에 따라 다양한 병종으로 나뉘어 5위에 분속되는 조선전기 5위제로의 출발을 의미하는 것이었다.

한편 태종은 갑사를 증액하여 이들을 번상병으로 개편하려 하였다. 즉 태종 10년(1410) 3월 국왕은 갑사를 3,000명으로 증액하고, 이들을 상·하번으로 나누어 번상 체대하는 군인으로 만들겠다는 의지를 밝혔다.[108] 이것은 그 이전에 갑사가 "거상숙위지병(居常宿衛之兵)"으로서 서울에 상주하면서 교대로 근무하였는데, 이제는 이들을 상·하번으로 나누어 당번이 되면 상경하여 근무하면서 녹을 받고 하번이 되면 귀농하도록 하겠다는 것이다. 이에 대해 호조판사 이응(李膺)은 "어찌 수록자(受祿者)로 하여금 상·하번으로 번상하게 할 수 있습니까?"라 하여 반대하였지만, 그해 4월 사간원의 적극적인 지지를 받아 결국 갑사는 번상병으로 개편되었다.[109] 국왕의 시위와 수도의 경비·방위에 중추적인 역할을 담당하는 갑사가 농민병인 시위패와 마찬가지로 지방에 거주하면서 번상체대하게 된 것이다. 이것은 수도에 상주하면서 중앙군의 임무를 수행하는 고려시기 부병제와 상이한 것으로 조선초기 국가 권력의 확대와 지방민의 성장을 바탕으로 이루어진 것이었다.

이와 같이 태종 즉위 이후 부병은 고려의 부병제와는 다른 형태로 개편되어 갔다. 단일 병종으로 구성되었던 부병이 신분과 역할에 따라 갑사와 대장·대부라는 별개의 병종으로 이원화되었으며, 갑사는 수도에 상주하면서 군역 근무를 하던 체제에서 병농일치에 따른 번상병 체제로 운영하게 되었다. 한편 선군제, 급전제, 공병제로 운영하던 부병제 원칙도 부분적으

---

107)『太祖實錄』5, 太祖 3년 2월 己亥, 1책, 58쪽. "前朝盛時 唯府兵外 無他軍號"
108)『太宗實錄』19, 太宗 10년 3월 戊辰, 1책, 531쪽. "予將使甲士 更迭番上 當番者受祿 下番者歸農"
109)『太宗實錄』19, 太宗 10년 4월 丁巳, 1책, 543쪽.

로 변질되었다. 선군제와 공병제의 운영은 철저히 이루어졌지만, 급전제는 수조지의 부족으로 제대로 시행되지 않았다. 이후 갑사와 대장·대부가 체아직으로 전환되고, 세조대의 직전법에서 체아직을 급전 대상에서 제외시키면서 이들에 대한 급전제는 완전히 폐지되었다.[110] 이후 갑사는 비록 지위가 저하되고 구성원의 질도 낮아졌지만, 16세기까지 중앙군의 중추적 역할을 담당하였다. 그리고 대장, 대부는 방패(防牌: 彭排), 대졸(隊卒) 등으로 개명되면서 조선전기 동안 사령군, 역군으로서의 역할을 담당하였다.

5. 맺음말

지금까지 조선초기 부병제의 개편 과정을 고려말 부병제 운영의 문란과 태조대 급전제와 선군제의 회복, 태종대 공병제의 확립과 부병의 이원화 등으로 나누어 살펴보았다. 이를 정리하면 다음과 같다. 고려초기 부병제는 선군급전제와 공병제의 원칙하에 운영되었으나, 이러한 원칙은 고려 사회의 변화에 따라 변질되거나 폐기되었다. 우선 고려 사회가 안정·보수화됨에 따라 선군의 대상이 고정되어 갔다. 부병의 자손이 부병이 되는 등 군인계층이 고정되었던 것이다. 이에 따라 급전 업무도 전정연립(田丁連立)이라는 형태를 취하여, 부병이 60세가 넘으면 국가에 수조지를 반환하고, 자손과 친척이 그것을 체립(遞立)하면서 군역을 계승하게 되었다. 이와 같이 선군급전제가 전정연립제로 변질되면서 수조지는 점차 개인들이 사사로이 상속하는 토지로 변하였고, 또 군인 간에 수조지 겸병 현상도 전개되었다. 한편 공병제는 무신정변의 발발과 함께 폐기되었다.

---

110) 世宗代 후반까지 모든 軍職이 遞兒職으로 변했으며, 世祖 12년(1467) 職田法이 시행되면서 이들 遞兒職에는 給田이 이루어지지 않았다. 이에 대해서는 李載龒,「朝鮮初期의 遞兒職」,『朝鮮初期社會構造研究』, 一潮閣, 1984, 참조.

고려초 공병제 하에서 병권은 발명권, 발병권, 장병권으로 삼분되었다. 이 가운데 군사의 동원을 명령하는 발명권은 국왕의 소유였으나, 무신정권 수립 이후에는 집권자와 장수들에 의해 장악되었다. 또 발병권과 장병권도 지휘관과 부병 사이에 일원적인 지휘체계가 성립함에 따라 폐기되었다. 각 지휘관들이 자기 휘하군사를 거느리는 사병제가 등장한 것이다.

고려후기에 부병제가 전정연립제와 사병제로 운영되면서 군사력은 부실해져갔다. 무신집권기에는 집권자의 마음대로 부병의 제수가 행해졌으며, 승진에는 뇌물이 횡행하였다. 이러한 현상은 원간섭기에 들어와 더욱 심화되었다. 납속보관제의 시행으로 부병직은 합법적인 매매의 대상이 되었고, 귀족의 어린 자제들과 문인들이 음서 등을 통해 부병직을 차지하였다. 한편 전정연립제와 사병제로 인해 사회경제적 폐단도 심화되어 갔다. 전시과 운영의 마비와 군사조직의 사병제적 운영으로 인해 농장과 사패전이 확대되고, 인민의 영점(影占)과 전조(田租)의 남수(濫收)가 행해졌던 것이다. 고려말 정치·경제·사회 각 부문에 나타난 폐단을 시정하기 위해서는 부병제의 개혁이 무엇보다 절실하였다. 선군제를 회복하여 군사력과 관계없는 인물을 몰아내고, 급전제를 회복하여 가산화한 군인전을 공적으로 수수되는 토지로 전환하며, 공병제를 회복하여 개인이 군사를 거느리는 폐단을 제거하여야 하였다. 이것은 국가의 총체적인 개혁을 의미하는 것이었다.

위화도회군 이후 개혁세력들은 부병제의 문제점을 일제히 거론하고 그 시정을 요구하였다. 이러한 가운데 우선 급전제의 회복이 이루어졌다. 공양왕 3년(1391) 과전법이 반포되면서 수조지도 없이 군역에 동원되던 부병들은 과전을 점유할 수 있게 되었으며, 과다하게 수조지를 점유하고 있던 부병들은 자신의 품계에 해당하는 것 이외에는 모두 국가에 반납하여야 했다. 그러나 이때 선군제의 회복은 이루어지지 않았다. 선군제 실시는 기존 군인층을 동요시키게 될 것이고, 이것은 군인들의 지지를 바탕으로 정권을 장악하려는 이성계 일파에게는 부담되는 상황이었다. 한편 고려말 개혁세력들은 공병제에 대해서는 언급조차 하지 않았다. 오히려 고려말에는 공병제 원칙에서 더욱 이탈하여 이성계 일파에게 군권이 집중되는 형편이었다. 이러한 군사력 집중으로 이성계는 조선 왕조의 태조로 즉위할 수 있었다.

조선 건국 직후 중앙군제의 개편이 이루어졌다. 이성계의 휘하군사들을 중심으로 조직된 의흥친군좌·우위를 고려의 2군 6위, 즉 8위와 합쳐 10위로 만들었던 것이다. 따라서 건국 무렵 10위에 소속된 군인의 성격은 상이하였다. 8위는 고려말 부병을 승계한 조직이고, 의흥친군좌·우위는 이성계의 휘하군사, 즉 갑사들로 이루어졌다. 이와 같이 중앙군이 이질적인 군사로 편성됨에 따라 선군제의 시행이 거론되었다. 이것은 10위 내에 이질적인 요소를 제거하고, 신왕조에 충성하는 군인들로 10위를 구성하려는 지배층의 의지도 깔려 있었다. 태조 3년(1394) 정도전을 필두로 부병 중 군사력과 관계없는 사람들을 도태시키고 선군제를 시행하자는 주장이 계속 제기되었다. 이에 따라 기존 부병들의 불만과 저항 속에서 태조대에 선군제가 추진되었다. 이것은 태종대에도 계속되어 선군제는 확고하게 조선 사회에 뿌리를 내리게 되었다.

급전제와 선군제가 회복되어 가면서 마지막으로 남은 공병제의 회복이 주요 정치 현안으로 떠올랐다. 우선 태조 7년 남은(南誾)은 사병제 혁파를 주장하였고, 태조의 동의하에 공병제 정책이 급속히 추진되었다. 그러나 제1차 왕자의 난이 일어나 이것은 잠시 중단되었다가, 1·2차 왕자의 난을 통해 정권을 장악한 이방원에 의해 재개되었다. 정종 2년(1400) 4월에는 군사 지휘권을 장악하고 있던 고위층들의 격렬한 반발에도 불구하고 각 지휘관의 휘하군사들을 삼군부에 귀속시키는 조치가 취해졌고, 또

6월과 9월에는 갑사까지 삼군부로 이속되어 혁파되는 조치가 취해졌다. 이로써 무신집권 이후 230여 년 동안 지속되어오던 사병제가 혁파되고 공병제가 회복되었다. 이후 태종은 분경(奔競)과 사렵(私獵)을 금지하고, 군사 소집 시에는 직문추우기(織紋騶虞旗)와 호부(虎符)를 지참하게 하였으며, 병조의 공문 없이 군사를 소집하는 자는 모역죄로 논한다는 법까지 반포하였다. 이러한 태종대의 공병제 정책으로 조선전기에 공병제는 철저하게 시행되었다.

태종 즉위 이전에 단계적으로 급전제와 선군제, 공병제 등이 회복되어 부병제의 제 원칙이 복구되었다. 그런데 태종 즉위 이후 부병제는 중대한 변화를 맞게 된다. 태종 즉위 직후 갑사 2,000명이 복립되고, 1,000명씩 교대로 부병직에 충원되는 조치가 취해졌다. 이때 복립된 갑사와 그 이전의 갑사는 명칭은 같지만 성격은 전혀 달랐다. 이전의 갑사는 이성계의 휘하군사 출신을 지칭하는 것인 반면, 복립된 갑사는 10사에 소속된 사직(5품), 부사직(6품), 사정(7품), 부사정(8품) 등 5~8품까지의 무관 1,000명 전체를 지칭하는 용어였다. 그리고 이전의 갑사는 장번(長番)으로 상시 근무하였던 것에 비해, 복립된 갑사는 2,000명이 1년씩 교대로 근무하도록 되어있었다. 즉 태종은 고려의 부병제와는 다른 형태로 운영되는 갑사라는 새로운 병종을 만든 것이다. 한편 태종대에 9품직을 지닌 대장·대부는 주로 노역을 담당하는 군사로 전락하였다. 이로써 중앙군 조직은 5-8품의 상층 군인들이 소속된 갑사와 9품의 하층 군인들이 소속된 대장·대부라는 전혀 별개의 병종으로 이원화 되었다. 이것은 고려 이래의 부병제가 해체되고 중앙군이 신분과 역할에 따라 다양한 병종으로 나뉘어 오위에 분속되는 조선전기 오위제로의 출발을 의미하는 것이었다. 이와 같이 태종대 이후의 중앙군제는 그 이전의 부병제와는 다른 형태로 운영되었다. 그러나 태종대 이후 조선전기의 중앙군제 역시 고려의 부병제와 마찬가지로 지배 신분층으로 하여금 중앙군의 중추적인 역할을 담당하게 한다는 중세 군제의 틀 안에서 운영된 것이었다.

[『역사교육』 77집, 2001. 3 수록]

11장

조선초기 갑사의 성립과 변질

1. 머리말

조선초기에는 "우리나라는 군국(軍國)이다."[1]라는 말이 자주 사용될
정도로 군사문제가 중시되었다. 실제 조선을 건국한 태조 이성계는 무인
으로서 군사를 중시하였고, 이후 역대 국왕들도 국가체제, 정치체제의 유
지를 위해서 군사문제를 그 무엇보다 중시하였다. 그러나 지금까지 조선
시대에 대한 전반적인 연구경향은 성리학의 영향, 문치주의를 강조한 반
면, 군사 부문에 대해서는 소홀하였던 것으로 보인다. 이것은 결코 정상
적인 연구 방향은 아닌 것으로 판단된다.[2] 문·무의 균형 속에서 조선왕조
가 발전한 것처럼, 문무 어느 쪽에 치우치지 않는, 편견 없는 연구 속에서
올바른 조선시대의 역사상이 떠오를 것이다.

조선시대의 군사문제, 군사제도에 대한 정확한 파악은 이 시기 정치체

---

1) 『世宗實錄』 권97, 세종 24년 8월 庚戌, 4책 431쪽. "本國乃軍國也"
　『文宗實錄』 권1, 문종 즉위년 5월 壬申, 6책 238쪽. "我國本是軍國"
2) 李泰鎭 교수는 조선시대 정치사 연구경향에 대해 '조선왕조 정치에서는 군사적인
　기반보다도 오히려 儒敎的 文弱性이 더 강조되는 경향이었으며, 여기에는 그 정치가
　결코 정상적인 것이 아니라는 인식이 깔려 있었다'라고 지적하였다(李泰鎭,「17세기
　朋黨政治와 中央軍營의 兵權」『朝鮮後期 黨爭의 綜合的 檢討』韓國精神文化硏究院,
　1994). 이것은 비단 정치사 연구에 국한된 것이 아니라 여타 분야에서도 나타나는
　일반적인 경향으로 보인다.

제와 사회경제적 실체를 이해하는데 필수 불가결한 문제의 하나이기도 하다. 이것은 군사제도란 국가의 정치구조, 신분질서, 군역체계 등과 직접 관련되어 성립·운영되며, 당시의 생산력 수준, 토지제도, 과학 기술과 무기제작 수준, 상품유통 체계 등을 기반으로 편성되는 것이기 때문이다. 따라서 이 시기 정치·경제·사회적 실체를 규명하기 위해서는 군사제도, 군사체제에 대한 파악이 선결되어야 할 것이다.

조선초기의 군사체제에서 매우 중요한 위치에 있던 군사는 갑사(甲士)였다. 갑사는 조선 건국의 무력적 기반이었으며, 조선초기 중앙과 양계의 중추적인 군사력이었고, 또 취재(取才) 군사 중 최대의 군액을 보유하고 있는 군종이었다. 한편 갑사는 무반 군직(軍職)으로서 과전과 녹봉을 받으면서 군역을 수행하여, 이들이 조선초기 토지제도와 재정 부문에 차지하는 비중도 적지 않았다. 따라서 조선초기 군사제도를 비롯한 정치, 경제, 사회 등 여러 분야를 이해하기 위해서는 우선 갑사에 대해 살펴볼 필요가 있다.

지금까지 갑사에 대해서는 그 설치 과정, 서용 한계, 시취와 군액, 직계와 도목(都目) 등에 대한 선구적인 검토가 이루어졌고[3], 조선건국 무렵 친군위(親軍衛)의 갑사에 대한 연구도 이루어졌으며[4], 16세기 그 소멸 과정에 대한 개략적인 검토도 진행되었다.[5] 그러나 아직 갑사 연구가 본격적으로 이루어졌다고는 볼 수 없는 실정이다. 이에 본 연구는 본격적인 갑사 연구를 위한 준비 과정으로서 우선 조선초기 갑사의 성립과 변질을 개략적으로 살펴보고자 한다. 이를 통해 우리나라 중세 군제·군역제의 동요와 해체, 임진왜란 이후 새로운 군제·군역제 등장의 배경에 대한 이해도 얻고자 한다.

---

3) 車文燮,「鮮初의 甲士」『史叢』4·5, 1959·1960 (『朝鮮時代軍制研究』檀大出版部에 재수록)
4) 柳昌圭,「朝鮮初 親軍衛의 甲士」『歷史學報』106, 1985.
5) 拙稿,「16세기 甲士의 消滅과 正兵立役의 變化」『國史館論叢』32, 1992.

2. 갑사의 성립

조선의 군사체제는 중앙군과 지방군으로 대별(大別)된다. 중앙군이 국왕의 시위와 도성의 경비·방위를 담당하며, 때에 따라서는 변방 방어의 임무도 수행하는 군사라면, 지방군은 일정한 지역에서 국토방위의 임무에 전력하거나 유사시에 대처하는 존재였다. 정도전은 『조선경국전』에서 이러한 조선의 군사체제를 "중앙에는 부병(府兵)과 번상숙위병(番上宿衛兵), 지방에는 육수병(陸守兵)과 기선병(騎船兵)이 있다."라 하면서 명확히 구분하여 설명하였다.[6]

그런데 조선초기의 중앙군은 두 가지 계통의 군역을 수행하는 군인으로 구성되었다. 중앙군에는 같은 군인이라도 국가가 요구하는 자격을 갖추고 스스로 시취에 응하여 관료체계에 포섭되어 토지와 녹봉을 받는 군인이 있었고, 양민으로서 의무적으로 노동력을 제공하여야 하는 군인이 있었던 것이다. 전자를 대표하는 병종이 갑사라면, 후자를 대표하는 군인이 정병[侍衛牌]이었다. 이들을 정도전은 '부병과 번상숙위병'으로 구분하였고, 태조 때의 간관 전백영(全佰英)은 '거상숙위지병(居常宿衛之兵)'과 '징발위군자(徵發爲軍者)'로 분류하기도 하였다.[7]

조선초기에 갑사는 '부병', '거상숙위지병'으로서 중앙군 중에서 가장 중추적인 군사였다.[8] 이는 군사 수로 보나 군사력으로 보나 그러하였다. 갑사는 『경국대전』이 완성될 무렵의 군액을 나타내는 <표 1>에서 보는

---

6) 『三峰集』 권8, 「朝鮮經國典」 下, 政典 軍制 (韓國文集叢刊, 5책 433쪽) "國家 內則有府兵 有州郡番上宿衛之兵 外則有陸守之兵 有騎船之兵"
7) 諫官 全佰英은 太祖 3년(1394) 8월 그의 상소에서 徵發爲軍者는 "馬兵則五丁出一軍 步卒則三丁出一軍"하고 居常宿衛之兵은 "簡其驍勇者 充其祿官"한다고 하였다.(『太祖實錄』 권6, 태조 3년 8월 己巳, 1책 67쪽)
8) 甲士보다 더욱 정예병으로 구성된 軍種으로서 內禁衛와 兼司僕 등이 있었으나, 이것은 국왕의 신변을 보호하는 소수의 禁軍으로서 중앙군에서는 제외되고 있었다. 이들은 조선전기 군사 편제인 五衛制에도 포함되지 않았다.

바와 같이 양인의 의무 군역인 정병과 수군 다음으로 많은 군액을 차지하고 있었다.

<표 1> 성종 6년 제도·제색(諸道諸色) 군정수(軍丁數)[9]

병종	군액	병종	군액
갑사	14,800	취라치	640
별시위	1,500	태평소	60
파적위	2,500	친군위	40
팽배	5,000	정병	72,109
대졸	3,000	수군	48,800
합계 148,449명

갑사는 이만한 군액을 차지했을 뿐 아니라 조선전기를 통해 최강의 정예병으로 평가되었고[10], 또 "궁궐을 시위하는 데에는 갑사만으로도 부족함이 없다."[11]라고 말해 질 정도로 중앙군 중에서 가장 중요한 군사력을 이루고 있었다. 이에 갑사는 조선전기 군사 훈련과 유사시에 대비한 군사 편제인 오위제(五衛制)에서 중심 군사력인 중위(中衛: 義興衛)에 편성되었다.

오위제는 5위[義興衛·龍驤衛·虎賁衛·忠佐衛·忠武衛]아래 중앙과 지방의 모든 군대를 통속시킨 군사 편제이다. 예를 들면 의흥위는 중위로서 중앙군으로는 갑사와 보충대(補充隊), 경 중부민(京 中部民)이 소속되었고, 지방군은 경기, 강원, 충청, 황해도의 진관군사가 이에 속하였으며, 용양위는 좌위(左衛)로서 중앙군으로는 별시위(別侍衛)와 대졸(隊卒), 경 동부민(京 東部民)이 소속되었고, 지방군은 경상도의 5개 진관군사가 여기에 속하였다. 이 이외에 호분위[右衛], 충좌위[前衛], 충무위[後衛] 역시 각 중

---

9) 『成宗實錄』 권59, 성종 6년 9월 甲寅, 9책 259쪽.
10) 『世宗實錄』 권89, 세종 22년 4월 乙酉, 4책 280쪽. "我國家精卒 莫如甲士"
　　『世宗實錄』 권103, 세종 28년 7월 戊子, 4책 694쪽. "甲士 最爲精兵"
11) 『成宗實錄』 권44, 성종 5년 윤6월 丁亥, 9책 118쪽. "侍衛宮闕 專用甲士 未見其不足也"

앙군과 지방군이 차례로 이들에 분속되어 질서 정연한 체제를 이루고 있었다.[12]

이러한 오위제에서 중위(中衛)는 군사 훈련과 실제 전투 등 모든 군사 행동에서 가장 중요한 역할을 담당하였다. 즉 4위의 모든 군사 행동은 중위의 지휘를 따르게 되었고, 결진(結陣) 시에는 중위를 중심으로 나머지 4위가 연진(連陣)을 형성하였다.[13] 이와 같이 오위제에서 가장 중요한 중위의 실제 군사력을 이루는 것이 바로 갑사였던 것이다.

갑사는 일반 양인의 의무군역과는 달리 취재로 뽑혀 후한 녹봉을 받았고[14], 이들의 근무는 '신자봉직(臣子奉職)'[15]으로 간주되었다. 즉 갑사는 의무로 군역을 치르는 것이 아니라 관료체계에 들어가 국왕에 대한 충성으로 군역을 수행하였던 것이다. 갑사들 스스로도 자신들을 부병(府兵)이라 칭하면서 수령을 업신여기고 자기 집에 내려진 전부·차역(田賦差役)은 모두 거부하거나[16], 또는 금병(禁兵)으로 자처하여 감사라도 직접 벌을 내릴 수 없었다고 한다.[17]

한편 갑사는 일반민과는 다른 법적용을 받았다. 태종 원년(1401) 11월 태종은 "갑사는 비록 죄가 있더라도 관리가 일반민과 똑같이 마음대로 잡아가둘 수 없다."라고 왕명을 내린 바 있다.[18] 이에 따라 실제 태종 11년 (1411) 태종이 창덕궁을 행차할 때 갑사 이완(李緩)이 왕의 행차 길을 가로막는 범필(犯蹕)을 저질러 교형(絞刑)에 처하자는 주장이 대두되자, 태

---

12) 『經國大典』 권4, 兵典, 京官職, 五衛.
13) 『世宗實錄』 권12, 세종 3년 7월 己巳, 2책 442쪽. 「陣圖之法」 "各衛動靜 專聽中衛指揮"
14) 『世宗實錄』 권88, 세종 22년 2월 己卯, 4책 267쪽. "甲士號爲精勇者 取才以充之 厚祿以養之"
15) 『世宗實錄』 권50, 세종 12년 12월 己丑, 3책 279쪽.
16) 『太宗實錄』 권24, 태종 12년 7월 壬子, 1책 645쪽. "下番甲士 稱爲府兵 傲視守令 凡自家田賦差役 悉皆違逆 守令欲均賦役 一有强之 則輒加凌辱"
17) 『世宗實錄』 권27, 세종 7년 2월 庚戌, 2책 653쪽. "甲士自以爲禁兵 監司不得直斷"
18) 『太宗實錄』 권2, 태종 원년 11월 庚戌, 1책 218쪽.

종은 "갑사는 위사(衛士)로서 일반민들이 범필하는 것과 같이 다루는 것은 부당하다."라 하면서 그를 석방하라고 명하고 있었다.[19]

이와 같이 갑사는 양인의 의무군역인 정병·수군과는 달리 관료체계에 들어가 군역을 수행하였다. 만약 갑사가 관료의 본분을 어기고 죄를 범했을 경우에는 일반 양인이 져야하는 의무군역에 속하게 하였다. 이것을 '충군(充軍)', '작산충군(作散充軍)' 또는 '정외방군역(定外方軍役)'이라고 하였다. 태종 13년(1413) 궁문을 지키던 갑사 주화(朱和)가 갑사의 근무여건에 대해서 동료 갑사들에게 불평하면서 "(갑사가 근무하는 곳에) 갑사가 앉고 누울 것도 없다니 고생스럽지 아니한가. 내가 만일 왕이 된다면 갑사에게 이런 고생은 시키지 않겠다."라는 말을 하였다. 이 말을 들은 동료 갑사들이 그를 승정원에 고발을 하자, 갑사 주화에게 엄중한 처벌을 가하자는 신료들의 요구 속에 태종의 아량으로 '충본향군역(充本鄕軍役)'에 처하여 졌다.[20]

한편 단종 3년(1455) 갑사 왕상덕(王尙德)은 충순위 김숙보(金叔甫)의 처와 간통하여 강상을 어긴 죄로 갑사직에서 파출되어 '정소거관군역(定所居官軍役)'에 처해지고 있었다.[21] 또 세조 4년(1458) 병조에서는 갑사가 당번 시에 실시하는 연재(鍊才)에서 불합격할 경우 파출(罷黜)하여 충군할 것을 상계(上啓)하여 국왕의 승인을 얻었다.[22] 이렇게 죄질에 따라 조금 가벼운 죄를 진 사람은 '충본향군역(充本鄕軍役)', '정소거관군역(定所居官軍役)'에 처해졌고, 중죄를 진 사람은 수군이 되거나[23], 극변지방으로 쫓겨나 충군되었다.[24] 이는 모두 관료체계에 입각한 군역에서 탈락

---

19) 『太宗實錄』권22, 태종 11년 3월 甲申, 1책 579쪽.
20) 『太宗實錄』권25, 태종 13년 3월 辛巳, 1책 664쪽.
21) 『端宗實錄』권14, 단종 3년 6월 戊子, 7책 41쪽.
22) 『世祖實錄』권11, 세조 4년 2월 辛亥, 7책 256쪽.
23) 『太宗實錄』권24, 태종 12년 12월 庚戌, 1책 655쪽.
24) 『世宗實錄』권50, 세종 12년 윤12월 丁未, 3책 282쪽.

되어 일반 양인이 의무적으로 져야하는 군역에 처하는 것으로서 형벌에
속했던 것이다.

갑사는 원래 이성계의 휘하군사로 출발하였다. 고려말의 군제는 무신
란 이후 2군 6위의 중앙군 조직이 무너진 이래 사병제(私兵制)가 발달하
면서 부대 중심보다는 장수 중심의 군사체제를 갖추고 있었다.[25] 그래서
군대의 징발과 통솔권이 모두 장수에게 위임되었다.[26] 이에 따라 각 장수
들은 자신의 휘하 사병들을 거느리고 있었고, 이것은 이성계의 경우도 예
외는 아니었다. 이성계 역시 2,000명 정도의 휘하친병을 거느리고 있었
다.[27] 이 휘하친병은 그가 줄곧 거느려온 함경도 출신의 토착적 사병 성
격의 군인들이었다.[28] 이들이야말로 이성계가 고려말 정권을 장악하고
새 왕조를 창건할 수 있었던 무력적 기반이었다.

이성계는 조선 국왕으로 즉위한 다음날 위화도회군 이후 그의 휘하 친
병을 중심으로 구성되었던 도총중외제군사부(都摠中外諸軍事府)를 혁파
하고 의흥친군위(義興親軍衛)를 설치하였다.[29] 그리고 의흥친군위의 지
휘는 이화(李和), 정도전(鄭道傳), 이지란(李之蘭), 남은(南誾), 김인찬(金仁
贊), 장사길(張思吉), 조기(趙琦), 그리고 후에 추가된 이방과(李芳果), 이방
번(李芳蕃), 이제(李濟) 등 개국공신과 왕자종친 가운데 극히 제한된 일부
사람에게만 맡겨졌다.[30] 이들은 조선의 개국 과정에서 이성계와 정치적

25) 閔賢九,「五衛體制의 確立과 朝鮮初期 中央軍制의 成立」『朝鮮初期의 軍事制度와
政治』韓國研究院, 1983. 96쪽.
26) 『太祖實錄』권1 (總書), 辛禑 6년 8월, 1책 9쪽. "高麗末 官不籍兵 諸將各占爲兵
號曰牌記大將"
27) 『太祖實錄』권1 (總書), 恭愍王 11년 정월, 1책 4쪽. "太祖以麾下親兵二千人" ;
『太祖實錄』권1 (總書), 辛禑 14년 5월, 1책 11쪽. "太祖率麾下親兵"
28) 閔賢九, 앞의 책, 102쪽.
許興植,「高麗末 李成桂(1335-1408)의 세력기반」『歷史와 人間의 對應-高柄翊
博士回甲論叢』한울, 1985.
柳昌圭,「朝鮮初 親軍衛의 甲士」『歷史學報』106, 1985.
29) 『太祖實錄』권1, 태조 원년 7월 丁酉, 1책 20쪽.

입장을 함께 해온 사람들이었다. 따라서 이때의 의홍친군위는 아직 국가의 공적 체제에 입각한 중앙군이 아니라, 공신과 왕자종친에 의해 병권이 분장(分掌)된 사병제로 운영되고 있었다. 그러나 이러한 병권의 분장은 중앙집권적 관료체제를 목표로 하는 정도전 등 개혁파 관료들의 이상과는 거리가 먼 것이었다. 이에 정도전 등은 태조 2년(1393) 의홍삼군부(義興三軍府)를 설치하여 지금까지 사병제로 운영되던 중앙군과 지방군을 모두 여기에 귀속시킴으로써 일원적인 지휘체계를 확립하고 명실상부한 국군 체제를 확립하려 하였다.[31]

의홍친군위(義興親軍衛)가 성립된 후 여기에 소속된 군인을 갑사(甲士)라 칭하였다.[32] 이와 같이 의홍친군위에 속한 갑사의 사회적 지위는 상당히 높았던 것으로 보인다. 이들은 친군(親軍)이라는 이유로 고위의 장수에게도 항거할 수 있었다. 태조 6년 7월 갑사 이순백(李順伯)과 노현수(魯玄守) 등이 배를 타보려고 용산강에 있다가 이를 거절한 절제사 진을단(陳乙端)에게 항의하자, 진을단이 노하여 이들을 군법으로 처단하려 하였다. 이때 곁에 있던 사람들이 "이들은 친군(親軍)입니다. 마땅히(왕에게) 그 벌을) 신청하여야 합니다."라고 말하고 있다.[33] 한편 이 시기에 갑사는 궁궐 숙위를 전담하는 군사로 등장한다. 태조 6년(1397) 4월 간관들은 궁궐 숙위를 담당하는 갑사가 있으니, 각 도에서 올라온 군사[侍衛牌]들의 숙위 근무를 정지하여 그 군사들과 말을 휴식케 하자고 상서하여 국왕의 허락을 얻었다.[34] 또 갑사는 외적의 방어에 동원되기도 하고,[35] 궁성의

---

30)『太祖實錄』권1, 태조 원년 7월 丁未, 1책 25쪽 ; 태조 원년 8월 丙辰, 1책 26쪽; 柳昌圭, 앞의 글 134-135쪽 참조.
31) 韓永愚,「朝鮮建國의 政治·經濟 基盤」『朝鮮前期社會經濟硏究』乙酉文化社, 1983, 52~53쪽.
32) 柳昌圭, 앞의 글 137쪽.
33)『太祖實錄』권12, 태조 6년 7월 丁巳, 1책 108쪽.
34)『太祖實錄』권11, 태조 6년 4월 丁丑, 1책 105쪽.
35)『太祖實錄』권12, 태조 6년 7월 庚申, 1책 108쪽.

역을 감독하기도 하였다.[36] 이렇게 갑사는 조선 건국 이후 각도에서 번상을 위해 올라오는 시위패와는 구별되어 의흥친군위에 속하여 궁궐 숙위를 전담하는 군인을 지칭하고 있었다.

앞에서 언급한 바와 같이 갑사는 사병제로 운영되어 의흥친군위의 각 통솔자에 의해 장악된 군사였다. 이에 갑사는 1·2차 왕자의 난 때 권력의 향방에 중요한 역할을 하게 된다.[37] 정도전은 의흥삼군부를 설치한 후 이 것의 최고 책임자로 활동하면서 의흥친군위의 갑사와 각도의 번상 시위 패를 의흥삼군부 관할 아래 두려고 노력하였다. 그러나 이러한 병권 집중 정책은 권력층 내에 격심한 갈등을 초래하여, 마침내 태조 7년(1398) 8월 제1차 왕자의 난을 유발시키게 된다. 즉 이때 병권 집중과 요동정벌 계획 의 일환으로 실시된 진법 훈련에 불참한 왕자들을 처벌해야 한다는 논의 가 정도전의 측근을 중심으로 비등할 때, 이방원은 사병을 동원하여 정도 전과 그 측근을 살해하는 제1차 왕자의 난을 단행하였던 것이다.[38] 이때 궁성을 숙위하던 친군위 도진무 조온(趙溫)이 휘하 갑사 패두(牌頭) 등을 거느리고 이방원측에 가담하고, 근정전을 지키던 갑사들을 무장해제 시 킴으로써 결국 이 사건은 이방원측의 승리도 귀결되었다.[39] 또 정종 2년 (1400) 정월, 이방원과 이방간 사이에 왕위 계승을 위한 제2차 왕자의 난 이 벌어졌을 때, 이방간의 당여(黨與)에는 갑사에 소속된 자가 다수 참여 하고 있었다.[40]

---

36)『太祖實錄』권13, 태조 7년 2월 庚子, 1책 117쪽. "甲士分督宮城之役"
37) 1·2차 왕자의 난의 경과에 대해서는 다음 글 참조.
　　崔承熙,「朝鮮 太祖의 王權과 政治運營」『震檀學報』64, 1987.
　　_____,「太宗朝의 王權과 政治運營體制」『國史館論叢』30집, 1991.
38) 韓永愚, 앞의 책, 1983, 58쪽 ; 崔承熙, 1987, 앞의 글.
39)『太祖實錄』권14, 태조 7년 8월 己巳, 1책 132쪽. "勤政殿以南甲士盡出 脫甲棄兵 命各自歸家"
40)『定宗實錄』권4, 정종 2년 6월 癸丑, 1책 176~177쪽.

1·2차 왕자의 난을 무력으로 진압한 이방원은 사병제가 국가질서를 문란하게 함은 물론 자신의 지위까지도 위협한다고 판단하여 정종 2년(1400) 4월 사병제 개혁을 단행하게 된다.[41] 즉 대사헌 권근(權近)과 문하부 좌산기 김약채(金若采)의 상소로 마침내 사병제가 혁파되고 왕 및 세자전의 시위를 제외한 일체의 사문직숙(私門直宿)을 불허(不許)하고 '가불장병(家不藏兵)'의 원칙을 천명한 것이다. 이러한 사병제의 혁파는 일부 중신들의 반발을 샀지만 그대로 추진되었다. 그러나 이때의 사병제 혁파는 주로 훈척에 의해 분장(分掌)된 시위패를 삼군부로 귀속시킨 조치로서 갑사까지 그 대상이 되었던 것은 아니었다. 그래서 곧 갑사마저 삼군부로 귀속시키자는 주장이 대두되게 된다. 정종 2년 6월 성균악정 정이오(鄭以吾)는 상서하여 1·2차 왕자의 난이 일어난 당시 갑사의 동향을 설명하면서, 갑사의 사병제를 혁파하자고 주장하였다.[42] 이후에도 궁중의 갑사를 파하라는 신료들의 요구에 계속되어 결국 정종 2년(1400) 8월 정종은 갑사를 삼군부에 귀속시켰다.[43] 그 후 갑사가 궁궐의 숙위와 도성 경비를 담당하는 중앙군으로서 제도화된 것은 태종 즉위년(1400) 12월의 갑사의 복립 조치에 의해서였다.[44] 이로써 사병제로 운영되어 국가 기구보다는 왕실과 공신들의 개인적 의지에 의해서 움직이던 갑사는 공병제로 개편되어 삼군부에 의해 통솔되었다.

갑사가 삼군부로 귀속된 이후 고려 말 이래 존속한 군사와 장수의 사적 유대는 해체되고 국가 기관에 의한 공적인 군사의 통솔만이 가능하게 되었다. 즉 10~30인에 이르는 삼군부의 진무(鎭撫)들이 윤번으로 갑사를

---

41) 『定宗實錄』권4, 정종 2년 4월 辛丑, 1책 169쪽.
42) 『定宗實錄』권4, 정종 2년 6월 癸丑, 1책 176~177쪽.
43) 『定宗實錄』권6, 정종 2년 8월 癸巳, 1책 183쪽.
44) 『定宗實錄』권6, 태종 즉위년 12월 辛卯, 1책 187쪽. "復立甲士二千 一千充諸衛之職 一年相遞爲式"

지휘·통솔하였고[45], 지휘관과 군사의 사적 접촉은 일체 금지되었다.[46] 이러한 사병 혁파 조치는 조선초기의 정치적 안정에 막대한 기여를 하게 된다. 그러나 이것은 "장수는 군인을 모르고 군인은 장수를 모른다.(將不識 兵 兵不知將)"라는 상황을 초래하여 군사력의 약화를 가져왔다는 비난도 아울러 받게 된다.[47]

갑사는 복립 이후 삼군부의 3군(三軍)에 각각 분속되었다. 삼군부는 종래 중추원과 의흥삼군부를 합한 기관으로서 이후 세조 때 성립되는 오위도총부와 같은 군정(軍政)과 군기(軍機)를 관장하는 기관이었다. 그리고 삼군부의 3군은 중앙군의 핵심을 이룬 10사(司)를 중·좌·우로 구분한 체제를 말한다.[48] 이렇게 삼군에 소속된 갑사는 흔히 '삼군갑사'[49] 혹은 '부병갑사'[50]로 불려졌다. 삼군에 분속된 10사(司)에서의 갑사의 위치는 다음과 같다.

> 의정부가 아뢰기를 … 10사는 매 1사마다 상호군 2, 대호군 3, 호군 5, 갑사 200, 대장(隊長) 20과 대부(隊副)를 각각 두고 그 삼군의 공사(公事)는 각 군의 첨총제(僉摠制) 이상이 동의 시행하도록 하십시오. … 上이 이를 따르다.[51]

---

45) 『四佳集』권1, 記「五衛都摠府題名記」(한국문집총간 11책 199쪽).
46) 단종 2년(1454) 4월에는 갑사 姜佳明이 都鎭撫 鄭孝全의 집에 개인적으로 왕래하였다하여 처벌받았다(『端宗實錄』권11, 단종 2년 4월 甲辰, 6책 681쪽).
47) 사병제 혁파는 군사력의 약화를 초래하였다는 비판을 받았다. 그래서 임진왜란 중에 설치된 訓鍊都監에서는 이러한 조선초기 軍制에 대한 반성으로 다시 將帥와 兵卒의 명확한 지휘 체계를 확립하였다. 조선초기 사병제 혁파에 대한 비판에 대해서는 『太宗實錄』권23, 태종 12년 4월 丙子, 1책 633쪽 ; 『保閑齋集』권13, 策「置私兵 禮大臣 分政權 復政房」(세종 29년; 1447) (한국문집총간 10책 103쪽) 참조.
48) 閔賢九, 「朝鮮初期 軍令·軍政 機關의 整備」앞의 책, 269~273쪽 참조.
49) 『世宗實錄』권14, 세종 3년 12월 丙申, 2책 466쪽.
50) 『世宗實錄』권13, 세종 3년 8월 庚申, 2책 449쪽.
51) 『太宗實錄』권18, 태종 9년 10월 乙丑, 1책 516쪽.

이를 통해 갑사는 10사에 속하여 4품인 호군(護軍)과 유외(流外)인 대장·대부 사이에 끼어있던 품직(品職)이었음을 알 수 있다.

태종 10년(1410) 3월, 태종은 갑사의 군액을 3,000명으로 증액하고, 상·하번으로 번갈아 가면서 군역을 수행하도록 하는 조치를 내렸다. 태종은 "내가 장차 갑사로 하여금 교대로 번상케 하여, 당번자(當番者)는 녹봉을 받게 하고 하번자(下番者)는 귀농하도록 하겠다."[52]라는 의지를 밝혔다. 이것은 그 이전에는 갑사가 모두 '거상숙위지병(居常宿衛之兵)'으로서 서울에 거주하면서 교대로 근무하던 체제였는데, 이제 이들을 2교대로 나누어 당번이 되면 상경하여 근무하면서 녹봉을 받고 하번이 되면 각각 자신의 거주지로 귀농하는 체제를 만들겠다는 것이다. 이에 대해 호조판사 이응(李膺)은 "어찌 수록자(受祿者)로 하여금 상·하번으로 번상하게 할 수 있습니까?"[53]라 하여 반대의 뜻을 표명하지만, 그 해 4월 사간원의 적극적인 지지를 받아 결국 갑사는 번상하는 병종으로 굳어지게 되었다.[54]

태종 10년 5월에는 갑사 3,000명의 번상제도가 규정됨과 동시에 각 품직에 따른 인원수도 배정받기에 이른다. 이때 반포된 '갑사숙위하번지법'에 따르면 10사 50령의 매 1령 당 사직(司直:5품) 6, 부사직(副司直:6품) 12, 사정(司正:7품) 18, 부사정(副司正:8품) 24 합계 60명의 갑사 수가 배정되었다.[55] 즉 갑사는 1사(司) 당 300명으로, 10사로 이루어진 삼군 전체 3,000명의 군액을 차지하고 있었다. 그리고 이 가운데 숙위 당번자 2,000명은 녹봉을 받고, 하번 갑사는 1,000명으로 녹봉을 받지 못하였다. 마침내 태종 10년 5월 국왕이 상하번 군인 3,000명에게 갑사의 직첩을 정식으로 수여함으로써 갑사직 및 그 번상법은 제도화되었다.[56] 이로써 조선

---

52) 『太宗實錄』 권19, 태종 10년 3월 戊辰, 1책 531쪽.
53) 위와 같음.
54) 『太宗實錄3』 권19, 태종 10년 4월 丁巳, 1책 543쪽.
55) 『太宗實錄』 권19, 태종 10년 5월 戊寅, 1책 548쪽.

전기 중앙군의 기간 병사인 갑사는 무관 품직으로서 '거상숙위'하던 상태에서, 일반 민의 의무 군역인 시위패(후에 정병)와 마찬가지로 병농일치에 따라 번상하는 병종으로 정착하게 되었다.

이후 갑사는 세조 22년(1440)에 이르러 지방관의 통제를 받게 되었다. 즉 갑사는 중앙군으로서 상번 시에는 녹봉을 받으면서 그 임무를 수행하고 하번하여 귀농한 후에도 이들은 의흥부에서 관장하여[57], 지방관의 통제를 받지 않는 것이 세종 22년 이전까지의 상태였다. 이들은 지방에 거주하더라도 한성부의 호적을 통해 따로 파악되고 있었던 것이다.[58] 그런데 세종 22년 2월 병조에서는 갑사를 각 지방의 군적에 올려 지방의 방어에 대비케 하자고 하였다. 이렇게 하면 국가의 재정 부담 없이 갑사들이 '번상하면 숙위금병(宿衛禁兵)이요, 하번하면 어적용사(禦敵勇士)'가 되어 지방 군사력의 강화를 가져온다는 것이다.[59] 갑사의 거주지에서 이들을 관리하여야 한다는 주장은 각 지방 수령들에 의해 계속 제기되었다.[60] 결국 병조와 지방 수령들의 요청에 따라 그 해 5월 갑사는 6,000명으로 증액되었고, 이후 각 관별로 수령 책임 하에 관리되고 있었다.[61]

이렇게 지방 군사력의 강화를 위해 갑사가 지방별로 관리되는 것은 갑사의 지위하락을 의미하였다. 스스로 금병(禁兵)이라고 자처하고 자기 집에 내려진 전부(田賦)와 차역(差役)을 거부하는 특권이 사라진 것이다. 그러나 갑사가 지방별로 관리되었다 하더라도 외방 군역에 처하여진 것은 아니었다. 이것은 중앙군과 지방군의 군역 행정을 일원화한 조치였다.[62]

---

56) 『太宗實錄』 권19, 태종 10년 5월 丙戌, 1책 550쪽.
57) 『太宗實錄』 권19, 태종 10년 5월 戊寅, 1책 548쪽. "當下番者 義興府掌之"
58) 『世宗實錄』 권34, 세종 8년 12월 庚申, 1책 51쪽.
59) 『世宗實錄』 권88, 세종 22년 2월 己卯, 4책 267쪽.
60) 『世宗實錄』 권89, 세종 22년 4월 乙酉, 4책 280쪽 ; 5월 丁卯, 4책 289쪽.
61) 『世宗實錄』 권106, 세종 26년 9월 丁亥, 4책 585쪽 ; 『文宗實錄』 권5, 문종 원년 정월 癸亥, 6책 349쪽 ; 『端宗實錄』 권12, 단종 2년 9월 己巳, 6책 708쪽.

3. 갑사의 대우·자격과 그 변화

갑사가 되면 군인들은 사직(5품)·부사직(6품)·사정(7품)·부사정(8품) 등 5~8품의 실직(實職)에 취임하였다. 그리고 이들은 각각 자신의 품직에 해당하는 과(科)에 따라 차등 있게 지급되는 과전과 녹봉을 받았다. 조선의 정치 체제는 국왕을 정점으로 하여 통일 권력을 실현하고 있는 집권적 관료체제였다. 집권적 관료체제는 군신 관계에 그 기반을 두고 있었고, 군신관계는 사·농·공·상 중 사(士)를 주축으로 형성되고 있었다.[63] 국가에서는 이 군신관계가 잘 유지되도록 제도적으로 배려할 필요가 있었다. 이러한 국가의 제도적 배려로서 국왕이 사(士)에게 제공하는 물질적 형태가 과전과 녹봉이었다.[64]

과전의 지급은 사(士)에게 충(忠)을 기대한다는 것이 그 목적이었다. 이 시기 충(忠)은 군신 관계로 엮어지는 상하질서를 관통하는 절대덕목이었고 실천 가치였다. 군신 간의 명분관계·질서관계를 충(忠)으로써 유지하고 공고히 하자는 데서 과전은 그 물적 요소로서 기능하고 있었다.[65] 물론 모든 갑사가 과전을 받은 것은 아니지만 갑사에게 과전을 분급해주는 원칙은 그러하였다. 갑사는 고려말 과전법 규정에 의하면 <표 2>와 같이 과전을 받고 있었다.

---

62) 閔賢九 교수는 甲士 등 중앙군의 지방별 파악을 중앙군과 지방군의 軍役의 一元化로 파악하고 있는데, 이것은 군역의 일원화가 아니라 단지 軍役行政의 一元化만을 의미하는 것으로 보인다. (閔賢九, 「軍役의 一元化 科程」 앞의 책, 1983, 62~69쪽 참조)
63) 조선초기 관료체제의 기반을 君臣關係로 설명하는 것은 다음 논문 참조.
　　李景植, 「科田의 占有와 그 原則」 『朝鮮初期土地制度研究』, 一潮閣, 1983.
　　李泰鎭, 「朝鮮王朝의 儒教政治와 王權」 『韓國史論』 23, 서울대 국사학과, 1990.
64) 君臣關係와 科田 지급의 의미에 대해서는 李景植, 앞의 글, 97~109쪽 참조.
65) 李景植, 앞의 글, 101쪽.

<표 2> 과전법의 과전 분급 규정 (갑사 해당 부분만 발췌)[66]

과 별 \ 관직·결수	관직	결(結) 수
제 13 과	典農寺丞~中郞將	43 결
제 14 과	六曹佐郞~郞將	35 결
제 15 과	東·西7品	25 결
제 16 과	東·西8品	20 결

　갑사는 위 과전법 규정에 따라 43결에서 20결에 이르는 과전을 받았다.[67] 위 <표 2>에서 중랑장, 낭장, 서반 7·8품[別將·散員]은 태조 3년 (1394) 2월 정도전의 군제 개혁안에 의해 각각 사직(司直), 부사직(副司直), 사정(司正), 부사정(副司正)으로 명칭을 개정하게 된다.[68] 그런데 모든 갑사가 자신의 과(科)에 따라 과전을 받은 것은 아니었다. 갑사의 군액은 계속 증가하고 있었고 토지의 절대적 부족은 이것을 불가능하게 하였다. 태종 즉위년에 복립한 갑사 2,000명에게 주는 과전만 해도 54,500결에 달하였다.[69] 이것은 경지 지역 내의 과전 전체 84,100결[70]의 64%에 해당하였다. 과전법 시행 당초에도 이미 "과전이 부족하다."[71]라고 말해지고 있는 실정이고, 이후 조선 정부에서는 이미 분급된 과전으로써 과전

---

66) 『高麗史』 권78, 食貨1, 田制 祿科田 공양왕 3년 5월. '給科田法'
67) 과전법이 제정·반포되는 고려말 恭讓王 때에는 '軍旅方興 介冑之士 在所當先'『三峯集』 권7, 「朝鮮經國典」上, 治典 入官 (한국문집총간 5책, 418쪽)'이라는 鄭道傳의 말과 같이 軍士들에게 우선적으로 官職과 科田이 수여되고 있었다.
68) 『太祖實錄』 권5, 태조 3년 2월 己亥, 1책 59쪽
69) 태종 10년 5월 甲士宿衛下番之法에 의하면 갑사는 정원이 2,000일 때 1領當 司直 5, 副司直 8, 司正 11, 副司正 16으로 10司 전체로 보면 司直 250, 副司直 400, 司正 550, 副司正 800명이었다. 이것을 <표 1-2>의 과전법 분급 규정과 곱해보면 司直 250명×43결=10,750결, 副司直 400명×35결=14,000결, 司正 550명×25결=13,750결, 副司正 800명×20결=16,000결, 합계 54,500結이 나온다.
70) 李景植, 「科田制度의 運營과 그 變動」, 앞의 책, 1986, 171쪽. '京畿內의 地目및 그 田結數' 표 참조.
71) 『高麗史』 권78 食貨1, 田制, 祿科田, 科田法 條文.

제도를 지탱하려한 것을 보면[72], 갑사의 과전 지급은 매우 불균등하게 이루어지고 있는 것으로 보인다. 증가하고 있는 신임 갑사에게 과전은 제대로 지급되지 않은 듯하다. 세종 12년(1430) 세종은 과전을 관리들에게 모두 고르게 주기가 매우 힘들다고 하면서, 갑사의 예로 들면서 다음과 같이 토로하였다.

> 지금 조정 관료들에게 모두 과전을 지급하고자 하면 관직이 높은 자들이 도리어 과(科)대로 토지를 받을 수 없게 된다. 더구나 3,000명의 갑사까지 모두 과전 지급을 바라고 있으니 어찌 모두에게 고르게 줄 수 있겠는가?[73]

이를 통해 갑사에게 과전 지급이 제대로 이루어지지 않고 있었음을 추측할 수 있다. 이후 갑사는 실직(實職)에서 체아직(遞兒職)으로 떨어지게 되고, 세조 12년(1467) 직전법이 실시되면서 체아직에는 급전(給田)의 혜택이 주어지지 않게 되었다. 이 규정은 『경국대전』에 그대로 전재되어, 『경국대전』, 호전, 제전 조에 "직전은 10월 말 이전에 관직을 받은 자에게 준다. 그런데 체아직에는 지 않는다."[74]라고 규정되었다. 과전법에 의해 토지를 분급 받던 갑사는 직전법의 시행으로 급전 대상에서 영영 제외되고 말았던 것이다.

직전법 시행에 따른 급전 대상의 탈락에 대해 갑사들의 불만은 대단했다. 이전에는 비록 모든 갑사가 과전을 균등하게 소유한 것은 아니라 해도, 법제적으로 과전을 소유할 가능성은 있었으나, 직전법 시행으로 그 가능성마저도 사라진 것이다. 그리고 기존에 과전을 소유한 자들은 과전을 모두 국가에 반납하여야 했다. 이에 예종 원년(1469) 10월 창덕궁 안의

---

72) 李景植, 앞의 책, 171~174쪽.
73) 『世宗實錄』 권49, 세종 12년 9월 癸丑, 3책 260쪽.
74) 『經國大典』, 戶典, 諸田. "職田 十月晦日 以前受職者給 遞兒職則否"

병조 관청문 옆에서 갑사 이말중(李末中)이 동료 갑사 김계동(金繼童), 이양보(李陽補), 장소옥(張紹玉), 고맹달(高孟達) 등과 더불어 대화하다가 갑사의 과전 혁파와 관련하여 다음과 같이 국왕에 저촉되는 발언을 하였다.

> 전왕(세조를 가리킴: 필자주)은 누대상전(累代相傳)한 과전을 혁파하고, 또 귀천을 논하지 않고 모든 사람을 정병의 군적에 올리니 백성의 원망함이 극심하여 향년 51세에 죽었다. 지금 주상도 어찌 오래 살겠는가?[75]

이 대화 내용을 갑사 김계동이 관청에 고발하자, 국왕 예종은 "국법이 자기에게 불편하다하여 무도한 말을 지껄이고 나를 비방하고 모멸했을 뿐 아니라 그것이 선왕에게도 미쳤다."[76]라는 교지를 내리면서 갑사 이말중과 이양보는 능지처참 형에 처하고, 나머지 장소옥과 고맹달은 불고(不告) 죄로 참형에 처하였다. 이 사건을 통해 갑사들이 자신들이 누대(累代)에 걸쳐 전해져온 과전을 혁파당한 것에 얼마나 큰 불만을 품고 있었는가를 짐작할 수 있다.

한편 갑사는 과전과 더불어 자신들의 직무 수행에 대한 대가로서 현물로 지급되는 녹봉도 받았다. 즉 갑사는 과전에 의한 수조권의 인정과 녹봉의 지급 등의 보수체계로 국왕에 대한 충성의 대가를 받았던 것이다. 조선초기에 녹봉제가 체계적으로 정비되는 것은 태종 7년(1407) 정월에 이르러서이다. 이때의 규정에 의하면 갑사는 상하번으로 1년씩 상체(相遞)하였고, 당번 시에는 정월과 7월 두 차례에 걸쳐 아래<표 3>과 같은 녹봉을 지급받았다.

---

75) 『睿宗實錄』 권8, 예종 원년 10월 癸亥, 8책 423쪽.
76) 『睿宗實錄』 권8, 예종 원년 10월 乙丑, 8책 424쪽.

<표 3> 태종 7년(1407)의 녹봉 지급 규정(갑사 해당 부분만 발췌)[77]

과	품	녹봉 미(石)	포(疋)
제 9 과	정 5 품	49	18
.	.	.	.
제 11 과	정 6 품	42	16
.	.	.	.
제 13 과	정 7 품	30	10
.	.	.	.
제 15 과	정 8 품	23	7

그런데 갑사의 녹봉 지급에 소요되는 국가 재정은 막대하였다. 태종 10년을 기준으로 당번갑사 2,000명에게 주는 녹봉 만해도 무려 63,000여 석 (石)에 달하였다.[78] 이것은 경관(京官)의 녹봉 10만 석[79]중 63%에 해당되는 액수였다. 따라서 갑사에게 줄 녹봉의 재원을 마련하고자 국가는 항상 고심하지 않을 수 없었다.[80]

갑사 직은 이와 같이 막대한 국가 재정을 점하고 있었기 때문에 왕조의 창업기와는 달리 국가가 안정되는 수성기에 접어들자 그 성격이 일부 변하기도 하였다. 일부 정원을 다른 군사들에게 주거나 대우 직으로 이용되기도 하였던 것이다. 즉 세종 10년(1428) 병조의 상계에 의하면 내금위·별시위 등의 군사들이 갑사 직을 제수 받고 있어, 그 시정책으로 당번갑사 직 1,000개 중 800개는 갑사로 충당하고, 그 나머지 200개는 다른 군사들에게 제수하도록 하는 조처를 취하고 있다.[81] 또 갑사 직은 사만(仕滿) 성

---

77) 『太宗實錄』권13, 태종 7년 정월 辛未, 1책 382쪽.
78) 태종 10년 5월에 규정된 「甲士宿衛下番之法」에 의하면 당번 갑사는 司直 200명, 副司直 400명, 司正 600명, 副司正 800명으로 도합 2,000명이었다. 이러한 갑사들에게 <표 3>의 태종 7년 祿俸 頒給 規定에 의거하여 녹봉을 지급할 때 소요되는 祿米는 63,000石이고, 布는 21,600疋에 달하였다.
79) 『定宗實錄』권4, 정종 2년 4월 辛丑, 1책 168쪽. "京官之祿幾於十萬石"
80) 『太宗實錄』권16, 태종 8년 10월 辛丑, 1책 459쪽.
81) 『世宗實錄』권42, 세종 10년 12월 壬寅, 3책 158쪽.

중관(成衆官)들이 거관(去官)하는 코스로도 이용되고 있었다.[82] 세종 16년 7월 정부는 60세 이상의 연로한 성중관 135명을 각 품에 따라 갑사 직을 제수하고 거관시키고 있었던 것이다.[83] 이와 같이 갑사의 군직이 대우 직으로 변질됨에 따라 의정부와 병조·도진무(都鎭撫) 등은 갑사 직을 성중관 등 잡류(雜類)들이 점하지 못하게 하자고 의결하기도 하였다.[84] 그러나 16세기 이후 갑사의 군직은 더욱 관료들의 대우 직으로 변질되어 갔다. 문반 관료들이 실직(實職)에서 떠난 이후 군직을 받는 것은 '정부가 신하들을 중시하는 뜻'으로 간주되었고, 이를 서반(西班)으로 간다고 하여 '송서(送西)'[85]라 칭해지기도 하였다.

비록 일부 갑사 직이 여러 가지 형태로 이용되었다 하더라도 대략 1,000명이 녹봉을 받는 갑사는 국가에 막대한 재정 부담을 안겨주었다. 그래서 세종 18년(1436)에는 국가재정의 지출을 최소한으로 절약하기 위해 갑사의 직계를 하위로 더욱 내리고, 고위품계의 수를 줄여 하위품계를 증설하는 조치가 취해졌다.[86] 그리고 앞에서 본 바와 같이 세종 30년에 이르러 갑사는 실직이 아닌 체아직으로 개정되었고[87], 이후 갑사의 녹봉 역시 월봉(月俸)으로 격하되었다.[88] 이러한 갑사의 제도 정비가 이루어지면서 『경국대전』에 의해 확정된 갑사의 번차도목은 다음 <표 4>와 같다.

---

82) 成衆官의 去官에 대해서는 韓永愚, 「朝鮮初期의 上級胥吏와 그 地位」 앞의 책, 1983. 참조.
83) 『世宗實錄』 권65, 세종 16년 7월 庚子, 3책 582쪽.
84) 『世宗實錄』 권63, 세종 16년 3월 己亥, 3책 550쪽.
85) 『宣祖實錄』 권201, 선조 39년 7월 己巳, 25책 227쪽. "憲府啓曰 堂上官作散者 送西敍用 乃朝家重待臣之意也"
86) 『世宗實錄』 권72, 세종 18년 5월 丁亥, 3책 677쪽 ; 『世宗實錄』 권73, 세종 18년 윤6월 癸未, 4책 17~18쪽.
87) 『世宗實錄』 권120, 세종 30년 5월 庚寅, 5책 64쪽.
88) 『世宗實錄』 권109, 세종 27년 7월 庚寅, 4책 626쪽 ; 『成宗實錄』 권185, 성종 16년 11월 乙卯, 11책 71; 11책 77쪽.

<표 4> 갑사의 번차도목(番次都目)[89]

원액 ()안은 번상수	번차	도목	체아						계
			종4품	종5품	종6품	종7품	종8품	종9품	
			副護軍	副司直	副司果	副司正	副司猛	副司勇	
14,800 (2,960)	5番6朔相 遞	兩	5	59	65	134	222	1,515	2,000

갑사는 체아직이 된 이후 군액이 대폭 증가하여 위 표와 같이 『경국대전』 반포 시기에 이르러 14,800명에 달하게 된다. 과전과 녹봉을 지급하던 상태에서 갑사 군액의 증가는 엄청난 국가의 부담을 초래하는 것이었다. 따라서 제한된 토지와 국가 재정으로는 고정된 인원만 유지할 수 있었다. 그러나 체아록(遞兒祿)과 같은 탄력성 있는 제도는 군액 증가를 정부의 의도대로 가능하게 하였다. 이로써 국가는 당시 증가하고 있는 지배층을 포섭하려 하였던 것이다. 그러나 갑사가 실직이 아닌 체아직으로 바뀌고, 녹봉이 월봉으로 바뀌었으며, 군액이 증대되었다는 것은 그 지위가 하락되어갔음을 의미하는 것이다.

한편 갑사는 취재(取才)에 의해 선발되었다. 갑사의 취재가 무과와 다른 점은 '강병서(講兵書)'의 절차만 없을 뿐이라고 한다.[90] 그런데 이러한 갑사의 취재는 모든 양인에게 개방되어 있었다. 양인 상층이라고 불리어지는 사족, 한량[91]은 물론이요, 양인 농민의 의무 군역인 시위패·영진군[92], 선군(船軍)[93] 그리고 중앙 관사의 하급서리인 이전(吏典)[94], 역리외손(驛吏外孫)[95] 등도 갑사에 입속할 수 있었다. 심지어 천업(業賤)이라 일

---

89)『經國大典』권4, 兵典, 番次都目, 甲士.
90)『世宗實錄』권43, 세종 11년 정월 辛亥, 3책 160쪽.
91) 閑良에 대해서는 韓永愚,「麗末鮮初 閑良과 그 地位」앞의 책, 1983. 참조.
92)『世宗實錄』권46, 세종 11년 12월 癸未, 3책 209쪽. ;『世宗實錄』권51, 세종 13년 3월 壬申, 3책 299쪽.
93)『世宗實錄』권52, 세종 13년 5월 己酉, 3책 319쪽.
94)『世宗實錄』권39, 세종 10년 3월 丁亥, 3책 119쪽.

컫는 재인(才人), 화척(禾尺) 등 신백정(新白丁)에게도 갑사의 문은 열려 있었다.96)

이처럼 조선초기에는 양인 내의 모든 계층이 갑사로 들어오는 것은 가능하였다. 양인은 공민(公民)으로서 국가에 대하여 군역을 부담하여야 하는 의무가 있지만 또한 공민으로서 국정에 참여할 수 있는 권리를 부여받고 있었던 것이다. 따라서 법제적인 측면에서 양인은 원칙적으로 입사(入仕)가 가능하였다.97) 그런데 양인이 이처럼 원칙적으로 출세에 제약을 받지 않은 자유민이었지만 양인이 모두 평등한 출세 조건을 가진 것은 아니었다. 여러 가지 신분적 그리고 경제적으로 불평등한 조건이 구비되어 있었던 것이다. 왕조 개창이라는 격동기를 지나 국가제도가 정비되고 사회가 안정되어가자 관직임용에 있어서 신분적, 그리고 경제적인 제한은 강화되어 가고 있었다.

먼저 갑사임용의 신분적인 제한이 강화되는 모습을 보면 다음과 같다. 태종 대에 들어서서 벌써 신료들은 갑사의 응시 자격을 제한하려 하였다. 즉 태종 10년(1410) 사헌부는 갑사를 시취할 때 병조에서 사조(四祖)를 살펴 양인 중에서도 공상천예(工商賤隸)가 섞이지 않은 조계(祖系)가 순수한 자에 한하여 시취에 응하게 하자는 주장을 폈다. 이에 대해 당시 의정부는 '우활(迂闊)'하다하여 채택하지 않았다.98) 즉 사헌부의 주장은 모든 양인에게 출사(出仕)의 기회를 주는 법제와 어긋난다는 것이다. 그러나 관료체제가 안정되면서 현실적으로 갑사 응시자의 신분을 제한하려는 시도가 점차 강하게 나타나고 있었다. 세종 5년(1423) 7월에 이르면 병조는 다음과 같이 '갑사 시취법'을 개정하여 상계하고 있다.

95)『成宗實錄』권171, 성종 15년 10월 壬午, 10책 637쪽.
96)『世宗實錄』권22, 세종 5년 10월 乙卯, 2책 559쪽.
97) 韓永愚,「朝鮮初期의 社會階層과 社會移動에 관한 試論」앞의 책, 1983.; 劉承源,『朝鮮初期身分制研究』第1部, 乙酉文化社, 1987.
98)『太宗實錄』권25, 태종 10년 4월 丁巳, 1책 543쪽.

갑사를 시험보아 뽑는 법은 본인의 신체와 가산(家産)이 충실한 자를 골라서 임명하는 것이 이미 정한 제도입니다. 그러나 인재를 뽑을 때에는 다만 보거단자(保擧單子)만 상고하여 뽑는 까닭으로, 가산이 충실하지 못한 자가 혹시 있게 됩니다. 청컨대, 지금부터는 갑사가 결원(缺員)이 있으면 보충하여 인재를 뽑을 때에, 서울은 각기 거처하는 부에서 보거(保擧)와 연갑(年甲)과 사조(四祖)의 단자를 바치도록 하여, 가산이 충실한가, 충실하지 못한가를 상세히 조사하여 한성부로 전보(傳報)하고, 한성부에서 마감(磨勘)하여 본조(本曹)로 공문을 보내면, 그제야 시험해 뽑도록 허용하고, 지방은 수령(守令)이 서울의 예에 의거하여 그 도의 감사와 절제사에게 보고하고, 감사와 절제사가 모두 같이 인재를 시험하여 그 등급을 나누어 이름을 기록하여 본조(本曹)에 보내면, 본조에서 다시 시험하여 서용하게 하고, 그 가산이 충실하지 못한 사람을 보거한 자와 마음을 쓰지 않고 고사한 서울과 지방의 관리는 헌사(憲司)에 공문을 보내어 논죄하게 할 것입니다."라고 하니, 그대로 따랐다.[99]

즉 갑사를 뽑을 때 전에는 신체와 가산이 충실한 자를 뽑았는데, 이때에 이르러서는 보거(保擧)와 사조단자(四祖單字)를 살피고 만약 부적격자가 있을 경우 보거와 담당 관리에게 죄를 묻겠다는 것이다. 이때 갑사의 보거는 동반은 6품 이상, 서반은 4품 이상의 관료가 담당하기 때문에[100], 일반 양인이나 신백정들이 이들과 연결되어 추천을 받기란 현실적으로 어려웠을 것이다.

한편 세종 10년(1428) 10월에 이르러서는 보충군 거관자의 갑사 입속을 제한하자는 논의가 나온다. 이 당시 병조에서 "2품 이상 천첩 소생으로서 대장(隊長)·대부(隊副)에 속한 자는 갑사취재를 허용한다."라는 이문

---

99) 『世宗實錄』 권21, 세종 5년 7월 癸卯, 2책 550~551쪽.
100) 『文宗實錄』 권1, 즉위년 4월 乙未 6책, 232쪽.
    조선초기의 保擧에 대해서는 鄭求先, 「朝鮮初期의 薦擧制」 『東國史學』 23, 1989 ; 南智大, 「朝鮮初期 人事管理規程의 정비」 앞의 책,1993. 참조

(移文)을 올리자, 이에 대해 좌사간 김효정(金孝貞)은 8가지의 조목을 들면서 반대하고 있었다.[101] 김효정은 다음 달에 다시 이러한 보충군의 갑사 취재 허용은 국법인 한품서용(限品敍用) 제를 무너뜨리게 된다고 주장하면서, 이것의 금지를 주장하였다. 이러한 김효정의 주장에 대해 세종은 "2품 이상의 보충군 거관자가 갑사로 들어가도 한품서용에 따라 승직(陞職)할 터인데 어찌 이것이 국법을 무너뜨리겠느냐?"고 하면서 김효정의 주장에 대해 반박하였다.[102]

여기서 국왕은 양반 관료뿐만 아니라 양인전체를 포용하는 법제적 원칙을 강조하고 있고, 관료들은 양반관료체제에서의 기득권과 자신들을 중심으로 운영되는 현실을 강조하고 있는 모습을 볼 수 있다. 그러나 이러한 세종의 대응에도 불구하고 천첩자손의 갑사 입속은 불가능하였다. 심지어 2품 이상의 양첩 자손의 갑사 입속도 제한된 것으로 보인다.[103]

이와 같이 양반 관료체제의 안정 속에서 갑사 입속의 신분적 제한은 강화되고 있었다. 세종 12년(1430) 함길도 도절제사는 그의 첩정(牒呈)에서 도내(道內)의 한산인(閑散人)과 각인(各人) 중 '양반자제'에 한하여 부직(父職) 성명, 전정(田丁)의 수, 기·복마(騎卜馬)의 치모색(齒毛色) 등을 상세히 갖추어서 한 사람당 3인의 추천을 받아 서울로 올려 보내 병조에서 이들을 시험 보는 것을 갑사 시취의 예(例)로 하자고 하여 허락받고 있다.[104] 이후 갑사시취에 관한 규정은 세종 28년에 그동안의 논의를 모아

---

101) 『世宗實錄』 권42, 세종 10년 10월 丙申, 3책 148쪽.
　　8가지 조목은 다음과 같다. 2품 이상의 천첩소생에게 갑사취재를 허용하면 첫째, 補充軍의 법이 무너지고, 둘째, 僕이 主와 더불어 陞職하게 되며, 셋째, 限品의 법이 무너지고, 넷째, 嫡庶와 名分이 문란해지며, 다섯째, 이들이 兩班과 결혼하게 되며, 여섯째, 小人의 道가 성해지고 君子의 道가 없어지며, 일곱째, 甲士職를 子弟들이 비천하다하여 꺼리게 되며, 여덟째, 雜色들도 시험을 보아 서용하게 된다.
102) 『世宗實錄』 권42, 세종 10년 11월 戊申, 3책 152쪽.
103) 세조 4년(1458)에야 비로소 2품이상 良妾子孫의 갑사 입속이 허락되었다(『世祖實錄』 권14, 세조 4년 11월 戊戌, 7책 301쪽).

또 다시 정비를 하게 된다. 세종 28년(1446) 정월 병조에서는 갑사를 취재할 때는 그 지원자의 신역의 유무와 가풍의 실부(實否)를 조사하도록 하자고 건의하여 국왕의 승인을 받았다.[105] 이때 규정된 자세한 내용은 단종 원년(1453) 병조가 의정부에 올린 다음의 기사에 보인다.

　　정통(正統) 11년(세종 28년;필자주) 정월의 수교(受教)에 이르기를, "금후로 별시위(別侍衛)는 갑사의 예(例)에 의하여, 경중(京中)과 경기인(京畿人)은 훈련관 제조(訓鍊觀提調)가, 외방인(外方人)은 각각 그 도(道)의 관찰사(觀察使)가 사조(四祖)를 상고하여 천적(賤籍)을 살펴보아, 원계사족(元係士族)이고, 노비가 10구(口) 이상 있는 자는 시취(試取)를 허락하게 하라." 하였습니다.[106]

즉 세종 28년(1446)에는 4조 내에 천인이 없는 '원계사족'에 한하여 갑사 응시를 허용하였던 것이다. 앞에서 살펴본 바와 같이 양인내의 모든 계층은 원칙적으로 갑사 입속에 제한을 받지 않았다. 양인내의 최하층인 백정까지도 갑사 입속이 허락되었다. 그러나 법제와 현실 사이에는 갈등이 존재하였다. 관료체제가 안정되어감에 따라 양반 관료들은 갑사 입속에 신분적 제한을 가하려 하였던 것이다. 그래서 비록 양인이라 하더라도 보충군 거관자의 갑사 입속을 제한하고, 양반자제·원계사족(元係士族)에 한하여 그 입속을 허용하려 하였다. 이 결과 "갑사는 비록 군사이지만 모두 양가자제이다"[107]라는 평가도 나왔다. 그러나 양반관료들의 이러한 제한 조치에도 불구하고 양인이면 누구나 관직에 나아갈 수 있다는 국가의 법적 평등의 원칙을 바탕으로 일반 양인들은 자신의 처지를 개선하기

---

104) 『世宗實錄』 권47, 세종 12년 정월 丙午, 3책 212쪽.
105) 『世宗實錄』 권111, 세종 28년 정월 壬申, 4책 648쪽.
106) 『端宗實錄』 권9, 단종 원년 11월 癸酉, 6책 645쪽.
107) 『成宗實錄』 권6, 성종 원년 6월 辛未, 8책 512쪽. "甲士 雖屬軍士 皆良家子弟"

위해 끊임없이 갑사 입속을 시도하였다.

양반관료들이 끊임없이 갑사 입속에 신분적 제한을 가하려는 것은 그만큼 일반 양인들이 치열하게 갑사로 들어오려는 것, 즉 관료 체제에 참여하려는 것을 반증하는 것이었다. 태종 9년(1409) 6월 예조좌랑 정효복(鄭孝復)은 "지금 양인 농민들은 모두 농사짓는 것을 부끄러워하여 농기를 녹이고 소를 팔아 무사가 되려 하고 있다."고 상서(上書)하고 있다.[108] 세종 30년(1448) 3월 동부승지 이계전(李季甸)은 일반 양인들이 갑사로 입속하려는 모습을 "올 봄 갑사 시험을 보는데, 먼 지방의 사람들이 구름같이 몰려들고 있다."[109]라고 표현하였다. 그래서 이 당시 관리들은 경성의 곡식이 다 떨어져 이에 대한 대책 마련에 부심하고 있었다. 또 성종 16년(1485)에 병조판서 이극균(李克均)은 평양의 예를 들면서 "본도의 사람은 갑사(甲士)를 벼슬길로 삼아, 한집안에 비록 3, 4형제가 있더라도 모두 갑사에 소속되기를 바랍니다."[110]라고 말하고, 이러한 현상은 다른 곳도 모두 마찬가지라고 하였다. 이처럼 일반 양인들은 양반 관료들의 제한을 넘어서서 신분을 상승하기 위한 노력을 계속하고 있었다.

그런데 갑사 입속에는 신분적인 조건보다도 경제적인 조건이 더 까다로웠다. 갑사는 스스로 기마와 복마(짐말), 군장을 갖추고 종자를 거느리고 상경하여 왕성의 시위와 궁궐의 숙위를 담당하며, 또 유사시 변방 방어 임무에도 동원되었기 때문에 웬만한 경제력이 아니고서는 그 임무 수행이 불가능하였기 때문이다.[111] 또 갑사는 취재에 의해 선발되었지만, 일단 갑사가 된 이후에도 끊임없이 그 무예 실력을 점검받는 연재(鍊才)

---

108)『太宗實錄』권17, 태종 9년 6월 丙寅, 1책 495쪽.

109)『世宗實錄』권119, 세종 30년 3월 戊子, 5책 52쪽. "今春試甲士 遠方之人 雲聚京城"

110)『成宗實錄』권184, 성종 16년 10월 丙申, 11책 63~64쪽. "大抵 本道之人 以甲士 爲仕路 一家雖有三四兄弟 皆求屬甲士"

111)『太宗實錄』권19, 태종 10년 3월 戊辰, 1책 531쪽. "然或有無奴婢者 雖一年 不能 勝此任"

시험을 치러야 했다.112) 여기에서 불합격하면 파출되어 의무 군역인 정병으로 충군되는 것을 면치 못했다.113) 이러한 것도 경제력과 무관한 것이 아니었다. 농사일을 돌보지 않고 끊임없이 말을 타고 무예를 익힌다는 것은 재력이 있는 사람이 아니고서는 불가능한 일이었다. 그래서 조선전기 정부에서는 일정한 경제적 조건을 갖춘 자들만을 갑사로 입속시키려 하였다.

갑사 지원자에 대한 경제적 제한은 이미 태종 때부터 보이고 있다. 즉 태종 13년(1413) 3월 병조판서 황희는 "갑사 중 가난하여 말과 종자가 없는 사람도 혹 있을 것이니, 각 도로 하여금 가산(家産)이 넉넉하고 재예(才藝)가 있는 자를 택하여 서울로 올려 보내게 함이 마땅합니다."114)라고 건의하여 국왕의 허락을 얻고 있다. 이러한 규정은 세종(1423) 5년에 다시 한 번 확인되고 있다.115) 따라서 가산이 넉넉한 자를 선택하여 갑사로 뽑는다는 경제적 제한 규정에 의거하여, 비록 이전(吏典)이나 재인·화척 등의 백정이 신분상으로는 갑사로 들어올 자격이 있다하더라도 경제적인 능력이 미치지 못할 경우 그 입속은 불가능하였다. 즉 앞에서 살펴본 세종 5년의 재인·화척 등 백정 층에게 갑사서용을 허락한다는 규정에도 '집안이 부유하고 무재(武才)가 있는 자'116)에 한한다는 단서가 마련되어 있었다. 그리고 세종 10년(1428) 병조판서 황상(黃象)은 이전(吏典)에게 비록 갑사 취재를 허용했지만, 취재한 후에 가산(家産)의 실부(實否)를 살펴서 부실(不實)한 자는 비록 합격하였다하더라도 서용하지 말자고 건의하

---

112) 鍊才는 처음에는 下番때마다 실시하여 下番取라 일컬었는데, 세조 4년 2월 立番때마다 실시하는 것으로 변경되었다. (『世祖實錄』 권11, 세조 4년 2월 辛亥, 7책 256쪽)

113) 『成宗實錄』 권4, 성종 원년 3월 丙戌, 8책 479쪽.

114) 『太宗實錄』 권25, 태종 13년 3월 己亥, 1책 667쪽. "甲士貧無馬從者 容或有之 宜令諸道擇足家産而有才藝者 調送于京"

115) 『世宗實錄』 권21, 세종 5년 7월 癸卯, 2책 551쪽. "甲士試取之法 擇當身及家産有實人充差 己有定制"

116) 『世宗實錄』 권21, 세종 5년 10月 乙卯, 2책 559쪽. "其家計豊實 有武才者"

여 국왕의 허락을 얻었다.[117] 한편 이러한 재산상의 규정은 한량에게도 적용되었다. 세종 11년 병조에서는 다음과 같이 건의하였다.

지금 한량 중에서 새로 갑사를 취재하는데 사람들이 널리 아는 양반의 자제를 제외하고 본조(병조)에서 그 기·복마를 살펴서 낙인(烙印)한 후에 비로소 서용을 허락합니다. 만약 말을 빌려 속이려는 자가 있으면 그 말을 빌린 자, 빌려준 자를 함께 법에 의거하여 처벌합니다. 수직(受職) 후에 발견된 자는 그 고신(告身)을 환수하고 외방군역에 정합니다. 상이 이를 따르다.[118]

이와 같이 말을 소유할 수 있는 경제력을 지닌 한량만이 갑사에 입속할 수 있었던 것이다. 이외에도 세종 대에 병조는 갑사 취재 응시자들의 경제력을 철저하게 심사할 것을 계속 강조하였다.[119]

그러면 양인이 어느 정도의 재산을 소유해야 갑사가 될 자격이 있는 것일까? 세종 12년(1430) 정월 함길도 도절제사 첩정(牒呈)에 의하면 '재산이 넉넉하고 솔거 인정이 5·6인 이상인 양반자제'에 한하여 갑사 응시를 허락한다고 보고하고 있다.[120] 그런데 세종 15년 2월 의정부, 6조, 도진무 등은 군사상 중요지역인 함길도만은 이러한 제한을 완화시키자는 논의를 하였다.[121] 이후 권진(權軫), 황희(黃喜) 등도 경제적 제한을 완화시킬 것을 국왕에게 요구하자, 세종은 이들의 주장을 수용하여 다음과 같은 내용의 교지를 병조에 내렸다.

117) 『世宗實錄』 권39, 세종 10년 3월 丁亥, 3책 119쪽.
118) 『世宗實錄』 권44, 세종 11년 5월 壬申, 3책 182쪽.
119) 『世宗實錄』 권108, 세종 27년 6월 戊申, 4책 621쪽; 권111, 세종 28년 정월 壬申, 4책 648쪽 ; 권112, 세종 28년 5월 壬申, 4책 671쪽.
120) 『世宗實錄』 권47, 세종 12년 정월 丙午, 3책 212쪽. "本道 閑散人 及各人 管下資産 有實 率居人丁五六以上 兩班子弟"
121) 『世宗實錄』 권59, 세종 15년 2월 庚戌, 3책 452쪽.

함길도에서 갑사를 취재할 때 다른 도의 예를 따라 노비 5·6구, 전지 5·6결 이상을 소유한 자만을 시험 보게 하니 이로 인해 비록 무재(武才)가 있는 자라도 (전지·노비의) 제한에 걸려 시험을 볼 수 없었다. 지금부터 본도에서 갑사를 취재할 때는 무재가 있는 자는 전(田)·민(民)의 다소를 헤아리지 말고 취재하도록 하라.[122]

이러한 세종의 교지를 통해 함길도를 제외한 다른 도에서는 갑사를 취재할 때 노비 5·6구, 전지 5·6결 이상자에게만 그 시재를 허용하였다는 것을 알 수 있다. 또 앞에서 살펴본 세종 28년 정월, 국왕의 수교에서는 원계 사족으로서 '노비 10(□) 이상 자'에 한해 시취를 허락한다고 더욱 강화된 규정을 발표하고 있었다.[123]

이렇게 모든 양인은 법제적으로 갑사로 들어올 수 있었음에도 불구하고 경제적 제한을 두어 갑사 입속을 원천적으로 제한하자, 이에 대한 양인들의 불만은 적지 않았다. 문종 2년(1452) 경상우도 합포 진군(鎭軍) 200여인은 다음과 같이 갑사 입속 규정에 대한 그들의 불만을 상언하고 있다.

비록 갑사에 보직(補職)됨을 허가했지만, 노비와 토지로 제한하는 법에 구애되어 보직된 사람은 1백 명에 1, 2명도 없는 상태이므로, 공로를 헛되이 버리게 되니, 괴롭고 억울함을 견딜 수 없습니다.[124]

즉 정부에서 합포 진군들에게 갑사로 들어가는 길을 열어놓았다 하더라도 경제적 제한으로 말미암아 자신들 가운데 갑사로 들어간 사람은 100명 중 1, 2명도 안 된다는 것이다.

---

122) 위와 같음.
123) 『端宗實錄』 권9, 단종 원년 11월 癸酉, 6책 645쪽.
124) 『文宗實錄』 권12, 문종 2년 3월 壬寅, 6책 473쪽.

이상과 같이 갑사에 입속할 수 있는 자는 신분적으로 양반이나 한량 등 양인 상층, 경제적으로는 지주 내지 자영농 상층으로 향촌사회의 유력자들이었다. 조선초기 국가에서는 이러한 향촌사회의 유력자들을 관료체계 내에 편입시켜 국왕 시위의 강화와 향촌사회의 안정을 도모하고자 하였던 것이다. 이와 아울러 향촌의 유력자들도 갑사에 소속됨으로써 국가권력과 연결되어 자신의 지위를 향상시키고자 하는 의도도 있었을 것이다. 따라서 갑사가 된 자들은 국가에서 기대하였던 향촌사회의 안정에 기여하는 바가 컸다. 즉 이들은 번상하면 숙위금병이요, 하번하면 지방의 군사력으로 그 기능을 수행하였다.125) 이들은 흉년 시 도적과 화적이 성행하여 지방 행정력으로 이들을 제압하지 못할 때는 이에 맞서 향촌사회의 치안을 유지하였다.126) 또 기민(飢民) 진휼에 동원되었다.127) 그러나 갑사들은 향촌사회에서 자신의 지위를 이용하여 권세를 부리기도 하였다. 즉 이들은 양민을 거두어 노예처럼 부리거나128), 부민(部民)을 능욕하고129), 심지어 수령에게 저항하거나130), 진휼관을 능욕하기도 하였다.131) 이처럼 조선초기에 갑사들은 신분적·경제적으로 지배적 지위에 있던 자들이었다.

그러나 차츰 갑사의 군액이 증가하자 경제적 제한을 엄격하게 적용할 수 없었다. 세종 22년(1440)에는 갑사의 군액이 종전의 2배가 되는 6,000명으로 증가되었다.132) 그리고 세종 30년에는 7,500명133), 문종 원년

---

125) 『世宗實錄』권88, 세종 22년 2월 己卯, 4책 267쪽. "番上則宿衛禁兵 下番則禦敵勇士"
126) 『世宗實錄』권76, 세종 19년 정월 丙申, 4책 48쪽.
127) 『世宗實錄』권105, 세종 26년 윤7월 戊戌, 4책 577쪽.
128) 『世宗實錄』권36, 세종 9년 6월 丁卯, 3책 76쪽. "自占良民 稱爲奉足 使之如奴隷"
129) 『文宗實錄』권2, 문종 즉위년 7월 乙巳, 6책 248쪽.
130) 『世祖實錄』권16, 세조 5년 6월 壬子, 7책 330쪽.
131) 『世祖實錄』권17, 세조 5년 7월 乙丑, 7책 336쪽.
132) 『世宗實錄』권89, 세종 22년 5월 壬子, 4책 626쪽.
133) 『世宗實錄』권119, 세종 30년 2월 乙卯, 5책 50쪽.

(1451)에는 9,450명[134], 세조 말엽에는 무려 20,000명으로 그 액수가 증가하였다.[135] 따라서 증가된 군액을 채우기 위해서는 불가피하게 경제적 제한에 미치지 못하는 자의 입속도 허락하지 않을 수 없었다. 세종 말엽에 병조에서 계속 갑사에 입속하려는 자들의 재산 상태를 살펴 시취를 허락하자고 요구하는 것도 경제적 제한에 미치지 못하는 자들이 끊임없이 갑사로 들어오고 있다는 것을 반증하고 있는 것이었다.

세종 말엽 이후 갑사들의 질적 저하에 대한 우려가 조정에서 끊임없이 나타났다.[136] 문종 원년(1450)에는 "지금 갑사들은 모두 피폐하게 되었다."라는 말이 나왔고[137], 단종 2년(1454)에는 이들 중에 '집안이 가난하고 노비가 없는 자'[138]까지 나타났다. 이러한 갑사의 질적, 경제적 저하는 계속 진행되어 성종 8년(1477) 무렵에 가서는 "지금의 갑사는 모두 정병과 같은 무리들이다."[139]라거나, "우리나라의 갑사는 예전에는 정군(精軍)이라고 칭해졌는데, 지금은 모두 파리하고 나약한 무리들이다."[140]라는 말도 나왔다. 이것은 조선초기에 갑사에게 과전 지급이 중단되고, 녹봉이 월봉으로 바뀌는 등 그 대우가 계속 저하된 결과였다. 즉 군액의 증가와 열악한 대우 등으로 변질되어 가는 갑사 직은 더 이상 신분적·경제적 지위가 우수한 사람들에게 선망의 대상이 아니었다. 이제 부유한 사족, 한량들은 사회적으로 보다 대접받는 유학공부로 돌아서고 있었고, 갑사 직은 의무군역을 피하려는 양인들의 차지가 되어갔던 것이다.

---

134) 『文宗實錄』권9, 문종 원년 9월 乙巳, 6책 432쪽.
135) 『成宗實錄』권4, 성종 원년 3월 丙戌, 8책 479쪽.
136) 『世宗實錄』권106, 세종 26년 10월 丙申, 4책 588쪽. "近年以來 甲士受職者 率皆 猥碎雜類"
137) 『文宗實錄』권7, 문종 원년 4월 庚寅, 6책 379쪽.
138) 『端宗實錄』권10, 단종 2년 정월 丙寅, 6책 661쪽.
139) 『成宗實錄』권79, 성종 8년 4월 庚戌, 9책 447쪽.
140) 『成宗實錄』권82, 성종 8년 7월 丙子, 9책 471쪽.

4. 갑사의 봉족제와 보법

갑사는 비록 관료체계에 포함되었지만 군역을 수행하여야 하는 군인이었다. 즉 갑사는 무반이지만 군직(軍職)이었던 것이다.[141] 그런데 갑사의 군역 수행에는 많은 경제적 부담이 요구되었다. 갑사는 무기와 군장[142], 기·복마 등을 비롯하여 번상에 소요되는 식량 등을 스스로 마련하여야 했다. 또 갑사는 번상할 때 반드시 종자로서 1구 이상의 노(奴)를 대동하여야 하였다.[143] 이 모든 것을 구비하여야 하는 번상 부담은 빈한한 갑사라면 혼자서 감당할 수는 없는 것이었다. 이러한 형편아래 나타난 것이 갑사에 대한 봉족 지급이었다.

조선초기 봉족의 지급은 정군(正軍: 戶首)의 빈부(貧富)와 강약(强弱)을 분간하여 시행함이 원칙이었고, 빈부강약의 기준은 인정과 전결의 수에 의거하였다. 따라서 모든 갑사가 봉족을 받는 게 아니었다. 조선 건국 이후 봉족제에 대한 최초의 규정은 태조 6년(1397)의 도평의사사 상언이었다. 그 내용은 다음과 같다.

> (전략) 지금부터 각 호에서 동거(同居)·각거(各居)를 막론하고 자·서·제·질·족친으로 나이 60세 이하 16세 이상자로서 품관마병 1원은 봉족 4명을, 무직마병 1명은 봉족 3명을, 보병 1명은 봉족 2명씩 주는 것으로 정하여 호주의 이름아래 시행합니다. … 솔거 노자(奴子)의 수가 많은 사람은 따로 봉족을 지급하지 않습니다.[144]

---

141) 『成宗實錄』권33, 성종 4년 8월 癸亥, 9책 49쪽. "甲士 雖軍職 亦武班"
142) 『世宗實錄』권6, 세종 원년 12월 丙戌, 2책 351쪽. "令甲士別牌 私備軍裝"
143) 『世宗實錄』권119, 세종 30년 3월 戊子, 5책 52쪽. ; 『文宗實錄』권10, 문종 원년 11월 己未, 6책 456쪽. ; 『宣祖實錄』권59, 선조 28년 정월 乙未, 22책 421쪽. "我國之軍 非獨身 奴馬又從而食之"
144) 『太祖實錄』권11, 태조 6년 2월 甲午, 1책 100쪽.

여기에서 품관마병은 관료체계에 들어가 군역을 수행하는 마병, 즉 갑사를 지칭하는 말이고, 무직마병과 보병은 의무 군역인 별패(別牌)·시위패(侍衛牌)로서 세조 군제 개편 이후의 기정병과 보정병을 각각 가리키는 말이라고 생각된다. 그런데 위 상언에서는 솔거노자가 많은 사람은 따로 봉족을 지급하지 않는다고 단서를 달아놓고 있다. 즉 노비의 수에 의거하여 봉족의 지급과 불급(不給)이 이루어지고 있었다.

그런데 태종 4년(1404)에 오면 이러한 봉족 지급 규정이 보다 정비되어 나타나고 있다. 즉 의정부는 태조대의 위 규정에도 불구하고 "지방의 백성 중 부강한 자들이 봉족을 많이 받고, 가난한 자들이 오히려 봉족을 받지 못하고 있다."라고 봉족 지급의 불균(不均) 상태를 피력하고, 각 군인들의 전결 수에 의거하여 봉족을 지급할 것을 상계하였다. 이에 대해 국왕은 백성들의 빈부강약을 잘 가려 봉족을 지급할 것을 각도 각관에 명하였고 병종 별 봉족 지급수를 발표하였다.[145] 이중 갑사에게 지급된 봉족 수는 다음과 같다.

> 갑사는 농사짓는 토지가 2~3결 이하인 자는 봉족 2호를 지급하고, 4~5결 이하인 자는 봉족 1호를 지급하고, 6·7결 이상인 자는 지급하지 않는다.[146]

한편 태종 15년 11월에는 위 『속육전』 규정의 소경(所耕) 전결 수와 더불어 인정의 다소(多少)도 아울러 참작하도록 정하였다.[147] 그러나 이러한 소경 전결수와 인정의 다소를 참작하여 봉족을 지급한다는 규정 역시 제대로 지켜지지 않은 것 같다. 세종 4년(1422) 12월 병조에서는 다음과

---

145) 『太宗實錄』 권7, 태종 4년 5월 癸亥, 1책 297쪽.
146) 이 규정은 『世宗實錄』 권18, 세종 4년 12월 乙酉, 2책 514쪽에 『續六典』 一款으로 轉載되고 있다.
147) 『太宗實錄』 권30, 태종 15년 11월 甲辰, 2책 90쪽.

같은 계(啓)를 올리고 있다.

> 『속육전』 조항에 갑사로서 소경 2·3결 이하는 봉족 2호를 지급하
> 고, 4·5결 이하는 봉족 1호를 지급하며, 6·7결 이상은 불급하기로 되어
> 있습니다 … 지금부터 각관 수령이 봉족을 지급할 때 반드시 소경(所
> 耕)의 다소를 살펴서 규정에 의거하여 지급하도록 하고 정한 수 이외
> 에 봉족을 더 받으려는 자는 뽑아내서 충군하도록 하십시오. 또 간사
> 한 무리들이 자신이 있는 고을에 경작하는 땅이 많아서 봉족을 받지
> 못하므로 혹은 다른 지방에서 봉족을 받으려 하는데, 이것을 적발하
> 지 않고 있습니다. 지금부터 다른 지방에서 봉족을 받으려는 행위를
> 일절 금하십시오. 상이 이를 따르다.148)

이를 통해 갑사들이 자신의 전결 소유에 따른 봉족 지급 규정을 무시하
고 봉족을 더 받기 위해 여러 가지 불법 행위를 저지르고 있었던 것을 알
수 있다.

그러나 위 병조의 상계(上啓) 이듬해인 세종 5년(1423)에 가면 새로 입
속하는 갑사는 원칙적으로 봉족을 지급받을 수 없게 된다. 앞에서 살핀
바와 같이 이때 병조에서는 '갑사 시취법'을 개정하여 새로 입속한 갑사가
가산(家産)이 부실할 경우 그 보거(保擧)와 담당 관리들을 논죄(論罪)하겠
다고 하였다.149) 그리고 또 노비 5·6구, 토지 5·6결 이상의 소유자에 한하
여 갑사 시취를 허용한다는 규정이 마련되고 있었다. 이것은 태종 4년의
『속육전』에 규정된 갑사에 대한 봉족 지급의 상한선으로 이들에게는 봉
족이 지급되지 않는 것이다. 즉 세종 5년 이후에는 갑사의 경제적 자격 제
한을 엄격히 설정하여 갑사에게 봉족을 주지 않고 갑사 스스로의 경제적
능력으로 그 임무를 수행하도록 하는 것이 국가의 방침이었다.

---

148) 『世宗實錄』 권18, 세종 4년 12월 乙酉, 2책 514쪽.
149) 주 96)과 같음.

그래서 세종 28년(1446)에 병조에서는 "한량으로서 갑사가 되려는 자는 그 집안의 부유함 여부를 살펴서 취재한다. 그리고 봉족은 지급하지 않는다."[150]라 하였고, 또 성종 8년(1477)에 장령 이경동(李瓊仝)은 세종조의 예를 들면서 "구법(舊法)에 갑사는 첩정(帖丁: 봉족)을 지급하지 않았다."고 강조하였다.[151] 특히 세종 4년~11년 사이에 편찬된 것으로 알려진 『신 속육전』, 병전(兵典)에서는 다음과 같은 규정을 두었다.

> 삼군 갑사는 보거(保擧)에 의거하여 선발하되 노비를 소유한 부유한 사람을 선택하여 취재를 거친 후 수직(授職)할 것이며 봉족은 주지 말 것이다. 만약 수직 후에 봉족을 받으려고 하는 자는 논죄한다.[152]

이처럼 세종 대에 있어서 갑사 입속자에 대한 경제적 제한의 강화와 갑사의 봉족 불급(不給) 원칙은 서로 일관된 정책이었다.

그러나 세종 말엽에 나타나는 갑사의 군액 증가와 이들에 대한 대우의 하락은 갑사 입속자의 질을 떨어뜨렸다. 그래서 세종 말엽에는 "갑사 직을 받은 사람들은 모두 보잘 것 없는 잡류들이다."[153]라고 말해졌다. 또 문종 원년(1451)에 이르러서는 "지금 갑사들은 모두 피폐한 무리들이니, … 어찌 가히 쓸모가 있겠는가?"[154]라는 우려가 나타났다. 이에 따라 갑사들이 그 임무를 원활하게 수행하도록 하기 위해서는 봉족을 지급하지 않을 수 없게 되었다. 즉 문종 원년 6월에 다음과 같이 봉족 지급을 결정하였다.

---

150) 『世宗實錄』 권102, 세종 28년 5월 壬申, 4책 671쪽.
151) 『成宗實錄』 권79, 성종 8년 4월 庚戌, 9책 447쪽. "舊法 甲士無帖丁 取有奴婢才力者補之 重其試 優其俸 通其仕路"
152) 『端宗實錄』 권9, 단종 원년 11월 癸酉, 6책 645쪽.
153) 『世宗實錄』 권106, 세종 26년 10월 丙申, 4책 588쪽.
154) 『文宗實錄』 권7, 문종 원년 4월 庚寅, 6책 379쪽.

지금 갑사에게 봉족을 2명씩 주려고 하는데 만약 이 법이 일단 정해지면 봉족을 받으려는 자가 구름같이 일어나 모두 줄 수는 없을 것입니다. 비록 하삼도라 할지라도 시행할 수는 없을 것입니다. 그러니 단지 솔거 친척을 봉족으로 지급하십시오. 상이 이를 따르다 [155)]

이렇게 갑사에게 봉족, 즉 조정(助丁)을 지급하는 것은 세조대에 들어와 다시 확인되고 있다. 즉 세조 2년(1456) 정월에 갑사에게 조정을 지급하고 또 그 본가에 대해 요역을 면제해주는 등 완휼(完恤)했다고 하는 기록이 나오고 있다.[156)] 그러나 이때에도 조정을 지급하는 것은 빈한한 군인에 한한 것이었다. 그러나 부유한 군사도 지방관과 결탁하여 조정을 지급받아 이들을 자신의 노비처럼 부려 많은 문제를 일으키기도 하였다. 세조 4년 11월 병조는 다음과 같이 상계하고 있다.

갑사와 별시위 중 노비·토지의 수가 적은 자가 조정(助丁)이 없이 번상 숙위하는 것은 어렵다고 생각하여 조정 3인을 주었습니다. 그런데 경차관등이 노비·토지의 수를 살피지 않고 조정 3인을 지급하고 있습니다. 또 군사들이 양민을 점거하여 자기 노비로 삼고 여러 가지로 침학하고 있을 뿐만 아니라 비록 부유한 군사들도 인연청탁(因緣請托)하여 모두 조정을 받고 있습니다.[157)]

즉 국가에서는 빈한한 갑사들에게만 조정(助丁)을 주어 그들의 번상 근무를 보조하게 하였는데 경차관 등이 군사들의 빈부(貧富)를 가리지 않고 모두 조정 3인을 지급하고 있었다. 또 봉족을 지급받을 수 없는 부유한 군사들은 청탁을 통해 봉족을 지급받고 있었던 것이다.

---

155) 『文宗實錄』 권8, 문종 원년 6월 癸巳, 6책 406쪽.
156) 『世祖實錄』 권3, 세조 2년 정월 己未, 7책 112쪽. "甲士 則更休番上 旣給助丁 又完恤本家"
157) 『世祖實錄』 권14, 세조 4년 11월 癸巳, 7책 301쪽.

사실 조선초기부터 호수(戶首)와 봉족은 지배예속관계에 놓이기 쉬웠다.158) 이것은 "건장한 자를 호수로 만들고, 약한 자를 봉족으로 만든다."159)는 국가 정책 속에서 현실적으로 전개되는 상황이었다. 군사들은 "봉족을 자기 노예처럼 부린다."160)라든가, "스스로 양민을 점거하여 봉족이라 하면서 노예처럼 부린다."161)라고 하듯이 봉족을 자기 노비처럼 부렸다. 그래서 갑사들은 봉족을 서로 받으려고 하였고, 제대한 이후에는 봉족을 반납해야 함에도 불구하고 시위 군사를 사칭하면서 불법적으로 봉족을 부리기도 하였던 것이다.162)

15세기 후반에 이르러 빈·부를 분간하여 봉족을 지급한다는 봉족 지급의 원칙은 지방관의 관리 소홀과 군사들의 불법 행위 등으로 인해 무너지고 있었다. 이것은 빈부를 분간하는 호구파악의 불명료함에 기인하는 것이기도 하였다. 물론 태종 때부터 토지와 인정을 함께 고려하는 봉족지급 규정이 마련되어 있었지만, 이것은 제대로 시행되지 못하고 있었다. 이 시기에 대토지 소유가 확대되고 토호들의 양민 자점(自占)이 강화되는 실정에서 토지와 인정을 함께 고려하는 호구파악 방법은 많은 문제점을 안고 있었다. 수령과 말단 관리, 토호들에 의한 자의적인 군역 행정, 불법적인 봉족 지급의 여지가 있었던 것이다. 그래서 세조 3년(1457) 11월, 세조는 다음과 같이 군역 행정상의 문제점을 지적하였다.

> 강원·황해·평안도에서는 대부분 1정으로써 1호를 삼고 있는데, 경상·전라도와 함길도 6진(鎭)에서는 수십 인으로 1호를 만들기도 한다. … 경상·전라도 연해 지방의 호활지가(豪猾之家)들은 밖에 한 개의 문

158) 李景植, 「朝鮮前期 土地의 私的 所有問題」『東方學志』85, 1994. 115쪽.
159)『世祖實錄』권34, 세조 10년 8월 壬午, 7책 641쪽.
160)『太宗實錄』권24, 태종 12년 7월 壬子, 1책 645쪽.
161)『世宗實錄』권36, 세종 9년 6월 丁卯, 3책 76쪽.
162)『世祖實錄』권28, 세조 8년 5월 癸卯, 7책 534쪽.

을 만들어 놓고, 그 안에는 여러 집을 숨기고 있다[163]

　이러한 상황에서 나타난 것이 보법(保法)이었다. 세조는 토지와 인정을 함께 고려하는 이전까지의 호구 파악과 군역 행정을 "우리나라의 호구(戶口) 법은 명확하지 않다."[164]라고 판단하였다. 그래서 그는 토지와 인정을 분리하여 파악하는 방식, 즉 보법을 고려하였던 것이다.

　무단적인 방법으로 집권한 세조는 강력한 부국강병정책을 추진했다.[165] 세조는 즉위 직후부터 군역 부과의 불평등과 군액 감소에 대하여 단호한 조치를 취하여 군역의 평준화와 군액 증가를 위한 일련의 시책을 강력히 실시했다. 그래서 호패법을 실시하고(세조 5년), 호패 사목을 새로 만들면서 군역에서 누락된 은정(隱丁)을 철저히 색출해내려 하였다. 이러한 가운데 군액은 상당히 증가하고 있었다. 이를 기반으로 국방력을 강화하고 자신의 무력적 기반인 군인들의 생활안정을 도모하고자 하였다. 이러한 상황에서 보법이 만들어졌던 것이다. 세조 10년(1464) 10월 하삼도(충청·경상·전라)에 군적사(軍籍使)가 내려갈 때 가지고 간 사목(事目) 가운데 보법의 성립을 알려 주는 기사가 나타난다.[166] 그 중요한 내용만을 간추리면 다음과 같다.

　　첫째, 2정(丁)을 1보(保)로 한다.
　　둘째, 전(田) 5결은 1정에 준하도록 한다.
　　셋째, 노자(奴子)도 봉족수로 계산한다.
　　넷째, 주요 병종별 급보 단위는 다음과 같다.
　　　갑사 4보, 기정병 3보, 보정병·기선군 2보

---

163) 『世祖實錄』 권7, 세조 3년 3월 戊寅, 7책 186쪽.
164) 위와 같음.
165) 世祖의 富國强兵政策에 대해서는 韓永愚, 「王權의 確立과 制度의 完成」 앞의 책, 1983 참조.
166) 『世祖實錄』 권34, 세조 10년 10월 乙未, 7책 657쪽.

다섯째, 누정(漏丁)·누호(漏戶)에 대한 벌칙을 강화한다.

첫째, 둘째 항목에서 보는 바와 같이 보법은 종래 토지와 인정을 함께 고려하여 파악하던 군역 편제 방식에서 벗어나, 인정과 토지를 분리하여 파악하는 방식으로 전환하였다. 세조는 인정(人丁)은 인정대로 철저히 파악하여 2정을 묶어 1보로 편성하고, 토지는 토지대로 5결을 1정에 준하는 방식[土地准丁]을 고려한 것이었다.

세조는 이렇게 해서 증가된 군액으로 국방력을 강화시키고 각 군인들의 군호를 부실(富實)하게 하였다. 보법에 의해 갑사는 4보(8丁), 기정병은 3보(6丁), 보정병·수군은 2보(4丁)로 구성하게 되었다. 만약 토지와 인정을 똑같은 비율로 놓고 고려한다면 갑사는 인정 4정, 토지 20결에 해당하는 군호에서 배출되는 것이고, 기정병은 인정 3－4명, 토지 10－15결에서, 보정병·수군은 인정 2정, 토지 10결정도에서 나오게 된다. 이로써 군호는 전보다 훨씬 부실(富實)하게 된 셈이다. 이것은 이전에 민(民)의 자율적인 경제적 상태에 따라 군호를 설정하고 국역을 부과하던 상태에서, 국가에서 획일적으로 군호를 설정하고 이를 기반으로 국역을 평준화하여 부과하는 형태로 전환하려는 것이었다.

보법의 실시는 군역의 평준화와 군액의 증가에 있어서 괄목할 만한 성과를 가져와 군액은 종전의 두 배가 되는 60만 명으로 증가하였다.[167] 그러나 이 법은 시행 과정에 많은 폐단과 부작용을 일으켜 농민들에게 과중을 부담을 지우게 되었다.[168] 즉 보법의 특징인 '토지준정(土地准丁)'의 법은 본래 많은 토지를 가진 부호에만 해당하는 사항이었다. 그러나 실제로는 "비록 토지가 없는 자도 모두 계전(計田) 작보(作保)되어 그 숫자를 허장(虛張)하게 하였다."[169]라는 바와 같이 5결도 되지 않는 빈한한 자들의

---

167) 韓永愚, 앞 논문, 90쪽.
168) 保法의 모순과 폐단에 대해서는 李泰鎭, 앞의 책, 1968, 203~213쪽 참조.

토지마저 말단 관리들에 의해 모두 정(丁)으로 계산되고 있는 실정이었다. 이에 세조 10년 8월 양성지는 보법 실시 이후 "충청도는 본래 2만 호이던 것이 지금 11만 호가 되었고, 경상도는 본래 4만 호이던 것이 지금 30만 호가 되었다."[170]라고 군액 증가를 말하였다. 그러나 이것은 "군호 수는 비록 이전 보다 배가 되었으나 정강(精强)하기는 옛날에 미칠 수 없다."라는 상태였다.[171]

토지와 인정 모두에 군역을 부과하는 보법은 빈한한 농민보다는 대토지 소유자인 양반 지배계층의 이해관계와 크게 어긋났다. 따라서 이들은 보법에 대한 많은 반론을 전개하면서 집요하게 수정을 요구하였다. 결국 성종 대에 이르러 이러한 반대 주장이 받아들여져서 보법 내용은 수정되었다. 성종 원년(1470) 전(田) 5결은 1정에 준한다고 하는 '토지준정(土地准丁)'의 기준이 폐지되었고, 호주의 소유노동력인 고공(雇工)을 보인에게서 제외시키고 노자(奴子)도 반정(半丁)으로 감액하여 준정(准丁)하였다.[172] 이것이 성종 2년(1471)에 반포된 『경국대전』에 그대로 오르게 된다. 대규모의 토지와 노비·고공 등을 소유한 지배층에게 유리한 조치가 취해졌던 것이다. 이와 같이 세조대에 단행된 보법은 성종대에 그 개혁의 후퇴 조치로 인해 오로지 인정만을 고려하는 방식으로 바뀌게 되었다. 이것은 지주층의 이익을 반영한 것으로서, 이후 지주제는 더욱 확대, 발전할 수 있었다.

토지와 인정(人丁)을 함께 고려하던 군역 파악 방식이 15세기 후반에 이르러 단지 인정만을 고려하는 방식으로 전환하게 되자, 16세기에 들어서 정군과 보인의 피역 현상이 광범하게 나타났다.[173] 오로지 인정만을

---

169) 『成宗實錄』 권45, 성종 5년 7월 辛巳, 9책 133쪽.
170) 『世祖實錄』 권34, 세조 10년 8월 壬午, 7책 641쪽.
171) 『世祖實錄』 권46, 세조 14년 6월 壬寅, 8책 191쪽. 「成均進士宋希獻上書」
172) 李泰鎭, 앞의 책, 207~213쪽 참조.
173) 避役의 諸形態에 대해서는 李泰鎭, 앞의 책, 214~234쪽 참조.

고려한 결과, 무전(無田) 농민들의 군역 부담이 가중되었고, 이들에 의해 피역저항이 심화되었던 것이다. 향촌 사회에서 약간의 경제적 여유가 있는 자들은 온갖 수단을 써서 관직에 올라가려 하였고, 그렇지 못한 자들은 유리·도망을 감행하였다. 이러한 상황에서 갑사 역시 보인을 얻기가 힘들게 되었으며, 봉족이 있는 갑사들도 이들에 대한 수탈을 강화하여 봉족이 다시 도망가는 악순환이 반복되었다. 이러한 갑사의 질적 저하와 봉족제의 동요는 조선전기 중앙군제의 기저를 붕괴시키는 것이었다.

5. 맺음말

지금까지 살펴본 바와 같이 갑사는 조선초기 중앙군의 중추적인 군사력으로서, 종4품~종9품에 이르는 무반 군직에 올라 과전과 녹봉을 지급받으면서 군역을 수행하는 군사였다. 그런데 갑사는 태종의 즉위와 더불어 중앙군으로서 성립한 이래 끊임없이 그 지위가 저하되어갔다. 즉 태종대에 갑사의 근무는 그 이전의 상경종사(上京從仕), 거상숙위(居常宿衛)하던 체제에서 일반 양인의 의무 군역과 같이 병농일치에 따라 번상하는 군종으로 정착되었다. 또 세종대에는 비록 갑사가 지방에 거주하더라도 지방관의 통제를 받지 않고 한성부의 호적을 통해 별도로 관리되던 상태에서 거주지 별로 각 지방관이 관리하는 형태로 전환되었고, 또 군액도 대폭 증액되었다. 그리고 관직도 실직에서 체아직으로 변질되었다. 세조대에는 직전법의 실시로 갑사는 과전 분급 대상에서 제외되었고, 성종대에는 녹봉이 다시 월봉(月俸)으로 전락하였다. 이와 같이 갑사는 조선 왕조가 안정됨에 따라 그 지위가 계속 하락되어 갔다.

갑사는 그 지위가 저하되면서 세조대의 보법 실시, 성종대 토지준정(土地准丁)의 폐지 등으로 인한 군역제의 변화, 사회경제적 변동 속에서 점차 군사력을 상실하게 된다. 보법은 토지와 인정을 분리하여 군역을 편제하는 방식으로서, 이를 통해 군액은 이전의 두 배로 증가하였다. 그러나 성종 대에 '토지준정'은 폐지되어 군역은 오로지 인정만을 기준으로 부과하게 되었다. 이에 빈곤한 양인 농민들의 군역 부담은 가중되어 이들의 피역 저항이 나타났고, 그럴수록 국가의 군액 확보책은 강화되어 족징·인징 등 군역의 폐단이 심화되어갔다.

이러한 군역제의 동요 속에서 16세기 이후 갑사는 군사력의 상실과 더불어 소멸의 과정을 밟게 된다.[174] 즉 16세기 전반에는 농업 생산력의 진전 속에서 조금이라도 여유를 가지게 된 양인 농민들이 이전까지 주로 사족, 한량 층들이 주요 구성원이었던 갑사로 떼를 지어 들어오려고 하는 한편, 갑사의 근무조건은 점점 열악해져갔다. 이에 종래 무예를 익혀 갑사로 입속하려던 사족자제, 한량들은 갑사로의 입속을 기피하고 한유하거나 유학 공부로 돌아서고 있었다.

조선초기에 사족, 한량들은 무예를 익혀 갑사 취재나 무과 등을 통해 관료 체제, 지배 체제에 참여하려 하였다. "전야(田野)의 백성들이 모두 군인이 되려 한다."[175]는 말이나, "학문하는 것을 꺼리고 무과에 나아가는 자들이 매우 많다."[176] 등은 이러한 사정을 설명하고 있는 말이었다. 이에 따라 조선초기 사회는 16세기 이후와는 달리 자못 상무적인 기풍이 있었다. 성종 19년(1488) 조선을 방문한 명나라 사신 동월(董越)은 『조선부(朝鮮賦)』에서 "전 시대에는 문무를 겸한 관인을 양반이라 불렀다. 단지 독서만 하고 무예를 익히지 않거나 혹은 행실이 불선(不善)하면 국인들이 모두 비난하였다."[177]라고 하여 조선 초기의 상무적인 풍습을 전하

---

174) 16세기 갑사의 소멸에 대해서는 拙稿, 「16세기 甲士의 消滅과 正兵立役의 變化」 『國史館論叢』 32, 1992 참조.
175) 『太宗實錄』 권17, 태종 9년 6월 丙寅, 1책 494쪽.
176) 『世宗實錄』 권3, 세종 원년 2월 戊戌, 2책 303쪽.
177) 董越, 『朝鮮賦』(奎 2187).

고 있다. 그러나 갑사의 지위 하락과 양민들의 모입(冒入), 정부의 우문 정책과 성리학의 보급 등으로 16세기 이후 조선 사회는 "무는 나날이 천해하고, 문은 나날이 귀해 간다.(武日賤 而文日貴)"[178]라는 바와 같이 숭문천무 의식이 확산되어 갔고, 종래의 무적인 성격의 사족, 한량들은 성리학적 체질로 바뀌어져 가고 있었다.

16세기 후반에 이르러 갑사는 신분의 고하를 막론하고 서로 다투어 기피하게 되어 그 정액조차 채울 수 없게 되었다. 양인 농민마저 권리는 없어지고 의무만 남은 갑사를 기피하였던 것이다. 유성룡이 선조 27년(1594)에 올린 '진시무차(陳時務箚)'에 의하면 『경국대전』에 14,800명이었던 갑사의 정액은 이 당시에는 그 ⅓에도 미달하는 4,640명으로 되었고, 그나마도 장부상이라고 하였다.[179] 그래서 임진왜란이 발발한 지 1년 후인 선조 26년(1593) 선조는 '정병·갑사라 하는 자들은 모두 군사가 아니다'라고 하며 당시 군사력의 허약을 통탄하고 있었다.[180] 이와 같은 군사력의 허약은 갑사의 변질·소멸에 따른 결과였다.

16세기를 통해 이와 같이 사족, 한량들이 군역에서 이탈되어 가자, 조선정부는 새로운 형태의 군제·군역제를 마련하여야 했다. 즉 신분적·경제적 상태를 고려하지 않고 군인을 선발하여 훈련시키며, 이들에게 급료를 지급하는 형태의 군역제가 요구되고 있었던 것이다. 16세기 조선사회 내에서 이러한 형태의 군역제가 배태되고는 있었다. 그러나 이것의 탄생은 외적 자극에 의해서야 가능하였다. 즉 임진왜란이 발발하자 정부는 하층민으로 구성되어 급료를 지급하는 훈련도감을 설립하였던 것이다.

이와 같은 조선전기 갑사의 변질·소멸은 장구한 기간 존재하였던 우리

---

178) 『成宗實錄』 권130, 성종 12년 6월 壬子, 10책 227쪽. "軍資僉正李晏上疏"
179) 『宣祖修正實錄』 권28, 선조 27년 4월 己酉, 25책 647쪽. 『西厓集』 권5, 陳時務箚(甲午 4월).
180) 『宣祖實錄』 권45, 선조 26년 윤11월 癸巳, 22책 138쪽.

나라 중세 무사의 해체·소멸을 의미하는 것이었다. 따라서 갑사의 소멸
이후 조선은 중세사회 해체기에 걸맞는 새로운 군사제도를 수립하게 된
다. 상비군제, 병농분리제로 운영되는 훈련도감이 설립되었던 것이다.

[『전농사론』 2집, 1996. 9 수록]

12장

16세기 갑사의 소멸과 정병 입역의 변화

1. 머리말

조선전기의 군사제도는 중앙의 5위제, 지방의 진관체제로 이루어졌다. 그리고 이러한 군사제도는 신분제와 병농일치제를 기반으로 한 군역제에 의해 유지되었다. 즉 조선전기의 군역제는 양천제(良賤制)에 따라 양인에게만 군역이 부과되었고, 노비에게는 군역이 부과되지 않았다. 한편 양인 내에서도 국가가 요구하는 일정한 자격을 갖추고 시취(試取)에 응하여 군역을 수행하는 갑사와 같은 군사와 국가의 강제적인 징발에 따라 의무적으로 군역을 져야하는 정병(기병·보병), 수군과 같은 존재가 있었다. 그리고 이러한 군역제는 병농일치제에 따라 운영되었다. 갑사나 정병은 각 지방에서 농사를 지으면서 일정한 기간 동안 번상(番上) 또는 유방(留防)하면서 군역의 의무를 수행하였던 것이다. 이러한 신분제, 병농일치제에 따른 조선전기의 군역제는 16세기로 넘어오면서 심각한 동요를 겪게 된다.

지금까지 16세기 군역제의 변동에 대해서는 주로 군역의 대립제(代立制)·수포제(收布制) 실시라는 측면에서 연구가 진행되었다.[1] 즉 16세기에

---

[1] 李泰鎭, 「軍役의 變質과 納布制 實施」『韓國軍制史』近世朝鮮前期編, 陸軍本部, 1968.

이르러 보법(保法)의 모순과 폐단이 증대되는 가운데 여러 가지 형태로 군역을 기피하는 현상이 두드러지게 되고, 마침내 군사는 역졸화(役卒化)되어 대역(代役)·납포(納布)가 보편화됨으로써 수포제의 실시는 돌이킬 수 없게 되었다는 것이다. 그러나 이것은 정병 중 보병에 한정된 설명으로, 기병이나 갑사의 동향에 대해서는 구체적인 검토가 이루어지지 않고 있었다.

조선전기의 중앙군제인 5위 안에는 다양한 병종이 존재하였다. 이들은 시취에 의해 선발되는 군인(별시위·친군위·갑사·파적위·장용위·팽배·대졸)과 시취에 의하지 않고 특전(特典) 혹은 의무군역으로 편입되는 군인(족친위·충의위·충찬위·충순위·보충대·정병)으로 대별되어왔다.[2] 그 중 시취에 의해 선발되는 갑사와 양인농민의 의무군역으로 충당되는 정병(기병·보병)은『경국대전』이 완성되는 15세기 말에 이르면 5위제 하에서 실질적 군사력의 지닌 군액(軍額)의 80% 이상을 차지한 병종이었다.[3] 갑사와 정병은 조선전기 중앙군의 중추적인 역할을 담당하고 있었던 것이다. 따라서 필자는 조선전기 군역제의 추이를 파악하기 위해서는 갑사와 정병의 검토가 우선되어야 한다고 보고, 16세기의 갑사와 정병(기병·보병)의 변동을 함께 고찰하고자 하였다.

갑사에 대해서는 주로 15세기 갑사에 대한 군제적인 측면에서의 연구가 진행되었다.[4] 본고에서는 이러한 연구를 바탕으로 조선전기 관료체

---

2) 千寬宇,「朝鮮初期 五衛의 兵種」『史學研究』18, 1964;『近世朝鮮史研究』, 一潮閣, 1979.
3) 五衛에는 소속되어 있으나 양반관료자제의 대우직인 忠順衛·族親衛·忠義衛·忠贊衛나, 使令軍의 역할을 하는 補充隊는 일정한 정액도 없고 실질적 군사력으로 간주되지도 않았다. 이들에 대해서는 千寬宇, 위의 논문; 車文燮,「鮮初의 忠義·忠贊·忠順衛」『朝鮮時代軍制研究』, 檀大出版部, 1973.; 有井智德, 1961「李朝補充軍考」『朝鮮學報』21·22, 1961. 참조.
4) 車文燮,「鮮初의 甲士」『史叢』4,5, 1959·1960;『朝鮮時代軍制研究』, 檀大出版部, 1973.

제·군사체제 내에서 갑사의 위치와 그 지위하락, 16세기 들어서 나타나는 갑사의 소멸과정을 추적하였다. 다음으로 정병은 기병과 보병으로 구분되어 기병은 보군화(步軍化), 보병에서는 수포군화(收布軍化)가 진행되었음을 밝혔다.

2. 갑사의 변질과 소멸

1) 조선초기 갑사의 위치

조선초기에 16세~60세의 양인 남자는 특수한 경우를 제외하고는 누구나 원칙적으로 군역의 의무를 이행하여야 했다.[5] 단 현직관료, 관학생(官學生), 2품 이상의 전직관료들과 향리·서리·역리 등은 그들의 직역과 관련하여 군역이 면제되었다. 이 이외의 양인남자들은 정군(正軍)이 되거나, 혹은 이를 뒷바라지하는 봉족(奉足: 保人)이 되어 군역의 의무를 수행하여야 했다.

그러나 조선초기에는 같은 군역이라도 관료체계 내에 들어가 토지와 녹봉을 지급받는 군역이 있었고, 민(民)의 의무로서 무상으로 노동력을 제공하여야 하는 군역이 있었다. 군역이 두 가지 계열로 나누어져 있었던 것이다. 이것은 "양반의 자손이 져야하는 병역은 갑옷입고 투구를 쓰는

閔賢九,「五衛體制의 確立과 朝鮮初期 中央軍制의 成立」『韓國軍制史』近世朝鮮前期編, 陸軍本部, 1959, 1960 ;『朝鮮初期의 軍事制度와 政治』韓國研究院, 1983.
李成茂,「兩班과 軍役」『朝鮮初期 兩班研究』一潮閣, 1980.
柳昌圭,「朝鮮初 親軍衛의 甲士」『歷史學報』제106집, 1985.
5) 篤疾·廢疾者, 70세 이상의 老父母를 모시고 있는 侍丁은 군역을 면제받았다. (『經國大典』兵典, 免役條)

벼슬이었지만, 천인이 져야하는 병역은 괭이와 삽을 드는 노동이었다."[6]
라고 표현되기도 하였다.

조선초기에 관료체계에 들어가 토지와 녹봉을 받으면서 군역을 수행
하는 대표적인 군인은 갑사였다. 갑사는 왕실의 시위와 궁궐의 숙위를 담
당하는 등 국내의 정치질서와 권력체계의 유지 발전에 기여하는 가장 조
직적인 강제력이었다. 이러한 군인이 제 기능을 다하기 위해서는 일정한
자격을 갖춘 자들을 관료체제 내에 포섭하여 군신관계로 묶어두는 것이
필요하였다.[7] 국가의 강제적인 수취에 응해야하는, 사회의 모순을 전가
받는 사람으로 하여금 군사력을 보유케 하여서는 곤란하였다. 그래서 정
도전은 『조선경국전』에서 궁궐의 숙위는 국왕의 한 몸에만 관계된 것이
아니라 종묘와 사직, 자손과 신민에 관계되는 중대한 것이라고 전제하고,
숙위하는 군사는 주나라에서는 사대부가, 한나라에서는 귀족의 자제가
담당할 정도라 하였다.[8]

갑사는 조선초기에 군신관계에 입각하여 군역을 수행하는 중추적인
중앙군이었다. 이는 군인 인원수로 보나 군사력으로 보나 그러하였다. 갑
사는 <표 1>과 같이 양인의 의무군역인 정병과 수군을 제외하고는 가장
많은 군사를 거느린 병종이었던 것이다.[9]

---

6) 金錫亨,「李朝初期國役編成의 基低」,『震檀學報』14, 1941.
7) 조선초기 관료체제의 기반을 君臣關係를 설명하는 것은 다음 논문을 참조.
   李景植,「科田의 占有와 그 原則」『朝鮮前期土地制度硏究』一潮閣, 1986.
   李泰鎭,「朝鮮王朝의 儒敎政治와 王權」『韓國史論』23, 서울대 국사학과. 1990.
8)『三峰集』제14권「朝鮮經國典」政典, 宿衛條. "宿衛之士 周以士大夫 漢以子弟爲之"
9) 조선전기에는 여러 차례에 걸쳐 군액이 조정되었다. 이러한 군액의 조정에 대해서는
   李泰鎭,「軍役의 變質과 納布制 實施」(『韓國軍制史』近世朝鮮前期篇, 陸軍本部, 1968)
   에 자세하다. 성종 6년(1475)에 확정된 군액은 <표 1>과같다. (『成宗實錄』권 59
   成宗 6년 9월 甲寅, 9책 259쪽)

<표 1> 성종 6년 제도·제색(諸道諸色) 군정수(軍丁數)단위: 명

병종	군액	병종	군액
갑사	14,800	취라치	640
별시위	1,500	태평소	60
파적위	2,500	친군위	40
팽배	5,000	정병	72,109
대졸	3,000	수군	48,800
합계 148,449 명			

　그리고 갑사는 "조종(祖宗)이 갑사 3천을 두어 녹(祿)을 후하게 지급하여 양성한 까닭에 군사와 말이 정강(精强)하였습니다."[10]라는 것처럼 일반민이 져야하는 군역과는 달리 국가로부터 군신관계 하에서 후한 녹을 받았고, 갑사들의 시위근무는 '신하의 직분[臣子奉職]'[11)으로 간주되었다. 한편 이들은 일반민과는 다른 법 적용을 받았다. 태종 11년(1411) 3월 왕이 창덕궁을 행차할 때 갑사 이완(李緩)이 왕의 행차 길을 가로막는 범필(犯蹕)을 저질러 교형(絞刑)에 처하자는 주장이 대두되었다. 그러자 태종은 갑사는 위사(衛士)로서 일반민들이 범필하는 것과 똑같이 다루는 것은 부당하다고 말하고 풀어주라고 하였다.[12)

　한편 군신관계에 입각하여 군역을 수행하는 갑사가 이러한 군신관계를 깨뜨리고 죄를 범했을 경우에는 일반민이 져야하는 군역에 속하게 하였다. 이것을 '충군(充軍)' 또는 '정외방군역(定外方軍役)'이라고 하였다. 세종 11년(1429) 5월 병조는 갑사를 취재(取才)할 때, 일부 사람들이 남의 말을 빌려 타는 등 문란이 심하다고 보고하면서, 비록 수직(受職)한 자라도 남의 말을 빌려 탄 것이 드러나면 고신(告身)을 빼앗고 외방군역에 정하자고 하여 국왕의 윤허를 받고 있었다.[13) 죄질에 따라 조금 가벼운 죄를 진 사람은 자

---

10) 『文宗實錄』권13 文宗 원년 4월 庚寅, 6책 379쪽. "設甲士三千 厚祿以養之 故士馬 精强 是爲勝兵"
11) 『世宗實錄』권50 世宗 12년 12월 己丑, 3책 279쪽.
12) 『太宗實錄』권22 太宗 11년 3월 甲申, 1책 579쪽. "衛士 不當以常人犯蹕論也 釋之"

신이 거주하고 있는 지방에서 군역을 지거나[14], 중죄를 진 사람은 극변지방으로 쫓겨나 군역에 응해야 했지만[15], 이는 모두 군신관계에서 탈락되어 일반민이 져야하는 군역에 처하는 것으로서 형벌에 속했던 것이다.

위와 같은 성격을 갖는 갑사는 원래 이성계의 휘하군사로 출발하였고, 의흥친군위(義興親軍衛)가 설치된 이후 친군위의 각 통솔자에 의해 장악된 사병적 성격이 강한 군사였다. 그래서 갑사는 1·2차 왕자의 난 때 결정적인 군사력을 제공하기도 하였다.[16] 갑사가 왕실숙위를 담당하는 하나의 정규병종으로 제도화된 것은 정종 2년(1400) 12월 태종이 즉위하면서부터였다. 이때 태종은 왕자·공신들에게 분장(分掌)되었던 사병을 혁파하고 갑사 2천명을 만들어 1년 교대로 1천 명씩 제위(諸衛)에 입직하도록 하였다.[17] 이렇게 하여 갑사는 국가에 의해 통제받는 정규병종으로 제도화하였다. 이후 고려 말 과전법 하에서 군전(軍田) 10결 혹은 5결을 지급받고 서울에서 시위하던 수전패(受田牌) 등 지방사회의 유력계층들이 이에 흡수되었다.[18] 이른바 '삼한갑족자제'들이 갑사가 되었던 것이다.[19]

갑사는 사직(司直: 5품)·부사직(副司直: 6품)·사정(司正: 7품)·부사정(副司正: 8품) 등 5~8품의 실직에 올라 이에 따른 과전을 받았으며, 상·하번으로 1년 상체(相遞)하여 번상할 때 녹봉을 받았다. 이와 아울러 이들에게 보인(保人)도 지급되었다.[20] 갑사와 무반이 다른 점은, 갑사는 단지 무예만 시

---

13) 『世宗實錄』권3 世宗 11년 5월 壬申, 3책 182쪽. "人所共知 兩班子弟外 本曹 考其 騎卜馬 烙印後 方許敍用 如有借馬冒瞞者 其授受人 竝依律科罪 受職後見者 還收 告身 定外方軍役"
14) 『世宗實錄』권69 世宗 17년 7월 甲戌, 3책 640쪽. "所居官定屬軍役"
15) 『世宗實錄』권50 世宗 12년 윤12월 丁未, 3책 282쪽 "極邊防禦所充軍"
16) 柳昌圭,「朝鮮初 親軍衛의 甲士」『歷史學報』제106집, 1985.
17) 『定宗實錄』권6 定宗 2년 12월 辛卯, 1책 184쪽 "復立甲士二千 一千充諸衛之職 一年相遞爲式"
18) 千寬宇,「朝鮮初期 五衛의 形成」『近世朝鮮史硏究』, 一潮閣, 1962.
19) 『太宗實錄』권30, 太宗 15년 8월 戊寅, 1책 290쪽. "三韓甲族子弟"
20) 조선초기에 녹봉을 받는 여러 軍種 중에서 유일하게 甲士만 보인이 주어졌다. (『

험을 보고 병서(兵書)를 강독하는 시험이 없었으며,[21] 무과 급제와 같이 품직으로서의 전록(全祿)을 받은 것이 아니고 당번 때에만 녹을 받은 것이었다.[22] 그리고 보인을 받는 것도 무반 정직(正職) 관리와 다른 점이었다.

문종 즉위년(1450)에는 무과 향시에는 합격하였으나 회시(會試)에 불합격한 자는 갑사에 충원하는 것이 입법화되기도 하였다.[23] 갑사는 비록 무반 정직에 미치지는 못하였지만 그에 가까운 위치에 처해 있었던 것이다. 한편 갑사는 근무일수가 차서 도목거관(都目去官)할 때는 종4품의 실직을 받았다.[24] 근무기간중이라도 무재(武才)가 뛰어난 자는 수령이나 만호(萬戶), 군관 등으로 진출할 수 있었고,[25] 군공(軍功)이 있으며 당상관으로 올라가는 경우도 있었다.[26]

갑사는 『경국대전』에서 14,800명으로 그 수가 확정되기 까지 국내외 정세에 따라 증가일로에 있었다.[27] 특히 세종 말엽에 갑사는 대폭적인 군액의 증가를 보게 되었다. 이렇게 갑사의 수가 증가하여 국가재정이 이들의 녹봉을 감당할 수 없는 지경에 이르자 정부는 그 번수를 늘리는 동시에, 이들의 직계 자체도 체아직으로 돌렸다.[28] 그리고 서반 9품직을 신설하여 갑사를 이에 충당시켰다.[29] 한편 종래 중앙에서 따로 파악되던 갑사

經國大典』兵典, 給保條)

21) 『世宗實錄』권43 世宗 11년 정월 辛亥 3册 160쪽 "射御之才 三千甲士 亦皆能之 武科之異於甲士者 但以講兵書也"

22) 車文燮,「鮮初의 甲士」『朝鮮時代軍制硏究』檀大出版部, 1973, 13쪽

23) 『文宗實錄』권4 文宗 즉위년 11월 癸卯, 6책 314쪽 "兵曹啓 中武科鄕試觀試人 及 以閑良中都試者 充差甲士 已曾立法"

24) 『經國大典』兵典, 番次都目

25) 『世宗實錄』권101 世宗 25년 7월 辛巳, 4책 496쪽

26) 『中宗實錄』권12 中宗 5년 8월 丁酉, 14책 456책 "甲士兪懷哲 以薺浦軍功 陞職堂上"

27) 車文燮, 앞의 논문, 27쪽

28) 갑사를 遞兒職으로 돌리자는 것은 세종 18년(1436)부터 논의가 진행되다가 세종 30년(1448)에 일단락되었다. 이재룡,「朝鮮初期의 遞兒職」『朝鮮初期社會構造硏究』 一潮閣, 1984. 참조.

29) 조선전기 수다한 개편과 변경속에서 『經國大典』에 의해 확정된 甲士의 番次都目

를 하번 시에는 각 지방별로 거주지의 영진(營鎭)에 등록하도록 하였고, 또 각 지방별로 수령의 책임 하에 파악하도록 하였다.30) 즉 "번상하면 숙위금병(宿衛禁兵), 하번하면 어적용사(禦敵勇士)"31)를 만들겠다는 것이다. 이것은 왕조 창업기와는 달리 수성기에 들어선 조선정부가 최소한의 경비로써 유사시에 최대한의 군사력동원을 꾀할 수 있는 방향을 모색하여 나타난 결과였다. 그러나 이것은 갑사의 질적 저하를 초래하는 큰 원인이 되기도 하였다.

앞에서 살펴본 바와 같이 갑사는 시취에 의해 충원되었고, 여기에 입속하면 후한 녹봉을 받았다.32) 일반 양인들이 지는 군역은 국가의 강제적인 역의 징발에 의해 수행되었음에 비해, 갑사는 스스로 국가가 요구하는 일정한 자격을 갖추고 능동적으로 국가권력에 참여한 이들에 의하여 구성되었다. 사실 조선사회에 있어서 사(士)와 농(農)은 고정 불변한 것은 아니었다.33) 양인농민도 국가가 요구하는 일정한 자격을 갖추고, 시취에 응하면 관료로 진출할 수 있었다. 그래서 '사출어농(士出於農)'34)이라고 말해졌다.

그런데 조선사회에서 일반 양인농민들이 사(士)가 되는 것은 무척 어려

내용을 보면 다음과 같다.

元額 ()안은 번상수	番次	都目	遞兒						計
			從4品	從5品	從6品	從7品	從8品	從9品	
			副護軍	副司直	副司果	副司正	副司猛	副司勇	
14,800 (2,960)	5番6朔相遞	兩	5	59	65	134	222	1,515	2,000

典據:『經國大典』권4, 兵典, 番次都目, 甲士

30) 京軍役이 각 지방별로 파악되는 軍役의 一元化 과정에 대해서는 閔賢九, 앞의 글 67~69쪽. 참조.
31) 『世宗實錄』권88 世宗 22년 2월 己卯, 4책 267쪽.
32) 『世宗實錄』권88 世宗 22년 2월 己卯, 4책 267쪽. "取才以充之 厚祿以養之"
33) 韓永愚,「朝鮮前期의 社會思想」『朝鮮前期社會思想研究』知識産業社, 1983.
34) 『訥齋集』권2, 便宜二十四事.

웠다. 까다로운 조건이 구비되어 있었던 것이다. 갑사(甲士) 역시 아무나 응시할 수 있는 것은 아니었다. 국가가 요구하는 신분적, 경제적 조건에 합당한 자라야 가능하였다. 신분적 조건으로서는 태종 10년(1410) 사헌부는 갑사를 취재할 때 병조에서 사조(四祖)를 살펴서 양인 중에서도 공상천예(工商賤隷)가 섞이지 않은 조계(祖係)가 순수한 자에 한하여 시취에 응하게 할 것을 주장하였으며,[35] 세종 10년(1428)에는 2품 이상의 천첩소생이 갑사시취에 응하는 것을 금지하도록 하였고,[36] 세종 12년에는 재산이 풍족하고 솔거인정(率居人丁)이 5,6인 이상인 양반자제라 하더라도 3인 이상의 추천을 받은 자에 한하여 응시할 수 있도록 하였다.[37] 한편 성종 4년(1473) 대사헌 서거정은 장문의 상소를 올리면서 다음과 같이 주장하였다.

갑사(甲士)가 비록 군직(軍職)이지만 역시 무반(武班)이므로 벼슬이 대부(大夫)에 이르면 그치는데, 의관 자제(衣冠子弟)로 입속(入屬)한 자가 또한 많으니, 앞으로는 천인의 신분을 면하여 양인이 되는 자는 갑사에 소속됨을 허락하지 말고, 모두 정병(正兵) 혹은 제사(諸司) 장인(匠人)에 예속시키어 명분을 바로잡도록 하소서[38]

즉 갑사는 비록 군직이지만 의관 자제가 많이 입속하므로, 면천위량(免賤爲良)한 자가 입속하는 것은 금지하자는 것이었다.

한편, 갑사는 신분적인 조건보다도 경제적인 조건이 더 까다로웠다. 갑사 시취에 응할 수 있는 양민은 전지 5·6결, 노비 5·6구 이상을 보유하지

---

35)『太宗實錄』권25 太宗 10년 4월 丁巳, 1책 543쪽. "今甲士取才之際 不問祖孫 唯取弓矢·여力之能 工商賤隷 亦得受職 與縉紳子弟 比肩竝立 縉紳子弟 羞與爲齒 乞令兵曹考四祖 責人保擧 乃許取才"
36)『世宗實錄』권3 世宗 10년 10월 丙申, 3책 148쪽.
37)『世宗實錄』권47 世宗 12년 정월 丙午, 3책 212쪽.
38)『成宗實錄』권33 成宗 4년 8월 癸亥, 9책 49쪽.

않으면 시취에 참가할 수도 없었고39), 비록 합격하더라도 서용되지 못하였던 것이다.40) 스스로 말과 군장을 갖추고 번상근무에 임하려면 이만한 경제력이 아니고서는 곤란하였다. 갑사시취의 이러한 여러 조건에 의해서 일반 농민이 갑사로 들어오기에는 무척 어려웠다. 그래서 중종 23년(1528) 정광필은 서얼과 평민 중에서 재주 있는 자들이 갑사로 들어오지 못하자, 이들을 수용하기 위해 정로위(定虜衛)가 설치되었다고 말하였다.41)

한편 재력(財力)만 있다고 해서 모두 갑사가 될 수 있는 것은 아니었다. 세종 때에는 키가 8척 이상, 보사(步射) 180보(步)에 3시(矢) 2중(中), 기사(騎射) 3발(發) 1중(中) 이상, 100근(斤)짜리 중물(重物)을 300보 이상 들고 갈 수 있는 자에 한하여 합격되었다.42)이러한 합격 규정은 여러 차례 개편되었다. 문종 원년(1451) 병조판서 민신(閔伸)은 "지금 8시(矢) 이상으로 갑사를 뽑으므로, 무사들이 구름같이 몰려들어 시험을 치를 수 없으니 합격 기준을 10시 이상으로 높여야 한다."고 주장하여 문종의 허락을 받았다.43) 그 후 시험규정은 여러 차례 개편되다가『경국대전』에는 180보에 5시(矢)이상으로 확정되었다. 갑사들은 비록 합격하였다하더라도 매월 정기적으로 국가에서 실시하는 연재(鍊才) 시험에 불합격되면 파출(罷黜)되었다.44) 물론 이러한 것도 재력과 무관한 것은 아니었다. 농사일을

---

39)『世宗實錄』권59 世宗 15년 2월 庚戌, 3책 452쪽. "試甲士 考其田民多少 國有著令"

40)『世宗實錄』권3世宗 10년 3월 丁亥, 3책 119쪽 ;『文宗實錄』권12 文宗 2년3월 壬寅,6책 473쪽.

41)『中宗實錄』권63 中宗 23년 10월 丙寅, 6책 64쪽. "庶孼及平民之有才者 不爲甲士 而無用在家"
定虜衛에 대해서는 車文燮,「中宗朝의 定虜衛」『朝鮮時代軍制硏究』檀大出版部, 1973 ; 李泰鎭,「中央 및 地方 軍制의 變化」『韓國軍制史』近世朝鮮前期編, 陸軍本部, 1968. 참조.

42)『世宗實錄』권99 世宗 25년 2월 己丑, 4책 459쪽.

43)『文宗實錄』권7 文宗 원년 4월 己丑, 6책 379쪽. "今試武才 取八矢以上 差甲士別 侍衛 由是武士雲集 不可勝試 請十矢以上 方許試用"

44)『經國大典』兵典, 試取, 甲士 ;『成宗實錄』권4成宗 원년 3월 丙戌,8책 479쪽. "別

돌보지 않고 끊임없이 말을 타고 무술을 익힌다는 것은 웬만한 재력이 아니고서는 불가능한 일이었다. 그래서 조선전기에는 대체로 사족자제, 한량들이 입속하였다.

갑사는 이상에서 살펴본 바와 같이 "우리나라 군사 중에서 갑사만큼 중요한 것은 없다."[45]라거나, "국가에서는 갑사를 최고의 정병으로 간주하고 있다."[46]라고 할 만큼 군사적 비중이 컸고, 또 "여러 군사 중에서 가장 부유한 사람들은 갑사이다."[47]라고 하는 것처럼 부유한 계층에 속하였다. 이들은 15세기에 걸쳐 "궁궐을 시위하는 데 갑사만으로도 부족함이 없다."[48]라는 바와 같이 궁궐을 시위하고 정권을 보위하는 중추적인 중앙군으로 활동하였고, 대외적인 문제가 일어날 때마다 부방(赴防)과 유방(留防)까지 담당하는 정예병, 기간병으로 그 역할을 담당하였다.

2) 갑사의 소멸

조선초기에 정예병의 위치에 있던 갑사는 15세지 중엽이후 인원이 늘고 교대수가 증가할 뿐만 아니라 각 지방에서 거주지 별로 파악됨에 따라 그 지위가 하락되어갔다. 갑사는 그 후 실직(實職)에서 체아직(遞兒職)으로 전락하였고, 직전법의 시행으로 토지분급의 대상에서도 제외되었다.[49] 그리고 보법 실시(세조 10년; 1464) 이후에는 점차 군사력을 상실하게 되었다.

보법의 실시로 의무 군인의 군액이 대폭 증가하면서 양인 농민들의 군

侍衛·甲士 則各其當番改試不中格者 移屬正兵"

45) 『世宗實錄』 권72 世宗 18년 5월 丁亥, 3책 677쪽. "我國軍士之重 莫如甲士"

46) 『中宗實錄』 권38 中宗 15년 3월 戊申, 15책 635쪽.

47) 『燕山君日記』 권5 燕山君 원년 5월 庚戌, 12책 679쪽. "諸色之中 最富者甲士也"

48) 『成宗實錄』 권44 成宗 5년 윤6월 丁酉, 9책 118쪽. "侍衛宮闕 專用甲士 未見其不足也"

49) 李載龒, 1984「朝鮮初期의 遞兒職」『朝鮮初期社會構造研究』一潮閣, 1984. 36~37쪽.

역부담이 가중되었다. 이에 따라 피역(避役)이나 헐역(歇役)으로 투속하는 것과 같은 농민층의 저항이 나타나고, 그럴수록 국가의 군액확보책은 강화되어 족징·인징의 폐가 심화되어갔다.[50] 이런 상황 하에서 갑사도 중대한 변화를 겪고 있었다. 16세기 전반에는 농업 생산력의 진전[51] 속에서 조금이라도 여유를 가지게 된 농민들이 주로 사족, 한량들이 주요 구성원이었던 갑사로 떼를 지어 들어오려고 하는 한편, 갑사의 근무조건은 점점 열악하여졌고 군사력도 점차 상실되어갔던 것이다.

앞에서 언급한 바와 같이 갑사는 양인 농민의 의무 병역인 정병에 비해 훨씬 우대되었다. 1495년(연산군 1년) 5월 정괄(鄭佸)은 다음과 같이 보고하였다.

> 신이 황해도에 갔는데, 도내의 정병들이 이르기를 "갑사는 6개월마다 입번(入番)하며 받는 녹도 퍽 많고 봉족도 많다."고 합니다. 정병들은 2개월마다 입번하고도 갑사의 예에 따라 부방하니, 어렵고 괴로울 것 같습니다.[52]

즉 갑사는 정병에 비해 군역이 훨씬 가볍고 또 입번해서 녹봉을 받고 봉족도 많은 데 비해 정병은 그렇지 못하다는 것이다. 또 갑사가 되면 군관으로도 파견되고 만호, 수령 등으로 승진되어 국가권력에 동참할 수 있었다.[53] 이에 농민들은 "사람들이 몰려 들어가는 곳에 갑사만한 것이 없다"[54]라는 것처럼 다투어 갑사로 투속하였다. 농민들이 갑사로 투속하는

---

50) 세조대에 실시된 保法에 대해서는 金錫亨, 李載龍, 閔賢九, 李成茂, 李泰鎭 등 諸氏의 전게서 참조.
51) 李泰鎭, 「14·15세기 農業技術의 발달과 新興士族」『東洋學』9, 1979. ; 金容燮, 「朝鮮前期 農書編纂과 두 傾向의 農學思想」『朝鮮後期農學史研究』一潮閣, 1988.
52) 『燕山君日記』권5 燕山君 원년 5월 癸卯, 12책 672쪽.
53) 『中宗實錄』권7 中宗 3년 12월 甲戌, 14책 278쪽. "軍官皆甲士輩 率多庸鄙 唯利是務"
54) 『中宗實錄』권75 中宗 28년 7월 乙卯, 17책 447쪽. "人加多入處 無如甲士"

모습을 1528년(중종 23년) 김극핍(金克愊)은 다음과 같이 말하고 있다.

> 갑사는 보인이 많고 또 한 해를 건너서 입역하므로 그 신역이 매우
> 헐하기 때문에 다투어 투속(投屬)합니다. 취재 때에는 대사(付射)·대기
> (代騎)하는 자가 매우 많은데, 엄금하더라도 분요(紛擾)한 가운데에 마
> 침내 적발하지 못합니다. 때때로 그 사조(四祖)를 물어서 그 진위(眞
> 僞)를 시험하기도 하나, 그들은 반드시 먼저 익히고서 대사하니 본인
> 인지 확인할 수 없습니다.55)

즉 갑사 시험장에서 다른 사람이 대신 시험 보는 등 각종 부정행위가
자행되고 있다는 것이다. 그리고 각 지방에서는 이웃 사람들이 면포를 주
고 다른 사람에게 대신 시험을 치르게 하여 갑사자리를 얻은 이들을 '면
주갑사'라고 부르고 천시하고 있다고 한다.56)

이 당시에는 시험기준도 『경국대전』의 규정에 비해 훨씬 약화되었다.
『경국대전』의 규정에 따르면 180보에서 시사(試射)해야 하던 것이 80보
로 그 기준이 낮아졌다.57) 그럼에도 불구하고 대시(代試)가 성행하였다.
한 사람이 돈을 받고 무려 열 사람을 대신하여 시험을 봐주는 경우까지
생겼다.58) 약간의 재력만 있으면 사람들은 가볍게 군역을 치를 수 있는
갑사로 들어오려 하였다. 그래서 중종 36년(1541) 황해도에서는 서리들
이 무려 439인이나 되는 많은 사람에게 뇌물을 받고는 군적(軍籍)을 위조
하여 이들을 갑사로 만들어 커다란 사회문제가 되기도 하였다. 그래서 사
간원에서는 한 도에 모람(冒濫) 갑사가 439인이나 되니 다른 도에도 역시

---

55) 『中宗實錄』권64 中宗 23년 11월 辛丑, 17책 77쪽.
56) 上同. "是以其隣里人 輕賤之 謂之綿紬甲士也"
57) 『燕山君日記』권8 燕山君 원년 8월 乙亥, 13책 29쪽. "如甲士取才 常人則試八十
步 船軍之子則試二百步"
58) 『中宗實錄』권57 中宗 21년 7월 壬辰, 16책 518쪽. "甲士取才時 一人代十人之射
故可爲保人者 皆爲正軍"

그럴 것이라고 탄식하였다.59)

이렇게 실력이 없는 갑사가 늘어나는 것은 군사력의 허약을 의미하였
고, 더 나아가 이것은 국가의 존립을 위태롭게 하는 것이었다. 남북으로
외적에게 시달리고 국내 정치기반이 미약하였던 16세기 조선 정부로서
는 이러한 현상을 국가적 위기로 받아들이지 않을 수 없었다. 국왕 중종
은 심지어 "군사력이 허약함을 생각하면 밤에 잠이 오지 않는다."60)고 토
로할 정도였다. 그러나 정부에서는 국가재정의 부족 속에서 고식책으로
소수의 금군만을 강화하는 방향으로 나아갈 뿐이었다.61)

조선초기의 군역제는 재주와 힘이 있는 사람은 호수(정군), 부유한 사
람은 봉족(보인)으로 만들고 봉족이 정군의 재정적 뒷받침을 맡도록 하는
것이 운영원칙이었으나62), 이제 약간의 재력만 있으면 서로 갑사로 오르
려는 상황에서 의무 정병의 보인을 채울 수가 없었다.63) 그래서 갑사 중
에서 무예 실력이 떨어지는 자를 가려내어 정병의 보인으로 충정하자는
안도 나왔으나,64) 일단 갑사에 들어온 자들을 보인으로 충원하는 것도 쉬
운 문제는 아니었다. 또 갑사가 늘어남에 따라 역의 관군(館軍)이 부족하
였다. 그래서 모속(冒屬) 갑사로 하여금 관군(館軍)에 충당하자는 제안도
나오기도 하였다.65) 한편 이렇게 갑사로 투속하려는 사람은 자신들이 스

---

59) 『中宗實錄』 권95 中宗 36년 6월 丁丑, 18책 479쪽. "以此觀之 一道冒濫甲士 至於
    四百三十九人 則八道亦不無此弊"
60) 『中宗實錄』 권9 中宗 4년 9월 己巳, 14책 373쪽.
61) 五衛制의 허구화에 따른 금군의 확대에 대해서는 이태진,「 中央 및 地方軍制의
    變化」『韓國軍制史』近世朝鮮前期編, 1968. 참조.
62) 『訥齋集』 권3, 軍政十策. "才力者爲戶首 資産者爲奉足"
63) 『中宗實錄』 권64 中宗 23년 11월 甲辰, 17책 78쪽. "冒屬甲士定虜衛 以此無奉足
    可爲之人 保人日漸減縮"
64) 『中宗實錄』 권34 中宗 13년 11월 甲辰, 15책 489쪽. "甲士亦於元額外 多數加定
    諸軍額未充 皆由於此 … 太甲士才劣者 或於 騎正兵諸保率充定 甚爲便益"
65) 『明宗實錄』 권7 明宗 3년 4월 丁巳, 19책 581쪽.

스로 번상근무를 하겠다는 것은 아니었다. 중종 21년(1526) 집의 한승정(韓承貞)은 갑사들은 당번이 되어 상번 근무를 해야 할 때는 다른 사람을 고용해서 대립(代立)하는 것이 상례가 될 정도라고 말하였다.[66] 갑사는 늘어갔으나 군사력은 점점 취약해져가는 것이다.

이렇게 농민들은 자신들의 의무 군역을 피하고자 갑사로 몰려들었으나 갑사의 처우도 예전과 같진 않았다. 16세기에 들어서면서 갑사의 근무조건은 15세기에 비해 훨씬 열악해졌다. 우선 농민들의 피역저항이 광범히 하게 전개되는 속에서 갑사 역시 보인의 확보가 쉽지 않았다. 1528년(중종 23) 10월 영사 정광필(鄭光弼)은

> 명색이 갑사(甲士)라는 사람들 대부분이 보솔(保率)이 없고, 혹 보솔이 있어도 그 가본(價本)을 받아서 궁마(弓馬)를 장만하지 않고 오로지 처자의 의식(衣食)거리로 사용합니다. 또 활을 당기는 사람이 없는데 이것은 갑사의 수가 지나치게 많기 때문입니다.[67]

라고 말하였다. 즉 갑사는 대부분이 보인이 없고, 보인이 있는 자라도 그 보가(保價)를 받아 생활하는데 쓴다는 것이다. 고역을 피하려는 수단으로 갑사로 들어오려는 사람들이 많아짐에 따라 나타나는 현상이었다. 또 갑사에게 주어진 보인들은 지방의 관역을 치르느라 갑사를 보조할 수 없게 되는 경우도 많았다.[68]

당번이 되면 갑사는 스스로 군장과 기·복마를 갖추고 보인을 대동하고 서울이나 각 지방의 수소(戍所)에 가서 군장점고를 받고 번상근무를 해야

---

66) 『中宗實錄』 권57 中宗 21년 7월 壬辰, 16책 518쪽. "上番時以他人備立 以他馬代點 例耳"
67) 『中宗實錄』 권63 中宗 23년 10월 丙寅, 17책 64쪽.
68) 『中宗實錄』 권38 中宗 15년 3월戊申, 15책 635쪽. "甲士保五人正兵保三人 而各官以其保 責辦官役 不許隨戶首而赴防其戶首獨備馬匹軍裝 單赴戍所 終不能支"

했다. 그런데 후술하듯이 16세기 들어 말 값[馬價]이 엄청나게 올랐다. 말 1필의 가격이 면포 100~150필에 달할 정도였다.[69] 또 서울에 있을 때 말을 먹일 사료 값(草價)이 너무 올라 말을 사육할 수가 없었고, 또 그 비싼 말이 중간에 죽는 경우까지 생겼다.[70] 그래서 갑사들은 말이 있는 자도 적었을 뿐더러, 말이 있는 자라도 자신이 타고 온 말은 돌려보내고 서울에서 말을 빌려 타면서 군장점고를 받고 시위근무에 임했다.[71] 그러나 이렇게 빌려 타는 말의 값도 점점 올라가 빌려 탈 수도 없게 되었다. 즉 "이전에는 면포 반 필이면 말을 빌려 탈 수 있었는데 이제는 3필을 주어도 쉽게 빌려 탈 수가 없게 되었다."는 불평이 횡행하였다.[72]

한편 사회경제적 변화에 따른 정부의 기강해이 속에서 갑사들은 고통을 받았다. 군장 점고를 받을 때 뇌물이 아니면 통하지 않게 되었다.[73] 이러한 터에 갑사들에게 응당 주어야할 녹봉도 제 때 지급되지 못했다. 중종 23년, 특진관 최한홍(崔漢洪)은

> 지난번 당번 갑사들은 병조(兵曹)가 그들이 번을 들 때 취재(取才)하지 않았기 때문에 10월 녹봉(祿俸)을 받지 못했는데, 이것(告身)을 모두 시장 사람에게 헐값으로 미리 팔아버리고 내려갔으며, 따라서 응당 받아야 할 녹봉을 아직도 받지 못했다 합니다. 이 때문에 군사가

---

69) 『中宗實錄』 권15 中宗 7년 2월 壬午, 14책 557쪽. "民間無馬 一馬之價 不下綿布二三同"
70) 『中宗實錄』 권39 中宗 15년 4월 壬戌, 15책 642쪽. "軍士等以穀草稀貴 不能養馬 馬多瀛弱 恐於中路 或有顚伏之弊"
71) 『中宗實錄』 권36 中宗 14년 6월 甲申, 15책 548쪽. "外方軍士 當番次上來時 以養馬爲難 卽還其騎卜馬 有所騎之時 則必借人而償其直" ; 『中宗實錄』 卷39 中宗 15年 4月 壬戌, 15책 642쪽. "當番軍士 法當持騎卜馬 入營隨番 而常借京人馬 以爲點考之備 自具騎卜馬無一人焉"
72) 『中宗實錄』 권60 中宗 23년 2월 丙午, 16책 625쪽. "習陣馬價 前則給半匹買之 今則雖給三匹 常不得易買云"
73) 『中宗實錄』 권56 中宗 21년 3월 甲午, 16책 502쪽. "都摠夫郞官等 依憑摘奸 多行汎濫之事 軍士軍裝雖好 不賂下人則不免 雖不好 賂之則得免 故軍士豫持綿布 先行賄賂 近者甲士以侵虐之狀 呈于本府"

더욱 잔폐(殘弊)하여 입마(立馬)를 못하므로 도망가는 자가 많으니, 이
역시 염려됩니다.[74]

라고 말하고 있다. 즉 갑사들은 번상 근무가 끝날 때까지 녹봉을 받지 못
하여 하번하면서 고신(告身)을 시장 사람[市人]들에게 반값에 팔아넘기
고 간다는 것이다. 시인(市人)들은 이것을 경매까지 하였다.[75] 그런가하
면 아예 아무런 녹봉을 받지 못하고 여러 해를 근무해야하는 경우도 있
었다.[76]

  이처럼 무자격자들은 다투어 갑사로 모속하려고 하였고 갑사의 근무
는 열악해져만 갔다. 이에 무예를 익히던 한량이나 사족자제들은 갑사에
들어가는 것을 수치로 여기고,[77] 한유하거나 보다 대접받는 유학으로 돌
아서는 것이다. 즉 1502년(연산군 8) 6월 이극균(李克均)은 각도의 사족
자제들은 정예병이었던 갑사를 비천하다하여 들어가는 것을 꺼리고 군보
(軍保)라고 칭하고는 한유하고 있다고 보고하고 있다.[78] 또는 아예 군역
을 지지 않고 한유하는 자들도 늘어났다. 1536년(중종 31) 집의 정만종은

  신이 유정(游丁)에 대한 일을 보니 우리나라는 귀천이 분명하여 사족
  (士族)의 자제는 배우지 않았더라도 한가로이 놀 수 있습니다. 그런데
  간혹 그 사이에도 사족도 아닌데다 또한 배우지도 않고 사족인 체하고
  있으나 남들은 사족으로 여기지 않는 자가 많이 있습니다. 그러나 풍속

---

74) 『中宗實錄』 권60 中宗 23년 2월 丙午, 16책 625쪽.
75) 『中宗實錄』 권8 中宗 4년 5월 壬辰, 14책 332쪽.
    『中宗實錄』 권60 中宗 23년 2월 丙午, 16책 625쪽.
76) 『中宗實錄』 권62 中宗 23년 7월 己丑, 17책 12쪽. "甲士則 其數多而遞兒少 故累
    年而不得受 徒爲受苦而已"
77) 『成宗實錄』 권295 成宗 25년 10월 丙辰, 12책 587쪽. "本道軍士 四王子孫居半 恥
    爲甲士正兵"
78) 『燕山君日記』 권44 燕山君 8년 6월 丁巳, 13책 498쪽. "各道士族有才子弟… 欲入
    甲士 則厭其卑賤 託名軍保 閑遊者多"

이 이미 이루어졌기 때문에 사람들은 고을에 호소하지도 않고 수령된
자도 그들의 원망이 있을까 염려하여 군역으로 정하지 않습니다.79)

라고 보고하고 있다. 사족이 아닌 자들까지 자칭 사족이라고 하고는 한유
하고 수령도 원망을 살까 두려워 군역에 정하지 못한다는 것이다. 이러한
사례로서 중종 6년(1511) 경상도에서는 경상좌도 병마절도사인 황형(黃
衡)이 호강(豪强) 자제들을 군역에 초정(抄定)하자 커다란 사회 문제가 된
경우도 있었다. 경상도 호강 세력들은 여론을 조성하여 "도내의 사람들이
모두 왜놈의 손에 죽는 것이 황형의 손에 죽는 것보다 낫다고 한다."라는
투서까지 조정에 보냈다. 이에 조정에서는 황형의 잔혹함을 비난하면서 교
체하라는 의논이 분분했다.80) 이러한 분위기에서 관리들은 호강들의 눈치
를 살피고 그 자제들을 마음대로 군역에 충정하지 못하는 것이다.

또 16세기에 들어와 사족이나 한량 등 양인상층부들은 군역에 편성하
여도 '얼마 지나지 않아 다른 관직으로 옮겨가'81)는 형편이었다. 그들은
군역에 복무하는 것을 천하게 여기고 결사적으로 다른 관직에 진출하여
경제적으로 신분적으로 특권을 장악하려고 노력하였다. 게다가 정부 역
시 숭유, 우문정책 속에서 생원, 진사가 군역에 차정되면 "한 명의 유생을
얻는다면 한 명의 군졸을 잃는다 해도 무슨 해가 되겠는가?"라며 이들을
면역(免役) 조치하였다.82) 이렇게 유생에 대한 우대와 군역에 대한 천시
가 어우러지는 속에서 16세기 말에 이르면 사회의 분위기는 "하늘 천(天)
자만 알아도 귀하게 대접받고, 궁시를 잡으면 천하게 된다."83)라는 정도

79)『中宗實錄』권81 中宗 31년 정월 丁卯, 17책 631쪽.
80)『中宗實錄』권13 中宗 6년 2월 丁未, 14책 496쪽.
81)『中宗實錄』卷34 中宗 13年 10月 丁亥, 15책 486쪽.
82)『明宗實錄』권17 明宗 9년 9월 庚戌, 20책 232쪽. "得一儒生 而失一軍卒 何害"
83)『宣祖實錄』권45 宣祖 26년 윤11월 癸巳, 22책 136쪽. "若識天字 則以爲貴人 持
弓矢者 例爲賤之"

였다. 활과 화살을 잡으면 천시 되는 등 무인의 지위가 형편없이 낮아지는 정세 하에 양인상층부들의 군역에의 이탈은 가속화되었다.

이제 갑사는 더 이상 한량이나 사족들을 유인할 조건이 없어졌다. 군신관계에 의한 명예나 물질적 배려는 모두 없어졌다. 단지 의무군역인 정병보다 조금 나은 정도였다. 이에 한량이나 사족들은 모두 갑사에서 **빠져**나가버리고 보다 가벼운 군역으로 들어오려는 서인(庶人)만으로 가득 차게 되었다. 그래서 "옛날의 정병(精兵)이 지금은 모두 서인들로 가득하게 되었다."[84]라는 탄식이 나왔다. 조선전기에 최고의 정예병이었던 갑사는 16세기에 이르면 보다 가벼운 군역으로 피하려는 무리가 모이는 무능한 군대로 변해갔던 것이다.[85]

16세기 후반이 되면 갑사 역시 사람들이 극력으로 기피하는 곳이 되었다. 1553년(명종 8) 9월 사헌부는 정로위(定虜衛)의 수를 축소할 것을 요청하는 계(啓)를 올리면서 다음과 같이 말하였다.

> 정병(正兵)과 갑사(甲士)가 되지 않으려고 하는 자들이 모두 정로위에 투속(投屬)하고 있습니다. 이리하여 정병과 갑사의 인원은 날로 줄어들고 정로위의 수는 날로 증가하였습니다. 게다가 위장(衛將)과 부장(部將)의 무리들이 조사한다고 핑계를 대고는 온갖 방법으로 정병과 갑사를 침해하였으며, 심지어는 그들로 하여금 잡물을 부담하게 하여, 갑사와 정병들이 모두 괴롭게 여겨 다투어 서로 피하려고만 하였습니다. 군대의 일이 소홀하게 된 원인은 실로 이 때문입니다.[86]

이렇게 갑사는 위장·부장의 무리에게 침학을 받고 잡물을 부담하여야

---

84)『中宗實錄』권96 中宗 36년 11월 乙巳, 18책 523쪽. "古之精兵 今則庶人皆爲之"
85)『燕山君日記』권44 燕山君 8년 6월 丁巳, 13책 498쪽. "取才軍士中 甲士才品最劣";『中宗實錄』권185 中宗 11년 6월 辛亥, 15책 185쪽. "國家雖有甲士正兵 亦皆不實"
86)『明宗實錄』권15 明宗 8년 10월 癸酉, 20책 163쪽.

하는 고역으로 변질되었다. 권리는 모두 없어지고 의무만이 남은 갑사에 사람들이 입속할 리가 없었다. 이 시기에는 갑사만 그런 것은 아니었다. 심지어 만호(萬戶)와 같은 변장(邊將)도 사람들이 기피하려고 하였다. 1556년(명종 11) 국왕은 남도포 만호 송익형(宋益衡)이 만호직을 기피하고자 죄를 범하고 파직 당하려는 행위를 보고 "국가가 평상시에 무사를 기르는 데 관작을 높이주고 녹봉을 후하게 주어 은총으로 대우하는데 무사들은 국가에 보답할 마음은 없이 피하려는 마음만 가진다."라고 한탄하고 "지금부터 변장을 기피하려고 하는 자는 모두 일반 군역으로 충군하라."라고 지시하고 있다.[87] 이제 신분이 높은 사람들은 실속 없는 군관 직을 피하고 차라리 한유하는 것을 택했고, 신분이 낮은 사람들은 국가의 군액확보책에 대항하여 피역저항을 감행하고 있는 것이었다.

갑사는 신분의 고하를 막론하고 서로 다투어 기피하게 되어 그 정액조차 채울 수 없게 되었다. 서애 유성룡이 1594년(선조 27)에 올린 '진시무차(陳時務箚)'에 의하면 <표 2>에서 보는 바와 같이 경국대전에 14,800명이었던 갑사의 정액은 그 1/3에도 미달하는 4,640이 되었고 그나마도 장부상이라고 하였다.[88]

<표 2> 갑사·기병·보병의 상번 군액

	정군	보인	합계
갑사	4,640	各有二保	13,920
기병	23,700	各有三保	90,000여
보병	16,200	各有一保	32,000여

임진왜란이 발발한 지 1년이 지난 후인 1593년(선조 26) 선조는 다음과 같이 당시 군사력의 허약을 통탄하고 있었다.

---

87) 『各司受教』兵曹受教, 丙辰 2월 27일조. "自今以後 邊將窺避者乙良 一一充軍"
88) 『宣祖修正實錄』권28 宣祖 27년 4월 己酉, 25책 647쪽. ; 西厓集』권5, 陳時務箚 (甲午 4월).

서울의 상번 군사(上番軍士)는 군사가 아니라 사환(使喚)하는 역군
(役軍)이며, 대궐을 지키거나 군보(軍堡)를 지키는 자도 군사가 아니
며, 정병(正兵)·갑사(甲士)·기병(騎兵)이라 이르는 자도 다 군사가 아니
니, 금군(禁軍) 2~3백 이외에 우리나라에는 군사가 없다[89]

물론 이 말은 임진왜란 초전의 참패를 겪은 국왕의 한탄이 섞인 말이지
만 당시 군사력의 실상을 어느 정도 보여준다고 하겠다. 이러한 군사력의
허약은 갑사의 소멸과 맥락을 같이 하는 것이다. 갑사는 임진왜란 이후에
도 중앙군의 중심적 군사력이라는 지위는 상실되었으나 잔존하고 있었
다. 1627년(인조 5) 병조가 올린 계(啓)에 의하면 24호가 번상하고 있었
다.[90] 그러나 이것은 임진왜란 이전에 입속한 갑사인 듯 하고 그 이후 갑
사는 역사의 무대에서 사라지게 된다.

조선전기에 군신관계 속에서 정예병으로 기능했던 갑사는 이렇게 소
멸되어갔다. 또 갑사의 소멸은 군신관계에 따른 군역제의 소멸을 의미하
였다. 사족, 한량들은 이렇게 그들의 입속처가 상실됨에 따라 자연스럽게
군역에서 이탈되어 갔다. 이에 조선정부는 새로운 형태의 군역제를 마련
하여야 했다. 즉 신분과 재산을 고려하지 않고 군인을 뽑고 훈련시키며
급료를 지급하는 형태의 군역제가 요구되는 것이다. 16세기 조선사회 내
에서 이러한 형태의 군역제가 배태되고는 있었다. 그러나 이것의 탄생은
외적 자극에 의해서야 가능하였다. 한편 조선전기에 비록 갑사보다는 하
위의 군사이지만 최대의 군정을 보유하고 있던 정병 역시 기병의 보군화,
보병의 수포군화로 진전되면서 사회경제적 변화에 조응하는 군역제의 형
태로 변화되고 있었다.

---

89) 『宣祖實錄』 권45 宣祖 26년 윤11월 癸巳, 22책 138쪽. "京中上番軍士 非軍士也
乃使喚役軍也 或守闕或守軍堡者 非軍士也 所謂正兵甲士騎兵云者 皆非軍士也 禁
軍數三百外 我國無軍矣"
90) 『仁祖實錄』 권17 仁祖 5년 11월 己丑, 34책 240쪽.

3. 정병의 입역과 그 변화

1) 기병의 보군화

앞장에서 살펴본 바와 같이 조선초기 중앙군의 중추적 군사력은 갑사였다. 그런데 중앙군은 갑사로만 이루어진 것은 아니었다. 별시위, 파적위, 팽배, 대졸 등 여러 가지 종류의 군인들과 더불어 양인으로 이루어진 의무군도 있었다. 이러한 양인으로 이루어진 각 지방의 의무 번상병을 정병(正兵)이라 불렀다. 정병은 앞의 <표 1>에서 보는 바와 같이 조선초기 여러 군종 중에서 가장 많은 군인수를 보유하였다.

갑사가 되면 군신관계에 입각하여 국가로부터 토지와 녹봉을 받았고 군관으로도 진출하였으며 근무일수가 차서 거관할 때는 4품의 실직을 제수 받았다. 또 다른 병종에 비해 많은 보인을 거느렸다. 이에 반해 양인의 의무군역인 정병에게는 일체의 토지나 녹봉은 주어지지 않았다. 단지 국가가 마련한 군호체제 안에서 보인과 더불어 자신의 의무를 수행하여야 했다. 그런데 정병에게도 근무일수 64점이 차면 종5품 영직(影職)에 거관(去官)되며 정3품까지의 산계(散階)로 올라가는 것이 허락되고 있었다.[91] 이렇게 영직, 산계를 수여한다는 것은 정병도 일정하게 군신관계로 포섭한다는 것을 의미했다. 그러나 이것은 실직(實職)의 수여와는 상당한 차이가 있는 것이었다.

양인에게 강제적으로 군역의 의무를 지우기위해서는 철저한 호구의 파악과 이를 기초로 한 군적의 작성이 선행되어야했다. 그러나 호구의 파악이나 군적의 작성은 매우 어려운 일이었다. 갑사와 같이 그 사회에서 출세를 하려는 자들이야 자진해서 호적에 들어가고 국가의 시취에 응했

---

91) 『經國大典』兵典, 番次都目. "仕滿六十四 去官從五品影職 仍仕竝正三品而止"

지만, 일단 호적에 편성되면 일방적인 수탈만을 강요받는 양인 농민들은 자진해서 호적에 오르려하지 않았다. 국가의 강제적인 수괄에 의해서만 가능하였다. 그런데 국가가 강제적으로 수괄하였다고 해서 집과 땅도 없이 떠도는 유망민까지 모두 수괄할 수는 없었다. 이들은 호적에 올리고 부역을 지우면 곧 도망갈 존재였다. 이를 무항산(無恒産)이면 무항심(無恒心)이라고 표현하기도 하였다. 그래서 15세기 전반까지 국가는 전토(田土)를 소유하고 있는 비교적 안정된 가호와 그에 거주하는 인구(특히 男丁)를 파악·등록하는 데 만족하여야 했다.92) 즉 1409년(태종 9) 좌헌납 송 희경(宋希璟)이

> 백성 중 항산(恒産)이 있고 항심(恒心)이 있는 자는 그 고을에 호적 (戶籍)을 붙여 부역(賦役)에 이바지하지만, 항산이 없고 항심이 없는 자는 금년엔 남쪽 고을의 호활(豪猾)한 자에게 숨고, 명년엔 북쪽 고을의 향원(鄉愿)에게 옮겨가, 똑같은 국민이면서도 징세(徵稅)와 부역(賦役)을 모피(謀避)하니, 간사한 백성입니다. 국가에서 비록 대신(大臣)을 보내어 호수(戶首)를 매질하여 그 사람을 찾아내어 이름을 호적(戶籍)에 붙인다 하더라도, 그 백성은 이미 항심(恒心)이 없어, 오늘에 호적에 이름을 붙이고 명일에 유리(流離)하여 도망하니, 한갓 백성을 소란하게 하고 군액(軍額)을 번잡하게 할 뿐입니다.93)

이라고 말한 바와 같이 조선은 항산이 있는 사람만이 호적에 등재되어 부역을 담당하였던 것이다. 그리고 군역 역시 전토를 보유한 가호의 남정에게만 부과하였다.94)

그러나 15세기 후반 세조 때 시행된 보법은 군호(軍戶)의 여정(餘丁)을 빠짐없이 수괄하여 보인으로 만들어 전국 군액의 대폭적인 증가를 가져

---

92) 韓榮國,「朝鮮 初期 戶口統計에서의 戶와 口」『東洋學』제 19집, 1989.
93)『太宗實錄』권18 太宗 9년 12월 戊午, 1책 522쪽.
94)『世宗實錄』권112 世宗 28년 4월 丁卯, 4책 668쪽. "出軍之際 考其所耕多少 定其額數"

왔다.『세종실록지리지』에 나타난 정군(正軍)의 군액이 95,198명이었음에 비하여, 보법 실시 후인 1477년(성종 8)에는 강원도·함경도를 제외한여타 6도의 정군만 하더라도 134,973명이었다. 여기에 봉족 332,746명을더하면 6도의 군액이 무려 467,716명으로 크게 증액되었다.[95] 이처럼 과도한 군액의 책정에 의하여 군역을 감당하기 어려운 빈한한 가호까지도군인으로 뽑혔다. 이에 농민들은 유망과 피역으로 저항하고, 국가는 끊임없이 군액 확보에 고심하게 되었다.

선군(船軍)을 제외한 양인의 의무군역을 정병이라고 부른 것은 1459년(세조 5)년의 병제 개편으로부터였다. 이전까지는 서울에 번상 시위하는군사를 시위패, 각 지방에서 근무하는 군사를 영진군·수성군, 평안·함길도의 군사를 정군이라 불렀다. 그런데 이때부터 우선 평안·함길도의 정군과 나머지 도의 시위패를 통일하여 정병이라 부르기로 하고 말이 있는 사람을 정기병(正騎兵), 말이 없는 사람을 정보병(正步兵)이라 규정하였다.[96] 그리고 1464년(세조 10)에 영진군과 수성군이 정병에 합속 하여 '화회분번(和會分番)'하도록 하는 조치가 취해졌다.[97] 이제 지방의 군사들은모두 정병에 속하여 번상과 부방을 윤차(輪次)로 하게 되었다.『경국대전』병전, 번차도목에 의하면 번상정병은 '8번 2삭(朔) 상체'로, 유방정병은 '4번 1삭 상체'로 규정되어 있었다. 시위패 계열을 잇는 번상 정병과 영진군·수성군 계열을 잇는 유방 정군은 고정되어 각각 유방과 번상을 나누어분담하다가,[98] 서로 '상체(相遞)'되어 교대로 유방과 번상을 하는 등 몇 차

---

95)『成宗實錄』권81 成宗 8년 6월 乙卯, 9책 466쪽.
96)『世祖實錄』권18 世祖 5년 11월 乙卯, 7책 352쪽. "諸道軍士 平安咸吉道 稱正軍
    自餘道 稱侍衛牌 而正軍所統人 則稱百戶千戶 侍衛牌所統人 則稱總牌 名號相異
    且正軍許赴防年限 授散官職 侍衛牌 雖多年番上侍衛 不得除職 請正軍侍衛牌 并稱
    正兵 有馬者稱正騎兵 無馬者 稱正步兵"
97)『世祖實錄』권34 世祖 10년 9월 庚午, 7책 653쪽. "兵曹啓 諸道營鎭軍內 不得已
    差備者 仍舊稱鎭軍 其餘鎭軍 及守城軍 皆屬正軍與在前正兵 和會分番 營鎭及京中
    輪次番上 其營鎭軍數 則並依前數分定 從之"

례의 변화를 겪었다.99)

　양인농민을 면역시키거나 군역의 의무를 지우고, 일단 군역의 의무를 지운 자를 호수(戶首)와 봉족[보인]으로 나누고, 그리고 호수로 정한 자를 기병과 보병으로 나누는 것은 호적을 기초로 한 군적의 작성에 의해서였다.100) 따라서 군역의 의무를 결정하는 군적 작성은 농민의 이해와 밀접한 관련을 가졌다. 자신이 정군이 되는가, 보인이 되는가 아니면 군역에서 빠지는가는 생존과 관련되는 것이기 때문이다. 이러한 군적의 작성은 원래 향리와 더불어 향촌의 이정(里正)·권농관(勸農官)이 군적감고(軍籍監考)가 되어 실무를 담당하였다. 군적 작성 시 향리의 작간(作奸)은 일찍부터 큰 폐단으로 지적되었다. 『경국대전』에도 '몰래 뇌물을 받아 역을 고르지 않게 부과하는[陰受貨賂 差役不均]' 원악향리(元惡鄕吏)에 대한 처벌은 매우 엄격하게 규정되었지만, 그 폐단은 조선왕조 전 기간을 통해서 그칠 줄 몰랐다. 한편 중종 대에 이르러 군적감고를 권농관에서 유향소 임원으로 교체하면서부터, 군역의 차정이 이들의 이해를 중심으로 운영되었기 때문에 농민의 불만이 더 커졌다.101)

　물론 보법이 실시된 이후에도 정부는 장실인(壯實人)으로 하여금 군역의 의무를 지우게 하는 것이 원칙이었다. 이것은 군인들이 보인 이외에 다른 물질적 지급이 없더라도 군역의 의무를 수행할 수 있게 하는 현실적

---

　98) 成宗 6年의 군액조정에 의하면 72,109명의 정병 중 번상정병이 27,625명이고, 유방정병이 44,484명이었다.(『成宗實錄』권59 成宗 6년 9월 丙辰, 9책 259쪽) 이에 대해서는 이태진, 앞의 논문 참조.
　99) 『燕山君日記』권8 燕山君 원년 8월 乙亥, 13책 29쪽. "世宗朝 船軍與正兵相換 然則 正兵之番上留防 豈不可相換乎" ;『中宗實錄』권12 中宗 5년 8월 丁酉, 14책 456쪽. "祖宗朝 正兵留防者長留防 番上者長番上 其後改令相遞"
100) 『中宗實錄』권22 中宗 10년 6월 戊寅, 15책 88쪽. "籍民爲兵 分其騎步"
101) 『中宗實錄』권19 中宗 8년 10월 乙卯, 14책 681쪽. "兵曹判書 尹用漑曰 … 先是 軍籍監考 率以勸農差定 今以留鄕所差之 故其當入居者 或有功議 則得免 無蔭者 未免入居 怨抑不細"

조건이었다.102) 정병 중 기병은 특히 지방에서 부유하고 장실한 사람으로 차정하였다. 보병 중에서 장실한 사람은 다시 기병으로 정하는 것이 원칙이었다.103)

기병은 궁궐을 시위하는 군사로서 때로는 국왕 가까이에서 근무하기도 하였다.104) 당시는 국왕과의 접근도 여하(如何), 즉 왕화(王化)에 따라 사회적 위치가 결정되는 사회였다. 따라서 국왕을 가까이에서 시위하는 기병의 사회적 위치는 비교적 높은 편이었다. 기병은 비록 산계(散階)에 그치는 것이지만 복무의 대가로 정3품까지 가계(加階)될 수 있었고, 입역 기간 중에 도시(都試)에 응하여 갑사나 무반으로의 진출기회가 제도적으로 마련되어 있었다. 보인도 보병보다 1정 많은 1보1정, 즉 3정을 지급받았다. 그래서 향리, 서리들이 거관 후 기병으로 들어올 정도였다.105) 또한 기병은 정예병이었다. 1473년(성종 4) 11월 병조에서

> 기정병은 비록 취재(取才) 군사가 아니라 하더라도, 인마(人馬)가 건장한 자를 초정(抄定)하였으므로, 무예를 연습시키면 모두 쓸 만한 군사가 될 것인데, 시재(試才)하여 권징(勸懲)하는 법이 없기 때문에, 전혀 활쏘기를 익히지 아니하여 활을 쓰는 것조차 알지 못하는 자가 많이 있으니, 이름만 있고 실상(實狀)은 없어서 지극히 염려스럽습니다.106)

라 하고는 기정병 중 입번일 시사(試射)에서 연속 불합격한 자는 근도(近道)의 경우에는 나장·조예로, 원도(遠道)는 수군에 입속시키자는 계를 올려 국왕의 허락을 받았다.107) 즉 기병은 취재 군사는 아니지만 매우 유용

---

102) 『燕山君日記』 권43 燕山君 8년 3월 甲申, 13책 478쪽.
103) 『成宗實錄』 권291 成宗 25년 6월 壬申, 12책 546쪽. "宜擇步兵强壯者 定爲騎兵"
104) 『燕山君日記』 권52 燕山君 10년 2월 己亥, 13책 591쪽.
105) 『燕山君日記』 권43 燕山君 8년 4월 丙午, 13책 485쪽. "鄕吏屬書吏 去官後 或入甲士 或屬騎正兵"
106) 『成宗實錄』 권36 成宗 4년 11월 癸巳, 9책 70쪽.

한 군사로 인식되었다. 한편 기병은 양전경차관(量田敬差官)으로 임명되는 등 권력의 끈을 조금이나마 쥐고 있었다.[108] 이렇게 기병은 비록 군신관계에 들어가 실직을 받는 군사는 아니지만, 양인의 의무군역 중에서는 가장 정예병이었고 대우를 받은 군대였다.

기병으로서 말과 군장을 갖추려면 부유한 사람이 아니고서는 불가능하였다. 원래 자연경제체제하에서 재력(才力) 면에서 우수한 사람을 정군으로, 약자나 무재(無才) 자를 보인으로 정하여 이들 사이에서 계서적 질서를 갖추고 군역에 응하게 하려는 것이 조선초기 군역제 편성의 원칙이기도 하였다.[109] 그러나 부유한 사람들은 차츰 권리보다는 많은 의무가 따르는 기병을 기피하고 갑사로 올라가거나, 아예 보병으로 또는 보인으로 가려고 하였다.[110] 이러한 상황에서 군적 작성 과정에서 간리(姦吏)들이 부유한 자들에게서 뇌물을 받고 군역을 면제해준다든지 '건장한 자를 봉족으로 잔약한 자를 호수로[以壯爲奉足 弱者爲戶首]' 만드는 부정이 빈번하였다. 그래서 국가의 의도와는 달리 잔열한 자들만이 기병으로 충원되고 있는 실정이었다.[111]

일단 군적에 올라 기·보병으로 구분된 자들은 유방과 번상으로 나뉘어 군역 근무에 임하여야 했다. 만약 번상 근무를 하지 않으면 일족이 피해를 입었다.[112] 고향에서 터를 잡고 농사를 짓고 살기 위해서는 이는 피할

---

107) 上同.
108) 『成宗實錄』권279 成宗 24년 6월 丙寅, 12책 342쪽.
109) 『世宗實錄』권23 世宗 23년 6월 癸酉, 4책 345쪽. "擇壯勇者 定爲正軍" ; 『續大典』 戶典, 收稅條. "其饒實勤幹者 定爲戶首"
110) 『燕山君日記』권51 燕山君 9년 11월 戊午, 13책 579쪽. "土豪子弟 憚於番上 名屬 保率 戶首皆是貧殘 以此軍士不實"
111) 『成宗實錄』권293 成宗25년 8월 庚申, 12책 568쪽. "軍士居計溫裕而能射御者 或 爲步兵及保人 殘劣者 或爲騎兵戶首"
112) 『中宗實錄』권35中宗 14년 2월 戊寅, 15책 509쪽. "軍士之不入番者 行移於其道 則以一族定送 以此皆逃散"

수 없는 일이었다. 번상 근무를 하는 자들은 번상기일 전 5일까지 각 지방에서 서울로 올라와야 했는데 교통이 불편한 당시에 서울로 올라온다는 것 자체가 고역이었다. 강원도나 전라도, 경상도의 연해·산간벽지에 거주하는 군인들은 서울로 올라오는 데만 8∼9일이 걸렸다.113) 또 상번하는 과정에서 강물에 빠져 서울에서 생활할 물자를 모두 다 잃어버리고 울고 있다거나114), 산을 넘을 때 다치거나 죽는 일도 비일비재하였다.115)

천신만고 끝에 서울로 올라온 번상기병들은 기마·복마, 군장 등을 점검하는 군장 점고를 받아야했다. 이때 까닭 없이 궐점(闕點)하는 자가 10명 이상에 이를 때는 절도사·수령은 계문추단(啓聞推斷), 그 두목인(頭目人)·압래인(押來人)은 장(杖) 60, 본인은 장 90에 처한다고 정해졌다.116)이 때 기병들은 군영에 들어가 거주하면서 점고를 받아야했으나,117) 사가(私家)에서 거주하면서 점고를 받는 경우가 많았다.118) 군영은 마초(馬草)라든가 음식이 준비되어있지 않았으며, 비좁고 더워 생활하기가 불편하였다.119) 또 군장들을 잃어버리는 경우가 많았다.120) 군장을 갖추지 못한

---

113) 『中宗實錄』 권7 中宗 4년 정월 乙卯, 14책 307쪽. ; 권82 中宗 31년 7월 辛亥, 17책 609쪽. 위 中宗 4년의 記事에서 特進官 尹珣은 경상도의 南海, 巨濟, 東萊 등 沿海 군졸을 留防軍으로 고정하여 倭寇에 대비하게 하고 聞慶, 咸昌등 上道軍士를 番上 軍으로 정하여 往來에 편하게 하자고 건의하였다. 이처럼 상번군사들은 평안도와 함경도를 제외한 전국각지에서 상번일시에 맞추어 군장과 식량(혹은 布)을 지참하고 서울로 올라와야 했다.

114) 『明宗實錄』 권5 明宗 2년 6월癸卯, 19책 518쪽. "全羅道軍士等 上番日迫 爭涉深水 而軍裝粮橐 盡數漂失 赤手號泣於江邊者 七十餘人云"

115) 『明宗實錄』 권11明宗 6년 5월 戊申, 20책 26쪽. "外方軍士 以侍衛上來者 死亡相 繼 葦穀之下 宿衛之卒 至於飢死"

116) 『成宗實錄』 권29 成宗 4년 4월 戊辰, 9책 15쪽.

117) 『中宗實錄』 권15 中宗 7년 2월 辛巳, 14책 557쪽. "騎正兵稱侍衛牌 令各持騎卜馬 常寓軍營 以待不時之用"

118) 『中宗實錄』 권15 中宗 7년 2월 辛巳, 14책 557쪽. "番上騎兵 各接私家點考 卽日皆 還送騎卜馬" ; 『中宗實錄』 권65 中宗 24년 5월 甲寅, 17책 121쪽. "祖宗朝 設軍營 至爲關係 而軍士等 皆樂於私主人 而不入接於軍營"

119) 『中宗實錄』 권39中宗 15년 5월 戊戌, 15책 658쪽. "軍士難於入營 以其不能具馬草

기병들이 이에 따른 벌금[徵贖綿布]121)이 두려워 다른 사람의 군장을 훔치는 경우가 많았던 것이다.

군장을 갖추는 것은 무척 힘든 일이었다. 원래 기병은 보인과 더불어 군장과 기복마를 갖추고 함께 서울에 올라와 근무를 하여야했다. 그런데, 보인은 자신의 가족인 경우도 많았고, 또 자신의 가족이 아닐 경우 보인 수를 채워 가지고 있는 사람이 드물었다.122) 군역제의 모순 속에서 보인들은 유망과 피역을 광범히 하게 전개하였고 그나마 남아있는 보인조차도 각 지방의 잡역에 시달려 호수를 도울 여력이 없었던 것이다. 그래서 호수 혼자서 군장이나 기복마를 준비해야 하는 경우도 많았다.123) 보인이 있는 사람이라도 서울에서 체류하는 경비가 많이 들어 보인에게서 보가(保價)를 받아 단신 입역하고 군장을 구매하였다. 이런 상황 속에서 군장의 가격은 폭등되었다. 당시 군장으로 철갑(鐵甲)을 입는 사람은 드물었다. 거의 가죽이나 종이로 만든 갑주를 입고 군장 점열에 대비하였다.124) 그런데 종이로 만든 갑주라도 값이 무려 면포 50필에 해당하였다.125) 이에 기병들은 아예 아무런 군장도 지니지 못한 채 번상하였다.

備鹽醬也" ;『中宗實錄』권44中宗 17년 4월 己丑, 16책 113쪽. "令當番軍士 皆留 軍營者 欲以備不虞也 頃者雖嚴令留營 皆不肯入營 今兵曹檢擧甚嚴 故軍士無遺入 處也 但營窄而人多 爲熱氣所蒸 病死者頗多"

120)『中宗實錄』권25 中宗 11년 5월壬辰, 15책 170쪽. "用溉日 軍士 常不入軍營 又無 人馬 如有變急 將奈何 應箕曰 軍士不入軍營 必接於私家者 以不遺失軍裝 且飮食任 便故也 若督入軍營 而每每徵贖 則悶怨多矣"

121)『中宗實錄』권20 中宗 9년 8월 己亥, 15책 22쪽. "都摠府 點閱軍裝不齊者 徵贖綿布"

122)『燕山君日記』권45 燕山君 8년 8월 辛亥, 13책 509쪽. "永貞曰 臣曾任咸興 計本道 軍籍 甲士則保人五 正兵則四 而人丁不足 故一人之保 不過一二人" ;『中宗實錄』권 20 中宗 9년 5월 戊子, 15책 15쪽. "騎步之兵 保人俱闕 番上之際 傾蕩財産 故逃亡 殆盡 投屬豪家"

123)『中宗實錄』권18 中宗 8년 4월 庚子, 14책 652쪽. "軍士戶首等 軍裝騎卜馬等 以無 奉足獨身準備"

124)『燕山君日記』권37 燕山君 6년 3월 丙子, 13책 407쪽. "凡今軍士皮鐵甲者 十無二 三 衛宮禁戌邊圉者 其甲非皮則紙 僅備點閱而已"

1551년(명종 6) 2월 병조는 경상도 기병들이 마필이나 군장을 일체 가져 오지 않고 수로(水路)를 통해 번상할 때 맨몸[赤身]으로 배를 타니 이들을 군법으로 처리하고, 앞으로 이런 폐단이 있으면 절도사·수령·색리를 추고 치죄(推考治罪)하자고 계를 올려 국왕의 윤허를 받고 있었다.126) 그러나 이것은 근본적인 대책 없이 단순한 엄벌주의로 해결된 상황은 아니었다.

한편 기병들은 군장이 비록 갖추어져 있어도 뇌물을 또 따로 준비하여 야 했다. 군장을 점검하는 도총부(都摠府) 하인에게 뇌물을 주지 않으면 불합격되기가 일쑤였기 때문이다.127) 그래서 아예 처음부터 면포를 잔뜩 싣고 와서 병조 색리에게 뇌물을 주고 번상근무에서 빠지거나,128) 대립 인을 세우기도 하였다.129) 그런데 기병의 대립은 보병과는 달리 정부에 서 엄격히 금지하였다. 보병은 이미 역군이 되어, 군사적 기능을 상실했 지만, 기병의 대립을 인정한다는 것은 조선전기 병농일치적인 군역제의 붕괴를 의미했다. 물론 15세기에 갑사가 제 기능을 할 때는

　　지금의 정병(正兵)은 옛적의 시위패(侍衛牌)입니다. 시위패의 번상 　　(番上)은 혹 점고(點考)하여 즉시 방면하고 혹 입번(立番)한 지 15일이 　　면 바로 방면하니, 궁궐(宮闕)을 시위(侍衛)하는 것은 갑사(甲士)를 오 　　로지 씁니다마는, 그 부족함을 보지 못하였습니다.130)

라 하여 갑사만으로도 부족함이 없었지만 16세기에 들어 갑사의 지위하

---

125)『中宗實錄』卷89 中宗 34年 正月 己亥, 18책 247쪽. "點閱軍裝 一時俱擧 一紙甲之 價 至於一同(綿布五十匹)"
126)『各司受敎』兵曹受敎, 嘉靖 29년 2월 초6일조.
127)『中宗實錄』권56 中宗 21년 3월 甲午, 16책 502쪽.
128)『中宗實錄』권20 中宗 9년 5월 戊子, 15책 15쪽. "軍人等 當上番時 多載綿布而來 盡納於兵曹色吏 免番下去"
129)『中宗實錄』권15 中宗 7년 2월 辛巳, 14책 557쪽. ;『中宗實錄』권62 中宗 23년 8 월 癸丑, 17책 22쪽.
130)『成宗實錄』권44 成宗 5년 윤6월 丁酉, 9책 118쪽.

락과 소멸과정에서 기병의 필요성은 증대되었다. 이들은 국가의 경비지출 없이도 유지될 수 있는 군사력이었다. 그러나 기병들의 대립은 정부의 금지에도 불구하고 끊임없이 행해졌다.[131] 1548년(명종 3) 「병조수교」에 의하면 아예 기병대립을 생업으로 삼아 무려 10명에 이르는 기병에게 가물을 받아 대신 입역하는 사람도 나타났다.[132] 그래서 정부에서는 1명 대립인은 장(杖) 100, 2명 대립인은 장 100, 도 3년, 3명 대립인은 전가사변(全家徙邊)으로 다루겠다고 하였으나, 병농일치적인 군역제의 모순 속에서 대립을 막을 수는 없었다.

군역제의 모순 속에서 고통 받는 기병들은 집단적으로 저항하기도 하였다. 1520년(중종 15) 병조판서 고형산(高荊山)은

요즈음 습진(習陣)하는 것을 보니 군사는 2천여 명인데 기병(騎兵)은 다 빈약하고 부실합니다. 신이 듣건대 여수(旅帥)들이 약속하기를 "군영(軍營)에 들어가 붙어 있는 자가 있거든 벌주고, 살찌고 튼튼한 말을 끌고 와서 점고(點考)받는 자가 있거든 벌주자."라고 하였다 하는데, 이것은 (범법을 저지르는) 저희 무리를 많이 만들어 본조(本曹)가 모두 처벌할 수 없게 하려는 것이니, 인심이 황당하기가 지금보다 심한 때가 없습니다.[133]

라고 하여 기병들이 집단적으로 군영에 들어가지 않고, 말을 여위게 하는 등 동맹태업을 하고 있는 모습을 말하고 있다. 그러나 16세기에 들어와 기병 중에서 말이 있는 사람은 드물었다. 이미 15세기 말인 성종 4년(1473) 대사간 정괄의 상소문에는

---

131) 『中宗實錄』 권62 中宗 23년 8월 癸丑, 17책 22쪽. "知事洪淑日 … 臣爲都摠官時見之 騎兵亦皆代立 此古所未有之事也"
132) 『各司受敎』 兵曹受敎, 嘉靖 27년 5월 26일. "近來無賴之徒 不畏國法 以騎兵代立爲業 一人或至十餘名 價物捧上 本家下送後 助番定送"
133) 『中宗實錄』 권39 中宗 15년 5월 壬寅, 15책 659쪽.

이른바 기병(騎兵)이라는 자들이 거의 타는 말이 없고 시위(侍衛)할 때에 이르러서야 남에게 빌려서 창졸간에 준비하는데, 구하지 못하면 걸어서 따릅니다. 정렬(庭列)하는 군사에 이르러서는 몸에 누더기를 입고 발에 짚신을 신어서 그 난잡하여 정돈되지 않음이 이렇기에 이르렀습니다.[134)

라는 것처럼 기병들은 남의 말을 빌려서 탔던 것이다. 이러한 사정은 16세기에 들어와 더욱 심하였다. 원래 조선은 "농사에 있어서의 소와 군사에 있어서의 말은 그 관계되는 바가 지극히 중대하다."[135)라 하여 말을 중시하고 마정(馬政)에 대해 각별한 관심을 보였다. 또 조선초기에는 일반 사족이라 하더라도 2-3필의 말을 소유하는 것이 일반적이었다.[136) 그런데 조선초기에 명나라에 대한 헌마(獻馬)[137)와 여진과의 무역에서 말이 대량으로 유출되었고,[138) 16세기 이후 지주제의 전개 속에서 확대되는 농지 개간 등에 의하여 목장이 줄어들면서 말의 수가 감소되어갔다.[139) 기존연구에 의하면 14세기 후반부터 연해지역의 저평(低平)한 곳에 설정된 목장이 해도(海島)로 옮겨지고 있었고, 16세기에는 해도의 목마장도 대부분 개간되어가는 추세에 있었다고 한다.[140) 한편 이 당시 상품화폐 경제의 진전 속에서 상인들은 말을 도살해서 판매하였고,[141) 향촌에서는

---

134) 『成宗實錄』권35 成宗 4년 10월 庚申, 9책 65쪽.
135) 『世宗實錄』권116 世宗 29년 5월 丙辰, 5책 24쪽. "牛之於農 馬之於兵 所係至重"
136) 死六臣의 한 사람이었던 河緯地는 문인임에도 불구하고 말을 3필이나 보유하고 있었다. (『丹溪遺稿』遺卷 ; 『丹溪先生實記』卷2, 遺卷)
137) 『世宗實錄』권21 世宗 5년 8월 庚戌, 2책 551쪽. 明에 贈送된 馬匹(貢馬) 및 易換馬量에 대해서는 南都泳, 『韓國馬政史研究』亞細亞文化社, 1976, 92~119쪽 참조.
138) 『中宗實錄』권6 中宗 3년 8월 辛巳, 14책 273쪽. ; 『中宗實錄』권21 中宗 10년 2월 丙申, 15책 56쪽.
139) 『中宗實錄』권88 中宗 33년 10월 癸未, 18책 224쪽 ; 『星湖僿說』권6, 萬物門, 濟馬 "國初牧場 百二十處 今存者若干 又稍許民耕墾 馬所以漸縮"
140) 李泰鎭, 「15·6세기의 低平·低濕地 開墾 동향」 『國史館論叢』2, 1989.
141) 『中宗實錄』권44 中宗 17년 2월 丁亥, 16책 98쪽. "聞商賈之徒 乘船入海至牧場 射

운송용으로 말을 혹사시켰다.[142] 이러한 상황에서 마가(馬價)는 폭등하였다. '말 1필의 가격이 면포 2, 3동(同)'[143] 이라거나, "말을 살 때 거의 면포 200필은 주어야 살 수 있다."[144]라는 실정이었다.

이제 기병들은 거의 말을 가지고 있지 못한 형편이었다. "예전에는 말을 탄 군사가 천여 명이었는데 지금은 겨우 사오십 명에 불과하다."라거나 "말을 가지고 있는 군사가 백에 하나, 둘도 안 된다."[145] 라는 탄식이 터져 나왔다. 이제는 모두 서울에 와서 남의 말을 빌려 타는 것이었다. 자신의 말이 있는 자라도 서울에서 말을 사육하는 비용이 많이 들어 자신의 말은 돌려보내고 말을 대여하여 탔다.[146] 정부에서는 한때 말을 빌려 타는 군사와 말을 빌려주는 자는 '제서유위율(制書有違律)'로 엄단한다고 하였으나 이것은 엄단한다고 고쳐질 수 있는 문제가 아니었다.[147] 그래서 정부 내에서 시세에 따라 법을 운용해야 한다는 의견도 나왔다. 1520년 (중종 15) 대사헌 이항(李沆)은

> 대저 법이란 좋지 않은 것이 없으나 인정과 시세에 맞아야 됩니다.
> 군사가 군영(軍營)에서 말을 기르는 것은 법이니 더욱 밝혀서 행하는
> 것이 마땅하나, 근년에 잇따라 흉년이 들어 백성이 곡식을 먹지 못하
> 므로 군사가 양식을 장만하여 상번(上番)하기에도 겨를이 없는데, 더

殺馬匹 以爲販賣之資"
142) 『中宗實錄』 권21 中宗 9년 10월 辛丑, 15책 35쪽. "鄕里以軍士之馬 循環태載 艱難
　　到京 人馬俱困"
143) 『中宗實錄』 권15 中宗 7년 2월 壬午, 14책 557쪽.
144) 『燕山君日記』 권48 燕山 9년 2월 庚申, 13책 547쪽.
145) 『中宗實錄』 권5 中宗 3년 2월 辛卯, 14책 232쪽. "往時騎馬軍士 可千餘名 今則僅
　　有四五十名" ; 『中宗實錄』 권36 中宗 14년 9월 甲午, 15책 567쪽. "臣近點府兵裝具
　　二三者 十無一二 馬具大小者 百無二三 無馬者皆是 無裝者居半"
146) 『中宗實錄』 권36 中宗 14년 6월 甲申, 15책 548쪽. "外方軍士 當番次上來時 以養
　　馬爲難 卽還其騎卜馬 有所騎之時 則必借人 而償其直"
147) 『燕山君日記』 권51 燕山 9년 11월戊午, 13책 579쪽. "自今兵曺無時點考 借騎者
　　以制書有違律論斷 借之者 與同罪 馬匹屬公"

구나 기마·복마를 장만하여 군영에서 기르는 일이겠습니까? 이것을
고법(古法)이라 하여 강제로 시키면 군사가 날로 곤궁할 뿐 아니라, 또
점고(點考)에 빠져 형조(刑曹)로 옮겨 죄를 결단하면 반드시 형장(刑
杖)을 맞다가 숨지는 자가 있을 것입니다. 이것은 한갓 그 법을 시행하
되 인정과 시세를 헤아리지 않고 하는 것이니, 짐작해서 그 법을 시행
하지 않아서는 안 됩니다.148)

라 하여 군사들이 군영에서 자신의 말을 사육해야 한다는 법을 강행할 때
는 군사들만 형장 밑에서 죽을 뿐이라고 강변하였다. 시세와 인정에 따라
말을 빌려 타는 것을 용인하자는 것이었다.

그러나 말을 빌려 타는 것도 쉬운 일은 아니었다. 말의 대여료가 급등
하고 있었다. "군장과 마필의 값이 한꺼번에 뛰어올라 말 한 필을 하루에
빌리는 값이 면포 40필에 가깝습니다."149) 이라는 것처럼 말을 하루 빌리
는 데 무려 40필이 소요되었다. 이리하여 빈한한 군사들은 말을 빌리는
데 곤폐해지고 군사력에는 아무 도움도 없으면서, 오직 말을 빌려주는 자
들만이 이익을 본다는 말이 나오게 되었다.

그래서 1520년(중종 15) 5월 국왕 중종이 먼저 기병들의 기·복마 중에
서 복마는 폐하고 기마만 세우자고 하였다.150) 그러나 좌의정 남곤이 반
대하여 이 때 복마를 폐하는 것은 이루어지지 않았다. 이후 복마가 폐지
되는 것은 선조 16년(1583) 병조판서 이이의 건의에 의해 이루어졌다.151)
한편 기마까지 폐지되어 기병이 완전히 보군화(步軍化)되는 것은 임진왜

---

148) 『中宗實錄』 권39 中宗 15년 6월 壬申, 15책 668쪽.
149) 『中宗實錄』 권89 中宗 34년 정월 己亥, 18책 247쪽.
150) 『中宗實錄』 권39 中宗 15년 5월 壬寅, 15책 659쪽. "上曰 近來年凶 軍士之養飼其
馬 果難矣 姑令軍士 但立騎馬… 南袞曰軍士皆安逸爲心…脫有緩急 將何爲用 軍士騎
卜馬 亦不可不具"
151) 『宣祖實錄』 권17 宣祖 16년 2월 己亥, 21책 387쪽. "兵曹判書李珥 建白以上番及
入防軍士疲弊 今爲除卜馬"

란을 겪고 난 후였다. 이러한 사정을 광해군 8년(1616) 병조는 다음과 같이 말하고 있다.

> 조종조의 옛 제도를 조사해 보았더니, 이른바 정병(正兵)이라는 것은 바로 기병(騎兵)입니다. 번을 드는 처음에 기마(騎馬)와 복마(卜馬)를 점검해 보고 또 궁시(弓矢)와 환도(環刀)를 검열하여 탈이 있으면 죄를 다스렸는데, 그 법이 매우 엄격하였습니다. 지난 계미년에 본조의 판서로 있던 이이(李珥)가 계청하여 복마를 혁파하자, 군사(軍士)들은 좋아하였으나 논하는 자들은 법을 변개시켰다는 이유로 이이를 공격하였었는데, 난리 후에는 기마까지 아울러 혁파하였습니다.[152]

즉 이이의 건의에 의해 복마가 폐지되자 군사들을 기뻐했으나 일부 논자들을 이것을 변법이라고 공박했고, 임진왜란 후에 이르러서는 기마마저 폐지되었다는 것이다.

이상에서 살펴본 바와 같이 16세기 들어 기병은 사실상 말이 없는 보군으로 변해갔다. 정부는 현실을 인정치 않고 엄한 법으로 다스리려고 하였으나 기병들의 끊임없는 저항 속에서 정부 내에서도 시세를 인정하자는 주장도 나왔다. 16세기 말에 이르러서는 복마와 기마가 폐지되면서 기병은 명칭만 기병이지 보군으로 화했다. 기병은 16세기에 비록 대립이 정부의 금지에도 불구하고 행해지기는 하였지만 병농일치제에 따른 번상체제는 계속 유지하였다. 그러나 임란중 선조가 "이른바 갑사·기병이라는 것들은 모두 군사가 아니다."[153]라고 말한 바와 같이 기병의 군사력은 지극히 허약한 실정이었다. 임진왜란 이후에도 기병은 번상 근무를 계속하다가 17세기 말에 이르러 퇴번 수포가 인정되면서 수포군화되었다.[154]

---

152) 『光海君日記』권106 光海君 8년 8월 己亥, 29책 501쪽.
153) 『宣祖實錄』권45 宣祖 26년 윤11월 癸巳, 22책 138쪽.
154) 拙稿, 「17세기 軍役制의 推移와 改革論」『韓國史論』22, 1990.

2) 보병의 수포군화

 양인농민의 의무군역인 정병은 번상과 유방으로 근무지가 나뉘었고, 다시 기병과 보병으로 병종이 구분되었다. 기병과 보병은 같은 정병에 속했지만 이들에 대한 국가의 대우는 현저히 달랐다. 기병은 보인을 3명 지급받았음에 비해 보병은 2명을 받았고, 보병의 역은 기병보다 훨씬 고되었다. 1539년(중종 34) 10월 전주부윤 이언적(李彦迪)은 그의 장문의 상소 속에서 이러한 사정을 다음과 같이 말하였다.

  대개 보병(步兵)은 기병(騎兵)보다 신역이 고달픈데도 보인(保人)은 2명이고 … 신역이 고달플수록 보인은 적어지고 부담해야 할 세금은 많아집니다. 그리하여 견딜 수 없는 형편에 이르러 보인 1명이 도망치면 몸도 보존할 수가 없게 되고, 그렇게 되면 그 조세를 이웃이나 일가에게 물으라고 독책하게 되어 이웃이나 일가도 도망을 치게 됩니다.[155]

 즉 보병은 기병보다 역이 훨씬 고되었는데도 오히려 보인도 적고 국가에 대한 부세도 여러 가지로 더 부담하여야 하므로 감당하기가 어렵다는 것이다. 이것은 조선 전기 집권적 관료체제하에서 계급질서의 한 반영이었다.

 앞에서 살펴본 바와 같이 번상기병은 16세기 들어서면서 보군으로 화하였다. 그런데 번상보병은 이미 15세기 말부터 군사라기보다는 역졸로 변하였다. 1473년(성종 4) 10월 대사간 정괄(鄭佸)은 그의 상소에서

  소위 보병(步兵)이란 것은 겨우 서울에 들어오면 모두 토목(土木)의 역사에 나아가고 한 사람도 시위(侍衛)하는 자가 없게 되니, 이름은 비록 군사라고 할지라도 실상은 역졸(役卒)입니다.[156]

---

155)『中宗實錄』권92 中宗 34년 10월 甲申, 18책 352쪽.

라고 이러한 사실을 증언하고 있다. 16세기 농업 경제의 변동과 상품유통의 발달 속에서 사치풍조가 만연하면서 지배층들은 궁궐, 저택을 거대하게 짓는 등 토목공사가 급등하였다.[157] 원래 토목공사는 급료를 지급받는 시취군인인 팽배(彭排)와 대졸(隊卒)이 담당하였으나, 이들은 토목 공사가 과다해지면서 지원자가 줄어들자 점차 소멸되었다.[158] 이들 대신 보병들이 토목공사에 동원하면서 보병은 역졸화하였던 것이다.[159] 그래서 보병은 기병과 같이 군장을 갖출 필요도 없었고, 정부 역시 군장 점고를 하지 않았다.[160] 보병은 아예 군사력으로 간주하지도 않았던 것이다.[161]

사실 보병은 입번하는 기간에 각 관청에 배치되어 군역을 수행하였는데, 승평(昇平)이 오래 계속 되면 역졸화(役卒化)하는 것은 당연한 추세이기도 했다. 그런데 비록 보병이 역졸화하였으나 요역(徭役)과는 명확히 구분되었다. 요역은 민호를 대상으로 하여 민간의 노동력을 징발하는 호역(戶役)이었지만, 군역은 특정한 인신(人身)을 대상으로 특정한 역을 부과하는 신역(身役)이었다.[162] 16세기에 들어서는 요역에 의해 징발되는 연호군(煙戶軍)보다도 보병을 각종 역사에 우선적으로 동원시키고 있었다. 1520년(중종 15) 윤8월 영의정 김전(金佺)은 축성할 때 인부로서 당연히 당번 보병을 먼저 동원하고, 당번 보병이 부족할 때 연호군을 사용하자고 주장하고 있다.[163] 이것은 요역에 의해 징발되는 연호군은 단기간

---

156) 『成宗實錄』권35 成宗 4년 10월 庚申, 9책 65쪽.
157) 李泰鎭, 「16세기 韓國史의 理解 방향」 『韓國社會史研究』 지식산업사, 1986.
158) 田川孝三, 「貢納·徭役制의 崩壊와 大同法」 『李朝貢納制의 研究』. 1964. 685~686쪽.
159) 『成宗實錄』卷286 成宗 25年 正月 丁酉, 12책 462쪽 ; 『燕山君日記』卷36 燕山君 6年 2月 丙申, 13책 401쪽. ; 『燕山君日記』卷37 燕山君 6年 3月 丙子, 13책 407쪽. "彭排五十 隊卒三千數 載大典 而過半未充 以致步兵水軍皆服土木之役"
160) 『中宗實錄』권22 中宗 10년 6월 庚辰, 15책 90쪽. "步兵 專爲役事 不備軍裝久矣"
161) 『成宗實錄』권278 成宗 24년 윤5월 己未, 12책 339쪽. "用兵之時 步兵則多不持兵 除步兵"
162) 尹用出, 「15·16세기의 徭役制」 『釜大史學』 10, 1986.

에만 입역하였으므로,164) 공사기간이 긴 역사에는 군인을 동원하는 것이 번거롭지 않고 보다 효과적이었기 때문이었다.165)

당번 보병은 각종 토목공사에 동원되었을 뿐만 아니라, 병조나 도총부, 승정원 등 각사의 사후사령(伺候使令)으로도 끌려 다녔다.166) 원래 각사의 사후사령으로서 조예(皂隷)와 나장(羅將)이 책정되어 있었으나,167) 이들이 피역 저항함으로써 수가 부족함에 따라 보병으로 충정하게 되었던 것이다.168) 이렇게 보병이 역졸화하고 또 사후사령으로 동원됨에 따라 점차 당번보병들은 타인에게 일정한 대가를 지불하고 자신의 역을 대신 지우게 하는 대립(代立)을 하게 된다.169) 16세기에 들어와 정부로서도 보병은 정예군사인 갑사나 기병과 달리 군장도 없는 역졸이었기 때문에 대립을 하여도 군사력에는 별 지장이 없다고 판단하여 이를 허용하는 추세로 나아갔다.

보병의 대립 원인으로는 첫째, 노동력 수탈을 위한 국가권력의 통제로부터 벗어나서 농업 노동력을 확보하고자 했던 군역 농민들은 자신이 직접 입역하는 것보다 대립을 희망하였다. 보병들은 번상근무로 4∼5개월을 소

---

163) 『中宗實錄』권40 中宗 15년 윤8월 丙午, 15책 685쪽.

164) 『經國大典』戶典, 요역조에는 "凡田八結出一夫 一歲不過役六日"이라 하여 연간 使役 日數를 단 6일로 정하고 있다.

165) 『明宗實錄』권32 明宗 21년 4월 丁丑, 21책 84쪽."煙戶之軍 勢難獨當久役 故一人 僅備粮 赴役三日而相遞 則以煙戶二百人 始當水軍十人一朔之役 其動衆亦煩矣"

166) 『成宗實錄』권275 成宗 24년 3월 壬辰, 12책 289쪽. "正兵番上爲侍衛也 而如都摠 府兵曹 名爲伺候 多數分定 濫收傭直而放送" ; 『中宗實錄』권22 中宗 10년 6월 戊 寅, 15책 88쪽. "今之所謂步兵者 有兵之名 無兵之實… 當其番也 或稱伺候使令 隨率 於人 或分屬役所 不得一日暫休" ;『中宗實錄』권62 中宗 23년 8월 癸丑, 17책 22 쪽. "承政院使令 皆以步兵定之"

167) 姜萬吉,「朝鮮後期雇立制發達」『世林韓國學論叢』1집, 1977.

168) 『中宗實錄』권7 中宗 3년 정월 丙午, 14책 303쪽. "各司皂隷羅將 一年之內 四朔入 番 … 請以京近官步正兵充定"

169) 보병의 대립에 대해서는 李泰鎭,「軍役의 變質과 納布制 實施」, 앞의 책 참조.

비하고 나면 농사지을 수 있는 날이 거의 없을 정도였다.[170] 따라서 농민들의 군역 부담은 농민들의 정상적인 영농 활동을 방해하였고 농업생산력을 감퇴시켰다. 정부 내에서도 "농민들을 몰아 군인으로 만들어 농시(農時)를 빼앗는다."[171] 라고 하거나, "정장(丁壯)이 농토(南畝)에 있지 않으면 외구(外寇)가 이르기도 전에 나라가 위험하다."[172]라는 우려가 분분하였다. 보병의 입번을 강요하는 것은 군역 담당자인 농민의 입장에서나, 수취의 안정적인 기반을 확보해야하는 정부의 입장에서나 모두 상반되는 것이었다.

둘째, 앞에서 언급했듯이 번상보병의 실제 임무는 군사 활동이 아니라 가혹한 토목공사 역이었기 때문에 보병들은 가능한 한 대가를 치르고 가혹한 노동에서 벗어나기를 원하였다. 당번보병들은 쉴 새 없이 역사에 동원되었다.[173] 고역에 대한 군인들의 원망은 『조선왕조실록』 도처에서 산견되는 바이지만, 심지어 군인항쟁으로까지 나타날 정도였다. 1526년(중종 21) 4월 영의정 남곤(南袞)은 월곶진(月串鎭)의 사태를 논의하는 자리에서 "월곶진의 군인들이 주장(主將)를 능욕할 뿐만 아니라 기치를 높이 세우고 항쟁을 전개하였다."[174]고 말하고 있다. 그런데 이것은 월곶진에 그치는 것이 아니라 상주 등 기타 지역에서도 비슷한 상황이 전개되었다. 이와 같은 고역에 의한 지방 군인들의 저항 속에서 정부는 번상보병의 대립을 허용하는 추세로 나아가지 않을 수 없었다. 서울에서 군인들이 반란을 일으킬 경우 이것은 정권의 운명과 관련된 것이기 때문이었다.

셋째, 서울에서 원거리에 있는 보병이 번상근무하기 위해 서울로 올라오는 데에 엄청난 고통이 따랐고, 또 물가고(物價高) 등에 의해 서울에서

---

170) 『中宗實錄』권22 中宗 10년 6월 戊寅, 15책 88쪽. "今之所謂步兵者 有兵之名 無兵之實…往來之際 動經四五朔 番下在家已無日矣"
171) 『中宗實錄』권29 中宗 12년 9월 乙未, 15책 330쪽.
172) 『明宗實錄』권23 明宗 12년 12월 壬午, 20책 451쪽.
173) 『中宗實錄』권50 中宗 19년 4월 辛丑, 16책 299쪽. "尙就他役 與不休無異也"
174) 『中宗實錄』권57 中宗 21년 5월 辛巳, 16책 507쪽.

복무하는 것보다 대립을 하는 것이 경비가 절감될 수도 있었다. 전술한 바와 마찬가지로 번상근무는 전국 각처에서 행해졌다. 극변지방의 경우 서울로 번상하는 데 걸리는 날짜만 해도 무려 8~9일에 달하였다. 보병들이 번상하기 위해 고산준령을 넘고 강을 건너 서울로 올라올 때 다치거나 물에 빠져죽는 사람 역시 부지기수였다. 한편 천신만고 끝에 서울에 올라온 보병들은 보인에게서 보포를 받아와 생활해야 했는데 서울은 '곡귀화천(穀貴貨賤)'이라 하여 면포 1필이 쌀 한 말밖에 안 되는 경우도 있어 굶어죽기까지 하였다.[175] 1493년(성종 24) 5월 특진관 유자광은

> 역사(役事)하는 곳의 정병(正兵)이 어찌 스스로 입역(立役)할 줄 몰라서 반드시 재산을 털어 대립(代立)시키겠습니까? 오로지 객지에서 먹기는 매우 어렵고 역사는 매우 힘든 데 조금만 일을 더디 하면 어지러이 매질하고 속(屬)을 거두기 때문입니다.[176]

라고 하여 정병들이 밥해먹기도 힘들고 고역에 시달려 온 재산을 털어 대립인을 세운다고 말하였다.

이상과 같은 원인에 의해서 보병들은 대립을 원하였고 정부 역시 대립을 용인하는 방향으로 나아갔다.[177] 16세기 조선사회 역시 대립제가 성행할 수 있는 사회경제적 조건이 성숙되고 있었다. 지주전호제의 전개 속에서 토지를 상실하거나 각종 국역의 부담을 피하려는 농민들은 농토를

---

175) 『燕山君日記』 권46 燕山君 8년 9월 辛卯, 13책 515쪽. "今年凶甚 秋初市價 綿布一匹 直米一斗許 … 今營繕赴役之軍 步兵亦多 飢困之狀 不可勝言"
176) 『成宗實錄』 권277 成宗 24년 5월 戊子, 12책 316쪽.
177) 연산군 때 보병들의 대립을 금지하고 대립자들을 全家徙邊 조처를 취한 적이 있었다. 그러나 이는 "在廢朝 正兵代立者 皆令徙邊 是亦救弊之擧 而街巷騷然 冤呼盈路 此予所同覩也 厥後代立者 猶不止"(『中宗實錄』 卷10 中宗 5年 3月 辛巳, 14책 418쪽.)라는 바와 같이 농민들의저항에 직면하여 실효가 없었다. 이후 정부의 보병대립 금지조처는 별로 나타나지 않는다.

떠나 유망하고 있었고,[178] 도시로 집중하고 있었다.[179] 유민, 혹은 피역인들의 도시집중은 이 시기에 있어서 중앙·지방을 통틀어 계속하여 나타나는 현상이었다. 1533년(중종 28) 7월 정광필(鄭光弼)은 자신의 부모묘지 근처에 있던 마을들이 20년 사이에 모두 없어지고 그 마을 사람들이 서울에 올라가 토목공사가 있을 때 역졸의 대립인으로 생활한다고 말하였다.[180] 농민층의 분해 속에서 농토를 잃고 서울에 올라온 유민, 피역인들은 '타농(惰農)' 또는 '도부지인(逃賦之人)'[181]으로 인식되었는데, 이들의 존재로 인해 군역의 대립제가 전개될 수 있었던 것이다.

그런데 16세기에 들어 대립가는 엄청나게 인상되어갔다. 대립가는 풍흉에 따른 곡가의 변동과 면포의 생산량에 따라 유동하고 있었지만 특히 1528년(중종 23) 이후 대립가는 폭등하고 있었다.[182] 1536년(중종 31)에는 보병 한 번의 번가가 100필이나 되는 경우도 있었다.[183] 대역자(代役者)들은 "역이 무겁다[托以役重]"고 하면서 대립가를 계속 올려 받았고, 제사 관속(諸司官屬)이나 경주인들과 결탁하여 대립가를 받아냈다. 한편 각사의 말단 관속들은 보병들의 자립을 방해하고 강제로 대립가를 납부하게 하였다. 이에 보병들은 '월리(月利)'를 내서 대립을 하고,[184] 또 대립

---

178) 지주전호제에 따른 농민층 분화에 대해서는 金泰永,「朝鮮前期 小農民經營의 추이」『朝鮮前期 土地制度史硏究』知識産業社, 1983 참조.
179) 田川孝三, 앞의 책, 707～708쪽.
180) 『中宗實錄』권75 中宗 28년 7월 乙卯, 17책 448쪽. "鄭光弼曰 臣父母之沒 近四十年 墳墓近處初見閭閻 撲地二十年間皆已掃如 問之則 皆云棄家入京 或有於都中來見者 盖成廟朝嘗營王子第宅 而役使水軍 故近處水軍 與居民 因其時習之故 利其立役 皆來于京師耳 權輗曰 … 臣簒仕幾二十年 草見丘史立役者甚少 僅得債人立之 今則代立者爭先爲之 此官員多率丘史之驗也 故外方惰農皆入京 代丘史立役資食"
181) 『中宗實錄』권21 中宗 9년 11월 癸酉, 15책 42쪽.
182) 대립가의 인상에 대해서는 田川孝三, 李泰鎭의 앞의 논문에 자세하다.
183) 『中宗實錄』권81 中宗 31년 정월 丁卯, 17책 630쪽.
184) 『燕山君日記』권48 燕山君 9년 정월 甲子, 13책 536쪽. "正兵公賤等 出月利以代立 給月利者 必呈官徵之

인에게 후에 갚겠다고 약속하고는 고향에 내려와 이를 갚느라 집과 소·말·전답을 방매하고 유망하지 않을 수 없었다.[185] 보병들은 자기가 가진 것을 모두 팔아도 대립가를 갚지 못하기도 하였다.[186] 그런데 만약 보병들이 대립가를 갚지 못했을 경우 온 일가 친족이 도산하게 되었다.[187]

한편 번상보병의 대립제 성행과 더불어 경주인들이 각 지방 보병들의 대립가를 일괄로 받아다가 서울에서 사람들을 고용하여 입역시키면서 중간 차익을 챙기는 취리행위까지 성행하였다. 즉 1528년(중종 21) 8월 지사 홍숙(洪淑)은

> 각 고을의 경주인(京主人)들이 본 고을에 내려가 온 고을의 보병(步兵) 및 선상(選上)의 대가(代價)를 전부 거두어, 배로 수송하거나 육지로 운반하여 서울에 도착하게 되면 더러는 악포(惡布)로 주고 더러는 수량을 감해서 주고 대역(代役)할 사람을 세우므로, 경주인들이 취득하는 이익은 매우 크지만 군사들이 받는 폐해는 지극히 심합니다.[188]

라 하여 군역제의 모순 속에서 사익을 챙기는 경주인들의 행위를 고발하고 있었다.

사적(私的)으로 이루어지는 대립가의 폭등 속에서 보병들이 고통을 겪을 뿐만 아니라 이에 따라 국가의 수취기반이 흔들리자 정부로서는 이러한 대립가를 국가체제내로 흡수하지 않을 수 없었다. 이는 우선 대립가의 공정(公定) 조치로 나타났다. 정부에서는 1493년(성종 24), 1518년(중종 13)에 각각 1개월의 대립가를 5승포(升布) 3필과 7필로 공정하였다.[189] 그러나 전술한 바와 같이 정부의 대립가 공정에도 불구하고 대립가는 계

---

185)『中宗實錄』卷62 中宗 23年 8月 癸丑, 17책 22쪽. "傾財破産 猶不能償"
186)『燕山君日記』권36 燕山君 6년 2월 丙申, 13책 401쪽.
187) 주 184)와 같음.
188)『中宗實錄』권62 中宗 23년 8월 癸丑, 17책 22쪽.
189) 李泰鎭, 앞의 논문, 243쪽.

속 인상되어갔고, 경주인들이 각 지방에서 대립가를 받아와 대립인을 고용하는 현상까지 나타났다. 이에 정부에서는 대립가의 공정에서 한 걸음 나아가 대립가의 징수를 국가에서 관리하는 방식 즉 이른바 '군적수포법 (軍籍收布法)'이 고려되었다.

이것은 전라도 관찰사 김정국의 진폐계(陳弊啓)로 구체화되었다. 1538년(중종 33) 9월 김정국은 군역제의 모순 속에서 농민들이 유망하고 일가친족까지 피해를 입어 온 마을이 공허해진다고 하면서, 곡성의 경우 보병의 원액이 184호인데 절호(絶戶)가 무려 94호에 이른다고 보고하였다. 이러한 상태를 시정하기 위해서는 원 군액은 감할 수 없으므로 군다민소(軍多民少)한 지역의 군액을 군소민다(軍少民多)한 지역에 옮기고, 또 상번가포는 각관의 수령들이 '감납답인(監納踏印)'하고 이를 다시 상번호수에게 돌려주어 올려 보내게 하여 각처로 분송하게 할 것을 주장하였다.[190]

이에 대해 다음 달 영의정 윤은보(尹殷輔)와 이·병조 당상들은 각 지방관들이 관할 내의 보병번가를 수합하여 믿을만한 자를 뽑아 병조로 올려 보내고 병조에서는 이를 각처에 분송하게 하자는 김정국의 의견보다는 구체적인 개선안을 국왕에게 제출하였다.[191] 김정국은 답인(踏印)된 가포를 호수 개인이 가지고 올라가도록 하는데 반해 이것은 일괄수합해서 병조로 올려 보내자는 것이었다. 그 후 중종 36년(1541) 2월 동지사 양연 (梁淵)의 발의로 각 지방에서 올라온 대립가포는 병조소속의 사섬시(司贍寺)에서 관장하기로 결정되었다.[192] 그리고 그 해 4월에 보병 수포가(收布價)는 일삭(一朔) 3필 반으로 공정되었다. 즉 윤은보는 국왕과 인견한

---

190) 『中宗實錄』 권88 中宗 33년 9월 庚子, 18책 212쪽.
191) 『中宗實錄』 권88 中宗 33년 10월 癸丑, 18책 224쪽. "步兵番價 該曹酌定已久 代立者猶不畏法 數多濫徵 貧殘軍士 不勝其苦 日就流亡 果如觀察使所啓 令所在官境內 步兵番價 依數收合 踏印監封 番上步兵中 有幹可信 責付上送兵曹 分送各處 而各處 官員等 考驗封署分給 俾無濫受之弊"
192) 李泰鎭, 앞의 논문, 248~249쪽 참조.

자리에서 원래 보병 번가는 3필이었으나 오늘날의 5승포는 옛날의 4승포에 해당하는 등 악포(惡布)의 성행에 따라 반 필을 더하는 것은 부득이하다는 것이었다.[193] 그리고 이 공정가는 『대전후속록』에 전재되었다.[194]

이상과 같이 보병의 수포군화가 진행되었다. 이미 역졸화한 보병으로서는 수포군으로의 진행은 당연한 귀결이었다. 그런데 수포제의 성립으로서 관속이나 대립인의 남징(濫徵)이 제거되고 번상 직납의 번거로움이 없어졌으나 보병이나 그 보인의 부담이 가벼워진 것은 결코 아니었다. 16세기 양인농민의 피역저항 속에서 정군 및 보인의 절호(絶戶)가 많아지자 정부에서는 족징·인징으로 수탈을 강화하였기 때문이었다. 1557년(명종 12) 단양군수 황준량은 민폐에 대한 상소를 올리면서 군정의 어려움을 다음과 같이 피력하였다.

> 본 고을에는 보병이 26명이니 많은 것은 아닙니다. 지금은 겨우 13명만 남아 있는데 그것도 보솔(保率)이 없는 단신입니다. 그 13명은 대체할 자가 없이 빈 문서만 걸어놓고 있을 뿐입니다. … 보병의 신역에는 으레 가포(價布)가 있으니 현재 있는 13명은 모두 이웃과 일족의 힘을 빌리고 있는 상황이고 그 나머지 1백 여의 가포는 어떻게 공납할 수가 없어 민간에게 나누어 배정하였으므로 한번 보병의 가포를 겪고 나면 온 고을이 탕진되어 솥이 남아 있는 집이 몇 안 됩니다.[195]

이와 같은 상황은 군역제의 근본적인 개혁이 아니고서는 쉽게 해결될 수 있는 것이 아니었다. 물론 이 시기의 수포제는 토목사업의 역졸을 고

---

193) 中宗實錄 권95 中宗 36년 4월庚申, 18책 458쪽. "兵曹司贍寺 奉其價而分給事 已議定之 而其價本五升木棉也 而今之五升 乃古之四升也 升▨則代立者無人 故加半匹之法 又出於不得已也"
194) 『大典後續錄』 兵典 雜令條. "步兵番價 每一朔五升綿布三匹半 早隷羅將選上則二匹半 不准升數 則加半匹"
195) 『明宗實錄』 권22 明宗 12년 5월 丙辰, 20책 409쪽.

용하기 위한 수포제로서 17세기 이후 나타나는 급료병을 위한 수포는 아니었다. 그러나 이 시기의 수포제는 신분제와 병농일치에 입각한 군역제에서 탈피하여 상비군으로서 급료병이 성립할 수 있는 전제를 마련하고 있었다.

4. 맺음말

지금까지 갑사와 정병(기병·보병)에 초점을 맞추어 16세기 군역제의 변동 상황에 대하여 살펴보았다. 이로써 이 시기에는 갑사가 소멸의 길을 걷고 있었고, 정병 중 기병은 보군화, 보병은 수포군화가 진행되고 있었음을 알 수 있었다.

조선전기 집권적 관료체제하에서 갑사는 국왕을 보위하는 최고의 정예병이었고 중앙군의 중추적 군사력이었다. 갑사는 군신관계에 입각한 군역으로서 입속하면 5~8품의 실직에 올라 이에 따른 토지와 녹봉을 지급받았고, 또 보인까지 받았다. 갑사는 시취에 의해 충원되었고 그 응시는 엄격한 신분적·경제적 조건이 갖추어진 자에 한하였다. 비록 합격하였다하더라도 매월 실시하는 연재(鍊才)에 불합격하면 파출을 면치 못했다. 농사일을 하지 않고 말을 타면서 무예를 익힐 수 있는 계층만이 입속이 가능하였던 것이다. 이러한 갑사는 15세기 후반부터 군액의 증가에 따라 실직에서 체아직으로 지위가 하락되면서 변질되었다. 그리고 16세기에 들어와 사회경제적 변동 속에서 차츰 소멸의 길을 걷고 있었다.

16세기에는 보법의 모순과 군역의 폐단 속에서 피역이나 보다 가벼운 역으로 투속하려는 농민층의 저항이 심화되고 있었다. 이러한 가운데 16세기 전반에는 갑사가 양인농민의 의무군역인 정병에 비해 훨씬 우대받는 군역이었으므로 조금이라도 여유 있는 농민들은 갑사로 떼를 지어 들어오려고 하였다. 이들은 돈으로 갑사자리를 사는 경우도 있었다. 이렇게 무자격자들이 갑사로 모속하려는 상황에서 무예를 익히던 한량이나 사족 자제들은 갑사로의 입속을 기피하고 한유하거나 유학 공부로 돌아서고 있었다. 성리학의 발달에 따른 천무 의식의 확산이 이것을 가속화하였다. 한편 갑사의 근무조건 역시 열악해져만 갔다. 우선 보인의 확보가 제대로 이루어지지 않았고, 군장의 가격과 말 값이 폭등함에 따라 이를 갖추기가 쉽지 않았다. 여기에다 녹봉마저 제대로 지급되지 않고 있었다. 갑사는 군신관계에 의한 명예나 국가의 물질적 배려는 없어지고 의무만 남는 군역으로 되었다. 이에 16세기 후반에 이르면 갑사는 양인농민마저 극력으로 기피하려는 곳으로 변하였다. 입속하면 잡물을 부담하여야하고 위장·부장들의 침탈까지 곁들인 고역이 되었던 것이다. 이에 갑사는 그 정액조차 채우지 못하다가 임진왜란을 맞게 되었고 17세기 이후 역사에서 자취를 감추었다.

조선전기 최대의 군정수를 보유한 양인농민의 의무군역인 정병은 기병과 보병으로 구분되었고 번상과 유방으로 근무지가 나뉘었다. 이중 궁궐을 시위하는 번상기병은 비록 갑사에는 미치지 못하지만 사회적 지위는 높은 편이었다. 기병은 부유한 사람가운데에서 차정되었고, 입역기간 중 도시(都試)에 응하여 갑사나 무반으로 진출할 수 있었다. 그러나 16세기 들어 기병은 번상 왕래시의 어려움, 군장 가격과 말 값의 폭등, 서울의 물가인상 속에서 고통을 겪었다. 그래서 대립이 행해지기도 하였다. 그러나 정부에서는 기병의 대립은 철저히 금지하는 정책으로 일관하였다. 이것을 인정한다는 것은 조선전기 군역제의 포기를 의미하였던 것이다.한편 이 시기에 말 값의 인상은 기병의 보군화를 초래하였다. 지주제의 전개 속에서 확대되는 농지개간으로 연해지역이나 섬에 설치된 목장이 줄어들면서 말의 수가 감소하였고, 이는 말 값의 상승을 초래하였다. 이러한 가운데 기병은 말을 소유하기는커녕 빌려 타기도 힘들게 되었다. 이에 기병들은 집단적으로 저항하였고 정부에서도 차츰 시세를 인정하는 방향으로 나아갔다. 16세기 후반에 율곡 이이의 건의에 따라 복마가 폐해지고 임란이후에는 기마까지 폐지되었던 것이다.

번상보병은 이미 15세기 후반부터 역졸화하였다. 16세기에 들어와 점증하는 토목공사에서 보병은 요역에 의해 징발되는 연호군보다 우선적으로 동원되고 있었고, 각사(各司)의 사후사령(伺候使令)으로도 끌려 다녔다. 이에 따라 보병은 군장을 갖출 필요도 없었고 군사력으로 간주되지도 않았다. 보병들은 농업노동력의 확보, 가혹한 토목공사에의 규피, 서울의 물가고 등의 이유로 대립을 희망하였고, 정부 역시 갑사나 기병과 달리 보병은 대립하여도 군사력에는 별 지장이 없다고 판단하여 대립을 허용하는 추세로 나아갔다. 당시에는 이미 농민층의 분해로 인해 서울로 유망민이 집중하고 있는등 대립제의 기반은 마련되고 있었다. 그런데 대립가의 인상 속에서 보병들이 고통을 겪자 정부에서는 대립가를 공정하였으나 제대로 실효를 거두지 못하였다. 이에 대립가의 징수를 국가에서 관리하는 방식으로 나아갔다. 즉 보병에 한하여 군적수포법이 실시되었다. 보병은 이제 직접 노동력을 제공하는 것이 아니라 군포만을 납부하는 수포군으로 되었던 것이다.

이상과 같이 조선전기의 신분제, 병농일치에 따른 군역제는 16세기에 들어와 심각한 모순을 노정하였고 이러한 모순 속에서 갑사의 소멸, 기병의 보군화, 보병의 수포군화가 진행되었다. 이것은 전반적으로 군사력의 저하를 가져왔지만 이러한 군역제의 변동은 새로운 형태의 군역제가 출현할 조건을 조선 사회 내에서 스스로 구비하고 있음을 의미하였다. 즉 신분과 재력에 의해 차등을 두고 운영되는 군역제 형태가 아니라, 신분과 재력을 고려하지 않고 군인을 뽑고 이들 군인에게 군역복무의 대가를 지불하는 형태의 군역제가 준비되고 있었다. 그리고 병농일치(兵農一致)의 모순 속에서 병농분리(兵農分離) 형태의 군역제가 요구되었다. 그러나 이러한 군역제의 탄생은 외적 자극에 의해서야 가능하였다.

[『국사관논총』32집, 1992 수록]

지은이 김종수

서울 출생. 서울대학교 사범대학 역사교육과를 졸업하고, 서울대학교 인문대학 국사학과에서 문학 석·박사학위를 받았다. 현재 군산대학교 인문대학 사학과 교수로 재직 중이다.

주요논저로『뿌리깊은 한국사, 샘이 깊은 이야기(5, 조선후기)』(솔출판사, 2002),『조선후기 중앙군제연구』(혜안, 2003),『해류의 도시, 군산의 과거와 미래(공저)』(선인, 2009),『새만금도시 군산의 역사와 삶(공저)』(선인, 2012),『숙종시대의 군사체제와 훈련도감』(한국학중앙연구원출판부, 2018) 등이 있다.

한국 고대 · 중세 군사제도사

초판 1쇄 인쇄일	2020년 4월 25일
초판 1쇄 발행일	2020년 4월 30일

지은이	김종수
펴낸이	정진이
편집/디자인	우정민 우민지
마케팅	정찬용 정구형
영업관리	한선희 최재희
책임편집	우정민
인쇄처	재삼인쇄
펴낸곳	국학자료원 새미(주)

등록일 2005 03 15 제25100-2005-000008호
경기도 고양시 일산동구 중앙로 1261번길 79 하이베라스 405호
Tel 442-4623 Fax 6499-3082
www.kookhak.co.kr
kookhak2001@hanmail.net

ISBN	979-11-90476-39-3 *93910
가격	35,000원

* 저자와의 협의하에 인지는 생략합니다.
 잘못된 책은 구입하신 곳에서 교환하여 드립니다.
 국학자료원·새미·북치는마을·LIE는 국학자료원 새미(주)의 브랜드입니다.
* 이 도서의 국립중앙도서관 출판예정도서목록(CIP)은 서지정보유통지원시스템 홈페이지(http://seoji.nl.go.kr)와 국가자료종합목록 구축시스템(http://kolis-net.nl.go.kr)에서 이용하실 수 있습니다. (CIP제어번호 : CIP2020015867)